There's more to your textbook...online.

Get better grades and more support any time you need it with your **Aventuras** Supersite.

- Your instructor's assignments and messages
- Video and audio programs
- Online tests
- Extra practice
- Reference materials
- And so much more!

Go to vhlcentral.com and get started!

FIFTH EDITION

AVENTURAS

PRIMER CURSO DE LENGUA ESPAÑOLA

JOSÉ A. BLANCO

PHILIP REDWINE DONLEY, LATE

VISTA®
HIGHER LEARNING

Boston, Massachusetts

On the cover: Iguazú Falls, Argentina.

Publisher: José A. Blanco
Editorial Development: Judith Bach, Emily Bates, María Victoria Echeverri
Project Management: Sally Giangrande
Rights Management: Ashley Dos Santos, Jorgensen Fernandez
Technology Production: Sonja Porras, Paola Ríos Schaaf
Design: Radoslav Mateev, Gabriel Noreña, Andrés Vanegas
Production: Manuela Arango, Oscar Díez, Adriana Jaramillo

Student Text ISBN: 978-1-68004-946-6

Instructor's Annotated Edition ISBN: 978-1-68004-957-2

Library of Congress Control Number: 2016947900

2 3 4 5 6 7 8 9 TC 21 20 19 18 17

Printed in Canada.

Introduction

Welcome to **AVENTURAS, Fifth Edition!** This highly successful introductory Spanish program is designed to provide you with an active and rewarding learning experience. You are about to embark on an exciting adventure as you learn Spanish and explore the diverse cultures of the Spanish-speaking world.

NEW to the Fifth Edition

- 2 new **Lectura** readings, plus Supersite audio-sync technology for all **Lectura** readings

- 7 new authentic **Videoclips** showcasing Spanish from diverse locations in the Spanish-speaking world

- Redesigned textbook icons, including easy-to-identify chat activities

- **Student Activities Manual (SAM):** One combined volume of Workbook/Video Manual/Lab Manual

- New, interactive grammar tutorials—now with Quick Checks

- Expanded **Activity Pack** now includes **NEW** Task-based activities for use in class or as an assessment

- **Vocabulary Tools:** Customizable study lists for vocabulary words on the Supersite

Plus, the original hallmark features of AVENTURAS

- Fresh, user-friendly design and layout that support and facilitate language learning

- An abundance of illustrations, new photos, and charts specifically chosen to help you learn

- Practical, high-frequency vocabulary for communicating in real-life situations

- Clear, concise grammar explanations that graphically highlight important concepts

- Guided activities that practice vocabulary and grammar so you feel confident communicating in Spanish

- Abundant opportunities to interact in communicative situations

- A process approach to reading, writing, and listening skills

- Presentation of important cultural aspects of the daily lives of Spanish speakers and coverage of the entire Spanish-speaking world

- Engaging video programs, including **Aventuras fotonovela, Flash Cultura, Videoclip,** and **Panorama cultural,** that provide authentic cultural and linguistic input

- A complete set of print and technology ancillaries to make learning Spanish easier

- iPad®-friendly* access—get Supersite and vText on the go!

To familiarize yourself with the program's organization, as well as its original and new features, turn to page xii and take the **AVENTURAS-at-a-glance** tour.

*Students must use a computer for audio-recording and select presentations and tools that require Flash or Shockwave.

table of contents

	PREPARACIÓN	AVENTURAS

table of contents

	PREPARACIÓN	AVENTURAS

table of contents

	PREPARACIÓN	AVENTURAS

table of contents

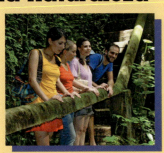

Lesson Openers
outline the content and goals of each lesson.

Communicative Goals

You will learn how to:
- talk about pastimes, weekend activities, and sports
- make plans and invitations
- say what you are going to do

4 El fin de semana

PREPARACIÓN

pages 84–89
- Words related to pastimes and sports
- Places in the city
- Word stress and accent marks

AVENTURAS

pages 90–91
- The friends spend the day exploring Mérida and the surrounding area. Maru, Jimena, and Miguel take Marissa to a cenote. Felipe and Juan Carlos join Felipe's cousins for soccer and lunch.

CULTURA

pages 92–93
- *Real Madrid y Barça: rivalidad total*
- Flash Cultura: *¡Fútbol en España!*

GRAMÁTICA

pages 94–105
- Present tense of **ir**
- Present tense of stem-changing verbs
- Verbs with irregular **yo** forms

LECTURA

pages 106–107
- News website article: *Guía para el fin de semana*

PARA EMPEZAR
- ¿Cómo son estas personas?
- ¿Son amigos? ¿Qué relación tienen?
- ¿Tienen calor o frío?

Para empezar A series of questions on the lesson opener photo recycles the language you already know and previews the vocabulary you are about to learn.

Lesson organization Consistent, color-coded sections make navigating each lesson easy.

Supersite

Supersite resources are available for every section of the lesson at **vhlcentral.com**. Icons show you which textbook activities are also available online, and where additional practice activities are available. The description next to the (S) icon indicates what additional resources are available for each section: videos, recordings, tutorials, presentations, and more!

Supersite features vary by access level. Visit **vistahigherlearning.com** to explore which Supersite level is right for you.

Preparación
introduces vocabulary central to the lesson theme.

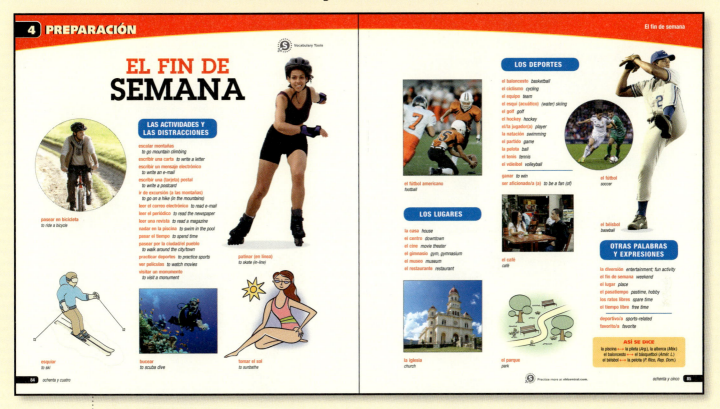

4 PREPARACIÓN

EL FIN DE SEMANA

Vocabulary Tools

LAS ACTIVIDADES Y LAS DISTRACCIONES

escalar montañas *to go mountain climbing*
escribir una carta *to write a letter*
escribir un mensaje electrónico *to write an e-mail*
escribir una (tarjeta) postal *to write a postcard*
ir de excursión (a las montañas) *to go on a hike (in the mountains)*
leer el correo electrónico *to read e-mail*
leer el periódico *to read the newspaper*
leer una revista *to read a magazine*
nadar en la piscina *to swim in the pool*
pasar el tiempo *to spend time*
pasear por la ciudad/el pueblo *to walk around the city/town*
practicar deportes *to practice sports*
ver películas *to watch movies*
visitar un monumento *to visit a monument*

pasear en bicicleta
to ride a bicycle

esquiar
to ski

bucear
to scuba dive

patinar (en línea)
to skate (in-line)

tomar el sol
to sunbathe

LOS DEPORTES

el baloncesto *basketball*
el ciclismo *cycling*
el equipo *team*
el esquí (acuático) *(water) skiing*
el golf *golf*
el hockey *hockey*
el/la jugador(a) *player*
la natación *swimming*
el partido *game*
la pelota *ball*
el tenis *tennis*
el vóleibol *volleyball*

ganar *to win*
ser aficionado/a (a) *to be a fan (of)*

el fútbol americano
football

el fútbol
soccer

el béisbol
baseball

LOS LUGARES

la casa *house*
el centro *downtown*
el cine *movie theater*
el gimnasio *gym, gymnasium*
el museo *museum*
el restaurante *restaurant*

el café
café

la iglesia
church

el parque
park

OTRAS PALABRAS Y EXPRESIONES

la diversión *entertainment; fun activity*
el fin de semana *weekend*
el lugar *place*
el pasatiempo *pastime, hobby*
los ratos libres *spare time*
el tiempo libre *free time*

deportivo/a *sports-related*
favorito/a *favorite*

ASÍ SE DICE
la piscina ⟷ la pileta (Arg.), la alberca (Méx.)
el baloncesto ⟷ el básquetbol (Amér. L.)
el béisbol ⟷ la pelota (P. Rico, Rep. Dom.)

84 ochenta y cuatro

El fin de semana

Practice more at vhlcentral.com.

ochenta y cinco 85

Art Dynamic photos and illustrations present high-frequency vocabulary.

Vocabulary Theme-related vocabulary appears in easy-to-reference Spanish/English lists. For words where the visual is sufficient, the Spanish is given and the English is provided at the end of the lesson.

Así se dice This presentation of alternate words and expressions highlights the richness of the Spanish-speaking world.

Supersite

- Vocabulary tutorials
- Audio support for vocabulary presentation

Supersite features vary by access level. Visit **vistahigherlearning.com** to explore which Supersite level is right for you.

Preparación
practices vocabulary in stages.

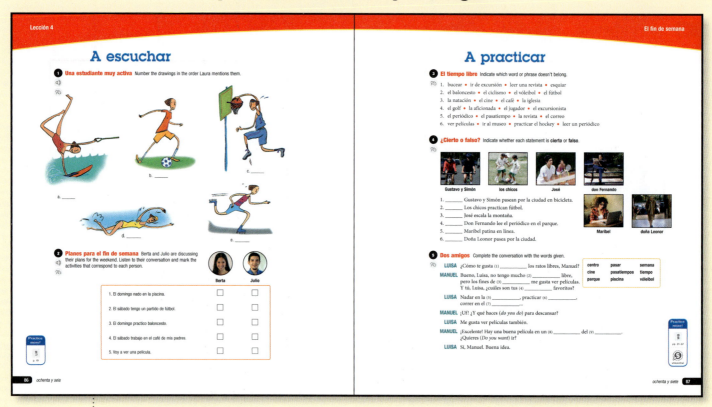

A escuchar Practice always begins with a page of listening activities that focus on vocabulary recognition and comprehension.

A practicar Practice continues with a page of guided and transitional activities that reinforce the new vocabulary in diverse formats.

Icons Icons provide a visual cue that indicates listening, Supersite, pair, group, and chat activities. See page xxviii for a legend of all the icons used in the student text.

Practice more! Resource boxes identify the page number of the associated Workbook, Lab Manual, or Video Manual at point-of-use.

Supersite

- Textbook activities
- Additional online-only practice activities

Supersite features vary by access level. Visit **vistahigherlearning.com** to explore which Supersite level is right for you.

Preparación
wraps up vocabulary practice with communicative activities.

A conversar

6 **En el campus** With a partner, describe what the people in the illustration are doing.

equipo Saltillo

Miguel

Laura

Patricia y Carlos

María Isabel

7 **¿Y tú?** Interview your partner. Use these questions.

1. ¿Te gustan los deportes? ¿Qué deportes practicas?
2. ¿Eres aficionado a los deportes profesionales? ¿Cuáles son tus equipos favoritos?
3. ¿Te gusta ir al cine los fines de semana? ¿Cuáles son tus películas favoritas?
4. ¿Hay lugares para esquiar o ir de excursión cerca de tu ciudad o pueblo? ¿Cuáles?
5. ¿Qué lugares del centro de tu ciudad son interesantes para visitar?
6. ¿Cuántos mensajes electrónicos escribes aproximadamente durante el día? ¿Y cuántos lees?

8 **¿Quién soy?** Using **yo** forms, write a description of a famous athlete and read it to the class, mentioning the athlete's initials (**iniciales**). The class will guess who you described.

modelo

Estudiante: Soy muy famosa. Vivo en la Florida con mi familia. Practico el tenis. Soy una jugadora profesional. Mi hermana practica el tenis también (too). Mis iniciales son V. W. ¿Quién soy?
Clase: ¿Eres Venus Williams?
Estudiante: ¡Sí!

A conversar This final set of activities gets you using vocabulary creatively for self-expression in interactions with a partner, a small group, or the entire class.

Supersite

- Chat activities for conversational skill-building and oral practice
- Task-based activities in Activity Pack

Supersite features vary by access level. Visit **vistahigherlearning.com** to explore which Supersite level is right for you.

Preparación

Pronunciación and *Ortografía* present the basics of Spanish pronunciation and spelling.

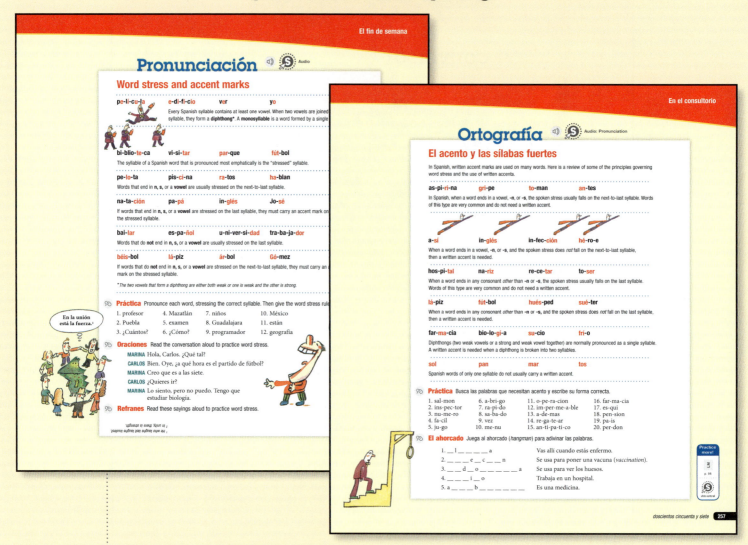

Pronunciación This section explains the sounds and pronunciation of Spanish in **Lecciones 1–9.**

Ortografía In **Lecciones 10–16,** this section focuses on topics related to Spanish spelling.

ⓢupersite

- Audio for pronunciation explanation
- Record-compare textbook activities

Supersite features vary by access level. Visit **vistahigherlearning.com** to explore which Supersite level is right for you.

Aventuras
tells the story of a group of students living and traveling in Mexico.

Personajes The characters who appear in the episode are shown on the left.

Aventuras video The photo-based **Aventuras** conversations appear in the textbook's video program. To learn more about the video, turn to page xxvi.

Expresiones útiles New words and expressions are organized by language function so you can focus on using them for real-life, practical purposes.

Actividades Guided exercises check your understanding and communicative activities allow you to react in a personalized way.

Supersite

- Streaming video of the **Aventuras** episode
- Textbook activities
- Chat activities for conversational skill-building and oral practice
- Additional online-only practice activities

Supersite features vary by access level. Visit **vistahigherlearning.com** to explore which Supersite level is right for you.

Cultura
highlights engaging contemporary culture through readings and video.

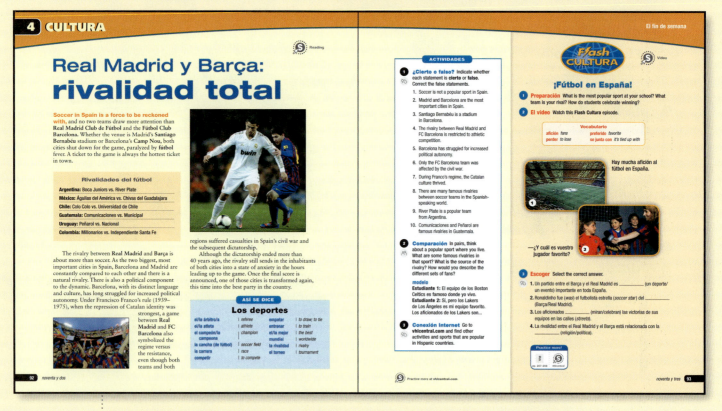

Feature article This focuses on a person, place, custom, event, or tradition in the Spanish-speaking world, with an emphasis on contemporary, day-to-day culture. Written in Spanish as of **Lección 7**, this feature also provides valuable reading practice.

Así se dice Additional lexical features expand cultural coverage to vocabulary from all over the Spanish-speaking world.

Flash Cultura The enormously successful video offers specially-shot content tied to the lesson theme. Previewing support and comprehension activities are integrated into the student text. To learn more about the video, turn to page xxvii.

Supersite

- **Cultura** article
- Textbook activities
- Additional online-only practice activities
- Additional cultural reading
- Streaming video of **Flash Cultura**

Supersite features vary by access level. Visit **vistahigherlearning.com** to explore which Supersite level is right for you.

Gramática
uses innovative design to support learning Spanish.

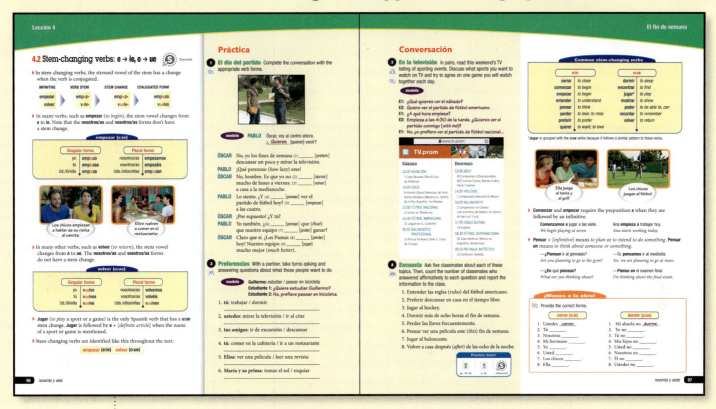

Layout For each grammar point, the explanation and practice activities appear together on two facing pages. Grammar explanations in the outside panels are the foundation for the activities in the shaded inner panels, providing you with support on the same page.

Explanations Written with the student in mind, **AVENTURAS'** grammar explanations are known for their clarity. Images, charts, and diagrams support the text by illustrating language and calling out key grammatical structures, patterns, and vocabulary.

Video Photos from the **AVENTURAS** video integrate it into the grammar explanations, providing a model and a real-life context for the structures you are studying.

Ⓢupersite

- Interactive grammar tutorials with quick checks
- Textbook activities
- Additional online-only practice activities
- Chat activities for conversational skill-building and oral practice
- Grammar activities in Activity Pack

Supersite features vary by access level. Visit **vistahigherlearning.com** to explore which Supersite level is right for you.

Gramática
progresses from directed to communicative practice.

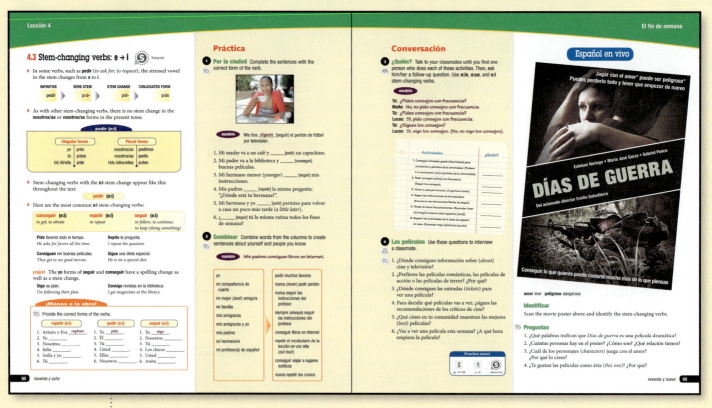

¡Manos a la obra! This first practice activity gets you working with the grammar point right away in simple, easy-to-understand formats.

Práctica Activities provide a wide range of guided exercises in contexts that combine current and previously learned vocabulary with each grammar point.

Español en vivo Documents like advertisements and movie posters highlight the new grammar point in a real-life context.

Conversación Opportunities for personalized expression use the lesson's grammar and vocabulary. Activities take place with a partner, in small groups, or with the whole class.

Supersite

- Interactive grammar tutorials with quick checks
- Textbook activities
- Additional online-only practice activities
- Chat activities for conversational skill-building and oral practice
- Grammar activities in Activity Pack

Supersite features vary by access level. Visit **vistahigherlearning.com** to explore which Supersite level is right for you.

Gramática
includes additional practice and a video section.

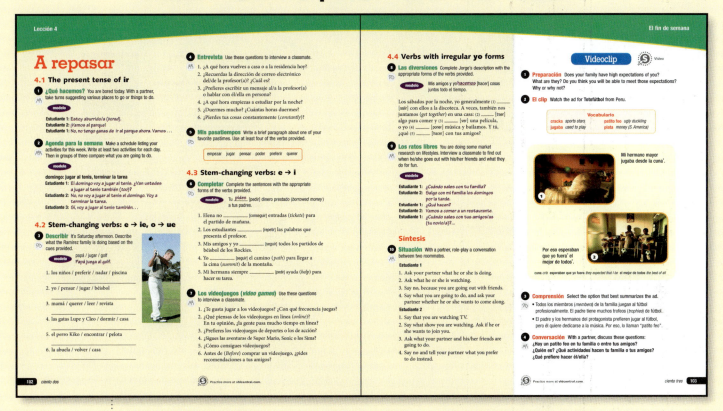

A repasar Two directed and/or communicative exercises provide additional practice opportunities for each grammar point.

Síntesis Every **A repasar** section concludes with an open-ended, cumulative activity that allows you and your classmates to re-combine the grammar points of the lesson with the lesson's vocabulary.

Videoclip An authentic video clip synthesizes the entire lesson in a fun and engaging way. News stories, commercials, and even short films will get you excited about learning Spanish and expose you even more to the cultures of the Spanish-speaking world.

Supersite

- Streaming video of **Videoclip**
- Review activities in Activity Pack

Supersite features vary by access level. Visit **vistahigherlearning.com** to explore which Supersite level is right for you.

Gramática
emphasizes listening, writing, and speaking in *Ampliación*.

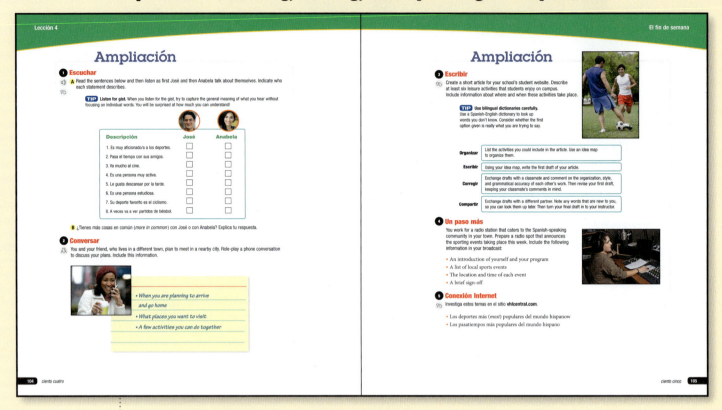

Escuchar A recorded conversation or narration develops your listening skills in Spanish and checks your understanding of what you heard. Valuable on-the-spot listening tips help you carry out the activity effectively.

Conversar Your oral communication skills are developed through realistic, practical role-plays and situations.

Escribir A writing topic and plan take you step-by-step through the writing process, including planning, writing a first draft, peer review, and correcting your work. Valuable on-the-spot writing strategies (tips) help you carry out the activity effectively.

Un paso más This project guides you to research and create a tangible product such as a brochure or a web page or else give a presentation about a certain topic.

Supersite

- Textbook activities
- Chat activities for conversational skill-building and oral practice
- Grammar activities in Activity Pack

Supersite features vary by access level. Visit **vistahigherlearning.com** to explore which Supersite level is right for you.

Lectura

supports the development of reading skills in the context of the lesson theme.

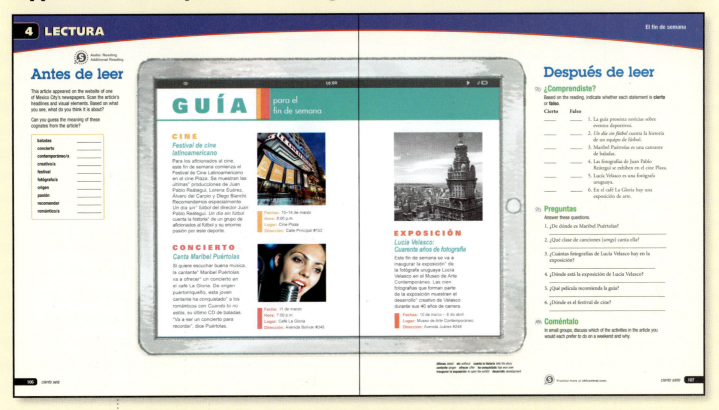

Antes de leer This feature presents helpful strategies and pre-reading activities to build your reading abilities in Spanish.

Readings The selections are specifically related to the lesson theme and recycle the vocabulary and grammar you have learned. **Lecciones 13–16** feature literary selections so you can experience reading works by well-known authors in Spanish.

Después de leer Exercises check your comprehension of the reading.

Coméntalo Activities encourage you to discuss the material in the reading from your own, personal perspective.

(S)upersite

- Audio-sync reading that highlights text as it is being read
- Textbook activities
- Additional reading
- Additional online-only practice

Supersite features vary by access level. Visit **vistahigherlearning.com** to explore which Supersite level is right for you.

Vocabulario
summarizes the active vocabulary in each lesson.

4 VOCABULARIO

Vocabulary Tools

Las actividades y las distracciones

bucear	to scuba dive
escalar montañas	to go mountain climbing
escribir una carta	to write a letter
escribir un mensaje electrónico	to write an e-mail
escribir una (tarjeta) postal	to write a postcard
esquiar	to ski
ir de excursión (a las montañas)	to go for a hike (in the mountains)
leer el correo electrónico	to read e-mail
leer el periódico	to read the newspaper
leer una revista	to read a magazine
nadar en la piscina	to swim in the pool
pasar el tiempo	to spend time
pasear en bicicleta	to ride a bicycle
pasear por	to walk around
la ciudad/el pueblo	the city/town
patinar (en línea)	to skate (in-line)
practicar deportes	to play sports
tomar el sol	to sunbathe
ver películas	to watch movies
visitar un monumento	to visit a monument

Otras palabras y expresiones

la diversión	entertainment; fun activity
el fin de semana	weekend
el lugar	place
el pasatiempo	pastime; hobby
los ratos libres	spare time
el tiempo libre	free time

Los deportes

el baloncesto	basketball
el béisbol	baseball
el ciclismo	cycling
el equipo	team
el esquí (acuático)	(water) skiing
el/la excursionista	hiker
el fútbol	soccer
el fútbol americano	football
el golf	golf
el hockey	hockey
el/la jugador(a)	player
la natación	swimming
el partido	game
la pelota	ball
el tenis	tennis
el vóleibol	volleyball
ganar	to win
ser aficionado/a (a)	to be a fan (of)

Los lugares

el café	café
la casa	house
el centro	downtown
el cine	movie theater
el gimnasio	gym, gymnasium
la iglesia	church
el museo	museum
el parque	park
el restaurante	restaurant

Adjetivos

deportivo/a	sports-related
favorito/a	favorite

Verbos

cerrar (e:ie)	to close
comenzar (e:ie)	to begin
conseguir (e:i)	to get; to obtain
dormir (o:ue)	to sleep
empezar (e:ie)	to begin
encontrar (o:ue)	to find
entender (e:ie)	to understand
hacer	to do; to make
ir	to go
ir a (+ inf.)	to be going to do something
jugar (u:ue)	to play
mostrar (o:ue)	to show
oír	to hear
pedir (e:i)	to ask for; to request
pensar (e:ie)	to think
pensar (+ inf.)	to intend; to plan
pensar en	to think about
perder (e:ie)	to lose; to miss
poder (o:ue)	to be able to, can
poner	to put; to place
preferir (e:ie)	to prefer
querer (e:ie)	to want; to love
recordar (o:ue)	to remember
repetir (e:i)	to repeat
salir	to leave
seguir (e:i)	to follow; to continue; to keep (doing something)
suponer	to suppose
traer	to bring
ver	to see; to watch
volver (o:ue)	to return

Practice more at vhlcentral.com.

Vocabulario The end-of-lesson page lists the active vocabulary from this lesson. This is the vocabulary that may appear on quizzes or tests.

Supersite

- Audio for all vocabulary items
- Vocabulary Tools

Supersite features vary by access level. Visit **vistahigherlearning.com** to explore which Supersite level is right for you.

Aventuras en los países hispanos

presents the countries of the Spanish-speaking world and appears after every even-numbered lesson.

Maps These maps situate the country or region on its continent and highlight significant features.

Readings Short readings with eye-catching photos explore key facets of the location's culture, such as history, fine arts, food, celebrations, and traditions.

Panorama cultural video A video segment from the **Panorama cultural** Video Program lets you experience the sights and sounds of each country featured in this section.

Opening and closing pages The opening page sets the scene for the section with a dramatic photo and statistics about the location. **¿Qué aprendiste?** activities on the closing page connect what you've learned with your own experiences.

Ⓢupersite

- Interactive map
- Streaming video of the **Panorama cultural** program
- Textbook activities
- Additional online-only practice activities

Supersite features vary by access level. Visit **vistahigherlearning.com** to explore which Supersite level is right for you.

Video programs

The Cast

Here are the main characters you will meet when you watch the **AVENTURAS** video:

From Mexico,
Jimena Díaz Velázquez

From Mexico,
Felipe Díaz Velázquez

From Mexico,
María Eugenia (Maru) Castaño

From Argentina,
Juan Carlos Rossi

From the U.S.,
Marissa Wagner

From Spain,
Miguel Ángel Lagasca Martínez

Aventuras

Fully integrated with your textbook, the **AVENTURAS** Video contains sixteen episodes. The episodes present the adventures of the Díaz family, whose household includes two college-aged children and a visiting student from the U.S. Over the course of an academic year, Jimena, Felipe, Marissa, and their friends explore **el D.F.** and other parts of Mexico as they make plans for their future. Their adventures take them through some of the greatest natural and cultural treasures of the Spanish-speaking world, as well as the highs and lows of everyday life.

The **Aventuras** section in each textbook lesson is actually an abbreviated version of the dramatic episode featured in the video. Therefore, each **Aventuras** section can be done before you see the corresponding video episode, after it, or as a section that stands alone.

In each dramatic segment, the characters interact using vocabulary and grammar you are studying. As the storyline unfolds, the episodes combine new vocabulary and grammar with previously taught language. The **Resumen** segment serves to recap the plot as well as to emphasize the grammar and vocabulary you are studying.

Panorama cultural

The **Panorama cultural** video is integrated with each **Aventuras en los países hispanos** section in **AVENTURAS**. Each segment is 2–3 minutes long and consists of documentary footage from each of the countries featured. The images were specially chosen for interest level and visual appeal; the all-Spanish narrations were carefully written to reflect the vocabulary and grammar covered in the textbook.

As you watch the video segments, you will experience a diversity of images and topics: cities, monuments, traditions, festivals, archeological sites, geographical wonders, and more. **Panorama cultural** covers each Spanish-speaking country, including the United States and Canada, and gives you the opportunity to expand your cultural perspectives with information directly related to the content of **AVENTURAS**.

Flash Cultura

The dynamic **Flash Cultura** Video is fully integrated into the **Cultura** section of each lesson and into your Video Manual. Shot in eight countries (US, Puerto Rico, Mexico, Spain, Argentina, Costa Rica, Ecuador, and Peru), these contemporary and engaging episodes expand on the lesson themes. Each episode is hosted by a correspondent from the featured country; the host provides valuable information about a tradition, event, resource, or other aspect of the country's culture and talks to the locals to get their opinions about the subject at hand.

The episodes are entirely in Spanish as of **Lección 7**, but they feature authentic interviews in Spanish from the very beginning, exposing you to the diverse and authentic accents of the Spanish-speaking world. Support materials in the text, on the Supersite, and in the Video Manual make these interviews accessible so you get the most out of them.

We hope you enjoy **Flash Cultura, ¡el programa donde aprender es toda una aventura!**

Videoclip

AVENTURAS features an authentic video clip from the Spanish-speaking world for each lesson. Clip formats include high-interest commercials and news stories. These clips have been carefully chosen to be comprehensible for students learning Spanish. Developed by Spanish speakers for Spanish speakers, they offer another valuable window into the products, practices, and perspectives that are key to the cultures of the Spanish-speaking world. More importantly, though, these clips are a fun and motivating way to improve your Spanish!

Here are the countries represented in each lesson in **Videoclip**.

Lesson 1 US	Lesson 5 Mexico	Lesson 9 Mexico	Lesson 13 Spain
Lesson 2 Chile	Lesson 6 Spain	Lesson 10 Spain	Lesson 14 Argentina
Lesson 3 Argentina	Lesson 7 Chile	Lesson 11 Argentina	Lesson 15 Uruguay
Lesson 4 Peru	Lesson 8 Colombia	Lesson 12 Spain	Lesson 16 Spain

Icons and resources boxes

Icons

Familiarize yourself with these icons that appear throughout **AVENTURAS, Fifth Edition**.

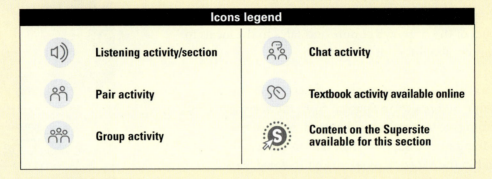

Icons legend	
◁)) Listening activity/section	Chat activity
Pair activity	Textbook activity available online
Group activity	Content on the Supersite available for this section

- You will see the listening icon in **Preparación**, **Pronunciación**, **Ampliación**, and **Vocabulario** sections.
- A note next to the Supersite icon will let you know exactly what type of content is available online.
- Additional practice on the Supersite, not included in the textbook, is indicated with this icon:

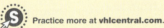

Practice more at **vhlcentral.com**.

Resources

Practice more! boxes let you know exactly what print and technology ancillaries you can use to reinforce and expand on every section of the lessons in your textbook. They even include page numbers when applicable.

Practice more! legend	
WB pp. 37–38 Workbook	VM pp. 219–220 Video Manual
LM p. 19 Lab Manual	AVENTURAS Supersite

Interactive grammar tutorials

Research shows that a little humor is engaging, stimulates the brain, and helps with memory retention. Interactive grammar tutorials, **NEW!** for **AVENTURAS, Fifth Edition**, feature the Professor, an amusing character who grabs your attention with his humorous gags and lighthearted approach to grammar. The tutorials entertain and inform by pairing grammar rules with fun explanations and examples. The Professor always uses the new grammar in a humorous way at the end of each tutorial.

There are five learning scenarios: the classroom, the library, the theater, the café, and the Professor's living room. These settings offer opportunities for humor and for cultural references.

The Professor explains the grammar in an informal, conversational way. The Narrator pronounces words in charts and reads example sentences. Animation features such as color and pulsing emphasize the grammar being taught. The examples often appear with pictures that illustrate their meaning.

Each tutorial has one or two Quick Checks, which are pauses in the instruction to give you a chance to react to what has just been presented. It's a way to make sure you understand one concept before tackling the next one. It's also a way to make the tutorial interactive and keep you interested and engaged throughout the tutorial. Formats include multiple choice, sorting, fill in the blank, and ordering sentence elements. The Professor may also guide the Quick Check by having you listen and repeat, listen to cues and give the answers orally, or read cues and give the answers aloud.

> Choose the correct verbs.
>
> _____ que Quito es la capital de Ecuador, ¿no?
>
> Sabes
>
> Conoces

Each tutorial features a **Repaso** section at the end that summarizes what you have learned.

These interactive grammar tutorials are a handy reference tool and support independent study.

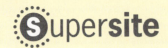

Each section of your textbook comes with activities on the **AVENTURAS** Supersite, many of which are auto-graded for immediate feedback. Plus, the Supersite is iPad®-friendly*, so it can be accessed on the go! Visit **vhlcentral.com** to explore this wealth of exciting resources.

PREPARACIÓN
- Vocabulary tutorials
- Image-based vocabulary activity with audio
- Audio activities
- Textbook activities
- Additional activities for extra practice
- Chat activities for conversational skill-building and oral practice
- Audio files for **Pronunciación**
- Record-compare practice

AVENTURAS
- Streaming video of **Aventuras fotonovela**, with instructor-managed options for subtitles and transcripts in Spanish and English
- Textbook activities
- Additional activities for extra practice
- Chat activities for conversational skill-building and oral practice
- Record-compare practice

CULTURA
- Reading available online
- Textbook activities
- Additional activities for extra practice
- Additional reading
- Streaming video of **Flash Cultura** series, with instructor-managed options for subtitles and transcripts in Spanish and English

GRAMÁTICA
- Interactive grammar tutorials
- Grammar presentations available online
- Textbook activities
- Additional activities for extra practice
- Chat activities for conversational skill-building and oral practice
- Streaming **Videoclip** with instructor-managed options for subtitles and transcripts in Spanish and English
- Audio files for listening activity in **Ampliación**
- Composition engine for **Escribir** activity

LECTURA
- Audio-sync reading in **Lectura**
- Additional reading
- Textbook activities and additional activities for extra practice

AVENTURAS EN LOS PAÍSES HISPANOS
- Interactive map
- Textbook activities
- Additional activities for extra practice
- Streaming video of **Panorama cultural** series, with instructor-managed options for subtitles and transcripts in Spanish and English

VOCABULARIO
- Vocabulary list with audio
- Customizable study lists

Plus! Also found on the Supersite:
- All textbook and lab audio MP3 files
- Communication center for instructor notifications and feedback
- Live Chat tool for video chat, audio chat, and instant messaging without leaving your browser
- A single gradebook for all Supersite activities
- WebSAM online Workbook/Video Manual/Lab Manual
- vText online interactive student edition with access to Supersite activities, audio, and video

*Students must use a computer for audio recording and select presentations and tools that require Flash or Shockwave.

On behalf of its authors and editors, Vista Higher Learning expresses its sincere appreciation to the many educators nationwide who contributed their ideas and suggestions to **AVENTURAS, First Edition**. We are grateful to the more than eighty members of the Spanish-teaching community who reviewed the original manuscript and/or class-tested the materials. Their insights and detailed comments were invaluable to us as we created the First Edition.

AVENTURAS, Fifth Edition, has been informed by extensive reviews and ongoing input from both students and instructors using the Fourth Edition. Accordingly, we gratefully acknowledge those who shared their suggestions, recommendations, and ideas as we prepared this Fifth Edition.

We acknowledge Dr. Solivia Márquez of the Massachusetts Institute of Technology for her work with us on the First Edition, and we thank her for her contributions to activities and the **Lectura** sections.

We express our appreciation to the many instructors and hundreds of students using **AVENTURAS** who completed our online reviews. Their comments and suggestions were instrumental in shaping the entire **AVENTURAS, Fifth Edition**, program.

Reviewers

Philip Allen
University of South Florida, FL

Tim Altanero
State College of Florida, FL

Ian Althouse
Yale University, CT

David Arbesú
University of South Florida, FL

Pilar Asensio-Manrique
Yale University, CT

Dr. Víctor Azuaje
Mount Saint Mary College, NY

Mario Bahena Uriostegui
Johnson C. Smith University, SC

Ashlee S. Balena, PhD
University of North Carolina Wilmington, NC

Amanda Barón-Fritts
Southeast Community College, NE

Shaun A. Bauer
University of Central Florida, FL

Berta Bilbao
Jarvis Christian College, TX

Veronica Bradley
Hillsborough Community College - SouthShore, FL

Herbert J. Brant
Indiana University–Purdue University Indianapolis, IN

Irene M. Caridi De Barraicua
Sierra College, CA

Oriol Casañas
University of Denver, CO

Aurora Castillo-Scott
Georgia College, GA

Marisol Castro-Calzada
College of Charleston, SC

Donna Cays
University of Missouri-St. Louis, MO

Cathy Chambers
Marist High School, IL

Carole A. Champagne, PhD
Salisbury University & University of Maryland Eastern Shore, MD

Samira Chater
Valencia College, FL

Arnaldo Ciccotelli
University of South Florida, FL

Eric O. Cintrón
State College of Florida Bradenton, FL

Chad J. Colden
Cathedral Catholic High School, CA

Chary-Sy T. Copeland
Mount Wachusett Community College, MA

Laura Cordova
Frederick Community College, MD

Maria Teresa Crabb
Florida Institute of Technology, FL

Selma Craft
Jesuit High School, OR

Concepción Cranston
Valencia College, FL

W Crawford
Sierra College, CA

Adam Vincent Crofts
College of Southern Idaho, ID

Eveline Cuypers
Florence Darlington Technical College, SC

Aida E. Diaz
Valencia College, FL

Deleah S. Dorsey, MA
Livingstone College, NC

Millie Drake, PhD
Los Angeles Trade Technical College, CA

Maria Lisa Dunn
Waynesburg University, PA

Hector J. Eslava
Grand Island Central Catholic High School, NE

Dina A. Fabery
University of Central Florida, FL

M. Renatta Fernandez
Bellevue College, WA

Pilar Florenz
University of Central Florida, FL

Arlene Fuentes
Southern Virginia University, VA

Andrea Galindo
Macomb Community College, MI

Sibyl Gallus-Price
College of DuPage, IL

Inés M. García
American River College, CA

Diana Gill
Northwest Arkansas Community College, AR

Amy Ginck
Messiah College, PA

Diego Emilio Gómez, PhD
Santiago Canyon College, CA

Dr. Nydia V. Gregory
University of Maryland Eastern Shore, MD

Judy Haisten, PhD
College of Central Florida, FL

Devon Hanahan
College of Charleston, SC

Dr. Darren Haney
Georgia College & State University, GA

Emmanuel Harris II
University of North Carolina
Wilmington, NC

Ana Lucia Hernandez
Harper College, IL

Teresa Herrera
St. Francis High School, CA

Serena M. Herter
Southwestern Community College, NC

Dominique M. Hitchcock, PhD
Norco College, CA

Bonita Hogan
Hilbert College, NY

Melissa A. Jimenez Biles
College of DuPage, IL

Karen Kearns
College of Charleston, SC

Iana Konstantinova
Southern Virginia University, VA

Tess Ladd-Hill
University of Texas San Antonio, TX

Helen Lamison
Mount Saint Mary College, NY

Christy Landers
Lord Fairfax Community College, VA

Barbara Leaton, MA Ed
J. Sargeant Reynolds Community College, VA

Dr. Nelson López
Bellarmine University, KY

Laurie Losada
St. Francis High School, CA

Dr. Ramon Madrigal
Florida College, FL

Dr. Leira Annette Manso
SUNY Broome Community College, NY

Lynne A. Markham
Cathedral Catholic High School, CA

Michele Martinisi
College of Marin, CA

Maria Marzano
Daytona State College, FL

Melissa Massie
Bellevue College, WA

Christine Palmer
Pequot Lakes High School, MN

Stacey L. Parker Aronson
University of Minnesota, Morris, MN

G. Pastrana
Hofstra University, NY

Iraida C. Peinado
Lincoln Public Schools, NE

Jose Pino
Mercer University, GA

Julie Pomerleau
University of Central Florida, FL

Thomas R. Porter
Southern Virginia University, VA

David "Drew" Proctor
Hill College, TX

Anne M. Prucha
University of Central Florida, FL

Dr. Marian Quintana
George Mason University, VA

Virginia Ramirez
Northwest Arkansas Community
College, AR

Jessica Rangel
College of DuPage, IL

Zimry D. Rios
Miami University, OH

Gladys A. Robalino
Messiah College, PA

Renate Robinson
Santa Fe Community College, NM

Dr. Astrid Roldán
Bronx Community College, NY

Kirsten Sabata
Gonzaga Preparatory School, WA

Benita Sampedro
Hofstra University, NY

Nadia Sanko
College of Marin, CA

Jean M. Scheppers
College of Central Florida, FL

Gabriela Segal
Arcadia University, PA

Dr. Aroline Seibert Hanson
Arcadia University, PA

Yilaisa Seijas
University of Central Florida, FL

Matthew T.
Yale University, CT

Kacie Tartt
University of Central Florida, FL

Tham
George Mason University, VA

L. Vanderlip
Southern Oregon University, OR

Evelyn A. Vargas-Castaneda
St. Francis High School, CA

Vangie Vélez-Cobb
Palo Alto College, TX

Barbara Vergara
Georgia State University, GA

Jessica M. Whitcomb
William Rainey Harper College, IL

Susanna Williams
Macomb Community College, MI

James A. Wojtaszek
University of Minnesota, Morris, MN

Communicative Goals

You will learn how to:
- use greetings, farewells, and courtesy expressions
- identify yourself and others
- tell time

PARA EMPEZAR
- Guess what the people in the photo are saying:
  a. Por favor.   b. Hola.   c. amigo
- Most likely they would also say:
  a. Gracias.   b. fiesta   c. Buenos días.

HOLA,
¿QUÉ TAL?

SALUDOS Y DESPEDIDAS

Hola. *Hello.*

Buenos días. *Good morning.*

Buenas tardes. *Good afternoon.*

Buenas noches. *Good evening; Good night.*

Adiós. *Goodbye.*

Chau. *Bye.*

Hasta la vista. *See you later.*

Hasta luego. *See you later.*

Hasta mañana. *See you tomorrow.*

Hasta pronto. *See you soon.*

Nos vemos. *See you.*

Saludos a... *Say hello to...*

CARLA	Hola, Sofía. ¿Qué hay de nuevo?
SOFÍA	Nada. Y tú, ¿qué tal?
CARLA	Bien, gracias.
SOFÍA	Nos vemos, Carla.
CARLA	Chau, Sofía. Saludos a Roberto.

SEÑORA SALAS	Buenas tardes, señor Pérez. ¿Cómo está usted?
SEÑOR PÉREZ	Muy bien, gracias. ¿Y usted, señora Salas?
SEÑORA SALAS	Muy bien.
SEÑOR PÉREZ	Me alegro.

¿CÓMO ESTÁS?

¿Cómo está usted? *How are you? (formal)*

¿Cómo estás? *How are you? (familiar)*

¿Qué hay de nuevo? *What's new?*

¿Qué pasa? *What's going on?*

¿Qué tal? *How is it going?*

(Muy) bien, gracias. *(Very) well, thanks.*

Nada. *Nothing.*

No muy bien. *Not very well.*

Regular. *So-so.*

PRESENTACIONES

¿Cómo se llama usted? *What's your name? (form.)*

¿Cómo te llamas (tú)? *What's your name? (fam.)*

Me llamo... *My name is...*

¿Y tú? *And you? (fam.)*

¿Y usted? *And you? (form.)*

Mucho gusto. *Pleased to meet you.*

El gusto es mío. *The pleasure is mine.*

Encantado/a. *Pleased to meet you.*

Igualmente. *Likewise.*

Éste es... *This is... (masculine)*

Ésta es... *This is... (feminine)*

Le presento a... *I would like to introduce you to... (form.)*

Te presento a... *I would like to introduce you to... (fam.)*

¿De dónde es usted? *Where are you from? (form.)*

¿De dónde eres? *Where are you from? (fam.)*

Soy de... *I'm from...*

LAURA	Hola. Me llamo Laura. ¿Y tú?
ESTEBAN	Hola. Me llamo Esteban. Mucho gusto.
LAURA	El gusto es mío. ¿De dónde eres?
ESTEBAN	Soy de los Estados Unidos, de Texas.

SUSANA	Leti, éste es el señor Garza.
LETICIA	Encantada.
SEÑOR GARZA	Igualmente. ¿De dónde es usted, señorita?
LETICIA	Soy de Puerto Rico. ¿Y usted?
SEÑOR GARZA	De México.

EXPRESIONES Y TÍTULOS DE CORTESÍA

De nada. *You're welcome.*

Lo siento. *I'm sorry.*

(Muchas) gracias. *Thank you (very much).*

No hay de qué. *You're welcome.*

Por favor. *Please.*

---

señor (Sr.) *Mr.; sir*

señora (Sra.) *Mrs.; ma'am*

señorita (Srta.) *Miss*

ASÍ SE DICE

Buenos días. ⟷ Buenas.
De nada. ⟷ A la orden.
Lo siento. ⟷ Perdón.
¿Qué tal? ⟷ ¿Cómo te va?,
¿Cómo vas?,
¿Qué hubo? (Col.)

 Practice more at **vhlcentral.com**.

A escuchar

1 **¿Lógico o ilógico?** Listen to each conversation and indicate whether the conversation is logical or illogical.

	Lógico	Ilógico
1.	_____	_____
2.	_____	_____
3.	_____	_____
4.	_____	_____
5.	_____	_____
6.	_____	_____

2 **Una fiesta** Margarita is having an all-day party to celebrate her twentieth birthday.
 Listen to the conversations and indicate whether each guest is arriving (**Llega**) or leaving (**Sale**).

	Llega	Sale
1. Ramiro	_____	_____
2. Sra. Sánchez	_____	_____
3. Luisa	_____	_____
4. Vicente	_____	_____
5. Profesor Lado	_____	_____
6. Sr. Torres	_____	_____

3 **Seleccionar** Listen to each question or statement, and choose the correct response.

1. a. Muy bien, gracias.   b. Me llamo Graciela.

2. a. Lo siento.   b. Mucho gusto.

3. a. Soy de Puerto Rico.   b. No muy bien.

4. a. No hay de qué.   b. Regular.

5. a. Mucho gusto.   b. Hasta pronto.

6. a. Nada.   b. Igualmente.

7. a. Me llamo Guillermo Montero.   b. Muy bien, gracias.

8. a. Buenas tardes. ¿Cómo está usted?   b. El gusto es mío.

Practice more!

LM
p. 1

A practicar

4 **Sinónimos** For each expression, write a word or phrase that expresses a similar idea.

> **modelo**
> ¿Cómo estás? ___¿Qué tal?___

1. De nada. _____
2. Encantado. _____
3. Adiós. _____
4. Te presento a Antonio. _____
5. ¿Qué hay de nuevo? _____
6. Igualmente. _____

5 **Ordenar** With a classmate, put this scrambled conversation in order. Then act it out.

—Muy bien, gracias. Soy María Rosa.

—Soy de Ecuador. ¿Y tú?

—Mucho gusto, María Rosa.

—Hola. Me llamo Carlos. ¿Cómo estás?

—Soy de Cuba.

—Igualmente. ¿De dónde eres, Carlos?

CARLOS _____

MARÍA ROSA _____

CARLOS _____

MARÍA ROSA _____

CARLOS _____

MARÍA ROSA _____

6 **Emparejar** With a partner, match each question or statement with the correct answer.

___ 1. ¿Qué tal?

___ 2. Hasta mañana, señora Ramírez. Saludos al señor Ramírez.

___ 3. ¿Qué hay de nuevo, Alberto?

___ 4. Miguel, ésta es la señorita Perales.

___ 5. ¿De dónde eres, Antonio?

___ 6. Buenas tardes, señor. ¿Cómo está usted?

a. Muy bien, gracias.

b. Soy de México.

c. Nada. ¿Y tú?

d. Encantado. Soy Miguel Vega.

e. De nada.

f. Hasta pronto.

g. Bien. ¿Y tú?

h. Por favor.

Practice more!

WB

pp. 1–2

S

vhlcentral

A conversar

7 **Diálogos** With a partner, complete and act out these conversations.

DIÁLOGO 1

—Hola. Me llamo Álex. ¿Cómo te llamas tú?

_____

—Soy de Puerto Rico. ¿Y tú?

_____

DIÁLOGO 2

_____

—Muy bien, gracias. ¿Y usted, señor/señora López?

_____

—Hasta luego, señor/señora. Saludos a la señora/al señor López.

_____

8 **Conversaciones** With a partner, make up a conversation for each photo.

9 **Situaciones** Work with two classmates to write and act out these situations.

1. As you leave class on the first day of school, you strike up a conversation with the two students who were sitting next to you. Find out each person's name and where he or she is from before you say goodbye.

2. You meet a friend and ask how he or she is doing. As you are talking, your friend Elena walks by. Introduce Elena to your friend.

3. You say hello to your parents' friends, Mrs. Sánchez and Mr. Rodríguez, and ask how they are doing. As you say goodbye, send your regards to their spouses.

Pronunciación

Audio

The Spanish alphabet

The Spanish and English alphabets are almost identical, with a few exceptions. For example, the Spanish letter **ñ** (**eñe**) doesn't occur in the English alphabet. Furthermore, the letters **k** (**ka**) and **w** (**doble v**) are used only in words of foreign origin. Examine the chart below to find other differences.

Letra	Nombre(s)	Ejemplo(s)	Letra	Nombre(s)	Ejemplo(s)
a	a	**a**diós	n	ene	**n**acionalidad
b	be	**b**ien, pro**b**lema	ñ	eñe	ma**ñ**ana
c	ce	**c**osa, **c**ero	o	o	**o**nce
ch	che	**ch**ico	p	pe	**p**rofesor
d	de	**d**iario, na**d**a	q	cu	**q**ué
e	e	**e**studiant**e**	r	ere	**r**egular, seño**r**a
f	efe	**f**oto			
g	ge	**g**racias, **G**erardo, re**g**ular	s	ese	**s**eñor
			t	te	**t**ú
h	hache	**h**ola	u	u	**u**sted
i	i	**i**gualmente	v	ve	**v**ista, nue**v**o
j	jota	**J**avier	w	doble ve	**w**alkman
k	ka, ca	**k**ilómetro	x	equis	e**x**istir, Mé**x**ico
l	ele	**l**ápiz			
ll	elle	**ll**ave	y	i griega, ye	**y**o
m	eme	**m**apa	z	zeta, ceta	**z**ona

Práctica Spell these words aloud in Spanish.

1. nada
2. maleta
3. quince
4. muy
5. hombre
6. por favor
7. San Fernando
8. Estados Unidos
9. Puerto Rico
10. España
11. Javier
12. Ecuador
13. Maite
14. gracias
15. Nueva York

Oraciones Repeat these sentences after your instructor, then spell each word aloud.

1. Me llamo Carmen.
2. Hasta luego, señora Herrera.
3. ¿Qué tal, David?
4. Buenos días, Pedro.

Refranes Read these sayings aloud after your instructor.

Ver es creer.[1]

En boca cerrada no entran moscas.[2]

[1] Seeing is believing. [2] Silence is golden.

Practice more!

LM p. 2

vhlcentral

 Video: *Fotonovela*

Bienvenida, Marissa

Marissa llega a México para pasar un año con la familia Díaz.

PERSONAJES

MARISSA

SRA. DÍAZ

DON DIEGO

SR. DÍAZ

FELIPE

JIMENA

MARISSA ¿Usted es de Cuba?
SRA. DÍAZ Sí, de La Habana. Y Roberto es de Mérida. Tú eres de Wisconsin, ¿verdad?
MARISSA Sí, de Appleton, Wisconsin.

MARISSA ¿Quiénes son los dos chicos de las fotos? ¿Jimena y Felipe?
SRA. DÍAZ Sí. Ellos son estudiantes.

DON DIEGO Buenas tardes, señora. Señorita, bienvenida a la Ciudad de México.
MARISSA ¡Muchas gracias!

SRA. DÍAZ Ahí hay dos maletas. Son de Marissa.
DON DIEGO Con permiso.

SR. DÍAZ ¿Qué hora es?
FELIPE Son las cuatro y veinticinco.

SRA. DÍAZ Marissa, te presento a Roberto, mi esposo.
SR. DÍAZ Bienvenida, Marissa.
MARISSA Gracias, señor Díaz.

ACTIVIDADES

1 ¿Cierto o falso? Indicate if each statement is **cierto** or **falso**. Then correct the false statements.

	Cierto	Falso
1. La Sra. Díaz es de Caracas.	○	○
2. El Sr. Díaz es de Mérida.	○	○
3. Marissa es de Los Ángeles, California.	○	○
4. Jimena y Felipe son profesores.	○	○
5. Las dos maletas son de Jimena.	○	○

2 Completar Complete this other version of Don Diego and Marissa's meeting for the first time.

DON DIEGO Buenos días, (1) _____.
MARISSA Buenos días, señor. ¿Cómo se (2) _____ usted?
DON DIEGO Yo me llamo Diego, ¿y (3) _____?
MARISSA Yo me llamo Marissa. (4) _____.
DON DIEGO (5) _____, señorita Marissa.

4

MARISSA   ¿Cómo se llama usted?
DON DIEGO   Yo soy Diego. Mucho gusto.
MARISSA   El gusto es mío, don Diego.

5

DON DIEGO   ¿Cómo está usted hoy, señora Carolina?
SRA. DÍAZ   Muy bien, gracias. ¿Y usted?
DON DIEGO   Bien, gracias.

9

JIMENA   ¿Qué hay en esta cosa?
MARISSA   Bueno, a ver, hay tres cuadernos, un mapa... ¡Y un diccionario!
JIMENA   ¿Cómo se dice *mediodía* en inglés?
FELIPE   *"Noon"*.

10

FELIPE   Estás en México, ¿verdad?
MARISSA   ¿Sí?
FELIPE   Nosotros somos tu diccionario.

---

3 **Preguntas** Imagine that you are speaking with a traveler you just met at the airport. With a partner, create a conversation using these cues.

▶ Greet each other.
▶ Introduce yourselves.
▶ Ask how your partner is doing.
▶ Ask where your partner is from.
▶ Say goodbye.

Practice more!
VM
pp. 169–170   vhlcentral

Expresiones útiles

Identifying yourself and others
¿Cómo se llama usted?
What's your name?
Yo soy Diego, el portero. Mucho gusto.
I'm Diego, the doorman. Nice to meet you.
¿Cómo te llamas?
What's your name?
Me llamo Marissa.
My name is Marissa.
¿Quién es…? / ¿Quiénes son…?
Who is…? / Who are…?
Es mi esposo.
He's my husband.
Tú eres…, ¿verdad?/¿cierto?/¿no?
You are…, right?

Identifying objects
¿Qué hay en esta cosa?
What's in this thing?
Bueno, a ver, aquí hay tres cuadernos…
Well, let's see, here are three notebooks…
Oye/Oiga, ¿cómo se dice *suitcase* en español?
Hey, how do you say suitcase *in Spanish?*
Se dice *maleta*.
You say maleta.

Saying what time it is
¿Qué hora es?
What time is it?
Es la una. / Son las dos.
It's one o'clock. / It's two o'clock.
Son las cuatro y veinticinco.
It's four twenty-five.

Polite expressions
Con permiso.
Pardon me; Excuse me.
(to request permission)
Perdón.
Pardon me; Excuse me. (to get someone's attention or excuse yourself)
¡Bienvenido/a! *Welcome!*

Reading

Saludos y besos en los países hispanos

In Spanish-speaking countries, kissing on the cheek is a customary way of greeting friends and family members. Greetings between men and women, and between women, generally include a kiss (**un beso**) on the cheek, or a kiss on each cheek. Men generally greet each other with a hug or warm handshake. Whereas North Americans maintain considerable personal space when greeting, Spaniards and Latin Americans decrease their personal space to give one or two kisses on the cheek, sometimes accompanied by a handshake or a hug.

Even when people are introduced for the first time, it is common for them to kiss, particularly in non-business settings. In formal or business settings, where associates do not know one another on a personal basis, a simple handshake is appropriate.

Greetings can differ depending on gender, as well as the country and context. In Spain, it is customary to give **dos besos**, starting with the right cheek first. In most Latin American countries, a greeting consists of a single "air kiss"

on the right cheek. It is also acceptable to simply shake hands. In Colombia, female acquaintances tend to simply pat each other on the right forearm or shoulder. In Argentina, male friends and relatives lightly kiss on the cheek.

Tendencias

País	Beso	País	Beso
Argentina	💋	España	💋💋
Bolivia	💋	México	💋
Chile	💋	Paraguay	💋💋
Colombia	💋	Puerto Rico	💋
El Salvador	💋	Venezuela	💋/💋💋

Saludos y despedidas

Chao./Ciao.	Adiós.
¿Cómo te/le va?	How are things going?
¿Qué hay?	What's up?
¿Qué hacés? (Arg.)	
¿Qué te cuentas? (Esp.)	
¿Qué onda? (Arg., Chi., Méx.)	
¿Qué más? (Col., Ven.)	

ACTIVIDADES

1 **¿Cierto o falso?** Indicate whether each statement is true (**cierto**) or false (**falso**). Correct the false statements.

1. Hispanic people use less personal space when greeting than non-Hispanics.

2. Men never greet with a kiss in Spanish-speaking countries.

3. Shaking hands is not appropriate for a business setting in Latin America.

4. Spaniards greet with one kiss on the right cheek.

5. In Mexico, people greet with an "air kiss."

6. Gender can play a role in the type of greeting given.

7. If two women acquaintances meet in Colombia, they should exchange two kisses on the cheek.

8. In Peru, a man and a woman meeting for the first time in a business setting would probably greet each other with an "air kiss."

2 **Saludos** Based on your experiences, compare greeting styles in North America with those of Spanish-speaking countries.

3 **Situaciones** With a partner, act out one of the following scenarios. You run into a friend at the mall and you want to say hello. How would you do so in the following countries?
- Argentina
- Spain
- Colombia
- The United States

4 **Conexión Internet** Go to **vhlcentral.com** and research the Spanish custom of *el paseo*.

Video

Encuentros en la plaza

1 **Preparación** Where do you usually meet your friends? Are there public places where you get together? What do you do there?

2 **El video** Watch this **Flash Cultura** episode.

Vocabulario			
abrazo	*hug*	**¡Cuánto tiempo!**	*It's been a long time!*
encuentro	*meeting*	**¡Qué bueno verte!**	*It's great to see you!*

Today we are at the **Plaza de Mayo.**

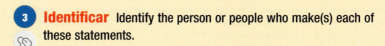

People come to walk and get some fresh air…

3 **Identificar** Identify the person or people who make(s) each of these statements.

1. ¿Cómo están ustedes?　　**a.** Gonzalo

2. ¡Qué bueno verte!　　**b.** Mariana

3. Mucho gusto, Mariana.　　**c.** Mark

4. Hola.　　**d.** Silvina

Practice more!

VM pp. 201–202　　vhlcentral

1.1 Nouns and articles Tutorial

▶ Nouns identify people, animals, places, things. All Spanish nouns have gender (masculine or feminine) and number (singular or plural).

▶ Most nouns that refer to males are masculine. Most nouns that refer to females are feminine.

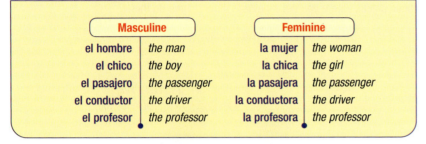

Masculine		Feminine	
el hombre	*the man*	la mujer	*the woman*
el chico	*the boy*	la chica	*the girl*
el pasajero	*the passenger*	la pasajera	*the passenger*
el conductor	*the driver*	la conductora	*the driver*
el profesor	*the professor*	la profesora	*the professor*

el chico   **la chica**

▶ Most nouns ending in **–o**, **–ma**, and **–s** are masculine. Most nouns ending in **–a**, **–ción**, and **–dad** are feminine.

Masculine		Feminine	
el cuaderno	*the notebook*	la cosa	*the thing*
el diario	*the diary*	la escuela	*the school*
el diccionario	*the dictionary*	la maleta	*the suitcase*
el número	*the number*	la mochila	*the backpack*
el video	*the video*	la palabra	*the word*
el problema	*the problem*	la lección	*the lesson*
el programa	*the program*	la conversación	*the conversation*
el autobús	*the bus*	la nacionalidad	*the nationality*
el país	*the country*	la comunidad	*the community*

¡ojo! *(Careful!)* **El lápiz** (*pencil*), **el mapa** (*map*), and **el día** (*day*) are masculine. **La mano** (*hand*) is feminine.

▶ Some nouns have identical masculine and feminine forms. The article indicates the gender of these words.

Masculine		Feminine	
el turista	*the tourist*	la turista	*the tourist*
el joven	*the young man*	la joven	*the young woman*
el estudiante	*the student*	la estudiante	*the student*

Práctica

1 **¿Femenino o masculino?** Provide the opposite gender form for each word.

modelo   la chica ___el chico___

1. el conductor _____   4. la mujer _____
2. el turista _____   5. el pasajero _____
3. la profesora _____

2 **Singular y plural** Make the singular words plural and the plural words singular.

modelo   el turista ___los turistas___

1. las cosas _____   6. unos números _____
2. una mujer _____   7. el conductor _____
3. la palabra _____   8. un programa _____
4. los países _____   9. una mano _____
5. el problema _____

3 **Identificar** For each photo, provide the noun and its corresponding definite and indefinite articles.

modelo

las maletas, unas maletas

1. _____   2. _____

3. _____   4. _____

Conversación

4 **Clasificar** With a partner, identify the photos and supply the definite and indefinite articles. Then indicate the plural forms of the singular nouns and vice versa.

modelo

la chica, una chica
_____
las chicas, unas chicas
_____

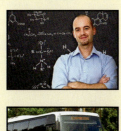

1. _____

_____

2. _____

_____

3. _____

_____

4. _____

_____

5. _____

_____

5 **Dibujar** In groups, play a game of *Pictionary*. Individually, think of three nouns, and taking turns, draw each noun for group members to guess. The first person to identify the singular and plural forms wins a point.

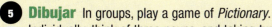
Practice more!

WB	LM	S
p. 3	p. 3	vhlcentral

Plural of nouns

▸ Nouns that end in a vowel form the plural by adding **–s**. Nouns that end in a consonant add **–es**. Nouns that end in **–z** change the **–z** to **–c**, then add **–es**.

SINGULAR	PLURAL	SINGULAR	PLURAL
el chico	los chicos	el país	los países
la palabra	las palabras	el lápiz	los lápices

¡ojo! In general, when a singular noun has an accent mark on the last syllable, the accent is dropped from the plural form:

la lección → las lecciones   el autobús → los autobuses

▸ The masculine plural form may refer to a mixed-gender group.

1 pasajero + 2 pasajeras = 3 pasajeros

Spanish articles

Spanish has four forms that are equivalent to the English definite article *the*. Spanish also has four forms that are equivalent to the English indefinite article, which, according to context, may mean *a, an,* or *some.*

Spanish articles

Definite articles

MASCULINE		FEMININE	
el diccionario	the dictionary	la computadora	the computer
los diccionarios	the dictionaries	las computadoras	the computers

Indefinite articles

un pasajero	a (one) passenger	una fotografía	a (one) photograph
unos pasajeros	some passengers	unas fotografías	some photographs

¡Manos a la obra!

Provide the correct articles.

¿el, la, los o las?	¿un, una, unos o unas?
1. __la__ chica	1. __un__ autobús
2. _____ chico	2. _____ lección
3. _____ nacionalidad	3. _____ computadora
4. _____ cuadernos	4. _____ hombres
5. _____ problemas	5. _____ señora
6. _____ mujeres	6. _____ lápices

1.2 Numbers 0–30

 Tutorial

Numbers 0–30

0 cero	6 seis	12 doce	18 dieciocho	24 veinticuatro
1 uno	7 siete	13 trece	19 diecinueve	25 veinticinco
2 dos	8 ocho	14 catorce	20 veinte	26 veintiséis
3 tres	9 nueve	15 quince	21 veintiuno	27 veintisiete
4 cuatro	10 diez	16 dieciséis	22 veintidós	28 veintiocho
5 cinco	11 once	17 diecisiete	23 veintitrés	29 veintinueve
				30 treinta

▶ Before a masculine noun, **uno** shortens to **un**. Before a feminine noun, **uno** changes to **una**.

> **un** hombre → **veintiún** hombres

> **una** mujer → **veinti**una** mujeres

¡ojo! Uno and **veintiuno** are used when counting (**uno, dos, tres… veinte, veintiuno, veintidós…**). They are also used after a noun, even if it is feminine (**la lección uno**).

▶ To ask *how many*, use **¿Cuántos?** with a masculine noun and **¿Cuántas?** with a feminine noun. **Hay** means both *there is* and *there are*. Use **¿Hay…?** to ask *Is/Are there…?* Use **no hay** to express *there is/are not*.

—**¿Hay** chicos en la fotografía?
Are there boys in the picture?

—No, **no hay** chicos.
No, there aren't any boys.

—**¿Cuántas** chicas **hay?**
How many girls are there?

—**Hay** tres.
There are three.

¡Manos a la obra!

Provide the Spanish words for these numbers.

a. **7** _siete_
b. **16** _____
c. **29** _____
d. **1** _____
e. **0** _____

f. **15** _____
g. **21** _____
h. **9** _____
i. **23** _____
j. **11** _____

k. **30** _____
l. **4** _____
m. **12** _____
n. **28** _____
o. **14** _____

p. **10** _____
q. **2** _____
r. **5** _____
s. **22** _____
t. **13** _____

Práctica

1 **Matemáticas** Solve these math problems.

> + más   – menos   = son

modelo   9 + 2 = *Nueve más dos son once.*

1. **3 + 10 =** _____
2. **22 – 3 =** _____
3. **4 + 8 =** _____
4. **17 + 13 =** _____
5. **22 + 1 =** _____
6. **5 – 2 =** _____
7. **11 + 12 =** _____
8. **10 – 0 =** _____
9. **3 + 14 =** _____
10. **22 – 11 =** _____

2 **¿Cuántos hay?** Say how many there are.

modelo

¿Cuántas maletas hay?
Hay cuatro maletas.

1. ¿Cuántos hombres hay? _____
2. ¿Cuántas fotografías hay? _____

3. ¿Cuántos chicos hay? _____
4. ¿Cuántos turistas hay? _____

5. ¿Cuántas conductoras hay? _____
6. ¿Cuántas chicas hay? _____

Conversación

3 **Describir** With a classmate, answer the questions about the photo.

1. ¿Cuántas mujeres hay en la fotografía?

_____

2. ¿Cuántos hombres hay?

_____

3. ¿Cuántas jóvenes hay?

_____

4. ¿Cuántos libros (books) hay?

_____

5. ¿Cuántas personas hay?

_____

4 **En la clase** With a classmate, take turns asking and answering these questions about your classroom.

1. ¿Cuántos estudiantes hay?
2. ¿Hay un profesor o (or) una profesora?
3. ¿Cuántos hombres hay?
4. ¿Cuántas mujeres hay?
5. ¿Hay una computadora?
6. ¿Hay fotografías?
7. ¿Hay mapas?
8. ¿Hay diccionarios?
9. ¿Hay cuadernos?
10. ¿Cuántas mochilas hay?
11. ¿Hay maletas?

Practice more!

WB	LM	S
p. 4	p. 4	vhlcentral

Español en vivo

¿Cuál es la fórmula para un futuro perfecto?

1 escuela + 3 profesores + 20 estudiantes +

30 cuadernos + 80° lápices de colores = una generación de niños con futuro

Proyecto **EducAR** trabaja° para construir un futuro mejor°. Apoye° a **EducAR** en la construcción de quince nuevas escuelas rurales.

ochenta 80   **trabaja** works   **mejor** better   **Apoye** Support

Identificar

Scan the poster and say the numbers out loud.

Preguntas

1. Indicate how many of each are needed. Write the numbers as words.
   a. profesores _____
   b. estudiantes _____
2. What is the purpose of this poster: to improve existing schools, or to raise funds for new schools?
3. What would be your formula for the perfect school?

1.3 Present tense of ser Tutorial

Subject pronouns

▶ In order to use verbs, you will need to learn about subject pronouns. A subject pronoun replaces the name or title of a person or thing and acts as the subject of a verb.

Subject pronouns

	Singular		Plural	
FIRST PERSON	yo	*I*	nosotros nosotras	*we (masculine)* *we (feminine)*
SECOND PERSON	tú usted (Ud.)	*you (familiar)* *you (formal)*	vosotros vosotras ustedes (Uds.)	*you (masc., fam.)* *you (fem., fam.)* *you (form.)*
THIRD PERSON	él ella	*he* *she*	ellos ellas	*they (masc.)* *they (fem.)*

Carlos es estudiante. → Él es estudiante.

▶ Spanish has four subject pronouns that mean *you*. Use **tú** when talking to a friend, a family member, or a child. Use **usted** when talking to someone with whom you have a more formal relationship, such as an employer or a professor, or to someone who is older than you. In Latin America, **ustedes** is used as the plural of both **tú** and **usted**. In Spain, **vosotros/as** is used as the plural of **tú**.

▶ **Usted** and **ustedes** are abbreviated **Ud.** and **Uds.**

▶ **Nosotros**, **vosotros**, and **ellos** refer to a group of males or to a group of males and females. **Nosotras**, **vosotras**, and **ellas** refer only to groups of females.

nosotros, vosotros, ellos   nosotros, vosotros, ellos   nosotras, vosotras, ellas

▶ There is no Spanish equivalent of the English subject pronoun *it*.

—¿Qué es?
What is it?

—Es una computadora.
It's a computer.

Práctica

1 **¿De quién es?** Ask your partner to name the objects and say to whom they belong.

modelo
Estudiante 1: ¿Qué es?
Estudiante 2: Es un diccionario.
Estudiante 1: ¿De quién es?
Estudiante 2: Es del profesor Núñez.

1.   2.

3.   4.

2 **¿Quién es?** With a partner, take turns asking who these people are (**¿Quién es?/¿Quiénes son?**) and where they are from (**¿De dónde es?/¿De dónde son?**).

modelo   Sofía Vergara / Colombia

Estudiante 1: ¿Quién es?
Estudiante 2: Es Sofía Vergara.
Estudiante 1: ¿De dónde es?
Estudiante 2: Es de Colombia.

1. Penélope Cruz y Antonio Banderas / España   2. Miguel Cabrera / Venezuela

3. René Pérez y Eduardo Cabra / Puerto Rico   4. Salma Hayek / México

5. Shakira / Colombia   6. Selena Gómez / Estados Unidos

Conversación

3 En el dormitorio Using the items in the box, ask your partner questions about Susana's bedroom.

modelo
Estudiante 1: ¿Cuántos mapas hay?
Estudiante 2: Hay un mapa.

| ¿Quién? | ¿De dónde? | ¿Cuántos? |
| ¿Qué? | ¿De quién? | ¿Cuántas? |

4 Personas famosas Pretend to be a person from **Cuba, México, España** (Spain), **Canadá** or **los Estados Unidos** (U.S.) who is famous in one of these professions. Your classmates will try to guess who you are.

| actor | *actor* | deportista | *athlete* | cantante | *singer* |
| actriz | *actress* | escritor(a) | *writer* | músico/a | *musician* |

modelo

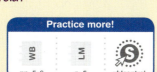

Andy García

Estudiante 3: ¿Eres de Cuba?
Estudiante 1: Sí.
Estudiante 2: ¿Eres mujer?
Estudiante 1: No. Soy hombre.
Estudiante 3: ¿Eres músico?
Estudiante 1: No. Soy actor.
Estudiante 2: ¿Eres Andy García?
Estudiante 1: ¡Sí! ¡Sí!

Practice more!
WB pp. 5–6 | LM p. 5 | S vhlcentral

The present tense of ser

ser (*to be*)

Singular		Plural	
yo	soy (*I am*)	nosotros/as	somos (*we are*)
tú	eres (*you are*)	vosotros/as	sois (*you are*)
Ud./él/ella	es (*you are; he/she is*)	Uds./ellos/ellas	son (*you/they are*)

▶ Use **ser** to identify people and things.

—¿Quién **es** ella?
Who is she?
—**Es** Marissa.
She's Marissa.

—¿Qué **es**?
What is it?
—**Es** una maleta.
It's a suitcase.

▶ Use **ser** to talk about someone's occupation.[1]

Jimena **es** estudiante.
Jimena is a student.
Isabel **es** profesora.
Isabel is a professor.

▶ Use **ser** to express origin, along with **de**.

—¿**De** dónde **es** Marissa?
Where is Marissa from?
—**Es de** los Estados Unidos.
She's from the U.S.

▶ Use **ser** to express possession, with the preposition **de**. **De** combines with **el** to form the contraction **del**.[2] Note that Spanish doesn't use [apostrophe]+ s to indicate possession.

—¿**De** quién **es** la mochila?
Whose backpack is this?
—**Es** la mochila **de** Marissa.
It's Marissa's backpack.

—¿**De** quiénes **son** los lápices?
Whose pencils are these?
—**Son** los lápices **del** chico.
They are the boy's pencils.

---

[1] Spanish does not use **un** or **una** after **ser** when mentioning a person's occupation, unless the occupation is accompanied by an adjective.

[2] **De** does not form contractions with **la, los,** or **las.**

¡Manos a la obra!

Provide the correct subject pronouns, and the present forms of **ser.**

1. Gabriel	él	es
2. Juan y yo	_____	_____
3. tú	_____	_____
4. Adriana	_____	_____
5. las turistas	_____	_____
6. usted y el profesor Ruiz	_____	_____
7. yo	_____	_____
8. el señor y la señora Díaz	_____	_____

1.4 Telling time Tutorial

▶ Use numbers with the verb **ser** to tell time. To ask what time it is, use **¿Qué hora es?** To say what time it is, use **es la** with **una** and **son las** with other hours.

Es la una.

Son las cuatro.

▶ Express time from the hour to the half hour by adding minutes.

Son las dos **y diez**.

Son las ocho **y veinte**.

▶ Use **y cuarto** or **y quince** to say that it's fifteen minutes past the hour. Use **y media** or **y treinta** to say that it's thirty minutes past the hour.

Son las cuatro **y cuarto**.
Son las cuatro **y quince**.

Son las nueve **y media**.
Son las nueve **y treinta**.

Práctica

1 **Emparejar** Match each watch with the correct statement.

_____ _____ _____

_____ _____ _____

1. Son las ocho menos veinticinco de la mañana.
2. Es la una menos diez de la mañana.
3. Son las tres y cinco de la mañana.
4. Son las dos menos cuarto de la tarde.
5. Son las seis y media de la mañana.
6. Son las once y veinte de la noche.

2 **¿Qué hora es?** With a partner, take turns asking and answering the questions. Use the clocks as a guide.

modelo

Estudiante 1: *Son las siete de la noche en Los Ángeles.*
¿Qué hora es en San Antonio?
Estudiante 2: *Son las nueve de la noche en San Antonio.*

Miami   **San Antonio**   **Denver**   **Los Ángeles**

1. Son las cinco de la tarde en Los Ángeles.
   ¿Qué hora es en Miami? _____

2. Son las seis de la tarde en San Antonio.
   ¿Qué hora es en Denver? _____

3. Son las siete de la noche en Denver.
   ¿Qué hora es en Los Ángeles? _____

4. Son las dos y media de la tarde en Los Ángeles.
   ¿Qué hora es en Miami? _____

5. Son las once menos cuarto en San Antonio.
   ¿Qué hora es en Los Ángeles? _____

6. Es la una de la tarde en Los Ángeles.
   ¿Qué hora es en San Antonio? _____

Conversación

3 **En la televisión** With a partner, take turns asking and answering questions about these television listings.

modelo

Estudiante 1: ¿A qué hora es el programa *Las computadoras*?
Estudiante 2: Es a las ocho de la noche.

11:00 am	Película: *El cóndor* (drama)
1:00 pm	Telenovela: *Dos mujeres y dos hombres*
3:00 pm	Programa juvenil: *Fiesta*
3:30 pm	Telenovela: *¡Sí, sí, sí!*
4:00 pm	Telenovela: *El diario de la Sra. González*
5:00 pm	Telenovela: *Tres mujeres*
5:45 pm	Clip de noticias
6:00 pm	Especial musical: *Música folclórica de México*
7:00 pm	La naturaleza: *Jardín secreto*
7:30 pm	Noticiero: *Veinticuatro horas*
8:00 pm	Documental: *Las computadoras*
9:00 pm	Telecomedia: *Don Paco y doña Tere*
10:00 pm	Película: *Pedro Páramo*

4 **Entrevista** Use these questions to interview a classmate.

1. ¿Qué hora es?
2. ¿A qué hora es la clase de español?
3. ¿A qué hora es el programa *60 Minutes*?
4. ¿A qué hora es el programa *Today Show*?
5. ¿A qué hora es tu (*your*) programa favorito?
6. ¿Hay una fiesta (*party*) el sábado (*on Saturday*)? ¿A qué hora es?
7. ¿Hay un concierto (*concert*) el sábado? ¿A qué hora es?

Practice more!

WB pp. 7–8 | LM p. 6 | vhlcentral

To express time from the half-hour to the hour in Spanish, use **menos** to subtract minutes or a portion of an hour from the next hour.

Son las dos **menos cuarto**.

Es la una **menos cuarto**.

Son las nueve **menos diez**.

Son las ocho **menos cinco**.

Time-related expressions

▸ Here are some useful expressions related to telling time.

—**¿Qué hora es?**
What time is it?

—Son las nueve **de la mañana**.
It's 9 o'clock in the morning.

—Son las cuatro **de la tarde**.
It's 4 o'clock in the afternoon.

—Es **el mediodía**.
It's noon.

—Son las diez **de la noche**.
It's 10 o'clock at night.

—Es **la medianoche**.
It's midnight.

▸ To ask or state at what time a particular event takes place, use the constructions **¿A qué hora (...)?** and **a la(s)** + *time*.

—**¿A qué hora** es la clase?
(At) what time is the class?

—La clase es **a las dos**.
The class is at two o'clock.

—La clase es **a la una**.
The class is at one o'clock.

—La clase es **a las ocho en punto**.
The class is at 8 o'clock on the dot.

¡Manos a la obra!

Complete these sentences.

1. (1:00 a.m.)   Es la ____una____ de la mañana.
2. (2:50 a.m.)   Son las tres _____ diez de la mañana.
3. (4:15 p.m.)   Son las cuatro y _____ de la tarde.
4. (8:30 p.m.)   Son las ocho y _____ de la noche.
5. (6:00 a.m.)   Son las seis de la _____.
6. (4:05 p.m.)   Son las cuatro y cinco de la _____.
7. (12:00 a.m.) Es la _____.
8. (9:55 p.m.)   Son las _____ menos cinco de la noche.

A repasar

1.1 Nouns and articles

1 **Combinar** Match the articles and the nouns. There are at least two correct answers for each noun.

un	chicas
una	país
unos	profesoras
unas	videos
el	mujer
la	cuaderno
los	estudiantes
las	lápiz
	conversación
	nacionalidades

2 **Completar** Make a list of at least six singular or plural nouns and their corresponding definite and indefinite articles. Then work with a partner. One person says a noun and the other responds by saying the correct article for the noun.

modelo

Estudiante 1: *autobuses*
Estudiante 2: *los autobuses, unos autobuses*

1.2 Numbers 0–30

3 **Bingo** With a partner, take turns announcing these bingo balls.

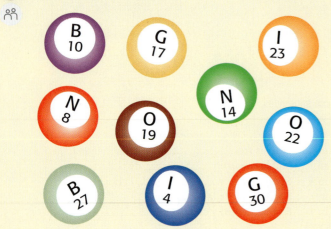

4 ¿Cuánto cuesta? Using the cues provided, say how much each item costs.

modelo cuaderno / $3.00
Un cuaderno cuesta (costs) tres dólares.

1. mapa del país / $6.00 _____
2. diccionario / $11.00 _____
3. mochila / $28.00 _____
4. video / $20.00 _____
5. diario / $9.00 _____

1.3 Present tense of ser

5 **¿Tú, usted o ustedes?** Write which subject pronoun (**tú, usted, ustedes**) you would use when speaking directly to these people.

1	2	3	4	5	6
DOCTOR MELÉNDEZ	MARISSA Y JIMENA	FELIPE	UN POLICÍA	MARTA	SEÑOR Y SEÑORA DÍAZ

1. doctor Meléndez _____
2. Marissa y Jimena _____
3. Felipe _____
4. un policía _____
5. Marta _____
6. señor y señora Díaz _____

6 **Presentaciones** In pairs, complete the conversation with the correct forms of the verb **ser**.

DAVID ¡Hola! Tú (1) _____ Teresa, ¿verdad?

TERESA Sí, yo (2) _____ Teresa y ella (3) _____ Elena. ¿Y quiénes (4) _____ ustedes?

DAVID (5) _____ David y él (6) _____ Roberto. ¿De dónde (7) _____ ustedes?

TERESA (8) _____ de México, de la capital. ¿Y ustedes?

DAVID Yo (9) _____ de Los Ángeles y Roberto (10) _____ de San Francisco.

TERESA Mucho gusto, David.

DAVID ¡El gusto (11) _____ mío!

1.4 Telling time

7 **¿Qué hora es?** Say what time it is.

Son las siete y diez de la mañana.

1.

2.

_____

3.

4.

_____

5.

6.

_____

8 **En el aeropuerto** With a partner, take turns asking and answering questions about the departure times of these flights.

 modelo

Estudiante 1:
¿A qué hora es el vuelo (*flight*) para Caracas?

Estudiante 2:
Es a las once y dos de la mañana.

Destino (*Destination*)	Hora
Bogotá	10:00 a.m.
Cancún	2:10 p.m.
Caracas	11:02 a.m.
La Habana	12:30 p.m.
Lima	4:40 p.m.
Montreal	1:27 p.m.
Quito	5:50 a.m.
San Juan	8:15 a.m.

Síntesis

9 **En México** You are in Mexico City at the start of your semester abroad. Today there is an orientation session for new students. With a classmate, act out this situation. (Use the cue in brackets to answer the last question.)

- Greet your partner, tell him/her who you are, and find out his or her name.
- Find out where your partner is from.
- Ask if he/she is a professor.
- Find out how many students are in the program. [21 students]

Videoclip Video

1 **Preparación** Think about three favorite activities you like to do with your family and friends. Do you have to pay for them? How much do they cost?

2 **El clip** Watch the ad for **MasterCard** from Argentina.

Vocabulario	
aperitivo *appetizer*	**no tiene precio** *priceless*
plato principal *main course*	**un domingo en familia**
postre *dessert*	*Sunday with the family*

Postre…

copa de helado: $6

Un domingo en familia…

un domingo en familia: no tiene precio

3 **Emparejar** Match each item with its price according to the ad.

_____ **1.** aperitivo

_____ **2.** plato principal

_____ **3.** postre

a. quince dólares
b. ocho dólares
c. treinta dólares
d. seis dólares
e. cinco dólares
f. veintiocho dólares

4 **Tener un precio** With a partner, brainstorm and write a TV ad about something you consider priceless. Use this MasterCard ad as a model. Then, read it to the class.

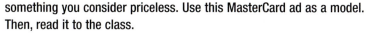

Ampliación

1 Escuchar

A Listen to the conversation between an airline employee (Ms. Martínez) and a traveler. Then fill in the missing information on the form.

TIP **Listen for words you know.** You can get the gist of a conversation by listening for words and phrases you already know.

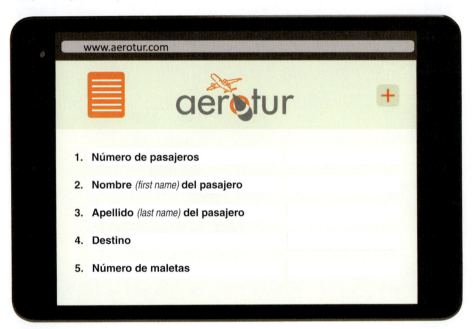

www.aerotur.com

aerotur

1. **Número de pasajeros**

2. **Nombre** *(first name)* **del pasajero**

3. **Apellido** *(last name)* **del pasajero**

4. **Destino**

5. **Número de maletas**

B When does this conversation take place, before or after the trip? How do you know?

2 Conversar

You are surveying professors to find out about the resources in their classrooms. With a partner, act out an interview between you and a professor. During the interview, you need to find out the following information. (Don't forget to introduce yourself and thank the professor before saying goodbye.)

- *The professor's name (Confirm the correct spelling.)*
- *The start time of the class*
- *The number of students in class*
- *The number of dictionaries in the class*
- *Whether or not there are computers in class*
- *Whether or not there are maps in class*

Ampliación

3 Escribir

Write an e-mail to Mrs. Suárez, the director of a language school in Madrid where you want to take a summer course. Introduce yourself and ask her questions about the program.

> **TIP** **Write in Spanish.** Use grammar and vocabulary that you know. Also, look at your textbook for examples of style, format, and expressions in Spanish.

Organize — Make a list of the information that you can provide about yourself in Spanish (your name, your occupation, where you are from). In addition, make a list of questions that you want to ask Mrs. Suárez, such as what time class starts, the number of students in the class, and information about the other students (where they are from, number of males/females, etc).

Write — Using the material you have compiled, write the first draft of your e-mail.

Revise — Exchange your draft with a classmate and comment on the organization, style, and grammatical accuracy of each other's work. Then, revise your first draft, taking your classmate's comments into consideration.

Share — Read your e-mail aloud in small groups. What kind of greetings and expressions of courtesy were used in the e-mails?

4 Un paso más

Prepare a presentation about how Hispanic cultures have influenced an American city. Search for information about this city and include the following in your presentation:

- An introduction of yourself in Spanish
- A general description of the city
- A brief explanation of why you chose this city
- Examples of how Hispanic cultures have influenced the city
- Photos, drawings, and charts to make your presentation more interesting

5 Conexión Internet

Go to **vhlcentral.com** to find out more about these topics.

- Emisoras de radio en Nueva York
- Dominó en Miami
- Calle Olvera en Los Ángeles

SAN ANTONIO

Audio: Reading
Additional Reading

Antes de leer

Cognates are words that share similar meanings and spellings in two or more languages. The Spanish words **computadora**, **problema**, and **programa** are examples of cognates.

When you read in Spanish, look for cognates and use them to get the general meaning of what you're reading. Watch out for false cognates such as **librería**, which means *bookstore*, not *library*.

Laura, a university student, made a list of important names and numbers she needed to remember. Look for cognates while you read it.

Phone numbers are usually read as pairs of numbers. However, for phone numbers with an odd number of digits, the first number is read separately. For example, Mrs. Ruiz's phone number would be read as 4-24-17-11. For e-mail addresses in Spanish, the "at" symbol (@) is called **arroba** and the period is called **punto**.

Teléfonos importantes

Sra. Ruiz (asistente de matemáticas) 424-1711

Oficina de ayuda financiera 427-1407

Administración universitaria
(número principal) 427-1300

Dormitorio Los Pinos 427-3023

Policía del campus 427-0710

Dra. Chen 313-2012

Estadio de béisbol 222-1514

Pizzería Roma 218-0723

Cooperativa Orgánica El Sol 310-1604

Direcciones electrónicas

Oficina de matemáticas
ofna@matematicas.unimetro.edu.pe

Profesora González
a.gonzalez@matematicas.unimetro.edu.pe

Farmacia
rx@farmaciagomez.com.pe

Gimnasio
informacion@gimnasio.unimetro.edu.pe

Después de leer

¿Comprendiste?

Indicate whether each statement is **cierto** (*true*) or **falso** (*false*).

Cierto	Falso	
____	____	1. Professor González works in the math department.
____	____	2. If Laura wanted to get a student loan, she would call 427-3023.
____	____	3. Laura never eats pizza.
____	____	4. If Laura needed to report a crime, she would call 427-0710.
____	____	5. To find out the price of organic apples, Laura would call 310-1604.
____	____	6. Laura would call 427-1300 to get a baseball ticket.

Coméntalo

Think about the names, phone numbers, and e-mail addresses that Laura keeps in her address book. Can you think of any others she should add?

 **Vocabulary Tools**

Saludos y despedidas

Hola.	Hello.
Buenos días.	Good morning.
Buenas tardes.	Good afternoon.
Buenas noches.	Good evening; Good night.
Adiós.	Goodbye.
Chau.	Bye.
Hasta la vista.	See you later.
Hasta luego.	See you later.
Hasta mañana.	See you tomorrow.
Hasta pronto.	See you soon.
Nos vemos.	See you.
Saludos a…	Say hello to…

¿Cómo estás?

¿Cómo está usted?	How are you? (form.)
¿Cómo estás?	How are you? (fam.)
¿Qué hay de nuevo?	What's new?
¿Qué pasa?	What's going on?
¿Qué tal?	How is it going?
(Muy) bien, gracias.	(Very) well, thanks.
Nada.	Nothing.
No muy bien.	Not very well.
Regular.	So-so.

Expresiones y títulos de cortesía

De nada.	You're welcome.
Lo siento.	I'm sorry.
(Muchas) gracias.	Thank you (very much).
No hay de qué.	You're welcome.
Por favor.	Please.
señor (Sr.)	Mr.; sir
señora (Sra.)	Mrs.; ma'am
señorita (Srta.)	Miss

Presentaciones

¿Cómo se llama usted?	What's your name? (form.)
¿Cómo te llamas (tú)?	What's your name? (fam.)
Me llamo…	My name is…
¿Y tú?	And you? (fam.)
¿Y usted?	And you? (form.)
Mucho gusto.	Pleased to meet you.
El gusto es mío.	The pleasure is mine.
Encantado/a.	Pleased to meet you.
Igualmente.	Likewise.
Éste/Ésta es…	This is…
Le presento a…	I would like to introduce you to… (form.)
Te presento a…	I would like to introduce you to… (fam.)
¿De dónde es usted?	Where are you from? (form.)
¿De dónde eres?	Where are you from? (fam.)
Soy de…	I'm from…

Verbos

ser	to be

Expresiones adicionales

¿Cuántos/as?	How many?
¿De quién…?	Whose…? (sing.)
¿De quiénes…?	Whose…? (plural)
Hay	There is; There are
No hay	There is not; There are not
¿Qué es?	What is it?
¿Quién es?	Who is it?

Sustantivos

el autobús	bus
la chica	girl
el chico	boy
la computadora	computer
la comunidad	community
el/la conductor(a)	driver; chauffeur
la conversación	conversation
la cosa	thing
el cuaderno	notebook
el día	day
el diario	diary
el diccionario	dictionary
la escuela	school
el/la estudiante	student
la foto(grafía)	photograph
el hombre	man
el/la joven	youth; young person
el lápiz	pencil
la lección	lesson
la maleta	suitcase
la mano	hand
el mapa	map
la mochila	backpack
la mujer	woman
la nacionalidad	nationality
el número	number
el país	country
la palabra	word
el/la pasajero/a	passenger
el problema	problem
el/la profesor(a)	professor
el programa	program
el/la turista	tourist
el video	video

Numbers 0–30	See page 14.
Subject pronouns	See page 16.
Time-related expressions	See pages 18–19.

2 Las clases

PARA EMPEZAR
- ¿Cuántas personas hay en la foto?
- ¿Son profesores o estudiantes?
- ¿Están en la universidad o en un laboratorio?

Vocabulary Tools

LAS CLASES

el laboratorio

LOS CURSOS

la administración de empresas *business administration*

el arte *art*

la biología *biology*

la clase *class*

la contabilidad *accounting*

el curso *course*

el español *Spanish*

la física *physics*

la historia *history*

el inglés *English*

las lenguas extranjeras *foreign languages*

las matemáticas *mathematics*

el periodismo *journalism*

la psicología *psychology*

la sociología *sociology*

LA UNIVERSIDAD

la cafetería *cafeteria*

el estadio *stadium*

la librería *bookstore*

la residencia estudiantil *dormitory*

el salón de clases *classroom*

la biblioteca
library

la geografía

la computación
computer science

la química
chemistry

el reloj
clock; watch

LOS DÍAS DE LA SEMANA

septiembre →

lunes	3
martes	4
miércoles	5
jueves	6
viernes	7
sábado	1	8
domingo	2	9

LA CLASE

el examen *test; exam*
el horario *schedule*
el marcador *dry-erase marker*
la mesa *table*
el papel *paper*
la pluma *pen*
la prueba *test; quiz*
la puerta *door*
el semestre *semester*
la tarea *homework*
la tiza *chalk*
el trimestre *trimester; quarter*
la ventana *window*

OTRAS PALABRAS Y EXPRESIONES

el/la compañero/a de clase *classmate*
el/la compañero/a de cuarto *roommate*
la semana *week*
la universidad *university*

Hoy es... *Today is . . .*

la pizarra

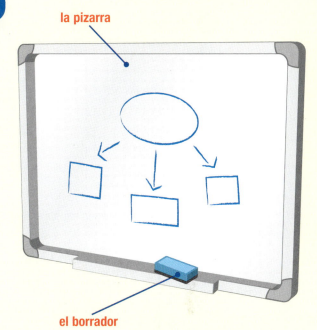

el borrador

la silla

el escritorio

el libro
book

A escuchar

1 **Escuchar** Listen to Professor Morales talk about her Spanish classroom, then check the items she mentions.

1. puerta ❏
2. ventanas ❏
3. pizarra ❏
4. borrador ❏
5. tiza ❏
6. escritorios ❏

7. sillas ❏
8. libros ❏
9. plumas ❏
10. mochilas ❏
11. papel ❏
12. reloj ❏

2 **Mis clases** Listen and fill in the calendar with María's class schedule. Then complete the sentences below.

Estudiante María			**Semestre N° 1**	
lunes	martes	miércoles	jueves	viernes
AM 10:30 arte				
PM				

María

modelo Éste (*This*) es el primer (*first*) _semestre_ de María en la universidad.

1. Este semestre María toma cuatro _____.
2. La clase de _____ es el lunes a las diez y media de la mañana.
3. La clase de _____ es el martes a las dos y quince de la tarde.
4. La clase de periodismo es el _____ a las once de la mañana.
5. La clase de _____ es el jueves a las tres y media de la tarde.
6. María estudia (*studies*) en la _____ los viernes.

Practice more!

LM
p. 7

A practicar

3 **Clasificar** Indicate to which category each word belongs: **Persona**, **Objeto**, **Curso**, or **Lugar** (*place*).

	Persona	Objeto	Curso	Lugar
1. el periodismo	_____	_____	_____	_____
2. la residencia estudiantil	_____	_____	_____	_____
3. el compañero de cuarto	_____	_____	_____	_____
4. el estadio	_____	_____	_____	_____
5. la tiza	_____	_____	_____	_____
6. la contabilidad	_____	_____	_____	_____
7. la pluma	_____	_____	_____	_____
8. la compañera de clase	_____	_____	_____	_____

4 **Analogías** Choose the best words from the word bank to complete the analogies.

modelo   dos ⟷ cuatro ⊜ martes ⟷ _jueves_

1. hoy ⟷ mañana ⊜ viernes ⟷ _____
2. EE.UU. ⟷ mapa ⊜ hora ⟷ _____
3. inglés ⟷ lengua ⊜ miércoles ⟷ _____
4. mapa ⟷ geografía ⊜ computadora ⟷ _____
5. pluma ⟷ papel ⊜ tiza ⟷ _____
6. papel ⟷ cuaderno ⊜ libro ⟷ _____

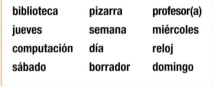

biblioteca	pizarra	profesor(a)
jueves	semana	miércoles
computación	día	reloj
sábado	borrador	domingo

5 **Cursos** What is the subject matter of each class?

modelo   la cultura de España, el verbo **ser**
Es la clase de español.

1. los microbios, los animales

   _____

2. George Washington, Martin Luther King, Jr.

   _____

3. la geometría, la trigonometría

   _____

4. Frida Kahlo, Leonardo da Vinci

   _____

5. África, el río Amazonas

   _____

6. Freud, Jung

   _____

Frida Kahlo, famosa pintora (*painter*) mexicana

El río Amazonas, en Suramérica

Practice more!

WB
pp. 9–10

vhlcentral

A conversar

6 **Horario** Create your own class schedule like the one below. Then discuss it with a classmate.

modelo

Estudiante 1: ¿Cuándo tomas (*when do you take*) biología?
Estudiante 2: Los lunes, miércoles y viernes tomo (*I take*)
biología a las ocho y media de la mañana.
Estudiante 1: ¿Quién es el/la profesor(a)?
Estudiante 2: Es la profesora Morales.

Estudiante Manuel Domínguez			Semestre N° 1	
lunes	martes	miércoles	jueves	viernes
8:30 biología Profesora Morales		8:30 biología		8:30 biología
10:15 inglés Profesor Herrera	9:45 historia Profesora Cortés	10:15 inglés	9:45 historia	10:15 inglés
	12:45 psicología Profesor Blanco	1:15 arte Profesor Pérez	12:45 psicología	1:15 arte
3:30 laboratorio (biología)				
4:30 discusión (historia) biblioteca				

Manuel Domínguez

7 **Entrevistas** Use these questions to interview classmates.

1. ¿Cómo te llamas?
2. ¿Cómo estás hoy?
3. ¿De dónde eres?
4. ¿Cuántas clases tomas?

5. ¿Cuándo tomas…?
6. ¿A qué hora es la clase de…?
7. ¿Quién es el/la profesor(a)?
8. ¿Cuál (*Which*) es tu clase favorita?

8 **Nuevos amigos** You meet a new student in the cafeteria. Have a conversation in Spanish, using these guidelines.

- Greet your new acquaintance.
- Find out how he or she is doing.
- Ask where he or she is from.
- Compare class schedules.
- Say goodbye.

Pronunciación

  Audio

Spanish vowels

a　　　**e**　　　**i**　　　**o**　　　**u**

Spanish vowels are never silent; they are always pronounced in a short, crisp way without the glide sounds used in English.

Álex	cl**a**se	n**a**d**a**	enc**a**nt**a**d**a**

The letter **a** is pronounced like the *a* in *father,* but shorter.

el	**e**n**e**	m**e**sa	**e**l**e**fant**e**

The letter **e** is pronounced like the *e* in *they,* but shorter.

Inés	ch**i**ca	t**i**za	señor**i**ta

The letter **i** sounds like the *ee* in *beet,* but shorter.

h**o**la	c**o**n	libr**o**	d**o**n Francisc**o**

The letter **o** is pronounced like the *o* in *tone,* but shorter.

uno	reg**u**lar	sal**u**dos	g**u**sto

The letter **u** sounds like the *oo* in *room,* but shorter.

Práctica Practice the vowels by saying the names of these places in Spain.

1. Madrid　　3. Tenerife　　5. Barcelona　　7. Burgos
2. Alicante　　4. Toledo　　6. Granada　　8. La Coruña

Oraciones Read the sentences aloud, focusing on the vowels.

1. Hola. Me llamo Ramiro Morgado.
2. Estudio arte en la Universidad de Salamanca.
3. Tomo también (*also*) literatura y contabilidad.
4. Ay, tengo clase en cinco minutos. ¡Nos vemos!

Refranes Practice the vowels by reading these sayings aloud.

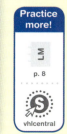

Cada loco con su tema.[2]

Del dicho al hecho hay un gran trecho.[1]

[1] *Easier said than done.*　[2] *To each his own.*

Practice more!

LM

p. 8

vhlcentral

Video:
Fotonovela

¿Qué estudias?

Felipe, Marissa, Juan Carlos y Miguel visitan Chapultepec y hablan de las clases.

PERSONAJES

MARISSA

FELIPE

JUAN CARLOS

MIGUEL

EMPLEADO

MARU

1
FELIPE Dos boletos, por favor.

2
EMPLEADO Dos boletos son 64 pesos.
FELIPE Aquí están 100 pesos.
EMPLEADO 100 menos 64 son 36 pesos de cambio.

3
FELIPE Ésta es la Ciudad de México.

6
FELIPE Juan Carlos, ¿quién enseña la clase de química este semestre?
JUAN CARLOS El profesor Morales. Ah, ¿por qué tomo química y computación?
FELIPE Porque te gusta la tarea.

7
FELIPE Los lunes y los miércoles, economía a las 2:30. Tú tomas computación los martes en la tarde, y química, a ver... Los lunes, los miércoles y los viernes ¿a las 10? ¡Uf!

8
FELIPE Y Miguel, ¿cuándo regresa?
JUAN CARLOS Hoy estudia con Maru.
MARISSA ¿Quién es Maru?

ACTIVIDADES

1 **Identificar** Indicate which person would say the following.

1. ¿Maru es compañera de ustedes? _____

2. Mi mamá habla *(talks)* mucho. _____

3. Mi diccionario está en casa de Felipe y Jimena. _____

4. Hoy yo estudio *(am studying)* con Maru en la biblioteca. _____

5. Yo tomo *(am taking)* computación los martes por la tarde. _____

2 **Completar** Complete each sentence with the correct words.

1. Marissa habla *(speaks)* muy bien el _____.

2. El profesor Morales enseña *(teaches)* _____.

3. Marissa toma cuatro _____.

4. Hay clase de economía los lunes y _____.

5. Maru necesita ir *(needs to go)* a la biblioteca y Miguel necesita ir a la _____.

FELIPE Oye, Marissa, ¿cuántas clases tomas?

MARISSA Tomo cuatro clases: español, historia, literatura y también geografía. Me gusta mucho la cultura mexicana.

MIGUEL Marissa, hablas muy bien el español... ¿Y dónde está tu diccionario?

MARISSA En casa de los Díaz. Felipe necesita practicar inglés.

MIGUEL ¡Ay, Maru! Chicos, nos vemos más tarde.

MIGUEL ¿Hablas con tu mamá?

MARU Mamá habla. Yo escucho. Es la 1:30.

MIGUEL Ay, lo siento. Juan Carlos y Felipe...

MARU Ay, Felipe.

MARU Y ahora, ¿adónde? ¿A la biblioteca?

MIGUEL Sí, pero primero a la librería. Necesito comprar unos libros.

 Preguntas personales Interview a classmate about his/her college life.

1. ¿Qué clases tomas en la universidad?
2. ¿Qué clases tomas los martes?
3. ¿Qué clases tomas los viernes?
4. ¿En qué clase hay más chicos?
5. ¿En qué clase hay más chicas?
6. ¿Te gusta la clase de español?

Practice more!

VM pp. 171–172 · vhlcentral

Expresiones útiles

Talking about classes

¿Cuántas clases tomas?
How many classes are you taking?

Tomo cuatro clases.
I'm taking four classes.

Mi especialización es en arqueología.
My major is archeology.

Este año, espero sacar buenas notas y, por supuesto, viajar por el país.
This year, I hope / I'm hoping to get good grades. And, of course, travel through the country.

Talking about likes/dislikes

Me gusta mucho la cultura mexicana.
I like Mexican culture a lot.

Me gustan las ciencias ambientales.
I like environmental science.

Me gusta dibujar.
I like to draw.

¿Te gusta este lugar?
Do you like this place?

Paying for tickets

Dos boletos, por favor.
Two tickets, please.

Dos boletos son sesenta y cuatro pesos.
Two tickets are sixty-four pesos.

Aquí están cien pesos.
Here's a hundred pesos.

Son treinta y seis pesos de cambio.
That's thirty-six pesos change.

Talking about location and direction

¿Dónde está tu diccionario?
Where is your dictionary?

Está en casa de los Díaz.
It's at the Díaz's house.

Y ahora, ¿adónde? ¿A la biblioteca?
And now, where to? To the library?

Sí, pero primero a la librería.
Está al lado.
Yes, but first to the bookstore.
It's next door.

Reading

La elección de una carrera universitaria

Since higher education in the Spanish-speaking world is heavily state-subsidized, tuition is almost free; as a result, public universities see large enrollments. Spanish and Latin American students generally choose their **carrera universitaria** (major) when they're eighteen, which can be during their last year of high school or their first year of college.

Estudiantes hispanos en los EE.UU.

In the 2014–15 academic year, over 17,000 Mexican students (2% of all international students) studied at U.S. universities. Colombians were the second largest Spanish-speaking group, with over 7,000 students.

Universidad Central de Venezuela en Caracas

In order to enroll, all students must complete a high school degree, known as the **bachillerato**. In countries like Bolivia and Mexico, the last year of high school (**colegio***) tends to be specialized in an area of study, such as natural sciences or the arts. Students then choose their major according to their area of specialization. Similarly, university-bound students in Argentina follow the **polimodal** track during the last three years of high school. **Polimodal** refers to exposure to various disciplines, such as business, social sciences, or design; based on this coursework, Argentine students choose their **carrera**.

Finally, in Spain, students choose their major according to the score they receive on the **prueba de aptitud** (skills test or entrance exam).

University graduates receive a **licenciatura**, or bachelor's degree. In Argentina or Chile, a **licenciatura** takes four to six years to complete, and may be considered equivalent to a master's degree. In Peru and Venezuela, a bachelor's degree is a five-year process. Spanish and Colombian **licenciaturas** take four to five years, although some fields, such as medicine, require six or more.

* **¡Ojo! El colegio** is a false cognate. In most countries, it means *high school*, but in some regions it refers to an elementary school. All undergraduate study takes place at **la universidad**.

ASÍ SE DICE

Clases y exámenes

aprobar	to pass
la clase anual	year-long course
el examen parcial	midterm exam
la facultad	department, school
la investigación	research
la materia la asignatura (Esp.)	la clase, el curso
reprobar suspender (Esp.)	to fail
sacar buenas/malas notas	to get good/bad grades
tomar apuntes	to take notes

ACTIVIDADES

1 ¿Cierto o falso? Indicate whether each statement is **cierto** or **falso**. Correct the false statements.

1. Students in Spanish-speaking countries must pay large amounts of money toward their college tuition.

2. **Carrera** refers to any undergraduate and/or graduate program that students enroll in to obtain a professional degree.

3. After studying at a **colegio**, students receive their **bachillerato**.

4. Undergraduates study at a **colegio** or an **universidad**.

5. In Latin America and Spain, students usually choose their majors in their second year at the university.

6. The **polimodal** system helps students choose their university major.

7. In Mexico, the **bachillerato** involves specialized study.

8. In Spain, majors depend on entrance exam scores.

9. Venezuelans complete a **licenciatura** in four years.

10. According to statistics, Mexican students are the largest group of Spanish-speaking students studying at U.S. universities.

2 Saludos In pairs, research a Spanish or Latin American university online and find five statistics about that institution (total enrollment, majors offered, number of departments/schools). Using this information, create a dialogue between a prospective student and a university representative.

3 Conexión Internet Go to **vhlcentral.com** and find which **facultad** your major belongs to in Spain or Latin America.

Video

Los estudios

1 Preparación What is the name of your school or university? What degree program are you in? What classes are you taking this semester?

2 El video Watch this **Flash Cultura** episode.

Vocabulario
¿Qué estudias? *What do you study?*
¿Cuál es tu materia favorita? *What is your favorite subject?*
carrera (de medicina) *(medical) degree program, major*
derecho *law*

Estudio derecho en la UNAM.

¿Conoces algún° profesor famoso que dé clases... en la UNAM?

¿Conoces algún...? Do you know any...?

3 Emparejar Match the phrases in column A to each sentence in column B.

1. En la UNAM no hay
2. México, D.F. es
3. La UNAM tiene (*has*)
4. La UNAM ofrece

a. muchos profesores famosos.
b. 74 carreras de estudio.
c. residencias estudiantiles.
d. la ciudad más grande (*largest*) de Latinoamérica.

Practice more!
pp. 203–204 vhlcentral

Tutorial

2.1 The present tense of regular –ar verbs

▶ To create the forms of regular verbs, drop the infinitive endings (**–ar, –er, –ir**). Then add the endings that correspond to the different subject pronouns. The chart below shows how to conjugate regular **–ar** verbs.

estudiar (*to study*)

yo	estudi**o**	*I study*
tú	estudi**as**	*you (fam.) study*
Ud./él/ella	estudi**a**	*you (form.) study; he/she studies*
nosotros/as	estudi**amos**	*we study*
vosotros/as	estudi**áis**	*you (pl.) study*
Uds./ellos/ellas	estudi**an**	*you (pl.) study; they study*

Juan Carlos estudia ciencias ambientales.

Y tú, ¿qué estudias, Miguel?

Common –ar verbs

bailar	to dance	explicar	to explain
buscar	to look for	hablar	to talk; to speak
caminar	to walk	llegar	to arrive
cantar	to sing	llevar	to carry
comprar	to buy	mirar	to look (at); to watch
contestar	to answer	necesitar	to need
conversar	to talk	practicar	to practice
descansar	to rest	preguntar	to ask (a question)
desear	to want; to wish	preparar	to prepare
dibujar	to draw	regresar	to return
enseñar	to teach	terminar	to end; to finish
escuchar	to listen	tomar	to take; to drink
esperar	to wait (for); to hope	trabajar	to work
estudiar	to study	viajar	to travel

▶ The Spanish present tense has several meanings in English. Note the following examples.

Ana **trabaja** en la cafetería.
Ana works in the cafeteria.
Ana is working in the cafeteria.
Ana does work in the cafeteria.

Paco **viaja** a Madrid mañana.
Paco travels to Madrid tomorrow.
Paco is traveling to Madrid tomorrow.
Paco does travel to Madrid tomorrow.

Práctica

1 **Completar** Complete the conversation with the appropriate forms of the verbs.

modelo
JUAN ¡Hola, Linda! ¿Qué clases __tomas__ [tomar]?

LINDA Hola, Juan. (1) _____ [tomar] tres clases: química, biología y computación. Y tú, ¿cuántas clases (2) _____ [tomar]?

JUAN (3) _____ [tomar] cuatro: sociología, biología, arte y literatura. Yo (4) _____ [tomar] biología a las cuatro. ¿Y tú?

LINDA Lily, Alberto y yo (5) _____ [tomar] biología a las diez.

JUAN ¿ (6) _____ [estudiar] ustedes mucho?

LINDA Sí, porque (*because*) hay muchos exámenes. Alberto y yo (7) _____ [estudiar] dos horas juntos todos los días (*together every day*).

JUAN ¿Lily no (8) _____ [estudiar] con ustedes?

LINDA No, ella (9) _____ [estudiar] con su novio (*boyfriend*), Arturo.

2 **¿Te gusta...?** Get together with a classmate and take turns asking each other if you like these activities.

¿Te gusta...?	▶	Sí, me gusta.../No, no me gusta...

modelo
Estudiante 1: ¿Te gusta dibujar?
Estudiante 2: Sí, me gusta dibujar. /
No, no me gusta dibujar.

	Sí	No
la universidad	____	____
cantar	____	____
la historia	____	____
la computación	____	____
los exámenes	____	____
trabajar	____	____
las lenguas extranjeras	____	____

Conversación

3 **Describir** With a partner, describe what the people in the photos are doing.

modelo

Ana María baila.

Héctor

1. _____   2. _____

Gabriela

3. _____   4. _____

4 **Entrevista** Use these questions to interview a classmate.

1. ¿Qué clases tomas?
2. ¿Caminas a tus clases?
3. ¿A qué hora termina la clase de español?
4. ¿Cuántas lenguas hablas?
5. ¿Dónde estudias?
6. ¿Necesitas estudiar hoy para un examen?
7. ¿Miras mucho la televisión? ¿Qué programas te gustan?
8. ¿Te gusta viajar? ¿Deseas viajar a Suramérica?
9. ¿Te gusta bailar? ¿Bailas salsa?
10. ¿Te gusta practicar el español fuera (*outside*) de clases? ¿Conversas con tus compañeros en español?

Practice more!

WB
pp. 11–12

LM
p. 9

vhlcentral

Using verbs in Spanish

▶ When two verbs are used together with no change of subject, the second verb is generally in the infinitive.

Deseo hablar con Felipe.   **Necesito comprar** lápices.
I want to speak with Felipe.   *I need to buy pencils.*

▶ To make a sentence negative, use **no** before the conjugated verb.

Yo **no** miro la televisión.   Ella **no** desea bailar.
I don't watch television.   *She doesn't want to dance.*

▶ Subject pronouns are often omitted; the verb endings indicate who the subject is. They may, however, be used for clarification or for emphasis.

—¿Qué enseñan?   —**Él** enseña arte y **ella** enseña química.
What do they teach?   *He teaches art and she teaches chemistry.*

—¿Quién desea trabajar hoy?   —**Yo** no deseo trabajar.
Who wants to work today?   *I don't want to work.*

The verb gustar

▶ The verb **gustar,** which is used to express likes and dislikes, is different from other -**ar** verbs. The most common forms of this verb are **gusta** and **gustan**. Use a singular noun with **gusta** and a plural noun with **gustan**. Also, there is no subject pronoun (**yo, tú,...**) before **gusta(n)**.

Me gusta la historia.   **Me gustan** las lenguas extranjeras.
I like history.   *I like foreign languages.*

▶ To say what you like, use **me** before **gusta(n)**. To ask a friend what he/she likes, use **te** before **gusta(n)**. To express dislikes, insert **no** before **me** or **te**.

—¿**Te gusta** la biología?   — No, **no me gusta** la biología.
Do you like biology?   *No, I don't like biology.*

—¿**Te gustan** las clases este semestre?   — Sí, **me gustan** las clases este semestre.
Do you like your classes this semester?   *Yes, I like my classes this semester.*

▶ To talk about what you like and don't like to do, use (**no**) **me gusta** + [*infinitive*].

—¿**Te gusta** bailar salsa?   — Sí, **me gusta** bailar salsa.
Do you like to dance salsa?   *Yes, I like to dance salsa.*

¡Manos a la obra!

Provide the present-tense forms of the verbs.

hablar	gustar
1. Yo _hablo_ español.	1. _Me_ _gusta_ la clase. [*I like*]
2. Ellas _____ español.	2. ¿_____ _____ las clases? [*Do you like?*]
3. Tú _____ español.	
4. Isabel _____ español.	3. _____ _____ _____ las pruebas. [*I don't like*]
5. Nosotros _____ español.	4. _____ _____ _____ el arte. [*You don't like*]
	5. _____ _____ viajar. [*I like*]

2.2 Forming questions in Spanish Tutorial

▶ One way to ask questions is simply to raise the pitch of your voice at the end of a sentence. When writing a question, use an upside-down question mark (**¿**) at the beginning of a question and a regular question mark (**?**) at the end.

¿Hablas con tu mamá?

Te gusta mucho la tarea, ¿no?

Statement	Question
Ustedes trabajan los sábados.	¿Ustedes trabajan los sábados?
You work on Saturdays.	*Do you work on Saturdays?*
Miguel regresa a las seis.	¿Miguel regresa a las seis?
Miguel returns at six.	*Does Miguel return at six?*

▶ You can also ask a question by placing the subject after the verb. The subject may even be placed at the end of the sentence.

Statement	Question
SUBJECT VERB	VERB SUBJECT
Ustedes trabajan los sábados.	¿**Trabajan ustedes** los sábados?
You work on Saturdays.	*Do you work on Saturdays?*
SUBJECT VERB	VERB SUBJECT
Miguel regresa a las seis.	¿**Regresa** a las seis **Miguel**?
Miguel returns at six.	*Does Miguel return at six?*

▶ Another way to ask questions is by adding **¿no?** or **¿verdad?** at the end of a statement. With negative statements, you may only add **¿verdad?**

Statement	Question
Ustedes trabajan los sábados.	Ustedes trabajan los sábados, **¿no?**
You work on Saturdays.	*You work on Saturdays, don't you?*
Miguel regresa a las seis.	Miguel regresa a las seis, **¿verdad?**
Miguel returns at six.	*Miguel returns at six, right?*
Tú no tomas biología.	Tú no tomas biología, **¿verdad?**
You don't take biology.	*You don't take biology, right?*

Práctica

1 **Preguntas** Change these statements into questions by inverting the word order.

modelo

Ernesto estudia español.
¿Estudia Ernesto español? /
¿Estudia español Ernesto?

1. Sandra habla con su compañera de cuarto.
   _____
   _____

2. La profesora Soto busca unos libros.
   _____
   _____

3. Tú preparas la tarea.
   _____
   _____

4. Ustedes trabajan en la cafetería.
   _____
   _____

5. Los chicos escuchan música por la radio.
   _____
   _____

2 **Una conversación** Irene and Manolo are chatting (quietly!) in the library. Complete their conversation with the appropriate questions.

modelo   IRENE Hola, Manolo. *¿Cómo estás?*

MANOLO Bien, gracias. (1) _____
IRENE Muy bien. (2) _____
MANOLO Son las nueve.
IRENE (3) _____
MANOLO Estudio historia.
IRENE (4) _____
MANOLO Porque hay un examen mañana.
IRENE (5) _____
MANOLO Sí, me gusta mucho la clase.
IRENE (6) _____
MANOLO El profesor Padilla enseña la clase.
IRENE (7) _____
MANOLO No, no tomo psicología este semestre.

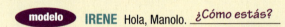

Conversación

 ¿Dónde estás? With a partner, take turns asking each other where you normally are at these times.

modelo   lunes / 10:00 a.m.

Estudiante 1: ¿Dónde estás los lunes a las diez de la mañana?
Estudiante 2: Estoy en la clase de español.

1. viernes / 1:30 p.m.
2. miércoles / 9:15 a.m.
3. lunes / 11:10 a.m.
4. jueves / 12:45 p.m.
5. viernes / 2:25 p.m.
6. martes / 3:50 p.m.
7. jueves / 6:00 p.m.
8. miércoles / 8:20 p.m.

④ La ciudad universitaria You and your partner are at the **Facultad de Bellas Artes** (*School of Fine Arts*). Take turns asking each other where other buildings on the campus map are located.

1. ¿Está lejos la biblioteca de la Facultad (*school*) de Bellas Artes?
2. ¿Dónde está la Facultad de Medicina?
3. ¿Está la Facultad de Administración de Empresas a la derecha de la biblioteca?
4. ¿Dónde está el Colegio Mayor Cervantes?
5. ¿Está la Facultad de Administración de Empresas detrás del Colegio Mayor Cervantes?
6. ¿Dónde está la Facultad de Química?

Practice more!

WB pp. 15–16

LM p. 11

vhlcentral

Estar with prepositions of locations

▶ **Estar** is often used with certain prepositions to describe the location of a person or an object.

Prepositions of location

al lado de	next to; beside	delante de	in front of
a la derecha de	to the right of	detrás de	behind
a la izquierda de	to the left of	encima de	on top of
en	in; on; at	entre	between; among
cerca de	near	lejos de	far from
debajo de	below; under	sobre	on; over

Marissa, Miguel y yo estamos muy lejos de casa.

La biblioteca está al lado de la librería.

La cafetería está **al lado de** la biblioteca.
The cafeteria is beside the library.

Los libros están **encima del** escritorio.
The books are on top of the desk.

El laboratorio está **cerca de** la clase.
The lab is near the classroom.

Carla está **delante de** José.
Carla is in front of José.

El estadio no está **lejos de** la librería.
The stadium isn't far from the bookstore.

Estamos **entre** la puerta y la ventana.
We are between the door and the window.

Juan Manuel está **en** la biblioteca.
Juan Manuel is at the library.

El libro está **sobre** la mesa.
The book is on the table.

¡Manos a la obra!

Provide the present-tense forms of **estar**.

1. Ustedes ___están___ en la clase.
2. José _____ delante de Rosa.
3. Yo _____ muy bien, gracias.
4. Nosotras _____ en la cafetería.
5. Tú _____ en el laboratorio.
6. Elena _____ lejos de la librería.
7. Ellas _____ en la universidad.
8. Ana y yo _____ en la clase.
9. ¿Cómo _____ usted?
10. Javier y Paula _____ en el estadio.
11. Nosotros _____ enfermos.
12. Yo _____ en la biblioteca.
13. Carmen y María _____ en la residencia estudiantil.
14. Tú _____ al lado de Raúl.

2.4 Numbers 31–100

 Tutorial

Numbers 31–100

31 treinta y uno	37 treinta y siete	50 cincuenta
32 treinta y dos	38 treinta y ocho	60 sesenta
33 treinta y tres	39 treinta y nueve	70 setenta
34 treinta y cuatro	40 cuarenta	80 ochenta
35 treinta y cinco	41 cuarenta y uno	90 noventa
36 treinta y seis	42 cuarenta y dos	100 cien

Hay cuarenta y siete estudiantes en la clase de geografía.

Cien menos sesenta y cuatro son treinta y seis pesos de cambio.

► The word **y** is used in most numbers from **31** through **99**.

Hay **ochenta y cinco** exámenes.
There are eighty-five exams.

Hay **cuarenta y dos** estudiantes.
There are forty-two students.

► With numbers that end in **uno** (31, 41, etc.), **uno** becomes **un** before a masculine noun and **una** before a feminine noun.

Hay **treinta y un** chicos.
There are thirty-one guys.

Hay **treinta y una** chicas.
There are thirty-one girls.

► **Cien** is used before nouns and in counting. The words **un**, **una**, and **uno** are never used before **cien** in Spanish.

—¿Cuántos libros hay?
How many books are there?

—Hay **cien** libros.
There are one hundred books.

—¿Cuántas sillas hay?
How many chairs are there?

—Hay **cien** sillas.
There are one hundred chairs.

¡Manos a la obra!

Provide the word form of each number.

a. **56** *cincuenta y seis*
b. **31** _____
c. **84** _____
d. **99** _____
e. **43** _____

f. **68** _____
g. **72** _____
h. **35** _____
i. **87** _____
j. **59** _____

k. **100** _____
l. **61** _____
m. **96** _____
n. **74** _____
ñ. **42** _____

Práctica

1 **Baloncesto** Provide these basketball scores in Spanish.

modelo

ochenta y cinco,
setenta y cuatro

1. _____

2. _____

3. _____

4. _____

5. _____

2 **Números de teléfono** Imagine that you are a telephone operator in Spain. Take turns giving the appropriate phone numbers when callers ask for them.

modelo

Estudiante 1: ¿Cuál es el número de teléfono de José Morales Ballesteros, por favor?
Estudiante 2: Es el noventa y uno, nueve, cuarenta y cuatro, sesenta y seis, sesenta y dos.

MORALES		buscar
Morales Ballesteros, José	Venerable Centenares, 2222	(91) 944-6662
Morales Benito, Francisco	Calle Flores, 16	(91) 773-1216
Morales Borrego, Flora	Mayor, 51	(91) 634-3211
Morales Calvo, Emilio	Villafuerte, 49	(91) 472-2350
Morales Campos, María	Toledo, 35	(91) 773-1382
Morales Cid, Pedro	Rosal, 98	(91) 419-7660
Morales Conde, Ángel	Alameda, 67	(91) 944-3915
Morales Crespo, Pascual	Fernando de la Peña, 13	(91) 634-7148
Morales Díaz, Luz	Buenavista, 80	(91) 834-5238
Morales Fraile, Rosa	Avenida Solares, 74	(91) 834-3371

Conversación

3 **¿Cuánto cuesta?** With a partner, take turns asking how much the items in the ad cost.

modelo

Estudiante 1: Deseo comprar papel. ¿Cuánto cuesta (*does it cost*)?
Estudiante 2: Un paquete cuesta cuatro dólares y cuarenta y un centavos.

$4,41 paquete

$5,59 caja

$36

$19,50

$87

$4,98

$5,31 caja

4 **Entrevista** Find out the telephone numbers and e-mail addresses of four classmates. (They don't have to be real!)

modelo

Estudiante 1: ¿Cuál es tu (*your*) número de teléfono?
Estudiante 2: Es el (416) 635-1951.
Estudiante 1: ¿Y tu dirección de correo electrónico (*e-mail address*)?
Estudiante 2: Es jota-Smith-arroba (*at*)-pe-ele-punto-e-de-u. (*jsmith@pl.edu*).

Practice more!

WB
pp. 17–18

LM
p. 12

vhlcentral

Below is the table of contents from a Latin American magazine.

CONTENIDO

59 CUESTIONARIO

¿Dónde buscas amor?

62 ENCUESTA

Entrevistamos a 100 estudiantes de la universidad para preguntarles cuáles son los cursos más importantes para su futuro profesional.

74 POP EN ESPAÑOL

Conversamos con el cantante colombiano Juanes sobre su nuevo álbum.

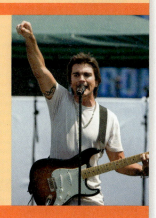

Identificar

Identify in Spanish the numbers used in the table of contents.

Preguntas

1. ¿En qué página está la información sobre la familia?
2. ¿Con quién conversan en la página 74?
3. ¿En qué página buscas información sobre (*about*) opiniones de estudiantes universitarios?

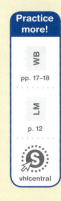

A repasar

2.1 The present tense of regular –ar verbs

1 **Completar** Complete the sentences with the appropriate forms of these verbs. Use each verb only once.

buscar	mirar	terminar	trabajar
cantar	regresar	tomar	viajar

modelo Ella ___trabaja___ en la cafetería de la universidad.

1. Ustedes _____ la clase de arte, ¿no?
2. El examen _____ a las diez.
3. ¿ _____ (tú) la televisión todos los días?
4. Yo _____ un libro en la biblioteca.
5. Nosotros _____ mañana a Madrid.
6. Ellos _____ una canción (*song*) de Shakira.

2 **Combinar** Combine words from the columns to create sentences about yourself and these people.

modelo *El profesor no necesita explicar el examen.*

Yo	(no) desear	caminar	más
Mi (*My*) compañero/a	(no) necesitar	comprar	español
El/La profesor(a)		contestar	el examen
La clase		explicar	los libros
Nosotros		hablar	la lección 2
Los/Las estudiantes		terminar	la tarea
		enseñar	en la clase
		practicar	¿?

2.2 Forming questions in Spanish

3 **Preguntas** Write questions for these answers using interrogative words.

modelo ¿ ___Por qué___ quieres estudiar geografía?

1. —¿ _____ es Patricia?
   —Patricia es de Ecuador.

2. —¿ _____ es él?
   —Él es mi compañero de cuarto.

3. —¿ _____ clases tomas?
   —Tomo cuatro clases.

4. —¿ _____ desean tomar?
   —Deseamos tomar dos cafés.

4 **¿Qué pasa?** Write at least five questions about this photo using interrogative words. Then, with a partner, take turns asking and answering each other's questions.

1. _____
2. _____
3. _____
4. _____
5. _____

2.3 The present tense of estar

5 **Oraciones** Form sentences using the appropriate forms of **ser** or **estar** and the cues provided.

modelo ¿De dónde ___son___ ustedes?

1. Nosotros _____ de Barcelona.
2. ¿Por qué _____ ustedes en Chapultepec?
3. Nosotros _____ profesores de historia.
4. Yo _____ el doctor Ochoa y él _____ el profesor Mendoza.
5. Nosotros _____ aquí (*here*) para visitar la biblioteca.
6. La biblioteca _____ a la izquierda, ¿verdad?

6 **Entrevista** Use these questions to interview a classmate.

1. ¿Cómo estás hoy?
2. ¿Cómo está tu (*your*) compañero/a de cuarto?
3. ¿Dónde está tu compañero/a de cuarto ahora?
4. ¿Quién(es) no está(n) en la clase hoy?
5. ¿Cuándo es la prueba de la lección 2?
6. ¿Dónde están tus amigos (*friends*) ahora?
7. ¿Dónde está la cafetería? ¿Y la librería?
8. ¿Eres de los Estados Unidos?

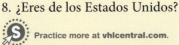 Practice more at **vhlcentral.com**.

2.4 Numbers 31–100

7 **Matemáticas** Solve these math problems.

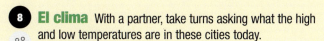
| + más | − menos | = son |

modelo

30 + 42 = Treinta más cuarenta y dos son setenta y dos.

1. 20 + 32 = _____
2. 65 + 18 = _____
3. 46 + 51 = _____
4. 76 + 13 = _____
5. 93 − 45 = _____
6. 81 − 34 = _____
7. 77 − 66 = _____
8. 90 − 55 = _____

8 **El clima** With a partner, take turns asking what the high and low temperatures are in these cities today.

modelo

Estudiante 1: ¿Cuál es la temperatura máxima en Managua?
Estudiante 2: Es ochenta y siete grados (*degrees*).
Estudiante 1: ¿Y cuál es la temperatura mínima?
Estudiante 2: Es sesenta y cuatro grados.

Ciudad	Máx. / Mín.	Ciudad	Máx. / Mín.
Santiago de Chile	37/24	San Salvador	78/62
Buenos Aires	73/51	Montevideo	55/41
La Paz	48/35	Managua	87/64
Ciudad de México	58/42	Bogotá	72/46
San José	80/69	Quito	63/50

Síntesis

9 **El Cuerpo de Paz (*The Peace Corps*)** In pairs, imagine that one of you is a supervisor in the Peace Corps and the other is a volunteer working on starting an elementary school in a rural area in Peru. The supervisor wants some information about the project. Act out this situation, using these guidelines.

- Find out how many students there are. [31 students]
- Find out who the teacher is. [Sra. Ana Pelayo]
- Ask what furniture (*muebles*) and things she needs.
- Find out what courses she wants to teach.
- Find out if the school is located far from the town (*el pueblo*).

Videoclip

 Video

1 **Preparación** Think about occasions when you normally receive gifts. How do you let your family and friends know what you want? Do you usually get what you want?

2 **El clip** Watch the ad for **Jumbo** from Chile.

Vocabulario
ahorrar *to save*	**quería pedirte** *I wanted to ask you for*
Navidad *Christmas*	**te preocupa** *it worries you*

Quería pedirte...

¿Cómo se escribe *mountain bike?*

3 **¿Qué hay?** For each item, write **sí** if it appears in the TV clip or **no** if it does not.

_____ 1. pizarra
_____ 2. lápiz
_____ 3. mesa
_____ 4. computadora
_____ 5. diccionario
_____ 6. cuaderno
_____ 7. tiza
_____ 8. ventana

4 **Tu lista** Write a list of things that you want for your next birthday. Use as much Spanish as you can. Then share your list with a classmate.

Ampliación

1 Escuchar

A Listen to Armando and Julia's conversation. Then list the classes each person is taking.

> **TIP** **Listen for cognates.** Cognates are words that have similar spellings and meanings in two or more languages. Listening for cognates will help you increase your comprehension.

Julia

1. _____
2. _____
3. _____
4. _____

Armando

1. _____
2. _____
3. _____
4. _____
5. _____

B ¿Cuántas clases toman Armando y Julia? ¿Cuántas clases tomas tú? ¿Qué clases te gustan y qué clases no te gustan?

2 Conversar

Greet a classmate, find out how he or she is, and get to know your classmate better by asking these questions.

- ¿Cómo te llamas?
- ¿De dónde eres?
- ¿Qué clases tomas?
- ¿Qué clases te gustan?
- ¿Cuántos estudiantes hay en tu (your) clase de...?
- ¿Cuántas horas estudias durante (during) la semana?
- ¿Dónde estudias normalmente (usually)?

Ampliación

Hola! Me llamo Alicia Roberts. Estudio matemáticas en la Universidad de Nueva York...

3 Escribir

Write a description of yourself to post on a website in order to meet Spanish-speaking people.

TIP **Brainstorm.** Spend ten to fifteen minutes jotting down ideas about the topic you are going to write about. The more ideas you write down, the more you'll have to choose from later when you start to organize your thoughts.

Organizar	Make a list of things you would like people to know about you, including your name, your major, where you go to school, what you're studying, where you work, and your likes and dislikes.
Escribir	Using the material you have compiled, write the first draft of your description.
Corregir	Exchange papers with a classmate and comment on the organization, style, and grammatical correctness of each other's work. Then revise your first draft, keeping your classmate's comments in mind.
Compartir	Read your descriptions aloud in small groups. Point out the three best features of each description.

4 Un paso más

Create a poster that will encourage students to study in a university in a Spanish-speaking country. The poster might include these elements:

- A title
- Photos of university locations
- A campus map
- A short summary of the university's programs
- A list of activities and sports that you can participate in at the university
- Photos of the town where the university is located
- A brief description of the town where the university is located

5 Conexión Internet

Go to **vhlcentral.com** to find out more about these topics.

- Las universidades en España
- Las universidades en América Latina

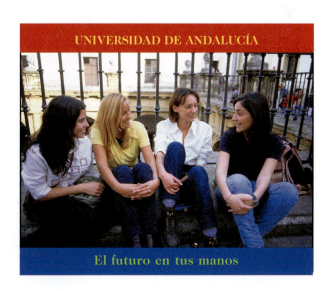

UNIVERSIDAD DE ANDALUCÍA

El futuro en tus manos

Audio: Reading
Additional Reading

Antes de leer

Examina el texto

Recognizing the format of a document can help you to predict its content. For instance, invitations and classified ads follow an easily identifiable format, which usually gives you a general idea of the information they contain. Glance at the document on this page and identify it based on its format.

Cognados

With a classmate, make a list of cognates in the text and guess their English meanings. What do the cognates reveal about the content of the document?

Piénsalo

If you guessed that this text is a brochure from a university, you are correct. You can now infer that the document contains information on departments, courses, and the university campus.

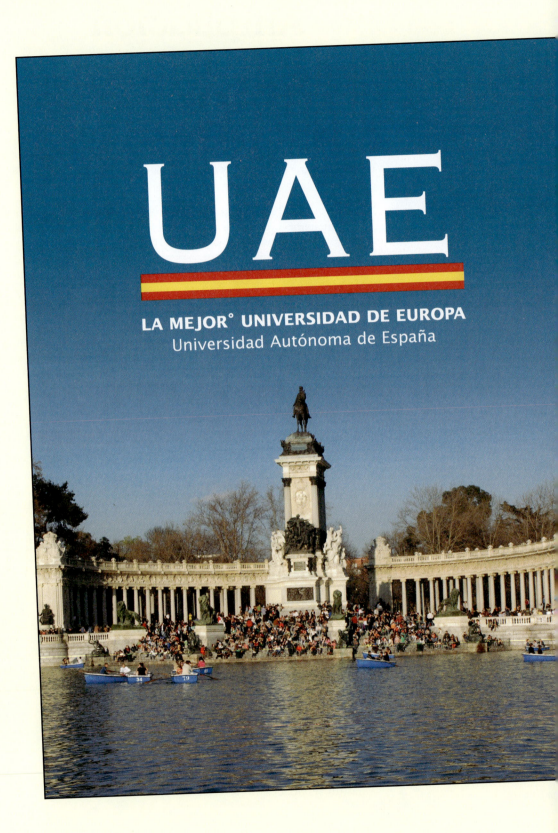

UAE

LA MEJOR° UNIVERSIDAD DE EUROPA
Universidad Autónoma de España

En el campus de la UAE hay ocho facultades:

- Ciencias
- Derecho°
- Medicina
- Psicología
- Filosofía y Letras
- Ciencias Económicas y Empresariales
- Escuela Técnica Superior de Computación
- Facultad° de Formación de Profesorado y Educación

Toma cursos de:

- Antropología Aplicada°
- Computación
- Contabilidad
- Derecho Privado
- Ecología
- Economía General
- Filosofía Antigua°
- Física General
- Geografía
- Historia Contemporánea
- Literatura Española
- Matemáticas
- Microbiología
- Psicología Social
- Química
- Sociología

UAE INICIAMOS LAS CLASES EN SEPTIEMBRE

¡La UAE está cerca de ti!
Calle del Valle de Mena 95 ▪ 28039 Madrid, ESPAÑA
Teléfono: (34) 91.754.87.25 ▪ www.uae.edu.es

mejor *best* **derecho** *law* **facultad** *school*
aplicada *applied* **antigua** *ancient*

Después de leer

∞ ¿Comprendiste?

Indicate whether each statement is **cierto** (*true*) or **falso** (*false*).

Cierto	Falso	
____	____	1. La Universidad Autónoma de España está en Europa.
____	____	2. En la UAE hay diez facultades.
____	____	3. Filosofía y Letras es un curso.
____	____	4. Hay cursos de literatura china en la UAE.
____	____	5. Hay una facultad de psicología en la UAE.
____	____	6. La UAE está en Málaga, España.

∞ Preguntas

Answer these questions using complete sentences.

1. ¿Hay clases de contabilidad en la UAE?
   _____

2. ¿Es posible estudiar medicina en la UAE?
   _____

3. ¿En qué facultad hay clases de economía general?
   _____

4. ¿En qué facultad hay clases de microbiología?
   _____

5. ¿En qué facultad hay clases de literatura española?
   _____

∞ Coméntalo

Look at the brochure of the **Universidad Autónoma de España** and identify the courses taught there. Does your university offer the same courses? Are you taking any of those courses? Would you be interested in studying at the UAE? Why?

 **Vocabulary Tools**

La clase y la universidad

el borrador	eraser
el escritorio	desk
el libro	book
el marcador	dry-erase marker
la mesa	table
el papel	paper
la pizarra	blackboard; whiteboard
la pluma	pen
la puerta	door
el reloj	clock; watch
la silla	chair
la tiza	chalk
la ventana	window

la biblioteca	library
la cafetería	cafeteria
el estadio	stadium
el laboratorio	laboratory
la librería	bookstore
la residencia estudiantil	dormitory
el salón de clases	classroom
la universidad	university

la clase	class
el curso	course
el examen	test; exam
el horario	schedule
la prueba	test; quiz
el semestre	semester
la tarea	homework
el trimestre	trimester; quarter

el/la compañero/a de clase	classmate
el/la compañero/a de cuarto	roommate

Los cursos

la administración de empresas	business administration
el arte	art
la biología	biology
la computación	computer science
la contabilidad	accounting
el español	Spanish
la física	physics
la geografía	geography
la historia	history
el inglés	English
las lenguas extranjeras	foreign languages
las matemáticas	mathematics
el periodismo	journalism
la psicología	psychology
la química	chemistry
la sociología	sociology

Los días de la semana

lunes	Monday
martes	Tuesday
miércoles	Wednesday
jueves	Thursday
viernes	Friday
sábado	Saturday
domingo	Sunday

la semana	week

Hoy es...	Today is...

Interrogative words	See page 41.
Prepositions of location	See page 43.
Numbers 31–100	See page 44.

Verbos

bailar	to dance
buscar	to look for
caminar	to walk
cantar	to sing
comprar	to buy
contestar	to answer
conversar	to talk; to chat
descansar	to rest
desear	to want; to wish
dibujar	to draw
enseñar	to teach
escuchar	to listen
esperar	to wait (for); to hope
estar	to be
estudiar	to study
explicar	to explain
gustar	to like; to be pleasing (lit.)
hablar	to talk; to speak
llegar	to arrive
llevar	to carry
mirar	to look (at); to watch
necesitar	to need
practicar	to practice
preguntar	to ask (a question)
preparar	to prepare
regresar	to return
terminar	to end; to finish
tomar	to take; to drink
trabajar	to work
viajar	to travel

Practice more at **vhlcentral.com**.

AVENTURAS EN LOS PAÍSES HISPANOS

Todos los años *(Every year)*, en el mes de junio, Nueva York organiza un gran desfile *(parade)* en honor a los puertorriqueños.

ESTADOS UNIDOS Y CANADÁ

Estados Unidos

Población de los EE.UU.: 321.368.000
Población de origen hispano: 53.070.000
País de origen de hispanos en los EE.UU.:

- 8,5% **otros**
- 3,6% **Cuba**
- 9,4% **Puerto Rico**
- 14,3% **Centroamérica y Suramérica**
- 64,1% **México**

Estados con mayor población hispana:
California, Texas, Florida y Nueva York
SOURCE: U.S. Census Bureau

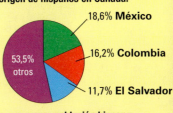

Canadá

Población de Canadá: 35.099.000
Población de origen hispano: 374.000
País de origen de hispanos en Canadá:

- 18,6% **México**
- 16,2% **Colombia**
- 11,7% **El Salvador**
- 53,5% **otros**

Ciudades con mayor población hispana:
Montreal, Toronto y Vancouver
SOURCE: Statistics Canada

Lugares

La Pequeña Habana

La Pequeña Habana (*Little Havana*) es un barrio (*neighborhood*) de Miami, Florida, donde viven (*live*) muchos cubanoamericanos. Es un lugar donde se encuentran (*are found*) las costumbres (*customs*) de la cultura cubana, los aromas y sabores (*flavors*) de su comida (*food*) y la música salsa. La Pequeña Habana es una parte de Cuba en los Estados Unidos.

Personalidades

Latinos famosos

Los estadounidenses de origen hispanoamericano contribuyen (*contribute*) en todos los niveles (*at all levels*) a la cultura y a la economía de los Estados Unidos.

Sonia Sotomayor, juez, de origen puertorriqueño

John Quiñones, periodista, de origen mexicano

Eva Mendes, actriz, de origen cubano

Ellen Ochoa, astronauta, de origen mexicano

CANADÁ

Vancouver   Calgary

EE.UU.

San Francisco

Las Vegas

Los Ángeles

San Diego

MÉXICO

La comida mexicana

La comida *(food)* mexicana es muy popular en los Estados Unidos. Los tacos, las enchiladas y las quesadillas son platos *(dishes)* mexicanos que frecuentemente forman parte de las comidas *(meals)* de muchos norteamericanos. También *(Also)* son populares las variaciones de la comida mexicana en los Estados Unidos... el tex-mex y el cali-mex.

Hispanos en Canadá

La población hispana en Canadá crece *(grows)* cada año *(year)*. Más *(More)* del 50% de los hispanos está en Toronto y en Montreal. La mayoría de ellos tiene *(have)* estudios universitarios y habla una de las lenguas oficiales: inglés o francés *(French)*. Esto les permite *(This allows them)* participar activamente en la vida cotidiana *(daily life)* y profesional.

Cubanos en el festival Salsa on St. Clair, Toronto.

Ottawa

Toronto

Ciudad de Nueva York

Chicago

Washington D.C.

Océano Atlántico

Miami

Golfo de México

Mar Caribe

Practice more!

WB pp. 19–20 | VM pp. 233–234 | vhlcentral

¿Qué aprendiste?

1 **¿Cierto o falso?** Indicate whether these statements are **cierto** or **falso**, based on what you have learned about Hispanics in the U.S. and Canada.

Cierto	Falso	
_____	_____	1. Los mexicanos son el grupo hispano más grande *(biggest)* de los EE.UU.
_____	_____	2. En Florida no hay muchas personas de origen hispano.
_____	_____	3. En Texas hay muchos hispanos.
_____	_____	4. La Pequeña Habana está en la isla de Cuba.
_____	_____	5. John Quiñones es de origen mexicano.
_____	_____	6. Eva Mendes es de origen hispano.
_____	_____	7. Los tacos y las quesadillas son los platos más populares en los restaurantes hispanos de los Estados Unidos.
_____	_____	8. A los estadounidenses no les gustan los tacos.
_____	_____	9. Los colombianos son el grupo hispano más grande de Canadá.
_____	_____	10. Muchos hispanos en Canadá tienen estudios universitarios.

2 **Preguntas** Answer these questions in complete sentences.

1. ¿Qué ciudades en los Estados Unidos tienen una visible influencia hispana?
2. ¿Hay barrios hispanos en tu ciudad o pueblo? Si es así *(If so)*, ¿los barrios son de algún *(any)* país hispano en particular?
3. ¿Estudias o trabajas con hispanos? ¿De dónde son?
4. ¿Qué otros estadounidenses de origen hispano conoces *(do you know)*?
5. ¿Qué platos de comida hispana te gustan?
6. ¿Qué música latina conoces? ¿Te gusta bailar música latina?

3 **¿Qué piensas?** With a partner, take turns answering the following questions with complete sentences.

1. ¿Por qué la Pequeña Habana es un lugar tan importante para los cubanos en los Estados Unidos? ¿Cuáles son las características de este lugar?
2. ¿Cómo crees que contribuyen *(contribute)* personajes como Sonia Sotomayor al progreso social en los Estados Unidos?
3. ¿Por qué la comida mexicana es tan popular en los Estados Unidos?
4. ¿Por qué es importante hablar la lengua del país en el que vives?

4 **Conexión Internet** Investiga estos temas en el sitio **vhlcentral.com**.

- Norteamericanos famosos de origen hispano
- Lugares en los Estados Unidos con nombres en español

3 La familia

Communicative Goals

You will learn how to:
- talk about your family and friends
- describe people and things
- express ownership

PARA EMPEZAR

- ¿Cuántas personas hay en la fotografía?
- ¿Son compañeros de clase o son una familia?
- ¿Cuántos años tiene la mamá: doce, treinta y cuatro o cincuenta y uno?

Vocabulary Tools

LA FAMILIA

el abuelo
grandfather

la abuela
grandmother

LA FAMILIA EXTENDIDA

el/la cuñado/a
  brother-in-law/sister-in-law

el/la nieto/a *grandson/granddaughter*

la nuera *daughter-in-law*

los parientes *relatives*

el/la primo/a *cousin*

el/la sobrino/a *nephew/niece*

el/la suegro/a
  father-in-law/mother-in-law

el/la tío/a *uncle/aunt*

el yerno *son-in-law*

LA FAMILIA

el/la esposo/a *husband/wife*

el/la hermanastro/a
  stepbrother/stepsister

el/la hermano/a *brother/sister*

el/la hijastro/a *stepson/stepdaughter*

la madrastra *stepmother*

el/la medio/a hermano/a
  half-brother/half-sister

el padrastro *stepfather*

los padres *parents*

el padre
father

la madre
mother

los hijos
sons; children

la hija
daughter

el artista

la niña
girl

LAS PROFESIONES

el/la ingeniero/a *engineer*

el/la médico/a *doctor*

el/la periodista *journalist*

el/la programador(a)
computer programmer

la novia
girlfriend

el novio
boyfriend

OTRAS PALABRAS

el/la amigo/a *friend*

el/la gato/a *cat*

la gente *people*

el/la muchacho/a *boy/girl*

la persona *person*

el/la perro/a *dog*

---

mi *my (sing.)*

mis *my (pl.)*

la doctora

el niño
boy; child

ASÍ SE DICE
la madre ⟷ la mamá, mami (*colloquial*)
el padre ⟷ el papá, papi (*colloquial*)
los padres ⟷ los papás, papis (*colloquial*)

 Practice more at **vhlcentral.com**.

A escuchar

1 **Escuchar** Find Luisa Moya Sánchez on the family tree. Then listen to her statements and indicate whether each statement is **cierto** (*true*) or **falso** (*false*), based on her family tree.

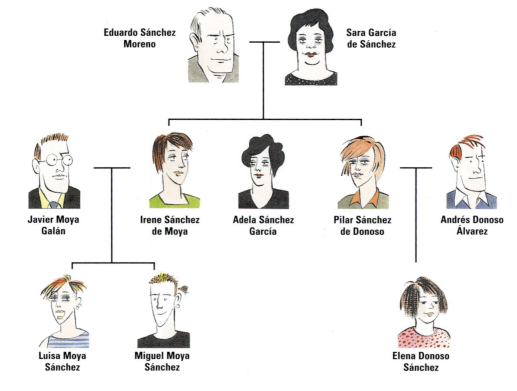

Eduardo Sánchez Moreno

Sara García de Sánchez

Javier Moya Galán

Irene Sánchez de Moya

Adela Sánchez García

Pilar Sánchez de Donoso

Andrés Donoso Álvarez

Luisa Moya Sánchez

Miguel Moya Sánchez

Elena Donoso Sánchez

	Cierto	Falso		Cierto	Falso
1.	____	____	6.	____	____
2.	____	____	7.	____	____
3.	____	____	8.	____	____
4.	____	____	9.	____	____
5.	____	____	10.	____	____

2 **Emparejar** You will hear some definitions of vocabulary words. Indicate which sentence matches each definition.

1. a. Son mis padres.   b. Son mis abuelos.   c. Son mis suegros.

2. a. Es mi yerno.   b. Es mi sobrino.   c. Es mi cuñado.

3. a. Es una periodista.   b. Es una programadora.   c. Es una artista.

4. a. Es mi prima.   b. Es mi sobrina.   c. Es mi abuela.

5. a. Son mis perros.   b. Son mis primos.   c. Son mis abuelos.

6. a. Es mi nieto.   b. Es mi tío.   c. Es mi gato.

Practice more!

LM
p. 13

A practicar

3 **Completar** Complete these sentences with the correct words.

> **modelo**   El hijo de mi tío es mi ___primo___.

1. Mi madre y mi padre son mis _____.
2. El padre de mi madre es mi _____.
3. Yo soy el _____ del hijo de mi hermana.
4. La esposa de mi hijo es mi _____.
5. Yo soy el _____ de los padres de mi esposa.
6. La hija de mi hermana es mi _____.
7. El segundo (*second*) esposo de mi madre es mi _____.
8. La hija de mi padre y de mi madrastra es mi _____.

4 **Profesiones** Complete the description of each photo.

1. Rosa María Ortiz es
_____.

2. Héctor Ibarra es
_____.

3. Alberto Díaz es
_____.

4. Elena Vargas Soto es
_____.

5. Daniela López es
_____.

6. Irene González es
_____.

Practice more!

WB
pp. 21–22

vhlcentral

A conversar

  5 **La familia Vargas** With a classmate, identify the members in the family tree by asking questions about how each family member is related to Graciela Vargas García.

modelo

Estudiante 1: ¿Quién es Beatriz Pardo de Vargas?
Estudiante 2: Es la abuela de Graciela.

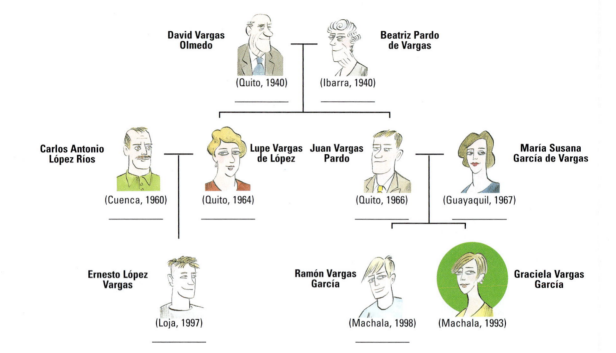

David Vargas Olmedo (Quito, 1940)

Beatriz Pardo de Vargas (Ibarra, 1940)

Carlos Antonio López Ríos (Cuenca, 1960)

Lupe Vargas de López (Quito, 1964)

Juan Vargas Pardo (Quito, 1966)

María Susana García de Vargas (Guayaquil, 1967)

Ernesto López Vargas (Loja, 1997)

Ramón Vargas García (Machala, 1998)

Graciela Vargas García (Machala, 1993)

Now take turns asking each other these questions.

1. ¿Cómo se llama la tía de Ernesto?
2. ¿De dónde es María Susana?
3. ¿Cómo se llama la hermana de Juan?
4. ¿De dónde es el yerno de David y Beatriz?
5. ¿Cómo se llama el sobrino de Lupe?
6. ¿De dónde es la abuela de Ernesto?

6 **¿Y tú?** With a classmate, take turns asking each other these questions.

1. ¿Cuántas personas hay en tu familia?
2. ¿Cómo se llaman tus padres? ¿De dónde son?
3. ¿Cuántos hermanos tienes? ¿Cómo se llaman?
4. ¿Cuántos primos tienes? ¿Cuántos son niños y cuántos son adultos?
5. ¿Eres tío/a? ¿Cómo se llaman tus sobrinos/as? ¿Dónde estudian o trabajan?
6. ¿Tienes novio/a? ¿Tienes esposo/a? ¿Cómo se llama?

tengo *I have*	**tu** *your (sing.)*
tienes *you have*	**tus** *your (pl.)*

Pronunciación

 Audio

Diphthongs and linking

herm**a**no **ni**ña **cu**ñ**a**do

In Spanish, **a**, **e**, and **o** are considered strong vowels. The weak vowels are **i** and **u**.

r**ui**do par**ie**ntes per**io**dista

A diphthong is a combination of two weak vowels or of a strong vowel and a weak vowel.
Diphthongs are pronounced as a single syllable.

l**a a**buela m**i h**ijo un**a clase e**xcelente

Two identical vowel sounds that appear together are pronounced like one long vowel.

co**n N**atalia su**s s**obrinos la**s s**illas

Two identical consonants together sound like a single consonant.

e**s i**ngeniera mi**s a**buelos su**s h**ijos

A consonant at the end of a word is linked with the vowel at the beginning of the next word.

m**i h**ermano s**u e**sposa nuestr**o a**migo

A vowel at the end of a word is linked with the vowel at the beginning of the next word.

Práctica Say these words aloud, focusing on the diphthongs.

1. historia
2. nieto
3. parientes
4. novia
5. residencia
6. prueba
7. puerta
8. ciencias
9. lenguas
10. estudiar
11. izquierda
12. ecuatoriano

Oraciones Read these sentences aloud to practice diphthongs and linking words.

1. Hola. Me llamo Anita Amaral. Soy del Ecuador.
2. Somos seis en mi familia.
3. Tengo dos hermanos y una hermana.
4. Mi papá es del Ecuador y mi mamá es de España.

Refranes Read these sayings aloud to practice diphthongs and linking sounds.

> Cuando una puerta se cierra, otra se abre.[1]

> Hablando del rey de Roma, por la puerta se asoma.[2]

[1] When one door closes, another opens.
[2] Speak of the devil and he will appear.

Practice more!

LM
p. 14

vhlcentral

Video: *Fotonovela*

Un domingo en familia

Marissa pasa el día en Xochimilco con la familia Díaz.

PERSONAJES

FELIPE

TÍA NAYELI

JIMENA

MARTA

VALENTINA

SRA. DÍAZ

TÍO RAMÓN

SR. DÍAZ

MARISSA

JIMENA Hola, tía Nayeli.

TÍA NAYELI ¡Hola, Jimena! ¿Cómo estás?

JIMENA Bien, gracias. Y, ¿dónde están mis primas?

TÍA NAYELI No sé. ¿Dónde están mis hijas? ¡Ah!

MARISSA ¡Qué bonitas son tus hijas! Y ¡qué simpáticas!

FELIPE Soy guapo y delgado.

JIMENA Ay, ¡por favor! Eres gordo, antipático y muy feo.

MARISSA Tía Nayeli, ¿cuántos años tienen tus hijas?

TÍA NAYELI Marta tiene ocho años y Valentina doce.

SRA. DÍAZ Chicas, ¿compartimos una trajinera?

MARISSA ¡Claro que sí! ¡Qué bonitas son!

SRA. DÍAZ ¿Vienes, Jimena?

JIMENA No, gracias. Tengo que leer.

MARISSA Me gusta mucho este sitio. Tengo ganas de visitar otros lugares en México.

SRA. DÍAZ ¡Debes viajar a Mérida!

TÍA NAYELI ¡Sí, con tus amigos! Debes visitar a Ana María, la hermana de Roberto y de Ramón.

A C T I V I D A D E S

1 ¿Cierto o falso? Indicate whether each sentence is **cierto** or **falso.** Correct the false statements.

1. La señora Díaz tiene dos hermanos.
2. Marissa no tiene novio.
3. Valentina tiene veinte años.
4. Marissa comparte una trajinera con la señora Díaz y la tía Nayeli.
5. A Marissa le gusta mucho Xochimilco.

2 Identificar Indicate which person would make each statement.

1. Felipe es antipático y feo.
2. Mis hermanos se llaman Jennifer, Adam y Zach.
3. ¡Soy un joven muy guapo!
4. Mis hijas tienen doce y ocho años.
5. Tus hijas son bonitas y simpáticas.
6. Ana María es la hermana de Ramón y Roberto.

4

5

TÍO RAMÓN ¿Tienes una familia grande, Marissa?

MARISSA Tengo dos hermanos mayores, Zack y Jennifer, y un hermano menor, Adam.

MARISSA La verdad, mi familia es pequeña.

SRA. DÍAZ ¿Pequeña? Yo soy hija única. Bueno, y ¿qué más? ¿Tienes novio?

MARISSA No. Tengo mala suerte con los novios.

9

10

(La Sra. Díaz habla por teléfono con la tía Ana María.)

SRA. DÍAZ ¡Qué bien! Excelente. Sí, la próxima semana. Muchísimas gracias.

MARISSA ¡Gracias, Sra. Díaz!

SRA. DÍAZ Tía Ana María.

MARISSA Tía Ana María.

SRA. DÍAZ ¡Un beso, chau!

MARISSA *Bye!*

3 **Conversar** With a partner, use these questions to talk about your families.

1. ¿Tienes una familia grande o pequeña?
2. ¿Hay artistas en tu familia?
3. ¿Tienes hermanos menores? ¿Y hermanos mayores?
4. ¿Cuántos años tiene tu abuelo (tu hermana, tu primo...)?
5. ¿De dónde son tus padres?

Practice more!

VM · pp. 173–174 · vhlcentral

Expresiones útiles

Talking about your family

¿Tienes una familia grande?
Do you have a big family?
Tengo dos hermanos mayores y un hermano menor.
I have two older siblings and a younger brother.
La verdad, mi familia es pequeña.
The truth is, my family is small.
¿Pequeña? Yo soy hija única.
Small? I'm an only child.

Describing people

¡Qué bonitas son tus hijas!
Y ¡qué simpáticas!
Your daughters are so pretty!
And so nice!
Soy guapo y delgado.
I'm handsome and slim.
¡Por favor! Eres gordo, antipático y muy feo.
Please! You're fat, unpleasant, and very ugly.

Talking about plans

¿Compartimos una trajinera?
Shall we share a barge?
¡Claro que sí! ¡Qué bonitas son!
Of course! They're so pretty!
¿Vienes, Jimena?
Are you coming, Jimena?
No, gracias. Tengo que leer.
No, thanks. I have to read.

Saying how old people are

¿Cuántos años tienen tus hijas?
How old are your daughters?
Marta tiene ocho años y Valentina doce.
Marta is eight and Valentina twelve.

Additional vocabulary

ensayo *essay*
pobrecito/a *poor thing*
próximo/a *next*
sitio *place*
todavía *still*
trajinera *type of barge*

Reading

¿Cómo te llamas?

In the Spanish-speaking world, it is common to have two last names: one paternal and one maternal. In some cases, the words **de** or **y** are used to connect the two. For example, in the name **Juan Martínez de Velasco**, *Martínez* is the paternal surname (**el apellido paterno**), and *Velasco* is the maternal surname (**el apellido materno**); **de** simply links the two. This convention of using two last names (**doble apellido**) is a European tradition that Spaniards brought to the Americas. It continues to be practiced in many countries, including Chile, Colombia, Mexico, Peru, and Venezuela. There are exceptions, however; in Argentina, the prevailing custom is for children to inherit only the father's last name.

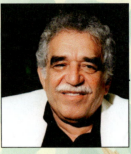

Gabriel García Márquez

Mercedes Barcha Pardo

Rodrigo García Barcha

Hijos en la casa

In Spanish-speaking countries, family and society place very little pressure on young adults to live on their own (**independizarse**), and children often live with their parents well into their thirties. For example, about 70% of Spaniards between the ages of 18 and 29 live at home with their parents. This delay in moving out is both cultural and economic—lack of job security or low wages coupled with a high cost of living may make it impractical for young adults to live independently before they marry.

the mother uses, they use the father's first surname followed by the mother's first surname, as in the name **Rodrigo García Barcha**. However, both surnames come from the grandfathers, and therefore all **apellidos** are effectively paternal.

When a woman marries in a country where two last names are used, legally she retains her two maiden surnames. However, socially she may take her husband's paternal surname in place of her inherited maternal surname. For example, **Mercedes Barcha Pardo**, wife of Colombian writer **Gabriel García Márquez**, might use the names **Mercedes Barcha García** or **Mercedes Barcha de García** in social situations (although officially her name remains **Mercedes Barcha Pardo**). Adopting a husband's last name for social purposes, though widespread, is only legally recognized in Ecuador and Peru.

Most parents do not break tradition upon naming their children; regardless of the surnames

ASÍ SE DICE

Familia y amigos

el/la bisnieto/a	*great-grandson/ great-granddaughter*
el/la chamaco/a (Méx.) el/la chamo/a (Ven.) el/la chaval(a) (Esp.) el/la pibe/a (Arg.)	*el/la muchacho/a*
mi cuate (Méx.) mi parcero (Col.) mi pana (Ven., P. Rico, Rep. Dom.)	*my pal; my buddy*
la madrina; el padrino	*godmother; godfather*
el/la tatarabuelo/a	*great-great-grandfather/ great-great-grandmother*

ACTIVIDADES

1 **¿Cierto o falso?** Indicate whether each statement is **cierto** or **falso**. Correct the false statements.

1. Most Spanish-speaking people have three last names.

2. Hispanic last names generally consist of the paternal last name followed by the maternal last name.

3. It is common to see **de** or **y** used in a Hispanic last name.

4. Someone from Argentina would most likely have two last names.

5. Generally, married women legally retain two maiden surnames.

6. In social situations, a married woman often uses her husband's last name in place of her inherited paternal surname.

7. Adopting a husband's surname is only legally recognized in Peru and Ecuador.

8. Hispanic last names are effectively a combination of the maternal surnames from the previous generation.

2 **Una familia famosa** Create a genealogical tree of a famous family, using photos or drawings labeled with names and origins. Present the family tree to a classmate and explain who the people are and their relationships to each other.

3 **Tu familia** Work in pairs to create your own genealogical tree. Then, prepare a list of five questions in Spanish about your partner's genealogical tree.

4 **Conexión Internet** Go to **vhlcentral.com** to find out what role **padrinos** and **madrinas** have in today's Hispanic family.

 Video

La familia

1 **Preparación** What is a "typical family" like where you live? Is there such a thing? What members of a family usually live together?

2 **El video** Watch this **Flash Cultura** episode.

> **Vocabulario**
> **familia grande y feliz** *a big, happy family*
> **familia numerosa** *a large family*
> **hacer (algo) juntos** *to do (something) together*
> **reuniones familiares** *family gatherings, reunions*

¡Qué familia tan° grande tiene!

Te presento a la familia Bolaños.

tan *so*

3 **Completar** Complete this paragraph with the correct options.

Los Valdivieso y los Bolaños son dos ejemplos de familias en Ecuador. Los Valdivieso son una familia (1) _____ (difícil/numerosa). Viven *(They live)* en una casa (2) _____ (grande/buena). En el patio, hacen *(they do)* muchas reuniones (3) _____ (familiares/con amigos). Los Bolaños son una familia pequeña *(small)*. Ellos comen *(eat)* (4) _____ (separados/juntos) y preparan canelazo, una bebida *(drink)* típica ecuatoriana.

> **Practice more!**
>
> pp. 205–206 · vhlcentral

3.1 Descriptive adjectives Tutorial

▶ Descriptive adjectives describe nouns. In Spanish, adjectives agree in gender and number with the nouns or pronouns they describe.

▶ Adjectives that end in **–o** and **–or** have four forms.

Masculine	Feminine
el chico alto	la chica alta
los chicos altos	las chicas altas
el hombre trabajador	la mujer trabajadora
los hombres trabajadores	las mujeres trabajadoras

▶ Adjectives that end in **–e** or a consonant have the same masculine and feminine forms.

Masculine	Feminine
el chico inteligente	la chica inteligente
los chicos inteligentes	las chicas inteligentes
el profesor difícil	la profesora difícil
los profesores difíciles	las profesoras difíciles

▶ Adjectives describing different genders use the masculine plural form.

¿Cómo son Paco y Ana? Paco es alto. Ana es alta. ➔ Paco y Ana son altos.

Common descriptive adjectives

alto/a	tall	gordo/a	fat	moreno/a	dark-haired
antipático/a	unpleasant	grande	big	pelirrojo/a	red-haired
bajo/a	short (in height)	guapo/a	good-looking	pequeño/a	small
bonito/a	pretty	importante	important	rubio/a	blond
bueno/a	good	inteligente	intelligent	simpático/a	nice
delgado/a	thin	interesante	interesting	tonto/a	foolish
difícil	difficult	joven	young	trabajador(a)	hard-working
fácil	easy	malo/a	bad	viejo/a	old
feo/a	ugly				

¡ojo! Note that **joven** takes an accent in the plural: **joven / jóvenes**.

Adjectives of nationality

▶ Adjectives of nationality are formed like other adjectives. Adjectives of nationality that end in a consonant add **–a** to form the feminine.

Masculine	Feminine
Toño es mexicano.	Gloria es mexicana.
Ellos son mexicanos.	Ellas son mexicanas.
Héctor es español.	Sara es española.
Ellos son españoles.	Ellas son españolas.

Práctica

1 **Emparejar** Read the descriptions and match them with the photos.

1. __ Mateo es moreno.
2. __ Duque es gordo.
3. __ Luisa es rubia.
4. __ Rayo es delgado.
5. __ César es muy pequeño.
6. __ Raquel es pelirroja.

A  **B**  **C**

D  **E**  **F**

2 **Completar** Look at the portrait of Amanda's family and imagine their personalities. Complete the sentences with appropriate adjectives.

Amanda

1. Mi familia es _____.
2. Mis abuelos son _____. Mi abuelo es _____ y mi abuela es _____.
3. Mi padre se llama Julio. Él es _____.
4. Mi madre se llama Victoria. Ella es _____.
5. Mi hermana se llama Rosa. Ella es _____.
6. Y mi hermano Tomás es muy _____.

Conversación

3 **Describir** With a partner, take turns describing each photo. Tell your partner whether you agree (**Estoy de acuerdo**) or disagree (**No estoy de acuerdo**) with the descriptions.

modelo

Estudiante 1: Los Ángeles es una ciudad (*city*) bonita.
Estudiante 2: Estoy de acuerdo. Es muy grande también (*too*)./ No estoy de acuerdo. Es una ciudad muy fea.

Los Ángeles

1. **Rey y reina de España**

2. **La Torre (*Tower*) Sears**

3. **Taylor Swift**

4. **Enrique Iglesias**

5. **Santa Fe, Nuevo México**

6. **Bill Gates**

4 **Anuncio personal** Write a personal ad that describes yourself and your ideal boyfriend, girlfriend, or mate. Compare your ad with a classmate's.

★ **SOY ALTA** y bonita.
Soy estadounidense, de Texas.
Estudio arte en la universidad.
Busco un chico similar a mí *(to me)*.
Mi novio ideal es alto, inteligente y muy simpático.

Practice more!

WB	LM	S
pp. 23–24	p. 15	vhlcentral

Some adjectives of nationality

alemán, alemana	*German*	francés, francesa	*French*
argentino/a	*Argentine*	inglés, inglesa	*English*
canadiense	*Canadian*	japonés, japonesa	*Japanese*
cubano/a	*Cuban*	mexicano/a	*Mexican*
ecuatoriano/a	*Ecuadorian*	norteamericano/a	*(North) American*
español(a)	*Spanish*	puertorriqueño/a	*Puerto Rican*
estadounidense	*from the United States*		

The position of adjectives

▶ Adjectives generally follow the nouns they modify.

La mujer **rubia** es de España.
The blond woman is from Spain.

¿Cómo se llama la mujer **ecuatoriana**?
What is the Ecuadorian woman's name?

¡ojo! Unlike descriptive adjectives, adjectives of quantity such as **mucho/a** (*much; many; a lot*) are placed before the modified noun.

Muchos ingenieros trabajan aquí.
Many engineers work here.

Mucha gente viaja en el verano.
A lot of people travel in the summer.

▶ **Bueno/a** and **malo/a** can be placed before or after a noun. Before a masculine singular noun, the forms are shortened: **bueno → buen; malo → mal.**

José es un **buen** amigo.
José es un amigo **bueno**.

José is a good friend.

Hoy es un **mal** día.
Hoy es un día **malo**.

Today is a bad day.

▶ When **grande** appears before a singular noun, it is shortened to **gran**.

¡ojo! The adjective **grande** also changes its definition depending on its position: **gran** = *great*, but **grande** = *big, large*.

Manuel es un **gran** hombre.
Manuel is a great man.

La familia de Inés es **grande**.
Inés' family is large.

¡Manos a la obra!

Give the appropriate forms of the adjectives provided.

1. Eres _simpático/a_.
2. Yolanda es _____.
3. Nosotros somos _____.
4. Valeria y Marta son _____.
5. Diego es _____.
6. Tomás y yo somos _trabajadores_.
7. Ellas son _____.
8. La médica es _____.
9. Los niños son _____.
10. Él es _____.

1. Soy _español(a)_.
2. Ángela es _____.
3. Los turistas son _____.
4. Nosotros somos _____.
5. El periodista es _____.
6. Ellos son _norteamericanos_.
7. Clara y Bárbara son _____.
8. Ella es _____.
9. Rafael y yo somos _____.
10. Juan Pablo es _____.

3.2 Possessive adjectives

 Tutorial

▶ Possessive adjectives express ownership or possession.

Forms of possessive adjectives

Singular forms	Plural forms	
mi	mis	*my*
tu	tus	*your (fam.)*
su	sus	*his, her, its, your (form.)*
nuestro/a	nuestros/as	*our*
vuestro/a	vuestros/as	*your (fam.)*
su	sus	*their, its, your (form.)*

¡ojo! Spanish possessive adjectives show agreement in number with the nouns they modify. **Nuestro** and **vuestro** show agreement in gender and number.

mi primo	mis primos		mi tía	mis tías
nuestro tío	nuestros tíos		nuestra tía	nuestras tías

▶ Possessive adjectives are placed before the nouns they modify.

¿Dónde están mis primas?

Nuestra cuñada es muy simpática.

▶ **Su** and **sus** have multiple meanings (*your, his, her, their, its*). To avoid confusion, use this construction instead: [*article*] + [*noun*] + **de** + [*subject pronoun*].

sus parientes	los parientes de él/ella	*his/her relatives*
	los parientes de Ud./Uds.	*your relatives*
	los parientes de ellos/ellas	*their relatives*

¡Manos a la obra!

Provide the appropriate form of each possessive adjective.

1. Es __mi__ (*my*) perro.
2. _____ (*my*) familia es ecuatoriana.
3. _____ (*your, fam.*) tío Marcelo es cubano.
4. _____ (*our*) profesor es español.
5. Es _____ (*her*) reloj.
6. Es _____ (*your, fam.*) mochila.
7. Es _____ (*your, form.*) maleta.
8. _____ (*their*) sobrina es alemana.
9. _____ (*her*) primos son franceses.
10. _____ (*our*) hermanastros son canadienses.
11. Son _____ (*their*) gatos.
12. _____ (*their*) nietos son japoneses.

Práctica

1 Completar Marta just took a photo of her family. Complete her description with the appropriate possessive adjectives.

Ésta es una foto de (1) _____ familia. Aquí están (2) _____ abuelos. Son los padres de (3) _____ papá. (4) _____ casa (*home*) está en Valparaíso, Chile. ¡Es muy bonita!

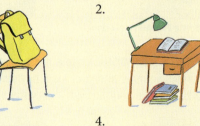

Este (*This*) hombre es (5) _____ papá. Se llama David y es doctor. (6) _____ mamá se llama Rebeca; es periodista. (7) _____ hermana, (8) _____ tía Silvia, es una gran artista. Y aquí está (9) _____ hermano Ramón. (10) _____ esposa se llama Sonia. (11) _____ hijos Javier y Laura son (12) _____ sobrinos. Son muy simpáticos.

2 ¿Dónde está? Imagine that you can't remember where you put some of your belongings (pictured below). Your partner will help you by reminding you where things are. Take turns playing each role.

modelo

Estudiante 1: ¿Dónde está mi pluma?

Estudiante 2: Tu pluma está al lado de la computadora.

1.

2.

3.

4.

5.

6.

Conversación

3 **Describir** With a partner, take turns describing these people and places.

modelo La biblioteca de su universidad

La biblioteca de nuestra universidad es muy grande. Hay muchos libros en la biblioteca. Mis amigos y yo estudiamos allí (there).

1. Tus padres
2. Tus abuelos
3. Tu mejor (*best*) amigo/a
4. Tu novio/a ideal
5. Su universidad
6. La librería de su universidad
7. Tu profesor(a) favorito/a
8. Su clase de español

4 **Tres fotos** Choose one of the three family photos and describe the family as if it were your own. Your partner will guess which photo you are describing. Then switch roles.

Familia 1

Familia 2

Familia 3

Practice more!

WB
pp. 25–26

LM
p. 16

vhlcentral

Español en vivo

Vida Láctea
Su crecimiento° es vital

¡La leche es nuestra bebida favorita!
A mi hijo le gusta Vida Láctea por su excelente sabor°. Su vaso° de leche diario tiene vitaminas y minerales esenciales para su crecimiento. Sus huesos° están cada vez más grandes y fuertes.

crecimiento *growth* **sabor** *flavor* **vaso** *glass* **huesos** *bones*

Identificar

Scan the advertisement, and identify the instances where possessive adjectives are used.

Preguntas

1. ¿Quiénes son las personas del anuncio (*advertisement*)?
2. ¿Cuál es su bebida (*drink*) favorita?
3. ¿Por qué bebe el niño un vaso de leche por (*per*) día?

Tutorial

3.3 Present tense of regular –er and –ir verbs

▶ In Lesson 2, you learned how to form the present tense of regular –ar verbs. The chart below contains the forms of the regular –ar verb **trabajar**, which is conjugated just like other –ar verbs you have learned. There are other regular verbs in Spanish: regular –er and –ir verbs. The chart also shows the forms of an –er verb and an –ir verb.

Present tense of –ar, –er, and –ir verbs

	trabajar	comer	escribir
	to work	*to eat*	*to write*
yo	trabajo	como	escribo
tú	trabajas	comes	escribes
Ud./él/ella	trabaja	come	escribe
nosotros/as	trabajamos	comemos	escribimos
vosotros/as	trabajáis	coméis	escribís
Uds./ellos/ellas	trabajan	comen	escriben

Felipe y su tío comen.

Jimena lee.

▶ **–Ar, –er,** and **–ir** verbs have very similar endings. Study the chart above to detect the patterns that make it easier for you to use the verb endings to communicate in Spanish.

▶ Like **–ar** verbs, the **yo** forms of **–er** and **–ir** verbs end in **–o.**

trabajo   como   escribo

▶ The endings for **–ar** verbs begin with **–a,** except for the **yo** form.

hablo   habla   habláis
hablas   hablamos hablan

▶ The endings for **–er** verbs begin with **–e,** except for the **yo** form.

como   come   coméis
comes   comemos comen

▶ **–Er** and **–ir** verbs have the exact same endings, except in the **nosotros/as** and **vosotros/as** forms.

nosotros ◀ comemos / escribimos   vosotros ◀ coméis / escribís

Práctica

1 Mi familia Susana is describing her family. Complete each sentence with the correct verb form.

1. Mi familia y yo _____ [vivir] en la ciudad de Montevideo, Uruguay.

2. Mi hermano Alfredo es muy inteligente. Él _____ [asistir] a clases de lunes a viernes.

3. Los martes Alfredo y yo _____ [correr] en el parque.

4. Mis padres _____ [comer] mucho; son un poco gordos.

5. Yo _____ [creer] que (*that*) mis padres _____ [deber] comer menos (*less*).

2 Completar Juan is talking about what he and his friends do after school. Complete his sentences.

Yo __*corro*__ por (*for*) una hora.

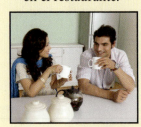

1. Nosotros _____ en el restaurante.

2. Elena _____ en su diario.

3. Juan Diego y Sofía _____ café.

4. Ana y Lía _____ el almuerzo (*lunch*).

5. Carlos _____ en la biblioteca.

Conversación

3 **Entrevista** Use these questions to interview a classmate. Then report the results of your interview to the class.

1. ¿Dónde vives?
2. ¿Con quién vives? ¿Compartes tu cuarto?
3. ¿Dónde comes al mediodía?
4. ¿Bebes leche (*milk*) todos los días?
5. ¿Qué días asistes a clases?
6. ¿Qué cursos debes tomar el próximo (*next*) semestre?
7. ¿Lees el periódico (*newspaper*)? ¿Cuál?
8. ¿Recibes muchos mensajes de texto (*text messages*)? ¿De quién(es)?
9. ¿Escribes poemas o cuentos (*short stories*)?
10. ¿Crees en extraterrestres (*aliens*)?

4 **Encuesta** Walk around the class and ask your classmates if they do (or should do) the things mentioned on the survey. Try to find at least two people for each item.

modelo

Estudiante 1: ¿Asistes siempre (*always*) a la clase de español?
Estudiante 2: No, no asisto siempre a la clase de español.
Estudiante 1: ¿Asistes siempre a la clase de español?
Estudiante 3: Sí, asisto siempre a la clase de español.

Actividades	Nombres
1. Asistir siempre (*always*) a la clase de español	_____
2. Correr todos los días (*every day*)	_____
3. Leer mucho (*a lot*) para los exámenes	_____
4. Compartir tus cosas con tus hermanos	_____
5. Abrir las ventanas en invierno (*winter*)	_____
6. Escribir en un blog	_____
7. Vivir en una residencia estudiantil	_____
8. Comer en la cafetería de la universidad	_____

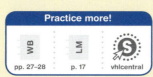

Practice more!

WB pp. 27–28 · LM p. 17 · vhlcentral

Common –er and –ir verbs

Common –er and –ir verbs

–er verbs		–ir verbs	
aprender	to learn	abrir	to open
beber	to drink	asistir (a)	to attend
comer	to eat	compartir	to share
comprender	to understand	decidir	to decide
correr	to run	describir	to describe
creer (en)	to believe (in)	escribir	to write
deber (+ inf.)	should, ought to; must	recibir	to receive
leer	to read	vivir	to live

Lucía y Marcos **corren** en el parque.

Rosa vive en la residencia estudiantil.

¡Manos a la obra!

Provide the correct forms of these verbs.

correr

1. Graciela __*corre*__ en el parque.
2. Tú _____ en el campus.
3. Mi primo y yo _____.
4. Yo _____ los domingos.
5. Mis hermanos _____.
6. Ud. _____ en la plaza.
7. Uds. _____ los lunes.
8. La familia _____.
9. Marcos y yo _____.

abrir

1. Ellos __*abren*__ la puerta.
2. Carolina _____ la maleta.
3. Yo _____ las ventanas.
4. Nosotras _____ los libros.
5. Ud. _____ el cuaderno.
6. Tú _____ la ventana.
7. Uds. _____ las maletas.
8. Él _____ el libro.
9. Los muchachos _____ los cuadernos.

aprender

1. Él __*aprende*__ español.
2. Uds. _____ español.
3. Maribel y yo _____ inglés.
4. Tú _____ japonés.
5. Uds. _____ francés.
6. Mi hijo _____ alemán.
7. Yo _____ alemán.
8. Ud. _____ inglés.
9. Nosotros _____ lenguas extranjeras.

3.4 Present tense of **tener** and **venir** Tutorial

▶ The verbs **tener** (*to have*) and **venir** (*to come*) are frequently used. Since most of their forms are irregular, you will have to learn each one individually.

Present tense of *tener* and *venir*

	tener	venir
	to have	*to come*
yo	tengo	vengo
tú	tienes	vienes
Ud./él/ella	tiene	viene
nosotros/as	tenemos	venimos
vosotros/as	tenéis	venís
Uds./ellos/ellas	tienen	vienen

¿Tienes una familia grande, Marissa?

No, tengo una familia pequeña.

▶ Note that the **yo** forms are irregular:

    tengo   vengo

▶ The **nosotros** and **vosotros** forms are regular:

    tenemos   venimos
    tenéis   venís

▶ In the **tú, Ud./él/ella** and **Uds./ellos/ellas** forms, the **e** of the stem changes to **ie** as shown below.

INFINITIVE	VERB STEM		VERB FORM
tener	ten-	tú	tienes
		Ud./él/ella	tiene
		Uds./ellos/ellas	tienen
venir	ven-	tú	vienes
		Ud./él/ella	viene
		Uds./ellos/ellas	vienen

Práctica

1 Completar Complete each sentence with the appropriate form of **tener** or **venir**.

> **modelo**
> Hoy nosotros _____tenemos_____ una reunión familiar.

1. Todos (*all*) mis parientes _____ , excepto mi tío Ricardo.
2. Él no _____ porque vive lejos, en Guayaquil.
3. Mi prima Inés y su novio no _____ hasta (*until*) las ocho porque ella _____ que trabajar.
4. En las fiestas, mis sobrinos siempre (*always*) _____ ganas de cantar y bailar.
5. Mi madre cree que mis sobrinos son muy simpáticos. Creo que ella _____ razón.

2 Describir Describe these people using **tener** expressions.

> **modelo**

Tiene (*mucha*) prisa.

1. _____

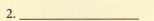

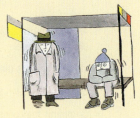

2. _____   3. _____

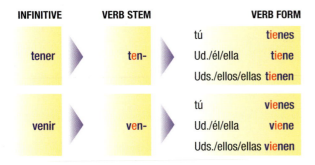

4. _____   5. _____

Conversación

 ¿Sí o no? Decide if these statements apply to you. Then interview a classmate by transforming each statement into a question. Report your results to the class.

modelo

Estudiante 1: ¿Tiene tu madre cincuenta años?
Estudiante 2: No, tiene cuarenta y dos años.

	Yo	Mi amigo/a
1. Mi madre tiene cincuenta años.	Sí	No
2. Mi padre siempre (*always*) tiene razón.	___	___
3. Mis padres vienen a la universidad con frecuencia (*frequently*).	___	___
4. Vengo a clase los jueves.	___	___
5. Tengo dos pruebas hoy.	___	___
6. Mis amigos vienen a mi casa (*house*) los sábados.	___	___
7. Hoy tengo ganas de comer en un restaurante.	___	___
8. Tengo sed.	___	___
9. Tengo miedo de vivir solo/a (*by myself*).	___	___
10. Tengo que estudiar los domingos.	___	___
11. Tengo una familia grande.	___	___
12. Siempre tengo prisa.	___	___

 Entrevista Use these questions to interview a classmate.

1. ¿Cuántos años tienes? ¿Y tus hermanos/as?
2. ¿Cuándo vienes a la universidad?
3. ¿Tienes que estudiar hoy? ¿Por qué?
4. Normalmente, ¿tienes hambre a la medianoche?
5. ¿Tienes sueño ahora (*now*)?
6. ¿Qué tienes ganas de hacer (*doing*) el sábado?
7. ¿De qué tienes miedo? ¿Por qué?
8. ¿Cuándo vienen tus amigos a tu casa, apartamento o residencia estudiantil?

Expressions with tener

▶ In certain expressions, Spanish uses the construction **tener** + [*noun*] instead of **ser** or **estar** to express the English equivalent *to be* + [*adjective*].

Common expressions with *tener*

tener… años	to be . . . years old
tener (mucho) calor	to be (very) hot
tener (mucho) cuidado	to be (very) careful
tener (mucho) frío	to be (very) cold
tener (mucha) hambre	to be (very) hungry
tener (mucho) miedo	to be (very) afraid/scared
tener (mucha) prisa	to be in a (big) hurry
tener razón	to be right
no tener razón	to be wrong
tener (mucha) sed	to be (very) thirsty
tener (mucho) sueño	to be (very) sleepy
tener (mucha) suerte	to be (very) lucky

▶ To express an obligation, use **tener que** (*to have to*) + [*infinitive*].

—¿**Tienes que** estudiar hoy?
Do you have to study today?

—Sí, **tengo que** estudiar física.
Yes, I have to study physics.

▶ To ask people if they feel like doing something, use **tener ganas de** (*to feel like*) + [*infinitive*].

—¿**Tienes ganas de** comer?
Do you feel like eating?

—No, **tengo ganas de** dormir.
No, I feel like sleeping.

¡Manos a la obra!

Provide the appropriate forms of **tener** and **venir**.

tener

1. Ellos _tienen_ dos hermanos.
2. Yo _____ una hermana.
3. El artista _____ tres primos.
4. Nosotros _____ diez tíos.
5. Eva y Diana _____ un sobrino.
6. Ud. _____ cinco nietos.
7. Tú _____ dos hermanastras.
8. Uds. _____ cuatro hijos.
9. Ella _____ una hija.

venir

1. Mis padres _vienen_ de México.
2. Tú _____ de España.
3. Nosotras _____ de Cuba.
4. Pepe _____ de Argentina.
5. Yo _____ de Francia.
6. Uds. _____ de Canadá.
7. Alfonso y yo _____ de Puerto Rico.
8. Ellos _____ de Alemania.
9. Ud. _____ de Japón.

Practice more!

WB pp. 29–30 | LM p. 18 | vhlcentral

A repasar

3.1 Descriptive adjectives

1 **Corregir** All of these statements are false. Change the adjectives of nationality to make them true.

1. Antonio Banderas y Penélope Cruz son norteamericanos.
2. Una persona de Ecuador es estadounidense.
3. Celine Dion y Mike Myers son franceses.
4. Salma Hayek es japonesa.
5. Los habitantes de Puerto Rico son cubanos.
6. David Beckham es alemán.

2 **Oraciones** Combine elements from each column to form complete sentences about yourself and the people you know.

> **modelo**   Mi familia no es grande.

A		B	C	
Yo	Mis hijos/as	(no) ser	alto/a	moreno/a
Mi abuelo/a	Mi padre/		bajo/a	pelirrojo/a
Mi novio/a	madre		bonito/a	rubio/a
Mi familia	Mis padres		grande	simpático/a
Mi familia y	Mis primos		inteligente	tonto/a
yo	Mis tíos		interesante	trabajador(a)
Mi hermano/a	Mi(s) ¿?		joven	¿?

3.2 Possessive adjectives

3 **Una familia** Complete each sentence with the correct possessive adjective.

1. Me llamo Carmen. _____ hermano es Javier.
   a. Nuestros   b. Sus   c. Mi
2. _____ madre es médica y trabaja en un hospital.
   a. Nuestra   b. Sus   c. Mis
3. _____ padre es profesor y enseña biología.
   a. tu   b. Nuestro   c. Nuestros
4. Él admira mucho a _____ estudiantes porque trabajan mucho.
   a. tu   b. su   c. sus
5. Yo estudio en la misma (*same*) universidad, pero no tomo clases con _____ padre.
   a. nuestras   b. mi   c. tus
6. Y dime (*tell me*), ¿cómo es _____ familia?
   a. tu   b. mis   c. nuestro

4 **Entrevista** Get together with a classmate and take turns asking each other these questions.

1. ¿Cómo se llaman los miembros (*members*) de tu familia?
2. ¿Cómo es tu familia?
3. ¿Cómo son tus amigos/as?
4. ¿Cómo son tus profesores/as?

3.3 Present tense of regular –er and –ir verbs

5 **Oraciones** Form sentences using the cues provided.

> **modelo**   Yo / asistir / la clase de arte
> *Yo asisto a la clase de arte.*

1. El médico / abrir / la puerta
2. Juan Manuel y yo / comer / la cafetería
3. Tomás y Mauricio / aprender / alemán
4. Tú / leer / la biblioteca
5. Los perros / correr / el parque (*park*)

6 **Describir** Look at the drawing and describe what these people are doing using **–er** and **–ir** verbs.

Diego _____.

Marta y Susana _____.

Yo _____.

Sergio _____.

 Practice more at **vhlcentral.com**.

3.4 Present tense of **tener** and **venir**

7 **Completar** Complete Juan's e-mail to David with the appropriate forms of **tener** or **venir**.

Juan:
¿Qué (1) _____ ganas de hacer (*doing*) el sábado? Mis hermanos César y Beatriz (2) _____ a visitarme de Madrid. César (3) _____ 15 años y Beatriz (4) _____ 17 años. Yo (5) _____ suerte porque ellos son muy simpáticos y (6) _____ a visitarme a la universidad con mucha frecuencia (*frequently*). El sábado al mediodía vamos (*we go*) a un restaurante puertorriqueño. ¿(7) _____ (tú) con nosotros?

Bueno, hasta pronto. Ahora voy (*Now I go*) a la cafetería porque (8) _____ mucha hambre.
David

8 **Tener** React to these statements logically using expressions with **tener**.

> **modelo**
> Estamos en el Polo Norte.
> **Tenemos frío.**

1. Mi hermana come dos sándwiches.
2. Estoy en una sauna.
3. ¡Mis primos ganaron (*won*) la lotería!
4. Luisa y Marta terminan de estudiar a las dos de la mañana y están cansadas (*tired*).
5. Estás en *La casa del terror*.
6. Mi clase es en cinco minutos y todavía (*still*) estoy en mi apartamento.

Síntesis

9 **Describe a tu familia** In groups of three, describe your families.

- Describe your family to your classmates in several sentences. (**Mi padre es alto y moreno. Mi madre es delgada y muy inteligente. Mis hermanos son...**)
- Your classmates will work together to try to repeat your description. (**Su padre es alto y moreno. Su madre...**)
- If they forget any details, they will ask you questions. (**¿Cuántos años tiene tu abuelo?**)
- Take turns until all of you have described your families.

Video

Videoclip

1 **Preparación** Do you like shopping or spending time in malls? What do you prefer: buying things for yourself or for others?

2 **El clip** Watch the commercial *Diminutivo* for **Banco Galicia**.

Vocabulario

¿Te falta mucho? *Are you almost done?*	**saquito** *little coat*	**conjuntito** *little outfit*
apurarse *to hurry*	**par de zapatitos** *little pair of shoes*	**cerrar** *to close*

¡Oh! ¡Un saquito te compró mamá!

Tengo que buscar algo para la beba, si no, Marcos me mata°.

me mata *is going to kill me*

3 **Compras** Fill in the blanks with the correct option from the word bank.

cerrar	esposo	hija	prisa	regresar	zapatitos

1. Marcos es el _____ de Claudia.
2. Claudia compra _____ y otras cosas para ella en el centro comercial.
3. Marcos y Claudia tienen una _____.
4. El centro comercial (*shopping mall*) debe _____ en diez minutos.
5. Claudia tiene _____ porque debe _____ pronto a casa.

4 **Descripción** Write a description of the characters. Then, compare your description with your partner's.

Ampliación

1 Escuchar

A Listen to Cristina and Laura's conversation. Then indicate who would make each statement.

> **TIP** **Ask for repetition.** During a conversation, you can ask someone to repeat by saying **¿Cómo?** (*What?*) or **¿Perdón?** (*Pardon me?*) In class, you can ask your teacher to repeat by saying **Repítalo, por favor** (*Repeat it, please*). If you don't understand a recorded activity, you can simply replay it.

	Cristina	Laura
1. Mi novio habla sólo (*only*) del fútbol y del béisbol.	☐	☐
2. Tengo un novio muy interesante y simpático.	☐	☐
3. Mi novio es alto y moreno.	☐	☐
4. Mi novio trabaja mucho.	☐	☐
5. Mi amiga no tiene buena suerte con los muchachos.	☐	☐
6. Mi novio es un poco (*little*) gordo, pero guapo.	☐	☐

B ¿Cómo son Laura y Cristina? ¿Cómo son sus novios? ¿Tienes novio/a? ¿Cómo es?

2 Conversar

You are taking a friend to your annual family reunion. So that there will not be any surprises for your friend, you have a conversation with him or her to talk about your relatives. During the conversation, your friend should find out about the following:

- Which family members are coming, including their names and their relationship to you
- What each family member is like
- How old each person is
- Where each person is from
- Where each person lives

Ampliación

3 Escribir

One of your online friends wants to know about your family. Write an e-mail describing your family or an imaginary family.

> **TIP** **Use idea maps.** Idea maps help you group your information.

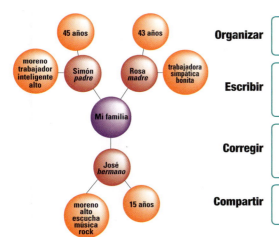

Organizar — Use an idea map to help you list and organize information about your family. See the example.

Escribir — Using the material you have compiled, write the first draft of your e-mail. Use an appropriate greeting, such as **Querido/a** (*Dear*), and an appropriate closing, such as **Un abrazo** (*A hug*).

Corregir — Exchange papers with a classmate and comment on the organization, style, and grammatical accuracy of each other's work. Then revise your first draft, keeping your classmate's comments in mind.

Compartir — Read your e-mail aloud to a small group of classmates. Discuss how your families are similar (**semejantes**) and how they are different (**distintas**).

4 Un paso más

Create an illustrated family tree for your family and share it with the class. Your family tree might include these elements:

- A simple title
- A format that clearly shows the relationships between family members
- Photos of family members and their names, following Hispanic naming conventions
- A few adjectives that describe each family member

5 Conexión Internet

Go to **vhlcentral.com** to find out more about these topics.

- Tradiciones relacionadas con los nombres en el mundo hispano
- Origen y significado (*meaning*) de los nombres en español

Antes de leer

Audio: Reading
Additional Reading

You don't need to understand every word you read in Spanish. When you come across words you haven't learned, try to guess what they mean by looking at the context—the surrounding words and sentences. Look at this article about families and find a few words or phrases you don't know. Then guess what they mean, using the context as your guide.

Las familias

Me llamo Armando y tengo setenta años, pero no me considero viejo. Tengo seis nietas y un nieto. Vivo con mi hija y tengo la oportunidad de pasar mucho tiempo con ella y con mi nieto. Por las tardes salgo a pasear por el parque con él y por la noche le leo cuentos°.

Armando. Tiene seis nietas y un nieto.

Diana. Vive con su prima.

◄ Mi prima Victoria y yo nos llevamos muy bien. Estudiamos juntas° en la universidad y compartimos un apartamento. Ella es muy inteligente y me ayuda° con los estudios. Además, es muy simpática y generosa. Si necesito cualquier cosa, ¡ella me la compra!

Me llamo Ramona y soy paraguaya, aunque ahora vivo en los Estados Unidos. Tengo tres hijos, uno de nueve años, uno de doce y el mayor de quince. Es difícil a veces, pero mi esposo y yo tratamos° de ayudarlos y comprenderlos siempre.

Ramona. Sus hijos son muy importantes para ella.

► Tengo mucha suerte. Aunque mis padres están divorciados, tengo una familia muy unida. Tengo dos hermanos y dos hermanas. Me gusta hablar y salir a fiestas con ellos. Ahora tengo novio en la universidad y él no conoce a mis hermanos. ¡Espero que se lleven bien!

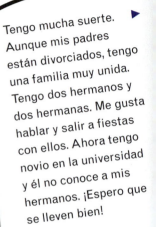

Ana María. Su familia es muy unida.

◄ Antes quería° tener hermanos, pero ya no es tan importante. Ser hijo único tiene muchas ventajas°: no tengo que compartir mis cosas con hermanos, no hay discusiones° y, como soy nieto único también, ¡mis abuelos piensan° que soy perfecto!

Fernando. Es hijo único.

◄ Como soy joven todavía, no tengo ni esposa ni hijos. Pero tengo un sobrino, el hijo de mi hermano, que es muy especial para mí. Se llama Benjamín y tiene diez años. Es un muchacho muy simpático. Siempre tiene hambre y por lo tanto vamos° frecuentemente a comer hamburguesas. Nos gusta también ir al cine° a ver películas de acción. Hablamos de todo. ¡Creo que ser tío es mejor que ser padre!

Santiago. Cree que ser tío es divertido.

cuentos *stories* juntas *together* me ayuda *she helps me* tratamos *we try*
quería *I wanted* ventajas *advantages* discusiones *arguments* piensan *think*
vamos *we go* ir al cine *to go to the movies*

Después de leer

∞ ¿Comprendiste?

Look at the magazine article and see how the words and phrases in the first column are used in context. Then find their meanings in the second column.

1. nos llevamos muy bien _____	a. *the oldest*
2. me la compra _____	b. *movies*
3. el mayor _____	c. *better than*
4. no conoce _____	d. *buys it for me*
5. películas _____	e. *borrows it from me*
6. mejor que _____	f. *we see each other*
	g. *doesn't know*
	h. *we get along very well*

∞ Preguntas

Answer these questions using complete sentences.

1. ¿Cuántas personas hay en la familia de Ramona?

_____

2. ¿Con quién vive Diana?

_____

3. ¿Cómo se llama el sobrino de Santiago?

_____

4. ¿Quién no tiene hermanos ni (*nor*) primos?

_____

5. ¿Quién tiene novio?

_____

6. ¿Cuántos nietos tiene Armando?

_____

∞ Coméntalo

¿Es similar tu familia a las familias del artículo? En tu opinión, ¿son ideales las familias del artículo? ¿Cómo es la familia ideal?

 Vocabulary Tools

La familia

el/la abuelo/a	grandfather/grandmother
el/la cuñado/a	brother-in-law/sister-in-law
el/la esposo/a	husband/wife; spouse
la familia	family
el/la hermanastro/a	stepbrother/stepsister
el/la hermano/a	brother/sister
el/la hijastro/a	stepson/stepdaughter
el/la hijo/a	son/daughter
los hijos	children; sons
la madrastra	stepmother
la madre	mother
el/la medio/a hermano/a	half-brother/half-sister
el/la nieto/a	grandson/granddaughter
la nuera	daughter-in-law
el padrastro	stepfather
el padre	father
los padres	parents
los parientes	relatives
el/la primo/a	cousin
el/la sobrino/a	nephew/niece
el/la suegro/a	father-in-law/mother-in-law
el/la tío/a	uncle/aunt
el yerno	son-in-law

Otras palabras

el/la amigo/a	friend
el/la gato/a	cat
la gente	people
el/la muchacho/a	boy/girl
el/la niño/a	child; boy/girl
el/la novio/a	boyfriend/girlfriend
la persona	person
el/la perro/a	dog

Adjetivos

alto/a	tall
antipático/a	unpleasant
bajo/a	short (in height)
bonito/a	pretty
buen, bueno/a	good
delgado/a	thin
difícil	difficult
fácil	easy
feo/a	ugly
gordo/a	fat
gran; grande	great; big
guapo/a	good-looking
importante	important
inteligente	intelligent
interesante	interesting
joven	young
mal, malo/a	bad
moreno/a	dark-haired
mucho/a	much; many; a lot
pelirrojo/a	red-haired
pequeño/a	small
rubio/a	blond
simpático/a	nice
tonto/a	foolish
trabajador(a)	hard-working
viejo/a	old

Las profesiones

el/la artista	artist
el/la doctor(a)	doctor
el/la ingeniero/a	engineer
el/la médico/a	doctor
el/la periodista	journalist
el/la programador(a)	computer programmer

Verbos

abrir	to open
aprender	to learn
asistir (a)	to attend
beber	to drink
comer	to eat
compartir	to share
comprender	to understand
correr	to run
creer (en)	to believe (in)
deber (+ inf.)	to have to; should
decidir	to decide
describir	to describe
escribir	to write
leer	to read
recibir	to receive
tener	to have
venir	to come
vivir	to live

Expresiones con *tener*

tener… años	to be… years old
tener (mucho) calor	to be (very) hot
tener (mucho) cuidado	to be (very) careful
tener (mucho) frío	to be (very) cold
tener ganas de (+ inf.)	to feel like (doing something)
tener (mucha) hambre	to be (very) hungry
tener (mucho) miedo	to be (very) afraid/scared
tener (mucha) prisa	to be in a (big) hurry
tener que (+ inf.)	to have to (do something)
tener razón	to be right
no tener razón	to be wrong
tener (mucha) sed	to be (very) thirsty
tener (mucho) sueño	to be (very) sleepy
tener (mucha) suerte	to be (very) lucky

Nationalities	See page 69.
Possessive adjectives	See page 70.

4 El fin de semana

Communicative Goals

You will learn how to:

- talk about pastimes, weekend activities, and sports
- make plans and invitations
- say what you are going to do

PARA EMPEZAR

- ¿Cómo son estas personas?
- ¿Son amigos? ¿Qué relación tienen?
- ¿Tienen calor o frío?

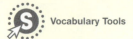
Vocabulary Tools

EL FIN DE SEMANA

pasear en bicicleta
to ride a bicycle

LAS ACTIVIDADES Y LAS DISTRACCIONES

escalar montañas
to go mountain climbing

escribir una carta *to write a letter*

escribir un mensaje electrónico
to write an e-mail

escribir una (tarjeta) postal
to write a postcard

ir de excursión (a las montañas)
to go on a hike (in the mountains)

leer el correo electrónico *to read e-mail*

leer el periódico *to read the newspaper*

leer una revista *to read a magazine*

nadar en la piscina *to swim in the pool*

pasar el tiempo *to spend time*

pasear por la ciudad/el pueblo
to walk around the city/town

practicar deportes *to practice sports*

ver películas *to watch movies*

visitar un monumento
to visit a monument

patinar (en línea)
to skate (in-line)

esquiar
to ski

bucear
to scuba dive

tomar el sol
to sunbathe

LOS DEPORTES

el baloncesto *basketball*
el ciclismo *cycling*
el equipo *team*
el esquí (acuático) *(water) skiing*
el/la excursionista *hiker*
el golf *golf*
el hockey *hockey*
el/la jugador(a) *player*
la natación *swimming*
el partido *game*
la pelota *ball*
el tenis *tennis*
el vóleibol *volleyball*

ganar *to win*
ser aficionado/a (a) *to be a fan (of)*

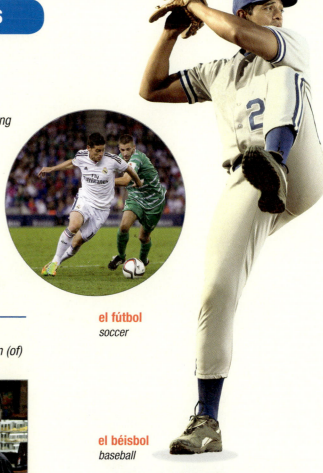

el fútbol
soccer

el béisbol
baseball

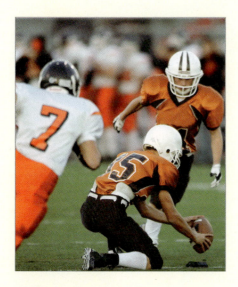

el fútbol americano
football

LOS LUGARES

la casa *house*
el centro *downtown*
el cine *movie theater*
el gimnasio *gym, gymnasium*
el museo *museum*
el restaurante *restaurant*

el café
café

la iglesia
church

el parque
park

OTRAS PALABRAS Y EXPRESIONES

la diversión *entertainment; fun activity*
el fin de semana *weekend*
el lugar *place*
el pasatiempo *pastime, hobby*
los ratos libres *spare time*
el tiempo libre *free time*

deportivo/a *sports-related*
favorito/a *favorite*

ASÍ SE DICE

la piscina ⟷ la pileta (*Arg.*), la alberca (*Méx.*)
el baloncesto ⟷ el básquetbol (*Amér. L.*)
el béisbol ⟷ la pelota (*P. Rico, Rep. Dom.*)

 Practice more at **vhlcentral.com.**

A escuchar

1 **Una estudiante muy activa** Number the drawings in the order Laura mentions them.

a. _____

b. _____

c. _____

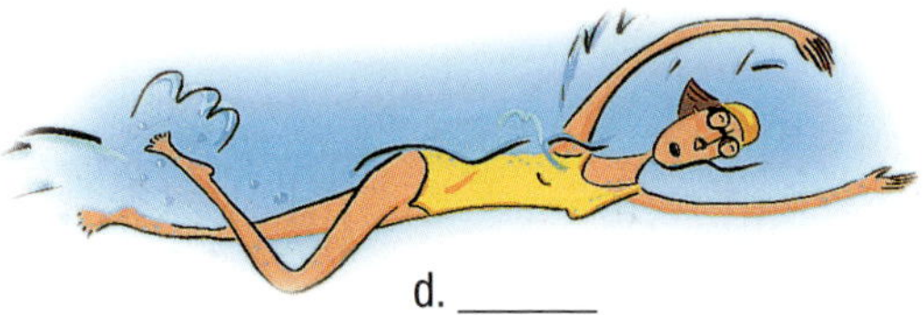

d. _____

e. _____

2 **Planes para el fin de semana** Berta and Julio are discussing their plans for the weekend. Listen to their conversation and mark the activities that correspond to each person.

	Berta	Julio
1. El domingo nado en la piscina.	☐	☐
2. El sábado tengo un partido de fútbol.	☐	☐
3. El domingo practico baloncesto.	☐	☐
4. El sábado trabajo en el café de mis padres.	☐	☐
5. Voy a ver una película.	☐	☐

Practice more!

LM
p. 19

A practicar

3 **El tiempo libre** Indicate which word or phrase doesn't belong.

1. bucear • ir de excursión • leer una revista • esquiar
2. el baloncesto • el ciclismo • el vóleibol • el fútbol
3. la natación • el cine • el café • la iglesia
4. el golf • la aficionada • el jugador • el excursionista
5. el periódico • el pasatiempo • la revista • el correo
6. ver películas • ir al museo • practicar el hockey • leer un periódico

4 **¿Cierto o falso?** Indicate whether each statement is **cierto** or **falso**.

Gustavo y Simón   **los chicos**   **José**   **don Fernando**

Maribel   **doña Leonor**

1. _____ Gustavo y Simón pasean por la ciudad en bicicleta.
2. _____ Los chicos practican fútbol.
3. _____ José escala la montaña.
4. _____ Don Fernando lee el periódico en el parque.
5. _____ Maribel patina en línea.
6. _____ Doña Leonor pasea por la ciudad.

5 **Dos amigos** Complete the conversation with the words given.

LUISA ¿Cómo te gusta (1) _____ los ratos libres, Manuel?

MANUEL Bueno, Luisa, no tengo mucho (2) _____ libre,
pero los fines de (3) _____ me gusta ver películas.
Y tú, Luisa, ¿cuáles son tus (4) _____ favoritos?

LUISA Nadar en la (5) _____, practicar (6) _____,
correr en el (7) _____...

MANUEL ¡Uf! ¿Y qué haces (*do you do*) para descansar?

LUISA Me gusta ver películas también.

MANUEL ¡Excelente! Hay una buena película en un (8) _____ del (9) _____.
¿Quieres (*Do you want*) ir?

LUISA Sí, Manuel. Buena idea.

centro	pasar	semana
cine	pasatiempos	tiempo
parque	piscina	vóleibol

Practice more!

WB
pp. 31–32

vhlcentral

A conversar

6 **En el campus** With a partner, describe what the people in the illustration are doing.

Laura
Miguel
equipo Saltillo
Patricia y Carlos
María Isabel

7 **¿Y tú?** Interview your partner. Use these questions.

1. ¿Te gustan los deportes? ¿Qué deportes practicas?
2. ¿Eres aficionado a los deportes profesionales? ¿Cuáles son tus equipos favoritos?
3. ¿Te gusta ir al cine los fines de semana? ¿Cuáles son tus películas favoritas?
4. ¿Hay lugares para esquiar o ir de excursión cerca de tu ciudad o pueblo? ¿Cuáles?
5. ¿Qué lugares del centro de tu ciudad son interesantes para visitar?
6. ¿Cuántos mensajes electrónicos escribes aproximadamente durante el día? ¿Y cuántos lees?

8 **¿Quién soy?** Using **yo** forms, write a description of a famous athlete and read it to the class, mentioning the athlete's initials (**iniciales**). The class will guess who you described.

modelo

Estudiante: Soy muy famosa. Vivo en la Florida con mi familia.
Practico el tenis. Soy una jugadora profesional.
Mi hermana practica el tenis también (*too*). Mis
iniciales son V. W. ¿Quién soy?
Clase: ¿Eres Venus Williams?
Estudiante: ¡Sí!

Pronunciación  Audio

Word stress and accent marks

pe-lí-cu-la   **e-di-fi-cio**   **ver**   **yo**

Every Spanish syllable contains at least one vowel. When two vowels are joined in the same syllable, they form a **diphthong***. A **monosyllable** is a word formed by a single syllable.

bi-blio-te-ca   **vi-si-tar**   **par-que**   **fút-bol**

The syllable of a Spanish word that is pronounced most emphatically is the "stressed" syllable.

pe-lo-ta   **pis-ci-na**   **ra-tos**   **ha-blan**

Words that end in **n, s,** or a **vowel** are usually stressed on the next-to-last syllable.

na-ta-ción   **pa-pá**   **in-glés**   **Jo-sé**

If words that end in **n, s,** or a **vowel** are stressed on the last syllable, they must carry an accent mark on the stressed syllable.

bai-lar   **es-pa-ñol**   **u-ni-ver-si-dad**   **tra-ba-ja-dor**

Words that do **not** end in **n, s,** or a **vowel** are usually stressed on the last syllable.

béis-bol   **lá-piz**   **ár-bol**   **Gó-mez**

If words that do **not** end in **n, s,** or a **vowel** are stressed on the next-to-last syllable, they must carry an accent mark on the stressed syllable.

The two vowels that form a diphthong are either both weak or one is weak and the other is strong.

Práctica Pronounce each word, stressing the correct syllable. Then give the word stress rule for each word.

1. profesor	4. Mazatlán	7. niños	10. México
2. Puebla	5. examen	8. Guadalajara	11. están
3. ¿Cuántos?	6. ¿Cómo?	9. programador	12. geografía

En la unión está la fuerza.[2]

Quien ríe de último, ríe mejor.[1]

Oraciones Read the conversation aloud to practice word stress.

MARINA Hola, Carlos. ¿Qué tal?

CARLOS Bien. Oye, ¿a qué hora es el partido de fútbol?

MARINA Creo que es a las siete.

CARLOS ¿Quieres ir?

MARINA Lo siento, pero no puedo. Tengo que estudiar biología.

Refranes Read these sayings aloud to practice word stress.

[1] *He who laughs last laughs loudest.*
[2] *In unity, there is strength.*

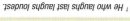

Practice more!

LM
p. 20

vhlcentral

Video:
Fotonovela

Fútbol, cenotes y mole

Maru, Miguel, Jimena y Marissa visitan un cenote, mientras Felipe y Juan Carlos van a un partido de fútbol.

PERSONAJES

MIGUEL

PABLO

ANA MARÍA

MARU

MARISSA

EDUARDO

FELIPE

JUAN CARLOS

JIMENA

DON GUILLERMO

MIGUEL Buenos días a todos.

TÍA ANA MARÍA Hola, Miguel... Maru, ¿qué van a hacer hoy?

MARU Miguel y yo vamos a llevar a Marissa a un cenote.

MARISSA ¿No vamos a nadar? ¿Qué es un cenote?

MIGUEL Sí, sí, vamos a nadar. Un cenote... difícil de explicar... es una piscina natural en un hueco profundo...

MARU ¡Ya vas a ver! Seguro que te va a gustar.

ANA MARÍA Marissa, ¿qué te gusta hacer? ¿Escalar montañas? ¿Ir de excursión?

MARISSA Sí, me gusta ir de excursión y practicar el esquí acuático. Y usted, ¿qué prefiere hacer en sus ratos libres?

FELIPE ¿Recuerdas el restaurante del mole?

EDUARDO ¿Qué restaurante?

JIMENA El mole de mi tía Ana María es mi favorito.

MARU Chicos, ya es hora, vamos.

(más tarde, en el parque)

PABLO ¡No puede ser! ¡Cinco a uno!

FELIPE Vamos a jugar. Si perdemos, compramos el almuerzo. Y si ganamos...

EDUARDO ¡Empezamos!

(mientras tanto, en el cenote)

MARISSA ¿Hay muchos cenotes en México?

MIGUEL Sólo en la península de Yucatán.

MARISSA ¡Vamos a nadar!

ACTIVIDADES

1 **Identificar** Identify the person who would make each statement.

1. Me gusta nadar, pero no sé (*I don't know*) qué es un cenote. _____

2. Me gustan las películas. _____

3. Voy a pedir mucha comida. _____

4. Nuestro equipo de fútbol juega en el parque. _____

5. Me gusta salir los fines de semana. _____

2 **Preguntas** Answer the questions using the information from **Aventuras**.

1. ¿Qué van a hacer Miguel y Maru?

2. ¿Adónde va Ana María en sus ratos libres?

3. ¿Quiénes van al parque?

4. ¿Quiénes ganan el partido?

5. ¿Qué va a comer Felipe en el restaurante?

PABLO Uy, pues, mi mamá tiene muchos pasatiempos y actividades.

EDUARDO Sí. Ella nada y juega al tenis y al golf...

PABLO ... va al cine y a los museos.

ANA MARÍA Sí, salgo mucho los fines de semana.

(*unos minutos después*)

EDUARDO Hay un partido de fútbol en el parque. ¿Quieren ir conmigo?

PABLO Y conmigo. Si no consigo más jugadores, nuestro equipo va a perder.

(*Los chicos visitan a don Guillermo, un vendedor de paletas heladas.*)

JUAN CARLOS Don Guillermo, ¿dónde podemos conseguir un buen mole?

FELIPE Eduardo y Pablo van a pagar el almuerzo. Y yo voy a pedir un montón de comida.

FELIPE Sí, éste es el restaurante. Recuerdo la comida.

EDUARDO Oye, Pablo... No tengo...

PABLO No te preocupes, hermanito.

FELIPE ¿Qué buscas? (*muestra la cartera de Pablo*) ¿Esto?

---

3 **Conversación** In pairs, talk about pastimes and plan an activity together. Use these expressions and the **Expresiones útiles** on this page.

▶ ¿Eres aficionado/a a...?

▶ ¿Te gusta...?

▶ ¿Qué prefieres hacer en tus ratos libres?

▶ ¿Por qué no...?

▶ ¿Quieres... conmigo?

▶ Nos vemos a las siete.

Practice more!

VM pp. 175–176

vhlcentral

Expresiones útiles

Making invitations

Hay un partido de fútbol en el parque. ¿Quieren ir conmigo?
There's a soccer game in the park today. Do you want to come with me?

Yo puedo jugar.
I can play.

Ummm... no quiero.
Hmmm... I don't want to.

Lo siento, pero no puedo.
I'm sorry, but I can't.

¡Vamos a nadar!
Let's go swimming!

Sí, vamos.
Yes, let's go.

Making plans

¿Qué van a hacer hoy?
What are you going to do today?

Vamos a llevar a Marissa a un cenote.
We are taking Marissa to a cenote.

Vamos a comprar unas paletas heladas.
We're going to buy some popsicles.

Vamos a jugar. Si perdemos, compramos el almuerzo.
Let's play. If we lose, we buy lunch.

Talking about pastimes

¿Qué te gusta hacer? ¿Escalar montañas? ¿Ir de excursión?
What do you like to do? Mountain climbing? Hiking?

Sí, me gusta ir de excursión y practicar esquí acuático.
Yes, I like hiking and water skiing.

Y usted, ¿qué prefiere hacer en sus ratos libres?
And you, what do you like to do in your free time?

Salgo mucho los fines de semana.
I go out a lot on the weekends.

Voy al cine y a los museos.
I go to the movies and to museums.

Additional vocabulary

la cartera *wallet*

el hueco *hole*

un montón de *a lot of*

Reading

Real Madrid y Barça: rivalidad total

Soccer in Spain is a force to be reckoned with, and no two teams draw more attention than **Real Madrid Club de Fútbol** and the **Fútbol Club Barcelona.** Whether the venue is Madrid's **Santiago Bernabéu** stadium or Barcelona's **Camp Nou,** both cities shut down for the game, paralyzed by **fútbol** fever. A ticket to the game is always the hottest ticket in town.

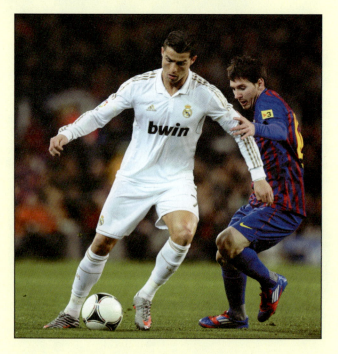

Rivalidades del fútbol

Argentina: Boca Juniors vs. River Plate

México: Águilas del América vs. Chivas del Guadalajara

Chile: Colo Colo vs. Universidad de Chile

Guatemala: Comunicaciones vs. Municipal

Uruguay: Peñarol vs. Nacional

Colombia: Millonarios vs. Independiente Santa Fe

The rivalry between **Real Madrid** and **Barça** is about more than soccer. As the two biggest, most important cities in Spain, Barcelona and Madrid are constantly compared to each other and there is a natural rivalry. There is also a political component to the dynamic. Barcelona, with its distinct language and culture, has long struggled for increased political autonomy. Under Francisco Franco's rule (1939–1975), when the repression of Catalan identity was strongest, a game between **Real Madrid** and **FC Barcelona** also symbolized the regime versus the resistance, even though both teams and both

regions suffered casualties in Spain's civil war and the subsequent dictatorship.

Although the dictatorship ended more than 40 years ago, the rivalry still sends in the inhabitants of both cities into a state of anxiety in the hours leading up to the game. Once the final score is announced, one of those cities is transformed again, this time into the best party in the country.

ASÍ SE DICE

Los deportes

el/la árbitro/a	referee	empatar	to draw; to tie
el/la atleta	athlete	entrenar	to train
el campeón/la campeona	champion	el/la mejor	the best
		mundial	worldwide
la cancha (de fútbol)	soccer field	la rivalidad	rivalry
la carrera	race	el torneo	tournament
competir	to compete		

ACTIVIDADES

 1 **¿Cierto o falso?** Indicate whether each statement is **cierto** or **falso**. Correct the false statements.

1. Soccer is not a popular sport in Spain.

2. Madrid and Barcelona are the most important cities in Spain.

3. Santiago Bernabéu is a stadium in Barcelona.

4. The rivalry between Real Madrid and FC Barcelona is restricted to athletic competition.

5. Barcelona has struggled for increased political autonomy.

6. Only the FC Barcelona team was affected by the civil war.

7. During Franco's regime, the Catalan culture thrived.

8. There are many famous rivalries between soccer teams in the Spanish-speaking world.

9. River Plate is a popular team from Argentina.

10. Comunicaciones and Peñarol are famous rivalries in Guatemala.

 2 **Comparación** In pairs, think about a popular sport where you live. What are some famous rivalries in that sport? What is the source of the rivalry? How would you describe the different sets of fans?

modelo
Estudiante 1: El equipo de los Boston Celtics es famoso donde yo vivo.
Estudiante 2: Sí, pero los Lakers de Los Ángeles es mi equipo favorito. Los aficionados de los Lakers son...

 3 **Conexión Internet** Go to **vhlcentral.com** and find other activities and sports that are popular in Hispanic countries.

 Video

¡Fútbol en España!

1 **Preparación** What is the most popular sport at your school? What team is your rival? How do students celebrate winning?

2 **El video** Watch this **Flash Cultura** episode.

Vocabulario			
afición	*fans*	**preferido**	*favorite*
perder	*to lose*	**se junta con**	*it's tied up with*

1

Hay mucha afición al fútbol en España.

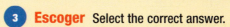

—¿Y cuál es vuestro jugador favorito?

2

3 **Escoger** Select the correct answer.

1. Un partido entre el Barça y el Real Madrid es _____ (un deporte/ un evento) importante en toda España.

2. El _____ juega en el Camp Nou, el estadio más grande de Europa (Barça/Real Madrid).

3. Los aficionados _____ (miran/celebran) las victorias de sus equipos en las calles (*streets*).

4. La rivalidad entre el Real Madrid y el Barça está relacionada con la _____ (religión/política).

Practice more!
VM
pp. 207–208   vhlcentral

4.1 The present tense of ir

 Tutorial

▶ The verb **ir** (*to go*) is irregular in the present tense.

ir (to go)			
Singular forms		**Plural forms**	
yo	voy	nosotros/as	vamos
tú	vas	vosotros/as	vais
Ud./él/ella	va	Uds./ellos/ellas	van

▶ **Ir** is often used with the preposition **a** (*to*). When **a** is followed by the article **el**, the words form the contraction **al**. There is no contraction when **a** is followed by **la**, **las**, and **los**.

a + el = al

Voy al cine con María.
I'm going to the movies with María.

Ellos **van a** las montañas.
They are going to the mountains.

▶ The construction **ir a** + [*infinitive*] expresses actions that are going to happen in the future. It is equivalent to the English *to be going to* + [*infinitive*].

¡Voy a ir con ellos!

Vamos a jugar fútbol en el parque.

▶ **Vamos a** + [*infinitive*] can also express the idea of *let's (do something)*.

Vamos a pasear.
Let's take a walk.

¡Vamos a ver!
Let's see!

¡ojo! Use **adónde** instead of **dónde** when asking a question with **ir**.

¿Adónde vas?
Where are you going?

¿Dónde estás?
Where are you?

¡Manos a la obra!

Provide the present tense forms of **ir**.

1. Ellos __van__.
2. Yo _____.
3. Tu novio _____.
4. Adela _____.
5. Mi prima y yo _____.
6. Tú _____.
7. Ustedes _____.
8. Nosotros _____.
9. Usted _____.
10. Nosotras _____.
11. Miguel _____.
12. Ellas _____.

Práctica

1 **Adivina** Roberto has gone to see doña Imelda, a fortune teller. Using **ir a** + [*infinitive*], say what doña Imelda predicts.

modelo

Tu hermano Gabriel __va a__ ir a Europa.

1. Tú _____ correr en el Maratón de Boston.
2. Tú y tu familia _____ escalar el monte Everest.
3. Tu primo Pablo _____ visitar las ruinas mayas.
4. Tu hermana Tina _____ recibir una carta misteriosa.
5. Tu hermana Rosario _____ patinar en los Juegos Olímpicos.
6. Tus padres _____ tomar el sol en Acapulco.
7. Tú _____ ver las pinturas (*paintings*) de tu amiga en el Museo Nacional de Arte.
8. ¡Y yo _____ ser muy, muy rica!

2 **¿Adónde vas?** You are visiting Madrid with some friends. Work with a partner and ask each other which sites you will visit today.

modelo

Estudiante 1: ¿Adónde vamos nosotros?
Estudiante 2: Nosotros vamos a la plaza de Santo Domingo.

Conversación

 3 Situaciones With a partner, say where you and your friends go in these situations.

modelo Tienes ganas de tomar el sol.

Estudiante 1: Tienes ganas de tomar el sol. ¿Adónde vas?
Estudiante 2: Voy a la piscina.

1. Deseas descansar.
2. Tu novio/a tiene que estudiar.
3. Tus amigos/as necesitan practicar el español.
4. Tienes ganas de practicar deportes.
5. Tú y tus amigos/as tienen hambre.
6. Tienes tiempo libre.
7. Tus amigos/as desean esquiar.
8. Deseas leer.

 4 Encuesta Walk around the room and ask your classmates if they will do these activities today. Try to find at least two people for each item and record their names. Report your findings to the class.

Actividades	Nombres
1. comer en un restaurante	_____
2. mirar la televisión	_____
3. leer una revista	_____
4. escribir un mensaje electrónico	_____
5. correr	_____
6. ver una película	_____
7. pasear en bicicleta	_____
8. estudiar en la biblioteca	_____

 5 Entrevista Talk with two classmates and find out what they are going to do this weekend.

modelo

Estudiante 1: ¿Adónde vas este (this) fin de semana?
Estudiante 2: Voy a Guadalajara con mis amigos.
Estudiante 3: ¿Y qué van a hacer (to do) ustedes en Guadalajara?
Estudiante 2: Vamos a visitar unos museos.
¿Y ustedes?...

Practice more!

WB pp. 33–34 | LM p. 21 | vhlcentral

Español en vivo

Esta familia siempre va a estar unida

porque el **Banco Nacional** siempre va a estar con ellos.

Luis va a trabajar lejos de su familia, pero ellos van a estar tranquilos. Luis va a depositar su sueldo en el Banco Nacional y así él va a ayudar a su familia.

Banco Nacional
Estamos siempre con usted

Identificar

Scan the advertisement and identify where the **ir a** + [infinitive] construction is used.

Preguntas

1. ¿Quiénes son las personas de la familia?
2. ¿Cómo va a estar la familia?
3. ¿Qué va a hacer (to do) el hijo?
4. ¿Por qué el hijo escoge (chooses) el Banco Nacional?

4.2 Stem-changing verbs: e → ie, o → ue

 Tutorial

▶ In stem-changing verbs, the stressed vowel of the stem has a change when the verb is conjugated.

INFINITIVE	VERB STEM	STEM CHANGE	CONJUGATED FORM
empezar	empez-	empiez-	empiezo
volver	volv-	vuelv-	vuelvo

▶ In many verbs, such as **empezar** (*to begin*), the stem vowel changes from **e** to **ie**. Note that the **nosotros/as** and **vosotros/as** forms don't have a stem change.

empezar (e:ie)

Singular forms		Plural forms	
yo	empiezo	nosotros/as	empezamos
tú	empiezas	vosotros/as	empezáis
Ud./él/ella	empieza	Uds./ellos/ellas	empiezan

Los chicos empiezan a hablar de su visita al cenote.

Ellos vuelven a comer en el restaurante.

▶ In many other verbs, such as **volver** (*to return*), the stem vowel changes from **o** to **ue**. The **nosotros/as** and **vosotros/as** forms do not have a stem change.

volver (o:ue)

Singular forms		Plural forms	
yo	vuelvo	nosotros/as	volvemos
tú	vuelves	vosotros/as	volvéis
Ud./él/ella	vuelve	Uds./ellos/ellas	vuelven

▶ **Jugar** (*to play* a sport or a game) is the only Spanish verb that has a **u:ue** stem change. **Jugar** is followed by **a** + [*definite article*] when the name of a sport or game is mentioned.

▶ Stem-changing verbs are identified like this throughout the text:

empezar (e:ie)   volver (o:ue)

Práctica

1 **El día del partido** Complete the conversation with the appropriate verb forms.

modelo   PABLO   Óscar, voy al centro ahora.
¿ _Quieres_ [querer] venir?

ÓSCAR   No, yo los fines de semana (1) _____ [preferir] descansar un poco y mirar la televisión.

PABLO   ¡Qué perezoso (*how lazy*) eres!

ÓSCAR   No, hombre. Es que yo no (2) _____ [dormir] mucho de lunes a viernes. (3) _____ [volver] a casa a la medianoche.

PABLO   Lo siento. ¿Y (4) _____ [pensar] ver el partido de fútbol hoy? (5) _____ [empezar] a las cuatro.

ÓSCAR   ¡Por supuesto! ¿Y tú?

PABLO   Yo también. ¿(6) _____ [pensar] que (*that*) que nuestro equipo (7) _____ [poder] ganar?

ÓSCAR   Claro que sí. ¡Los Pumas (8) _____ [perder] hoy! Nuestro equipo (9) _____ [jugar] mucho mejor (*much better*).

2 **Preferencias** With a partner, take turns asking and answering questions about what these people want to do.

modelo   Guillermo: estudiar / pasear en bicicleta
Estudiante 1: ¿Quiere estudiar Guillermo?
Estudiante 2: No, prefiere pasear en bicicleta.

1. **tú:** trabajar / dormir
_____

2. **ustedes:** mirar la televisión / ir al cine
_____

3. **tus amigos:** ir de excursión / descansar
_____

4. **tú:** comer en la cafetería / ir a un restaurante
_____

5. **Elisa:** ver una película / leer una revista
_____

6. **María y su prima:** tomar el sol / esquiar
_____

Conversación

3 **En la televisión** In pairs, read this weekend's TV listing of sporting events. Discuss what sports you want to watch on TV and try to agree on one game you will watch together each day.

modelo

E1: ¿Qué quieres ver el sábado?
E2: Quiero ver el partido de fútbol americano.
E1: ¿A qué hora empieza?
E2: Empieza a las 4:30 de la tarde. ¿Quieres ver el partido conmigo (*with me*)?
E1: No, yo prefiero ver el partido de fútbol nacional...

🔒 www.tv.prom ↻

TV.prom

SÁBADO	**DOMINGO**
13:30 NATACIÓN	**13:00 GOLF**
1 Copa Mundial (*World Cup*) de Natación	40 Campeonato (*Championship*) ADT: Lorena Ochoa, Natalie Gulbis, Paula Creamer
15:00 TENIS	
8 Abierto (*Open*) Mexicano de Tenis: Cecilia Montero (México) vs. Sandra de la Paz (España). Semifinales	**14:30 VÓLEIBOL**
	1 Campeonato Nacional de México
16:00 FÚTBOL NACIONAL	**16:00 BALONCESTO**
3 Chivas vs. Monterrey	3 Campeonato de Cimeba: Correcaminos de Tampico vs. Santos de San Luis. Final
16:30 FÚTBOL AMERICANO	
21 Jaguares vs. Costeños	**17:00 ESQUÍ ALPINO**
	19 Eslálom
20:00 BALONCESTO PROFESIONAL	**18:30 FÚTBOL INTERNACIONAL**
16 Knicks de Nueva York vs. Toros de Chicago	30 Copa América: México vs. Argentina. Ronda final
	20:00 PATINAJE ARTÍSTICO
	16 Exhibición mundial

4 **Encuesta** Ask five classmates about each of these topics. Then, count the number of classmates who answered affirmatively to each question and report the information to the class.

1. Entender las reglas (*rules*) del fútbol americano.
2. Preferir descansar en casa en el tiempo libre.
3. Jugar al hockey.
4. Dormir más de ocho horas el fin de semana.
5. Perder las llaves frecuentemente.
6. Pensar ver una película este (*this*) fin de semana.
7. Jugar al baloncesto.
8. Volver a casa después (*after*) de las ocho de la noche.

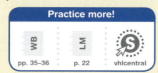

Practice more!

WB — LM — Ⓢ
pp. 35–36 — p. 22 — vhlcentral

Common stem-changing verbs

e:ie		**o:ue**	
cerrar	*to close*	dormir	*to sleep*
comenzar	*to begin*	encontrar	*to find*
empezar	*to begin*	jugar*	*to play*
entender	*to understand*	mostrar	*to show*
pensar	*to think*	poder	*to be able to; can*
perder	*to lose; to miss*	recordar	*to remember*
preferir	*to prefer*	volver	*to return*
querer	*to want; to love*		

*__Jugar__ is grouped with the **o:ue** verbs because it follows a similar pattern to these verbs.

Ella juega al tenis y al golf.

Los chicos juegan al fútbol.

▶ **Comenzar** and **empezar** require the preposition **a** when they are followed by an infinitive.

Comenzamos a jugar a las siete.
We begin playing at seven.

Ana **empieza a** trabajar hoy.
Ana starts working today.

▶ **Pensar** + [*infinitive*] means *to plan* or *to intend to do something*. **Pensar en** means *to think about someone or something*.

—¿**Piensan** ir al gimnasio?
Are you planning to go to the gym?

—Sí, **pensamos** ir al mediodía.
Yes, we are planning to go at noon.

—¿**En** qué **piensas**?
What are you thinking about?

—**Pienso en** el examen final.
I'm thinking about the final exam.

¡Manos a la obra!

Ⓢ Provide the correct forms.

cerrar (e:ie)	**dormir (o:ue)**
1. Ustedes _cierran_.	1. Mi abuela no _duerme_.
2. Tú _____.	2. Yo no _____.
3. Nosotras _____.	3. Tú no _____.
4. Mi hermano _____.	4. Mis hijos no _____.
5. Yo _____.	5. Usted no _____.
6. Usted _____.	6. Nosotros no _____.
7. Los chicos _____.	7. Él no _____.
8. Ella _____.	8. Ustedes no _____.

4.3 Stem-changing verbs: e → i Tutorial

▶ In some verbs, such as **pedir** (*to ask for; to request*), the stressed vowel in the stem changes from **e** to **i**.

INFINITIVE	VERB STEM	STEM CHANGE	CONJUGATED FORM
pedir	ped-	pid-	pido

▶ As with other stem-changing verbs, there is no stem change in the **nosotros/as** or **vosotros/as** forms in the present tense.

pedir (e:i)

Singular forms		Plural forms	
yo	**pido**	nosotros/as	**pedimos**
tú	**pides**	vosotros/as	**pedís**
Ud./él/ella	**pide**	Uds./ellos/ellas	**piden**

▶ Stem-changing verbs with the **e:i** stem change appear like this throughout the text:

pedir (e:i)

▶ Here are the most common **e:i** stem-changing verbs:

conseguir (e:i)	**repetir (e:i)**	**seguir (e:i)**
to get; to obtain	*to repeat*	*to follow; to continue; to keep (doing something)*

Pide favores todo el tiempo.
He asks for favors all the time.

Repito la pregunta.
I repeat the question.

Consiguen ver buenas películas.
They get to see good movies.

Sigue una dieta especial.
He is on a special diet.

¡ojo! The **yo** forms of **seguir** and **conseguir** have a spelling change as well as a stem change.

Sigo su plan.
I'm following their plan.

Consigo revistas en la biblioteca.
I get magazines at the library.

¡Manos a la obra!

Provide the correct forms of the verbs.

repetir (e:i)
1. Arturo y Eva __repiten__.
2. Yo _____.
3. Nosotros _____.
4. Julia _____.
5. Sofía y yo _____.
6. Tú _____.

pedir (e:i)
1. Yo __pido__.
2. Él _____.
3. Tú _____.
4. Usted _____.
5. Ellas _____.
6. Nosotros _____.

seguir (e:i)
1. Yo __sigo__.
2. Nosotros _____.
3. Tú _____.
4. Los chicos _____.
5. Usted _____.
6. Anita _____.

Práctica

1 Por la ciudad Complete the sentences with the correct form of the verb.

modelo Mis tíos __siguen__ [seguir] el partido de fútbol por televisión.

1. Mi madre va a un café y _____ [pedir] un capuchino.
2. Mi padre va a la biblioteca y _____ [conseguir] buenas películas.
3. Mi hermano menor (*younger*) _____ [seguir] mis instrucciones.
4. Mis padres _____ [repetir] la misma pregunta: "¿Dónde está tu hermana?".
5. Mi hermana y yo _____ [pedir] permiso para volver a casa un poco más tarde (*a little later*).
6. ¿_____ [seguir] tú la misma rutina todos los fines de semana?

2 Combinar Combine words from the columns to create sentences about yourself and people you know.

modelo Mis padres consiguen libros en Internet.

yo	pedir muchos favores
mi compañero/a de cuarto	nunca (*never*) pedir perdón
mi mejor (*best*) amigo/a	nunca seguir las instrucciones del profesor
mi familia	
mis amigos/as	siempre (*always*) seguir las instrucciones del profesor
mis amigos/as y yo	
mis padres	conseguir libros en Internet
mi hermano/a	repetir el vocabulario de la lección en voz alta (*out loud*)
mi profesor(a) de español	
	conseguir viajar a lugares exóticos
	nunca repetir los cursos

Conversación

3 **¿Quién?** Talk to your classmates until you find one person who does each of these activities. Then, ask him/her a follow-up question. Use **e:ie**, **o:ue**, and **e:i** stem-changing verbs.

modelo

Tú: ¿Pides consejos con frecuencia?
Maite: No, no pido consejos con frecuencia.
Tú: ¿Pides consejos con frecuencia?
Lucas: Sí, pido consejos con frecuencia.
Tú: ¿Sigues los consejos?
Lucas: Sí, sigo los consejos. (No, no sigo los consejos).

Actividades	¿Quién?
1. Conseguir entradas gratis (free tickets) para conciertos o partidos de la universidad. (Preferir ir a conciertos o [or] a partidos de la universidad).	_____
2. Pedir consejos (advice) con frecuencia. (Seguir los consejos).	_____
3. Volver a casa por la noche. (A qué hora volver).	_____
4. Seguir las instrucciones de los manuales. (Encontrar las intrucciones fáciles de seguir).	_____
5. Perder la tarea frecuentemente. (Recordar traer [to bring] la tarea la clase siguiente [next]).	_____
6. Repetir las actividades de la clase de español en casa. (Entender mejor [better] la lección).	_____

4 **Las películas** Use these questions to interview a classmate.

1. ¿Dónde consigues información sobre (*about*) cine y televisión?

2. ¿Prefieres las películas románticas, las películas de acción o las películas de terror? ¿Por qué?

3. ¿Dónde consigues las entradas (*tickets*) para ver una película?

4. Para decidir qué películas vas a ver, ¿sigues las recomendaciones de los críticos de cine?

5. ¿Qué cines en tu comunidad muestran las mejores (*best*) películas?

6. ¿Vas a ver una película esta semana? ¿A qué hora empieza la película?

Practice more!

WB	LM	vhlcentral
pp. 37–38	p. 23	

Español en vivo

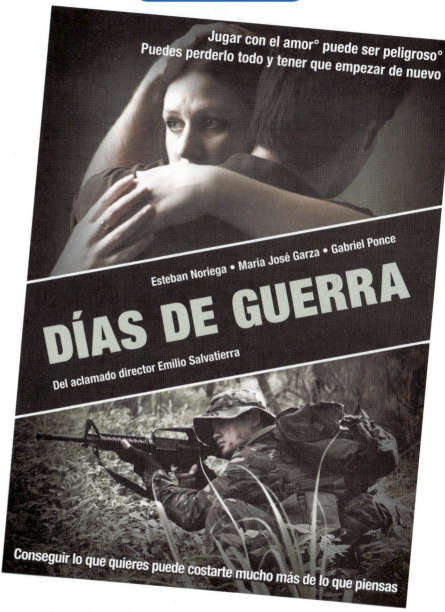

Jugar con el amor° puede ser peligroso°
Puedes perderlo todo y tener que empezar de nuevo

Esteban Noriega • María José Garza • Gabriel Ponce

DÍAS DE GUERRA

Del aclamado director Emilio Salvatierra

Conseguir lo que quieres puede costarte mucho más de lo que piensas

amor *love* **peligroso** *dangerous*

Identificar

Scan the movie poster above and identify the stem-changing verbs.

Preguntas

1. ¿Qué palabras indican que *Días de guerra* es una película dramática?

2. ¿Cuántas personas hay en el póster? ¿Cómo son? ¿Qué relación tienen?

3. ¿Cuál de los personajes (*characters*) juega con el amor? ¿Por qué lo crees?

4. ¿Te gustan las películas como ésta (*this one*)? ¿Por qué?

4.4 Verbs with irregular yo forms Tutorial

▶ In Spanish, several verbs have irregular **yo** forms in the present tense.

▶ The verbs **hacer** (*to do, to make*), **poner** (*to put, to place*), **salir** (*to leave*), **suponer** (*to suppose*), and **traer** (*to bring*) have **yo** forms that end in **-go**. The other forms are regular.

Verbs with irregular yo forms

	hacer	poner	salir	suponer	traer
	to do; to make	to put; to place	to leave	to suppose	to bring
yo	ha**go**	pon**go**	sal**go**	supon**go**	trai**go**
tú	haces	pones	sales	supones	traes
Ud./él/ella	hace	pone	sale	supone	trae
nosotros/as	hacemos	ponemos	salimos	suponemos	traemos
vosotros/as	hacéis	ponéis	salís	suponéis	traéis
Uds./ellos/ellas	hacen	ponen	salen	suponen	traen

Salgo mucho los fines de semana.

Yo hago la tarea por las noches.

▶ **Poner** can also mean *to turn on* a household appliance.

Carlos **pone** la radio.
Carlos turns on the radio.

María **pone** la televisión.
María turns on the television.

▶ **Salir de** is used to indicate that someone is leaving a particular place.

Salgo de casa muy temprano.
I leave home very early.

El tren **sale de** la estación a las dos.
The train leaves the station at two.

▶ **Salir para** is used to indicate someone's destination.

Mañana **salgo para** México.
Tomorrow I leave for Mexico.

Hoy **salen para** España.
Today they leave for Spain.

▶ **Salir con** means *to leave with someone or something,* or *to date someone.*

Alberto **sale con** su amigo.
Alberto is leaving with his friend.

Margarita **sale con** su mochila.
Margarita is leaving with her backpack.

Hoy voy a **salir con** mi hermana.
Today I'm going out with my sister.

Raúl **sale con** una chica muy bonita.
Raúl is going out with a very pretty girl.

Práctica

1 Completar Complete the conversation with the appropriate verb forms.

modelo
ERNESTO   David, ¿qué <u>haces</u> [hacer] por la noche?

DAVID (1) _____ [salir] con Luisa. Vamos al cine. Queremos (2) _____ [ver] la nueva (*new*) película de Almodóvar.

ERNESTO ¿Y Diana? ¿Qué (3) _____ [hacer] ella?

DAVID (4) _____ [salir] a comer con sus padres.

ERNESTO ¿Qué (5) _____ [hacer] Andrés y Javier?

DAVID Tienen que (6) _____ [hacer] las maletas. (7) _____ [salir] para Monterrey mañana.

ERNESTO ¿Qué (8) _____ [hacer] yo entonces (*then*)?

DAVID (9) _____ [suponer] que puedes estudiar o (10) _____ [ver] la televisión.

ERNESTO No quiero estudiar. Prefiero (11) _____ [poner] la televisión.

2 Oraciones Form sentences with the cues given.

modelo
Tú / ? / los libros / debajo de / escritorio
Tú pones los libros debajo del escritorio.

1. Nosotros / ? / mucha / tarea
2. ¿Tú / ? / la radio?
3. Yo / no / ? / el problema
4. Marta / ? / una grabadora / clase
5. Los señores Marín / ? / su casa / siete
6. Yo / ? / que (*that*) / tú / ir / cine / ¿no?

3 Describir In pairs, say complete sentences with the cues provided.

1. Fernán/poner

2. Yo/traer

3. Nosotras/salir

4. El estudiante/hacer

Conversación

4 Preguntas Ask and answer these questions with a classmate.

1. ¿A qué hora sales de tu residencia o de tu casa por la mañana? ¿A qué hora llegas a la universidad?
2. ¿Traes un diccionario a la clase de español? ¿Por qué? ¿Qué más traes?
3. ¿A qué hora salimos de la clase de español?
4. Cuando vuelves a casa, ¿dónde pones tus libros? ¿Siempre (*always*) pones tus cosas en su lugar?
5. ¿Oyes la radio o prefieres ver la televisión?
6. ¿Pones la radio o la televisión en cuanto (*as soon as*) llegas a casa?
7. ¿Cuándo estudias? ¿Haces la tarea cada (*each*) noche o esperas hasta el último (*last*) día?
8. ¿Qué haces los fines de semana? ¿Adónde vas?

5 Charadas Play a game of charades. Each person should think of a phrase using **hacer, poner, salir, oír, traer,** or **ver** and act out the phrase. The first person to guess correctly acts out the next charade.

6 Típico fin de semana Interview a classmate about what he or she does on a typical weekend.

- What time does he/she leave the house on the weekend?
- What does he/she do in the afternoon?
- What TV shows does he/she watch?
- Does he/she go out with friends?...

Practice more!

WB pp. 39–40 | LM p. 24 | vhlcentral

The verbs ver and oír

▶ The verb **ver** (*to see*) has an irregular **yo** form. The other forms of **ver** are regular but note that the **vosotros/as** forms do not carry an accent.

ver (to see)

Singular forms		Plural forms	
yo	veo	nosotros/as	vemos
tú	ves	vosotros/as	veis
Ud./él/ella	ve	Uds./ellos/ellas	ven

Ve a su abuela todos los domingos.
He sees his grandmother every Sunday.

No **veo** el problema.
I can't see the problem.

▶ The verb **ver** also means *to watch*.

¿Cuando **vemos** la película?
When are we watching the movie?

Veo las noticias por la mañana.
I watch the news in the morning.

Quiero **ver** el partido de béisbol.
I want to watch the baseball game.

Veo a los niños jugar en el parque.
I'm watching the kids play in the park.

▶ The verb **oír** (*to hear*) has an irregular **yo** form and a spelling change in the **tú, usted, él, ella, ustedes, ellos,** and **ellas** forms. The **nosotros/as** and **vosotros/as** forms have an accent mark.

oír (to hear)

Singular forms		Plural forms	
yo	oigo	nosotros/as	oímos
tú	oyes	vosotros/as	oís
Ud./él/ella	oye	Uds./ellos/ellas	oyen

Oigo a unas personas en la otra sala.
I hear some people in the other room.

¿**Oyes** la música?
Do you hear the music?

¡Manos a la obra!

Provide the correct forms of the verbs.

1. **salir** Isabel __sale__. Nosotros __salimos__. Yo __salgo__.
2. **ver** Yo _____. Ustedes _____. Tú _____.
3. **poner** Rita y yo _____. Yo _____. Los niños _____.
4. **hacer** Yo _____. Tú _____. Usted _____.
5. **oír** Él _____. Nosotros _____. Yo _____.
6. **traer** Ellas _____. Yo _____. Tú _____.
7. **suponer** Yo _____. Mi amigo _____. Nosotras _____.

A repasar

4.1 The present tense of ir

1 **¿Qué hacemos?** You are bored today. With a partner, take turns suggesting various places to go or things to do.

> **modelo**
>
> **Estudiante 1:** Estoy aburrido/a (*bored*).
> **Estudiante 2:** ¡Vamos al parque!
> **Estudiante 1:** No, no tengo ganas de ir al parque ahora. Vamos . . .

2 **Agenda para la semana** Make a schedule listing your activities for this week. Write at least two activities for each day. Then in groups of three compare what you are going to do.

> **modelo**
>
> **domingo: jugar al tenis, terminar la tarea**
> **Estudiante 1:** El domingo voy a jugar al tenis. ¿Van ustedes a jugar al tenis también (*too*)?
> **Estudiante 2:** No, no voy a jugar al tenis el domingo. Voy a terminar la tarea.
> **Estudiante 3:** Sí, voy a jugar al tenis también. . .

4.2 Stem-changing verbs: e → ie, o → ue

3 **Describir** It's Saturday afternoon. Describe what the Ramirez family is doing based on the cues provided.

> **modelo**
>
> papá / jugar / golf
> **Papá juega al golf.**

1. los niños / preferir / nadar / piscina

   _____

2. yo / pensar / jugar / béisbol

   _____

3. mamá / querer / leer / revista

   _____

4. las gatas Lupe y Cleo / dormir / casa

   _____

5. el perro Kiko / encontrar / pelota

   _____

6. la abuela / volver / casa

   _____

4 **Entrevista** Use these questions to interview a classmate.

1. ¿A qué hora vuelves a casa o a la residencia hoy?
2. ¿Recuerdas la dirección de correo electrónico del/de la profesor(a)? ¿Cuál es?
3. ¿Prefieres escribir un mensaje al/a la profesor(a) o hablar con él/ella en persona?
4. ¿A qué hora empiezas a estudiar por la noche?
5. ¿Duermes mucho? ¿Cuántas horas duermes?
6. ¿Pierdes tus cosas constantemente (*constantly*)?

5 **Mis pasatiempos** Write a brief paragraph about one of your favorite pastimes. Use at least four of the verbs provided.

> empezar   jugar   pensar   poder   preferir   querer

4.3 Stem-changing verbs: e → i

6 **Completar** Complete the sentences with the appropriate forms of the verbs provided.

> **modelo**
>
> Tu _pides_ [pedir] dinero prestado (*borrowed money*) a tus padres.

1. Elena no _____ [conseguir] entradas (*tickets*) para el partido de mañana.
2. Los estudiantes _____ [repetir] las palabras que presenta el profesor.
3. Mis amigos y yo _____ [seguir] todos los partidos de béisbol de los Rockies.
4. Yo _____ [seguir] el camino (*path*) para llegar a la cima (*summit*) de la montaña.
5. Mi hermana siempre _____ [pedir] ayuda (*help*) para hacer su tarea.

7 **Los videojuegos (*video games*)** Use these questions to interview a classmate.

1. ¿Te gusta jugar a los videojuegos? ¿Con qué frecuencia juegas?
2. ¿Qué piensas de los videojuegos en línea (*online*)? En tu opinión, ¿la gente pasa mucho tiempo en línea?
3. ¿Prefieres los videojuegos de deportes o los de acción?
4. ¿Sigues las aventuras de Super Mario, Sonic o los Sims?
5. ¿Cómo consigues videojuegos?
6. Antes de (*Before*) comprar un videojuego, ¿pides recomendaciones a tus amigos?

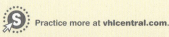
Practice more at **vhlcentral.com.**

4.4 Verbs with irregular **yo** forms

8 **Las diversiones** Complete Jorge's description with the appropriate forms of the verbs provided.

> **modelo**
>
> Mis amigos y yo <u>hacemos</u> [hacer] cosas juntos todo el tiempo.

Los sábados por la noche, yo generalmente (1) _____ [salir] con ellos a la discoteca. A veces, también nos juntamos (*get together*) en una casa: (2) _____ [traer] algo para comer y (3) _____ [ver] una película, o yo (4) _____ [poner] música y bailamos. Y tú, ¿qué (5) _____ [hacer] con tus amigos?

9 **Los ratos libres** You are doing some market research on lifestyles. Interview a classmate to find out when he/she goes out with his/her friends and what they do for fun.

> **modelo**
>
> **Estudiante 1:** ¿Cuándo sales con tu familia?
> **Estudiante 2:** Salgo con mi familia los domingos por la tarde.
> **Estudiante 1:** ¿Qué hacen?
> **Estudiante 2:** Vamos a comer a un restaurante.
> **Estudiante 1:** ¿Cuándo sales con tus amigos/as (tu novio/a)?...

Síntesis

10 **Situación** With a partner, role-play a conversation between two roommates.

Estudiante 1

1. Ask your partner what he or she is doing.
2. Ask what he or she is watching.
3. Say no, because you are going out with friends.
4. Say what you are going to do, and ask your partner whether he or she wants to come along.

Estudiante 2

1. Say that you are watching TV.
2. Say what show you are watching. Ask if he or she wants to join you.
3. Ask what your partner and his/her friends are going to do.
4. Say no and tell your partner what you prefer to do instead.

Videoclip Video

1 **Preparación** Does your family have high expectations of you? What are they? Do you think you will be able to meet those expectations? Why or why not?

2 **El clip** Watch the ad for **Totofútbol** from Peru.

Vocabulario	
cracks *sports stars*	**patito feo** *ugly duckling*
jugaba *used to play*	**plata** *money (S. America)*

Mi hermano mayor jugaba desde la cuna°.

Por eso esperaban que yo fuera° el mejor de todos°.

cuna *crib* esperaban que yo fuera *they expected that I be* el mejor de todos *the best of all*

3 **Comprensión** Select the option that best summarizes the ad.

- Todos los miembros (*members*) de la familia juegan al fútbol profesionalmente. El padre tiene muchos trofeos (*trophies*) de fútbol.
- El padre y los hermanos del protagonista prefieren jugar al fútbol, pero él quiere dedicarse a la música. Por eso, lo llaman "patito feo".

4 **Conversación** With a partner, discuss these questions:
¿Hay un patito feo en tu familia o entre tus amigos? ¿Quién es? ¿Qué actividades hacen tu familia o tus amigos? ¿Qué prefiere hacer él/ella?

Ampliación

1 Escuchar

  A Read the sentences below and then listen as first José and then Anabela talk about themselves. Indicate who each statement describes.

> **TIP** **Listen for gist.** When you listen for the gist, try to capture the general meaning of what you hear without focusing on individual words. You will be surprised at how much you can understand!

Descripción	José	Anabela
1. Es muy aficionado/a a los deportes.	☐	☐
2. Pasa el tiempo con sus amigos.	☐	☐
3. Va mucho al cine.	☐	☐
4. Es una persona muy activa.	☐	☐
5. Le gusta descansar por la tarde.	☐	☐
6. Es una persona estudiosa.	☐	☐
7. Su deporte favorito es el ciclismo.	☐	☐
8. A veces va a ver partidos de béisbol.	☐	☐

B ¿Tienes más cosas en común (*more in common*) con José o con Anabela? Explica tu respuesta.

2 Conversar

You and your friend, who lives in a different town, plan to meet in a nearby city. Role-play a phone conversation to discuss your plans. Include this information.

- *When you are planning to arrive and go home*
- *What places you want to visit*
- *A few activities you can do together*

Ampliación

3 Escribir

Create a short article for your school's student website. Describe at least six leisure activities that students enjoy on campus. Include information about where and when these activities take place.

> **TIP** **Use bilingual dictionaries carefully.**
> Use a Spanish-English dictionary to look up words you don't know. Consider whether the first option given is really what you are trying to say.

Organizar	List the activities you could include in the article. Use an idea map to organize them.
Escribir	Using your idea map, write the first draft of your article.
Corregir	Exchange drafts with a classmate and comment on the organization, style, and grammatical accuracy of each other's work. Then revise your first draft, keeping your classmate's comments in mind.
Compartir	Exchange drafts with a different partner. Note any words that are new to you, so you can look them up later. Then turn your final draft in to your instructor.

4 Un paso más

You work for a radio station that caters to the Spanish-speaking community in your town. Prepare a radio spot that announces the sporting events taking place this week. Include the following information in your broadcast:

- An introduction of yourself and your program
- A list of local sports events
- The location and time of each event
- A brief sign-off

5 Conexión Internet

Go to **vhlcentral.com** to find out more about these topics.

- Los deportes más (*most*) populares del mundo hispanow
- Los pasatiempos más populares del mundo hispano

Audio: Reading
Additional Reading

Antes de leer

This article appeared on the website of one of Mexico City's newspapers. Scan the article's headlines and visual elements. Based on what you see, what do you think it is about?

Can you guess the meaning of these cognates from the article?

baladas	_____
concierto	_____
contemporáneo/a	_____
creativo/a	_____
festival	_____
fotógrafo/a	_____
origen	_____
pasión	_____
recomendar	_____
romántico/a	_____

10:00

GUÍA para el fin de semana

CINE

Festival de cine latinoamericano

Para los aficionados al cine, este fin de semana comienza el Festival de Cine Latinoamericano en el cine Plaza. Se muestran las últimas° producciones de Juan Pablo Reátegui, Lorena Suárez, Álvaro del Carpio y Diego Bianchi. Recomendamos especialmente *Un día sin° fútbol* del director Juan Pablo Reátegui. *Un día sin fútbol* cuenta la historia° de un grupo de aficionados al fútbol y su enorme pasión por este deporte.

Fechas: 10–14 de marzo
Hora: 8:00 p.m.
Lugar: Cine Plaza
Dirección: Calle Principal #152

CONCIERTO

Canta Maribel Puértolas

Si quiere escuchar buena música, la cantante° Maribel Puértolas va a ofrecer° un concierto en el café La Gloria. De origen puertorriqueño, esta joven cantante ha conquistado° a los románticos con *Cuando tú no estás*, su último CD de baladas. "Va a ser un concierto para recordar", dice Puértolas.

Fecha: 11 de marzo
Hora: 7:00 p.m.
Lugar: Café La Gloria
Dirección: Avenida Bolívar #345

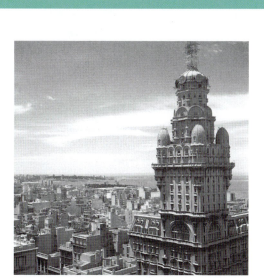

EXPOSICIÓN

Lucía Velasco:
Cuarenta años de fotografía

Este fin de semana se va a inaugurar la exposición° de la fotógrafa uruguaya Lucía Velasco en el Museo de Arte Contemporáneo. Las cien fotografías que forman parte de la exposición muestran el desarrollo° creativo de Velasco durante sus 40 años de carrera.

Fechas: 10 de marzo – 8 de abril
Lugar: Museo de Arte Contemporáneo
Dirección: Avenida Juárez #248

Después de leer

¿Comprendiste?

Based on the reading, indicate whether each statement is **cierto** or **falso**.

Cierto	Falso	
_____	_____	1. La guía presenta noticias sobre eventos deportivos.
_____	_____	2. *Un día sin fútbol* cuenta la historia de un equipo de fútbol.
_____	_____	3. Maribel Puértolas es una cantante de baladas.
_____	_____	4. Las fotografías de Juan Pablo Reátegui se exhiben en el cine Plaza.
_____	_____	5. Lucía Velasco es una fotógrafa uruguaya.
_____	_____	6. En el café La Gloria hay una exposición de arte.

Preguntas

Answer these questions.

1. ¿De dónde es Maribel Puértolas?
   _____

2. ¿Qué clase de canciones (*songs*) canta ella?
   _____

3. ¿Cuántas fotografías de Lucía Velasco hay en la exposición?
   _____

4. ¿Dónde está la exposición de Lucía Velasco?
   _____

5. ¿Qué película recomienda la guía?
   _____

6. ¿Dónde es el festival de cine?
   _____

Coméntalo

In small groups, discuss which of the activities in the article you would each prefer to do on a weekend and why.

últimas *latest*   **sin** *without*   **cuenta la historia** *tells the story*
cantante *singer*   **ofrecer** *offer*   **ha conquistado** *has won over*
inaugurar la exposición *to open the exhibit*   **desarrollo** *development*

 **Vocabulary Tools**

Las actividades y las distracciones

bucear	to scuba dive
escalar montañas	to go mountain climbing
escribir una carta	to write a letter
escribir un mensaje electrónico	to write an e-mail
escribir una (tarjeta) postal	to write a postcard
esquiar	to ski
ir de excursión (a las montañas)	to go for a hike (in the mountains)
leer el correo electrónico	to read e-mail
leer el periódico	to read the newspaper
leer una revista	to read a magazine
nadar en la piscina	to swim in the pool
pasar el tiempo	to spend time
pasear en bicicleta	to ride a bicycle
pasear por la ciudad/el pueblo	to walk around the city/town
patinar (en línea)	to skate (in-line)
practicar deportes	to play sports
tomar el sol	to sunbathe
ver películas	to watch movies
visitar un monumento	to visit a monument

Otras palabras y expresiones

la diversión	entertainment; fun activity
el fin de semana	weekend
el lugar	place
el pasatiempo	pastime; hobby
los ratos libres	spare time
el tiempo libre	free time

Los deportes

el baloncesto	basketball
el béisbol	baseball
el ciclismo	cycling
el equipo	team
el esquí (acuático)	(water) skiing
el/la excursionista	hiker
el fútbol	soccer
el fútbol americano	football
el golf	golf
el hockey	hockey
el/la jugador(a)	player
la natación	swimming
el partido	game
la pelota	ball
el tenis	tennis
el vóleibol	volleyball
ganar	to win
ser aficionado/a (a)	to be a fan (of)

Los lugares

el café	café
la casa	house
el centro	downtown
el cine	movie theater
el gimnasio	gym, gymnasium
la iglesia	church
el museo	museum
el parque	park
el restaurante	restaurant

Adjetivos

deportivo/a	sports-related
favorito/a	favorite

Verbos

cerrar (e:ie)	to close
comenzar (e:ie)	to begin
conseguir (e:i)	to get; to obtain
dormir (o:ue)	to sleep
empezar (e:ie)	to begin
encontrar (o:ue)	to find
entender (e:ie)	to understand
hacer	to do; to make
ir	to go
ir a (+ inf.)	to be going to do something
jugar (u:ue)	to play
mostrar (o:ue)	to show
oír	to hear
pedir (e:i)	to ask for; to request
pensar (e:ie)	to think
pensar (+ inf.)	to intend; to plan
pensar en	to think about
perder (e:ie)	to lose; to miss
poder (o:ue)	to be able to, can
poner	to put; to place
preferir (e:ie)	to prefer
querer (e:ie)	to want; to love
recordar (o:ue)	to remember
repetir (e:i)	to repeat
salir	to leave
seguir (e:i)	to follow; to continue; to keep (doing something)
suponer	to suppose
traer	to bring
ver	to see; to watch
volver (o:ue)	to return

AVENTURAS EN LOS PAÍSES HISPANOS

En Acapulco, un clavadista *(diver)* salta desde un acantilado *(cliff)* frente al océano Pacífico. El lugar se llama La Quebrada y miles de turistas lo visitan cada *(each)* día. ¿Te gustaría *(would you like)* visitarlo algún *(some)* día?

MÉXICO

MÉXICO

Área: 1.972.550 km² (761.603 millas²)
Población: 121.736.000
Capital: México, D.F. – 20.999.000
Ciudades importantes: Guadalajara, Monterrey, Ciudad Juárez, Puebla
Moneda: peso mexicano

SOURCE: Population Division, UN Secretariat

Celebraciones

La independencia de México

El 16 de septiembre los mexicanos celebran la independencia de su país. En todas las ciudades se ponen decoraciones con los colores de la bandera *(flag)* mexicana y se hacen fiestas con mariachis, comida típica y bailes *(dances)* tradicionales. A estas celebraciones se les llaman las fiestas patrias.

ESTADOS UNIDOS

Ciudad Juárez

Baja California

Golfo de California

Río Brav

MÉXICO

Historia

Los mayas

La civilización maya construyó *(built)* impresionantes ciudades con templos religiosos en forma de pirámide, que hoy en día visitan millones de turistas. Los descendientes de esta civilización siguen las tradiciones de sus antepasados *(ancestors)* y muchos aún *(still)* viven en esa misma área: el sur *(south)* de México y partes de Centroamérica.

Océano Pacífico

Puerto Vallarta   Guadalaj

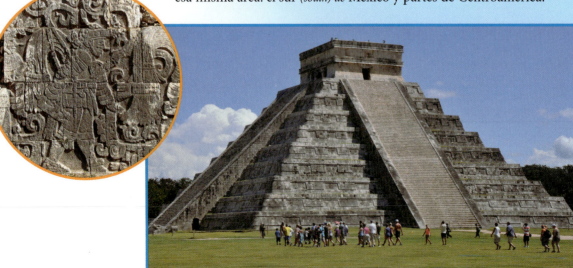

El Castillo, Chichén Itzá

Diego Rivera y Frida Kahlo

Frida Kahlo y Diego Rivera son los pintores mexicanos más famosos. Se casaron *(They got married)* en 1929. Los dos se interesaron *(became interested)* por las condiciones sociales de los indígenas y de los campesinos *(farm workers)* de su país. Puedes ver algunas de sus obras *(works of art)* en el Museo de Arte Moderno de la Ciudad de México.

Detalle de un mural de Diego Rivera

Monterrey

Golfo de México

Península de Yucatán

udad de México

Uxmal

Cancún

Bahía de Campeche

Veracruz

Istmo de Tehuantepec

BELICE

GUATEMALA

La plata

México es el mayor *(largest)* productor de plata *(silver)* del mundo *(world)*. Estados como Zacatecas y Durango tienen ciudades fundadas cerca de los más grandes yacimientos *(deposits)* de plata del país. Estas ciudades fueron *(were)* en la época colonial unas de las más ricas e importantes. Hoy en día, aún *(still)* conservan mucho de su encanto *(charm)* y esplendor.

Practice more!

WB pp. 41–42

VM pp. 235–236

S vhlcentral

¿Qué aprendiste?

1 **¿Cierto o falso?** Indicate whether each statement is **cierto** or **falso**.

Cierto	Falso	
_____	_____	1. La Quebrada está en México D.F.
_____	_____	2. Frida Kahlo es una pintora.
_____	_____	3. El 16 de septiembre en México organizan una celebración religiosa.
_____	_____	4. La plata no es un mineral abundante en México.
_____	_____	5. Los mexicanos celebran la independencia con las fiestas patrias.
_____	_____	6. En México no hay ciudades cerca de los yacimientos de plata.
_____	_____	7. Diego Rivera fue (was) el esposo de Frida Kahlo.
_____	_____	8. Puebla es la capital de México.
_____	_____	9. Muchos turistas visitan los templos mayas en Suramérica.
_____	_____	10. La moneda mexicana es el dólar mexicano.

2 **Preguntas** Answer the questions in complete sentences.

1. ¿Qué elementos en común hay en las celebraciones de la independencia de tu país y las celebraciones en México? ¿Qué diferencias hay?

2. ¿Qué piensas del estilo artístico de Diego Rivera? ¿Prefieres el arte realista o el abstracto?

3. ¿Sigues alguna (any) tradición de tus antepasados? ¿Cuál(es)?

4. ¿Hay yacimientos de minerales cerca de donde vives?

5. ¿Cuál es la actividad económica más (more) importante de tu ciudad o estado: la agricultura, la minería, la industria, el turismo, los servicios o el comercio (trade)?

3 **¿Qué piensas?** In pairs, take turns answering the following questions. Use complete sentences.

1. ¿Qué otras celebraciones mexicanas conoces? ¿Qué características tienen?

2. ¿Por qué piensas que muchos descendientes de los mayas siguen las tradiciones de sus ancestros?

3. ¿Por qué crees que Frida Kahlo y Diego Rivera son los pintores más famosos de México? ¿Qué características tienen sus obras?

4. ¿Qué otras actividades económicas crees que son fundamentales en un país como México? ¿Qué productos típicos mexicanos conoces?

4 **Conexión Internet** Investiga estos temas en el sitio **vhlcentral.com**.

- Lugares para visitar en México
- Pintores famosos de México

5 Las vacaciones

Communicative Goals

You will learn how to:
- talk about vacations
- describe a hotel
- talk about seasons and the weather
- talk about how you feel

PARA EMPEZAR
- ¿Cómo es la persona de la foto?
- ¿Dónde está: en la playa o en la montaña?
- ¿Qué hace: nada, bucea o toma el sol?

Vocabulary Tools

LAS VACACIONES

REPUBLICA DE COSTA RICA AMERICA CENTRAL

PASAPORTE PASSPORT

el pasaporte

¿QUÉ TIEMPO HACE?

¿Qué tiempo hace? *How's the weather?*
Está despejado. *It's clear.*
Está (muy) nublado. *It's (very) cloudy.*
Hace buen/mal tiempo.
  The weather is nice/bad.
Hace (mucho) calor. *It's (very) hot.*
Hace fresco. *It's cool.*
Hace (mucho) frío. *It's (very) cold.*
Hace (mucho) sol. *It's (very) sunny.*
Hace (mucho) viento. *It's (very) windy.*
Hay (mucha) niebla. *It's (very) foggy.*
Llueve. *It's raining.*
Nieva. *It's snowing.*

llover (o:ue) *to rain*
nevar (e:ie) *to snow*

LAS VACACIONES Y LOS VIAJES

el aeropuerto *airport*
la agencia de viajes *travel agency*
el/la agente de viajes *travel agent*
la cabaña *cabin*
el campo *countryside*
la estación de autobuses *bus station*
la estación del metro *subway station*
el/la inspector(a) de aduanas
  customs officer
la llegada *arrival*
el mar *ocean*
el pasaje (de ida y vuelta)
  (round-trip) ticket
la salida *departure; exit*
la tienda de campaña *tent*

la estación del tren

el viajero

EN EL HOTEL

el alojamiento *lodging*
el ascensor *elevator*
la cama *bed*
el/la empleado/a *employee*
el equipaje *luggage*
la habitación individual *single room*
la habitación doble *double room*
el hotel *hotel*
el/la huésped *guest*
la pensión *boarding house*
el piso *floor (of a building)*
la planta baja *ground floor*

la llave

sacar fotos (f. pl.)

LAS ACTIVIDADES

acampar *to camp*

confirmar una reservación
  to confirm a reservation

estar de vacaciones *to be on vacation*

hacer las maletas
  to pack (one's suitcase)

hacer turismo *to go sightseeing*

hacer un viaje *to take a trip*

hacer una excursión
   to go on a hike; to go on a tour

ir a la playa *to go to the beach*

ir de pesca *to go fishing*

ir de vacaciones *to go on vacation*

ir en autobús (m.) *to go by bus*

ir en auto(móvil) (m.) *to go by car*

ir en avión (m.) *to go by plane*

ir en barco *to go by boat*

ir en taxi (m.) *to go by taxi*

pasar por la aduana
  to go through customs

pescar *to fish*

montar a caballo

ir en motocicleta

LOS NÚMEROS ORDINALES

primer, primero/a *first*

segundo/a *second*

tercer, tercero/a *third*

cuarto/a *fourth*

quinto/a *fifth*

sexto/a *sixth*

séptimo/a *seventh*

octavo/a *eighth*

noveno/a *ninth*

décimo/a *tenth*

OTRAS PALABRAS Y EXPRESIONES

ahora mismo *right now*

todavía *yet; still*

¿Cuál es la fecha de hoy?
  What is today's date?

Hoy es el primero de marzo.
  Today is March first.

Hoy es el dos (tres, cuatro...) de marzo. *Today is March second (third, fourth...).*

LAS ESTACIONES Y LOS MESES

el invierno *winter*

la primavera *spring*

el verano *summer*

el otoño *autumn*

---

el año *year*

la estación *season*

el mes *month*

enero		
febrero		
marzo		
abril		
mayo		
junio		
julio		
agosto		
septiembre		
octubre		
noviembre		
diciembre		

ASÍ SE DICE

el automóvil ⟷ el coche (*Esp., Arg.*), el carro (*Amér. L.*)
el autobús ⟷ el camión (*Méx.*), la guagua (*P. Rico*)
la motocicleta ⟷ la moto (*colloquial*)

A escuchar

1 **Escuchar** Indicate who would probably make each statement you hear. Each answer is used twice.

El agente de viajes	La inspectora de aduanas	El empleado del hotel
1. _____	1. _____	1. _____
2. _____	2. _____	2. _____
3. _____	3. _____	3. _____
4. _____	4. _____	4. _____
5. _____	5. _____	5. _____
6. _____	6. _____	6. _____

2 **¿Cierto o falso?** Listen to each sentence and indicate whether it is **cierto** or **falso**. Correct the false statements.

Cierto	Falso	
_____	_____	1. _____
_____	_____	2. _____
_____	_____	3. _____
_____	_____	4. _____
_____	_____	5. _____
_____	_____	6. _____
_____	_____	7. _____
_____	_____	8. _____

Practice more!

LM
p. 25

A practicar

3 **Analogías** Complete the analogies using the words from the list.

equipaje	huésped	sacar
inspector	habitación	mar
febrero	llover	viajar
otoño	mayo	piso

1. primero → segundo ⊜ enero → _____
2. aeropuerto → viajero ⊜ hotel → _____
3. invierno → nevar ⊜ primavera → _____
4. mes → año ⊜ maleta → _____
5. hotel → empleado ⊜ aduana → _____
6. pasaje → avión ⊜ llave → _____
7. acampar → campo ⊜ pescar → _____
8. agosto → verano ⊜ noviembre → _____
9. llave → abrir ⊜ pasaje → _____
10. maleta → hacer ⊜ foto → _____

4 **Describir** With a partner, take turns describing what these people are doing.

1. Enrique y Gustavo

2. Yo

3. Tú

4. Don Luis

5. Marcela

6. Juan Martín y yo

Practice more!

WB
pp. 45–46

vhlcentral

A conversar

5 Contestar With a classmate, take turns asking each other these questions.

modelo

¿Cuál es el primer mes de la primavera?
Estudiante 1: ¿Cuál es el primer mes de la primavera?
Estudiante 2: Es marzo.

1. ¿Cuál es la fecha de hoy?
2. ¿Qué estación es? ¿Te gusta esta (*this*) estación?
3. ¿Cuál es el segundo mes del verano?
4. ¿Cuál es el primer mes del invierno?
5. ¿Cuál es la cuarta estación del año?
6. ¿Prefieres el otoño o la primavera? ¿Por qué?
7. ¿Prefieres el mar o las montañas? ¿Por qué?
8. ¿Te gusta más el campo o la ciudad? ¿Por qué?
9. Cuando vas de vacaciones, ¿qué haces?
10. ¿Piensas ir de vacaciones este año? ¿Adónde quieres ir? ¿Por qué?
11. ¿Cómo prefieres viajar: en barco, en motocicleta…?
12. ¿Prefieres comprar el pasaje en una agencia de viajes o en Internet?

6 La reservación In pairs, imagine that one of you is a receptionist at a hotel and the other is a tourist calling to make a reservation. Read only the information that pertains to you. Then role-play the situation.

Turista

Vas a viajar a la península de Yucatán con un amigo. Piensan llegar a Cancún el 23 de febrero y necesitan una habitación para cuatro noches. Ustedes quieren descansar en la playa, pero también quieren hacer una excursión a las ruinas mayas en Chichén Itzá. Llama (*Call*) al Hotel Oceanía y averigua (*find out*) toda la información que necesitas. Luego decide si (*if*) quieres hacer la reservación o no.

Empleado/a

Trabajas en la recepción del Hotel Oceanía, en Cancún. Sólo quedan (*remain*) dos habitaciones en febrero: una habitación individual en el primer piso ($175 por noche) y una habitación doble en el quinto piso que tiene descuento (*discount*) porque no hay ascensor ($165 por noche). El hotel no ofrece excursiones a Chichén Itzá, pero hay una estación de autobuses cerca del hotel.

Pronunciación

 Audio

Spanish b and v

bueno	**v**ólei**b**ol	**b**i**b**lioteca	**v**i**v**ir

There is no difference in pronunciation between the Spanish letters **b** and **v**. However, each letter can be pronounced two different ways, depending on which letters appear next to them.

bonito	**v**iajar	ta**mb**ién	i**nv**estigar

B and **v** are pronounced like the English hard *b* when they appear either as the first letter of a word, at the beginning of a phrase, or after **m** or **n**.

de**b**er	no**v**io	a**b**ril	cer**v**eza

In all other positions, **b** and **v** have a softer pronunciation, which has no equivalent in English. Unlike the hard **b**, which is produced by tightly closing the lips and stopping the flow of air, the soft **b** is produced by keeping the lips slightly open.

bola	**v**ela	Cari**b**e	decli**v**e

In both pronunciations, there is no difference between **b** and **v**. The English *v* sound, produced by friction between the upper teeth and lower lip, does not exist in Spanish. Instead, the soft **b** comes from friction between the two lips.

Verónica y su esposo canta**n b**oleros.

When **b** or **v** begins a word, its pronunciation depends on the previous word. At the beginning of a phrase or after a word that ends in **m** or **n**, it is pronounced as a hard **b**.

Benito es d**e B**oquerón per**o v**ive e**n V**ictoria.

Words that begin with **b** or **v** are pronounced with a soft **b** if they appear immediately after a word that ends in a vowel or any consonant other than **m** or **n**.

Práctica Read these words aloud to practice the **b** and the **v**.

1. hablamos	4. van	7. doble	10. cabaña
2. trabajar	5. contabilidad	8. novia	11. llave
3. viajero	6. bien	9. béisbol	12. invierno

> **Hombre prevenido vale por dos.** [2]

Oraciones Read these sentences aloud to practice the **b** and the **v**.

1. Vamos a Guaynabo en autobús.
2. Voy de vacaciones a la Isla Culebra.
3. Tengo una habitación individual en el octavo piso.
4. Víctor y Eva van en avión al Caribe.
5. La planta baja es bonita también.

> **No hay mal que por bien no venga.** [1]

Refranes Read these sayings aloud to practice the **b** and the **v**.

[1] *Every cloud has a silver lining.*
[2] *Forewarned is forearmed.*

Practice more!

LM
p. 26

vhlcentral

Video:
Fotonovela

¡Vamos a la playa!

Los seis amigos hacen un viaje a la playa.

PERSONAJES

FELIPE

JUAN CARLOS

MARISSA

JIMENA

MARU

MIGUEL

MAITE FUENTES

ANA MARÍA

EMPLEADO

TÍA ANA MARÍA ¿Están listos para su viaje a la playa?

TODOS Sí.

TÍA ANA MARÍA Excelente... ¡A la estación de autobuses!

MARU ¿Dónde está Miguel?

FELIPE Yo lo traigo.

(se escucha un grito de Miguel)

FELIPE Ya está listo. Y tal vez enojado. Ahorita vamos.

EMPLEADO Bienvenidas. ¿En qué puedo servirles?

MARU Hola. Tenemos una reservación para seis personas para esta noche.

EMPLEADO ¿A nombre de quién?

JIMENA ¿Díaz? ¿López? No estoy segura.

EMPLEADO Aquí están las llaves de sus habitaciones.

MARU Gracias. Una cosa más. Mi novio y yo queremos hacer windsurf, pero no tenemos tablas.

EMPLEADO El botones *(bellhop)* las puede conseguir para ustedes.

JUAN CARLOS ¿Qué hace este libro aquí? ¿Estás estudiando en la playa?

JIMENA Sí, es que tengo un examen la próxima semana.

JUAN CARLOS Ay, Jimena. ¡No! ¿Vamos a nadar?

JIMENA Bueno, como estudiar es tan aburrido y el tiempo está tan bonito...

ACTIVIDADES

1 **Identificar** Identify the person who would say the following.

1. No lo encuentro, ¿a nombre de quién está su reservación?
2. ¿Por qué estás estudiando en la playa? ¡Mejor vamos a nadar!
3. Nuestra reservación es para seis personas en dos habitaciones.
4. Miguel está enojado conmigo.
5. No tengo ganas de nadar. Estoy cansada.

2 **Ordenar** Place these events in the correct order.

_____ a. El empleado busca la reservación.

_____ b. Marissa dice que *(says that)* está confundida.

_____ c. Felipe, Juan Carlos, Marissa y Jimena están listos para ir a la playa.

_____ d. El empleado da *(gives)* las llaves de las habitaciones a las chicas.

_____ e. Miguel da un grito.

EMPLEADO No encuentro su nombre. Ah, no, ahora sí lo veo, aquí está. Díaz. Dos habitaciones en el primer piso para seis huéspedes.

FELIPE No está nada mal el hotel, ¿verdad? Limpio, cómodo... ¡Oye, Miguel! ¿Todavía estás enojado conmigo? (*a Juan Carlos*) Miguel está de mal humor. No me habla.

JUAN CARLOS ¿Todavía?

MARISSA Yo estoy un poco cansada. ¿Y tú? ¿Por qué no estás nadando?

FELIPE Es por causa de Miguel.

MARISSA Hmm, estoy confundida.

FELIPE Esta mañana. ¡Sigue enojado conmigo!

MARISSA No puede seguir enojado tanto tiempo.

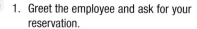

3 **Conversar** With a partner, use these cues to create a conversation between a hotel employee and a guest in Mexico.

Huésped

1. Greet the employee and ask for your reservation.

2. Tell the employee that the reservation is in your name.

3. Tell the employee that the hotel is very clean and comfortable.

4. Ask the employee to call the bellhop because you have a lot of luggage.

Empleado/a

1. Welcome the guest and ask him/her under whose name the reservation was made.

2. Tell him/her the reservation is for a double room and the room is on the fifth floor.

3. Say that you agree with the guest and give him/her the keys.

4. Call the bellhop to help the guest with his/her luggage.

Expresiones útiles

Talking with hotel personnel

¿En qué puedo servirles?
How can I help you?

Tenemos una reservación.
We have a reservation.

¿A nombre de quién?
In whose name?

¿Quizás López? ¿Tal vez Díaz?
Maybe López? Perhaps Díaz?

Ahora lo veo, aquí está. Díaz.
Now I see it. Here it is. Díaz.

Dos habitaciones en el primer piso para seis huéspedes.
Two rooms on the first floor for six guests.

Aquí están las llaves.
Here are the keys.

Describing a hotel

No está nada mal el hotel.
The hotel isn't bad at all.

Todo está tan limpio y cómodo.
Everything is so clean and comfortable.

Es excelente/estupendo/fabuloso/ fenomenal/increíble/magnífico/ maravilloso/perfecto.
It's excellent/stupendous/fabulous/ phenomenal/incredible/magnificent/ marvelous/perfect.

Talking about how you feel

Yo estoy un poco cansado/a.
I am a little tired.

Estoy confundido/a. *I'm confused.*

Todavía estoy/Sigo enojado/a contigo.
I'm still angry with you.

Additional vocabulary

afuera *outside*
agradable *pleasant*
el balde *bucket*
la crema de afeitar *shaving cream*
entonces *so, then*
es igual *it's the same*
el frente (frío) *(cold) front*
el grito *scream*
la temporada *period of time*

Practice more!

VM
pp. 177–178

vhlcentral

S Reading

El Camino **Inca**

Early in the morning, Larry rises, packs up his campsite, fills his water bottle in a stream, eats a quick breakfast, and begins his day. Yesterday, Larry and his group hiked seven miles to a height of 9,700 feet. By tonight, that hike will seem easy. Today the hikers will cover seven miles to a height of 14,000 feet, all the while carrying fifty-pound backpacks.

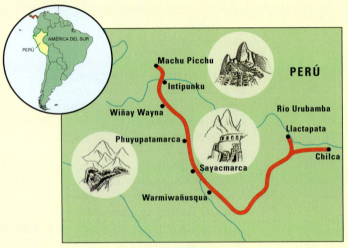

Ruta de cuatro días

While not everyone is cut out for such a rigorous trip, Larry is on the journey of a lifetime: **el Camino Inca.** Between 1438 and 1533, when the vast and powerful **Imperio Incaico** (*Incan Empire*) was at its height, the Incas built an elaborate network of **caminos** (*trails*) that traversed the Andes Mountains and converged on the empire's capital, Cuzco. Today, hundreds of thousands of tourists come to Peru

Sitios en el Camino Inca

Highlights of a four-day hike along the Inca Trail:

Warmiwañusqua (*Dead Woman's Pass*), at 13,800 feet, a hiker's first taste of the Andes' extreme sun and wind

Sayacmarca (*Inaccessible Town*), fortress ruins set on a sheer cliff

Phuyupatamarca (*Town in the Clouds*), an ancient town with stone baths, probably used for water worship

Wiñay Wayna (*Forever Young*), a town named for the pink orchid native to the area, famous for its innovative agricultural terraces which transformed the mountainside into arable land

annually to walk the surviving **caminos** and enjoy the spectacular landscapes. The most popular trail, **el Camino Inca,** leads from Cuzco to the ancient mountain city of Machu Picchu. Many trekkers opt for a guided four-day itinerary, starting at a suspension bridge over the Urubamba River, and ending at **Intipunku** (*Sun Gate*), the entrance to Machu Picchu. Guides organize campsites and meals for travelers, as well as one night in a hostel en route.

To preserve **el Camino Inca,** the National Cultural Institute of Peru limits the number of hikers to five hundred per day. Those that make the trip must book in advance and should be in good physical condition in order to endure the high altitude and difficult terrain.

ASÍ SE DICE
Viajes y turismo

el albergue (juvenil)	*(youth) hostel*
alojarse	*to stay*
el asiento del medio, del pasillo, de la ventanilla	*center, aisle, window seat*
la media pensión	*breakfast and one meal included*
el/la mochilero/a	*backpacker*
la pensión completa	*all meals included*
el puente	*long weekend (lit., bridge)*

Wiñay Wayna

ACTIVIDADES

1 **¿Cierto o falso?** Indicate whether each statement is **cierto** or **falso**. Correct the false statements.

1. **El Imperio Incaico** reached its height between 1438 and 1533.

2. Lima was the capital of the Incan Empire.

3. Hikers on **el Camino Inca** must camp out every night.

4. The Incas invented a series of terraces to make the rough mountain landscape suitable for farming.

5. Along **el Camino Inca**, one can see village ruins, native orchids, and agricultural terraces.

6. High altitude is one of the challenges faced by hikers on **el Camino Inca**.

7. At Sayacmarca, hikers can see Incan pyramids set on a sheer cliff.

8. Travelers can complete **el Camino Inca** on their own at any time.

9. **Warmiwañusqua** is over 15,000 feet high.

10. The Incas built stone baths probably for water worship.

2 **De vacaciones** Spring break is coming up, and you want to hike **el Camino Inca** with some friends. In groups, decide how you will get there, where you prefer to stay and for how long, and what each of you will do during your free time. Present your trip to the class.

3 **Conexión Internet** Go to **vhlcentral.com** and find another tourist place that is visited in Cuzco.

   Video

¡Vacaciones en Perú!

1 **Preparación** Have you ever visited an archeological or historic site? Where? Why did you go there?

2 **El video** Watch this **Flash Cultura** episode.

Vocabulario

ciudadela	*citadel*	**quechua**	*Quechua (indigenous Peruvian)*
el/la guía	*guide*	**sector (urbano)**	*(urban) sector*

Machu Picchu se salvó° de la invasión española […] se encuentra aislada sobre° esta montaña…

... siempre he querido° venir […] Me encantan° las civilizaciones antiguas°.

se salvó *was saved* **se encuentra aislada sobre** *it is isolated on*
siempre he querido *I have always wanted* **Me encantan** *I love* **antiguas** *ancient*

3 **Completar** Complete these sentences with the words from **Vocabulario**. Make any necessary changes.

1. Las ruinas de Machu Picchu son una antigua _____ inca.

2. La ciudadela estaba (*was*) dividida en tres sectores: _____, religioso y de cultivo (*farming*).

3. Cada año los _____ reciben a cientos (*hundreds*) de turistas de diferentes países.

4. Hoy en día, la cultura _____ está presente en las comunidades andinas (*Andean*) de Perú.

Practice more!

VM
pp. 209–210

vhlcentral

Tutorial

5.1 Estar with conditions and emotions

▶ In Spanish, the verb **estar** is used to talk about how people feel and to say where people, places, and things are located. (See page 42.)

Estoy bien, gracias.
I'm fine, thanks.

Juan **está** en la biblioteca.
Juan is at the library.

▶ **Estar** is used with adjectives to describe the physical condition of nouns.

La puerta **está** cerrada.
The door is closed.

Todo **está** muy limpio.
Everything is very clean.

▶ Use **estar** with adjectives to describe how people feel.

Yo estoy cansada.

¿Están listos para su viaje?

Adjectives that describe emotions and conditions

abierto/a	*open*	enojado/a	*mad, angry*
aburrido/a	*bored*	equivocado/a	*wrong*
alegre	*happy*	feliz	*happy*
amable	*friendly*	limpio/a	*clean*
avergonzado/a	*embarrassed*	nervioso/a	*nervous*
cansado/a	*tired*	ocupado/a	*busy*
cerrado/a	*closed*	ordenado/a	*orderly*
cómodo/a	*comfortable*	preocupado/a (por)	*worried (about)*
contento/a	*happy, content*	seguro/a	*sure; safe; confident*
desordenado/a	*disorderly*	sucio/a	*dirty*
enamorado/a (de)	*in love (with)*	triste	*sad*

¡ojo! Note that the plural of **feliz** is **felices**.

¡Manos a la obra!

Provide the correct forms of **estar**.

1. La biblioteca __está__ cerrada los domingos por la noche.
2. Nosotros _____ muy ocupados todos los lunes.
3. Ellas _____ contentas porque tienen tiempo libre.
4. Javier _____ enamorado de Maribel.
5. La habitación del hotel _____ ordenada y limpia.
6. Ustedes _____ equivocados.

Práctica

1 **Un viaje** Claudia is going on a trip. Say how she, her family, and her friends are feeling. In the first blank, fill in the correct form of **estar**. In the second blank, fill in the adjective that best fits the context. Make any necessary changes.

Claudia

contento	nervioso	preocupado
enojado	ocupado	triste

modelo

¡Qué bueno! Hoy yo __estoy__ muy __contenta__ porque mañana voy a hacer un viaje a Chicago.

1. ¡Qué nervios! También _____ un poco _____ porque voy en avión y no me gusta mucho volar (*to fly*).
2. Mis papás _____ _____ porque voy sola (*alone*).
3. Mi amiga Patricia y yo _____ muy _____ porque ella no puede ir. Ella tiene que estudiar para un examen.
4. Es que Patricia _____ muy _____ porque este semestre toma muchas clases.
5. Mi novio César _____ muy _____ porque él piensa que yo voy a ir a bailar todas las noches.

2 **¿Cómo están?** Describe these people and places.

La habitación de Teresa

1. _____

La habitación de César

2. _____

Yo

3. _____

El profesor Olmos

4. _____

Conversación

3 **Situaciones** With a partner, use **estar** to talk about how you feel in these situations.

1. Durante las vacaciones...
2. En un examen...
3. Con mi familia...
4. En la clase de español...
5. En días nublados...
6. En un funeral...
7. En una cita a ciegas (*blind date*)...
8. En el invierno...

4 **Describir** With a partner, say how these people are and explain why. Use your imagination.

1. María Laura

2. Juan y Luisa

3. Sebastián

4. Olivia y Marco

5 **Preguntas** Use these questions to interview your partner.

1. ¿Estás ocupado/a este fin de semana? ¿Qué vas a hacer?
2. ¿Estás enamorado/a? ¿De quién?
3. ¿Qué haces cuando estás preocupado por algo (*something*)?
4. ¿Qué haces cuando estás aburrido/a?
5. ¿Cómo estás ahora? ¿Por qué?

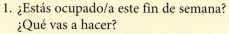

Practice more!

WB	LM	S
pp. 47–48	p. 27	vhlcentral

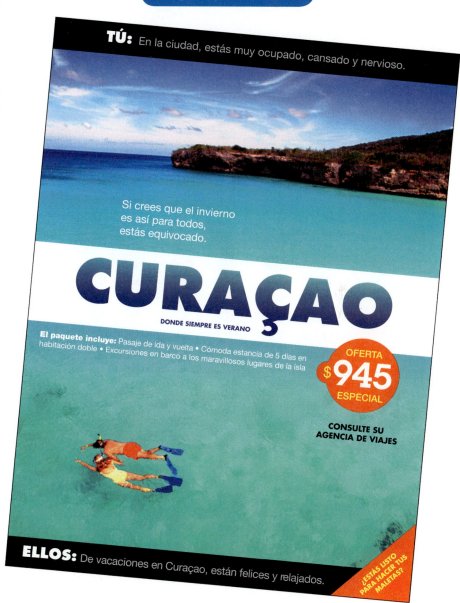

TÚ: En la ciudad, estás muy ocupado, cansado y nervioso.

Si crees que el invierno es así para todos, estás equivocado.

CURAÇAO

DONDE SIEMPRE ES VERANO

El paquete incluye: Pasaje de ida y vuelta • Cómoda estancia de 5 días en habitación doble • Excursiones en barco a los maravillosos lugares de la isla

OFERTA $**945** ESPECIAL

CONSULTE SU AGENCIA DE VIAJES

¿ESTÁS LISTO PARA HACER TUS MALETAS?

ELLOS: De vacaciones en Curaçao, están felices y relajados.

Identificar

Scan the advertisement and identify the adjectives that take the verb **estar**.

Preguntas

1. ¿Dónde están las personas del anuncio (*ad*)?
2. ¿Cómo están ellos?
3. ¿Te identificas (*do you identify*) con la descripción de la vida (*life*) en la ciudad? ¿Por qué?

5.2 The present progressive

 Tutorial

▶ Both Spanish and English use the present progressive, which consists of the present tense of the verb *to be* and the present participle (the *-ing* form in English).

Los chicos **están jugando.**
The kids are playing.

Los turistas **están acampando.**
The tourists are camping.

Estoy haciendo las maletas.
I am packing.

¿**Estás mirando** la televisión?
Are you watching TV?

Las chicas están hablando con el empleado del hotel.

¿Estás estudiando en la playa?

▶ Form the present progressive with the present tense of **estar** and a present participle.

ESTAR + PRESENT PARTICIPLE
Están cantando.
They are singing.

Estamos esperando.
We are waiting.

ESTAR + PRESENT PARTICIPLE
Estoy comiendo.
I am eating.

Ella **está trabajando.**
She is working.

▶ The present participle of regular verbs is formed as follows:

INFINITIVE	STEM	ENDING	PRESENT PARTICIPLE
hablar	habl-	-ando	hablando
comer	com-	-iendo	comiendo
escribir	escrib-	-iendo	escribiendo

▶ When the stem of an **–er** or **–ir** verb ends in a vowel, the present participle ends in **–yendo**.

INFINITIVE	STEM	ENDING	PRESENT PARTICIPLE
leer	le-	-yendo	leyendo
oír	o-	-yendo	oyendo
traer	tra-	-yendo	trayendo

Práctica

1 De vacaciones Mauricio and his family are vacationing in Mazatlán, Mexico. Complete his description of what everyone is doing right now.

modelo

Yo *estoy tomando el sol.* 1. Mi mamá _____

2. Mi hermana Elena _____ 3. Mis hermanos _____

4. Mi papá _____ 5. Mi prima Paula _____
_____

2 Un amigo preguntón You are on summer vacation. A nosy friend calls you at all hours to see what you are doing. Look at the clocks and tell him.

modelo

Estoy descansando.

1. _____ 2. _____

3. _____ 4. _____

Conversación

3 **Describir** With a partner, use the present progressive to describe what is going on in this beach scene.

María Teresa

Andrea

Nicolás

Sra. Morales

Rodrigo

Isabel

José Luis

4 **¿Qué están haciendo?** In pairs, take turns asking questions and giving answers about what these celebrities are doing right now. Be creative!

modelo

Estudiante 1: ¿Qué está haciendo Shakira?
Estudiante 2: Shakira está cantando ahora mismo.

1. LeBron James
2. Hillary Clinton
3. Jay-Z
4. Angelina Jolie
5. Stephen King
6. Venus y Serena Williams

5 **Conversar** You and a classmate are each babysitting a group of children. In pairs, prepare a telephone conversation using these cues. Be creative!

Estudiante 1	Estudiante 2
1. Say hello and ask what the kids are doing.	2. Say hello and tell your partner that two of your kids are doing their homework. Then ask what the kids at his/her house are doing.
3. Tell your partner that two of your kids are running and dancing in the house.	4. Tell your partner that one of the kids is reading.
5. Tell your partner that you are tired and that two of your kids are watching TV and eating pizza.	6. Tell your partner that one of the kids is sleeping.
7. Tell your partner you have to go; the kids are playing soccer in the house.	8. Say goodbye and good luck (¡**Buena suerte!**).

Practice more!

WB	LM	S
p. 49	p. 28	vhlcentral

Irregular present participles

▸ The verbs **ir, poder,** and **venir** have irregular present participles (**yendo, pudiendo, viniendo**). Several other verbs have irregular present participles.

-ir stem-changing verbs

e:ie in the present tense		**PRESENT PARTICIPLE**
preferir	→	prefiriendo
sentir		sintiendo
e:i in the present tense		
conseguir		consiguiendo
pedir	→	pidiendo
seguir		siguiendo
o:ue in the present tense		
dormir	→	durmiendo

Using the present progressive

▸ The present progressive is used less in Spanish than in English. In Spanish, the present progressive emphasizes that an action is *in progress*.

Ella todavía **está escuchando** música.
She is still listening to music.

Javier **está estudiando** ahora mismo.
Javier is studying right now.

▸ In English, the present progressive is used with actions that occur over time or in the future. In Spanish, the simple present tense is used.

Tomo inglés este semestre.
I'm taking English this semester.

Salgo hoy a las tres.
I'm leaving today at three.

¡Manos a la obra!

Create complete sentences using the present progressive.

1. Mis amigos / descansar en la playa Mis amigos están descansando en la playa.
2. Nosotros / practicar deportes _____
3. Carmen / comer en casa _____
4. Nuestro equipo / ganar el partido _____
5. Yo / traer el periódico _____
6. Él / pensar en comprar una bicicleta _____
7. Ustedes / explicar la lección _____
8. José y Francisco / pedir café _____
9. Marisa / leer el correo electrónico _____
10. Yo / preparar sándwiches _____
11. Carlos / sacar fotos _____
12. ¿Tú / dormir? _____

5.3 Comparing **ser** and **estar** Tutorial

▶ **Ser** and **estar** both mean *to be*, but are used for different purposes.

Uses of *ser*

Nationality and place of origin	Los Gómez son peruanos. Luisa es de Cuzco.
Profession or occupation	Liliana es ingeniera. Ana y yo somos agentes de viaje.
Characteristics of people and things	Sus padres son simpáticos. El hotel es muy grande.
Generalizations	Es necesario trabajar. ¡Es difícil estudiar en la playa!
Possession	Las maletas son de Silvia. El pasaporte es de mi amigo.
What something is made of	Las llaves son de metal. Esta botella es de plástico.
Time and date	¿Qué hora es? Son las tres. ¿Qué día es hoy? Hoy es lunes. Hoy es el dos de abril.
Where or when an event occurs	La fiesta es en mi casa. El concierto es a las ocho.

Jimena, Juan Carlos y Marissa son amables conmigo.

Miguel está enojado.

Uses of *estar*

Location or spatial relationships	El hotel no está lejos. Adrián está en el cine.
Health	¿Cómo estás? Estoy enfermo.
Physical states and conditions	El conductor está cansado. Las puertas están cerradas.
Emotional states	Ignacio está aburrido. Estoy contenta con el viaje.
Certain weather expressions	Está despejado. Está nublado.
Ongoing actions (progressive tenses)	Estamos buscando el museo. Catalina está durmiendo.

Práctica

1 **Completar** Complete this conversation with the correct forms of **ser** and **estar**.

CAMILA ¡Hola, Ricardo! ¿Cómo (1) _____ ?

RICARDO Bien, gracias. Oye... ¡Qué guapa (2) _____ hoy!

CAMILA Gracias. (3) _____ muy amable. Oye, ¿qué (4) _____ haciendo? (5) ¿ _____ ocupado?

RICARDO No, sólo (6) _____ escribiendo un mensaje electrónico a mi amigo Daniel.

CAMILA ¿De dónde (7) _____ él?

RICARDO Daniel (8) _____ de Ponce, pero ahora él y su familia (9) _____ de vacaciones en Miami.

CAMILA Y... ¿cómo (10) _____ Daniel?

RICARDO (11) _____ moreno y un poco bajo. También (12) _____ muy listo. ¿Lo quieres conocer?

2 **En el aeropuerto** Use **ser** and **estar** to describe this scene at an airport in Spain. Say what these people look like, how they are feeling, and what they are doing.

modelo

Anita es una niña pequeña, delgada y morena. Ella está triste y ahora está llorando (*crying*).

Conversación

3 **Describir** With a partner, take turns describing the people in the drawing without saying their names. Use these questions to guide your descriptions. Your partner has to guess who the person is.

- ¿Dónde está(n)?
- ¿Cómo es?/¿Cómo son?
- ¿Cómo está(n)?
- ¿Qué está(n) haciendo?
- ¿Qué estación es?
- ¿Qué tiempo hace?

4 **Adivinar** Using these questions as a guide, describe one classmate and one celebrity to your partner. Don't mention their names. Your partner will guess whom you are describing.

- ¿Cómo es?
- ¿Cómo está?
- ¿De dónde es?
- ¿Dónde está?
- ¿Qué está haciendo?

Practice more!

WB
pp. 50–51

LM
p. 29

vhlcentral

Ser and estar with adjectives

▶ With many adjectives, both **ser** and **estar** can be used, but the meaning changes. Statements with **ser** describe inherent qualities. **Estar** describes temporary and changeable conditions.

Juan **es** nervioso.
Juan is a nervous person.

Juan **está** nervioso hoy.
Juan is nervous today.

Ana **es** elegante.
Ana is an elegant person.

Ana **está** elegante hoy.
Ana looks elegant today.

▶ The meaning of some adjectives changes completely depending on whether they are used with **ser** or **estar**.

With *ser*	With *estar*
El chico **es listo**. *The boy is smart.*	El chico **está listo**. *The boy is ready.*
La profesora **es mala**. *The professor is bad.*	La profesora **está mala**. *The professor is sick.*
Jaime **es aburrido**. *Jaime is boring.*	Jaime **está aburrido**. *Jaime is bored.*
Las peras **son verdes**. *The pears are green.*	Las peras **están verdes**. *The pears are not ripe.*
El gato **es muy vivo**. *The cat is very clever.*	El gato **está vivo**. *The cat is alive.*
Él **es seguro**. *He's a confident person.*	Él no **está seguro**. *He's not sure.*

¡ojo! Note that when referring to an object, **ser seguro** means *to be safe*: **El ascensor es seguro.** (*The elevator is safe.*)

¡Manos a la obra!

Form sentences with **ser** or **estar.** Make any necessary changes.

1. Alejandra / cansado
   Alejandra está cansada.

2. ellos / guapo hoy
   _____

3. Carmen / alto
   _____

4. yo / la clase de español
   _____

5. película / a las once
   _____

6. hoy / viernes
   _____

7. nosotras / enojado
   _____

8. Antonio / médico
   _____

9. Romeo y Julieta / enamorado
   _____

10. libros / de María Eugenia
    _____

11. Marisa y Juan / estudiando
    _____

12. fiesta / gimnasio
    _____

Tutorial

5.4 Direct object nouns and pronouns

▶ A direct object noun receives the action of the verb directly and generally follows the verb. In the example below, the direct object noun answers the question *What is Jimena reading?*

SUBJECT	VERB	DIRECT OBJECT NOUN
Jimena *Jimena*	está leyendo *is reading*	un libro. *a book.*

¿Dónde está Miguel?

Yo lo traigo.

No tenemos tablas de windsurf.

El empleado las puede conseguir para ustedes.

▶ When a direct object noun is a person or a pet, it is preceded by the word **a**. This is called the "personal **a**" and it has no English equivalent.

Marta busca **a** su perro Lucas.
Marta is looking for her dog, Lucas.

Escucho **al** profesor.
I am listening to the professor.

▶ Direct object pronouns replace direct object nouns. Like English, Spanish sometimes uses a direct object pronoun to avoid repetition.

DIRECT OBJECT	DIRECT OBJECT PRONOUN
Maribel hace las maletas. Felipe compra el pasaje. Vicky tiene la llave.	Maribel las hace. *Maribel packs them.* Felipe lo compra. *Felipe buys it.* Vicky la tiene. *Vicky has it.*

Direct object pronouns

Singular forms		Plural forms	
me	*me*	nos	*us*
te	*you (fam.)*	os	*you (fam.)*
lo	*you (m., form.);* *him; it (m.)*	los	*you (m.);* *them (m.)*
la	*you (f., form.);* *her; it (f.)*	las	*you (f.);* *them (f.)*

Práctica

1 **Sustitución** Professor Vega's class is planning a trip to Costa Rica. Describe their preparations by changing the direct object nouns to direct object pronouns.

> **modelo**
>
> La profesora Vega tiene su pasaporte.
> **La profesora Vega lo tiene.**

1. Gustavo y Héctor confirman las reservaciones.
2. Nosotros leemos los folletos (*brochures*).
3. Ana María estudia el mapa.
4. Yo aprendo los nombres de los monumentos de San José.
5. Alicia escucha a la profesora.
6. Miguel escribe las instrucciones para llegar al hotel.

2 **Vacaciones** Ramón is going to San Juan, Puerto Rico, with his friends, Javier and Marcos. Express his thoughts more succinctly using direct object pronouns.

> **modelo**
>
> Quiero hacer una excursión.
> **Quiero hacerla./La quiero hacer.**

1. Voy a hacer mi maleta.
2. No necesitamos llevar los pasaportes.
3. Marcos está pidiendo el folleto turístico.
4. Javier debe llamar (*call*) a sus padres.
5. Ellos esperan visitar las playas.
6. No puedo llamar a Javier ahora mismo.

3 **¿Qué estás haciendo?** A classmate has called to find out what you are doing to prepare for your trip to Cancún. Answer your partner's questions. Follow the model.

> **modelo**
>
> preparar el itinerario de viaje
>
> **Estudiante 1:** ¿Estás preparando el itinerario de viaje?
> **Estudiante 2:** No, no lo estoy preparando.
> **Estudiante 1:** ¿Cuándo lo vas a preparar?
> **Estudiante 2:** Voy a prepararlo mañana (el lunes, a las dos, etc.).

1. preparar los documentos de viaje
2. buscar información de hoteles en Internet
3. practicar español
4. pensar en actividades para hacer
5. hacer las maletas

Conversación

 En un café Get together with a partner and take turns asking each other questions about the drawing.

modelo

Estudiante 1: ¿Quién está leyendo el mapa?
Estudiante 2: El Sr. Torres está leyéndolo.

  Entrevista Use these questions to interview a classmate. Your partner should respond using direct object pronouns.

modelo

Estudiante 1: ¿Quién prepara la comida en tu casa?
Estudiante 2: Mi mamá la prepara./La prepara mi mamá.

1. ¿Quién prepara la comida (*food*) en tu casa?
2. ¿Visitas a tus parientes con frecuencia (*frequently*)?
3. ¿Cuándo ves a tus amigos/as?
4. ¿Estudias español todos los días?
5. ¿Traes tu libro a clase? ¿Y tu cuaderno?
6. ¿Cuándo vas a hacer la tarea de la clase de español?
7. ¿Ves mucho la televisión? ¿Cuándo vas a ver tu programa favorito?
8. ¿Piensas hacer un viaje pronto (*soon*)? ¿Necesitas tu pasaporte?

Practice more!
WB p. 52 — LM p. 30 — vhlcentral

▶ It is common to use the direct object pronoun when the direct object noun has been mentioned before.

—¿Quieres a tu madre? —Sí, la quiero mucho.
Do you love your mother? *Yes, I love her very much.*

▶ In affirmative sentences and affirmative questions, direct object pronouns generally appear before the conjugated verb. In negative sentences and negative questions, the pronoun is placed between the word **no** and the verb.

Armando me escucha. Armando no me escucha.
Katia las tiene. Katia no las tiene.
¿Lo quieres? ¿No lo quieres?

▶ In the present progressive and infinitive constructions, such as **ir a** + [*infinitive*], the direct object pronoun can be placed before the conjugated form, or attached to the present participle or infinitive.

Laura las está escribiendo. Laura está escribiéndolas.
Lo vamos a hacer. Vamos a hacerlo.
Las va a confirmar. Va a confirmarlas.

¡ojo! When a pronoun is attached to the present participle, an accent mark is added to maintain the proper stress: **Laura está escribiéndolas. José está escuchándote.**

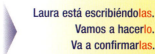
¡Manos a la obra!

Choose the correct response.

1. ¿Me puedes llevar al partido de fútbol?
   a. Sí, los puedo llevar. b. Sí, te puedo llevar.
2. ¿Quién tiene los pasajes?
   a. Yo lo tengo. b. Mónica los tiene.
3. ¿Vas a llevar a tu hermana a la playa?
   a. No, no voy a llevarla. b. No, no voy a llevarte.
4. ¿Vas a hacer las maletas?
   a. Sí, voy a hacerla. b. Sí, voy a hacerlas.
5. ¿Quién tiene la llave de nuestra habitación?
   a. Yo no la tengo. b. Yo lo tengo.
6. ¿Quién revisa los documentos?
   a. El inspector de aduana te revisa. b. El inspector de aduana los revisa.
7. ¿Vamos a confirmar los pasajes en la agencia de viajes?
   a. Sí, la vamos a confirmar. b. No, no los vamos a confirmar.

A repasar

5.1 Estar with conditions and emotions

1 Cuando... Describe how you feel in these situations.

1. Hace sol.
2. Tienes mucho trabajo.
3. Viajas en avión.
4. Vas al partido de tu equipo favorito.
5. Tu habitación está desordenada.
6. Pierdes las llaves de tu auto.

2 Describir In pairs, take turns describing these people. Say where they are from, what they are like, and how they are feeling.

1. tu mejor (*best*) amigo/a
2. tus padres
3. tu profesor(a) favorito/a
4. tu compañero/a de cuarto
5. tu primo/a favorito/a
6. tus abuelos

5.2 The present progressive

3 De vacaciones Gabriela and her family are on a Caribbean cruise and the ship has stopped in San Juan. Complete her e-mail with the correct forms of the present progressive.

>
>
> Nora:
> Por fin (*Finally*), tengo unos minutos libres.
> Mateo (1) _____ [comprar] tarjetas
> postales y Elenita (2) _____ [dormir]
> una siesta. Nuestros amigos César y Ángela
> (3) _____ [comer] en el café Aromas.
> Los señores Villalobos (4) _____ [pasear]
> por al centro. Nosotros (5) _____ [pensar]
> hacer una excursión con ellos mañana a El Yunque
> o al Viejo San Juan. Y tú, ¿cómo (6) _____
> [pasar] las vacaciones?
> Gabriela

4 Situaciones With a partner, describe what these people are doing in these situations. Write at least two activities for each item. Then get together with another pair and compare your ideas.

modelo

yo / en las montañas
Yo estoy acampando en las montañas. Yo estoy durmiendo en una tienda de campaña.

1. el agente de viajes / en la agencia de viajes
2. mi familia / en el parque
3. los turistas / en el hotel
4. los pasajeros / en un crucero (*cruise ship*)
5. mis padres / en la agencia de viajes
6. yo / en la playa
7. mis amigos y yo / en el campo
8. mi compañero/a de cuarto / en la habitación

5.3 Comparing ser and estar

5 Completar Complete each sentence with the correct form of **ser** o **estar**.

1. Carolina _____ mala. Ella no me quiere ayudar con la tarea.
2. El ascensor _____ seguro.
3. Nosotros _____ listos para ir de pesca.
4. Las bananas _____ verdes. Necesitan dos días para madurar (*to ripen*).
5. Ellos _____ aburridos porque el programa _____ aburrido.
6. Ernesto _____ muy listo. Él saca buenas notas (*grades*) en los exámenes.

6 Combinar Combine elements from each column to form sentences about a hotel and the people there.

modelo   Mi amiga es simpática.

A	B	C
yo	(no) ser	bonito/a
tú	(no) estar	grande
mi amigo/a		norteamericano/a
el hotel		ocupado/a
el empleado		trabajador(a)
nosotros/as		de vacaciones
los huéspedes		en el tercer piso
las habitaciones		en la habitación
el equipaje		cómodo/a
		simpático/a

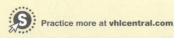
Practice more at **vhlcentral.com**.

5.4 Direct object nouns and pronouns

7 Emparejar Match the video characters with the direct object pronouns in the sentences. Then form the questions that correspond to these answers.

A	B	C	D
MARISSA Y JIMENA	**EMPLEADO**	**MIGUEL Y MARU**	**ANA MARÍA**

1. Sí, la veo. _____
2. Sí, los vemos. _____
3. Sí, las vemos. _____
4. Sí, lo veo. _____

8 Entrevista Use these questions to interview a classmate. Your partner should respond using direct object pronouns.

1. ¿Te vienen a visitar tus padres este fin de semana?
2. ¿Ves a tus abuelos con frecuencia?
3. ¿Ahora mismo te están esperando tus amigos/as? ¿Dónde?
4. ¿Sigues los consejos (*advice*) de tu mejor amigo/a?
5. ¿Por qué estudias español?
6. Cuando vienes a la universidad, ¿dónde llevas los libros?
7. ¿Traes tu computadora a clase?
8. ¿Nos está mirando el/la profesor(a)?
9. ¿Me estás escuchando?
10. ¿Me puedes llevar al aeropuerto el sábado?

Síntesis

9 Nuestras vacaciones Imagine that you are spending your vacation at one of these places: **un centro turístico** (*resort*) **en las montañas o cerca del mar, un campamento** (*campground*) or **una ciudad.** Describe your vacation to two classmates.

- Describe the location and who is with you.
- Describe the weather.
- Describe your accommodations.
- Describe what activities you are doing during your vacation, using the present progressive.

 Video

Videoclip

1 Preparación Have you ever visited a historic site in your country? Would you rather be in a place with a lot of history or in a brand-new city that is always changing?

2 El clip Watch the report *Xochimilco: una joya de la herencia prehispánica en México.*

Vocabulario

adornadas *decorated*	**lagos** *lakes*	**vestigios** *remains*
herencia *heritage*	**navegar** *to sail*	

Al sur de la capital mexicana se esconde° una joya° de la herencia prehispánica.

Antes del arribo° de los colonos españoles, los pueblos náhuatl ya vivían° en la zona de Xochimilco.

se esconde *is hidden* joya *jewel* arribo *arrival* vivían *lived*

3 ¿Cierto o falso? Indicate whether these statements are **cierto** or **falso**. Correct the false statements.

1. Xochimilco está al sur de la Ciudad de México.
2. Los canales tienen una extensión de 300 metros.
3. Xochimilco es patrimonio mundial de la Unesco desde 1999.
4. Las trajineras son barcas adornadas con muchas flores.
5. La Ciudad de México está construida sobre un sistema de lagos.
6. Xochimilco no es una zona turística actualmente.

4 Viaje a la historia With a partner, act out a dialogue at a tourist information booth. The tourist should ask for information about national parks or historic sites to visit in the area.

Ampliación

1 Escuchar

 A Listen to the weather report by Hernán Jiménez and indicate which of these phrases are correct.

> **TIP** **Listen for key words.** Listening for key words and phrases will help you identify the subject and main ideas of what you hear, as well as some of the details.

Santo Domingo

___ 1. hace sol

___ 2. va a hacer frío

___ 3. una mañana de mal tiempo

___ 4. va a estar nublado

___ 5. buena tarde para tomar el sol

___ 6. buena mañana para ir a la playa

San Francisco de Macorís

___ 1. hace frío

___ 2. hace sol

___ 3. va a nevar

___ 4. va a llover

___ 5. hay niebla

___ 6. buen día para excursiones

B ¿Qué tiempo hace en tu ciudad?

2 Conversar

While you're on summer vacation, you run into a classmate from last year. With a partner, role-play a conversation that includes these topics.

- Las clases
- La familia
- Los amigos
- Los pasatiempos
- Las vacaciones
- Los deportes
- El tiempo
- Los compañeros de clase

Ampliación

Descripción del sitio (con foto)
A. Playa Grande
1. Playas seguras y limpias
2. Ideal para tomar el sol y descansar
B. El hotel
1. Abierto los 365 días del año
2. Piscina grande

3 Escribir

Write a tourist brochure for a hotel or resort.

TIP **Make an outline.** Identify topics and subtopics in order to provide a framework for the information you want to present.

Organizar — Jot down the most attractive aspects of your hotel or resort. Then, organize your ideas into an outline.

Escribir — Using your outline, write the first draft of your brochure.

Corregir — Exchange papers with a classmate and comment on the brochure's completeness, organization, grammatical accuracy, and level of interest. Then revise your first draft, keeping your classmate's comments in mind.

Compartir — Swap brochures with a classmate. After you have read the brochure, name the three aspects of the hotel or resort that appeal to you most or least.

4 Un paso más

Create a real or simulated website to promote a travel package to a resort in a Spanish-speaking country. Include images whenever possible. Your website should include these pages:

- A home page with a general description of the tour and links to the other pages, including images related to the culture of the Spanish-speaking country you chose
- A page describing the means of transportation
- A page describing hotels and accommodations
- A page describing typical food
- A page about the nearby sites to visit
- A page showing some recent history and interesting facts about the country you chose
- A page detailing activities available to travelers

5 Conexión Internet

Go to **vhlcentral.com** to find out more about these topics.

- Balnearios (*spa resorts*) de España
- Balnearios de Latinoamérica

Audio: Reading
Additional Reading

Antes de leer

By scanning for specific information, you can learn a great deal about a text without reading it word for word. For example, you can scan a document to identify its format, to find cognates, or to find specific facts.

Examinar el texto

Scan the reading selection for cognates and write a few of them down.

1. _____
2. _____
3. _____
4. _____
5. _____

Based on the cognates you found, what do you think this document is about?

_____
_____

Preguntas

Read these questions. Then scan the document again to look for answers to the questions.

1. What is the format of the reading?

_____

2. What place is the document about?

_____

3. What are some of the visual cues this document provides? What do they tell you about the content of the document?

_____
_____

4. Who produced the document, and what do you think it is for?

_____
_____

Turismo ecológico en Puerto Rico

Hotel Vistahermosa ~ Lajas, Puerto Rico

- 40 habitaciones individuales
- 15 habitaciones dobles
- Teléfono/TV por cable/Internet
- Aire acondicionado
- Restaurante (Bar)
- Piscina
- Área de juegos
- Cajero automático°

El hotel está situado en Playa Grande, un pequeño pueblo de pescadores del mar Caribe. Es el lugar perfecto para el viajero que viene de vacaciones. Las playas son seguras y limpias, ideales para tomar el sol, descansar, tomar fotografías y nadar. Está abierto los 365 días del año. Hay una rebaja° especial para estudiantes universitarios.

DIRECCIÓN: Playa Grande 406, Lajas, PR 00667, cerca del Parque Nacional Foresta.

Atracciones cercanas

Playa Grande
¿Busca la playa perfecta? Playa Grande es el lugar que está buscando. Usted puede pescar, sacar fotos, nadar y pasear en bicicleta. Playa Grande es un paraíso para el turista que quiere practicar deportes acuáticos. El lugar es bonito e interesante y usted va a tener muchas oportunidades para descansar y disfrutar en familia.

Valle Niebla
Ir de excursión, tomar café, montar a caballo, caminar, hacer picnics. Más de cien lugares para acampar.

Bahía Fosforescente
Sacar fotos, salidas de noche, excursión en barco. Una maravillosa experiencia llena de luz°.

Arrecifes de Coral
Sacar fotos, bucear, explorar. Es un lugar único en el Caribe.

Playa Vieja
Tomar el sol, pasear en bicicleta, jugar a las cartas, escuchar música. Ideal para la familia.

Parque Nacional Foresta
Sacar fotos, visitar el Museo de Arte Nativo. Reserva Mundial de la Biosfera.

Santuario de las Aves
Sacar fotos, observar aves°, seguir rutas de excursión.

Después de leer

¿Comprendiste?

Indicate whether each statement is **cierto** or **falso**.

Cierto	Falso	
_____	_____	1. El hotel Vistahermosa tiene 55 habitaciones.
_____	_____	2. Playa Grande es un lugar ideal para montar a caballo.
_____	_____	3. Hay muchos lugares para acampar en Valle Niebla.
_____	_____	4. El hotel Vistahermosa está cerrado en invierno.
_____	_____	5. Es posible sacar fotos de las aves en el Santuario de las aves.
_____	_____	6. No hay museos cerca del hotel.

Preguntas

Answer these questions.

1. ¿Dónde está el hotel Vistahermosa?
   _____

2. ¿Cómo son las playas cerca del hotel?
   _____

3. ¿Dónde podemos hacer picnics?
   _____

4. ¿Qué lugar es único en el Caribe?
   _____

5. ¿Dónde podemos ir de pesca?
   _____

Coméntalo

Imagina que vas de vacaciones a Lajas. ¿En qué mes del año deseas ir? ¿Por qué? ¿Cómo prefieres viajar: en avión o en barco? ¿Quieres visitar los lugares mencionados aquí? ¿Por qué?

Cajero automático *ATM*   **rebaja** *discount*   **llena de luz** *full of light*   **aves** *birds*

 Vocabulary Tools

Las vacaciones y los viajes

el aeropuerto	airport
la agencia de viajes	travel agency
el/la agente de viajes	travel agent
la cabaña	cabin
el campo	countryside
la estación de autobuses	bus station
la estación del metro	subway station
la estación del tren	train station
el/la inspector(a) de aduanas	customs inspector
la llegada	arrival
el mar	ocean
el pasaje (de ida y vuelta)	(round-trip) ticket
el pasaporte	passport
la salida	departure; exit
la tienda de campaña	tent
el/la viajero/a	traveler

Las actividades

acampar	to camp
confirmar una reservación	to confirm a reservation
estar de vacaciones	to be on vacation
hacer las maletas	to pack (one's suitcases)
hacer turismo	to go sightseeing
hacer un viaje	to take a trip
hacer una excursión	to go on a hike; to go on a tour
ir a la playa	to go to the beach
ir de pesca	to go fishing
ir de vacaciones	to go on vacation
ir en autobús (m.)	to go by bus
ir en auto(móvil) (m.)	to go by car
ir en avión (m.)	to go by plane
ir en barco	to go by boat
ir en motocicleta	to go by motorcycle
ir en taxi (m.)	to go by taxi
montar a caballo	to ride a horse
pasar por la aduana	to go through customs
pescar	to fish
sacar fotos (f. pl.)	to take pictures

En el hotel

el alojamiento	lodging
el ascensor	elevator
la cama	bed
el/la empleado/a	employee
el equipaje	luggage
la habitación individual	single room
la habitación doble	double room
el hotel	hotel
el/la huésped	guest
la llave	key
la pensión	boarding house
el piso	floor (of a building)
la planta baja	ground floor

Adjetivos

abierto/a	open
aburrido/a	bored; boring
alegre	happy
amable	friendly
avergonzado/a	embarrassed
cansado/a	tired
cerrado/a	closed
cómodo/a	comfortable
contento/a	happy, content
desordenado/a	disorderly
enamorado/a (de)	in love (with)
enojado/a	mad, angry
equivocado/a	wrong
feliz	happy
limpio/a	clean
listo/a	ready; smart
malo/a	bad; sick
nervioso/a	nervous
ocupado/a	busy
ordenado/a	orderly
preocupado/a (por)	worried (about)
seguro/a	sure; safe; confident
sucio/a	dirty
triste	sad
verde	green; not ripe
vivo/a	clever; alive

¿Qué tiempo hace?

¿Qué tiempo hace?	How's the weather?
Está despejado.	It's clear.
Está (muy) nublado.	It's (very) cloudy.
Hace buen/mal tiempo.	The weather is nice/bad.
Hace (mucho) calor.	It's (very) hot.
Hace fresco.	It's cool.
Hace (mucho) frío.	It's (very) cold.
Hace (mucho) sol.	It's (very) sunny.
Hace (mucho) viento.	It's (very) windy.
Hay (mucha) niebla.	It's (very) foggy.
Llueve.	It's raining.
Nieva.	It's snowing.
llover (o:ue)	to rain
nevar (e:ie)	to snow

Otras palabras y expresiones

ahora mismo	right now
todavía	yet; still
¿Cuál es la fecha de hoy?	What is today's date?
Hoy es el primero (dos, tres,...) de marzo.	Today is March first (second, third,...).

Las estaciones y los meses	See page 115.
Los números ordinales	See page 115.
Direct object pronouns	See page 130.

Practice more at **vhlcentral.com**.

6   ¡De compras!

Communicative Goals

You will learn how to:
- talk about clothing
- negotiate and pay for items
- express preferences while shopping

PARA EMPEZAR

- ¿Quiénes son las personas de la foto? ¿Cómo son?
- ¿Dónde están, en un restaurante o en una tienda?
- ¿Qué están haciendo: comprando o trabajando?

Vocabulary Tools

¡DE COMPRAS!

DE COMPRAS

el almacén *department store*

la caja *cash register*

el centro comercial *shopping mall*

el/la cliente/a *client*

el/la dependiente/a *clerk*

el mercado (al aire libre)
(open-air) market

la rebaja *sale*

el regalo *gift*

la tienda *store*

el/la vendedor(a) *salesperson*

---

costar (o:ue) *to cost*

gastar *to spend (money)*

hacer juego (con) *to match*

llevar *to wear; to take*

pagar (con) *to pay (with)*

prestar *to lend*

regatear *to bargain*

usar *to wear; to use*

vender *to sell*

el precio (fijo)
(fixed) price

el dinero

la tarjeta de crédito
credit card

las gafas (de sol)

ADJETIVOS

barato/a *cheap*
bueno/a *good*
cada *each*
caro/a *expensive*
corto/a *short (in length)*
elegante *elegant*
hermoso/a *beautiful*
largo/a *long*
loco/a *crazy*
nuevo/a *new*
otro/a *other; another*
pobre *poor*
rico/a *rich*

la corbata

LA ROPA Y LOS ACCESORIOS

el abrigo *coat*
los bluejeans *jeans*
la blusa *blouse*
la bolsa *bag; purse*
las botas *boots*
los calcetines *socks*
la camisa *shirt*
la camiseta *t-shirt*
la cartera *wallet*
la chaqueta *jacket*
el cinturón *belt*
la falda *skirt*
los guantes *gloves*
el impermeable *raincoat*
las medias *pantyhose; stockings*
los pantalones *pants*
los pantalones cortos *shorts*
la ropa *clothing*
la ropa interior *underwear*
las sandalias *sandals*
el sombrero *hat*
el suéter *sweater*
el traje *suit*
el traje de baño *bathing suit*
el vestido *dress*
los zapatos de tenis *sneakers*

LOS COLORES

amarillo/a
anaranjado/a
blanco/a
rojo/a
gris
rosado/a
negro/a
morado/a
café
verde
azul

ir de compras
to go shopping

el par de zapatos
pair of shoes

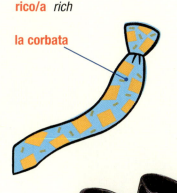

ASÍ SE DICE

los calcetines ⟷ las medias (*Amér. L.*)
el cinturón ⟷ la correa (*Col., Venez.*)
las gafas de sol ⟷ los lentes oscuros,
los lentes negros (*Amér. L.*)
los zapatos de tenis ⟷ las zapatillas de
deporte (*Esp.*), las zapatillas (*Arg., Perú*)
los bluejeans ⟷ los pantalones de mezclilla
(*Méx.*), los vaqueros, los tejanos (*Esp.*)

A escuchar

1 **Escuchar** Listen to Juanita and Vicente talk about what they're packing for their vacations. Indicate who is packing each item. If neither is packing an item, write an **X**.

Juanita

Vicente

	Juanita	Vicente		Juanita	Vicente
1. abrigo	_____	_____	7. gafas de sol	_____	_____
2. zapatos de tenis	_____	_____	8. camisetas	_____	_____
3. impermeable	_____	_____	9. traje de baño	_____	_____
4. chaqueta	_____	_____	10. botas	_____	_____
5. sandalias	_____	_____	11. pantalones cortos	_____	_____
6. bluejeans	_____	_____	12. suéter	_____	_____

2 **¿Cierto o falso?** Look at the drawing and indicate whether each statement you hear is **cierto** or **falso**.

	Cierto	Falso
1.	_____	_____
2.	_____	_____
3.	_____	_____
4.	_____	_____
5.	_____	_____
6.	_____	_____
7.	_____	_____
8.	_____	_____

Practice more!

LM
p. 31

A practicar

3 **Escoger** Indicate the item in each group that does not belong.

1. bolsa • camiseta • blusa • suéter
2. medias • calcetines • sombrero • zapatos de tenis
3. chaqueta • falda • abrigo • impermeable
4. almacén • vendedora • tienda • mercado
5. regatear • gastar • llevar • costar
6. vestido • dinero • caja • tarjeta de crédito

4 **Anita la contraria** Your friend Anita always contradicts you. Indicate how she would respond to each sentence.

modelo

El suéter nuevo de Liliana es muy grande.

No, su suéter es muy pequeño.

1. El cinturón de Natalia es caro. _____

2. El impermeable de don José es muy feo. _____

3. La corbata del señor Ramos es larga. _____

4. Los zapatos de tenis de Noelia son viejos. _____

5. Los trajes de Mauricio son baratos. _____

6. Las botas de Marta están sucias. _____

5 **Preguntas** Answer these questions with a classmate.

modelo

Estudiante 1: ¿De qué color es el suéter?
Estudiante 2: **El suéter es gris.**

1. ¿De qué color es la corbata?

2. ¿De qué color es la planta?

3. ¿De qué color es la rosa de Texas?

4. ¿De qué color es la casa donde vive el presidente de EE.UU.?

5. ¿De qué color es la cebra?

Practice more!

WB
pp. 53–54

vhlcentral

A conversar

6 **Marta y el señor Vega** With a classmate, answer the questions about the drawing.

Marta   el señor Vega

modelo
¿Qué lleva Marta?
Marta lleva un *vestido*, un *sombrero*, unas *gafas de sol*, una *bolsa*,
un *par de zapatos* y unos *guantes*.

1. ¿De qué color es su vestido?

2. ¿De qué color son sus zapatos?

3. ¿De qué color son su sombrero, su bolsa y sus guantes?

4. ¿Qué lleva el señor Vega?

5. ¿De qué color es su camisa?

6. ¿De qué color son sus pantalones?

7. ¿Hacen juego la chaqueta, la camisa y los pantalones del señor Vega?

7 **Entrevista** Use these questions to interview a classmate. Then report your findings to the class.

1. ¿Cuál es tu artículo de ropa preferido? ¿Cuándo lo usas?

2. ¿Con qué colores de ropa te gusta hacer juego?

3. ¿Qué ropa llevas en los días de sol? ¿Y en los días de frío?

4. ¿Cuál es tu marca (*brand*) de ropa preferida? ¿Es cara o barata?

5. ¿Adónde vas para (*in order to*) comprar ropa? ¿Por qué?

6. ¿Cuánto dinero gastas en ropa cada mes? ¿Cada año?

7. Cuando vas de compras, ¿buscas rebajas? ¿Regateas?

8. ¿Cómo pagas tu ropa nueva, con dinero o con tarjeta de crédito?

Pronunciación

 Audio

The consonants d and t

¿**D**ón**d**e?   ven**d**er   na**d**ar   ver**d**a**d**

Like **b** and **v**, the Spanish **d** can also have a hard sound or a soft sound, depending on which letters appear next to it.

Don   **d**inero   tie**n**da   fal**d**a

At the beginning of a phrase and after **n** or **l**, the letter **d** is pronounced with a hard sound. This sound is similar to the English *d* in *dog,* but a little softer and duller. The tongue should touch the back of the upper teeth, not the roof of the mouth.

me**d**ias   ver**d**e   vesti**d**o   huéspe**d**

In all other positions, **d** has a soft sound. It is similar to the English *th* in *there,* but a little softer.

Don **D**iego no tiene e**l d**iccionario.

When **d** begins a word, its pronunciation depends on the previous word. At the beginning of a phrase or after a word that ends in **n** or **l,** it is pronounced as a hard **d.**

Doña **D**olores e**s d**e la capital.

Words that begin with **d** are pronounced with a soft **d** if they appear immediately after a word that ends in a vowel or any consonant other than **n** or **l.**

traje   pan**t**alones   **t**arje**t**a   **t**ienda

When pronouncing the Spanish **t,** the tongue should touch the back of the upper teeth, not the roof of the mouth. Unlike the English *t*, no air is expelled from the mouth.

Práctica Read these phrases aloud to practice the **d** and the **t.**

1. Hasta pronto.	5. No hay de qué.	9. Es estupendo.
2. De nada.	6. ¿De dónde es usted?	10. No tengo computadora.
3. Mucho gusto.	7. ¡Todos a bordo!	11. ¿Cuándo vienen?
4. Lo siento.	8. No puedo.	12. Son las tres y media.

Oraciones Read these sentences aloud to practice the **d** and the **t.**

1. Don Teodoro tiene una tienda en un almacén en La Habana.

2. Don Teodoro vende muchos trajes, vestidos y zapatos todos los días.

3. Un día un turista, Federico Machado, entra en la tienda para comprar un par de botas.

4. Federico regatea con don Teodoro y compra las botas y también un par de sandalias.

Refranes Read these sayings aloud to practice the **d** and the **t.**

En la variedad está el gusto.[1]

Aunque la mona se vista de seda, mona se queda.[2]

[1] *Variety is the spice of life.*
[2] *You can't make a silk purse out of a sow's ear.*

Practice more!

LM
p. 32

vhlcentral

Video:
Fotonovela

En el mercado

Los chicos van de compras al mercado. ¿Quién hizo la mejor compra?

PERSONAJES

FELIPE

JUAN CARLOS

MARISSA

JIMENA

MARU

MIGUEL

DON GUILLERMO

VENDEDORA

VENDEDOR

MARISSA Oigan, vamos al mercado.

JUAN CARLOS ¡Sí! Los chicos en un equipo y las chicas en otro.

FELIPE Tenemos dos horas para ir de compras.

MARU Y don Guillermo decide quién gana.

JIMENA Esta falda azul es muy elegante.

MARISSA ¡Sí! Además, este color está de moda.

MARU Éste rojo es de algodón.

MARISSA ¿Me das aquella blusa rosada? Me parece que hace juego con esta falda, ¿no? ¿No tienen otras tallas?

JIMENA Sí, aquí. ¿Qué talla usas?

MARISSA Uso talla 4.

JIMENA La encontré. ¡Qué ropa más bonita!

VENDEDOR Son 530 por las tres bolsas. Pero como ustedes son tan bonitas, son 500 pesos.

MARU Señor, no somos turistas ricas. Somos estudiantes pobres.

VENDEDOR Bueno, son 480 pesos.

JUAN CARLOS Miren, mi nueva camisa. Elegante, ¿verdad?

FELIPE A ver, Juan Carlos... te queda bien.

MARU ¿Qué compraste?

MIGUEL Sólo esto.

MARU ¡Qué bonitos aretes! Gracias, mi amor.

ACTIVIDADES

1 **¿Cierto o falso?** Indicate whether each sentence is **cierto** or **falso**. Correct the false statements.

1. Jimena dice que la falda azul no es elegante.
2. Juan Carlos compra una camisa.
3. Marissa dice que el azul es un color que está de moda.
4. Miguel compra unas sandalias para Maru.
5. Miguel es el ganador.

2 **Identificar** Provide the name of the person who would make each statement.

1. ¿Te gusta cómo se me ven mis nuevos aretes? _____
2. Juan Carlos compró una camisa de muy buena calidad. _____
3. No podemos pagar 500, señor, eso es muy caro. _____
4. Aquí tienen ropa de muchas tallas. _____
5. Esta falda me gusta mucho, el color azul es muy elegante. _____
6. Hay que darnos prisa, sólo tenemos dos horas para ir de compras. _____

(*En otra parte del mercado*)

FELIPE Juan Carlos compró una camisa de muy buena calidad.

MIGUEL (*a la vendedora*) ¿Puedo ver ésos, por favor?

VENDEDORA Sí, señor. Le doy un muy buen precio.

(*Las chicas encuentran unas bolsas.*)

VENDEDOR Ésta de rayas cuesta 190 pesos, ésta 120 pesos y ésta 220 pesos.

JUAN CARLOS Y ustedes, ¿qué compraron?

JIMENA Bolsas.

MARU Acabamos de comprar tres bolsas por sólo 480 pesos. ¡Una ganga!

FELIPE Don Guillermo, usted tiene que decidir quién gana. ¿Los chicos o las chicas?

DON GUILLERMO El ganador es... Miguel. ¡Porque no compró nada para él, sino para su novia!

---

3 **Conversar** With a partner, use the cues to role-play a conversation between a customer and a salesperson in an open-air market. Use the expressions below and also look at **Expresiones útiles** on this page.

¿Qué desea?	Estoy buscando...	Prefiero el/la rojo/a.
What would you like?	*I'm looking for...*	*I prefer the red one.*

Cliente/a

1. Say good afternoon and explain that you are looking for a particular item of clothing.
2. Discuss colors and sizes.
3. Ask for the price and begin bargaining.
4. Settle on a price and purchase the item.

Vendedor(a)

1. Greet the customer and show him/her some items.
2. Discuss colors and sizes.
3. Tell him/her a price. Negotiate a price.
4. Accept a price and say thank you.

Expresiones útiles

Talking about clothing

¡Qué ropa más bonita!
What nice clothing!

Esta falda azul es muy elegante.
This blue skirt is very elegant.

Está de moda.
It's in style.

Éste rojo es de algodón/lana.
This red one is cotton/wool.

Ésta de rayas/lunares/cuadros es de seda.
This striped/polka-dotted/plaid one is silk.

Es de muy buena calidad.
It's very good quality.

¿Qué talla usas/llevas?
What size do you wear?

Uso/Llevo talla 4.
I wear a size 4.

¿Qué número calza?
What size shoe do you wear?

Yo calzo siete.
I wear a size seven.

Negotiating a price

¿Cuánto cuesta?
How much does it cost?

Demasiado caro/a.
Too expensive.

Es una ganga.
It's a bargain.

Saying what you bought

¿Qué compraste?/¿Qué compró usted?
What did you buy?

Sólo compré esto.
I only bought this.

¡Qué bonitos aretes!
What beautiful earrings!

Y ustedes, ¿qué compraron?
And you guys, what did you buy?

Additional vocabulary

híjole *wow*

Practice more!

pp. 179–180   vhlcentral

Reading

Los mercados al aire libre

Mercados al aire libre are an integral part of commerce and culture in the Spanish-speaking world. Whether they take place daily or weekly, these markets are an important forum where tourists, locals, and vendors interact. People come to the marketplace to shop, socialize, taste local foods, and watch street performers. Wandering from one **puesto** (*stand*) to the next, one can browse fresh fruits and vegetables, clothing, CDs and DVDs, **artesanías** (*crafts*), and more. Some markets offer a mix of products, while others specialize in food, fashion, or used merchandise, such as antiques and books.

Mercado de Otavalo

Otros mercados famosos

Mercado	Lugar	Productos
Feria Artesanal de Recoleta	Buenos Aires, Argentina	artesanías
Mercado Central	Santiago, Chile	mariscos°, pescado°, frutas, verduras°
Tianguis Cultural del Chopo	Ciudad de México, México	ropa, música, revistas, libros, arte, artesanías
El mercado de Chichicastenango	Chichicastenango, Guatemala	frutas y verduras, flores°, cerámica, textiles

every Saturday since pre-Incan times. This market is well-known for the colorful textiles woven by the **otavaleños,** the indigenous people of the area. One can also find leather goods and wood carvings from nearby towns. Another popular market is **El Rastro,** held every Sunday in Madrid, Spain. Sellers set up **puestos** along the streets to display their wares, which range from local artwork and antiques to inexpensive clothing and electronics.

mariscos *seafood* pescado *fish* verduras *vegetables* flores *flowers*

When shoppers see an item they like, they can bargain with the vendor. Friendly bargaining is an expected ritual and may result in a significantly lower price. When selling food, vendors may give the customer a little extra of what they purchase; this free addition is known as **la ñapa.**

Many open-air markets are also tourist attractions. The market in Otavalo, Ecuador, is world-famous and has taken place

El Rastro

ASÍ SE DICE

La ropa

la chamarra (Méx.)	la chaqueta
de manga corta/larga	*short/long-sleeved*
los mahones (P. Rico) el pantalón de mezclilla (Méx.) los tejanos (Esp.) los vaqueros (Arg., Cuba, Esp., Uru.)	los bluejeans
la marca	*brand*
la playera (Méx.) la remera (Arg.)	la camiseta
la sudadera	*sweatshirt*

Video

Flash CULTURA

ACTIVIDADES

1 **¿Cierto o falso?** Indicate whether each statement is **cierto** or **falso**. Correct the false statements.

1. In the Hispanic world, markets are vital centers of commerce and culture.

2. Generally, open-air markets specialize in one type of goods.

3. Bargaining is commonplace at outdoor markets.

4. Only new goods can be found at open-air markets.

5. A **ñapa** is a tax on open-air market goods.

6. The **otavaleños** weave colorful textiles to sell on Saturdays.

7. The market in Otavalo opened recently.

8. A Spaniard in search of antiques could search at **El Rastro**.

9. Santiago's **Mercado Central** is known for books and music.

10. If you are in Guatemala and want to buy ceramics, you can go to Chichicastenango.

11. The **Tianguis Cultural del Chopo** is not a good place to go if you are interested in Mexican art and crafts.

12. Market stands are referred to as **puestos**.

2 **Comparación** Compare a market in the Hispanic world with a market where you live. How popular are markets? What items can you typically find there? How do customers negotiate prices?

3 **Conexión Internet** Go to **vhlcentral.com** and find out which brands of clothing are popular in the Hispanic world.

Comprar en los mercados

1 **Preparación** Have you ever been to an open-air market? What did you buy? Have you ever negotiated a price? What did you say?

2 **El video** Watch this **Flash Cultura** episode.

Vocabulario

colones (pl.) *currency from Costa Rica* | **descuento** *discount*
¿Cuánto vale? *¿Cuánto cuesta?* | **el regateo** *bargaining*

… pero me hace un buen descuento.

¿Qué compran en el Mercado Central?

3 **Comprensión** Select the option that best summarizes this episode.

A. Randy Cruz va al mercado al aire libre para comprar papayas. Luego va al Mercado Central. Él les pregunta a los clientes qué compran, prueba (*tastes*) platos típicos y busca la heladería.

B. Randy Cruz va al mercado al aire libre para comprar papayas y pedir un descuento. Luego va al Mercado Central para preguntarles a los clientes qué compran en los mercados.

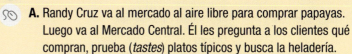

Practice more!
VM pp. 211–212   vhlcentral

6.1 Numbers 101 and higher

 Tutorial

▶ Spanish uses a period, rather than a comma, to indicate thousands and millions.

Numbers 101 and higher			
101	ciento uno	1.000	mil
200	doscientos/as	1.100	mil cien
300	trescientos/as	2.000	dos mil
400	cuatrocientos/as	5.000	cinco mil
500	quinientos/as	100.000	cien mil
600	seiscientos/as	200.000	doscientos mil
700	setecientos/as	550.000	quinientos cincuenta mil
800	ochocientos/as	1.000.000	un millón (de)
900	novecientos/as	8.000.000	ocho millones (de)

Costaron sólo doscientos pesos.

Son cuatrocientos ochenta por las tres bolsas en efectivo.

▶ Use **ciento uno** if used for counting. Use **ciento un(a)** when describing quantity.

cien, ciento uno, ciento dos...   **ciento una noches**

▶ The numbers **200** through **999** agree in gender with the nouns they modify.

324 tiendas
trescient**as** veinticuatro tiendas

605 clientes
seiscient**os** cinco clientes

873 habitaciones
ochocient**as** setenta y tres habitaciones

990 euros
novecient**os** noventa euros

500 mujeres
quinient**as** mujeres

257 estudiantes
doscient**os** cincuenta y siete estudiantes

▶ **Mil** can mean *a thousand* or *one thousand*. The plural form of **un millón** (*a million* or *one million*) is **millones**, which has no accent.

1.000 dólares
mil dólares

2.000.000 de pesos
dos millones de pesos

5.000 bicicletas
cinco mil bicicletas

1.000.000 de aficionados
un millón de aficionados

Práctica

1 **Completar** Complete these sequences in Spanish.

1. 100, 120, 140, ... 200

_____

_____

2. 5.000, 10.000, 15.000, ... 30.000

_____

_____

3. 50.000, 100.000, 150.000, ... 300.000

_____

_____

4. 100.000.000, 200.000.000, 300.000.000, ... 900.000.000

_____

_____

2 **Resolver** Read these math problems aloud and solve them.

modelo

$$\begin{array}{r} 300 \\ +400 \\ \hline 700 \end{array}$$

Trescientos más cuatrocientos son setecientos.

+ más   − menos   = es (singular)/son (plural)

1. $\begin{array}{r} 150 \\ +150 \\ \hline \end{array}$

2. $\begin{array}{r} 3.000 \\ +\ \ 753 \\ \hline \end{array}$

3. $\begin{array}{r} 43.000 \\ -10.000 \\ \hline \end{array}$

4. $\begin{array}{r} 200.000 \\ +350.000 \\ \hline \end{array}$

5. $\begin{array}{r} 20.000 \\ +\ \ \ \ 555 \\ \hline \end{array}$

6. $\begin{array}{r} 1.000.000 \\ -\ \ \ 75.000 \\ \hline \end{array}$

7. $\begin{array}{r} 32.000 \\ -30.000 \\ \hline \end{array}$

8. $\begin{array}{r} 800.000 \\ +175.000 \\ \hline \end{array}$

Conversación

3 ¿Cuánto cuesta? Ask your partner how much each item costs.

modelo

Estudiante 1: ¿Cuánto cuestan las gafas de sol?
Estudiante 2: Cuarenta mil pesos.

1.

210.000 pesos

2.

61.500 pesos

3.

160.150 pesos

4.

84.450 pesos

5.

48.200 pesos

6.

22.790 pesos

4 ¿En qué año? Take turns with a classmate asking and answering these questions. Follow the model.

modelo

Estudiante 1: ¿En qué año terminaste (*did you finish*) la escuela secundaria?
Estudiante 2: En el año 2017.

1. ¿En qué año llegó (*arrived*) tu familia a los Estados Unidos?

2. ¿Cuál es el año de tu nacimiento (*birth*)?

3. ¿En qué año empezaste (*started*) a estudiar en la universidad?

4. ¿En qué año te vas a graduar?

5. ¿Cuándo te quieres jubilar (*retire*)?

6. ¿Cuál es hasta ahora (*so far*) el año en que has sido (*you have been*) más feliz?

▶ The plural forms **cientos** and **miles (de)** refer to *hundreds* or *thousands of (people or things).*

Cientos de personas
Hundreds of people

Miles de dólares
Thousands of dollars

▶ In Spanish, years are never expressed as pairs of 2-digit numbers as they sometimes are in English (*1979, nineteen seventy-nine*).

1945
mil novecientos cuarenta y cinco

2005
dos mil cinco

1898
mil ochocientos noventa y ocho

1220
mil doscientos veinte

▶ In Spanish, street numbers follow the same pattern.

¿Cuál es tu dirección?
What's your address?

Mi dirección es Balcarce mil doscientos ochenta y tres.
My address is Balcarce twelve hundred eighty-three.

▶ When **millón** or **millones** are used before a noun, place **de** between the two.

1.000.000 **de** hombres = un **millón de** hombres
12.000.000 **de** aviones = doce **millones de** aviones
15.000.000 **de** personas = quince **millones de** personas

¡ojo! Note this difference between Spanish and English:

mil millones
a billion (1.000.000.000)

un billón
a trillion (1.000.000.000.000)

Hay **mil millones** de personas en China.
There are a billion people in China.

Hay un **billón** de planetas en el universo.
There are a trillion planets in the universe.

¡Manos a la obra!

Give the Spanish equivalent of each number.

a. 102 _____ciento dos_____
b. 935 _____
c. 5.000.000 _____
d. 2001 _____
e. 1776 _____
f. 345 _____
g. 550.300 _____
h. 232 _____

i. 1999 _____
j. 113 _____
k. 204 _____
l. 2.108 _____
m. 17.123 _____
n. 497 _____
o. 30.201 _____
p. 57.507 _____

Practice more!

WB pp. 55–56
LM p. 33
vhlcentral

Tutorial

6.2 The preterite tense of regular verbs

▶ In order to talk about events in the past, Spanish uses two simple tenses: the preterite and the imperfect. In this lesson, you will learn about the preterite tense.

▶ The preterite is used to talk about actions or states completed in the past.

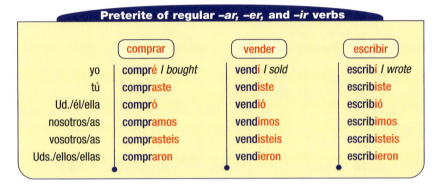

Preterite of regular –ar, –er, and –ir verbs		
	comprar	**vender**	**escribir**
yo	compré *I bought*	vendí *I sold*	escribí *I wrote*
tú	compraste	vendiste	escribiste
Ud./él/ella	compró	vendió	escribió
nosotros/as	compramos	vendimos	escribimos
vosotros/as	comprasteis	vendisteis	escribisteis
Uds./ellos/ellas	compraron	vendieron	escribieron

▶ The preterite endings for regular –er and –ir verbs are identical. Also, note that the **yo** and **Ud./él/ella** forms of all three conjugations have written accents on the last syllable.

¿Qué compraste?

Compré estos aretes.

▶ Note that the **nosotros/as** forms of regular –ar and –ir verbs in the preterite are identical to the present-tense forms. Context will help you determine which tense is being used.

En invierno **compramos** suéteres.
In the winter we buy sweaters.

Anoche **compramos** unas sandalias.
Last night we bought some sandals.

Escribimos poemas en clase.
We write poems in class.

Ya **escribimos** dos veces al presidente.
We already wrote to the president twice.

▶ –Ar and –er verbs that have a stem change in the present tense do *not* have a stem change in the preterite.

INFINITIVE	PRESENT	PRETERITE
cerrar (e:ie)	Ana cierra la puerta.	Ana cerró la puerta.
volver (o:ue)	Juan vuelve a las dos.	Juan volvió a las dos.
jugar (u:ue)	Él juega al fútbol.	Él jugó al fútbol.
pensar (e:ie)	Pienso mucho.	Pensé mucho.

Práctica

1 **Fin de semana** Complete what Isabel says about her weekend with the appropriate verb forms.

(1) _____ [Pasar] un fin de semana fantástico. El sábado (2) _____ [estudiar] por la mañana y luego (3) _____ [salir] de compras con mis amigas al nuevo centro comercial. (4) _____ [Comprar] un vestido y un suéter muy baratos porque el vendedor me hizo un buen descuento. ¡(5) _____ [Gastar] sólo 40 dólares! Más tarde, nosotras (6) _____ [comer] en un restaurante mexicano. Mi amiga Estela (7) _____ [gastar] mucho dinero porque pidió platos (*dishes*) muy caros. Por la noche, nosotras (8) _____ [salir] a bailar a una discoteca y (9) _____ [regresar] muy tarde. Hoy me levanté (*I got up*) muy temprano porque tengo que estudiar para la clase de español. ¡Uy! ¡Qué cansada (*tired*) estoy!

2 **¿Qué hicieron?** Combine words from each list to talk about things you and others did.

modelo

Yo leí un buen libro la semana pasada.

¿Quién?	¿Qué?	¿Cuándo?
yo	ver la televisión	anoche
mi compañero/a de cuarto	hablar con un(a) chico/a guapo/a	anteayer
mis amigos/as y yo	estudiar español	ayer
mis padres	comprar ropa nueva	la semana pasada
mi abuelo/a	leer un buen libro	el año pasado
el/la profesor(a) de español	bailar en una discoteca latina	una vez
el presidente de los Estados Unidos	viajar a la Luna (*moon*)	dos veces
mi perro	llegar tarde a clase	
	viajar a Europa	
	escribir una carta	
	llevar ropa muy fea	
	comer siete hamburguesas	

Conversación

3 Encuesta Find out if your partner just did these activities today before coming to class. Report the results to the class.

modelo

tomar el desayuno (*breakfast*)
Estudiante 1: ¿Tomaste el desayuno?
Estudiante 2: Sí, acabo de tomar el desayuno./
No, no tomé el desayuno.

Actividades	Sí/No
1. ver la televisión	_____
2. escuchar la radio	_____
3. hablar con un(a) compañero/a de clase	_____
4. leer para una clase	_____
5. comprar un café	_____
6. recibir una buena noticia (*news*)	_____

4 Nuestras vacaciones Imagine that you took these photos on a vacation with friends. Use the pictures to tell your partner about the trip.

1.

2.

3.

4.

5 ¿Qué hiciste? Get together with a partner and take turns asking each other what you did yesterday, the day before yesterday, and last week.

Practice more!

WB	LM	S
pp. 57–58	p. 34	vhlcentral

Verbs with spelling changes

▶ Verbs that end in **–car**, **–gar**, and **–zar** have a spelling change in the **yo** form of the preterite. All the other forms are regular.

bus**car** → bus**qué**   lle**gar** → lle**gué**   empe**zar** → empe**cé**

▶ **Creer**, **leer**, and **oír** have spelling changes in the preterite.

creer ⟩ creí, creíste, creyó, creímos, creísteis, creyeron
leer ⟩ leí, leíste, leyó, leímos, leísteis, leyeron
oír ⟩ oí, oíste, oyó, oímos, oísteis, oyeron

▶ **Ver** is regular in the preterite, but none of its forms has an accent.

ver → vi, viste, vio, vimos, visteis, vieron

Words commonly used with the preterite

anoche	*last night*	desde… hasta…	*from… until…*
anteayer	*the day before yesterday*	pasado/a	*(adj.) last; past*
	yesterday	la semana pasada	*last week*
el año pasado	*last year*	una vez	*once*
ayer	*yesterday*	dos veces	*twice*
de repente	*suddenly*	ya	*already*

Ayer compré una camisa.
Yesterday I bought a shirt.

Miré la televisión **anoche**.
I watched TV last night.

Useful phrases

¿Qué hiciste?	What did you (fam., sing.) do?
¿Qué hizo usted?	What did you (form., sing.) do?
¿Qué hicieron ustedes?	What did you (form., pl.) do?
¿Qué hizo él/ella?	What did he/she do?
¿Qué hicieron ellos/ellas?	What did they do?

¡ojo! Use **acabar de** + [*infinitive*] to say that something *has just occurred*. Note that **acabar** is in the present tense in this construction.

Acabo de comprar un suéter.
I just bought a sweater.

Acabas de ir de compras.
You just went shopping.

¡Manos a la obra!

Give the preterite form of each verb.

1. Elena _celebró_ [celebrar].
2. Ellos _____ [oír].
3. Emilio y yo _____ [comprar].
4. Los niños _____ [comer].
5. Usted _____ [salir].
6. Yo _____ [llegar].
7. Yo _____ [empezar].
8. Tú _____ [vender].
9. Ustedes _____ [escribir].
10. Juan _____ [ver].

6.3 Indirect object pronouns Tutorial

▸ An indirect object is the noun or pronoun that answers the question *to whom* or *for whom* an action is done. In this example, the indirect object answers this question: **¿A quién le prestó Roberto cien pesos?** *To whom did Roberto loan 100 pesos?*

SUBJECT	INDIRECT OBJECT PRONOUN	VERB	DIRECT OBJECT	INDIRECT OBJECT
Roberto	**le**	prestó	cien pesos	**a Luisa.**
Roberto		*loaned*	*100 pesos*	*to Luisa.*

Indirect object pronouns

Singular forms		Plural forms	
me	(to, for) me	nos	(to, for) us
te	(to, for) you (fam.)	os	(to, for) you (fam.)
le	(to, for) you (form.);	les	(to, for) you (form.);
	(to, for) him; (to, for) her		(to, for) them

Bueno, le doy un descuento.

Acabo de mostrarles que sí sabemos regatear.

▸ Spanish speakers often use the object pronoun and the noun to which it refers in the same sentence to emphasize or clarify *to whom* the pronoun refers. The indirect object pronoun is often used without the indirect object noun when the person for whom the action is being done is known.

Iván **le** prestó un lápiz **a Juan**.
Iván loaned a pencil to Juan.

También **le** prestó papel.
He also loaned him paper.

Sabrina **le** compró un café **a Valeria**.
Sabrina bought Valeria a coffee.

También **le** compró un sándwich.
She also bought her a sandwich.

¡ojo! Since **le** and **les** have multiple meanings, **a** + [*noun*] or **a** + [*pronoun*] is often used to clarify to whom the pronouns refer.

Unclear	Clearer
Ella **les** vendió ropa.	Ella **les** vendió ropa **a ellos**.
She sold clothing (to them or to you all).	*She sold clothing to them.*
Yo **le** presté una camisa.	Yo **le** presté una camisa **a Luis**.
I loaned a shirt (to you or to him or to her).	*I loaned a shirt to Luis.*

Práctica

1 **Completar** Fill in the correct indirect object pronouns to complete Emilio's description of his family's holiday shopping.

modelo Yo __le__ compré una cartera a mi padre.

1. Mi tía _____ compró una corbata muy fea (a mí).
2. Mis dos hermanos _____ compraron a mis padres dos pares de pantalones.
3. Yo _____ compré un suéter azul a mi mamá.
4. Mi abuelo _____ compró muchos regalos a nosotros.
5. Y yo _____ compré una camiseta bonita a mi novia.

2 **Describir** Describe what happened in these photos based on the cues provided. Use indirect object pronouns and the preterite tense.

modelo mostrar/falda

Marissa les mostró la falda a Jimena y a Maru.

1. describir/bolsa azul

2. vender/bolsas

3. preguntar/precio de los aretes

4. comprar/aretes

Conversación

3 **Conversación** Take turns with a classmate asking and answering questions using the cues provided.

modelo

escribir mensajes electrónicos

Estudiante 1: ¿A quién le escribes mensajes electrónicos?
Estudiante 2: Le escribo mensajes electrónicos a mi hermano.

1. cantar canciones de amor (*love songs*)
2. dar besos
3. decir mentiras
4. invitar a comer
5. hablar por teléfono
6. mostrar fotos de un viaje

4 **Entrevista** Use these questions to interview a classmate.

1. Cuando vas de compras, ¿te dan tus padres su tarjeta de crédito?
2. Si tu amigo te pide dinero para ir de compras, ¿cuánto dinero le prestas?
3. ¿Pagas el dinero que les debes (*money you owe*) a tus amigos?
4. ¿A quiénes les compras regalos?
5. ¿Qué vas a darles a tus padres este año?
6. ¿Les dices mentiras a tus padres o a tus amigos? ¿Cuándo?

5 **¡Somos ricos!** You and your classmates won the lottery! Now you want to spend money on your loved ones. In groups of three, discuss what each person is buying.

modelo

Estudiante 1: Quiero comprarle un vestido nuevo a mi mamá y una camiseta a mi novio.
Estudiante 2: Y yo voy a darles un auto nuevo a mis padres. A mis compañeras de cuarto les voy a comprar blusas y faldas nuevas.
Estudiante 3: Voy a comprarles una casa a mis padres, pero a mis amigos no les voy a dar nada (*nothing*).

Practice more!

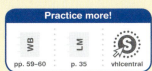

WB pp. 59–60 | LM p. 35 | vhlcentral

Using indirect object pronouns

▶ Indirect object pronouns usually precede the conjugated verb. In negative sentences, place the pronoun between **no** and the conjugated verb.

Te compré un abrigo.
I bought you a coat.

No te compré nada.
I didn't buy you anything.

▶ When an infinitive or present participle is used, there are two options for indirect object pronoun placement: before the conjugated verb, or attached to the infinitive or present participle. When a pronoun is attached to a present participle, an accent mark is added.

¿Vas a comprar**le** un regalo a Carla?
¿**Le** vas a comprar un regalo a Carla?
Are you going to buy a gift for Carla?

Estoy mostrándo**les** las fotos a ellos.
Les estoy mostrando las fotos a ellos.
I'm showing them the photos.

▶ The irregular verbs **dar** (*to give*) and **decir** (*to say; to tell*) are often used with indirect object pronouns.

Dar and decir

	dar	decir
yo	doy	digo
tú	das	dices
Ud./él/ella	da	dice
nosotros/as	damos	decimos
vosotros/as	dais	decís
Uds./ellos/ellas	dan	dicen
Present participle	dando	diciendo

Mi abuela **me da** muchos regalos.
My grandmother gives me lots of gifts.

Voy a **darle** un beso.
I'm going to give her a kiss.

Te digo la verdad.
I'm telling you the truth.

No **les estoy diciendo** mentiras a mis padres.
I am not telling lies to my parents.

▶ You will learn how to use these pronouns with direct object pronouns in Lesson 8.

¡Manos a la obra!

Use the cues in parentheses to provide the indirect object pronoun for the sentence. The first item has been done for you.

1. Martha ___le___ quiere dar un regalo. (*to Elena*)
2. Alfonso _____ prepara un café. (*for us*)
3. Guillermo y Alejandra _____ escriben desde Cuba. (*to me*)
4. Francisco y yo _____ compramos unos guantes. (*for them*)
5. Los vendedores _____ venden ropa. (*to you, fam. sing.*)

Tutorial

6.4 Demonstrative adjectives and pronouns

Demonstrative adjectives

▸ Demonstrative adjectives demonstrate or point out nouns. They precede the nouns they modify and agree with them in gender and number.

este vestido	**esos** zapatos	**aquella** tienda
this dress	*those shoes*	*that store (over there)*

Demonstrative adjectives

Singular forms		Plural forms		
MASCULINE	FEMININE	MASCULINE	FEMININE	
este	esta	estos	estas	*this; these*
ese	esa	esos	esas	*that; those*
aquel	aquella	aquellos	aquellas	*that; those (over there)*

▸ The demonstrative adjectives **este**, **esta**, **estos**, and **estas** are used to point out nouns that are close to the speaker and the listener.

Me gustan estos zapatos.

▸ The demonstrative adjectives **ese**, **esa**, **esos**, and **esas** are used to point out nouns that are not close in space and time to the speaker. They may, however, be close to the listener.

Prefiero esos zapatos.

▸ The demonstrative adjectives **aquel**, **aquella**, **aquellos**, and **aquellas** are used to point out nouns that are far away from the speaker and the listener.

Aquel auto es de mi hermana.

Práctica

1 En un almacén Gabriel and María are shopping. Complete their conversation with the appropriate demonstrative adjectives and pronouns.

MARÍA No me gustan (1) _____ (*those*) pantalones. Voy a comprar (2) _____ (*these*).

GABRIEL Yo prefiero (3) _____ (*those over there*).

MARÍA Sí, a mí también me gustan. ¿Qué piensas de (4) _____ (*these*) cinturones?

GABRIEL (5) _____ (*These*) cuestan demasiado.

MARÍA También busco un vestido elegante. ¿Te gusta (6) _____ (*this one*)?

GABRIEL No, es muy feo. ¿Necesitas una falda nueva? (7) _____ (*This one*) es bonita.

MARÍA No, no necesito una falda. Vamos, Gabriel. Me gusta (8) _____ (*this*) almacén, pero (9) _____ (*that one over there*) es mejor (*better*).

2 Oraciones Form sentences using the words provided and the appropriate forms of the preterite. Make all the necessary changes.

modelo

Este / clientes / gastar / mucho dinero
Estos clientes gastaron mucho dinero.

1. aquel / mujer / comprar / chaqueta
2. cliente / pagar / muy caro / ese / abrigos
3. tú / salir/ de compras / ese / centro comercial
4. yo / buscar / aquel / sombreros / por mucho tiempo
5. empleados / vender / este / corbatas / en rebaja

Conversación

3 **¿De qué color es?** In pairs, use demonstrative adjectives and pronouns to discuss the colors of items in your classroom.

modelo

Estudiante 1: ¿Esos zapatos son azules?
Estudiante 2: No, ésos son verdes. Aquéllos son azules.
Estudiante 1: Y esa mochila, ¿es roja?
Estudiante 2: No, ésa es blanca. Aquélla es roja.

rojo/a · amarillo/a · azul · verde

anaranjado/a · blanco/a · café · negro/a

4 **En una tienda** Imagine that you and a classmate are in a small clothing store. Look at the illustration, then talk about what you see around you.

modelo

Estudiante 1: ¿Te gusta esa chaqueta de mujer que está debajo de las camisas?
Estudiante 2: No, prefiero aquélla que está al lado de los pantalones. ¿Dónde están los zapatos?
Estudiante 1: Están en el centro de la tienda.

Practice more!

WB pp. 61–62 · LM p. 36 · vhlcentral

Demonstrative pronouns

▶ Demonstrative pronouns are identical to demonstrative adjectives, except that they traditionally carry an accent mark on the stressed vowel. They agree in number and gender with the corresponding noun.

No me gusta **este** suéter.
Prefiero **ése**.
I don't like this sweater.
I prefer that one.

Ella quiere comprar **esa** bolsa,
no **aquélla**.
She wants to buy that purse,
not that one over there.

No voy a comprar **estos** zapatos.
Quiero **aquéllos**.
I'm not going to buy these shoes.
I want those over there.

¿Qué precio tienen **esos** pantalones?
Ésos cuestan quince dólares.
How much do those pants cost?
Those cost fifteen dollars.

Demonstrative pronouns

Singular forms		Plural forms		
MASCULINE	FEMININE	MASCULINE	FEMININE	
éste	ésta	éstos	éstas	*this one; these*
ése	ésa	ésos	ésas	*that one; those*
aquél	aquélla	aquéllos	aquéllas	*that one; those (over there)*

▶ There are three neuter forms: **esto**, **eso**, and **aquello**. These forms refer to unidentified or unspecified nouns, situations, and ideas. They do not change in gender or number and never carry an accent mark.

¿Qué es **esto**?
What's this?

Eso es interesante.
That's interesting.

Aquello es bonito.
That's pretty.

¡Manos a la obra!

Provide the correct form of the demonstrative adjective and demonstrative pronoun for these nouns.

1. la falda / este
   esta falda; ésta/esta
2. los estudiantes / este
   _____
3. los países / aquel
   _____
4. la ventana / ese
   _____
5. los periodistas / ese
   _____
6. las empleadas / ese
   _____
7. el chico / aquel
   _____
8. las sandalias / este
   _____
9. el autobús / ese
   _____
10. las chicas / aquel
    _____
11. el abrigo / aquel
    _____
12. los pantalones / este
    _____
13. las medias / ese
    _____
14. la bolsa / aquel
    _____

A repasar

6.1 Numbers 101 and higher

1 **La tienda** In pairs, imagine that you are store employees taking inventory. Take turns asking and telling how many items there are.

modelo cinturones: 274

Estudiante 1: ¿Cuántos cinturones hay?
Estudiante 2: Hay doscientos setenta y cuatro cinturones.

1. abrigos: 190
2. chaquetas: 351
3. pares de botas: 436
4. camisas: 912
5. faldas: 685
6. vestidos: 562
7. suéteres: 829
8. corbatas: 743

2 **Estadísticas** With a partner, take turns asking each other what the populations of these countries are.

modelo Colombia: 46.737.000

Estudiante 1: ¿Cuál es la población (population) de Colombia?
Estudiante 2: Colombia tiene cuarenta y seis millones setecientos treinta y siete mil habitantes (inhabitants).

Poblaciones

1. México: 121.736.000
2. España: 47.043.000
3. Venezuela: 29.275.000
4. Cuba: 11.061.000
5. República Dominicana: 10.349.000
6. Puerto Rico: 3.667.000

6.2 The preterite tense of regular verbs

3 **Completar** Fill in each blank with the appropriate preterite form of the verb provided.

OMAR Pedro, ¿(1) _____ [asistir] al partido de fútbol anoche? Yo te (2) _____ [llamar], pero tú no (3) _____ [contestar].

PEDRO Dora y yo (4) _____ [decidir] no ir. (Nosotros) (5) _____ [mirar] un video.

OMAR Entonces, (6) ¿ _____ [oír] (tú) que (that) los Dorados (7) _____ [ganar]? (Tú) Te (8) _____ [perder] un partido fenomenal. Todos (9) _____ [jugar] muy bien y Álvarez hizo dos goles (goals). Después (Afterward), nosotros (10) _____ [celebrar] en El Reloj hasta la medianoche.

4 **Entrevista** Interview a partner about the last time he or she went out. Then switch roles.

- Find out when and where your partner went out, with whom, and at what time.
- Ask what he/she wore.
- Find out what your partner did and what time he/she returned home.

6.3 Indirect object pronouns

5 **Combinar** Create sentences by combining elements from each column. Add indirect object pronouns and make any necessary changes.

modelo El profesor les explicó la tarea a ellos.

yo	(no) explicar la tarea	mí
tú	(no) pedir ayuda (help)	ti
mi amigo/a	(no) contestar un email	el/la novio/a
mi hermano/a	(no) enseñar español	mi compañero/a
el/la profesor(a)	(no) buscar un libro	nosotros/as
él/ella	(no) explicar el problema	los padres
nosotros/as	(no) vender la motocicleta	ellos/as
mis padres	(no) prestar 20 dólares	el/la profesor(a)
los/las chicos/as	(no) comprar un abrigo	tu primo/a

6 **Encuesta** Find out to or for whom your partner usually does these things. Use indirect object pronouns.

modelo abrir la puerta

Estudiante 1: ¿A quién le abres la puerta?
Estudiante 2: Les abro la puerta a mis abuelos.

Actividades	¿A quiénes?
1. dar regalos	_____
2. mostrar las compras	_____
3. prestar ropa	_____
4. pedir un descuento	_____
5. dar un beso	_____
6. decir mentiras	_____
7. hablar en español	_____

Practice more at **vhlcentral.com**.

6.4 Demonstrative adjectives and pronouns

7 **¿De quién es?** In pairs, imagine that you are on a tour bus and some passengers left these items behind. Take turns asking each other what belongs to whom, using the cues provided.

modelo Daniel

Estudiante 1: ¿De quién es esta chaqueta?
Estudiante 2: ¿Ésa? Es de Daniel.

1. Raquel

2. Miguel

3. Señor Romero

4. Señora Espinosa

5. yo

6. Señora Domínguez

Síntesis

8 **Las compras en Internet** In groups of three, discuss online shopping.

- Explain why you like or don't like to shop on the Internet.
- Describe the items you bought on the Internet in the past year, for whom you bought each item, how much each item cost, and where you bought it. If you have one or more of the items with you, show it to the group as you talk about it.
- Explain how you paid for your purchases.

Videoclip

 Video

1 **Preparación** When you go clothes shopping, is quality important to you? Do you prefer trendy clothing or items that will last a long time?

2 **El clip** Watch the ad for **Galerías** from Spain.

Vocabulario		
anchas *loose-fitting*		**lavables** *washable*
lana *wool*		**resiste** *withstands*

Presentamos la moda para el próximo° curso.

Formas geométricas y colores vivos°.

próximo *next* vivos *bright*

3 **Identificar** Check off each word that you hear in the ad.

_____ 1. camisetas   _____ 5. chaquetas
_____ 2. hijos   _____ 6. clientas
_____ 3. zapatos   _____ 7. lana
_____ 4. vaqueros   _____ 8. precio

4 **Conversar** Work with a classmate to ask each other these questions. Use as much Spanish as you can.

1. ¿Qué ropa llevas normalmente cuando vienes a la universidad?
2. ¿Y los fines de semana?
3. ¿Tienes una prenda (*garment*) favorita? ¿Cómo es?
4. ¿Qué tipo de ropa no te gusta usar? ¿Por qué?

Ampliación

1 Escuchar

A Listen to Marisol and Alicia's conversation. Make a list of the clothing items that each person mentions, then note if she actually purchased it.

> **TIP** **Listen for linguistic cues.** By listening for the endings of conjugated verbs, you can identify whether an event already took place, is taking place now, or will take place in the future. Verb endings also give clues about who is participating in the action.

Marisol	**Alicia**
1. _____	1. _____
2. _____	2. _____
3. _____	3. _____
4. _____	4. _____

B ¿Crees que la moda es importante para Alicia? ¿Y para Marisol? ¿Por qué? En tu opinión, ¿es importante estar a la moda?

2 Conversar

With a classmate, take turns playing the roles of a shopper and a clerk in a clothing store. Use these guidelines.

• The shopper talks about the clothing he/she is looking for as a gift, mentions for whom the clothes are intended, and says what he/she bought for the same person last year

• The clerk recommends items, based on the shopper's descriptions

• The shopper asks how much items cost, and the clerk answers

Ampliación

3 Escribir

 Write a report for the school newspaper about an interview you conducted with a student concerning his or her opinion on the latest fashion trends at your school.

> **TIP** **Reporting an interview.** You may transcribe the interview verbatim, or simply summarize it with occasional quotes from the speaker. Your report should begin with an interesting title and a brief introduction, include some examples or a brief quote, and end with a conclusion.

Organizar	Use an idea map to organize the interview questions and develop an outline for your report. Then brainstorm a title for the report.
Escribir	Using your outline as a guide, write the first draft of your report.
Corregir	Exchange papers with a classmate and comment on the report's title, introduction, organization, level of interest, grammatical accuracy, and conclusion. Then revise your first draft, with your classmate's comments in mind.
Compartir	Exchange reports in groups of four. Give a superlative title to each report on the basis of its strongest points, for example, "best use of Spanish" or "most interesting questions."

4 Un paso más

Develop a business plan to open a clothing store in a Spanish-speaking country.

- Choose a location for your store
- Decide which products you are going to sell and select an appealing name for your store
- Include a visual presentation of your products
- Itemize your prices and your expected profits
- Explain why you think your store will be successful (**va a tener éxito**)

5 Conexión Internet

 Go to **vhlcentral.com** to find out more about these topics.

- Tiendas y almacenes famosos
- Las monedas de los países hispanos

Antes de leer

Audio: Reading
Additional Reading

Skimming involves quickly reading through a document to absorb its general meaning. This strategy allows you to understand the main ideas without having to read word for word.

Examinar el texto

Look at the format of the reading selection. How is it organized? What does the organization of the document tell you about its content?

Buscar cognados

Scan the reading selection to locate at least five cognates. Based on the cognates, what do you think the reading selection is about?

1. _____
2. _____
3. _____
4. _____
5. _____
6. The reading selection is about _____.

Impresiones generales

Now skim the reading selection to understand its general meaning. Jot down your impressions. What new information did you learn about the document by skimming it? Based on all the information you now have, answer these questions in Spanish.

1. Who created this document?
2. What is its purpose?
3. Who is its intended audience?

🔲 Corona

http://corona.cl

Corona

¡Corona tiene las ofertas más locas del verano!

La tienda más elegante de la ciudad con precios increíbles

niños | **mujeres** | casa | baño | equipaje

Faldas largas
Algodón.
De distintos colores
Talla mediana
Precio especial: 30.000 pesos

Blusas de seda
De cuadros y de lunares
Ahora: 31.000 pesos
40% de rebaja

Vestido de algodón
Colores blanco,
azul y verde
Ahora: 58.000 pesos
30% de rebaja

Accesorios
Cinturones, gafas de sol,
sombreros, medias
Diversos estilos
Todos con un 40% de rebaja

Carteras
Colores anaranjado,
blanco, rosado y amarillo
Ahora: 40.000 pesos
50% de rebaja

Sandalias de playa
Números del 35 al 38
A sólo 25.000 pesos
50% de descuento

Lunes a sábado de 9 a 21 horas.
Domingo de 10 a 14 horas.

Real° Liquidación°

¡La rebaja está de moda en Corona!

¡Grandes rebajas!

y con la tarjeta de crédito más conveniente del mercado.

bebé | **hombres** | jardín | joyas | electrónica

Chaquetas
Microfibra. Colores negro, café y gris
Tallas: P, M, G, XG
Ahora: 72.500 pesos

Traje inglés
Modelos originales
Ahora: 105.000 pesos
30% de rebaja

Pantalones
Colores negro, gris y café
Ahora: 68.000 pesos
30% de rebaja

Accesorios
Gafas de sol, corbatas, cinturones, calcetines
Diversos estilos
Todos con un 40% de rebaja

Zapatos
Italianos y franceses
Números del 40 al 45
A sólo 60.000 pesos

Ropa interior
Tallas: P, M, G
Colores blanco, negro y gris
40% de rebaja

Real *Royal* **Liquidación** *Clearance sale*

Por la compra de 40.000 pesos, puede llevar un regalo de nuestra tienda:
- Un cinturón de mujer
- Un par de calcetines
- Una corbata de seda
- Una bolsa para la playa
- Una mochila
- Unas medias

Después de leer

¿Comprendiste?

Indicate whether each statement is **cierto** or **falso.** Correct the false statements.

Cierto	Falso	
_____	_____	1. Hay sandalias de playa.
_____	_____	2. El almacén Corona tiene un departamento de zapatos.
_____	_____	3. Corona abre a las nueve de la mañana los domingos.
_____	_____	4. Una elegante chaqueta café cuesta 72.500 pesos.
_____	_____	5. Las corbatas para hombre tienen una rebaja del 25%.
_____	_____	6. Normalmente las sandalias cuestan 25.000 pesos.
_____	_____	7. El almacén Corona acepta tarjetas de crédito.
_____	_____	8. Cuando gastas 30.000 pesos en la tienda, llevas un regalo.

Preguntas

Answer these questions.

1. ¿Cuánto cuestan los zapatos de hombre?
   _____

2. ¿Hay rebaja de blusas de algodón (*cotton*)?
   _____

3. ¿Hay rebaja de ropa para niños?
   _____

4. ¿Hay rebaja de minifaldas? _____

Coméntalo

Imagina que vas a ir a Corona. ¿Qué ropa vas a comprar? ¿Hay tiendas similares a Corona en tu comunidad? ¿Cómo se llaman? ¿Tienen muchas rebajas?

 Vocabulary Tools

La ropa y los accesorios

el abrigo	coat
los bluejeans	jeans
la blusa	blouse
la bolsa	bag; purse
las botas	boots
los calcetines	socks
la camisa	shirt
la camiseta	t-shirt
la cartera	wallet
la chaqueta	jacket
el cinturón	belt
la corbata	tie
la falda	skirt
las gafas (de sol)	(sun)glasses
los guantes	gloves
el impermeable	raincoat
las medias	pantyhose; stockings
los pantalones	pants
los pantalones cortos	shorts
el par de zapatos	pair of shoes
la ropa	clothing
la ropa interior	underwear
las sandalias	sandals
el sombrero	hat
el suéter	sweater
el traje	suit
el traje de baño	bathing suit
el vestido	dress
los zapatos de tenis	sneakers

Adjetivos

barato/a	cheap
bueno/a	good
cada	each
caro/a	expensive
corto/a	short (in length)
elegante	elegant
hermoso/a	beautiful
largo/a	long
loco/a	crazy
nuevo/a	new
otro/a	other; another
pobre	poor
rico/a	rich

De compras

el almacén	department store
la caja	cash register
el centro comercial	shopping mall
el/la cliente/a	client
el/la dependiente/a	clerk
el dinero	money
el mercado (al aire libre)	(open-air) market
el precio (fijo)	(fixed) price
la rebaja	sale
el regalo	gift
la tarjeta de crédito	credit card
la tienda	store
el/la vendedor(a)	salesperson

costar (o:ue)	to cost
gastar	to spend (money)
hacer juego (con)	to match
ir de compras	to go shopping
llevar	to wear; to take
pagar (con)	to pay (with)
prestar	to lend
regatear	to bargain
usar	to wear; to use
vender	to sell

Palabras y expresiones

anoche	last night
anteayer	the day before yesterday
el año pasado	last year
ayer	yesterday
de repente	suddenly
desde	from
hasta	until
pasado/a	(adj.) last; past
la semana pasada	last week
una vez	once
dos veces	twice
ya	already

el beso	kiss
la mentira	lie
la verdad	truth

¿Qué hicieron ellos/ ellas?	What did they do?
¿Qué hicieron ustedes?	What did you (form., pl.) do?
¿Qué hiciste?	What did you (fam., sing.) do?
¿Qué hizo él/ella?	What did he/she do?
¿Qué hizo usted?	What did you (form., sing.) do?

acabar de (+ inf.)	to have just done something
dar	to give
decir	to say; to tell

Los colores	See page 141.
Numbers 101 and higher	See page 150.
Indirect object pronouns	See page 154.
Demonstrative adjectives and pronouns	See pages 156–157.

Practice more at **vhlcentral.com.**

AVENTURAS EN LOS PAÍSES HISPANOS

Cada año miles de personas de todo el mundo *(world)* llegan al Caribe para disfrutar *(to enjoy)* de sus encantos. De aguas cálidas *(warm)* y transparentes, el mar caribeño rodea *(surrounds)* las costas *(coasts)* de Cuba, Puerto Rico y la República Dominicana. Además de sus increíbles playas, el Caribe goza de *(enjoys)* un clima tropical todo el año y posee una enorme variedad de plantas y animales exóticos. ¿Te gustaría *(Would you like)* ir al Caribe algún *(some)* día?

EL CARIBE

Puerto Rico

Área: 8.870 km^2 (3.425 millas^2)
Población: 3.667.000
Capital: San Juan – 2.730.000
Ciudades principales: Caguas, Mayagüez, Ponce
Moneda: dólar estadounidense

SOURCE: Population Division, UN Secretariat & CIA World Factbook

Cuba

Área: 109.890 km^2 (42.429 millas^2)
Población: 11.061.000
Capital: La Habana – 2.116.000
Ciudades principales: Santiago de Cuba, Camagüey, Holguín, Guantánamo
Moneda: peso cubano

SOURCE: Population Division, UN Secretariat & CIA World Factbook

República Dominicana

Área: 48.670 km^2 (18.790 millas^2)
Población: 10.349.000
Capital: Santo Domingo – 2.191.000
Ciudades principales: Santiago de los Caballeros, La Vega
Moneda: peso dominicano

SOURCE: Population Division, UN Secretariat & CIA World Factbook

ESTADOS UNIDOS

Lugares

La Habana Vieja

La Habana Vieja es uno de los lugares más maravillosos de Cuba. Este distrito fue declarado *(was declared)* Patrimonio *(Heritage)* Cultural de la Humanidad por la UNESCO en 1982. En la Plaza de Armas, se puede visitar el majestuoso Palacio de Capitanes Generales, que ahora es un museo. En la calle *(street)* Obispo, frecuentada por el escritor Ernest Hemingway, hay hermosos cafés, clubes nocturnos y tiendas elegantes.

Plaza de la Catedral en La Habana

Estrecho de la Florida

ISLAS BAHAMAS

★ La Habana

Cordillera de los Órganos

Isla de la Juventud

CUBA

Mar de las Antillas

Camagüey ●

Holguín ●

Sierra Maestra

Santiago de Cuba ●

Guantánar

Deportes

El béisbol

Para algunos latinoamericanos, el béisbol es más que un deporte. Los primeros países hispanos en tener una liga fueron Cuba y México, donde se empezó a jugar al béisbol en el siglo *(century)* XIX. Hoy día este deporte es una afición nacional en la República Dominicana. Pedro Martínez y David Ortiz son sólo dos de los muchísimos beisbolistas dominicanos que han alcanzado *(have reached)* gran éxito e inmensa popularidad entre los aficionados.

JAMAICA

Océano
Atlántico

La salsa y el merengue

Hoy día Puerto Rico es el centro internacional de la salsa. El Gran Combo de Puerto Rico, por ejemplo, es una de las orquestas de salsa más famosas del mundo. Sin embargo *(Nevertheless)*, este género musical, que comúnmente *(commonly)* se asocia con el Caribe, nació *(was born)* en barrios latinos de Nueva York como resultado de una mezcla *(mix)* de influencias puertorriqueñas, cubanas, africanas, españolas y de los Estados Unidos.

El merengue, un ritmo de la República Dominicana, tiene sus raíces *(roots)* en el campo. Tradicionalmente las canciones hablaban de los problemas sociales de los campesinos *(farmers)*. Entre 1930 y 1960, el merengue se popularizó en las ciudades y adoptó un tono más urbano. Uno de los cantantes y compositores de merengue más famosos es Juan Luis Guerra.

Monumentos

El Morro

El Morro, el gran tesoro *(treasure)* de Puerto Rico, es un fuerte *(fort)* que está en la bahía *(bay)* de San Juan. Lo construyeron *(built)* los españoles en el siglo *(century)* XVI para defenderse de los piratas. Desde 1961, El Morro es un museo que atrae *(attracts)* a miles de turistas. También es el sitio más fotografiado de Puerto Rico. La arquitectura del fuerte es impresionante: tiene túneles misteriosos, mazmorras *(dungeons)* y vistas *(views)* fabulosas de la bahía.

HAITÍ

Puerto Plata

Santiago

Río Yuna

LA REPÚBLICA DOMINICANA

Sierra de Neiba

Sierra de Baoruco

Santo Domingo

San Pedro de Macorís

Arecibo

San Juan

Fajardo

Isla Culebra

Mayagüez

Ponce

Isla de Vieques

PUERTO RICO

Practice more!

WB
pp. 63–64

VM
pp. 237–240

vhlcentral

¿Qué aprendiste?

1 **¿Cierto o falso?** Indicate whether each statement is **cierto** or **falso**.

	Cierto	Falso
1. El mar Caribe está al oeste de América Central.	_____	_____
2. El área de Cuba es más grande que el área de Puerto Rico.	_____	_____
3. San Juan es la capital de Puerto Rico.	_____	_____
4. La Habana Vieja es Patrimonio Cultural de la Humanidad.	_____	_____
5. La Habana Vieja es la parte nueva de la capital de Cuba.	_____	_____
6. Los primeros países hispanos en tener una liga de béisbol fueron Cuba y Puerto Rico.	_____	_____
7. El béisbol es el deporte de afición nacional de la República Dominicana.	_____	_____
8. La salsa nació en Nueva York.	_____	_____
9. El merengue tiene sus raíces en la ciudad.	_____	_____
10. Juan Luis Guerra es un cantante de merengue.	_____	_____
11. El Morro fue construido (*was built*) por piratas en el siglo XVI.	_____	_____
12. El Morro es actualmente un museo.	_____	_____

2 **Preguntas** Answer the questions in complete sentences.

1. ¿Cuál de los países del Caribe te parece interesante visitar? ¿Por qué?
2. ¿Por qué crees que la Habana Vieja fue declarada Patrimonio Cultural de la Humanidad?
3. ¿Practicas béisbol? ¿Qué equipos de béisbol conoces? ¿Cuál es tu equipo favorito?
4. ¿Te gustan la salsa y el merengue? ¿Conoces (*Do you know*) grupos o artistas famosos de estos géneros musicales?
5. ¿Qué país del Caribe quieres visitar en tus próximas vacaciones? ¿Por qué?

3 **Presentación** In pairs, prepare a presentation about a Caribbean country. Your presentation should answer the following questions.

- ¿Qué atracciones hay en este país?
- ¿Cuáles son sus artistas más célebres?
- ¿Cuál es su comida más representativa?

4 **Conexión Internet** Investiga estos temas en el sitio **vhlcentral.com**.

- Cubanos y puertorriqueños célebres
- Ecoturismo y lugares para visitar en el Caribe

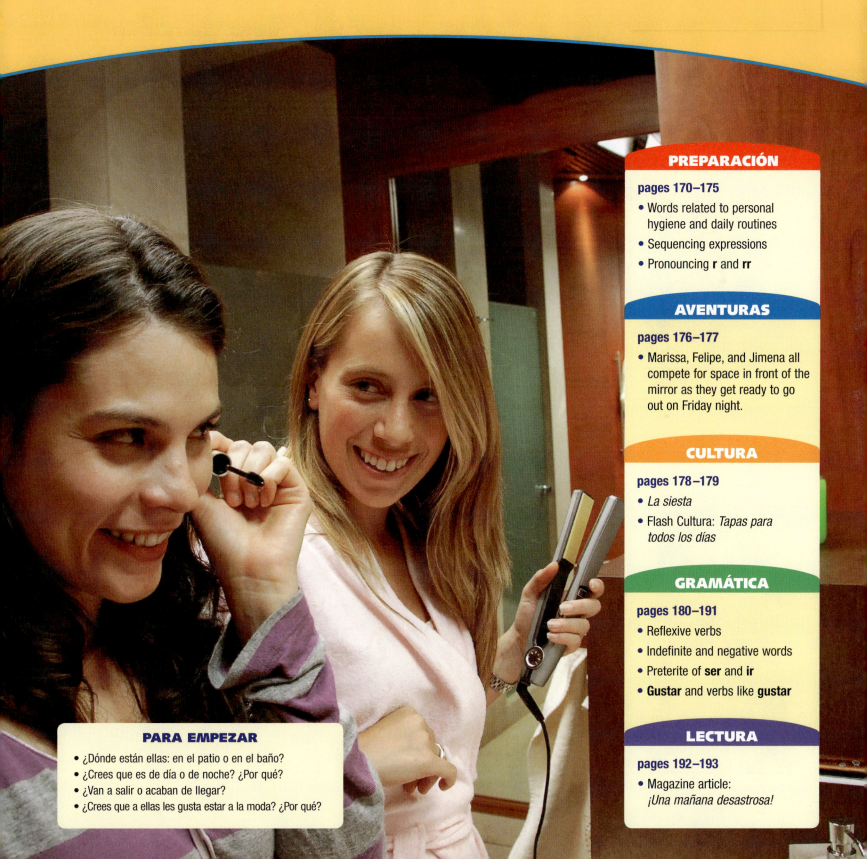

7 La vida diaria

Communicative Goals

You will learn how to:
- talk about daily routines and personal hygiene
- reassure someone
- tell where you went

PARA EMPEZAR

- ¿Dónde están ellas: en el patio o en el baño?
- ¿Crees que es de día o de noche? ¿Por qué?
- ¿Van a salir o acaban de llegar?
- ¿Crees que a ellas les gusta estar a la moda? ¿Por qué?

Vocabulary Tools

LA VIDA DIARIA

LA HIGIENE PERSONAL

afeitarse *to shave*

bañarse *to bathe; to take a bath*

cepillarse el pelo *to brush one's hair*

cepillarse los dientes *to brush one's teeth*

ducharse *to shower*

lavarse la cara *to wash one's face*

lavarse las manos *to wash one's hands*

maquillarse *to put on makeup*

peinarse *to comb one's hair*

---

el baño *bathroom*

el champú *shampoo*

la crema de afeitar *shaving cream*

el maquillaje *makeup*

la toalla *towel*

Raúl se ducha.

Isabel se lava las manos.

el jabón

Paula se cepilla los dientes.

Daniel se afeita.

Adriana se baña.

Sofía se duerme.

OTRAS PALABRAS Y EXPRESIONES

la rutina diaria *daily routine*

antes (de) *before*

después *afterward; then*

después de *after*

durante *during*

entonces *then*

luego *afterward; then*

más tarde *later (on)*

por la mañana *in the morning*

por la noche *at night*

por la tarde *in the afternoon; in the (early) evening*

por último *finally*

siempre *always*

también *also; too*

POR LA MAÑANA Y POR LA NOCHE

acostarse (o:ue)
  to lie down; to go to bed

despertarse (e:ie) *to wake up*

dormirse *to go to sleep; to fall asleep*

levantarse *to get up*

vestirse (e:i) *to get dressed*

Jorge se levanta.

el espejo

el despertador

ASÍ SE DICE

afeitarse ⟷ rasurarse (*Méx., Amér. C.*)
la ducha ⟷ la regadera (*Col., Méx., Venez.*)
ducharse ⟷ bañarse (*Amér. L.*)

A escuchar

1 **¿Cierto o falso?** Escucha las oraciones, mira las fotos e indica si cada oración es **cierta** o **falsa**.

	Cierto	Falso
1.	_____	_____
2.	_____	_____
3.	_____	_____
4.	_____	_____
5.	_____	_____
6.	_____	_____
7.	_____	_____
8.	_____	_____

1.

2.

3.

4.

5.

6.

7.

8.

2 **Escuchar** Escucha las oraciones e indica si cada oración es **lógica** o **ilógica**.

	Lógico	Ilógico
1.	_____	_____
2.	_____	_____
3.	_____	_____
4.	_____	_____
5.	_____	_____
6.	_____	_____

Practice more!

LM
p. 37

A practicar

3 **Ordenar** Ordena la rutina de Francisco de manera lógica.

_____ a. Después de afeitarse, cepillarse los dientes y vestirse, sale para las clases.

_____ b. Por último, se acuesta a las once y media de la noche.

_____ c. Se ducha y luego se afeita.

_____ d. Por la noche come un poco. Luego estudia antes de acostarse.

_____ e. Asiste a todas sus clases y vuelve a casa por la tarde.

_____ f. Por la mañana, Francisco se despierta a las seis y media.

4 **Identificar** Con un(a) compañero/a, indica qué necesitan estas personas para realizar (*to perform*) estas acciones.

modelo

Manuel / vestirse
Estudiante 1: ¿Qué necesita Manuel para (*in order to*) vestirse?
Estudiante 2: Necesita una camiseta y unos pantalones.

1. **Daniel / acostarse**

2. **Raúl / despertarse**

3. **Mercedes / lavarse la cara**

4. **Leonardo / afeitarse**

5. **Sofía / lavarse el pelo**

6. **Yolanda / maquillarse**

Practice more!

WB
pp. 65–66

vhlcentral

A conversar

5 **La rutina diaria** Con un(a) compañero/a, mira las fotos y describe qué hace cada persona.

modelo

Estudiante 1: *¿Qué hace Alejandro?*
Estudiante 2: *Se afeita.*

Alejandro

1.

Rosa

2.

Natalia

3.

Carlos

4.

Julia

5.

María Elena

6.

Nicolás

6 **Describir** Con un(a) compañero/a, describe la rutina diaria de dos o tres de estas personas. Usa las palabras de la lista.

1. mi mejor (*best*) amigo/a
2. nuestro/a profesor(a) de español
3. mi padre/madre
4. mi compañero/a de cuarto

primero	durante el día	después
luego	antes	después de
entonces	antes de	por último

Pronunciación  Audio

The consonant r

ropa   **r**utina   **r**ico   **R**amón

In Spanish, **r** has a strong trilled sound at the beginning of a word. No English words have a trill, but English speakers often produce a trill when they imitate the sound of a motor.

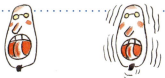

gusta**r**   du**r**ante   prime**r**o   c**r**ema

In any other position, **r** has a weak sound similar to the English *tt* in *better* or the English *dd* in *ladder*. In contrast to English, the tongue touches the roof of the mouth behind the teeth.

piza**rr**a   co**rr**o   ma**rr**ón   abu**rr**ido

The letter combination **rr**, which only appears between vowels, always has a strong trilled sound.

ca**r**o   ca**rr**o   pe**r**o   pe**rr**o

Between vowels, the difference between the strong trilled **rr** and the weak **r** is very important, as a mispronunciation could lead to confusion between two different words.

Práctica Lee las palabras en voz alta, prestando (*paying*) atención a la pronunciación de la **r** y la **rr**.

1. Perú
2. Rosa
3. borrador
4. madre
5. comprar
6. favor
7. rubio
8. reloj
9. Arequipa
10. tarde
11. cerrar
12. despertador

Oraciones Lee las oraciones en voz alta, prestando atención a la pronunciación de la **r** y la **rr**.

1. Ramón Robles Ruiz es programador. Su esposa Rosaura es artista.
2. A Rosaura Robles le encanta regatear en el mercado.
3. Ramón nunca regatea… le aburre regatear.
4. Rosaura siempre compra cosas baratas.
5. Ramón no es rico, pero prefiere comprar cosas muy caras.
6. ¡El martes Ramón compró un carro nuevo!

Refranes Lee en voz alta los refranes, prestando atención a la **r** y a la **rr**.

No se ganó Zamora en una hora.[2]

Perro que ladra no muerde.[1]

[1] *The dog's bark is worse than its bite.* [2] *Rome wasn't built in a day.*

Practice more!

LM

p. 38

vhlcentral

Video: *Fotonovela*

¡Necesito arreglarme!

Es viernes por la tarde y Marissa, Jimena y Felipe se preparan para salir.

PERSONAJES

MARISSA

JIMENA

FELIPE

MARISSA ¿Hola? ¿Está ocupado?
JIMENA Sí. Me estoy lavando la cara.
MARISSA Necesito usar el baño.

MARISSA Tengo que terminar de arreglarme. Voy al cine esta noche.
JIMENA Yo también tengo que salir. ¿Te importa si me maquillo primero? Me voy a encontrar con mi amiga Elena en una hora.

JIMENA ¡Felipe! ¿Qué estás haciendo?
FELIPE Me estoy afeitando. ¿Hay algún problema?
JIMENA ¡Siempre haces lo mismo!
FELIPE Pues, yo no vi a nadie aquí.

MARISSA Tú ganas. ¿Adónde vas a ir esta noche, Felipe?
FELIPE Juan Carlos y yo vamos a ir a un café en el centro. Siempre hay música en vivo. (*Se despide.*) Me siento guapísimo. Todavía me falta cambiarme la camisa.

MARISSA ¿Adónde vas esta noche?
JIMENA A la biblioteca.
MARISSA ¡Es viernes! ¡Nadie debe estudiar los viernes! Voy a ver una película de Pedro Almodóvar con unas amigas.

MARISSA ¿Por qué no vienen tú y Elena al cine con nosotras? Después, podemos ir a ese café y molestar a Felipe.

A C T I V I D A D E S

1 **¿Cierto o falso?** Indica si lo que dicen estas oraciones es **cierto** o **falso**. Corrige las oraciones falsas.

1. Marissa va a ver una película de Pedro Almodóvar con unas amigas.
2. Jimena se va a encontrar con Elena en dos horas.
3. Felipe se siente muy feo después de afeitarse.
4. Jimena quiere maquillarse.
5. Marissa quiere ir al café para molestar a Juan Carlos.

2 **Ordenar** Ordena correctamente los planes que tiene Marissa.

_____ a. Voy al café.
_____ b. Me arreglo el pelo.
_____ c. Molesto a Felipe.
_____ d. Me encuentro con unas amigas.
_____ e. Entro al baño.
_____ f. Voy al cine.

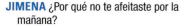

JIMENA ¿Por qué no te afeitaste por la mañana?

FELIPE Porque cada vez que quiero usar el baño, una de ustedes está aquí. O bañándose o maquillándose.

JIMENA No te preocupes, Marissa. Llegaste primero. Entonces, te arreglas el pelo y después me maquillo.

FELIPE ¿Y yo? Tengo crema de afeitar en la cara. No me voy a ir. Estoy aquí y aquí me quedo.

JIMENA No sé.

MARISSA ¿Cuándo fue la última vez que viste a Juan Carlos?

JIMENA Cuando fuimos a Mérida.

MARISSA A ti te gusta ese chico.

JIMENA No tengo idea de qué estás hablando. Si no te importa, nos vemos en el cine.

Expresiones útiles

Talking about getting ready

Necesito arreglarme.
I need to get ready.

Me estoy lavando la cara.
I'm washing my face.

¿Te importa si me maquillo primero?
Is it OK with you if I put on my makeup first?

Tú te arreglas el pelo y después yo me maquillo.
You fix your hair and then I'll put on my makeup.

Todavía me falta cambiarme la camisa.
I still have to change my shirt.

Reassuring someone

Tranquilo/a.
Relax.

No te preocupes.
Don't worry.

Talking about past actions

¿Cuándo fue la última vez que viste a Juan Carlos?
When was the last time you saw Juan Carlos?

Cuando fuimos a Mérida.
When we went to Mérida.

Talking about likes and dislikes

Me fascinan las películas de Almodóvar.
I love Almodóvar's movies.

Me encanta la música en vivo.
I love live music.

Me molesta compartir el baño.
It bothers me to share the bathroom.

Additional vocabulary

encontrarse con *to meet up with*
molestar *to bother*
nadie *no one*

---

 3 **En el baño** Trabaja en parejas para representar el conflicto entre dos compañeros/as de cuarto que deben usar el baño al mismo tiempo por motivos diferentes. Usa las instrucciones como guía.

Estudiante 1

1. Di (*Say*) que quieres arreglarte porque vas a ir al cine.

2. Pregunta si puedes secarte el pelo.

3. Di que puede lavarse la cara, pero que después necesitas secarte el pelo.

Estudiante 2

1. Di (*Say*) que necesitas arreglarte porque te vas a encontrar con tus amigos/as.

2. Responde que no porque necesitas lavarte la cara.

3. Di que puede secarse el pelo, pero que después necesitas peinarte.

Practice more!

VM
pp. 181–182

vhlcentral

Reading

La **siesta**

¿Sientes cansancio° después de comer?

¿Te cuesta° volver al trabajo° o a clase después del almuerzo? Estas sensaciones son normales. A muchas personas les gusta relajarse° después de almorzar. Este momento de descanso es **la siesta**. La siesta es popular en los países hispanos y viene de una antigua costumbre° del área del Mediterráneo. La palabra *siesta* viene del latín y significa "sexta hora". La sexta hora del día es después del mediodía, el momento de más calor. Debido al° calor y al cansancio, los habitantes de España, Italia, Grecia e incluso Portugal, tienen la costumbre de dormir la siesta desde hace° más de° dos mil años. Los españoles y los portugueses llevaron la costumbre a los países americanos.

siesta debe durar° sólo entre veinte y cuarenta minutos. Si dormimos más, entramos en la fase de sueño profundo y es difícil despertarse.

Hoy, algunas empresas° de los EE.UU., Canadá, Japón, Inglaterra y Alemania tienen salas° especiales donde los empleados pueden dormir la siesta.

Sientes cansancio *Do you feel tired* Te cuesta *Is it hard for you* trabajo *work* relajarse *to relax* antigua costumbre *old custom* Debido al *Due to the* desde hace *since* más de *more than* Aunque *Although* está desapareciendo *is disappearing* oficinas *offices* ayuda *helps* mejor *better* durar *last* algunas empresas *some businesses* salas *rooms*

¿Dónde duermen la siesta?

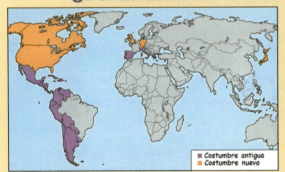

En los lugares donde la siesta es una costumbre antigua, las personas la duermen en su casa. En los países donde la siesta es una costumbre nueva, la gente duerme en sus lugares de trabajo o en centros de siesta.

■ Costumbre antigua
■ Costumbre nueva

Aunque° hoy día esta costumbre está desapareciendo° en las grandes ciudades, la siesta todavía es importante en la cultura hispana. En pueblos pequeños, por ejemplo, muchas oficinas° y tiendas tienen la costumbre de cerrar por dos o tres horas después del mediodía. Los empleados van a su casa, almuerzan con sus familias, duermen la siesta o hacen actividades, como ir al gimnasio, y luego regresan al trabajo entre las 2:30 y las 4:30 de la tarde.

Algunos estudios científicos explican que una siesta corta después de almorzar ayuda° a trabajar más y mejor° durante la tarde. Pero ¡cuidado! Esta

ASÍ SE DICE

El cuidado personal

el acondicionador **la crema de enjuague**	*conditioner*
el aseo **el excusado** **el servicio** **el váter (Esp.)**	**el baño**
la crema humectante	*moisturizer*
el cortaúñas	*nail clippers*
el desodorante	*deodorant*
el enjuague bucal	*mouthwash*
el hilo dental **la seda dental**	*dental floss*
la máquina de afeitar **la máquina de rasurar (Méx.)**	*electric razor*

ACTIVIDADES

1 **¿Cierto o falso?** Indica si lo que dicen las oraciones es **cierto** o **falso**. Corrige la información falsa.

1. La costumbre de la siesta empezó en Asia.

2. La palabra *siesta* está relacionada con la sexta hora del día.

3. Los españoles y los portugueses llevaron la costumbre de la siesta a Latinoamérica.

4. La siesta ayuda a trabajar más y mejor durante la tarde.

5. Los horarios de trabajo de las grandes ciudades hispanas son los mismos que los de los pueblos pequeños.

6. Una siesta larga siempre es mejor que una siesta corta.

7. En los Estados Unidos, los empleados de algunas empresas pueden dormir la siesta en el trabajo.

8. Es fácil despertar de un sueño profundo.

2 **Una nueva costumbre** Con un(a) compañero/a, imagina que las tiendas y comercios en donde vives deciden adoptar la costumbre de la hora de la siesta. ¿Es una buena idea? ¿Cómo afecta esta nueva costumbre tu vida diaria? ¿Qué debes hacer para adaptarte?

3 **Hora de la siesta** Imagina que las siestas son obligatorias en los colegios y en las universidades. ¿Qué impacto tendría esto? Explica tu respuesta.

4 **Conexión Internet** Investiga en el sitio **vhlcentral.com** qué costumbres son populares en los países hispanos.

 Video

Tapas para todos los días

1 **Preparación** En el área donde vives, ¿qué hacen las personas normalmente después del trabajo (*work*)? ¿Van a sus casas? ¿Salen con amigos? ¿Comen?

2 **El video** Mira el episodio de **Flash Cultura**.

> ### Vocabulario
> **económicas** *inexpensive*
> **montaditos** *bread slices with assorted toppings*
> **pagar propinas** *to tip*
> **tapar el hambre** *to take the edge off (lit. putting the lid on one's hunger)*

— ¿Cuándo suelesº venir a tomar tapas?
— Generalmente después del trabajo.

— Estos son los montaditos, o también llamados pinchos. ¿Te gustan?

º**sueles** *do you tend*

3 **Ordenar** Ordena estos eventos de manera lógica.

_____ 1. El empleado cuenta los palillos (*counts the toothpicks*) de los montaditos que Mari Carmen comió.

_____ 2. Mari Carmen va al barrio de la Ribera.

_____ 3. Un hombre en un bar explica cuándo sale a tomar tapas.

_____ 4. Un hombre explica la tradición de los montaditos o pinchos.

_____ 5. Mari Carmen le pregunta a la chica si los montaditos son buenos para la salud.

Practice more!
VM pp. 213–214 | vhlcentral

7.1 Reflexive verbs 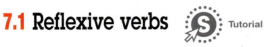 Tutorial

▶ A reflexive verb is used to indicate that the subject does something to or for himself or herself. Reflexive verbs always use reflexive pronouns.

SUBJECT	REFLEXIVE VERB
Carlos	**se afeita** todos los días.

Reflexive verbs

lavarse

yo	me lavo	*I wash (myself)*
tú	te lavas	*you wash (yourself)*
usted	se lava	*you wash (yourself)*
él/ella	se lava	*he/she washes (himself/herself)*
nosotros/as	nos lavamos	*we wash (ourselves)*
vosotros/as	os laváis	*you wash (yourselves)*
ustedes	se lavan	*you wash (yourselves)*
ellos/ellas	se lavan	*they wash (themselves)*

▶ When a reflexive verb is conjugated, the reflexive pronoun agrees with the subject: **Me peino**.

¿Te importa si me maquillo primero?

A las chicas les encanta maquillarse durante horas y horas.

▶ Reflexive pronouns follow the same rules for placement as object pronouns. They are placed before the conjugated verb, or attached to the infinitive or present participle. When a pronoun is attached to the participle, an accent mark is added.

José **se** levanta temprano.
José gets up early.

José **se** va a levantar temprano.
José va a levantar**se** temprano.
José is going to get up early.

Carlos **se** afeita.
Carlos shaves.

Carlos está afeitándo**se**.
Carlos **se** está afeitando.
Carlos is shaving.

¡ojo! Unlike English, Spanish uses the definite article, not a possessive adjective, when referring to clothing or parts of the body.

La niña se quitó **los** zapatos.
*The girl took off **her** shoes.*

Me cepillé **los** dientes.
*I brushed **my** teeth.*

Práctica

1 Conversaciones Completa las conversaciones con la forma apropiada de los verbos.

MARIO Tú (1) _____ [lavar / lavarse] los platos ayer, ¿no?

TOMÁS Sí, los (2) _____ [lavar / lavarse] después de las clases.

• • •

BEATRIZ ¿Normalmente (tú) (3) _____ [duchar / ducharse] antes de ir a clase?

DAVID Sí, (4) _____ [duchar / ducharse] por la mañana.

• • •

MAMÁ Niños, ¿a qué hora (5) _____ [acostar / acostarse] ustedes anoche?

PABLO Daniela (6) _____ [acostar / acostarse] a las nueve, pero nosotros (7) _____ [acostar / acostarse] a las ocho.

• • •

ANA Yo (8) _____ [sentir / sentirse] nerviosa hoy.

PATRICIA Bueno… tú siempre (9) _____ [sentir / sentirse] nerviosa antes de un examen.

2 Emparejar Empareja cada foto con la oración correspondiente. Luego, indica qué oraciones tienen verbos reflexivos.

1.

2.

3.

4.

5.

6.

¿Reflexivo?

_____ a. Julia se enoja. _____

_____ b. Verónica se maquilla. _____

_____ c. Manuela baña a su hija. _____

_____ d. Estela se pone los calcetines. _____

_____ e. El abuelo despierta a sus nietas. _____

_____ f. Ramón se cepilla los dientes. _____

Conversación

3 **Preguntas** En parejas, túrnense para hacerse estas preguntas.

1. ¿Cuándo te enojas?
2. ¿Cuándo te sientes feliz?
3. ¿A qué hora te despertaste ayer?
4. ¿A qué hora te levantaste hoy?
5. ¿Te cepillaste los dientes esta mañana?
6. ¿Te lavas las manos antes de comer?
7. ¿Te duermes antes o después de la medianoche?
8. ¿A qué hora te vas a acostar esta noche?

4 **Charadas** En grupos, jueguen a las charadas. Cada persona debe pensar en dos oraciones con verbos reflexivos. La primera persona que adivina la charada dramatiza la siguiente (*next one*).

5 **Entrevista** Primero, prepara una lista con las actividades que hiciste (*you did*) anoche. Luego, compara con un(a) compañero/a las actividades y toma apuntes (*notes*) de lo que hizo él/ella (*what he/she did*). Sigue el modelo para el primer paso (*step*).

6:00 p.m.	En el Centro Comercial. Me probé un vestido.
7:30 p.m.	Cine con Javier. Muy aburrido. Casi (*Almost*) me dormí.
9:00 p.m.	En el restaurante Cangrejo. Me enojé con Ana.
11:00 p.m.	Fiesta en casa de Antonio. Me acosté tarde.

Practice more!

WB pp. 67–68 | LM p. 39 | vhlcentral

Common reflexive verbs

Common reflexive verbs			
acordarse (de) (o:ue)	to remember	levantarse	to get up
acostarse (o:ue)	to go to bed	llamarse	to be named
afeitarse	to shave	maquillarse	to put on makeup
bañarse	to bathe;	peinarse	to comb one's hair
	to take a bath	ponerse	to put on
cepillarse	to brush	ponerse (+ adj.)	to become (+ adj.)
despertarse (e:ie)	to wake up	preocuparse (por)	to worry (about)
dormirse (o:ue)	to go to sleep	probarse (o:ue)	to try on
ducharse	to shower	quedarse	to stay
enojarse	to get angry	quitarse	to take off
irse	to go away;	sentarse (e:ie)	to sit down
	to leave	sentirse (e:ie)	to feel
lavarse	to wash oneself	vestirse (e:i)	to get dressed

▶ Many Spanish verbs can be reflexive. If the verb acts upon the subject, use the reflexive form. If the verb acts upon something else, use the non-reflexive form.

Lola **lava** los platos.

Isabel **se lava** la cara.

¡ojo! Reflexive verbs and their non-reflexive counterparts sometimes have different meanings.

acordar *to agree*   **acordarse** *to remember*
levantar *to lift*   **levantarse** *to get up*

¡Manos a la obra!

Indica el presente de estos verbos reflexivos.

despertarse

1. Ellos ___se despiertan___ tarde.
2. Tú _____ tarde.
3. Nosotros _____ tarde.
4. Antonio _____ tarde.
5. Yo _____ tarde.
6. Ustedes _____ tarde.

ponerse

1. Ella ___se pone___ los pantalones.
2. Yo _____ los pantalones.
3. Usted _____ los pantalones.
4. Nosotros _____ los pantalones.
5. Las niñas _____ los pantalones.
6. Tú _____ los pantalones.

7.2 Indefinite and negative words

 Tutorial

▶ Indefinite words, such as *someone* or *something*, refer to people and things that are not specific. Negative words, like *no one* or *nothing*, deny the existence of people and things or contradict statements.

Indefinite and negative words

Indefinite words		Negative words	
algo	*something; anything*	nada	*nothing; not anything*
alguien	*someone; somebody; anyone*	nadie	*no one; nobody; not anyone*
alguno/a(s), algún	*some; any*	ninguno/a, ningún	*no; none; not any*
o… o	*either… or*	ni… ni	*neither… nor*
		nunca, jamás	*never, not ever*
		tampoco	*neither; not either*

▶ There are two ways to form negative sentences in Spanish. You can place the negative word before the verb, or you can place **no** before the verb and the negative word after the verb.

Nadie piensa en mí.
No piensa **nadie** en mí.
Nobody thinks of me.

Ellos **nunca** se enojan.
Ellos **no** se enojan **nunca**.
They never get angry.

Ninguno me gusta.
No me gusta **ninguno**.
I don't like any.

Nada me despierta.
No me despierta **nada**.
Nothing wakes me up.

¿Hay algún problema?

Yo tampoco me voy a ir.

▶ In Spanish, sentences frequently contain two or more negative words. Once a sentence is negative, all indefinite ideas must be expressed in the negative.

Ella **no** tiene **ninguna** idea.
She doesn't have any idea.

Nunca te pido **nada**.
I never ask you for anything.

Jamás me preocupo por **nada**.
I never worry about anything.

Tampoco me acuerdo de **nadie**.
I don't remember anyone either.

Práctica

1 **La familia de Claudia** Completa las oraciones con **pero** o **sino**.

> **modelo**
>
> Mi abuela es aburrida, ____pero____ amable.

1. No me ducho por la mañana, _____ por la noche.
2. A mí no me gusta nadar, _____ correr.
3. Mi hermana María Luisa es alta, _____ delgada.
4. Mi hermano Emilio no es moreno, _____ rubio.
5. Mis padres no se acuestan temprano, _____ tarde.
6. Mi primo Manuel es inteligente, _____ no es interesante.
7. Mi madre y yo siempre nos despertamos temprano, _____ nunca estamos cansadas.
8. Mi amiga Mariana es pequeña, _____ fuerte (*strong*).

2 **Completar** Completa esta conversación con oraciones que tengan (*have*) palabras negativas.

ALFONSO Ana María, ¿encontraste algún regalo para Elena?
ANA MARÍA (1) _No, no encontré ningún regalo/nada para Elena._

ALFONSO ¿Viste a alguna amiga en el centro comercial?
ANA MARÍA (2) _____

ALFONSO Ana María, ¿quieres ir al teatro o al cine esta noche?
ANA MARÍA (3) _____

ALFONSO ¿Quieres salir a comer?
ANA MARÍA (4) _____

ALFONSO ¿Hay algo interesante en la televisión esta noche?
ANA MARÍA (5) _____

ALFONSO ¿Tienes algún problema?
ANA MARÍA (6) _____

ALFONSO ¿Eres siempre antipática?
ANA MARÍA (7) _____

Conversación

3 Quejas Con un(a) compañero/a, prepara una lista de cinco quejas (*complaints*) comunes que tienen los estudiantes universitarios. Usa expresiones negativas.

modelo

Nadie me entiende.
¡Jamás puedo levantarme tarde!

Ahora, prepara una lista de cinco quejas que los padres tienen de sus hijos.

modelo

Nunca limpian sus habitaciones.
¡No se lavan las manos tampoco!

4 Anuncios Con un(a) compañero/a, lee el anuncio (*ad*) y prepara otro similar sobre cualquier tipo de producto. Usa expresiones afirmativas y negativas.

¿Buscas algún producto especial?

¡No vas a poder resistirte jamás a las **ofertas** de las tiendas **García**!

Practice more!

WB
pp. 69–70

LM
p. 40

vhlcentral

Using indefinite words

▸ **Alguien** and **nadie** are often used with the personal **a**. The personal **a** is also used before **alguno/a**, **algunos/as**, and **ninguno/a** when these words refer to people and are the direct object of a verb.

—Carlos, ¿ves **a alguien** allí?　　—¿Oyes **a alguno** de los chicos?
—No, no veo **a nadie**.　　　　　—No, no oigo **a ninguno**.

¡ojo! Before a masculine singular noun, **alguno** and **ninguno** are shortened to **algún** and **ningún**. Note that the personal **a** is not used with these words when they function as adjectives.

—¿Tienen ustedes **algún**　　　—No, no tenemos **ningún**
　amigo peruano?　　　　　　　　amigo peruano.
—¿Visitaste **algún** museo?　　—No, no visité **ningún** museo.

Pero and sino

▸ Although the conjunctions **pero** and **sino** both mean *but*, they are not interchangeable. **Sino** is used when the first part of a sentence is negative and the second part contradicts it. In this context, **sino** means *but rather* or *on the contrary*. In all other cases, **pero** is used to mean *but*.

No se acuesta temprano, **sino** tarde.
He doesn't go to bed early, but rather late.

Canto, **pero** nunca en público.
I sing, but never in public.

No queremos irnos, **sino** quedarnos.
We don't want to leave, but rather stay.

Me desperté a las once, **pero** estoy cansada.
I woke up at eleven, but I'm tired.

¡Manos a la obra!

Cambia las oraciones para que sean (*they are*) negativas. Sigue el modelo.

1. Siempre se viste bien. <u>Nunca</u> se viste bien.
2. Alguien se ducha. _____ se ducha _____.
3. Ellas van también. Ellas _____ van.
4. Juan también se afeita. Juan _____ se afeita.
5. Alguien se pone nervioso. _____ se pone nervioso _____.
6. Tú siempre te lavas las manos. Tú _____ te lavas las manos.
7. Voy a traer algo. _____ voy a traer _____.
8. La profesora hace algo en su escritorio. La profesora _____ hace _____ en su escritorio.
9. Mis amigos viven en una residencia o en una casa. Mis amigos _____ viven _____ en una residencia _____ en una casa.
10. Tú y yo vamos al mercado. _____ tú _____ yo vamos al mercado.
11. Tienen un espejo en su casa. _____ tienen _____ espejo en su casa.
12. Algunos niños se ponen el abrigo. _____ niño se pone el abrigo.

7.3 Preterite of ser and ir Tutorial

▶ The preterite forms of **ser** (*to be*) and **ir** (*to go*) are irregular, so you will need to memorize them. None of these forms has an accent mark.

Preterite of *ser* and *ir*		
	ser	**ir**
	to be	*to go*
yo	fui	fui
tú	fuiste	fuiste
Ud./él/ella	fue	fue
nosotros/as	fuimos	fuimos
vosotros/as	fuisteis	fuisteis
Uds./ellos/ellas	fueron	fueron

▶ Since the preterite forms of **ser** and **ir** are identical, the context clarifies which verb is being used.

Lucía **fue** a ver una película.
Lucía went to see a film.

La película **fue** muy interesante.
The film was very interesting.

Fui a Barcelona el año pasado.
I went to Barcelona last year.

Fue un viaje maravilloso.
It was a wonderful trip.

¿Cuándo fue la última vez que viste a Juan Carlos?

Cuando fuimos a Mérida.

¡Manos a la obra!

Completa las oraciones usando el pretérito de **ir** y **ser**.

ir	**ser**
1. Los viajeros ___fueron___ a Perú.	1. Usted ___fue___ muy amable.
2. Patricia _____ a Cuzco.	2. Yo _____ muy cordial.
3. Tú _____ a Iquitos.	3. Ellos _____ muy buenos.
4. Gregorio y yo _____ a Lima.	4. Nosotros _____ muy impacientes.
5. Yo _____ a Trujillo.	5. Ella _____ muy antipática.
6. Ustedes _____ a Arequipa.	6. Tú _____ muy listo.
7. Mi padre _____ a Lima.	7. Ustedes _____ muy cordiales.
8. Nosotras _____ a Cuzco.	8. La gente _____ muy paciente.

Práctica

1 Conversación Completa esta conversación con la forma correcta del pretérito de **ser** o **ir**.

ANDRÉS Cristina y Vicente (1) _____ novios, ¿no?

LAURA Sí, pero ahora Cristina sale con Luis. Anoche ella (2) _____ a comer con él y la semana pasada ellos (3) _____ al partido de fútbol.

ANDRÉS ¿Ah, sí? Mercedes y yo (4) _____ al partido y no los vimos.

LAURA ¿(5) _____ tú con Mercedes? Y, ¿cómo (6) _____ el partido?

ANDRÉS (7) _____ muy divertido. ¡Lo pasamos genial! Pero... ¡qué extraño! Nosotros (8) _____ al café Paraíso y vimos a Vicente con la hermana de Cristina.

LAURA ¿Él (9) _____ al café Paraíso con su hermana? ¡Qué horror!

2 Oraciones Forma oraciones con los siguientes elementos. Usa el pretérito.

modelo
Ustedes no fueron en autobús a Nueva York.

Sujetos	Verbos	Actividades
yo	(no) ir	a un restaurante
tú	(no) ser	en autobús a Nueva York
mis amigos/as		estudiante(s)
nosotros/as		a una discoteca en Buenos Aires
ustedes		muy amable
Antonio Banderas		a casa muy tarde
Julieta Venegas		a la playa con su novio/a
		dependiente/a en una tienda

Conversación

3 **Preguntas** Túrnate con un(a) compañero/a para hacerse las preguntas.

1. ¿Adónde fuiste de vacaciones el año pasado?
2. ¿Con quién fuiste?
3. ¿Cómo fueron tus vacaciones?
4. ¿Fuiste de compras esta semana? ¿Qué compraste?
5. ¿Cómo se llama la última película que viste?
6. ¿Cuándo fuiste a ver la película?
7. ¿Cómo fue la película?
8. ¿Adónde fuiste durante el fin de semana? ¿Por qué?

4 **El fin de semana pasado** Con un(a) compañero/a, habla de lo que hiciste (*what you did*) el fin de semana pasado por la mañana, por la tarde y por la noche. Luego comparte la información con la clase.

	Yo	Mi compañero/a
Por la mañana	_____	_____
	_____	_____
	_____	_____
Por la tarde	_____	_____
	_____	_____
	_____	_____
Por la noche	_____	_____
	_____	_____
	_____	_____

5 **Veinte preguntas** En grupos pequeños, jueguen a las veinte preguntas. Una persona elige un personaje (*personality*) famoso. El resto del grupo hace preguntas hasta adivinar quién es. Los estudiantes deben hacer preguntas afirmativas o negativas con los verbos que conocen en el pretérito.

- Barack Obama
- Oprah Winfrey
- Alejandro González Iñárritu
- Jennifer Aniston
- Alex Rodriguez

Practice more!

WB	LM	
p. 71	p. 41	vhlcentral

Identificar

Lee el anuncio (*advertisement*) y busca ejemplos del pretérito de los verbos **ser** e **ir**.

Preguntas

1. ¿Cómo se siente el hombre del anuncio?
2. ¿Por qué fue a Solario? ¿Cómo fue su visita?
3. En tu opinión, ¿se acuerda este hombre de sus responsabilidades diarias mientras (*while*) está en Solario?
4. En tu opinión, ¿este hombre va a volver a Solario? ¿Por qué?

7.4 Gustar and verbs like gustar

 Tutorial

▶ **Me gusta(n)** and **te gusta(n)** express the concepts of *I like* and *you* (fam.) *like*. The literal meaning of **gustar** is *to be pleasing to* (*someone*).

Me gusta ese champú.
That shampoo is pleasing to me.
I like that shampoo.

¿**Te gustan** los deportes?
Are sports pleasing to you?
Do you like sports?

▶ **Me gusta(n)** and similar constructions require an indirect object pronoun. In Spanish, the object or thing being liked (**el champú**) is the subject of the sentence. The person who likes the object is an indirect object that answers the question *to whom is the object pleasing?*

I.O. PRONOUN	SUBJECT		SUBJECT	DIRECT OBJECT
Me gusta	ese champú.		*I*	*like*	*that shampoo.*

¿Te gusta
Juan Carlos?

Me gustan los
cafés que tienen
música en vivo.

▶ **Gustar** and similar verbs are usually used in the third-person singular and plural. When the object or person liked is singular, the form **gusta** is used. When two or more objects or persons are liked, **gustan** is used.

Me gustan el mar y la montaña.
I like the ocean and the mountains.

¿**Les gusta** la ciudad?
Do you/they like the city?

| SINGULAR | me, te, le | ▶ | gusta gustó | ▶ | la película el concierto |
| PLURAL | nos, os, les | | gustan gustaron | | las computadoras los libros |

▶ To express what someone likes or does not like to do, the singular form **gusta** is used, followed by one or more infinitives.

Me gusta levantarme tarde.
I like to get up late.

Me gusta comer y **dormir**.
I like to eat and sleep.

▶ To express the English equivalent of *would like* (*something* or *to do something*), use the construction [*i.o. pronoun*] + **gustaría(n)**.

¿**Te gustaría** ver esa película?
Would you like to see that movie?

Me gustarían unos días sin clases.
I would like a few days without class.

Práctica

1 Completar Completa estas oraciones con los elementos necesarios.

modelo ____A____ Ana *le encantan* [encantar] las canciones (*songs*) de Enrique Iglesias.

1. A _____ me _____ [gustar] más la música de Ricky Martin.
2. A mis amigos _____ [molestar] la música de esa cantante.
3. _____ Juan y _____ Rafael les _____ [fascinar] la música de Shakira.
4. _____ nosotros _____ [importar] los grupos de pop latino.
5. Creo que al señor Gómez _____ [interesar] más la música clásica.
6. A _____ me _____ [aburrir] la música clásica.
7. ¿A _____ te _____ [faltar] dinero para el concierto de Jennifer López?
8. Sí. Sólo _____ [quedar] cinco dólares.
9. ¿Cuánto dinero te _____ [quedar] a _____?

2 Describir Describe los dibujos con uno de los siguientes verbos.

aburrir	interesar
encantar	molestar
faltar	quedar

1. A Mauricio / libros

2. A Lorena / despertador

3. A nosotros / bailar

4. A ti / camisa

Conversación

3 **Preguntas** Con un(a) compañero/a, túrnate para hacer y contestar estas preguntas.

1. ¿Te gusta levantarte temprano o tarde? ¿Por qué?

2. ¿Te molesta cuando tu compañero/a de cuarto se levanta muy temprano?

3. ¿Te gustaría poder dormir la siesta todos los días? ¿Por qué?

4. ¿Te gusta ducharte por la mañana o por la noche?

5. ¿Te gustaría ir de tapas todos los días después de las clases?

6. ¿Te aburren los fines de semana en los que no sales con amigos?

7. ¿Qué te gusta de esta universidad? ¿Qué te molesta? ¿Hay algo que le falta a esta universidad?

8. ¿Te interesan más las ciencias o las humanidades? ¿Por qué?

4 **Conversar** Con un(a) compañero/a, representa una conversación entre un(a) cliente/a y un(a) dependiente/a en una tienda de ropa. Sigue las instrucciones.

Dependiente/a	**Cliente/a**
1. Saluda al/a la cliente/a y pregúntale en qué le puedes servir.	2. Saluda al/a la dependiente/a y dile (*tell him/her*) qué quieres comprar.
3. Pregúntale qué estilos le interesan y empieza a mostrarle la ropa.	4. Explícale que te interesan los estilos modernos. Escoge las cosas que te interesan.
5. Habla de las preferencias de la temporada (*trends*).	6. Habla de la ropa (me queda(n) bien/mal, me encanta(n)…).
7. Da opiniones favorables al/a la cliente/a (las botas te quedan fantásticas…).	8. Decide qué cosas te gustan y qué vas a comprar.

Practice more!

WB pp. 72–74 | LM p. 42 | S vhlcentral

Using the verb gustar

▶ The construction **a** + [*personal pronoun*] (**a mí, a ti, a usted, a él, a ella, a nosotros/as, a vosotros/as, a ellos, a ellas, a ustedes**) clarifies or emphasizes the people who are pleased. **A** + [*noun*] can also be used.

A mí me gusta levantarme temprano. ¿Y **a ti**?
I like to get up early. How about you?

Al profesor le gustó el libro.
The teacher liked the book.

▶ Here is a list of common verbs used in the same way as **gustar**.

Verbs like *gustar*

aburrir	to bore	importar	to be important to; to matter
encantar	to like very much; to love (objects)	interesar	to be interesting to; to interest
faltar	to lack; to need		
fascinar	to fascinate; to like very much	molestar	to bother; to annoy
		quedar	to be left over; to fit (clothing)

▶ **Faltar** expresses what is lacking or missing. **Quedar** expresses how much of something is left. Also, **quedar** is used to talk about how clothing fits or looks on someone.

Le falta dinero.
He/she is short of money.

Me faltan dos pesos.
I need two more pesos.

Nos quedan cinco libros.
We have five books left.

La falda **te queda** bien.
The skirt looks good on you.

¡Manos a la obra!

Indica el pronombre de objeto indirecto y la forma del tiempo presente adecuados en cada oración.

gustar

1. A él _le gusta_ la música pop.
2. A mí _____ bailar.
3. A nosotras _____ cantar.
4. A ustedes _____ el dibujo.
5. A ti _____ correr, ¿no?
6. A Elena _____ bucear.
7. A mis padres _____ los chocolates.
8. A usted _____ jugar al tenis.
9. A mi esposo y a mí _____ las novelas de terror.
10. A Pedro _____ estudiar.
11. A nosotros _____ la clase.
12. A Paula no _____ los exámenes.

aburrir

1. A ellos _les aburren_ los deportes.
2. A ti _____ las películas, ¿no?
3. A usted _____ los viajes.
4. A mí _____ las revistas de celebridades de Hollywood.
5. A ellas _____ los deportes.
6. A nosotros _____ las clases.
7. A ustedes _____ las fiestas.
8. A Marcela _____ leer y correr.
9. A ellos _____ los museos.
10. A ella _____ la televisión.
11. A Pedro _____ ir de compras.
12. A ti y a mí _____ bailar.

A repasar

7.1 Reflexive verbs

1 **De vacaciones** Imagina que estás de vacaciones con tus amigos en la playa. Forma oraciones en tiempo presente con estos elementos.

1. Martín y Mónica / sentarse / en la cafetería del hotel
_____

2. yo / ponerse / bloqueador *(sun block)* / antes de tomar el sol _____

3. ustedes / quedarse / en el cuarto del hotel / durante la noche _____

4. Josefina y yo / probarse / trajes de baño / en la tienda
_____

5. tú / ducharse / después / nadar en el mar
_____

6. Lucía / quitarse / las sandalias / antes / entrar en la piscina _____

2 **Una pareja singular** Angélica y Mauricio son una pareja muy estructurada *(methodical)* que siempre sigue la misma rutina antes de ir al trabajo. Lee el horario de cada uno y contesta las preguntas.

modelo
¿Qué hace Mauricio a las seis de la mañana?
Mauricio se afeita a las seis de la mañana.

Hora	Angélica	Mauricio
5:50 a.m.	levantarse	levantarse
6:00 a.m.	bañarse	afeitarse
6:30 a.m.	peinarse	ducharse
7:00 a.m.	maquillarse	peinarse
7:30 a.m.	vestirse	vestirse
8:00 a.m.	irse al trabajo	irse al trabajo

1. ¿A qué hora se levantan Angélica y Mauricio?

2. ¿Qué hace Mauricio después de levantarse?

3. ¿Qué hace Angélica antes de maquillarse?

4. ¿Qué hacen Angélica y Mauricio a las siete de la mañana?

5. ¿Qué hace Mauricio después de afeitarse?

6. ¿Qué hace Angélica antes de peinarse?

7. ¿Qué hacen Mauricio y Angélica a las siete y media?

8. ¿Qué hacen Angélica y Mauricio a las ocho de la mañana?

7.2 Indefinite and negative words

3 **La rutina diaria** Cambia las oraciones para que sean negativas.

modelo
Algunas personas se duchan por la noche.
Ninguna persona se ducha por la noche.

1. Siempre nos acostamos a las diez en punto.
_____

2. Mis padres se levantan a las seis o a las seis y media.
_____

3. Alguien se baña antes de ir a la escuela.
_____

4. Yo también trabajo por la tarde.
_____

5. Ustedes comen algo. _____

6. Tú te lavas el pelo con algún champú caro.
_____

4 **Tu novio/a ideal** Con un(a) compañero/a, describe a tu novio/a ideal. Usa expresiones indefinidas o negativas.

modelo *Es alguien que siempre dice la verdad.*

7.3 Preterite of ser and ir

5 **Un mensaje** Completa el mensaje con el pretérito de **ser** o **ir**.

Hola, Laura:

Perdón por no escribirte antes. Ayer (1)_____ un día con muchas cosas. Mi hermano y yo nos levantamos muy temprano y (2)_____ a correr al parque. Después me duché y (3)_____ a trabajar. Por la tarde, mis primos (4)_____ a buscarme al trabajo *(work)* para ir a comer unas tapas. Quiero decirte que tú (5)_____ muy amable en contestar mi mensaje rápidamente y que tu familia y tú (6)_____ muy cordiales conmigo cuando los visité en Chile.

A propósito, ¿cuándo vienes a España?
Esteban

6 **Ayer** Con un(a) compañero/a, describe las actividades que hiciste *(you did)* ayer. Usa el pretérito de **ir** y **ser**.

modelo *Por la mañana, yo fui a hacer ejercicio.*

1. Por la mañana, . . .   3. Por la noche, . . .

2. Por la tarde, . . .   4. Antes de acostarme, . . .

 Practice more at **vhlcentral.com**.

7.4 Gustar and verbs like gustar

7 **Combinar** Combina elementos de cada columna para formar oraciones lógicas.

modelo *A ti te molesta ducharte con agua fría.*

A	B	C
al empleado del hotel	aburrir	ducharse con agua fría
a mí	encantar	despertarse temprano
a nosotros	faltar	ponerse ropa de invierno
a Elena y a ti	fascinar	escuchar el despertador por la mañana
a ti	importar	la ropa de marca (*brand-name*)
a los estudiantes	molestar	mirarse al espejo con mucha frecuencia

8 **Encuesta** Pregúntales a dos o tres compañeros/as qué cosas o actividades les encantan, les aburren o les molestan.

Nombre	Le encanta(n)	Le aburre(n)	Le molesta(n)

Síntesis

9 **Un día típico** Con un(a) compañero/a, describe la rutina diaria de dos o tres de estas personas. Usa como mínimo tres verbos reflexivos, una expresión negativa y dos expresiones con verbos como **gustar**.

- Shakira
- Kobe Bryant
- Ashton Kutcher
- Dos de tus profesores
- Lionel Messi

Videoclip Video

1 **Preparación** ¿Cuidar tu apariencia personal es una prioridad para ti? ¿Cuidas tu apariencia por ti o por lo que pueden pensar los demás? Comparte tus respuestas con la clase.

2 **El clip** Mira el reportaje *Esperando el rescate* de Chile.

Vocabulario

arreglarse *to get ready*	**mejorar** *to improve*
despreocuparse *to stop worrying*	**pareja** *partner*
embellecerse *to make oneself beautiful*	**teñir** *to dye*

Nunca me he hecho algo en mi pelo, y ahora fue el momento de esperarlo con un nuevo *look*.

Voy a estar bien vestida y alegre.

3 **¿Cierto o falso?** Indica si las oraciones son **ciertas** o **falsas**. Corrige las oraciones falsas.

1. Los mineros llevan un año sin poder salir de la mina.
2. Cristina es la pareja de Claudio, uno de los treinta y tres mineros.
3. Cristina es la única persona del campamento que se preocupa por su aspecto personal.
4. Las mujeres están nerviosas por el inminente regreso de los mineros.
5. Elizabeth Segovia descuidó (*neglected*) su aspecto durante esa larga espera.
6. A la gente de Copiapó no le importa la salida de los mineros.

4 **Ayuda** Con un(a) compañero/a, representa una conversación entre un(a) asesor(a) de moda (*image consultant*) y su cliente. El/la asesor(a) da consejos para tener un mejor aspecto en una entrevista laboral, una audición para una película, una cita romántica, etc.

Ampliación

1 Escuchar

  A Escucha la entrevista entre Carolina y Julián, teniendo en cuenta (*taking into account*) tus conocimientos sobre este tipo de situación. Elige la opción que completa correctamente cada oración.

> **TIP** **Use background information.** Use what you already know about a topic to help you guess the meaning of unknown words or linguistic structures.

1. Julián es...
   a. político.   b. deportista profesional.
   c. artista de cine.

2. El público (*audience*) de Julián quiere saber de...
   a. sus películas.   b. su vida (*life*).
   c. su novia.

3. Julián habla de...
   a. sus viajes y sus rutinas.   b. sus parientes y amigos.
   c. sus comidas (*foods*) favoritas.

4. Julián...
   a. se levanta y se acuesta a horas diferentes todos los días.
   b. tiene una rutina diaria.   c. no quiere hablar de su vida.

B ¿Crees que Julián siempre fue rico? ¿Por qué? ¿Qué piensas de Julián como persona?

2 Conversar

Conversa con un(a) compañero/a sobre lo que hiciste ayer. Sigue estas preguntas.

- *¿A qué hora te levantaste ayer? ¿Usaste un despertador?*

- *¿Te bañaste o te duchaste? ¿Cuánto tiempo te tomó?*

- *¿Qué ropa te pusiste?*

- *¿Cuántas veces te cepillaste los dientes ayer?*

- *¿Adónde fuiste ayer después de las clases?*

- *¿A qué hora te acostaste anoche?*

- *¿Te gusta mirar la televisión antes de acostarte?*

Ampliación

3 Escribir

 Escribe una composición en la que describes tu rutina diaria en algún lugar interesante (una isla desierta, el Polo Norte, el desierto, etc.). Considera cómo pueden cambiar los elementos básicos de tu rutina: ¿Dónde te acuestas? ¿Cómo te bañas?

> **TIP** **Use adverbs to sequence events.** You can use adverbs and adverbial phrases as transitions between the introduction, the body, and the conclusion of a narrative.

Organizar	Utiliza estos adverbios para organizar la secuencia de tu composición: **primero, después, luego, más tarde** y **al final.** Anota ideas que respondan a estas preguntas: **¿qué?, ¿quién?, ¿cuándo?, ¿dónde?, ¿cómo?** y **¿por qué?**
Escribir	Utiliza tus notas para escribir el primer borrador (*draft*) de la composición.
Corregir	Intercambia tu composición con un(a) compañero/a. Comenta sobre la introducción, la secuencia de eventos, el nivel (*level*) de interés y los errores de gramática o de ortografía. Revisa el primer borrador según las indicaciones de tu compañero/a.
Compartir	Intercambia tu composición con otro/a compañero/a. Lee su trabajo y comparte con la clase tres ideas que te gustaron (*you liked*) de su composición.

4 Un paso más

Planea un viaje a un lugar famoso del mundo hispano. Haz un folleto (*brochure*) con elementos visuales y esta información:

- Presenta el itinerario de cada día del viaje e indica la hora para cada actividad.
- Describe el país, una breve (*brief*) historia del lugar y también las actividades programadas para el viaje.
- Comenta sobre los restaurantes, el transporte y los hoteles.
- Describe la rutina diaria de un viajero típico.

5 Conexión Internet

Investiga estos temas en el sitio **vhlcentral.com**.

- Lugares de interés en España
- Lugares de interés en Latinoamérica

PERÚ

Tierra de los incas

Agencia IncaTour
Cuzco, Perú

Audio: Reading
Additional Reading

Antes de leer

Predicting content from the title will help you increase your reading comprehension in Spanish. In English, for example, readers can usually predict the content of a newspaper article from its headline.

Examinar el texto

Lee el título de la lectura y haz tres predicciones sobre el contenido. Escribe tus predicciones en una hoja de papel.

Compartir

Comparte tus ideas con un(a) compañero/a.

Cognados

Escribe una lista de cuatro cognados que encuentres en la lectura.

1. _____
2. _____
3. _____
4. _____

¿Qué te dicen los cognados sobre el tema de la lectura?

15 de octubre
¡Una mañana desastrosa!

—Me levanté de la cama a las seis y media.

Esta mañana me levanté de la cama a las seis y media y corrí a despertar a mis dos hijas. —Yola[nda], Dolores, van a perder el autobús de la escuela, —les grité°. Pero ellas no se despertaron. Jamás despiertan temprano. Siempre se sientan a ver televisión por la noche y se acuestan muy tard[e].

—Corrimos para llegar a la parada del autobús.

Yolanda y Dolores salieron de la casa sin° cepillarse los dientes, pero eso no importa. Por lo menos se acordaron de ponerse las botas y el abrigo antes de irse. Corrimos para llegar a la parada° del autobús de la escuela, que pasa a las siete de la mañana.

—Nunca llegó el autobú[s]

Esperamos media hora, pero nunca llegó el autobús. Regresamos a casa. Llamamo[s] por teléfono° a la escuela, pero nadie contestó. Tomamos el automóvil y salimos de casa.

—¡Por fin se despertaron mis hijas!

¡Por fin se despertaron! Medio dormidas y medio enojadas°, ellas entraron al baño para lavarse la cara y peinarse. Luego volvieron a su habitación para vestirse. Yo fui a la cocina para prepararles el desayuno°. A mis hijas les encanta comer un buen desayuno, pero hoy les di° cereales y les preparé dos sándwiches para el almuerzo°.

—¡Hoy es sábado!

Llegamos a la escuela antes de las ocho y entonces me di cuenta de que° hoy es sábado. ¡Y los sábados no hay clases!

grité *I shouted* **medio dormidas y medio enojadas** *half asleep and half angry* **desayuno** *breakfast* **di** *I gave* **almuerzo** *lunch* **sin** *without* **parada** *stop* **llamamos por teléfono** *we called on the phone* **me di cuenta de que** *I realized that*

Después de leer

∽ ¿Comprendiste?

Selecciona la respuesta correcta.

1. ¿Quién es el/la narrador(a)?
   a. el padre de las chicas   b. Yolanda
   c. Dolores

2. ¿A qué hora se despertó el papá?
   a. a las seis de la mañana   b. a las seis y media
   c. a las siete y media

3. ¿Qué comieron las chicas antes de salir de la casa?
   a. un sándwich   b. cereales
   c. dos sándwiches

4. ¿Cómo fueron las chicas a la escuela?
   a. Corrieron.   b. Fueron en autobús.
   c. Fueron en automóvil.

∽ Preguntas

Responde estas preguntas con oraciones completas.

1. ¿Por qué nunca se despiertan temprano las chicas?
   _____

2. ¿Se bañaron las chicas esta mañana?
   _____

3. ¿A qué hora llega generalmente el autobús?
   _____

4. ¿A qué hora llegó el autobús hoy?
   _____

5. ¿Por qué no contestó nadie cuando llamaron a la escuela?
   _____

∽ Coméntalo

¿Qué crees que le dicen Yolanda y Dolores a su papá después de volver de la escuela? Imagina que eres el papá, ¿cómo responderías (*would you respond*) a lo que te dicen las chicas?

 Vocabulary Tools

La higiene personal

el baño	bathroom
el champú	shampoo
la crema de afeitar	shaving cream
el espejo	mirror
el jabón	soap
el maquillaje	makeup
la toalla	towel

Los verbos reflexivos

acordarse (de) (o:ue)	to remember
acostarse (o:ue)	to lie down; to go to bed
afeitarse	to shave
bañarse	to bathe; to take a bath
cepillarse el pelo	to brush one's hair
cepillarse los dientes	to brush one's teeth
despertarse (e:ie)	to wake up
dormirse (o:ue)	to go to sleep; to fall asleep
ducharse	to shower
enojarse	to get angry
irse	to go away; to leave
lavarse la cara	to wash one's face
lavarse las manos	to wash one's hands
levantarse	to get up
llamarse	to be named
maquillarse	to put on makeup
peinarse	to comb one's hair
ponerse	to put on
ponerse (+ adj.)	to become (+ adj.)
preocuparse (por)	to worry (about)
probarse (o:ue)	to try on
quedarse	to stay
quitarse	to take off
sentarse (e:ie)	to sit down
sentirse (e:ie)	to feel
vestirse (e:i)	to get dressed

Otras palabras y expresiones

el despertador	alarm clock
la rutina diaria	daily routine
antes (de)	before
después	afterward; then
después de	after
durante	during
entonces	then
luego	afterward; then
más tarde	later (on)
por la mañana	in the morning
por la noche	at night
por la tarde	in the afternoon; in the (early) evening
por último	finally
siempre	always
también	also; too

Verbos como *gustar*

aburrir	to bore
encantar	to like very much; to love (objects)
faltar	to lack; to need
fascinar	to fascinate; to like very much
gustar	to be pleasing to; to like
importar	to be important to; to matter
interesar	to be interesting to; to interest
me gustaría(n)…	I would like…
molestar	to bother; to annoy
quedar	to be left over; to fit (clothing)

Indefinite and negative words	See page 182.
Pero and sino	See page 183.

Practice more at **vhlcentral.com**.

8 ¡A comer!

Communicative Goals

You will learn how to:
- talk about food
- order at a restaurant
- discuss familiar people and places

PARA EMPEZAR

- ¿Quiénes son los muchachos?
- ¿Dónde están?
- ¿Qué están haciendo?
- ¿Crees que están contentos?

Vocabulary Tools

¡A COMER!

el camarero

el pollo (asado) *(roast) chicken*

EN UN RESTAURANTE

el/la dueño/a *owner*
el plato (principal) *(main) dish*

el almuerzo *lunch*
la cena *dinner*
la comida *food; meal*
el desayuno *breakfast*

almorzar (o:ue) *to have lunch*
cenar *to have dinner*
desayunar *to have breakfast*
pedir (e:i) *to order (food)*
probar (o:ue) *to taste; to try*
recomendar (e:ie) *to recommend*
servir (e:i) *to serve*

el bistec

LAS CARNES, LOS PESCADOS Y LOS MARISCOS

el atún *tuna*
los camarones *shrimp*
la carne *meat*
la carne de res *beef*
la chuleta de cerdo *pork chop*
la hamburguesa (vegetariana) *(veggie) hamburger*
el jamón *ham*
la langosta *lobster*
el pavo *turkey*
el pescado *fish*
la salchicha *sausage*
el salmón *salmon*

EL GUSTO Y LOS SABORES

agrio/a *sour*
amargo/a *bitter*
delicioso/a *delicious*
dulce *sweet*
picante *spicy*
rico/a *tasty*
sabroso/a *delicious*
salado/a *salty*

los entremeses *hors d'oeuvres*

los mariscos *seafood*

el sándwich
sandwich

LAS FRUTAS

la banana *banana*

el limón *lemon*

la manzana *apple*

la naranja *orange*

las uvas *grapes*

las frutas

LOS CONDIMENTOS Y OTRAS COMIDAS

el aceite *oil*

el azúcar *sugar*

el huevo *egg*

la mantequilla *butter*

la margarina *margarine*

la mayonesa *mayonnaise*

el pan (tostado) *(toasted) bread*

las papas/patatas fritas *French fries*

el queso *cheese*

la sal *salt*

la sopa *soup*

el vinagre *vinegar*

LOS GRANOS Y LAS VERDURAS

el ajo *garlic*

el arroz *rice*

las arvejas *peas*

la cebolla *onion*

los cereales *cereal; grain*

los frijoles *beans*

la lechuga *lettuce*

el maíz *corn*

la papa/patata *potato*

el tomate *tomato*

las verduras *vegetables*

la zanahoria *carrot*

la ensalada

el agua (f.) (mineral)

el café

los champiñones

la pimienta

LAS BEBIDAS

la bebida *drink; beverage*

la cerveza *beer*

el jugo (de fruta) *(fruit) juice*

la leche *milk*

el refresco *soft drink*

el té (helado) *(ice) tea*

el vino (blanco/tinto) *(white/red) wine*

MENÚ
Entremeses
Pan tostado con
• Queso frito • Mantequilla y jalea
Tortillas con
• Ajicomino (chile, comino)
• Ajiaceite (chile, aceite)
Sopas
• Cebolla • Verduras
• Pollo y huevo • Mariscos
Platos Principales
Chilaquil
(tortilla de maíz, queso, hierbas y chile)
Tomatican
(tomate, papas, maíz, chile, guisantes, zanahorias y verduras)
Tamales
(maíz, azúcar, ajo, cebolla)
Frijoles enchilados
(frijoles negros, carne de cerdo o de res, arroz, chile)

el menú

ASÍ SE DICE

los camarones ⟷ las gambas (*Esp.*)
el refresco ⟷ la gaseosa (*Amér. L.*)
el sándwich ⟷ el bocadillo (*Esp.*), la torta (*Méx.*)
la arveja ⟷ el guisante (*Esp.*), el chícharo (*Méx.*)
la papa ⟷ la patata (*Esp.*)

A escuchar

1 **¿Lógico o ilógico?** Escucha las oraciones e indica si son **lógicas** o **ilógicas**.

	Lógico	Ilógico
1.	_____	_____
2.	_____	_____
3.	_____	_____
4.	_____	_____
5.	_____	_____
6.	_____	_____
7.	_____	_____
8.	_____	_____

2 **¿Qué pide Nora?** Lee las opciones de comidas y después escucha la conversación entre Nora y el camarero en un restaurante. Luego, indica las comidas y las bebidas que Nora pide.

RESTAURANTE **LAS FUENTES**
• Avenida Las Lomas 22 •

ENTREMESES

___ papas fritas
___ cóctel de frutas con queso
___ sopa de verduras
___ sopa de pollo
___ pan con mantequilla

PLATOS PRINCIPALES

___ sándwich de jamón y queso
___ pollo asado
___ hamburguesa
___ hamburguesa con queso
___ enchiladas de res
___ enchiladas de queso

BEBIDAS

___ agua mineral
___ té helado
___ leche
___ café
___ jugo de naranja

Practice more!

LM
p. 43

A practicar

3 **La comida** Indica la palabra que no está relacionada.

1. sabroso • manzana • banana • naranja

2. salmón • cereales • camarones • mariscos

3. frijoles • champiñón • naranja • cebolla

4. mantequilla • salchicha • carne de res • jamón

5. arvejas • lechuga • zanahoria • dulce

6. refresco • sopa • agua mineral • leche

4 **Completar** Completa las oraciones con las palabras correctas.

1. La persona que sirve la comida en un restaurante es _____.

2. Camarero, ¿puedo ver _____, por favor?

3. El bistec y el jamón son dos tipos de _____.

4. El té helado, el café y los refrescos son _____.

5. Algo de color blanco que pongo en el café es _____.

6. Las tres comidas principales del día son _____, _____ y _____.

5 **¿Qué es?** Describe cada uno de estos alimentos con alguna característica. Puedes decir de qué color es, qué sabor tiene o cuándo lo comes o lo tomas.

 modelo

El limón es una fruta de color amarillo./Es una fruta agria./Le pongo limón a la ensalada.

1. _____

2. _____

3. _____

4. _____

5. _____

6. _____

7. _____

8. _____

Practice more!

WB
pp. 75–76

vhlcentral

A conversar

6 **¿Te gusta?** Lee la lista e indica si te gusta o no cada comida o bebida.

¿Te gusta(n)?	Me gusta(n)	No me gusta(n)
1. la langosta	_____	_____
2. la chuleta de cerdo	_____	_____
3. el queso	_____	_____
4. los camarones	_____	_____
5. el tomate	_____	_____
6. los champiñones	_____	_____
7. los huevos	_____	_____
8. los limones	_____	_____

Ahora compara tus opiniones con las de un(a) compañero/a.

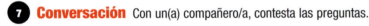

la carne de res
Estudiante 1: A mí me gusta mucho la *carne de res*.
Estudiante 2: A mí no. Prefiero el pollo./A mí me encanta la *carne de res*.

7 **Conversación** Con un(a) compañero/a, contesta las preguntas.

1. ¿Desayunas? ¿Qué comes y bebes por la mañana?
2. ¿Qué comes generalmente a la hora del almuerzo?
3. ¿Qué comidas prefieres para la cena?
4. ¿Qué tipos de comidas te gustan más: las dulces o las saladas?
5. ¿Te gustan las comidas picantes? ¿Cuáles?
6. ¿Te importa pagar más dinero por comer alimentos orgánicos?
7. ¿Te gusta preparar la comida? ¿Qué comidas preparas para tus amigos? ¿Y para tu familia?
8. ¿Qué comida les recomiendas a tus amigos? ¿Por qué?
9. ¿Qué comidas quieres probar?
10. ¿Eres vegetariano/a? ¿Crees que ser vegetariano/a es una buena idea? ¿Por qué?

8 **Una cena muy especial** Trabaja con un(a) compañero/a para planear una cena sorpresa. Recuerda incluir la siguiente información.

- Qué tipo de cena es
- Dónde y cuándo va a ser
- Cuál es el motivo de la cena sorpresa
- A quiénes vas a invitar
- Qué comidas vas a preparar para el entremés, el plato principal y el postre

Pronunciación

 Audio

ll, ñ, c, and z

poll**o**	**lla**ve	e**lla**	cebo**lla**

Most Spanish speakers pronounce the letter **ll** like the *y* in *yes.*

ma**ñ**ana	se**ñ**or	ba**ñ**o	ni**ñ**a

The letter **ñ** is pronounced much like the *ny* in *canyon.*

café	**c**olombiano	**c**uando	ri**c**o

Before **a, o,** or **u,** the Spanish **c** is pronounced like the *c* in *car.*

cereales	deli**c**ioso	**c**ondu**c**ir	**c**ono**c**er

Before **e** or **i**, the Spanish **c** is pronounced like the *s* in *sit.* (In parts of Spain, **c** before **e** or **i** is pronounced like the *th* in *think.)*

zeta	**z**anahoria	almuer**z**o	cerve**z**a

The Spanish **z** is pronounced like the *s* in *sit.* (In parts of Spain, **z** is pronounced like the *th* in *think.)*

Práctica Lee las palabras en voz alta.

1. mantequilla
2. cuñado
3. aceite
4. manzana
5. español
6. cepillo
7. zapato
8. azúcar
9. quince
10. compañera
11. almorzar
12. calle

Oraciones Lee las oraciones en voz alta.

1. Mi compañero de cuarto se llama Toño Núñez. Su familia es de la Ciudad de Guatemala y de Quetzaltenango.

2. Dice que la comida de su mamá es deliciosa, especialmente su pollo al champiñón y sus tortillas de maíz.

3. Creo que Toño tiene razón porque hoy cené en su casa y quiero volver mañana para cenar allí otra vez.

Refranes Lee los refranes en voz alta.

Panza llena, corazón contento.[2]

Las apariencias engañan.[1]

[1] *Looks can be deceiving.*
[2] *The way to a man's heart is through his stomach.*

Practice more!

LM p. 44

vhlcentral

Video: *Fotonovela*

Una cena... romántica

Maru y Miguel quieren tener una cena romántica, pero les espera una sorpresa.

PERSONAJES

MARU

MIGUEL

CAMARERO

JUAN CARLOS

FELIPE

GERENTE

MARU No sé qué pedir. ¿Qué me recomiendas?

MIGUEL No estoy seguro. Las chuletas de cerdo se ven muy buenas.

MARU ¿Vas a pedirlas?

MIGUEL No sé.

MIGUEL ¡Qué bonitos! ¿Quién te los dio?

MARU Me los compró un chico muy guapo e inteligente.

MIGUEL ¿Es tan guapo como yo?

MARU Sí, como tú, guapísimo.

(El camarero llega a la mesa.)

CAMARERO ¿Les gustaría saber nuestras especialidades del día?

MARU Sí, por favor.

CAMARERO Para el entremés, tenemos ceviche de camarón. De plato principal ofrecemos bistec con verduras a la plancha.

(en otra parte del restaurante)

JUAN CARLOS Disculpe. ¿Qué me puede contar del pollo? ¿Dónde lo consiguió el chef?

CAMARERO ¡Oiga! ¿Qué está haciendo?

FELIPE Los espárragos están sabrosísimos esta noche. Usted pidió el pollo, señor. Estos champiñones saben a mantequilla.

GERENTE ¿Qué pasa aquí, Esteban?

CAMARERO Lo siento señor. Me quitaron la comida.

GERENTE *(a Felipe)* Señor, ¿quién es usted? ¿Qué cree que está haciendo?

ACTIVIDADES

1 **Escoger** Escoge la respuesta que completa mejor cada oración.

1. Miguel lleva a Maru a un restaurante para _____.
   a. almorzar   b. desayunar   c. cenar

2. El camarero les ofrece _____ como plato principal.
   a. ceviche de camarón   b. bistec con verduras a la plancha
   c. pescado, arroz y ensalada

3. Miguel va a pedir _____.
   a. pollo asado con champiñones y papas   b. langosta al horno
   c. pescado con verduras a la mantequilla

4. Felipe les lleva la comida a sus amigos y prueba _____.
   a. el jamón y los vinos   b. el atún y la lechuga
   c. los espárragos y los champiñones

2 **Identificar** Indica quién puede decir estas oraciones.

1. Qué desastre. Soy un camarero muy malo.

2. Les recomiendo el bistec con verduras a la plancha.

3. Tal vez escoja las chuletas de cerdo, creo que son muy sabrosas.

4. ¿Cuál es el problema aquí?

5. Dígame las especialidades del día, por favor.

6. No fue mi idea. Fue idea de Felipe.

MARU Voy a probar el jamón.

CAMARERO Perfecto. ¿Y para usted, caballero?

MIGUEL Pollo asado con champiñones y papas, por favor.

CAMARERO Excelente.

MIGUEL Por nosotros.

MARU Dos años.

JUAN CARLOS Felipe y yo les servimos la comida a nuestros amigos. Pero desafortunadamente, salió todo mal.

FELIPE Soy el peor camarero del mundo. ¡Lo siento! Nosotros vamos a pagar la comida.

JUAN CARLOS ¿Nosotros?

FELIPE Todo esto fue idea tuya, Juan Carlos.

JUAN CARLOS ¿Mi idea? ¡Felipe! (*al gerente*) Señor, él es más responsable que yo.

GERENTE Tú y tú, vamos.

Expresiones útiles

Ordering food

¿Qué me recomiendas?
What do you recommend?
Las chuletas de cerdo se ven muy buenas.
The pork chops look good.
¿Les gustaría saber nuestras especialidades del día?
Would you like to hear our specials?
Para el entremés, tenemos ceviche de camarón.
For an appetizer, we have shrimp ceviche.
De plato principal ofrecemos bistec con verduras a la plancha.
For a main course, we have beef with grilled vegetables.
Voy a probar el jamón.   *I am going to try the ham.*

Describing people and things

¡Qué bonitos! ¿Quién te los dio?
How pretty! Who gave them to you?
Me los compró un chico muy guapo e inteligente.
A really handsome, intelligent guy bought them for me.
¿Es tan guapo como yo?
Is he as handsome as I am?
Sí, como tú, guapísimo. *Yes, like you, very handsome.*
Soy el peor camarero del mundo.
I am the worst waiter in the world.
Él es más responsable que yo.
He is more responsible than I am.

Additional vocabulary

el/la gerente *manager*
caballero *gentleman, sir*

---

3   **Al restaurante** Con un(a) compañero/a, prepara uno de estos diálogos.

Situación A

- Un(a) cliente/a llega a un restaurante.
- El/La camarero/a le pregunta qué le puede servir.
- El/La cliente/a pregunta cuál es la especialidad del restaurante.
- El/La camarero/a dice la especialidad y recomienda algunos platos del menú.
- El/La cliente/a pide entremeses, un plato principal y una bebida.
- El/La camarero/a le sirve la comida.

Situación B

- Tú preguntas a tu compañero/a si conoce un buen restaurante cerca.
- Él/Ella responde que sí conoce un restaurante fantástico y da el nombre.
- Tú lo/la invitas a cenar y él/ella acepta.
- Entre los/las dos, determinan la hora para verse en el restaurante y se despiden.

Practice more!

VM pp. 183–184   vhlcentral

S Reading

Frutas y verduras de
América

Imagínate una pizza sin salsa° de tomate o una hamburguesa sin papas fritas. Ahora piensa que quieres ver una película, pero las palomitas de maíz° y el chocolate no existen. ¡Qué mundo° tan insípido°!

Muchas de las comidas más populares del mundo tienen ingredientes esenciales que son originarios del continente americano. Tras la conquista de América, estas frutas y verduras fueron introducidas en Europa.

El tomate, por ejemplo, cuando llegó por primera vez a Europa, fue° usado como planta ornamental porque pensaron que era venenoso°.

¿En qué alimentos encontramos estas frutas y verduras?

Tomate: pizza, kétchup, salsa de tomate, sopa de tomate

Maíz: palomitas de maíz, tamales, tortillas, arepas (Colombia y Venezuela), pan

Papa: papas fritas, frituras de papa°, puré de papas°, sopa de papas, tortilla de patatas (España)

Cacao: mole (México), chocolatinas°, cereales, helados°, tartas°

Aguacate: guacamole (México), coctel de camarones, sopa de aguacate, nachos, enchiladas hondureñas

El maíz, por su parte, era° ya la base de la comida de muchas culturas latinoamericanas muchos siglos antes de la llegada de los españoles a sus tierras.

La papa fue un alimento° básico para los incas. Incluso consiguieron deshidratarla para almacenarla° por largos períodos de tiempo. El cacao (planta con la que se hace el chocolate) fue muy importante para los aztecas y los mayas. Ellos usaban sus semillas° como moneda° y como ingrediente de diversas salsas.

También las molían° para preparar una bebida: las mezclaban° con agua ¡y con chile!

El aguacate°, la guayaba°, la papaya, la piña y el maracuyá (o fruta de la pasión) son otros ejemplos de frutas originarias de América que son hoy día conocidas en todo el mundo.

salsa *sauce* palomitas de maíz *popcorn* mundo *world* insípido *flavorless* hasta *until* siglo *century* fue *was* venenoso *poisonous* era *was* alimento *food* almacenarla *to store it* semillas *seeds* moneda *currency* las molían *they used to grind them* las mezclaban *they used to mix them* aguacate *avocado* guayaba *guava* frituras de papa *chips* puré de papas *mashed potatoes* chocolatinas *chocolate bars* helados *ice cream* tartas *cakes*

ASÍ SE DICE

La comida

el banano (Col.) el cambur (Ven.) el guineo (Nic.) el plátano (Amér. L., Esp.)	la banana
el choclo (Amér. S.) el elote (Méx.) el jojoto (Ven.) la mazorca (Esp.)	*corncob*
las caraotas (Ven.) los porotos (Amér. S.) las habichuelas	los frijoles
el jitomate (Méx.)	el tomate

ACTIVIDADES

1 **¿Cierto o falso?** Indica si las oraciones son **ciertas** o **falsas**. Corrige la información falsa.

1. El cacao y el maíz se cultivaban en Europa antes de la conquista de América.

2. El aguacate era usado como planta ornamental en Europa.

3. Los incas consiguieron almacenar la papa por largos períodos gracias a que aprendieron a deshidratarla.

4. Los aztecas y los mayas usaron las papas como moneda.

5. El maíz era una comida poco popular en Latinoamérica.

6. El aguacate era el alimento básico de los incas.

7. Uno de los ingredientes principales del mole es el chocolate.

8. El aguacate, la guayaba, la papaya, la piña y el maracuyá son frutas conocidas sólo en algunos países de América.

9. Los incas pensaban que el tomate era venenoso.

10. El guacamole y las enchiladas hondureñas se preparan principalmente con aguacate.

2 **¿Qué te gusta?** Describe tres de tus comidas favoritas. ¿Tienen como ingrediente alguna fruta o verdura de América? ¿Qué ingredientes tienen?

3 **Frutas y verduras** Con un(a) compañero/a, contesta las preguntas.

- ¿Te gustan las frutas y las verduras? ¿Qué frutas y verduras no te gustan? ¿Por qué?

- ¿Cómo es el sabor de las frutas y de las verduras de América? ¿Tienen alguna característica especial?

4 **Conexión Internet** Investiga en el sitio **vhlcentral.com** qué otros platos típicos puedes encontrar en los países hispanos.

Video

La comida latina

1 **Preparación** ¿Probaste alguna vez comida latina? ¿Qué plato? ¿La compraste en un supermercado o fuiste a un restaurante? ¿Te gustó?

2 **El video** Mira el episodio de **Flash Cultura**.

Vocabulario	
cocinar *to cook*	**¿Está lista para ordenar?**
condimentar *to season*	*Are you ready to order?*
	pruébala *try it, taste it*

Marta nos mostrará° algunos de los platos de la comida mexicana.

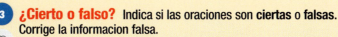

... hay más lugares donde podemos comprar productos hispanos.

°**mostrará** *will show*

3 **¿Cierto o falso?** Indica si las oraciones son **ciertas** o **falsas**. Corrige la informacion falsa.

1. En Los Ángeles hay comida de países latinoamericanos y de España.

2. Leticia explica que la tortilla del taco americano es blanda *(soft)* y la del taco mexicano es dura *(hard)*.

3. Las ventas *(sales)* de salsa son bajas en los Estados Unidos.

4. Leticia fue a un restaurante ecuatoriano.

5. Leticia probó Inca Kola en un supermercado.

Practice more!

VM

pp. 215–216   vhlcentral

8.1 Preterite of stem-changing verbs

  Tutorial

▶ As you know, **–ar** and **–er** stem-changing verbs have no stem change in the preterite. **–Ir** stem-changing verbs, however, do have a stem change.

Preterite of –ir stem-changing verbs

	servir (e→i)	morir (to die) (o→u)
yo	serví *I served*	morí *I died*
tú	serviste	moriste
Ud./él/ella	sirvió	murió
nosotros/as	servimos	morimos
vosotros/as	servisteis	moristeis
Uds./ellos/ellas	sirvieron	murieron

▶ In the preterite, stem-changing **–ir** verbs have an **e** to **i** or **o** to **u** stem change in the **Ud./él/ella** and **Uds./ellos/ellas** forms.

INFINITIVE	VERB STEM	STEM CHANGE	PRETERITE
pedir	ped-	pid-	pidió, pidieron
dormir	dor-	dur-	durmió, durmieron

¿Quién pidió el jamón?

Yo lo pedí.

¡Manos a la obra!

 Cambia los infinitivos al pretérito.

1. yo [servir, dormir, pedir, preferir, repetir, seguir]
   serví, dormí, pedí, preferí, repetí, seguí

2. usted [morir, conseguir, pedir, sentirse, vestirse]
   _____

3. tú [conseguir, servir, morir, pedir, dormir, repetir]
   _____

4. ellas [repetir, dormir, seguir, preferir, morir, servir]
   _____

5. nosotros [seguir, preferir, servir, vestirse, dormirse]
   _____

6. ustedes [sentirse, vestirse, conseguir, pedir, dormirse]
   _____

Práctica

1 **¡Pobre señor Suárez!** Completa las oraciones con el pretérito de los verbos.

modelo

Los señores Suárez __cenaron__ [cenar] hoy en un restaurante.

1. Los señores Suárez llegaron al restaurante a las ocho y _____ [seguir] al camarero a una mesa.

2. El señor Suárez _____ [pedir] una chuleta de cerdo. La señora Suárez decidió probar los camarones.

3. Para tomar, los dos _____ [pedir] vino.

4. El camarero _____ [repetir] el pedido (*the order*) para confirmarlo.

5. La comida tardó mucho (*took a long time*) en llegar y los señores Suárez casi (*almost*) _____ [dormirse] esperándola.

6. A las nueve, el camarero les _____ [servir] la comida.

7. Después de comer la chuleta de cerdo, el señor Suárez _____ [sentirse] muy mal.

8. ¡Pobre señor Suárez! ¿Por qué no _____ [pedir] los camarones?

2 **El camarero** Indica lo que los clientes pidieron y lo que un camarero les sirvió por error.

modelo

Claudia / hamburguesa
Claudia pidió una hamburguesa, pero el camarero le sirvió zanahorias.

1. Juan y Rafael / té helado
_____

2. Laura / arroz
_____

3. Nosotros / papas fritas
_____

4. Tú / salmón
_____

Conversación

3 **¿Qué hiciste?** Averigua *(find out)* si tu compañero/a hizo estas actividades la semana pasada. Comparte los resultados con la clase.

¿Pediste una pizza con salami?

No, pedí una pizza con carne.

Actividades	Respuestas
1. pedir una pizza con salami	_____
2. dormir más de diez horas	_____
3. quedarse dormido en clase	_____
4. pedir un plato muy caro en un restaurante elegante	_____
5. preferir quedarse en casa en lugar de *(instead of)* salir con amigos	_____
6. ir a una fiesta y vestirse con ropa muy formal	_____

4 **Una cena romántica** En grupos, describan la cena de Eduardo y Rosa. Usen la foto y las preguntas como guía *(as a guide)*.

- ¿Adónde salieron a cenar?
- ¿Qué pidieron?
- ¿Les sirvieron la comida rápidamente *(quickly)*?
- ¿Les gustó la comida? ¿Qué comida prefirieron?
- ¿Cuánto costó? ¿Quién pagó?
- ¿Van a volver a ese restaurante en el futuro? ¿Van a salir juntos otra vez? ¿Por qué?

Practice more!

WB
pp. 77–78

LM
p. 45

vhlcentral

Español en vivo

Tu_cocina.com

{ *Tu_cocina.com* te prepara los mejores platos para eventos sociales y personalizados. ¡Pruébalos ya°! }

Carmen Moreno — ¡Prefiero este servicio a cualquier otro!

Ana Tejada — Pedí cuarenta arepas° y me las prepararon en menos de dos horas.

Manuel Sánchez — Serví cachapas° en la cena y todos mis invitados repitieron.

¿Viste° los comentarios de nuestros clientes? ¿Qué esperas?

ya *now* **arepas** *a dish made of ground corn dough* **cachapas** *grilled pancakes made from fresh corn dough* **Viste** *Did you see*

Identificar

Lee el anuncio *(advertisement)* e identifica los verbos que tienen cambios en la raíz *(stem)* en el pretérito.

Preguntas

1. ¿Qué promociona *(promotes)* el anuncio?
2. ¿Cuáles son algunos de los platos que prepara Tu_cocina.com?
3. ¿Cómo son los comentarios de los clientes?

8.2 Double object pronouns Tutorial

▶ You have already learned that direct and indirect object pronouns replace nouns. You'll now learn how to use these pronouns together.

INDIRECT OBJECT PRONOUNS

me   te   le (se)   nos   os   les (se)

+

DIRECT OBJECT PRONOUNS

lo   la   los   las

▶ When object pronouns are used together, the indirect object pronoun precedes the direct object pronoun.

I.O. D.O.	DOUBLE OBJECT PRONOUNS
El camarero me muestra el menú. *The waiter shows me the menu.*	El camarero me lo muestra. *The waiter shows it to me.*
Nos sirven los platos. *They serve us the dishes.*	Nos los sirven. *They serve them to us.*
Maribel te pidió una hamburguesa. *Maribel ordered a hamburger for you.*	Maribel te la pidió. *Maribel ordered it for you.*

¿Quién te los dio?

Me los compró un chico muy guapo.

▶ The indirect object pronouns **le** and **les** always change to **se** when they precede **lo, los, la,** and **las.**

I.O. D.O.	DOUBLE OBJECT PRONOUNS
Le escribí la carta. *I wrote him/her the letter.*	Se la escribí. *I wrote it to him/her.*
Les sirvió los entremeses. *He served them the hors d'oeuvres.*	Se los sirvió. *He served them to them.*
Le pedimos un café. *We ordered him/her a coffee.*	Se lo pedimos. *We ordered it for him/her.*

Práctica

1 ¿Quién? Cambia los sustantivos subrayados (*underlined nouns*) por pronombres de objeto directo.

modelo
¿Quién va a traerme la carne del supermercado? [Mi esposo]
Mi esposo va a traérmela./Mi esposo me la va a traer.

1. ¿Quién les mandó las invitaciones a los invitados (*guests*)? [Mi hija] _____

2. ¿Quién me puede comprar el pan? [Mi hijo] _____

3. ¿Quién puede prestarme los platos que necesito? [Mi mamá] _____

4. Nos falta mantequilla. ¿Quién nos trae la mantequilla? [Mi cuñada] _____

5. ¡Los postres (*desserts*)! ¿Quién está preparándonos los postres? [Silvia y Renata] _____

6. ¿Quién puede pedirle la pimienta a Mónica? [Mi hijo] _____

2 En un restaurante Con un(a) compañero/a, representa las conversaciones entre un(a) camarero/a y unos clientes.

modelo

señora Guzmán:
Una hamburguesa, por favor.
camarero/a:
Enseguida (*right away*) se la traigo.

señora Guzmán

1. tus compañeros/as de cuarto

2. tus padres

3. tu profesor(a) de español

4. señorita Salas

5. tú

6. doctor Cifuentes

Conversación

3 **Contestar** Con un(a) compañero/a, haz preguntas usando las palabras interrogativas **¿Quién?** o **¿Cuándo?**

> **modelo**
>
> nos enseña español
> **Estudiante 1:** ¿Quién nos enseña español?
> **Estudiante 2:** La profesora Castro nos lo enseña.

Preguntas	Respuestas
1. te escribe mensajes electrónicos	_____
2. me vas a prestar tu computadora	_____
3. les vende los libros de texto a los estudiantes	_____
4. le enseñó español al/a la profesor(a)	_____
5. te compró esa camiseta	_____
6. me vas a mostrar tu casa o apartamento	_____

4 **Preguntas** Con un(a) compañero/a, haz estas preguntas e incluye pronombres de objeto directo e indirecto en cada respuesta.

> **modelo**
>
> **Estudiante 1:** ¿Quién te va a preparar el desayuno esta mañana?
> **Estudiante 2:** Yo me lo voy a preparar.

1. ¿Me prestas tu coche (*car*)? ¿Ya le prestaste tu coche a otro amigo?
2. ¿Me puedes comprar un auto nuevo?
3. ¿Quién te presta dinero cuando lo necesitas?
4. ¿Les prestas dinero a tus amigos? ¿Por qué?
5. ¿Les prestas tu casa o apartamento a tus amigos? ¿Por qué?
6. ¿Nos compras el almuerzo a mí y a los otros compañeros de clase?
7. ¿Me describes tu ropa?
8. ¿Quién te va a preparar la cena esta noche?

Practice more!

WB
pp. 79–80

LM
p. 46

vhlcentral

▶ Because **se** has multiple meanings, you can clarify to whom the pronoun refers by adding **a usted, a él, a ella, a ustedes, a ellos,** or **a ellas**.

¿El sombrero? Carlos **se** lo vendió **a ella.**
The hat? Carlos sold it to her.

¿Las llaves? Yo **se** las di **a ella.**
The keys? I gave them to her.

▶ Double object pronouns are placed before a conjugated verb. With infinitives and present participles, double object pronouns may be placed before the conjugated verb or attached to the end of the infinitive or present participle.

▶ When double object pronouns are attached to an infinitive or a present participle, an accent mark is added to maintain the original stress.

DOUBLE OBJECT PRONOUNS	DOUBLE OBJECT PRONOUNS
Te **lo** voy a mostrar.	Voy a mostrár**telo**.
Nos **las** están sirviendo.	Están sirviéndo**noslas**.

Me lo estoy poniendo
Estoy poniéndo**melo**.
I am putting it on.

Se las van a traer.
Van a traér**selas**.
They are going to bring them to you.

El camarero está sirviéndoselas.

Lo siento señor, ¡no me dejaron traérsela!

¡Manos a la obra!

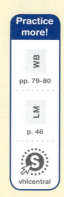

Escribe el pronombre que falta en cada oración.

Objeto directo

1. ¿La ensalada? El camarero nos __la__ sirvió.
2. ¿El salmón? La dueña me _____ recomienda.
3. ¿La comida? Voy a preparárte_____.
4. ¿Las bebidas? Estamos pidiéndose_____.
5. ¿Los refrescos? Te _____ puedo traer ahora.
6. ¿Los platos de arroz? Van a servírnos_____ después.

Objeto indirecto

1. ¿Puedes traerme tu plato? No, no __te__ lo puedo traer.
2. ¿Quieres mostrarle la carta? Sí, voy a mostrár_____ la ahora.
3. ¿Les serviste la carne? No, no _____ la serví.
4. ¿Vas a leerle el menú? No, no _____ lo voy a leer.
5. ¿Me recomiendas la langosta? Sí, _____ la recomiendo.
6. ¿Cuándo vas a prepararnos la cena? _____ la voy a preparar en una hora.

8.3 Saber and conocer   Tutorial

▶ Spanish has two verbs that mean *to know*, **saber** and **conocer**, but they are used differently. Note that only the **yo** forms of **saber** and **conocer** are irregular in the present tense.

Saber and conocer		
	saber	**conocer**
yo	sé	conozco
tú	sabes	conoces
Ud./él/ella	sabe	conoce
nosotros/as	sabemos	conocemos
vosotros/as	sabéis	conocéis
Uds./ellos/ellas	saben	conocen

▶ **Saber** means *to know a fact or piece(s) of information* or *to know how to do something.*

No **sé** tu número de teléfono.
I don't know your telephone number.

Mi hermana **sabe** hablar francés.
My sister knows how to speak French.

▶ **Conocer** means *to know or be familiar/acquainted with a person, place, or thing.*

¿**Conoces** la ciudad de Nueva York?
Do you know New York City?

No **conozco** a tu amigo Esteban.
I don't know your friend Esteban.

▶ As you learned in 5.4, when the direct object of **conocer** is a person or pet, the personal **a** is used. Compare these sentences.

¿**Conoces a** Rigoberta Menchú?   ¿**Conoces** ese restaurante?

¡ojo! These verbs are conjugated like **conocer** in the **yo** form in the present. You will learn how to use **saber**, **conocer**, and related verbs in the preterite in Lesson 9.

ofrecer (*to offer*)	ofre**zco**, ofreces, ofrece, etc.
parecer (*to seem*)	pare**zco**, pareces, parece, etc.
conducir (*to drive*)	condu**zco**, conduces, conduce, condu**cimos**, condu**cís**, conducen.
traducir (*to translate*)	tradu**zco**, traduces, traduce, tradu**cimos**, tradu**cís**, traducen.

¡ojo! **Conducir** and **traducir** are –**ir** verbs, so they differ from **conocer** in their **nosotros/as** and **vosotros/as** forms.

¡Manos a la obra!

Escribe las formas apropiadas de **saber** y **conocer**.

saber
1. José no ___sabe___ la hora.
2. Mis padres _____ hablar japonés.
3. ¿Por qué no _____ tú estos verbos?
4. Yo _____ qué hora es.

conocer
5. Usted y yo _____ bien Miami.
6. Nadie me _____ bien.
7. ¿ _____ tú a la tía de Eduardo?
8. ¿ _____ usted a Sara?

Práctica

1 **Completar** Completa las oraciones con la forma apropiada de **saber** o **conocer**.

modelo

Mi madre __conoce__ la ciudad maya de Tikal. Dice que es hermosa.

1. —Nosotros no _____ Guatemala.
   —Ah, ¿no? Pues yo _____ bien las ciudades de Escuintla, Quetzaltenango y Antigua.
2. —¿_____ ustedes dónde vive Pilar?
   —No, nosotras no _____.
3. Mi amiga Carla _____ conducir, pero yo no _____.
4. —¿_____ tú a Mateo, mi hermano mayor?
   —No, no lo _____.
5. —Yo todavía no _____ a tu novio.
   —Sí, ya lo _____.
6. Tú _____ esquiar, pero Tino y Luis son pequeños y no _____.
7. Roberto _____ bien el *Popol Vuh*, el libro sagrado de los mayas; también _____ leer los jeroglíficos de los templos mayas.

2 **Oraciones** Combina las palabras de las tres columnas para formar oraciones.

modelo

No conozco a Jennifer Lawrence. Yo conozco a Angelina Jolie.

Sujetos	Verbos	Objetos directos
Taylor Swift		Jennifer Lawrence
Lady Gaga		Angelina Jolie
Ozzy Osbourne		cantar
Brad Pitt		la ciudad de Montreal en Canadá
Nelson Mandela	(no) conocer	hablar dos lenguas extranjeras
Miguel Cabrera	(no) saber	hacer reír (*laugh*) a la gente
yo		actuar (*perform*) muy bien
tú		escribir novelas de terror
tu compañero/a		programar computadoras
tu profesor(a)		muchas personas importantes

Conversación

3 **Deportes** Pregúntale a un(a) compañero/a qué deportes practica y por qué. Usa los verbos **saber** y **conocer**.

modelo

Estudiante 1: *¿Sabes esquiar?*
Estudiante 2: *Sí, sé esquiar./*
No, no sé esquiar.
Estudiante 1: *¿Por qué?*
Estudiante 2: *Porque me interesa*
el esquí./Porque no me gusta
el invierno.

1.   2.   3.

4.   5.   6.

4 **Contestar** Con un(a) compañero/a, contesta las preguntas.

1. ¿Qué restaurantes buenos conoces? ¿Cenas en los restaurantes frecuentemente (*frequently*)?

2. En tu familia, ¿quién sabe cocinar mejor (*best*)? ¿Por qué?

3. ¿Conoces algún mercado cerca que tenga productos orgánicos? ¿Vas allí con frecuencia?

4. ¿Conoces recetas de comidas latinas? ¿Cuáles?

5. ¿Conoces a algún/alguna chef famoso/a? ¿Qué tipo de comida prepara?

6. ¿Sabes preparar algún plato especial? ¿Cuál es?

7. ¿Sabes que el ajo es bueno para la salud (*health*)? ¿Qué otras comidas o condimentos saludables conoces?

8. ¿Conoces a alguna persona que coma solamente hamburguesas y papas fritas?

Practice more!

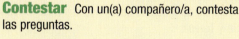

WB
p. 81

LM
p. 47

vhlcentral

Español en vivo

Él sabe dónde **comer** lo que más le gusta.

Él sabe cómo **jugar** cuatro horas seguidas.

Él sabe dónde está su **regalo** de cumpleaños°.

Él sabe dónde **divertirse°**...

... y usted sabe dónde puede encontrar un poco de todo°.
¿Conoce algún otro lugar como éste?

CENTRO COMERCIAL
MÁLAGA
Sabe lo que te gusta.

cumpleaños *birthday* **divertirse** *to have fun* **un poco de todo** *a little bit of everything*

Identificar

Lee el anuncio (*advertisement*) y busca ejemplos de los verbos **saber** y **conocer.**

Preguntas

1. Después de leer el anuncio, ¿qué sabes del Centro Comercial Málaga?

2. ¿Qué puedes hacer en el Centro Comercial Málaga?

3. ¿A quién está dirigido el anuncio?

4. ¿Conoces un centro comercial como éste? ¿Cómo se llama? ¿En qué ciudad está?

8.4 Comparatives and superlatives

 Tutorial

Comparisons of inequality

▸ Comparisons of inequality are formed by placing **más** (*more*) or **menos** (*less*) before adjectives, adverbs, and nouns and **que** (*than*) after them. When the comparison involves a numerical expression, use **de** before the number.

> La ensalada es menos cara que la sopa.

> ¿El pollo es más rico que el jamón?

El té es **más caro que** el jugo.
Tea is more expensive than juice.

Susana es **menos generosa que** su prima.
Susana is less generous than her cousin.

Luis se despierta **más temprano que** yo.
Luis gets up earlier than I (do).

Tomo **más clases que** Enrique.
I take more classes than Enrique.

▸ With verbs, use this construction to make comparisons of inequality:
[*verb*] + **más/menos que**.

Mis hermanos **comen más que** yo.
My brothers eat more than I (do).

Antonio **viaja más que** tú.
Antonio travels more than you (do).

Arturo **duerme menos que** su padre.
Arturo sleeps less than his father (does).

Ana **habla menos que** yo.
Ana talks less than I (do).

Comparisons of equality

▸ The constructions **tan** + [*adverb, adjective*] + **como** and **tanto/a(s)** + [*singular noun, plural noun*] + **como** are used to make comparisons of equality.

Este plato es **tan delicioso como** aquél.
This dish is as delicious as that one.

Yo comí **tanta comida como** tú.
I ate as much food as you (did).

Tu amigo es **tan simpático como** tú.
Your friend is as nice as you (are).

Ustedes probaron **tantos platos como** ellos.
You tried as many dishes as they (did).

▸ Comparisons of equality with verbs are formed by placing **tanto como** after the verb. Note that **tanto** does not change in number or gender.

No **duermo tanto como** mi tía.
I don't sleep as much as my aunt (does).

Estudiamos **tanto como** ustedes.
We study as much as you (do).

Práctica

1 **Lucila y Teresa** Selecciona la palabra correcta para comparar a dos hermanas muy diferentes.

Lucila   Teresa

1. Lucila es más alta y más atractiva _____ [de, más, menos, que] Teresa.

2. Teresa es más delgada porque practica _____ [de, más, menos, que] deportes que su hermana.

3. Lucila es _____ [más, menos de, más que] simpática que Teresa porque es alegre.

4. A Teresa le gusta quedarse en casa. Va a _____ [de, más, menos, que] fiestas que su hermana.

5. Teresa estudia más que Lucila. Ahora está tomando cinco clases más _____ [más, menos, que, más de] su hermana.

6. Lucila se preocupa _____ [de, más, menos, que] que Teresa por estudiar. ¡Son _____ [como, tan, tanto] diferentes!

2 **Mario y Luis** Completa las oraciones para formar comparaciones de igualdad sobre Mario y Luis, los novios de Lucila y Teresa.

> tan
> tanto(s)
> tanta(s)

Mario   Luis

1. Mario es _____ interesante como Luis.

2. Mario viaja _____ como Luis.

3. Luis habla _____ lenguas extranjeras como Mario.

4. Luis cocina carnes _____ bien como Mario.

5. Mario tiene _____ amigos como Luis.

6. ¡Qué casualidad (*coincidence*)! Mario y Luis también son hermanos, pero no hay _____ diferencia entre ellos como entre Lucila y Teresa.

Conversación

3 **La familia García** En grupos, túrnense (*take turns*) para hacer comparaciones entre Rafael, Eva, Esteban y Lourdes García.

Esteban
Lourdes
Rafael
Eva

modelo

Estudiante 1: Esteban es el más activo de la familia.
Estudiante 2: Pues yo creo que Rafael es tan activo como Esteban.
Estudiante 1: Mmm, pero Esteban es mucho más delgado.

4 **Comparaciones** Con un(a) compañero/a, conversa sobre estos temas y luego comparte tres datos interesantes con la clase.

modelo artistas de moda

Estudiante 1: Creo que Adele es la mejor artista de estos tiempos.
Estudiante 2: ¡Pero qué dices! Esa artista es malísima. Rihanna y Snoop son los mejores. Además, Adele no se viste tan bien como Rihanna.
Estudiante 1: Estás loco. Adele siempre está a la moda. Además, te repito que es la mejor. Por ejemplo, ya tiene más de treinta millones de copias vendidas (*sold copies*).

cafés y restaurantes	personas famosas
comidas favoritas	los profesores
los cursos que toman	música de moda
libros favoritos	ropa favorita
periódicos	tiendas en tu comunidad

Practice more!

WB · LM · S
pp. 82–84 · p. 48 · vhlcentral

Superlatives

▶ Use this construction to form the superlative. Note that the noun is preceded by a definite article. **De** is equivalent to the English *in* or *of*.

> el/la/los/las + [*noun*] + más/menos + [*adjective*] + de

Es **el café más rico del** país.
It's the most delicious coffee in the country.

Son **las tiendas menos caras de** la ciudad.
They are the least expensive stores in the city.

▶ The noun in a superlative construction can be omitted if it is clear to whom or what the superlative refers.

¿El restaurante El Cráter?
Es **el más elegante de** la ciudad.
The El Cráter restaurant?
It's the most elegant (one) in the city.

Recomiendo la ensalada de papa.
Es **la más sabrosa del** menú.
I recommend the potato salad.
It's the most delicious one on the menu.

¡ojo! The absolute superlative, which ends in **–ísimo/a(s)**, is equivalent to the English *extremely/very* + [*adjective/adverb*]. For example: **muchísimo/a(s)** (*very much*), **malísimo/a(s)** (*very bad*), **facilísimo/a(s)** (*extremely easy*).

▶ Note these spelling changes.

ri**c**o → ri**qu**ísimo   lar**g**o → lar**gu**ísimo   fá**c**il → fa**c**ilísimo
joven → jove**nc**ísimo   trabajador → trabajador**c**ísimo   feli**z** → feli**c**ísimo

Irregular comparatives and superlatives

Irregular comparative and superlative forms					
Adjective		**Comparative form**		**Superlative form**	
bueno/a	good	mejor	better	el/la mejor	(the) best
malo/a	bad	peor	worse	el/la peor	(the) worst
grande	big; old	mayor	older	el/la mayor	(the) oldest
pequeño/a	small; young	menor	younger	el/la menor	(the) youngest
joven	young	menor	younger	el/la menor	(the) youngest
viejo/a	old	mayor	older	el/la mayor	(the) oldest

▶ When **grande** and **pequeño/a** refer to age, use the irregular comparative and superlative forms, **mayor/menor**. However, when **grande** and **pequeño/a** refer to size, use the regular forms, **más grande/más pequeño/a**.

Isabel es **la mayor**.
Isabel is the oldest.

Tu ensalada es **más grande que** ésa.
Your salad is bigger than that one.

▶ **Bien** and **mal** have the same comparative forms as **bueno/a** and **malo/a**.

Julio nada **mejor que** los otros chicos.
Julio swims better than the other boys.

Ellas cantan **peor que** las otras chicas.
They sing worse than the other girls.

A repasar

8.1 Preterite of stem-changing verbs

 Manuel y sus tíos Manuel y sus tíos fueron a cenar a un restaurante. Indica las diferencias entre las acciones de Manuel y las de sus tíos. Sigue el modelo.

> **modelo**
>
> vestirse con ropa informal / ropa elegante
>
> *Manuel se vistió con ropa informal. Sus tíos se vistieron con ropa elegante.*

1. pedir dos refrescos / vino tinto
2. preferir la carne de res con papas / el pescado con ajo
3. servirse entremeses picantes / ensalada de verduras
4. repetir el plato principal / (no) repetir el plato principal.
5. sentirse mal en la noche / bien en la noche
6. dormirse tarde / temprano

 ¿Qué desayunaron? Con un(a) compañero/a, describe el desayuno de las personas de los dibujos. Usa el pretérito de los verbos **pedir**, **servir**, **repetir** y **sentirse**.

1. Elisa y Ana   2. Marcos y Olga

8.2 Double object pronouns

 En la cafetería Cambia los sustantivos (nouns) por pronombres de objeto directo e indirecto. Sigue el modelo.

> **modelo**
>
> Me están sirviendo café.
> *Me lo están sirviendo. Están sirviéndomelo.*

1. Nos van a dar las patatas fritas.
2. Te van a servir los refrescos.
3. Le están preparando la ensalada.
4. Les voy a recomendar unos postres.
5. Te están pidiendo las bebidas.
6. Me voy a comer los champiñones.

---

4 **Camareros** Gabriel y Valeria son camareros en un restaurante. Completa la conversación que tienen con su jefe con los pronombres apropiados.

> **modelo**
>
> JEFE   Valeria, ¿le ofreciste agua fría al cliente de la mesa 22?
>
> VALERIA   Sí, __se la ofrecí__ de inmediato.

JEFE   Gabriel, ¿los clientes de la mesa 5 te pidieron ensaladas?

GABRIEL   Sí, (1) _____.

JEFE   Valeria, ¿le llevaste el pan a la señora de la mesa 10?

VALERIA   Sí, (2) _____ hace cinco minutos.

VALERIA   Gabriel, ¿recuerdas si ya me mostraste los vinos nuevos?

GABRIEL   Sí, ya (3) _____.

JEFE   Gabriel, ¿van a pagarte la cuenta (bill) los clientes de la mesa 5?

GABRIEL   Sí, (4) _____ ahora mismo.

JEFE   ¿Les dieron los clientes buenas propinas (tips)?

VALERIA   Sí, (5) _____. ¡Estamos muy contentos!

8.3 Saber and conocer

5 **Completar** Completa las oraciones con la forma correcta de los verbos.

> **modelo**
>
> Mi amigo Juan _____traduce_____ [traducir] los libros para esa editorial.

1. Mis amigos y yo vamos a ir a Perú porque no _____ [conocer] ese país.
2. En Lima, tengo un amigo que _____ [conducir] un taxi y él nos _____ [ofrecer] llevarnos a pasear por toda la ciudad.
3. Antonio y yo no _____ [saber] dónde vive nuestro amigo taxista Carlos.
4. Mis amigos _____ [parecer] preocupados porque no hablan bien español.
5. Yo no estoy preocupado porque yo sí _____ [saber] hablar español.

6 **¿Quién soy?** Imagina que eres una persona famosa. Escribe tres oraciones con los verbos **saber** y **conocer** para dar pistas (clues) sobre quién eres. Luego, en grupos de tres, cada persona lee sus oraciones y los demás miembros del grupo adivinan (guess) quién es.

> **modelo**
>
> **Estudiante 1:** *Sé cantar canciones románticas en inglés y en español. Sé bailar muy bien. Conozco a Julio Iglesias porque es mi padre.*
>
> **Estudiante 2:** ¡Enrique Iglesias!

8.4 Comparatives and superlatives

7 En el restaurante del señor Chávez Cambia las oraciones omitiendo *(omitting)* el sujeto y usando los superlativos.

> **modelo**
> Jorge es mal camarero. (el restaurante)
> *Es el peor camarero del restaurante.*

1. La leche es nutritiva. (las bebidas)

2. El restaurante del señor Chávez no es elegante. (la ciudad)

3. Esta taquería es muy cara. (las taquerías)

4. El arroz con pollo es un buen plato. (el menú)

5. Juliana es una camarera muy joven. (las camareras)

6. El arroz con leche es sabroso. (los postres)

8 El almuerzo familiar La familia Solís está almorzando. Con un(a) compañero/a, escribe comparaciones usando las formas superlativas y comparativas.

> **modelo**
> El sándwich de Sandra es grandísimo. La abuela Beatriz es la mayor de la familia.

Síntesis

9 ¡Su restaurante es malísimo! Fuiste con un(a) amigo/a a comer a un restaurante y la comida resultó no ser muy rica. Con un(a) compañero/a, escribe una carta al dueño del restaurante. Sigue la guía.

- Mencionen lo que ustedes pidieron y lo que les sirvieron.
- Expliquen que ustedes saben cocinar muy bien y que la comida fue muy mala.
- Digan que conocen otros restaurantes mejores.
- Comparen el restaurante con otros restaurantes.
- Despídanse *(say goodbye)*.

Videoclip

 Video

1 Preparación ¿Te gustan más los dulces o las comidas saladas? ¿Cuáles no puedes resistir? Haz una lista y compárala con la de un(a) compañero/a.

2 El clip Mira el anuncio *(ad)* de **Sopas Roa** de Colombia.

> **Vocabulario**
>
> **resistirse** *to resist*   **nutritivas** *nutricious*
> **está servida** *it is served*   **hacer lo que yo quiera** *do whatever I want to do*

¡Me voy de esta casa!

¡Ya está servida la sopa de arroz Roa…!

3 ¿Cierto o falso? Indica si las oraciones son **ciertas** o **falsas**.

1. El niño decidió irse de la casa porque estaba alegre.
2. La madre sirvió la sopa a la hora de la cena.
3. El niño no sabía cuál *(didn't know which)* era la comida para el almuerzo.
4. El niño puede resistirse a la comida que prepara su madre.

4 Una cena especial Con un(a) compañero/a, dramatiza una conversación en la que uno/a de ustedes está enojado/a con el/la otro/a porque éste/a hizo algo malo. Esta persona decide preparar una cena especial para convencer al/a la otro/a de que lo/la perdone *(forgive him/her)*.

Ampliación

1 Escuchar

A Rosa y Roberto están en un restaurante. Escucha la conversación entre ellos y la camarera y toma nota de cuáles son los especiales del día.

> **TIP** **Jot down notes as you listen.** Jotting down notes while you listen can help you keep track of the important points or details. Focus actively on comprehension rather than on remembering what you have heard.

Los especiales del día

_____ _____ _____

B Usa tus notas para completar las oraciones con la opción correcta.

1. La camarera les dio información sobre _____ (dos / tres / cuatro) especiales para plato principal.

2. Rosa pidió _____ (arroz con pollo / bistec a la criolla / cerdo con salsa de champiñones y papas).

3. Roberto pidió _____ (los entremeses / bistec a la criolla / cerdo con salsa de champiñones y papas).

4. Roberto va a comer _____ (más platos que / menos platos que / tantos platos como) Rosa.

2 Conversar

Con un(a) compañero/a, conversa sobre la última vez (*the last time*) que fuiste a un restaurante. Utiliza las preguntas como guía.

- ¿Cuándo fue la última vez que fuiste a un restaurante?

- ¿Con quién comiste?

- ¿A qué restaurante fueron?

- ¿Qué pidieron? ¿Les gustó la comida?

- ¿Se la sirvieron rápidamente (*quickly*)?

- ¿Fue mejor o peor que la comida que comes en casa? ¿Fue muy cara?

- ¿Van a volver a ese restaurante en el futuro?

Ampliación

3 Escribir

Escribe una crítica sobre un restaurante local.

TIP **Expressing and supporting opinions** Use details, facts, examples, and other forms of evidence to convince your readers to take your opinions seriously.

Organizar	Usa un mapa de ideas para organizar comentarios sobre la comida, el servicio, el ambiente (*atmosphere*) y otros datos sobre el restaurante.
Escribir	Utiliza tus notas para escribir el primer borrador de la crítica.
Corregir	Intercambia (*exchange*) tu composición con la de un(a) compañero/a. Comenta sobre el título, la organización, los detalles específicos y los errores de gramática o de ortografía.
Compartir	Revisa el primer borrador teniendo en cuenta los comentarios de tu compañero/a. Incorpora nuevas ideas o más información para reforzar (*support*) tu opinión. Luego, entrégale (*hand in*) la crítica a tu profesor(a).

4 Un paso más

Imagina que abres un nuevo restaurante en la capital de un país hispano. Sigue estos pasos para diseñar el menú.

- Decide en qué país y en qué ciudad vas a abrir el restaurante.
- Investiga cuáles son las comidas típicas y los platos más populares del país.
- Investiga cómo son los restaurantes típicos del país que elegiste y qué características tienen en común.
- Elige el nombre del restaurante.
- Diseña el menú. Piensa en el estilo y en los colores que representan la cultura del país.
- Haz una lista de los entremeses, los platos principales, las ensaladas, los postres y las bebidas que quieres incluir en el menú.
- Piensa en un plato único de tu restaurante e inclúyelo en el menú. El plato debe tener un ingrediente típico del país y representar su cultura.
- Busca información sobre los precios de los platos en la moneda del país. Indica estos precios al lado de cada plato que seleccionaste.
- Intercambia tu menú con los de tres o cuatro compañeros/as y comparen los platos que escogieron.

El Tamalito
Especialidades guatemaltecas

5.ª calle (Los Próceres)
Zona 4, Guatemala
Tel: (502) 345 89 76
Fax: (502) 243 56 34

5 Conexión Internet

Investiga estos temas en el sitio **vhlcentral.com**.

- Capitales de los países hispanos
- Comidas del mundo hispano

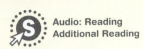

Audio: Reading
Additional Reading

Antes de leer

Reading for the main idea is a useful strategy. Locate the topic sentences of each paragraph to determine the author's purpose for writing. In particular, the first sentence in each paragraph usually provides clues about its content, as well as impressions of how the entire reading selection is organized.

Examinar el texto

Aquí se presentan dos textos distintos. ¿Qué estrategias puedes usar para leer la crítica? ¿Cuáles son las estrategias apropiadas para familiarizarte con el menú? Utiliza las más eficaces para cada texto. Luego, identifica las estrategias similares que se aplican en los dos textos.

Identificar la idea principal

Lee la primera oración de cada párrafo de la crítica del restaurante **El Palmito**. Apunta el tema principal de cada párrafo. Luego lee el primer párrafo. ¿Crees que el restaurante le gustó a la autora? ¿Por qué? Ahora lee la crítica entera. En tu opinión, ¿cuál es la idea principal de la crítica? ¿Por qué la escribió la autora? Compara tus opiniones con las de un(a) compañero/a.

37E

El Tiempo de Guatemala

Restaurantes
Domingo 9 de mayo, Boston, Massachusetts

Cinco estrellas para El Palmito

Margarita Galán, crítica de restaurantes

El viernes pasado me sorprendí° cuando encontré un restaurante fantástico en el barrio donde vivo. Cené en el restaurante **El Palmito,** donde se mezclan° de una manera extraordinaria la comida tradicional de Centroamérica y la belleza arquitectónica de nuestra ciudad. Su propietario, Héctor Suárez, es uno de los chefs más respetados de Guatemala.

El exterior del restaurante refleja el estilo colonial de Nueva Inglaterra. Por dentro°, la decoración rústica crea un ambiente cálido°. Hay que° mencionar también el hermoso patio, lleno° de plantas y flores, donde muchas personas se reúnen para tomar un café en un ambiente° relajado° y cordial. Uno no se puede quejar° del servicio

de **El Palmito.** El personal del restaurante es muy amable y atento, desde los cocineros que preparan la comida hasta los camareros que la sirven.

La comida del restaurante es exquisita. Las tortillas, que se sirven con ajiaceite, son deliciosas. La sopa de pollo y huevo es excelente, y los frijoles enchilados, ricos. También recomiendo el tomaticán, cocinado con una gran variedad de verduras muy ricas. De postre°, don Héctor me preparó su especialidad, un rico pastel de yogur.

Les recomiendo que visiten **El Palmito** cuando tengan ocasión°.

El Palmito, Boston
de lunes a sábado 10:00a.m.-11:00p.m.
domingo 11:00a.m.-10:00p.m.

Comida *****
Servicio *****
Ambiente *****
Precio ****

MENÚ

Entremeses

Pan tostado con
- Queso frito
- Huevos revueltos°

Tortillas con
- Ajicomino (chile, comino°)
- Ajiaceite (chile, aceite)

Sopas
- Cebolla
- Verduras
- Pollo y huevo
- Mariscos

Platos Principales

Chilaquil
(tortilla de maíz, queso y chile)

Tomaticán
(tomate, papas, maíz, chile, arvejas y zanahorias)

Tamales
(maíz, azúcar, ajo, cebolla)

Frijoles enchilados
(frijoles negros, carne de cerdo o de res, arroz, chile)

Postres
- Helado° de limón
- Plátanos° caribeños
- Uvate (uvas, azúcar y ron°)
- Pastel de yogur

Bebidas
- Té helado
- Vino tinto
- Vino blanco
- Agua mineral
- Jugos
- Chilate (maíz, chile y cacao)

Después de leer

¿Comprendiste?

Completa cada oración con la opción correcta.

1. La arquitectura del restaurante es _____ [moderna, colonial, fea].
2. A muchos clientes les gusta tomar el café en _____ [las mesas, el bar, el patio].
3. El dueño del restaurante es uno de los _____ [peores, menores, mejores] chefs de Guatemala.
4. La comida en este restaurante, según la autora, es _____ [muy buena, mala, regular].
5. La crítica _____ [no da información, habla bien, se queja] del restaurante.

Preguntas

Responde estas preguntas con oraciones completas.

1. ¿Cómo se llama el dueño del restaurante?
   _____
2. ¿Qué tipo de comida se sirve en El Palmito?
   _____
3. ¿Cómo es el ambiente del restaurante?
   _____
4. ¿Quién escribió este artículo?
   _____
5. ¿Cuál es la profesión de la autora del artículo?
   _____
6. ¿Cuántos platos probó la autora del artículo?
   _____

Coméntalo

¿Te interesan las comidas y bebidas que sirven en El Palmito? ¿Cuáles te parecen más interesantes? ¿Por qué? ¿Se sirven platos y bebidas similares a éstos en donde vives?

orprendí *was surprised* **mezclan** *mix* **por dentro** *inside* **cálido** *warm* **Hay que** *One must* **lleno** *full* **ambiente** mosphere **relajado** *relaxed* **Uno no se puede quejar** *One can't complain* **postre** *dessert* **cuando tengan ocasión** *when you* ave the opportunity **huevos revueltos** *scrambled eggs* **comino** *cumin* **helado** *ice cream* **plátanos** *plantains* **ron** *rum*

Vocabulary Tools

En un restaurante

el/la camarero/a	waiter
el/la dueño/a	owner
el menú	menu
el almuerzo	lunch
la cena	dinner
la comida	food; meal
el desayuno	breakfast
los entremeses	hors d'oeuvres
el plato (principal)	(main) dish
almorzar (o:ue)	to have lunch
cenar	to have dinner
desayunar	to have breakfast
pedir (e:i)	to order (food)
probar (o:ue)	to taste; to try
recomendar (e:ie)	to recommend
servir (e:i)	to serve

El gusto y los sabores

agrio/a	sour
amargo/a	bitter
delicioso/a	delicious
dulce	sweet
picante	spicy
rico/a	tasty
sabroso/a	delicious
salado/a	salty

Las bebidas

el agua (f.) (mineral)	(mineral) water
la bebida	drink; beverage
el café	coffee
la cerveza	beer
el jugo (de fruta)	(fruit) juice
la leche	milk
el refresco	soft drink
el té (helado)	(ice) tea
el vino (blanco/tinto)	(white/red) wine

Los granos y las verduras

el ajo	garlic
el arroz	rice
las arvejas	peas
la cebolla	onion
los cereales	cereals; grains
el champiñón	mushroom
la ensalada	salad
los frijoles	beans
la lechuga	lettuce
el maíz	corn
la papa/patata	potato
el tomate	tomato
las verduras	vegetables
la zanahoria	carrot

Las carnes, los pescados y los mariscos

el atún	tuna
el bistec	steak
los camarones	shrimp
la carne	meat
la carne de res	beef
la chuleta de cerdo	pork chop
la hamburguesa (vegetariana)	(veggie) hamburger
el jamón	ham
la langosta	lobster
los mariscos	seafood
el pavo	turkey
el pescado	fish
el pollo (asado)	(roast) chicken
la salchicha	sausage
el salmón	salmon

Las frutas

la banana	banana
las frutas	fruit
el limón	lemon
la manzana	apple
la naranja	orange
las uvas	grapes

Los condimentos y otras comidas

el aceite	oil
el azúcar	sugar
el huevo	egg
la mantequilla	butter
la margarina	margarine
la mayonesa	mayonnaise
el pan (tostado)	(toasted) bread
las papas/ patatas fritas	French fries
la pimienta	pepper
el queso	cheese
la sal	salt
el sándwich	sandwich
la sopa	soup
el vinagre	vinegar

Verbos

conducir	to drive
conocer	to know; to be acquainted with
morir (o:ue)	to die
ofrecer	to offer
parecer	to seem
saber	to know; to know how
traducir	to translate

Comparatives and superlatives	See pages 212–213.

Practice more at **vhlcentral.com.**

El Amazonas es el río más caudaloso *(the most vast)* del mundo. Por ser muy profundo *(deep)* y ancho *(wide)*, tiene otro nombre: "río océano". Desde barcos muy grandes hasta barcos pequeños, como la canoa que vemos en la foto, navegan en él. Alrededor *(around)* del río Amazonas hay una gran selva *(jungle)* y muy poca gente vive allí.

SURAMÉRICA I

Venezuela

Área: 912.050 km^2 (352.144 millas^2)
Población: 29.275.000
Capital: Caracas—2.916.000
Ciudades principales: Maracaibo, Valencia, Maracay, Barquisimeto
Moneda: bolívar
SOURCE: Population Division, UN Secretariat & CIA World Factbook

Colombia

Área: 1.138.910 km^2 (439.734 millas^2)
Población: 46.737.000
Capital: Bogotá—9.765.000
Ciudades principales: Cali, Medellín, Barranquilla, Cartagena
Moneda: peso colombiano
SOURCE: Population Division, UN Secretariat & CIA World Factbook

Ecuador

Área: 283.560 km^2 (109.483 millas^2)
Población: 15.868.000
Capital: Quito—1.726.000
Ciudades principales: Guayaquil, Cuenca, Machala, Portoviejo
Moneda: dólar estadounidense
SOURCE: Population Division, UN Secretariat & CIA World Factbook

Perú

Área: 1.285.220 km^2 (496.224 millas^2)
Población: 30.445.000
Capital: Lima—9.897.000
Ciudades principales: Arequipa, Trujillo, Chiclayo, Iquitos
Moneda: nuevo sol
SOURCE: Population Division, UN Secretariat & CIA World Factbook

Indígenas de Ecuador

Ecuador tiene una gran población indígena *(native)*. La lengua oficial de Ecuador es el español, pero hoy día también se hablan *(are spoken)* otras lenguas. Aproximadamente unos 4.000.000 de ecuatorianos hablan lenguas indígenas; la mayoría de ellos habla quechua. Las comunidades indígenas de Ecuador son excelentes tejedoras *(weavers)*; sus tejidos son famosos en todo el mundo por sus colores vivos y sus hermosos diseños *(designs)*. En el mercado de Otavalo se venden mantas *(blankets)*, ropas tradicionales y tapices *(tapestries)* hechos por estas comunidades.

El Salto Ángel

El Salto Ángel, en el sureste de Venezuela, es la catarata *(waterfall)* más alta del mundo. Tiene 979 m (3.212 pies) de altura *(height)*. Es diecisiete veces más alta que las cataratas del Niágara. James C. Angel "descubrió" esta catarata en 1937 y por eso lleva su nombre. Está en el Parque Nacional Canaima y los indígenas la llaman *Kerepakupai Merú*, que significa catarata.

Mar Caribe

Barranquilla

Maracaibo

Medellín

Bogotá

Cali

R. Magdalena

COLOMBIA

Pasto

Quito

ECUADOR

Guayaquil

Iquitos

Cordillera de los Andes

PERÚ

Lima

Cuzco

Océano Pacífico

Lago Titica

Arequipa

Puerto España
TRINIDAD

Caracas
VENEZUELA

R. Orinoco

GUAYANA

BRASIL

PARAGUAY

Practice more!

WB
pp. 85–86

VM
pp. 241–244

vhlcentral

Gabriel García Márquez

Publicó su primer cuento *(short story)* en 1947, cuando era estudiante universitario. Su libro más conocido, *Cien años de soledad*, está escrito en el estilo *(style)* literario llamado "realismo mágico", un estilo que mezcla *(mixes)* la realidad con lo irreal y lo mítico *(mythical)*. García Márquez recibió el Premio Nobel de Literatura en 1982. Tras su muerte es recordado *(remembered)* como uno los escritores contemporáneos más importantes del mundo.

Economía

Las alpacas de Perú

La alpaca es un animal suramericano de la familia de la llama y de la vicuña. Vive en rebaños *(herds)* en los Andes. Es un animal muy importante para la economía del país, ya que da una lana muy buena que los peruanos utilizan para hacer ropa, mantas y bolsas de alta calidad *(quality)*. Pero cuidado: ¡las alpacas escupen *(spit)* para defenderse!

Familia peruana esquilando *(shearing)* una alpaca

¿Qué aprendiste?

1 **¿Cierto o falso?** Indica si las oraciones son **ciertas** o **falsas**.

	Cierto	Falso
1. El río Amazonas es el más caudaloso del mundo.	_____	_____
2. Alrededor del río Amazonas hay una gran playa.	_____	_____
3. La moneda de Ecuador es el dólar estadounidense.	_____	_____
4. Arequipa es una de las ciudades principales de Venezuela.	_____	_____
5. La lengua oficial de Ecuador es el quechua.	_____	_____
6. Los tejidos de Ecuador son famosos en todo el mundo.	_____	_____
7. Las cataratas del Niágara son más altas que el Salto Ángel.	_____	_____
8. Los indígenas llaman *Kerepakupai Merú* al Salto Ángel.	_____	_____
9. García Márquez ganó el Premio Nobel en 1982.	_____	_____
10. García Márquez publicó su primer cuento en 1999.	_____	_____
11. La alpaca es de la familia de la llama y de la vicuña.	_____	_____
12. La alpaca escupe para defenderse.	_____	_____

2 **Preguntas** Contesta las preguntas.

1. ¿Te gustaría navegar en el río Amazonas? ¿Por qué?
2. ¿Qué te gustaría comprar en el mercado de Otavalo?
3. ¿Conoces alguna catarata similar a la de Salto Ángel? ¿Dónde está? ¿Cómo es comparada con la de Salto Ángel?
4. ¿Leíste alguna obra de García Márquez? ¿Cuál? Si no, ¿crees que te gustaría leer algo de él?
5. ¿Tienes ropa, mantas o bolsos de alpaca? ¿Te gusta la calidad de la alpaca?

3 **Conversación** Con un(a) compañero/a responde a las preguntas.

1. ¿Te gustaría conocer un país como Colombia? ¿Qué sabes sobre su cultura?
2. La alpaca es muy importante para la economía peruana. ¿En qué otros lugares los animales son importantes para la economía del país?
3. Además de la catarata Salto Ángel de Venezuela, ¿qué otras cataratas conoces? ¿Dónde están ubicadas?
4. ¿Te gustaría aprender una lengua indígena como el quechua? ¿Qué importancia crees que tiene aprender una lengua indígena?

4 **Conexión Internet** Investiga estos temas en el sitio **vhlcentral.com**.

- La cultura inca y personajes importantes de Perú, Venezuela y Colombia
- Ecoturismo en el Orinoco y lugares para visitar en Colombia y Ecuador

9 Las celebraciones

Communicative Goals

You will learn how to:
- talk about celebrations and personal relationships
- express congratulations
- ask for the bill in a restaurant
- express gratitude

PARA EMPEZAR
- ¿Cómo se sienten estas personas, alegres o tristes?
- ¿Qué hay en la mesa?
- ¿Qué crees que está celebrando la familia?

Vocabulary Tools

LAS CELEBRACIONES

graduarse (de)
to graduate (from)

la boda
wedding

LAS FIESTAS

el aniversario (de bodas)
(wedding) anniversary

el día de fiesta *holiday*

la fiesta *party*

el/la invitado/a *guest*

la Navidad *Christmas*

la quinceañera *young woman celebrating her fifteenth birthday*

la sorpresa *surprise*

celebrar *to celebrate*

cumplir años *to have a birthday*

dejar una propina *to leave a tip*

divertirse (e:ie) *to have fun*

invitar *to invite; to treat*

pagar la cuenta *to pay the bill*

pasarlo bien/mal *to have a good/bad time*

regalar *to give (a gift)*

reírse (e:i) *to laugh*

relajarse *to relax*

sonreír (e:i) *to smile*

sorprender *to surprise*

el cumpleaños
birthday

LOS POSTRES Y OTRAS COMIDAS

la botella de vino *bottle of wine*

los dulces *sweets; candy*

el helado *ice cream*

el pastel *cake*

el pastel de cumpleaños *birthday cake*

los postres *desserts*

las galletas *cookies*

el flan

el champán

brindar
to toast

la niñez
childhood

LAS ETAPAS DE LA VIDA

la etapa *stage*
la juventud *youth*
el nacimiento *birth*
la vida *life*

jubilarse *to retire (from work)*
nacer *to be born*

LAS RELACIONES PERSONALES

la alegría *happiness*
la amistad *friendship*
el amor *love*
el divorcio *divorce*
el estado civil *marital status*
el matrimonio *marriage; married couple*
la pareja *couple; partner*
el/la recién casado/a *newlywed*

casado/a *married*
divorciado/a *divorced*
juntos/as *together*
separado/a *separated*
soltero/a *single*
viudo/a *widowed*

cambiar (de) *to change*
casarse (con) *to get married (to)*
comprometerse (con)
 to get engaged (to)
divorciarse (de) *to get divorced (from)*
enamorarse (de) *to fall in love (with)*
llevarse bien/mal (con)
 to get along well/badly (with)
odiar *to hate*
romper (con) *to break up (with)*
salir (con) *to go out (with); to date*
separarse (de) *to separate (from)*
tener una cita *to have a date;*
 to have an appointment

la madurez
maturity; middle age

la vejez
old age

la adolescencia
adolescence

la muerte
death

OTRAS PALABRAS

el apellido *last name*
el consejo *advice*
la respuesta *answer*

ASÍ SE DICE
comprometerse ⟷ prometerse (*Esp.*)
el pastel ⟷ la torta (*Arg., Venez.*), el queque (*C. Rica*)

A escuchar

1 **¿Lógico o ilógico?** Escucha las oraciones e indica si son **lógicas** o **ilógicas**.

	Lógico	Ilógico
1.	_____	_____
2.	_____	_____
3.	_____	_____
4.	_____	_____
5.	_____	_____
6.	_____	_____

2 **¡Feliz cumpleaños!** Los amigos de Silvia están preparándole una fiesta de cumpleaños. Escucha la conversación y contesta las preguntas.

1. ¿Sabe Silvia que sus amigos le van a organizar una fiesta? _____

2. ¿Qué van a comer los amigos en la fiesta? _____

3. ¿A Silvia le gusta el chocolate? _____

4. ¿Dónde compraron el helado? _____

5. ¿Por qué no quieren comer el helado de la cafetería? _____

6. ¿Qué pasa cuando llega Silvia? _____

7. ¿Cuántos años cumple Silvia? _____

8. ¿Con qué brindan los amigos? _____

9. ¿Silvia es mayor o menor que sus amigos? _____

Practice more!

LM
p. 49

A practicar

3 **Completar** Completa las oraciones.

dejó una propina	se jubiló
nació	se llevan bien
nos divertimos	sonrió
lo pasaron mal	tenemos una cita
se casaron	pagaron la cuenta

1. Nelson y Mónica _____ en septiembre. La boda fue maravillosa.

2. Mi tía le _____ muy grande al camarero.

3. Mi padrastro _____ hace un año.

4. A Alejandra le gustan las galletas. Ella se puso contenta y _____ después de comérselas todas.

5. Luis y yo _____ en la fiesta. Bailamos y comimos mucho.

6. ¡Tengo una nueva sobrina! Ella _____ ayer por la mañana y se llama Sofía.

7. Irene y su esposo _____. Ellos casi nunca se pelean y disfrutan haciendo actividades juntos.

8. Isabel y yo _____ esta noche. Vamos a ir a un restaurante muy elegante.

4 **La fiesta de Susana** Completa las oraciones con las palabras y expresiones de la lección. Haz los cambios necesarios.

1. Susana siempre _____ su cumpleaños con su familia y sus amigos.

2. Su mamá invitó a mucha gente; todos los _____ llegaron tarde.

3. Su papá contó chistes (*told jokes*) y todos _____ porque eran (*were*) muy graciosos.

4. A Susana le _____ muchos regalos.

5. Su amiga Anabela trajo una botella de _____ para brindar después de comer el pastel.

6. El hermano de Susana comió muchos trozos (*pieces*) de_____ de chocolate.

7. Susana está un poco triste porque ayer _____ su novio y él no vino a su fiesta de cumpleaños.

8. Pero Susana _____ el próximo viernes con Jorge.

5 **Cambiar** Con un(a) compañero/a, túrnate para decir que las afirmaciones son falsas y corrígelas (*correct them*) cambiando las expresiones subrayadas.

modelo

Nuestros amigos <u>lo pasaron mal</u> en la playa.
Estudiante 1: Nuestros amigos lo pasaron mal en la playa.
Estudiante 2: No, te equivocas (*you're wrong*). Ellos lo pasaron bien.

1. <u>El nacimiento</u> es el fin de la vida.

2. A los sesenta y cinco años muchas personas <u>comienzan a trabajar.</u>

3. Francisco y Gloria <u>se divorcian</u> mañana.

4. Pancho <u>se comprometió</u> con Yolanda.

5. Marcela <u>lo pasa bien con</u> Ramón.

6. El abuelo murió, por eso, la abuela es <u>separada</u>.

Practice more!

WB
pp. 89–90

vhlcentral

A conversar

6

Planes para una fiesta Trabaja con un(a) compañero/a para planear una fiesta. Recuerda incluir la siguiente información.

1. ¿Qué tipo de fiesta es?

2. ¿Dónde va a ser? ¿Cuándo va a ser?

3. ¿A quiénes van a invitar?

4. ¿Qué van a comer? ¿Quiénes van a llevar o a preparar la comida?

5. ¿Qué van a beber? ¿Quiénes van a traer las bebidas?

6. ¿Cómo planean entretener a los invitados? ¿Van a bailar o a jugar algún juego?

7. Después de la fiesta, ¿quiénes van a limpiar (*clean*)?

7

Encuesta Entrevista a dos o tres compañeros/as para saber qué actitudes (*attitudes*) tienen en sus relaciones personales. Comparte los resultados con la clase.

Preguntas	Nombres	Actitudes
1. ¿Te importa la amistad? ¿Por qué?	_____	_____
2. ¿Es mejor tener un(a) buen(a) amigo/a o muchos amigos?	_____	_____
3. ¿Cuáles son las características que buscas en tus amigos/as?	_____	_____
4. ¿Tienes novio/a? ¿A qué edad (*age*) es posible enamorarse?	_____	_____
5. ¿Deben las parejas hacer todo juntos?	_____	_____
6. ¿Deben las parejas compartir las mismas opiniones? ¿Por qué?	_____	_____

8

Una fiesta inolvidable Cuéntale a un(a) compañero/a cómo fue la fiesta más divertida a la que fuiste. Usa estas preguntas como guía.

1. ¿Quién organizó la fiesta?

2. ¿Qué se celebró?

3. ¿Qué día se celebró? ¿Y a qué hora?

4. ¿Dónde fue?

5. ¿Quiénes fueron los invitados? ¿Cuántas personas había?

6. ¿Qué hicieron durante la fiesta?

7. ¿Por qué fue la fiesta más divertida?

Pronunciación

 Audio

The letters h, j, and g

helado	**h**ombre	**h**ola	**h**ermosa

The Spanish **h** is always silent.

José	**j**ubilarse	de**j**ar	pare**j**a

The letter **j** is pronounced much like the English *h* in *his*.

a**g**encia	**g**eneral	**G**il	**G**isela

The letter **g** can be pronounced three different ways. Before **e** or **i**, the letter **g** is pronounced much like the English *h*.

Gustavo, **g**racias por llamar el domi**ng**o.

At the beginning of a phrase or after the letter **n**, the Spanish **g** is pronounced like the English *g* in *girl*.

Me **g**radué en a**g**osto.

In any other position, the Spanish **g** has a somewhat softer sound.

Guerra	conse**gui**r	**gua**ntes	a**gua**

In the combinations **gue** and **gui**, the **g** has a hard sound and the **u** is silent. In the combination **gua**, the **g** has a hard sound and the **u** is pronounced like the English *w*.

Práctica Lee las palabras en voz alta, prestando atención a la **h**, la **j** y la **g**.

1. hamburguesa
2. jugar
3. oreja
4. guapa
5. geografía
6. magnífico
7. espejo
8. hago
9. seguir
10. gracias
11. hijo
12. galleta
13. Jorge
14. tengo
15. ahora
16. guantes

Oraciones Lee las oraciones en voz alta, prestando atención a la **h**, la **j** y la **g**.

1. Hola. Me llamo Gustavo Hinojosa Lugones y vivo en Santiago de Chile.
2. Tengo una familia grande; somos tres hermanos y tres hermanas.
3. Voy a graduarme en mayo.
4. Para celebrar mi graduación mis padres van a regalarme un viaje a Egipto.
5. ¡Qué generosos son!

El hábito no hace al monje.[2]

Refranes Lee los refranes en voz alta, prestando atención a la **h**, la **j** y la **g**.

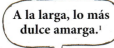
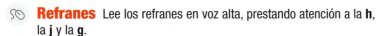

A la larga, lo más dulce amarga.[1]

[1] *Too much of a good thing.*
[2] *The clothes don't make the man.*

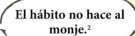

Practice more!

LM
p. 50

vhlcentral

El Día de Muertos

La familia Díaz conmemora el Día de Muertos.

PERSONAJES

MARISSA

JIMENA

FELIPE

JUAN CARLOS

SRA. DÍAZ

SR. DÍAZ

TÍA ANA MARÍA

TÍO RAMÓN

TÍA NAYELI

DON DIEGO

MARTA

VALENTINA

MAITE FUENTES

1

2

3

MAITE FUENTES El Día de Muertos se celebra en México el primero y el segundo de noviembre. Como pueden ver, hay calaveras de azúcar, flores, música y comida por todas partes. Ésta es una fiesta única que todos deben ver por lo menos una vez en la vida.

MARISSA *Holy moley!* ¡Está delicioso!
TÍA ANA MARÍA Mi mamá me enseñó a prepararlo. El mole siempre fue el plato favorito de mi papá. Mi hijo Eduardo nació el día de su cumpleaños. Por eso le pusimos su nombre.

TÍO RAMÓN ¿Dónde están mis hermanos?
JIMENA Mi papá y Felipe están en el otro cuarto. Esos dos antipáticos no quieren decirnos qué están haciendo. Y la tía Ana María...
TÍO RAMÓN ... está en la cocina.

6

7

8

TÍA ANA MARÍA Ramón, ¿cómo estás?
TÍO RAMÓN Bien, gracias. ¿Y Mateo? ¿No vino contigo?
TÍA ANA MARÍA No. Ya sabes que me casé con un doctor y, pues, trabaja muchísimo.

SR. DÍAZ Familia Díaz, deben prepararse...
FELIPE ... ¡para la sorpresa de sus vidas!

JUAN CARLOS Gracias por invitarme.
SR. DÍAZ Juan Carlos, como eres nuestro amigo, ya eres parte de la familia.

A C T I V I D A D E S

1 **Identificar** Identifica quién puede decir estas oraciones. Vas a usar un nombre dos veces.

1. Mis padres se conocieron en la fiesta de un amigo.
2. El Día de Muertos se celebra con flores, calaveras de azúcar, música y comida.
3. Gracias por invitarme a celebrar este Día de Muertos.
4. Los de la foto son mis padres el día de su boda.
5. A mí me gustan mucho las galletas.
6. ¡Qué bueno que estás aquí, Juan Carlos! Eres uno más de la familia.

2 **Completar** Completa las oraciones con la información correcta.

1. El Día de Muertos es una _____ única que todos deben ver.
2. La tía Ana María preparó _____ para celebrar.
3. Marissa lleva la _____ al altar.
4. Jimena hizo las _____ y el _____.
5. Marta no sabe qué _____ prefiere.
6. El Sr. Díaz y Felipe prepararon una _____ para la familia.

TÍA ANA MARÍA Marissa, ¿le puedes llevar esa foto que está ahí a Carolina? La necesita para el altar.

MARISSA Sí. ¿Son sus padres?

TÍA ANA MARÍA Sí, el día de su boda.

MARISSA ¿Cómo se conocieron?

TÍA ANA MARÍA En la fiesta de un amigo. Fue amor a primera vista.

MARISSA (*Señala la foto.*) La voy a llevar al altar.

(En el cementerio)

JIMENA Yo hice las galletas y el pastel. ¿Dónde los puse?

MARTA Postres... ¿Cuál prefiero? ¿Galletas? ¿Pastel? ¡Dulces!

VALENTINA Me gustan las galletas.

SR. DÍAZ Brindamos por ustedes, mamá y papá.

TÍO RAMÓN Todas las otras noches estamos separados. Pero esta noche estamos juntos.

TÍA ANA MARÍA Con gratitud y amor.

  3 **Una cena** Trabajen en grupos para representar una conversación en una cena de Año Nuevo. Usen la guía para representar la situación.

▶ Una persona brinda por el año que está por comenzar y por estar con su familia y amigos.

▶ Cada persona del grupo habla de cuál es su comida favorita en Año Nuevo.

▶ Después de la cena, una persona del grupo dice que es hora de *(it's time to)* comer las uvas.

▶ Cada persona del grupo dice qué desea para el año que empieza.

▶ Después, cada persona del grupo debe desear Feliz Año Nuevo a los demás.

Expresiones útiles

Discussing family history
El mole siempre fue el plato favorito de mi papá.
Mole was always my dad's favorite dish.
Mi hijo Eduardo nació el día de su cumpleaños.
My son Eduardo was born on his birthday.
Por eso le pusimos su nombre.
That's why we named him after him (after my father).
¿Cómo se conocieron sus padres?
How did your parents meet?
En la fiesta de un amigo. Fue amor a primera vista.
At a friend's party. It was love at first sight.

Talking about a party/celebration
Ésta es una fiesta única que todos deben ver por lo menos una vez.
This is a unique celebration that everyone should see at least once.
Gracias por invitarme.
Thanks for inviting me.
Brindamos por ustedes.
A toast to you.

Additional vocabulary
alma *soul*
altar *altar*
ángel *angel*
calavera de azúcar
skull made of sugar
cementerio *cemetery*
cocina *kitchen*
disfraz *costume*

Practice more!

VM pp. 185–186 | vhlcentral

Reading

Semana Santa: más que una celebración

De todas las celebraciones hispanas, la Semana Santa° es una de las más importantes. Esta fiesta religiosa se celebra la semana antes de Pascua° y conmemora la muerte y resurrección de Jesucristo, figura central del cristianismo.

Otras celebraciones famosas

Ayacucho, Perú: Además de alfombras de flores y procesiones, aquí hay una antigua tradición llamada "quema de la chamiza"°.

Iztapalapa, Ciudad de México: Es famoso el Vía Crucis del cerro° de la Estrella. Es una representación del recorrido° de Jesucristo con la cruz°.

Popayán, Colombia: En las procesiones "chiquitas" los niños llevan imágenes que son copias pequeñas de las que llevan los adultos.

Pero, ¿por qué es tan importante esta celebración? Para los cristianos, durante la Semana Santa se recuerdan los principales hechos° que forman la base de su religión. Cada día tiene su significado. Por ejemplo, el Viernes Santo, con la representación del Vía Crucis°, se recuerdan el juicio° y la muerte de Jesucristo. Por esta razón, cada año tienen lugar diferentes celebraciones populares, famosas alrededor

del mundo gracias a su originalidad y despliegue°. Así, aunque algunas personas aprovechan° estos días para viajar, muchas prefieren participar en estas celebraciones religiosas en las calles°. Por ejemplo, en **Sevilla**, España, los fieles° sacan a las calles imágenes religiosas sobre plataformas decoradas con abundantes flores° y velas°. En **Antigua**, Guatemala, los fieles hacen alfombras° de flores y altares, además de organizar Vía Crucis y danzas.

Alfombra de flores en Antigua, Guatemala

Éstos son sólo algunos ejemplos del tipo de celebraciones que se presentan en casi todos los países hispanos durante la Semana Santa. Esta fiesta religiosa es una muestra innegable de la cultura y de las creencias religiosas de muchos hispanos.

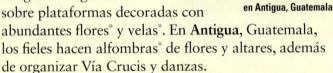

Semana Santa *Holy Week* Pascua *Easter Sunday* hechos *events* Vía Crucis *Stations of the Cross* juicio *trial* despliegue *display* aprovechan *take advantage of* calles *streets* fieles *faithful* flores *flowers* velas *candles* alfombras *carpets* quema de la chamiza *burning of brushwood* cerro *hill* recorrido *route* cruz *cross*

Procesión en Sevilla, España

ASÍ SE DICE

Fiestas y celebraciones

la despedida de soltero/a	*bachelor(ette) party*
el día feriado/festivo	*el día de fiesta*
disfrutar	*to enjoy*
festejar	*celebrar*
los fuegos artificiales	*fireworks*
pasarlo en grande	*divertirse mucho*
salir de parranda rumbear (Ven.), (Col.)	*to go out and have fun*

1 **¿Cierto o falso?** Indica si las oraciones son **ciertas** o **falsas**. Corrige las falsas.

1. La Semana Santa se celebra después de Pascua.

2. La Semana Santa conmemora el nacimiento de la Virgen María.

3. La celebración de la Semana Santa es importante porque recuerda los eventos más importantes que forman la base del cristianismo.

4. Todos los días de la Semana Santa tienen el mismo significado.

5. El Viernes Santo se recuerda la resurrección de Jesucristo.

6. Las personas tienen días libres durante la Semana Santa.

7. Todas las personas asisten a las celebraciones religiosas.

8. En los países hispanos, las celebraciones se hacen en las calles.

9. España es el único país donde se celebra la Semana Santa con procesiones y desfiles.

10. Las procesiones "chiquitas" son famosas en Sevilla, España.

2 **Comparación** Compara una celebración del mundo hispano con una celebración importante de tu país. ¿Cómo celebra la gente? ¿Cuáles son algunas actividades típicas de estas celebraciones? ¿En qué se parecen? ¿En qué se diferencian? Comparte tus ideas con la clase.

3 **Conexión Internet** Investiga en el sitio **vhlcentral.com** qué celebraciones hispanas hay en los Estados Unidos.

Video

Las fiestas

1 **Preparación** ¿Se celebra la Navidad en tu país? ¿Qué otras fiestas importantes se celebran? ¿Cuánto tiempo duran? ¿Cuáles son las tradiciones y actividades típicas?

2 **El video** Mira el episodio de **Flash Cultura**.

Vocabulario

las artesanías *handicrafts*
los cabezudos *carnival figures with large heads*
los carteles *posters*
fiesta de pueblo *small town celebration*
máscaras *masks*
santos de palo *wooden sculptures of saints*

1

Los cabezudos son una tradición [...] de España.

2

Es una fiesta de pueblo… una tradición. Vengo todos los años.

3 **Elegir** Indica cuál de las dos opciones resume mejor este episodio.

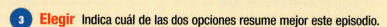

- Las Navidades puertorriqueñas son las más largas y terminan después de las fiestas de la calle San Sebastián. Esta fiesta se celebra con baile, música y distintas expresiones artísticas típicas.

- En la celebración de las Navidades puertorriqueñas, los cabezudos son una tradición de España y el elemento más importante de la fiesta. A la gente le gusta bailar y hacer procesiones por la noche.

Practice more!

VM
pp. 217–218

vhlcentral

9.1 Irregular preterites Tutorial

▶ You already know that **ir** and **ser** are irregular in the preterite. Here are some other verbs that are irregular in the preterite.

Preterite of *tener*, *venir*, and *decir*

	tener (u-stem)	venir (i-stem)	decir (j-stem)
yo	tuve	vine	dije
tú	tuviste	viniste	dijiste
Ud./él/ella	tuvo	vino	dijo
nosotros/as	tuvimos	vinimos	dijimos
vosotros/as	tuvisteis	vinisteis	dijisteis
Uds./ellos/ellas	tuvieron	vinieron	dijeron

▶ Observe the stem changes in the chart: the **e** in **tener** changes to **u**, and the **e** in **venir** and **decir** changes to **i**. Note also that the **c** in **decir** changes to **j**. None of these verbs have written accents in the **yo** or **usted/él/ella** forms.

▶ These verbs have similar stem changes to **tener**, **venir**, and **decir**.

INFINITIVE	U-STEM	PRETERITE FORMS
poder	pud-	pude, pudiste, pudo, pudimos, pudisteis, pudieron
poner	pus-	puse, pusiste, puso, pusimos, pusisteis, pusieron
saber	sup-	supe, supiste, supo, supimos, supisteis, supieron
estar	estuv-	estuve, estuviste, estuvo, estuvimos, estuvisteis, estuvieron

INFINITIVE	I-STEM	PRETERITE FORMS
querer	quis-	quise, quisiste, quiso, quisimos, quisisteis, quisieron
hacer	hic-	hice, hiciste, hizo, hicimos, hicisteis, hicieron

INFINITIVE	J-STEM	PRETERITE FORMS
traer	traj-	traje, trajiste, trajo, trajimos, trajisteis, trajeron
conducir	conduj-	conduje, condujiste, condujo, condujimos, condujisteis, condujeron
traducir	traduj-	traduje, tradujiste, tradujo, tradujimos, tradujisteis, tradujeron

¡ojo! Verbs with **j**-stems omit the letter **i** in the **ustedes/ellos/ellas** endings. For example, **tener → tuvieron**, but **decir → dijeron**.

▶ Most verbs that end in **–cir** are **j**-stem verbs in the preterite. For example, **producir → produje, produjiste**, etc.

Práctica

1 **Una fiesta sorpresa** Completa estas oraciones con el pretérito de los verbos indicados.

 modelo   El sábado ___hubo___ [haber] una fiesta
sorpresa para Elsa en mi casa.

1. Sofía _____ [hacer] un pastel para la fiesta y Miguel _____ [traer] un flan.

2. Los amigos y parientes de Elsa _____ [venir] y _____ [traer] regalos.

3. El hermano de Elsa no _____ [venir] porque _____ [tener] que trabajar.

4. Su tía María tampoco_____ [poder] venir.

5. Cuando Elsa abrió la puerta, todos gritaron (*shouted*): "¡Feliz cumpleaños!" y su esposo le _____ [dar] un beso.

6. Al final de la fiesta, todos _____ [decir] que se divirtieron mucho.

7. La fiesta le _____ [dar] a Elsa tanta alegría que no_____ [poder] dormir esa noche.

2 **¿Qué hicieron?** Usa los verbos de la lista para describir lo que hicieron estas personas.

dar	tener
estar	traer
poner	venir

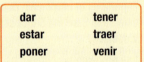

1. El señor López/dinero   2. Nosotros/fiesta

_____   _____

3. Norma/pavo   4. Roberto y Elena/regalo

_____   _____

Conversación

3 **Preguntas** Con un(a) compañero/a, túrnate para contestar estas preguntas.

1. ¿Qué hiciste anoche?
2. ¿Quiénes no estuvieron en clase la semana pasada?
3. ¿Hiciste la tarea esta mañana? ¿Cuándo? ¿Se la diste al/a la profesor(a)?
4. ¿Qué trajiste a clase hoy?
5. ¿Pudiste leer tus mensajes electrónicos esta mañana?
6. ¿Tuviste que asistir a alguna boda el año pasado? ¿De quién?
7. ¿Hubo una fiesta en tu casa o residencia el sábado pasado?
8. ¿Alguien dio una fiesta por tu cumpleaños el año pasado? ¿Quién?
9. ¿Cuándo fue la última (*last*) vez que tus parientes vinieron a visitarte? ¿Te trajeron algo? ¿Qué te trajeron?
10. ¿Les diste a tus padres un regalo para su aniversario de bodas? ¿Qué les regalaste?

4 **Encuesta** Averigua (*Find out*) quién de tus compañeros/as hizo cada una de estas actividades. Luego, comparte los resultados con la clase.

modelo

Fue a una fiesta la semana pasada.

Estudiante 1: ¿Fuiste a una fiesta la semana pasada?
Estudiante 2: No, no fui a ninguna fiesta.
Estudiante 1: ¿Fuiste a una fiesta la semana pasada?
Estudiante 3: Sí, fui a una fiesta muy buena.

Descripciones	Nombres
1. Tuvo un examen ayer.	_____
2. Trajo dulces a clase.	_____
3. Condujo su auto a clase.	_____
4. Estuvo en la biblioteca ayer.	_____
5. Le dio consejos a alguien ayer.	_____
6. Tuvo que levantarse temprano ayer.	_____
7. Hizo un viaje por más de dos semanas el verano pasado.	_____
8. Tuvo una cita anoche.	_____
9. Dijo una mentira ayer.	_____
10. Tuvo que trabajar el sábado pasado.	_____

Practice more!

WB pp. 91–92   LM p. 51   vhlcentral

The preterite of dar

The preterite of *dar*			
yo	di	nosotros/as	dimos
tú	diste	vosotros/as	disteis
Ud./él/ella	dio	Uds./ellos/ellas	dieron

▶ The endings for **dar** are the same as the regular preterite endings for **–er** and **–ir** verbs, but there are no written accent marks.

La camarera me **dio** el menú.
The waitress gave me the menu.

Le **di** a Juan algunos consejos.
I gave Juan some advice.

Los invitados le **dieron** un regalo.
The guests gave him/her a gift.

Nosotros **dimos** una gran fiesta.
We gave a great party.

▶ The preterite of **hay** (*inf.* **haber**) is **hubo** (*there was/were*).

Hubo una fiesta el sábado pasado.
There was a party last Saturday.

Hubo muchos invitados.
There were a lot of guests.

Hubo una sorpresa especial para mi hermana.
There was a special surprise for my sister.

También **hubo** muchos regalos y champán.
There were also a lot of gifts and champagne.

Marissa le dio la foto a la Sra. Díaz.

Hubo una celebración en casa de los Díaz.

¡Manos a la obra!

Escribe la forma correcta del pretérito de cada verbo.

1. Tú ___quisiste___ [querer].
2. Usted _____ [decir].
3. Nosotras _____ [hacer].
4. Yo _____ [traer].
5. Ellas _____ [conducir].
6. Ella _____ [estar].
7. Tú _____ [tener].
8. Ella y yo _____ [dar].
9. Yo _____ [traducir].
10. _____ [haber] muchos invitados.
11. Usted _____ [saber].
12. Ellos _____ [poner].
13. Yo _____ [venir].
14. Tú _____ [poder].
15. Ustedes _____ [querer].
16. Nosotras _____ [estar].
17. Tú _____ [decir].
18. Ellos _____ [saber].
19. Él _____ [hacer].
20. Yo _____ [poner].
21. Nosotras _____ [traer].
22. Yo _____ [tener].
23. Tú _____ [dar].
24. Usted _____ [conducir].

Tutorial

9.2 Verbs that change meaning in the preterite

▶ **Conocer, saber, poder,** and **querer** change meanings in the preterite.

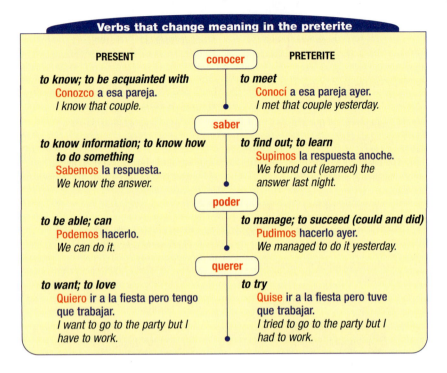

Verbs that change meaning in the preterite		
PRESENT	**conocer**	**PRETERITE**
to know; to be acquainted with Conozco a esa pareja. *I know that couple.*		*to meet* Conocí a esa pareja ayer. *I met that couple yesterday.*
	saber	
to know information; to know how to do something Sabemos la respuesta. *We know the answer.*		*to find out; to learn* Supimos la respuesta anoche. *We found out (learned) the answer last night.*
	poder	
to be able; can Podemos hacerlo. *We can do it.*		*to manage; to succeed (could and did)* Pudimos hacerlo ayer. *We managed to do it yesterday.*
	querer	
to want; to love Quiero ir a la fiesta pero tengo que trabajar. *I want to go to the party but I have to work.*		*to try* Quise ir a la fiesta pero tuve que trabajar. *I tried to go to the party but I had to work.*

▶ In the preterite, **poder** and **querer** have different meanings, depending on whether they are used in affirmative or negative sentences.

Affirmative	
pude	*I was able (to)/succeeded*
quise	*I tried (to)*

Negative	
no pude	*I failed (to)*
no quise	*I refused (to)*

¡Manos a la obra!

 Cambia los verbos del presente al pretérito.

1. No quiero hacerlo. No ____quise____ hacerlo.
2. ¿Sabes la respuesta? ¿ _____ la respuesta?
3. Las chicas pueden divertirse. Las chicas _____ divertirse.
4. ¿Conoces a los recién casados? ¿ _____ a los recién casados?
5. No puedo encontrar a Patricia. No _____ encontrar a Patricia.
6. Josefina quiere descansar. Josefina _____ descansar.
7. Conocemos a Julio. _____ a Julio el año pasado.
8. Ella no puede venir a la fiesta. Ella no _____ venir a la fiesta.
9. Queremos pasarlo bien. _____ pasarlo bien.
10. Ustedes saben del problema, ¿verdad? Ustedes _____ del problema, ¿verdad?
11. No queremos ir a la fiesta. No _____ ir a la fiesta.
12. Puedes venir conmigo. _____ venir conmigo.

Práctica

1 **Oraciones** Forma oraciones con estos elementos. Usa el pretérito.

modelo

Mis padres / no querer / venir / fiesta
Mis padres no quisieron venir a la fiesta.

1. Anoche / nosotros / saber / del divorcio / Carlos y Eva _____
2. Tú / conocer / Nora / clase / historia / ¿no?
   _____
3. ¿Poder / ustedes / visitar / la Isla de Pascua?
   _____
4. Pedro / querer / romper / Olivia
   _____
5. Irma / saber / de la fiesta sorpresa
   _____
6. Gustavo y Elena / conocer / mi esposo / fiesta de Ana _____
7. Yolanda / no poder / dormir / anoche
   _____
8. El señor Navarro / querer / jubilarse / pero / no poder _____
9. Ayer / yo / no poder / llamar / tú
   _____
10. Nosotros / querer / pagar la cuenta
    _____

2 **Completar** Completa estas oraciones de manera lógica.

1. La semana pasada yo supe…
2. Ayer mi compañero/a de cuarto supo…
3. Esta mañana no pude…
4. El fin de semana pasado mis amigos/as y yo no pudimos…
5. Conocí a mi mejor amigo/a en…
6. Mis padres no quisieron…
7. Mi mejor amigo/a no pudo…
8. Mi novio/a y yo nos conocimos en…
9. El mes pasado quise…
10. Ayer mis amigos/as quisieron…
11. Mis abuelos pudieron…

Conversación

3 **El fin de semana** Prepara dos listas: una con las actividades que hiciste el fin de semana pasado y la otra lista con las actividades que quisiste hacer, pero no pudiste hacer. Luego, compara tu lista con la de un(a) compañero/a, y explica por qué no pudiste hacer esas cosas.

Cosas que hice	Cosas que quise hacer
1. _____	1. _____
2. _____	2. _____
3. _____	3. _____
4. _____	4. _____
5. _____	5. _____
6. _____	6. _____
7. _____	7. _____
8. _____	8. _____
9. _____	9. _____
10. _____	10. _____

4 **Telenovela** En grupos de tres, escriban el guion (*script*) de una escena amorosa entre los tres personajes de la telenovela (*soap opera*) llamada **La mujer doble**. Usen el pretérito de **conocer, poder, querer** y **saber**. ¡Sean creativos!

Daniel

Mirta

Raúl

La mujer doble

⊙ Pasión ⊙ Aventura ⊙ Hechicería ⊙ Venganza

Practice more!

WB	LM	S
p. 93	p. 52	vhlcentral

Hubo un día en el que la humanidad quiso ir más allá de sus límites. Pudo conocer un mundo° increíble. Supo asegurar° su futuro.

BANCO COLÓN
El banco de Puerto Rico

Ahora todos lo pueden hacer.

mundo *world*   **asegurar** *to ensure*

Identificar

Lee el anuncio e identifica los verbos en el pretérito.

Preguntas

1. ¿Qué quiso hacer la humanidad? ¿Qué pudo conocer?
2. ¿Cuándo llegó Cristóbal Colón a América?
3. ¿Qué tipo de compañía es la del anuncio?
4. ¿Es eficaz (*effective*) la conexión entre el viaje de Colón y los servicios bancarios?

9.3 Relative pronouns

 Tutorial

▶ Relative pronouns are used to combine two sentences or clauses that share a common element, such as a noun or pronoun. Study these diagrams.

Éste es **el flan**.
This is the flan.

Manuela preparó **el flan**.
Manuela made the flan.

Éste es **el flan que** Manuela preparó.
This is the flan that Manuela made.

Lourdes es muy inteligente.
Lourdes is very intelligent.

Lourdes estudia español.
Lourdes studies Spanish.

Lourdes, quien estudia español, es muy inteligente.
Lourdes, who studies Spanish, is very intelligent.

La comida que prepararon fue muy rica.

La Sra. Díaz, quien tiene las flores, preparó la comida.

▶ Spanish has three commonly used relative pronouns. Note that relative pronouns never carry an accent, unlike interrogative words (**qué, quién,** etc.).

Common relative pronouns

que	*that; which; who*
quien(es)	*who; whom; that*
lo que	*that which; what*

▶ **Que**, the most frequently used relative pronoun, can refer to things or to people. Unlike the English *that*, **que** is never omitted.

¿Dónde está el pastel **que** pedí?
Where is the cake (that) I ordered?

El hombre **que** sirve la comida se llama Diego.
The man who serves the food is named Diego.

Práctica

1 **Una fiesta de aniversario** Amparo está hablando de la fiesta de aniversario de sus abuelos. Completa las oraciones con las expresiones de la lista.

a quien conozco muy bien	que se graduó
de quienes te hablé	quien es la novia
que saqué	quien se jubiló

1. El sábado fui a la fiesta de aniversario de mis abuelos, _____ la semana pasada.
2. Éstas son las fotos _____ durante la fiesta.
3. Éste es Ramón, mi primo. Es el chico _____ de la universidad en junio.
4. Éste es mi abuelo, _____ el año pasado.
5. Esta mujer, _____, se llama Ana.
6. Y ésta es Lucía, _____ de Ramón.

2 **Una fiesta de cumpleaños** Describe la fiesta sorpresa que van a dar Jaime y Laura, usando los pronombres relativos **que, quien, quienes** y **lo que**.

modelo

Jaime y Laura son los amigos ___*que*___ planean la fiesta.

1. Manuela, _____ cumple veintiún años mañana, no sabe que sus amigos están planeando una fiesta.
2. Éstas son las personas _____ van a invitar.
3. Juan y Luz, _____ son los hermanos de Manuela, van a venir.
4. Marco, _____ es el novio de Manuela, va a venir también.
5. _____ Jaime y Laura van a servir de postre es un pastel.
6. Todos van a bailar salsa y rock hasta la una de la mañana, _____ va a ser muy divertido.

Conversación

3 **Entrevista** Con un(a) compañero/a, túrnate para contestar las preguntas.

1. ¿Qué es lo que más te gusta de las fiestas familiares? ¿Por qué?

2. ¿Qué es lo que menos te gusta de las fiestas familiares? ¿Por qué?

3. ¿Quiénes son las personas con quienes celebras tu cumpleaños?

4. ¿Quién es el/la pariente o amigo/a a quien más le gustan los cumpleaños? ¿Por qué le gustan tanto?

5. ¿Dónde compras los regalos que le regalas a tu mejor amigo/a?

6. ¿Tienes hermanos/as o amigos/as que están casados/as? ¿Dónde viven?

7. ¿Quién es la persona que más te importa?

8. ¿Quiénes son las personas con quienes te diviertes más? ¿Por qué lo pasas bien con ellos/ellas?

4 **Definiciones** Con un(a) compañero/a, túrnate para definir estas palabras, usando **que, quien(es)** y **lo que**. Luego, comparte las definiciones con la clase.

modelo

un pastel de cumpleaños

Estudiante 1: ¿Qué es un pastel de cumpleaños?
Estudiante 2: Es un postre que comes en tu cumpleaños./Es lo que comes en tu cumpleaños.

1. el helado
2. el champán
3. una propina
4. una boda
5. un invitado
6. la Navidad
7. una recién casada
8. los dulces
9. la camarera
10. la leche
11. una viuda
12. una fiesta de quince años

Practice more!
WB pp. 94–95 LM p. 53 vhlcentral

Uses of **quien(es)** and **lo que**

▶ **Quien** (singular) and **quienes** (plural) refer only to people and are often used after a preposition or the personal **a**.

Eva, **a quien** vi anoche, cumple veinticinco años hoy.
Eva, whom I saw last night, turns twenty-five today.

¿Son ésas las chicas **de quienes** me hablaste la semana pasada?
Are those the girls you told me about last week?

▶ **Quien(es)** is occasionally used instead of **que** in clauses set off by commas.

Lola, **quien** es cubana, es médica.
Lola, who is Cuban, is a doctor.

Su tía, **que** es alemana, ya llegó.
Her aunt, who is German, already arrived.

Mi hermana, **quien** vive en Madrid, me llamó por teléfono.
My sister, who lives in Madrid, called me on the phone.

Juan, **que** estuvo muy contento, brindó conmigo.
Juan, who was very happy, toasted with me.

▶ **Lo que** refers to an idea, a situation, or a past event and means *what* or *the thing that*.

Juana tiene todo **lo que** necesitamos.
Juana has everything we need.

Lo que me molesta es el calor.
The thing that bothers me is the heat.

Lo que quiero es verte.
What I want is to see you.

Lo que más te gusta es divertirte.
What you like most is to have fun.

Marissa, a quien le dan un poco de mole, dice: Holy moley!

Lo que le gusta a la tía Ana María es cocinar.

¡Manos a la obra!

 Completa las oraciones con pronombres relativos.

1. La chica ___que___ me invitó a la fiesta se llama Anabel.
2. Ese mercado tiene todo _____ necesitamos.
3. Úrsula, _____ es la dueña del restaurante, es de Uruguay.
4. Donaldo, a _____ viste en la fiesta, es chileno.
5. A Cecilia no le gusta el regalo _____ le compré.
6. No me gusta hablar con personas a _____ no conozco.
7. Rosana es la chica de _____ te hablé.
8. El chico _____ está a la izquierda es mi primo.
9. Ana, con _____ voy a la fiesta, es muy simpática.
10. _____ me sorprendió fue ver a tantos invitados.

9.4 ¿Qué? and ¿cuál? Tutorial

▶ As you know, **¿qué?** and **¿cuál?** or **¿cuáles?** mean *what?* or *which?* However, they are not interchangeable.

▶ **¿Qué?** is used to ask for a definition or explanation.

¿Qué es el flan?
What is flan?

¿Qué estudias?
What do you study?

▶ **¿Cuál(es)?** is used when there is a choice between two or more possibilities.

¿Cuáles quieres, éstos o ésos?

Which (ones) do you want, these or those?

¿Cuál es tu apellido, Martínez o Vásquez?

What is your last name, Martínez or Vásquez?

▶ **¿Cuál(es)?** cannot be used before a noun; **¿qué?** is used instead.

¿Cuál es tu color favorito?
What is your favorite color?

¿Qué colores te gustan?
What colors do you like?

▶ **¿Qué?** used before a noun has the same meaning as **¿cuál?**

Qué + noun	Cuál + verb
¿Qué **regalo** te gusta?	¿**Cuál** te gusta?
¿Qué **dulces** quieren ustedes?	¿**Cuáles** quieren ustedes?

Review of interrogative words and phrases

¿a qué hora?	at what time?	¿cuántos/as?	how many?
¿adónde?	(to) where?	¿de dónde?	from where?
¿cómo?	how?	¿dónde?	where?
¿cuál(es)?	what?; which?	¿por qué?	why?
¿cuándo?	when?	¿qué?	what?; which?
¿cuánto/a?	how much?	¿quién(es)?	who?

¡Manos a la obra!

Completa las preguntas con **¿qué?** o **¿cuál(es)?**, según el contexto.

1. ¿ _Cuál_ te gusta más?
2. ¿_____ es tu teléfono?
3. ¿_____ tipo de pastel pediste?
4. ¿_____ es una boda?
5. ¿_____ haces ahora?
6. ¿_____ son tus platos favoritos?
7. ¿_____ bebidas te gustan más?
8. ¿_____ es esto?
9. ¿_____ es el mejor?
10. ¿_____ es tu opinión?
11. ¿_____ fiestas celebras tú?
12. ¿_____ vino prefieres?
13. ¿_____ es tu clase favorita?
14. ¿_____ pones en la mesa?
15. ¿_____ restaurante prefieres?
16. ¿_____ es tu dirección?
17. ¿_____ quieres comer ahora?
18. ¿_____ es la tarea para mañana?
19. ¿_____ color prefieres?
20. ¿_____ opinas?

Práctica

1 Minidiálogos Completa los minidiálogos con las palabras interrogativas correctas.

modelo

SILVIA ¿ _Cuándo_ es la fiesta de aniversario de tus padres?
ERNESTO El sábado por la noche.

• • •

MARCELA ¿ (1) _____ va a ser la fiesta de cumpleaños?
DIEGO En casa de mi primo.

• • •

CAMILA ¿ (2) _____ es tu clase favorita?
CARLOS La clase de arte es mi favorita.

• • •

TOMÁS ¿ (3) _____ dinero te van a dar tus abuelos para tu graduación de la universidad?
MERCEDES Dicen que van a darme dos mil dólares.

• • •

LIDIA ¿ (4) _____ compraste para tu sobrino?
MARTA Una raqueta de tenis.

• • •

IGNACIO ¿ (5) _____ vas después de la boda?
GABRIEL Mi novia y yo vamos al cine. ¿Quieres venir?

2 Completar Completa estas preguntas con una palabra interrogativa. En algunos casos se puede usar más de una palabra interrogativa.

modelo ¿En _qué_ país nacieron tus padres?

1. ¿_____ es la fecha de tu cumpleaños?
2. ¿_____ naciste?
3. ¿_____ es tu estado civil?
4. ¿_____ te relajas?
5. ¿_____ son tus programas de televisión favoritos?
6. ¿_____ es tu mejor amigo?
7. ¿_____ van tus amigos para divertirse?
8. ¿_____ postres te gustan? ¿_____ te gusta más?
9. ¿_____ problemas tuviste el primer día de clase?
10. ¿_____ primos tienes?

Conversación

3 **Una invitación** Con un(a) compañero/a, lee esta invitación. Luego, cada estudiante debe pensar en tres preguntas que su compañero/a debe responder sobre el texto.

modelo

Estudiante 1: ¿Quiénes se casan?
Estudiante 2: María Luisa y José Antonio

FERNANDO SANDOVAL VALERA   LORENZO VÁSQUEZ AMARAL

ISABEL ARZIPE DE SANDOVAL   ELENA SOTO DE VÁSQUEZ

TIENEN EL AGRADO DE INVITARLOS
A LA BODA DE SUS HIJOS

MARÍA LUISA Y JOSÉ ANTONIO

LA CEREMONIA RELIGIOSA TENDRÁ LUGAR
EL SÁBADO 10 DE JUNIO A LAS DOS DE LA TARDE
EN EL TEMPLO DE SANTO DOMINGO
(CALLE SANTO DOMINGO, 961).

DESPUÉS DE LA CEREMONIA, SÍRVANSE PASAR A LA RECEPCIÓN EN EL SALÓN
DE BAILE DEL HOTEL METRÓPOLI (SOTERO DEL RÍO, 465).

4 **Fotos** Con un(a) compañero/a, haz preguntas sobre estas personas.

modelo

Estudiante 1: ¿Quién es esta mujer?
Estudiante 2: Es una estudiante.
Estudiante 1: ¿Dónde está?
Estudiante 2: Está en la biblioteca.
Estudiante 1: ¿Qué está haciendo?
Estudiante 2: Está estudiando para un examen.

1.

2.

3.

4.

Practice more!

WB	LM	S
pp. 96–97	p. 54	vhlcentral

¿Con quién quieres compartir momentos mágicos?
¿Qué prioridades° tienes en la vida?
¿Qué es para ti la libertad?
Tú eliges° cómo vivir.

VIAJES LIBERTAD
¿Te gusta viajar en crucero?

prioridades *priorities*   **eliges** *choose*

Identificar

Lee el anuncio e identifica las palabras interrogativas. ¿Cuál de las tres preguntas puede escribirse con otra palabra interrogativa sin cambiar el significado de la pregunta? ¿Con qué palabra interrogativa se puede escribir?

Preguntas

1. ¿Te gustaría viajar en un crucero? ¿Adónde?
2. ¿Por qué te gustaría viajar a ese lugar?
3. ¿Con quién te gustaría viajar?
4. ¿Te gusta este anuncio? ¿Por qué?

A repasar

9.1 Irregular preterites

1 **La graduación** El fin de semana pasado fue tu fiesta de graduación y tus parientes de Colombia vinieron a la celebración. Usa las oraciones de la lista para describir qué pasó en la fiesta.

conducir el automóvil	traducir del inglés
decir el discurso (*speech*)	traer un regalo
producir un video	venir desde Colombia

2 **Una fiesta importante** Con un(a) compañero/a, túrnate para describir una fiesta importante que celebraron el año pasado. Comenta qué regalos diste y qué regalos te dieron. También comenta qué hubo de cenar, de beber y de postre.

modelo

Estudiante 1: ¿Cuál fue la fiesta más importante para ti el año pasado?

Estudiante 2: Para mí, fue la Navidad. Celebré esta fiesta con toda mi familia. Mis padres me dieron una computadora. De beber, hubo vino tinto, champán y refrescos...

9.2 Verbs that change meaning in the preterite

3 **¡Qué mala suerte!** Completa el párrafo del diario (*journal*) de Romeo con el pretérito de los verbos **conocer, saber, poder** y **querer**.

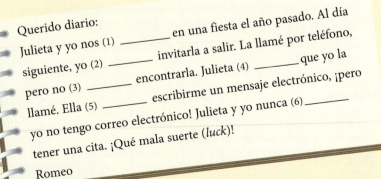

Querido diario:

Julieta y yo nos (1) _____ en una fiesta el año pasado. Al día siguiente, yo (2) _____ invitarla a salir. La llamé por teléfono, pero no (3) _____ encontrarla. Julieta (4) _____ que yo la llamé. Ella (5) _____ escribirme un mensaje electrónico, ¡pero yo no tengo correo electrónico! Julieta y yo nunca (6) _____ tener una cita. ¡Qué mala suerte (*luck*)!

Romeo

4 **De joven...** En grupos de tres, imaginen que tienen ochenta años de edad. Escriban un párrafo diciendo las cosas que quisieron hacer de jóvenes, las cosas que no quisieron hacer, las actividades que pudieron hacer y las que no pudieron hacer.

modelo

De joven, siempre quise tener una cita con una actriz de cine, pero no pude conocer a ninguna.

9.3 Relative pronouns

5 **Combinar** Combina las oraciones para formar una sola oración con los pronombres relativos **que, quien(es)** y **lo que**.

modelo

Mi hermano y mi novia se llevan bien. Ellos planearon una fiesta sorpresa para mí.
Mi hermano y mi novia, quienes se llevan bien, planearon una fiesta sorpresa para mí.

1. La fiesta fue en un restaurante peruano. Mi novia lo eligió (*chose*).
2. Mi amigo Hernán es colombiano. Él vino desde Bogotá.
3. Los camareros trajeron un pastel de cumpleaños. El pastel fue de chocolate.
4. Mis tíos fueron a la fiesta. La situación fue incómoda (*uncomfortable*) porque están separados.
5. Mis hermanos son mayores que yo. Ellos le dejaron una propina al camarero.
6. Los invitados bailaron mucho. Fue bueno porque se divirtieron.

6 **Anuncio** Con un(a) compañero/a, escribe un anuncio de un salón para celebrar bodas. Usa pronombres relativos y los verbos **creer, pensar, decir** y **suponer**.

modelo

¡Creemos que este salón es perfecto para su boda! Suponemos que usted quiere una boda divertidísima.

 Practice more at **vhlcentral.com**.

9.4 ¿Qué? and ¿cuál?

7 **Las etapas de la vida** Completa las preguntas con **qué** o **cuál(es)**. Después, responde las preguntas.

> **modelo**
>
> ¿__Qué__ etapa de la vida ocurre después de la niñez?
>
> *La etapa de la vida que ocurre después de la niñez es la adolescencia.*

1. ¿_____ es la etapa en la que nos jubilamos?

2. ¿_____ son las mejores etapas de la vida?

3. ¿_____ son las etapas que ocurren antes de la vejez?

4. ¿_____ es la etapa de la vida después de la madurez?

5. ¿_____ celebraciones son las favoritas de los niños?

8 **La quinceañera** Con un(a) compañero/a, escribe preguntas para entrevistar a Ana, quien celebró su fiesta de quince años. Usa todas las palabras interrogativas. Después, túrnate con tu compañero/a para hacer y responder las preguntas.

Síntesis

9 **Conversar** Tu amigo y tú están conversando sobre la vida de artistas famosos. Con un(a) compañero/a, escribe una conversación donde comentes los últimos chismes (*gossip*) de estas celebridades.

> **modelo**
>
> **Estudiante 1:** ¿Supiste que Sofía Vergara rompió con su novio?
> **Estudiante 2:** Sí, lo supe. Creo que él se enamoró de una modelo.
> **Estudiante 1:** ¿Quién te dijo eso?
> **Estudiante 2:** Lo dijeron en el programa de entrevistas de las seis de la tarde. ¿No lo viste?
> **Estudiante 1:** No. Estuve en la biblioteca.

Videoclip

Video

1 **Preparación** ¿Qué fiestas tradicionales celebra tu familia? ¿Cuáles te gusta celebrar? ¿Cuál es la celebración más memorable que recuerdas? ¿Qué hiciste? ¿Lo pasaste bien?

2 **El clip** Mira el anuncio **Día de muertos** para **TV Azteca** de México.

> **Vocabulario**
>
> **cobra vida** *comes to life* **flor** *flower*
> **estrella** *star* **llorar** *to cry*

Cantamos para no llorar.

Una tradición que sólo cobra vida en México.

3 **Completar** Escoge las palabras o expresiones adecuadas para completar las oraciones.

1. Las mujeres con maquillaje blanco y negro representan _____ (la juventud / la muerte).

2. Los hombres y las mujeres del pueblo empiezan a prepararse para la celebración _____ (por la mañana / por la noche).

3. La gente prepara altares y pone velas (*candles*), flores y _____ (pasteles de cumpleaños / platos tradicionales) en ellos.

4. La celebración termina en _____ (el cementerio / la iglesia).

5. Esta celebración es para recordar a _____ (los muertos / los viudos).

4 **Conversación** Con un(a) compañero/a, prepara lo necesario para celebrar un día de fiesta: ¿Qué necesitan comprar? ¿Qué comida y bebidas van a servir? ¿A quiénes van a invitar? ¿A qué hora va a ser la celebración?

 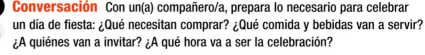

Ampliación

1 Escuchar

A Escucha la conversación entre Josefina y Rosa. Cuando oigas una de las palabras de la **columna A**, usa el contexto para identificar un sinónimo en la **columna B**.

> **TIP** **Guess the meaning of the words through context.** Listen to the words and phrases around an unfamiliar word to guess its meaning.

A	B
_____ 1. festejar	a. conmemoración religiosa de una muerte
_____ 2. te divertiste	b. tolera
_____ 3. dicha	c. suerte
_____ 4. bien parecido	d. celebrar
_____ 5. finge (fingir)	e. lo pasaste bien
_____ 6. soporta (soportar)	f. horror
	g. pretende ser algo que no es
	h. guapo

B ¿Son solteras Rosa y Josefina? ¿Cómo lo sabes?

Margarita Robles de García
y Roberto García Olmos

Piden su presencia en la celebración
del segundo aniversario de bodas
el día 13 de marzo de 2018
con una misa en la Iglesia Virgen del Coromoto
a las 6:30 p.m.

❧

Seguida por cena y baile
en el restaurante El Campanero,
Calle Principal, Las Mercedes
a las 8:30 p.m.

2 Conversar

Con un(a) compañero/a, conversa sobre cómo celebraron el Día de Acción de Gracias (*Thanksgiving*) el año pasado. Incluye esta información.

- ¿Dónde celebraron el día de fiesta? ¿A qué hora fue?
- ¿Cuántos invitados hubo? ¿Quiénes fueron los invitados? ¿Conocieron a alguien?
- ¿Cuál fue el menú? ¿Quiénes hicieron la comida?
- ¿Llevaron algo para comer? ¿Qué llevaron?
- ¿Qué bebida tomaron? ¿Brindaron?
- ¿Lo pasaron bien? ¿Qué fue lo que más (*more*) les gustó de la celebración?

Ampliación

③ Escribir

 En una composición, compara dos celebraciones a las que tú asististe recientemente.

> **TIP** **Use Venn diagrams.** Use Venn diagrams to organize your ideas visually before comparing and contrasting people, places, objects, events, or issues. Differences are listed in the outer rings of the two circles; similarities appear where the circles overlap.

Boda de Silvia Reyes y Carlos Espinoza

Diferencias:
1. Primero hay una celebración religiosa.
2. Se celebra el matrimonio de dos personas.

Similitudes:
1. Las dos fiestas se celebran por la noche.
2. Hay música y baile.

Fiesta de quince años de Ana Ester Larenas Vera

Diferencias:
1. Se celebra en un club.
2. Vienen invitados especiales.

Organizar	Utiliza un diagrama de Venn para anotar las similitudes y las diferencias entre las dos celebraciones.
Escribir	Utiliza tus notas para escribir el primer borrador de la composición.
Corregir	Intercambia tu composición con la de un(a) compañero/a. Dale sugerencias para mejorar su borrador y si ves errores gramaticales u ortográficos, coméntaselos.
Compartir	Revisa el primer borrador según las indicaciones de tu compañero/a. Incorpora nuevas ideas o más información para ampliar la comparación. Luego, comparte tu composición con otro/a compañero/a.

④ Un paso más

Imagina que eres periodista en un país hispano. Escribe un artículo sobre un día de fiesta o una celebración que viste.

- Investiga las fiestas, las celebraciones y los festivales de ese país.
- Explica el nombre de la celebración que escogiste, cuándo fue y cómo la celebraron.
- Incluye información sobre la ropa especial que llevaron, la comida, la música y el baile.
- Indica qué hiciste tú durante la celebración.
- Presenta el artículo a la clase. Explica los detalles y muestra fotos.

⑤ Conexión Internet

Investiga estos temas en el sitio **vhlcentral.com**.

- Festivales nacionales del mundo hispano
- Fiestas religiosas del mundo hispano

Audio: Reading
Additional Reading

Antes de leer

Recognizing root words and word families can help you guess the meaning of words in context, ensuring better comprehension of a reading selection. Using this strategy will enrich your Spanish vocabulary as well.

Examinar el texto

Familiarízate con el texto usando las estrategias de lectura más efectivas para ti. ¿Qué tipo de documento es? ¿De qué tratan las cuatro secciones del documento? Explica tus respuestas.

Raíces

Completa el cuadro para ampliar tu vocabulario. Usa palabras de la lectura de esta lección y vocabulario de las lecciones anteriores. ¿Qué significan las palabras que escribiste en el cuadro?

Verbs	Nouns	Other forms
1. agradecer *to thank, to be grateful for*	agradecimiento/ gracias *gratitude/thanks*	agradecido *grateful, thankful*
2. estudiar	_____	_____
3. _____	_____	celebrado
4. _____	baile	_____
5. bautizar	_____	_____

EL INFORMANTE

Actualidad | Opinión | Vida social | Entretenimiento

Matrimonio

Espinoza Álvarez- Reyes Salazar

El día sábado 17 de junio a las 19 horas, se celebró el matrimonio de Silvia Reyes y Carlos Espinoza en la catedral de Santiago. La ceremonia fue oficiada por el pastor Federico Salas y participaron los padres de los novios, el señor Jorge Espinoza y señora y el señor José Alfredo Reyes y señora. Después de la ceremonia, los padres de los recién casados ofrecieron una fiesta bailable en el restaurante La Misión.

Bautismo

José María recibió el bautismo el 26 de junio.

Sus padres, don Roberto Lagos Moreno y doña María Angélica Sánchez, compartieron la alegría de la fiesta con todos sus parientes y amigos. La ceremonia religiosa tuvo lugar° en la catedral de Aguas Blancas. Después de la ceremonia, padres, parientes y amigos celebraron una fiesta en la residencia de la familia Lagos.

Lunes, 30 de junio de 2018

Tecnología   Deportes   Economía

Fiesta de quince años *Señorita Ana Ester*

El doctor don Amador Larenas Fernández y la señora Felisa Vera de Larenas celebraron los quince años de su hija Ana Ester junto a sus parientes y amigos. La quinceañera reside en la ciudad de Valparaíso y es estudiante del Colegio Francés. La fiesta de presentación en sociedad de la señorita Ana Ester fue el día viernes 2 de junio a las 19 horas en el Club Español. Entre los invitados especiales asistieron el alcalde° de la ciudad, don Pedro Castedo, y su esposa. La música estuvo a cargo de la Orquesta Americana. ¡Feliz cumpleaños, le deseamos a la señorita Ana Ester en su fiesta bailable!

Expresión de gracias *Carmen Godoy Tapia*

Agradecemos° sinceramente a todas las personas que nos acompañaron en el último adiós a nuestra apreciada esposa, madre, abuela y tía, la señora Carmen Godoy Tapia. El funeral tuvo lugar el día 28 de junio en la ciudad de Viña del Mar. La vida de Carmen Godoy fue un ejemplo de trabajo, amistad, alegría y amor para todos nosotros. Su esposo, hijos y familia agradecen de todo corazón° su asistencia° al funeral a todos los parientes y amigos.

Después de leer

¿Comprendiste?

Indica si lo que dice cada oración es **cierto** o **falso**. Corrige las oraciones falsas.

Cierto	Falso	
_____	_____	1. El alcalde y su esposa asistieron a la boda de Silvia y Carlos.
_____	_____	2. Todos los anuncios (*announcements*) describen eventos felices.
_____	_____	3. Ana Ester Larenas cumple quince años.
_____	_____	4. Roberto Lagos y María Angélica Sánchez son hermanos.
_____	_____	5. La familia de Carmen Godoy Tapia les dio las gracias a las personas que asistieron al funeral.

Preguntas

Responde estas preguntas con oraciones completas.

1. ¿Quién murió el 28 de junio?
   _____

2. ¿Dónde tuvo lugar el funeral?
   _____

3. ¿Dónde fue la fiesta de bautismo de José María?
   _____

4. ¿Qué hicieron los recién casados y sus invitados después de la ceremonia?
   _____

5. ¿Quién estuvo a cargo de la música en la fiesta de quince años de Ana Ester?
   _____

Coméntalo

¿Hay una sección de notas sociales en el periódico de tu universidad, comunidad o región? ¿Qué tipo de información encuentras en la sección de notas sociales? ¿La lees normalmente? ¿Por qué?

tuvo lugar *took place* **alcalde** *mayor* **Agradecemos** *We thank* **de todo corazón** *sincerely* **asistencia** *attendance*

 Vocabulary Tools

Las fiestas

el aniversario (de bodas)	(wedding) anniversary
la boda	wedding
el cumpleaños	birthday
el día de fiesta	holiday
la fiesta	party
el/la invitado/a	guest
la Navidad	Christmas
la quinceañera	young woman celebrating her fifteenth birthday
la sorpresa	surprise
brindar	to toast (drink)
celebrar	to celebrate
cumplir años	to have a birthday
dejar una propina	to leave a tip
divertirse (e:ie)	to have fun
graduarse (de)	to graduate (from)
invitar	to invite; to treat
pagar la cuenta	to pay the bill
pasarlo bien/mal	to have a good/bad time
regalar	to give (a gift)
reírse (e:i)	to laugh
relajarse	to relax
sonreír (e:i)	to smile
sorprender	to surprise

Los postres y otras comidas

la botella de vino	bottle of wine
el champán	champagne
los dulces	sweets; candy
el flan	baked custard
las galletas	cookies
el helado	ice cream
el pastel	cake
el pastel de cumpleaños	birthday cake
los postres	desserts

Las relaciones personales

la alegría	happiness
la amistad	friendship
el amor	love
el divorcio	divorce
el estado civil	marital status
el matrimonio	marriage; married couple
la pareja	couple; partner
el/la recién casado/a	newlywed
casado/a	married
divorciado/a	divorced
juntos/as	together
separado/a	separated
soltero/a	single
viudo/a	widowed
cambiar (de)	to change
casarse (con)	to get married (to)
comprometerse (con)	to get engaged (to)
divorciarse (de)	to get divorced (from)
enamorarse (de)	to fall in love (with)
llevarse bien/mal (con)	to get along well/badly (with)
odiar	to hate
romper (con)	to break up (with)
salir (con)	to go out (with); to date
separarse (de)	to separate (from)
tener una cita	to have a date; to have an appointment

Otras palabras

el apellido	last name
el consejo	advice
la respuesta	answer

Las etapas de la vida

la adolescencia	adolescence
la etapa	stage
la juventud	youth
la madurez	maturity; middle age
la muerte	death
el nacimiento	birth
la niñez	childhood
la vejez	old age
la vida	life
jubilarse	to retire (from work)
nacer	to be born

Relative pronouns	See page 240.
Interrogative words and phrases	See page 242.

Practice more at **vhlcentral.com**.

10 En el consultorio

PARA EMPEZAR
- ¿Están en una farmacia o en un hospital?
- ¿El hombre es médico o dentista?
- ¿Qué hace él, una operación o un examen médico?
- ¿Cómo se siente la paciente?

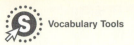
Vocabulary Tools

EN EL CONSULTORIO

la oreja

el ojo

la nariz

la boca

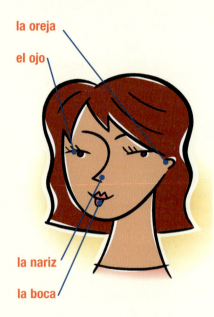

EL CUERPO

el corazón *heart*

el cuerpo *body*

el estómago *stomach*

el hueso *bone*

la rodilla *knee*

el tobillo *ankle*

la pierna
leg

el pie
foot

la cabeza
head

la garganta
throat

el cuello
neck

el brazo
arm

el dedo
finger

LA SALUD

el accidente *accident*

la clínica *clinic*

el consultorio *doctor's office*

el/la doctor(a) *doctor*

el/la enfermero/a *nurse*

el examen médico *physical exam*

el hospital *hospital*

la operación *operation*

el/la paciente *patient*

la radiografía *X-ray*

la sala de emergencia(s)
emergency room

la salud *health*

la farmacia

el dentista

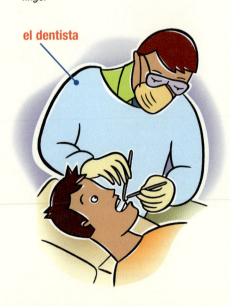

tomar(le) la temperatura (a alguien)
to take (someone's) temperature

LOS MEDICAMENTOS

el antibiótico *antibiotic*
el medicamento *medication*
la medicina *medicine*
las pastillas *pills*
la receta *prescription*

ADJETIVOS

embarazada *pregnant*
grave *grave; serious*
médico/a *medical*
saludable *healthy*
sano/a *healthy*

LAS ENFERMEDADES Y LOS SÍNTOMAS

el dolor (de cabeza) *(head)ache; pain*
la enfermedad *illness*
la gripe *flu*
la infección *infection*
el resfriado *cold*
el síntoma *symptom*
la tos *cough*

congestionado/a *congested*
mareado/a *dizzy; nauseated*

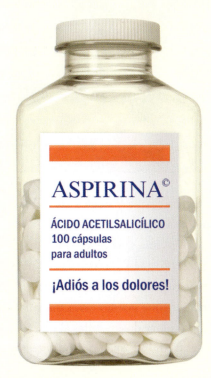

la aspirina

VERBOS

caerse *to fall*
doler (o:ue) *to hurt*
enfermarse *to get sick*
estar enfermo/a *to be sick*
lastimarse (el pie) *to injure (one's foot)*
poner una inyección
    to give an injection
recetar *to prescribe*
romperse (la pierna)
    to break (one's leg)
sacar(se) una muela
    to have a tooth pulled
ser alérgico/a (a) *to be allergic (to)*
tener fiebre (f.) *to have a fever*
torcerse (el tobillo)
    to sprain (one's ankle)
toser *to cough*

estornudar
to sneeze

ASÍ SE DICE

el resfriado ←→ el resfrío (*Cono Sur*), el catarro (*Méx.*)
la sala de emergencia(s) ←→ la sala de urgencias (*Amér. L.*)
romperse ←→ quebrarse (*Amér. L.*)

A escuchar

1 **Escuchar** Escucha las preguntas y selecciona la respuesta más adecuada.

1. _____
2. _____
3. _____
4. _____
5. _____
6. _____
7. _____
8. _____

    a. Tengo dolor de cabeza y fiebre.
    b. No fui a la clase porque estaba (*I was*) enfermo.
    c. Me caí ayer jugando al tenis.
    d. Debes ir a la farmacia.
    e. Porque tengo gripe.
    f. Sí, tengo mucha tos por las noches.
    g. Lo llevaron directamente a la sala de emergencia.
    h. No sé. Todavía tienen que tomarme la temperatura.

2 **Me duele** Escucha la conversación entre Virginia Castillo y el doctor Dávila. Luego, indica si (*if*) las oraciones que resumen (*sum up*) la conversación son correctas.

_____ 1. Virginia le dice a la enfermera que le duelen las rodillas.

_____ 2. Virginia dice que tomó una aspirina anoche.

_____ 3. El médico le pregunta a Virginia si se cayó o tuvo un accidente.

_____ 4. Virginia dice que ayer corrió cinco kilómetros con un amigo.

_____ 5. El doctor Dávila le receta un antibiótico a Virginia.

_____ 6. El médico le dice a Virginia que puede correr mañana si se toma las pastillas.

_____ 7. El médico le recomienda tomar dos pastillas al día.

_____ 8. El doctor Dávila le dice a Virginia que no debe correr por siete días.

Practice more!

LM
p. 55

A practicar

3 **Actividades** Con un(a) compañero/a, identifica las partes del cuerpo asociadas con estas actividades.

 nadar

Estudiante 1: Usamos los brazos para nadar.
Estudiante 2: También usamos las piernas.

1. conducir
2. caminar
3. toser
4. comer arroz con pollo

5. comprar un perfume
6. ver una película
7. hablar por teléfono
8. correr en el parque

9. tocar el piano
10. escuchar música
11. levantar pesas (*weights*)
12. tomar unas pastillas

4 **Cuestionario** Selecciona las respuestas que mejor reflejen tu estado de salud. Suma (*add*) los puntos de cada respuesta y anota el resultado. Después, compara los resultados con el resto de la clase.

¿Tienes buena salud?

27-30 puntos — Salud y hábitos excelentes
23-26 puntos — Salud y hábitos buenos
22 puntos o menos — Salud y hábitos problemáticos

1. ¿Con qué frecuencia te enfermas (resfriados, gripe, etc.)?
   • Cuatro veces por año o más. (1 punto)
   • Dos o tres veces por año. (2 puntos)
   • Casi nunca. (3 puntos)

2. ¿Con qué frecuencia tienes dolor de estómago o problemas digestivos?
   • Con mucha frecuencia. (1 punto)
   • A veces. (2 puntos)
   • Casi nunca. (3 puntos)

3. ¿Con qué frecuencia tienes dolor de cabeza?
   • Frecuentemente. (1 punto)
   • A veces. (2 puntos)
   • Casi nunca. (3 puntos)

4. ¿Comes verduras y frutas?
   • No, casi nunca. (1 punto)
   • Sí, a veces. (2 puntos)
   • Sí, todos los días. (3 puntos)

5. ¿Eres alérgico/a a algo?
   • Sí, a muchas cosas. (1 punto)
   • Sí, a algunas cosas. (2 puntos)
   • No. (3 puntos)

6. ¿Haces ejercicios aeróbicos?
   • No, casi nunca hago ejercicios aeróbicos. (1 punto)
   • Sí, a veces. (2 puntos)
   • Sí, con frecuencia. (3 puntos)

7. ¿Con qué frecuencia te haces un examen médico?
   • Nunca o casi nunca. (1 punto)
   • Cada dos años. (2 puntos)
   • Cada año o antes de practicar un deporte. (3 puntos)

8. ¿Con qué frecuencia vas al dentista?
   • Nunca voy al dentista. (1 punto)
   • Sólo cuando me duele una muela. (2 puntos)
   • Por lo menos una vez por año. (3 puntos)

9. ¿Qué desayunas normalmente por la mañana?
   • No como nada. (1 punto)
   • Tomo una bebida dietética. (2 puntos)
   • Como cereales y fruta. (3 puntos)

10. ¿Con qué frecuencia te sientes mareado/a?
   • Frecuentemente. (1 punto)
   • A veces. (2 puntos)
   • Casi nunca. (3 puntos)

Practice more!

WB
pp. 99–100

vhlcentral

A conversar

5 **¿Qué le pasó?** En un grupo de tres, hablen de lo que les pasó y de cómo se sienten estas personas.

1. Víctor

2. La señora Núñez

3. Gabriela

4. El señor Álvarez

6 **¿Cuáles son sus síntomas?** Con un(a) compañero/a, túrnate para representar los papeles (*roles*) de un(a) médico/a y su paciente.

modelo

Estudiante 1: *¿Cuáles son sus síntomas?*
Estudiante 2: *Me duele la garganta y toso.*
Estudiante 1: *Creo que usted tiene una infección en la garganta.*
Voy a recetarle un antibiótico.

7 **Un accidente** Con un(a) compañero/a, conversa sobre un accidente que ustedes, un(a) amigo/a o un miembro de la familia tuvo. Usa estas preguntas como guía.

- ¿Qué ocurrió?
- ¿Dónde y cuándo ocurrió?
- ¿Te lastimaste?
- ¿Fuiste al médico?

- ¿Cómo ocurrió?
- ¿Quién te ayudó y cómo?
- ¿Tomaste medicamentos para sentirte mejor?
- ¿Fuiste a trabajar?

Ortografía

 🔊 Ⓢ **Audio: Pronunciation**

El acento y las sílabas fuertes

In Spanish, written accent marks are used on many words. Here is a review of some of the principles governing word stress and the use of written accents.

· ·

as-pi-ri-na　　　**gri-pe**　　　　**to-man**　　　　**an-tes**

In Spanish, when a word ends in a vowel, **-n**, or **-s**, the spoken stress usually falls on the next-to-last syllable. Words of this type are very common and do not need a written accent.

· ·

a-sí　　　　　**in-glés**　　　　**in-fec-ción**　　　**hé-ro-e**

When a word ends in a vowel, **-n**, or **-s**, and the spoken stress does *not* fall on the next-to-last syllable, then a written accent is needed.

· ·

hos-pi-tal　　　**na-riz**　　　　**re-ce-tar**　　　　**to-ser**

When a word ends in any consonant *other* than **-n** or **-s**, the spoken stress usually falls on the last syllable. Words of this type are very common and do not need a written accent.

· ·

lá-piz　　　　**fút-bol**　　　　**hués-ped**　　　　**sué-ter**

When a word ends in any consonant *other* than **-n** or **-s,** and the spoken stress does *not* fall on the last syllable, then a written accent is needed.

· ·

far-ma-cia　　　**bio-lo-gí-a**　　　**su-cio**　　　　**frí-o**

Diphthongs (two weak vowels or a strong and weak vowel together) are normally pronounced as a single syllable. A written accent is needed when a diphthong is broken into two syllables.

· ·

sol　　　　　**pan**　　　　　**mar**　　　　　**tos**

Spanish words of only one syllable do not usually carry a written accent.

· ·

Práctica Busca las palabras que necesitan acento y escribe su forma correcta.

1. sal-mon	6. a-bri-go	11. o-pe-ra-cion	16. far-ma-cia
2. ins-pec-tor	7. ra-pi-do	12. im-per-me-a-ble	17. es-qui
3. nu-me-ro	8. sa-ba-do	13. a-de-mas	18. pen-sion
4. fa-cil	9. vez	14. re-ga-te-ar	19. pa-is
5. ju-go	10. me-nu	15. an-ti-pa-ti-co	20. per-don

El ahorcado Juega al ahorcado (*hangman*) para adivinar las palabras.

1. __ l __ __ __ __ __ a　　　　Vas allí cuando estás enfermo.

2. __ __ __ __ e __ c __ __ n　　Se usa para poner una vacuna (*vaccination*).

3. __ __ d __ o __ __ __ __ __ a　Se usa para ver los huesos.

4. __ __ __ i __ o　　　　　　Trabaja en un hospital.

5. a __ __ __ b __ __ __ __ __ __ __　Es una medicina.

Practice more!

LM

p. 56

Ⓢ vhlcentral

10 AVENTURAS

Video:
Fotonovela

¡Qué dolor!

Jimena no se siente bien y tiene que ir al doctor.

PERSONAJES

ELENA

JIMENA

DON DIEGO

SRA. DÍAZ

DR. MELÉNDEZ

ELENA ¿Cómo te sientes?

JIMENA Me duele un poco la garganta. Pero no tengo fiebre.

ELENA Creo que tienes un resfriado. Te voy a llevar a casa.

ELENA ¿Don Diego ya fue a la farmacia? ¿Cuánto tiempo hace que lo llamaste?

JIMENA Hace media hora. Ay, qué cosas, de niña apenas me enfermaba. No perdí ni un solo día de clases.

ELENA Yo tampoco.

ELENA Nunca tenía resfriados, pero me rompí el brazo dos veces. Mi hermana y yo estábamos paseando en bicicleta y casi me di con un señor que caminaba por la calle. Me caí y me rompí el brazo.

(La Sra. Díaz llama a Jimena.)

JIMENA Hola, mamá. Don Diego me trajo los medicamentos... ¿Al doctor? ¿Estás segura? Allá nos vemos. *(A Elena)* Mi mamá ya hizo una cita para mí con el Dr. Meléndez.

SRA. DÍAZ ¿Te pusiste un suéter anoche?

JIMENA No, mamá. Se me olvidó.

SRA. DÍAZ Doctor, esta jovencita salió anoche, se le olvidó ponerse un suéter y parece que le dio un resfriado.

DR. MELÉNDEZ Jimena, ¿cuáles son tus síntomas?

JIMENA Toso con frecuencia y me duele la garganta.

DR. MELÉNDEZ ¿Cuánto tiempo hace que tienes estos síntomas?

JIMENA Hace dos días que me duele la garganta.

A C T I V I D A D E S

1 **¿Cierto o falso?** Decide si lo que dicen estas oraciones sobre Jimena es **cierto** o **falso**. Corrige las oraciones falsas.

1. Dice que de niña apenas se enfermaba.
2. Tiene dolor de garganta y fiebre.
3. Olvidó ponerse un suéter anoche.
4. Hace tres días que le duele la garganta.
5. El doctor le dice que tiene una infección.

2 **Ordenar** Pon estos sucesos en el orden correcto.

a. Jimena va a ver al doctor. _____
b. El doctor le dice a la Sra. Díaz que no es nada serio. _____
c. Elena le habla a Jimena de cuando se rompió el brazo. _____
d. El doctor le receta medicamentos. _____
e. Jimena le dice a Elena que le duele la garganta. _____
f. Don Diego le trae a Jimena las pastillas para el resfriado.
_____

JIMENA ¿Qué es esto?

ELENA Es té de jengibre. Cuando me dolía el estómago, mi mamá siempre me hacía tomarlo. Se dice que es bueno para el dolor de estómago.

JIMENA Pero no me duele el estómago.

JIMENA Hola, don Diego. Gracias por venir.

DON DIEGO Fui a la farmacia. Aquí están las pastillas para el resfriado. Se debe tomar una cada seis horas con las comidas. Y no se deben tomar más de seis pastillas al día.

DR. MELÉNDEZ Muy bien. Aquí no tienes infección. No tienes fiebre. Te voy a mandar algo para la garganta. Puedes ir por los medicamentos inmediatamente a la farmacia.

SRA. DÍAZ Doctor, ¿cómo está? ¿Es grave?

DR. MELÉNDEZ No, no es nada grave. Jimena, la próxima vez, escucha a tu mamá! ¡Tienes que usar suéter!

---

3 **En el consultorio** Con un(a) compañero/a, prepara una conversación entre un(a) médico/a y su paciente. Sigue la guía.

▶ El médico le pregunta al/a la paciente qué le pasó.

▶ El/La paciente se cayó en su casa y piensa que se rompió un dedo.

▶ El/La médico/a le pregunta al/a la paciente si le duele y cuánto tiempo hace que se cayó.

▶ El/La paciente describe el dolor.

▶ El/la médico/a le recomienda un tratamiento (*treatment*).

Practice more!

VM
pp. 187–188

vhlcentral

Expresiones útiles

Discussing medical conditions

¿Cómo te sientes?
How do you feel?

Me duele un poco la garganta.
My throat hurts a little.

No me duele el estómago.
My stomach doesn't hurt.

De niño/a apenas me enfermaba.
As a child, I rarely got sick.

¡Soy alérgico/a al chile!
I'm allergic to chili peppers!

Discussing remedies

Se dice que el té de jengibre es bueno para el dolor de estómago.
They say ginger tea is good for stomach aches.

Aquí están las pastillas para el resfriado.
Here are the pills for your cold.

Se debe tomar una cada seis horas.
You should take one every six hours.

Expressions with *hacer*

Hace + [*period of time*] **que** + [*present/preterite*]

¿Cuánto tiempo hace que tienes estos síntomas?
How long have you had these symptoms?

Hace dos días que me duele la garganta.
My throat has been hurting for two days.

¿Cuánto tiempo hace que lo llamaste?
How long has it been since you called him?

Hace media hora.
It's been a half hour (since I called).

Additional vocabulary

canela *cinnamon*
miel *honey*
terco *stubborn*

Servicios de salud

¿Sabías que en algunos países hispanos no necesitas pagar por los servicios de salud?
Ésta es una de las diferencias que hay entre países como los Estados Unidos y los países hispanos.

En la mayor parte de estos países, el gobierno ofrece servicios médicos muy baratos o gratuitos° a sus ciudadanos°. Los turistas y extranjeros también pueden tener acceso a los servicios médicos a bajo° costo. La Seguridad Social y organizaciones similares son las responsables de gestionar° estos servicios.

Cruz verde de farmacia en Madrid, España

Las farmacias

Farmacia de guardia: Las farmacias generalmente tienen un horario comercial. Sin embargo°, en cada barrio° hay una farmacia de guardia que abre las veinticuatro horas del día.

Productos farmacéuticos: Hay muchas farmacias especializadas en medicinas y productos farmacéuticos. No venden productos de otro tipo.

Recetas: Muchos medicamentos se venden sin receta. Los farmacéuticos aconsejan° a las personas sobre problemas de salud y les dan las medicinas.

Cruz° verde: En muchos países, las farmacias tienen el signo de una cruz verde. Cuando la cruz verde está encendida°, la farmacia está abierta.

acceso a ellos y en muchos casos son completamente gratuitos. Según un informe de la Organización Mundial de la Salud, el sistema de salud español ocupa uno de los primeros diez lugares del mundo. Esto se debe no sólo al buen funcionamiento° del sistema, sino también al nivel de salud general de la población. Impresionante, ¿no?

gratuitos *free (of charge)* **ciudadanos** *citizens* **bajo** *low* **gestionar** *to manage* **igual** *in the same way* **cuentan con** *have* **desarrollados** *developed* **funcionamiento** *operation* **Sin embargo** *However* **barrio** *neighborhood* **aconsejan** *advise* **Cruz** *Cross* **encendida** *lit (up)*

Consulta médica en la República Dominicana

Naturalmente, esto no funciona igual° en todos los países. En Ecuador, México y Perú, la situación varía según las regiones. Los habitantes de las ciudades y pueblos grandes tienen acceso a más servicios médicos, mientras que quienes viven en pueblos remotos sólo cuentan con° pequeñas clínicas.

Por su parte, Costa Rica, Colombia, Cuba y España tienen sistemas de salud muy desarrollados°. En España, por ejemplo, la mayoría de la gente tiene

ASÍ SE DICE

La salud

la ambulancia	ambulance
el chequeo (Esp., Méx.)	el examen médico
la cirugía	surgery
la droguería (Col.)	la farmacia
la herida	injury; wound
el jarabe para la tos	cough syrup
los primeros auxilios	first aid
la sala de espera	waiting room
la sangre	blood

ACTIVIDADES

1 **¿Cierto o falso?** Indica si lo que dicen las oraciones es **cierto** o **falso.** Corrige la información falsa.

1. En los países hispanos los gobiernos ofrecen servicios de salud accesibles a sus ciudadanos.

2. En los países hispanos los extranjeros tienen que pagar mucho dinero por los servicios médicos.

3. El sistema de salud español es uno de los mejores del mundo.

4. Las farmacias de guardia abren sólo los sábados y domingos.

5. En los países hispanos las farmacias venden una gran variedad de productos.

6. Los farmacéuticos de los países hispanos aconsejan a los enfermos y venden algunas medicinas sin necesidad de receta.

7. En México y otros países, los pueblos remotos cuentan con grandes centros médicos.

8. Muchas farmacias usan una cruz verde como símbolo.

2 **Comparación** Con un(a) compañero/a, compara el sistema de salud de los países hispanos con el de tu país. ¿En qué se parecen? ¿En qué se diferencian? ¿Cuál prefieres? ¿Por qué?

3 **Sin receta** ¿Piensas que los medicamentos deben venderse sin receta? Escribe un párrafo para explicar por qué deben o no hacerlo.

4 **Conexión Internet** Investiga en el sitio **vhlcentral.com** qué otra forma de servicio de atención médica se ofrece en los países hispanos.

 Video

La salud

1 **Preparación** ¿Qué haces si tienes un pequeño accidente o quieres hacer una consulta? ¿Visitas a tu médico general o vas al hospital? ¿Debes pedir un turno (*appointment*)?

2 **El video** Mira el episodio de **Flash Cultura.**

Vocabulario

la cita previa *previous appointment*

la guardia *emergency room*

Me di un golpe. *I hurt myself.*

la práctica *rotation (hands-on medical experience)*

¿Le podría° pedir que me explique qué es la guardia?

Nuestro hospital público es gratuito para todas las personas.

podría *could*

3 **¿Cierto o falso?** Indica si las oraciones son **ciertas** o **falsas.**

1. Silvina tuvo un accidente en su automóvil.

2. Silvina fue a la guardia del hospital.

3. La guardia del hospital está abierta sólo durante el día y es necesario tener cita previa.

4. Los entrevistados (*interviewees*) tienen enfermedades graves.

5. En Argentina, los médicos reciben la certificación cuando terminan la práctica.

Practice more!

VM pp. 219–220 · vhlcentral

10.1 The imperfect tense Tutorial

▸ In Lessons 6–9, you learned the preterite tense. Now you will learn the imperfect tense, which describes past activities in a different way.

The imperfect of regular verbs

	cantar	beber	escribir
yo	cantaba	bebía	escribía
tú	cantabas	bebías	escribías
Ud./él/ella	cantaba	bebía	escribía
nosotros/as	cantábamos	bebíamos	escribíamos
vosotros/as	cantabais	bebíais	escribíais
Uds./ellos/ellas	cantaban	bebían	escribían

¡ojo! The imperfect endings of **–er** and **–ir** verbs are the same. The **nosotros** form of **–ar** verbs has an accent on the first **a** of the ending. **–Er** and **–ir** verb forms carry an accent on the first **i** of the ending.

> De niña apenas me enfermaba.

> Cuando me dolía el estómago, mi mamá me daba té de jengibre.

▸ There are no stem changes in the imperfect tense.

Me **duelen** los pies.
My feet hurt.

Me **dolían** los pies.
My feet were hurting.

▸ The imperfect form of **hay** is **había** (*there was/were/used to be*).

Había sólo un médico.
There was only one doctor.

Había dos pacientes allí.
There were two patients there.

¡ojo! **Ir, ser,** and **ver** are the only irregular verbs in the imperfect.

Irregular verbs in the imperfect

	ir	ser	ver
yo	iba	era	veía
tú	ibas	eras	veías
Ud./él/ella	iba	era	veía
nosotros/as	íbamos	éramos	veíamos
vosotros/as	ibais	erais	veíais
Uds./ellos/ellas	iban	eran	veían

Práctica

1 La salud Completa las oraciones con el imperfecto de los verbos de la lista. Algunos verbos se repiten.

caerse	esperar	mirar	sentirse
doler	estar	poder	tener
enfermarse	estornudar	querer	toser

modelo Después de correr, a Dora le ___dolían___ los pies.

1. Ana _____ el termómetro; con tanta fiebre no _____ leerlo.

2. El paciente _____, mientras la enfermera _____ muy ocupada atendiendo a otros pacientes.

3. Lorenzo _____ dolor de muelas, pero no _____ ir al dentista porque tenía miedo.

4. Paco y Luis _____ dolor de estómago y _____ unas pastillas para el dolor.

5. Le _____ la cabeza y _____ mareado.

6. Luisa _____ siempre porque era alérgica al polen.

7. Antes de la operación, le _____ todo el cuerpo y se sentía muy débil (*weak*).

8. Juan Carlos siempre _____ de la bicicleta cuando era pequeño.

9. De niño, Julio _____ todos los inviernos. Siempre _____ resfriados y fiebre. _____ muchas veces por la noche. ¡Pobre su garganta!

2 ¡Pobre Miguelito! Completa las oraciones con el imperfecto de los verbos. Luego, ponlas en orden lógico.

_____ a. Finalmente, Miguelito no tenía ganas de jugar más. Ahora _____ [querer] ir a casa a descansar.

_____ b. El doctor dijo que la inflamación no _____ [ser] nada grave.

_____ c. El niño le dijo a la enfermera que _____ [dolerle] la nariz.

_____ d. _____ [ser] las dos de la tarde y los niños _____ [jugar] en el patio.

_____ e. Su mamá _____ [estar] dibujando cuando Miguelito entró llorando.

_____ f. Miguelito _____ [tener] mucho dolor. Fueron a la sala de emergencias.

_____ g. El doctor examinó la nariz del niño y le dijo que _____ [ver] una pequeña inflamación (*swelling*).

Conversación

3 **Entrevista** Sigue las preguntas como guía y entrevista a un(a) compañero/a. Luego, comparte los resultados con la clase.

1. ¿Cuántos años tenías en 2001? ¿Y en 2010?
2. ¿Veías mucha televisión cuando eras niño/a?
3. Cuando eras niño/a, ¿qué hacías durante las vacaciones?
4. Cuando eras estudiante de primaria, ¿te gustaban tus maestros/as?
5. Cuando tenías diez años, ¿cuál era tu programa de televisión favorito?
6. Cuando tenías quince años, ¿cuál era tu grupo musical favorito?
7. Cuando eras estudiante de secundaria, ¿qué hacías con tus amigos/as después de la escuela?
8. Antes de tomar esta clase, ¿sabías hablar español?

4 **Describir** Con un(a) compañero/a, túrnate para describir lo que hacías de niño/a. Elige una de estas preguntas guía y comparte la anécdota con tu compañero/a.

modelo

De niña, mi familia y yo siempre íbamos a Tortuguero. Tomábamos un barco desde Limón, y por las noches mirábamos las tortugas (*turtles*) en la playa. Algunas veces teníamos suerte, porque las tortugas venían a poner (*lay*) huevos. Otras veces, volvíamos al hotel sin ver ninguna tortuga.

- ¿Qué hacías durante las vacaciones cuando eras niño/a?
- ¿Qué hacían en ocasiones especiales?
- ¿Cómo eran las celebraciones con tus amigos/as o familia?
- ¿Cómo era tu escuela? ¿Te gustaban tus maestros/as y compañeros/as?
- ¿Cómo eran tus amigos/as? ¿A qué jugabas con ellos/as?
- ¿Cuáles eran sus comidas favoritas?
- ¿Qué deportes practicaban? ¿Con qué frecuencia?

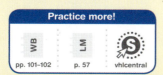

Practice more!
WB pp. 101–102 | LM p. 57 | vhlcentral

Uses of the imperfect

▶ The imperfect is used to describe past events in a different way than the preterite. Generally, the imperfect describes actions which are seen by the speaker as incomplete or continuing, while the preterite describes actions which have been completed. The imperfect expresses what was happening at a certain time or how things used to be.

—¿Qué te **pasó**?
What happened to you?

—Me **torcí** el tobillo.
I twisted my ankle.

—¿Dónde **vivías** de niño?
Where did you live as a child?

—**Vivía** en San José.
I lived in San José.

▶ Use these expressions with the imperfect to express habitual or repeated actions: **de niño/a** (*as a child*), **todos los días** (*every day*), **mientras** (*while*).

Uses of the imperfect

Habitual or repeated actions	**Íbamos** al parque los domingos. *We used to go to the park on Sundays.*
Events or actions that were in progress	Yo **leía** mientras él **estudiaba**. *I was reading while he was studying.*
Telling time	**Eran** las tres y media. *It was 3:30.*
Age	Los niños **tenían** seis años. *The children were six years old.*
Physical characteristics	**Era** alto y guapo. *He was tall and handsome.*
Mental or emotional states	**Quería** mucho a su familia. *He loved his family very much.*

¡Manos a la obra!

Indica la forma correcta de cada verbo en el imperfecto.

1. Yo [hablar, bailar, descansar, correr, comer, decidir, vivir]
   hablaba, bailaba, descansaba, corría, comía, decidía, vivía
2. Tú [nadar, encontrar, comprender, venir, ir, ser, ver]
3. Usted [hacer, regatear, asistir, ser, pasear, poder, ir]
4. Nosotras [ser, tomar, ir, poner, seguir, ver, pensar]
5. Ellos [salir, viajar, ir, querer, ser, pedir, empezar]
6. Yo [ver, estornudar, sufrir, ir, dar, ser, toser]

10.2 Constructions with se

Tutorial

Impersonal constructions with se

▶ As you know, **se** can be used as a reflexive pronoun (**Él se despierta.**). **Se** is also used in other ways.

▶ Non-reflexive verbs can be used with **se** to form impersonal constructions. In impersonal constructions, the person performing the action is not defined. In English, the passive voice or indefinite subjects (*you, they, one*) are used.

Se habla español en Costa Rica.
Spanish is spoken in Costa Rica.

Se puede leer en la sala de espera.
You can read in the waiting room.

¡ojo! The third person singular verb form is used with singular nouns and the third person plural form is used with plural nouns.

Se vende ropa.

Se venden camisas.

▶ You often see the impersonal **se** in signs and advertisements.

SE PROHÍBE NADAR

Se necesitan programadores
GRUPO TECNO
Tel. 778-34-34

ENTRADA
Se entra por la izquierda

Se for unplanned events

▶ **Se** can also be used to de-emphasize the person who performs an action, implying that the accident or event is not his or her direct responsibility. Use this construction:

| se | + | INDIRECT OBJECT PRONOUN | + | VERB | + | SUBJECT |

| **Se** | **me** | **cayó** | **la pluma.** |

I dropped the pen.

▶ In this construction, what would normally be the direct object of the sentence becomes the subject and agrees with the verb.

	I.O. PRONOUN	VERB	SUBJECT
Se	me te le nos os les	perdieron cayó dañó rompieron olvidaron	las llaves. la taza. el radio. las botellas. las pastillas.

Práctica

1 **¿Cierto o falso?** Lee estas oraciones sobre la vida en 1901. Indica si lo que dice cada oración es **cierto** o **falso**. Luego, corrige las oraciones falsas.

Cierto **Falso**

_____ _____ 1. Se veía mucha televisión.

_____ _____ 2. Se escribían muchos libros.

_____ _____ 3. Se viajaba mucho en tren.

_____ _____ 4. Se montaba a caballo.

_____ _____ 5. Se mandaban mensajes electrónicos.

_____ _____ 6. Se preparaban comidas en casa.

_____ _____ 7. Se llevaban minifaldas.

_____ _____ 8. Se pasaba mucho tiempo con la familia.

2 **Letreros** Traduce estos letreros (*signs*) al español con el **se** impersonal.

modelo

ENGINEERS NEEDED

Se necesitan ingenieros.

NO TALKING

1. _____

EATING AND DRINKING PROHIBITED

TEACHER NEEDED

2. _____

3. _____

PROGRAMMERS SOUGHT

WE SELL BOOKS

4. _____

5. _____

WE SPEAK ENGLISH

DO NOT ENTER

6. _____

7. _____

WE SELL COMPUTERS

SPANISH SPOKEN

8. _____

9. _____

Conversación

3 Preguntas Usa estas preguntas para entrevistar a un(a) compañero/a.

1. ¿Qué comidas se sirven en tu restaurante favorito?
2. ¿Se te olvidó invitar a alguien a tu última fiesta o cena? ¿A quién?
3. ¿A qué hora se abre la cafetería de tu universidad?
4. ¿Alguna vez se te quedó algo importante en casa?
5. ¿Alguna vez se te perdió algo importante durante un viaje? ¿Qué?
6. ¿Qué se vende en la librería de la universidad?
7. ¿Sabes si en la librería se aceptan cheques?
8. ¿Alguna vez se te rompió un plato o un vaso (*glass*)? ¿Dónde?

4 Minidiálogos Con un(a) compañero/a, prepara estos minidiálogos. Luego, preséntalos.

1. Un(a) profesor(a) de español le pide a un(a) estudiante su cuaderno de práctica (*workbook*). El/La estudiante le explica por qué él/ella no lo tiene.
2. Un(a) turista le pregunta al/a la empleado/a dónde se sirve la mejor comida en la ciudad. El/La empleado/a hace varias sugerencias.
3. Un(a) paciente le dice al/a la doctor(a) que él/ella no puede caminar. El/La doctor(a) examina al/a la paciente y le explica el problema.
4. Un padre/una madre le pregunta a su hijo/a qué le pasó al plato que está roto (*broken*) en el piso. El/La hijo/a se disculpa y le explica lo que sucedió.

5 Anuncios En grupos, preparen dos anuncios (*ads*) de televisión para presentar a la clase. Deben usar el imperfecto y dos construcciones con **se**.

modelo

Se me cayeron unos libros sobre el pie. Me dolía mucho. Pero ahora no, gracias a Superaspirina 500. ¡Tomé dos pastillas y se me fue el dolor! Se puede comprar Superaspirina 500 en todas las farmacias Recetamax.

Practice more!

WB
pp. 103–104

LM
p. 58

vhlcentral

▶ These verbs are often used with **se** to describe unplanned events.

caer	*to fall; to drop*	**perder (e:ie)**	*to lose*
dañar	*to damage; to break down*	**quedar**	*to be left behind*
olvidar	*to forget*	**romper**	*to break*

¡ojo! **Dejar caer** (*to let fall*) is often used to mean *to drop*.

Elena **dejó caer** el libro.
Elena dropped the book.

El médico **dejó caer** la aspirina.
The doctor dropped the aspirin.

¿Se te perdió el suéter anoche?

No, mamá. Se me olvidó.

▶ **A** + [*noun*] or **a** + [*prepositional pronoun*] is frequently used to clarify or emphasize who is involved in the action.

Al estudiante se le perdió la tarea.
The student lost his homework.

A mí se me olvidó ir a clase ayer.
I forgot to go to class yesterday.

¡Manos a la obra!

Completa las oraciones de la primera columna con **se** impersonal y verbos en presente. Completa las oraciones de la segunda columna con **se** para sucesos imprevistos (*unplanned events*) y verbos en pretérito.

Presente

1. _Se enseñan_ [enseñar] cinco lenguas en esta universidad.
2. _____ [comer] muy bien en El Cráter.
3. _____ [vender] muchas camisetas allí.
4. _____ [servir] platos exquisitos cada noche.
5. _____ [necesitar] mucho dinero.
6. _____ [buscar] secretaria.

Pretérito

1. _Se me rompieron_ [*I broke*] las gafas.
2. _____ [*you* (fam.) *dropped*] las pastillas.
3. _____ [*they lost*] la receta.
4. _____ [*you* (form.) *left*] aquí la radiografía.
5. _____ [*we forgot*] pagar la medicina.
6. _____ [*they left*] los cuadernos en casa.

10.3 Adverbs Tutorial

▶ Adverbs describe how, when, and where actions take place. They modify verbs, adjectives, and even other adverbs. The list below contains some adverbs you have already learned.

bien	**nunca**	**temprano**
mal	**hoy**	**ayer**
muy	**siempre**	**aquí**

▶ Most adverbs end in **–mente**. These are equivalent to the English adverbs which end in *-ly*.

lentamente	*slowly*
verdaderamente	*truly, really*

generalmente	*generally*
simplemente	*simply*

▶ To form adverbs which end in **–mente**, add **–mente** to the feminine form of the adjective. If the adjective does not have a feminine form, just add **–mente** to the standard form.

ADJECTIVE	FEMININE FORM	SUFFIX	ADVERB
lento	**lenta**	-mente	**lentamente**
fabuloso	**fabulosa**	-mente	**fabulosamente**
enorme		-mente	**enormemente**
feliz		-mente	**felizmente**

▶ Adverbs that end in **–mente** generally follow the verb, while adverbs that modify an adjective or another adverb precede the word they modify.

Javier dibuja **maravillosamente**.
Javier draws wonderfully.

Inés está **casi siempre** ocupada.
Inés is almost always busy.

Common adverbs and adverbial expressions

a menudo	*often*	así	*like this; so*	menos	*less*
a tiempo	*on time*	bastante	*enough; quite*	muchas veces	*a lot; many times*
a veces	*sometimes*	casi	*almost*	poco	*little*
además (de)	*furthermore; besides*	con frecuencia	*frequently*	por lo menos	*at least*
apenas	*hardly; scarcely*	de vez en cuando	*from time to time*	pronto	*soon*

¡Manos a la obra!

Transforma los adjetivos en adverbios.

1. alegre __alegremente__
2. constante _____
3. gradual _____
4. perfecto _____
5. real _____
6. frecuente _____
7. tranquilo _____
8. regular _____
9. maravilloso _____
10. normal _____
11. básico _____
12. afortunado _____

Práctica

1 En la clínica Completa las oraciones con los adverbios adecuados.

1. La cita era a las nueve, pero llegamos _____ [aquí, nunca, tarde].

2. El problema fue que _____ [aquí, ayer, así] se nos rompió el despertador.

3. La recepcionista no se enojó porque sabía que normalmente llegamos _____ [a veces, a tiempo, poco].

4. _____ [Por lo menos, Muchas veces, Poco] el doctor estaba listo.

5. _____ [Lentamente, Además, Apenas] tuvimos que esperar cinco minutos.

6. El doctor dijo que nuestra hija Irene necesitaba una operación _____ [casi, a veces, inmediatamente].

7. Cuando Irene salió de la operación, le preguntamos _____ [con frecuencia, nerviosamente, muchas veces] al doctor cómo estaba nuestra hija.

8. _____ [Bastante, Afortunadamente, A menudo], el médico nos contestó que Irene estaba bien.

2 Oraciones Combina palabras de las tres columnas para formar oraciones completas.

modelo

Mi mejor amigo se enferma frecuentemente.

Sujetos	Verbos	Adverbios
mi mejor amigo/a	caerse	bien
mi(s) padre(s)	casarse	fabulosamente
el/la profesor(a) de español	conducir	felizmente
	divertirse	mal
yo	enfermarse	frecuentemente
los jóvenes	estornudar	muchas veces
Charlie Sheen	ir	poco
Jennifer López	levantarse	rápidamente
las celebridades	llevarse	pronto
todos nosotros	vestirse	tarde
		temprano
		tranquilamente

Conversación

3 **Preguntas** Usa estas preguntas para entrevistar a un(a) compañero/a.

1. ¿Qué sabes hacer muy bien?
2. ¿Qué estudias además de español?
3. ¿Hay compañeros/as de clase a quienes apenas conoces?
4. ¿Qué gustos (*treats*) te das de vez en cuando?
5. ¿Cenas bastante en restaurantes?
6. ¿Te enfermas a menudo?
7. ¿Con qué frecuencia vas al doctor?
8. ¿Qué haces si te sientes congestionado/a y estornudas muchas veces?

4 **¿Con qué frecuencia?** Averigua (*Find out*) con qué frecuencia tus compañeros/as hacen estas actividades. Comparte los resultados con la clase.

modelo

pasear en bicicleta

Estudiante 1: ¿Paseas en bicicleta con mucha frecuencia?

Estudiante 2: Sí, paseo en bicicleta con mucha frecuencia./No, casi nunca paseo en bicicleta.

Actividades	con mucha frecuencia	de vez en cuando	casi nunca	nunca
1. Nadar				
2. Jugar al tenis				
3. Hacer la tarea				
4. Salir a bailar				
5. Mirar la televisión				
6. Dormir en clase				
7. Perder las gafas				
8. Tomar medicina				
9. Ir al dentista				

Practice more!

WB pp. 105–106 | LM p. 59 | vhlcentral

Español en vivo

No hay tiempo para el dolor de cabeza.

Si tienes prisa, o simplemente quieres que tu dolor de cabeza se vaya muy pronto, piensa en Aspirina. Se asimila mejor y actúa rápidamente. Ya no se puede perder tiempo por un dolor de cabeza.

Identificar

Lee el anuncio e identifica los adverbios.

Preguntas

1. ¿Cuáles son las ventajas (*advantages*) de este medicamento?
2. ¿Qué tan a menudo te duele la cabeza? ¿Qué tomas cuando te duele la cabeza?
3. ¿Necesitas una receta del médico para comprar ese medicamento?
4. ¿Qué otros medicamentos ves con frecuencia en los anuncios de televisión?

A repasar

10.1 The imperfect tense

1 **Cuando éramos niños...** Usa estas oraciones para contar los sucesos que le ocurrían a ti y a tus amigos cuando eran niños. Sigue el modelo.

> **modelo**
> Rosalinda (estar enferma) / su mamá (llevarla al doctor)
> *Cuando Rosalinda estaba enferma, su mamá la llevaba al doctor.*

1. Rosalinda (ir a la clínica) / ella (llorar (*cry*) mucho)
2. Gustavito (tener dolor de cabeza) / su abuela (no darle una aspirina)
3. Gustavito (tener temperatura alta) / él (sentirse mareado)
4. la enfermera (ponerle una inyección a Rosalinda) / ella (sentir mucho dolor)
5. Rosalinda y Gustavito (no tomarse las medicinas) / sus padres (enojarse)
6. nosotros (no hacer la tarea) / nuestros padres (no dejarnos ver la televisión)

2 **El doctor Rodríguez** Completa el párrafo con el imperfecto de los verbos **ir**, **ver** y **ser**.

Cuando nosotros (1) _____ niños, mi hermano y yo (2) _____ al doctor Rodríguez. Nosotros (3) _____ a su consultorio después de las clases. Mi madre (4) _____ con nosotros. El doctor Rodríguez (5) _____ muy simpático. El doctor y la enfermera (6) _____ muy amables con nosotros. ¿Ustedes (7) _____ al consultorio del doctor Rodríguez?

3 **El dentista** Describe a un(a) compañero/a cómo eran tus visitas al dentista cuando eras niño/a. Usa el imperfecto.

> **modelo**
> *Iba al dentista cuando me dolía alguna muela. Siempre había muchos pacientes en el consultorio del dentista.*

10.2 Constructions with se

4 **Oraciones** Forma oraciones con estos elementos. Usa **se** para sucesos imprevistos (*unplanned events*) y los verbos en pretérito.

> **modelo**
> A Cecilia / olvidar / la medicina en la farmacia.
> *A Cecilia se le olvidó la medicina en la farmacia.*

1. A ti / romper / el brazo y la pierna
2. A los enfermeros / dañar / las radiografías
3. Al paciente / perder / los antibióticos
4. A mí / quedar / la receta en el consultorio
5. A Hugo y a ti / caer / la bicicleta en los pies
6. A nosotros / olvidar / el teléfono del doctor Gómez

5 **El enfermero** La doctora Suárez tiene un enfermero nuevo. Escribe las preguntas que el enfermero le hace. Usa **se** y **cómo**, **dónde**, **cuándo**.

> **modelo**
> Vamos a tomar la temperatura del paciente.
> *¿Cómo se toma la temperatura del paciente?*

1. Vamos a poner una inyección.
   _____

2. Vamos a llevar a un enfermo a la sala de emergencia.
   _____

3. Vamos a sacar las radiografías.
   _____

4. Vamos a recetar dos medicamentos.
   _____

5. Vamos a hacer un examen médico.
   _____

6. Vamos a buscar un antibiótico nuevo.
   _____

6 **¿Qué se debe hacer?** Con un(a) compañero/a, escribe qué se debe hacer en estas situaciones. Después, comparte tus respuestas con la clase.

> **modelo**
> Para estar sanos
> *Se debe hacer ejercicio. No se debe fumar.*

1. Para curarse de un resfriado
2. Para estar delgado/a
3. Para curarse de la gripe
4. Para tener dientes sanos
5. Para ser saludable
6. Para ser médico/a

 Practice more at **vhlcentral.com**.

10.3 Adverbs

7 **¡Tristemente!** Escribe seis oraciones para describir lo que le pasó a Héctor. Usa los adverbios necesarios.

> **modelo**
> Héctor paseaba felizmente en su bicicleta.

1.

2.

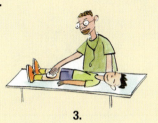

3.

8 **Consejos** Tu amiga Elsa está embarazada y no sabe cómo cuidarse (*to take care of herself*). En grupos de tres, escriban consejos para Elsa usando los adverbios adecuados.

además (de)	a veces	poco
a menudo	con frecuencia	por lo menos
así	muchas veces	pronto

> **modelo**
> Debes caminar por lo menos durante media hora cada día.
> Si te sientes mal, debes ir pronto al doctor.

Síntesis

9 **La primera vez** Cuéntale a un(a) compañero/a cómo fue la primera vez que te pusieron una inyección, te rompiste un hueso, pasaste la noche en un hospital, estuviste mareado/a, etc. Incluye estos puntos en la conversación.

- una descripción del tiempo que hacía
- tu edad
- qué pasó
- cómo te sentías

 Video

Videoclip

1 **Preparación** ¿Cuándo fue la última vez que te dolió la garganta? ¿Qué hiciste para aliviar el dolor?

2 **El clip** Mira el anuncio de **Strepsils** de España.

> **Vocabulario**
>
> **el alivio** *relief*   **irritadas** *irritated*
> **calma** *relieves*   **suaviza** *soothes*

Los problemas de garganta comienzan con un pinchazo°.

Es una nota de alivio en su garganta.

el **pinchazo** *sharp pain (lit.* prick*)*

3 **Ordenar** Ordena las palabras o expresiones según aparecen en el anuncio. Tres de estas palabras no están en el videoclip.

_____ a. gargantas irritadas   _____ e. pastillas

_____ b. receta   _____ f. alivio

_____ c. comienzan   _____ g. a menudo

_____ d. calma   _____ h. dolor

4 **Tu música** En el anuncio se escucha un tango muy emotivo como música de fondo (*background*). Escribe el título de una canción que refleje cómo te sientes en cada una de estas situaciones. Después, comparte tus ideas con tres compañeros/as.

- tienes un dolor de cabeza muy fuerte
- terminaron las clases
- estás enamorado/a
- te sientes mareado/a

Ampliación

1 Escuchar

A Escucha la conversación de la señorita Méndez y Carlos Peña. Marca las oraciones donde se mencionan los síntomas de Carlos.

> **TIP** **Listen for specific information.** Identify the subject of a conversation and use your background knowledge to predict what kinds of information you might hear. For example, what would you expect to hear in a conversation between a sick person and a doctor's receptionist?

_____ 1. Tiene infección en los ojos.

_____ 2. Se lastimó el dedo.

_____ 3. Tiene tos.

_____ 4. Está congestionado.

_____ 5. Está mareado.

_____ 6. Le duele la cabeza.

_____ 7. Le duele el estómago.

_____ 8. No puede dormir.

_____ 9. Es alérgico a la aspirina.

_____ 10. Le duele la garganta.

_____ 11. Tiene frío.

_____ 12. Se rompió la pierna.

_____ 13. Le duele la rodilla.

_____ 14. Siente dolor en los huesos.

B En tu opinión, ¿qué tiene Carlos? ¿Gripe? ¿Un resfriado? ¿Alergia? Explica tu opinión.

2 Conversar

Con un(a) compañero/a, prepara una conversación entre un(a) estudiante hipocondríaco/a y un(a) enfermero/a. Presenta la conversación a la clase.

> • Decidan qué síntomas tiene el/la estudiante y con qué frecuencia los tiene.
>
> • Decidan qué preguntas le va a hacer el/la enfermero/a. Por ejemplo: ¿Cuánto tiempo hace que comenzaron los síntomas? ¿Tenía el mismo problema cuando era niño/a? ¿Lo tenía la semana pasada?
>
> • Decidan qué consejos le va a dar el/la enfermero/a.

Ampliación

3 Escribir

 Imagina que eres enfermero/a en la sala de emergencias de un hospital. Tienes que escribir cada día un parte (*report*) médico para tu supervisor(a).

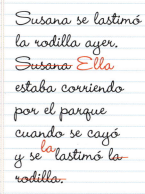

> **TIP** **Avoid redundancies.** To avoid repetition of verbs and nouns, consult a Spanish-language thesaurus. You can also use direct object pronouns, possessive adjectives, demonstrative adjectives and pronouns, and prepositional pronouns to streamline your writing.

Organizar	Utiliza un mapa de ideas para organizar tu parte médico. Incluye información sobre los pacientes, sus síntomas y el resultado de los tratamientos.
Escribir	Utiliza tus apuntes para escribir el primer borrador del parte médico.
Corregir	Intercambia tu composición con un(a) compañero/a. Lee su borrador y anota los aspectos mejor escritos (*written*). Ofrécele sugerencias para evitar (*avoid*) redundancias, y si ves algunos errores gramaticales u ortográficos, coméntaselos.
Compartir	Revisa el primer borrador según las indicaciones de tu compañero/a. Incorpora nuevas ideas o más información si es necesario antes de escribir la versión final del parte médico.

4 Un paso más

Prepara una presentación sobre el sistema de servicios médicos de un país hispano. Tu presentación debe contestar estas preguntas.

- ¿Qué servicios médicos públicos hay en el país?
- ¿Cuál es el papel (*role*) de las clínicas y los hospitales privados?
- ¿Cómo son los servicios médicos en las ciudades y en las áreas rurales?
- ¿Son populares los tratamientos alternativos?
- ¿Hay personas reconocidas por sus contribuciones a la medicina?

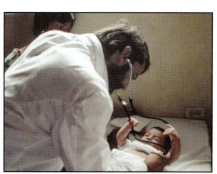

5 Conexión Internet

 Investiga estos temas en el sitio **vhlcentral.com**.

- Hospitales y clínicas en el mundo hispano
- Facultades de medicina en el mundo hispano
- Médicos famosos del mundo hispano

Audio: Reading
Additional Reading

Antes de leer

Using what you already know about a particular subject will often help you better understand a reading selection. For example, if you read an article about a recent medical discovery, you might think about what you already know about health in order to understand unfamiliar words or concepts.

A primera vista, ¿cuál es el tema de esta lectura?

_____

_____

¿Qué tipo de documento es? ¿Cómo lo sabes?

_____

_____

Basándote en documentos similares que conoces, ¿qué tipo de información esperas encontrar en esta lectura?

_____

_____

El consultorio

Usuario [   ]   Contraseña [   ]

Soy una madre española y le escribo para hacerle una consulta sobre mi hijo. Tiene ocho años y hace una semana que ni come ni duerme bien. Además, desde hace cuatro días° tose constantemente. Al no consumir la cantidad de alimentos° necesarios ni dormir lo suficiente, mi hijo no tiene energía para realizar sus actividades diarias. Estoy un poco preocupada porque es la primera vez que el niño presenta este tipo de síntomas. Todavía no hemos ido° al médico porque me interesa conocer primero su punto de vista°. Muchísimas gracias por su ayuda.

Querida° madre española: Gracias por escribir en mi columna. Cuando un niño de la edad de su hijo presenta este tipo de síntomas, puede ser señal° de que tiene una pequeña infección en las vías° respiratorias, producida por una bacteria o por un virus. Creo que debe llevar pronto a su hijo al consultorio de su médico para evitar° la aparición de una enfermedad crónica como la bronquitis. Si tiene alguna pregunta más o si desea contarme cómo evoluciona su hijo, ya sabe que puede escribirme otra vez.

Hola, doctora. Soy un ciclista profesional de Colombia. Hace dos semanas tuve un accidente con mi bicicleta y me lastimé la rodilla. Fui a la sala de emergencias y el médico me hizo una radiografía para ver si tenía un hueso roto. Afortunadamente, los resultados de la radiografía fueron muy buenos y sólo me recetaron unas pastillas y mucho reposo. Le escribo porque, después de este tiempo, sigo sintiendo dolor en la zona de la rodilla. ¿Qué puedo hacer?

www.elconsultorio.com

Dra. Fernanda Jiménez Ocaña

Querido amigo ciclista: Creo que, en su caso, necesita tener más paciencia. Hay que° comprender que algunas veces el cuerpo requiere más tiempo para recuperarse. Pienso que tiene que esperar dos semanas más para ver si el dolor va desapareciendo o no. Si sigue las indicaciones de su médico y no nota ningún cambio, debe volver al hospital. En mi opinión, no debe hacer ningún movimiento con la pierna y debe seguir tomándose las pastillas que le recetaron.

Le escribo desde Puerto Rico para pedirle su opinión. Desde hace un mes tengo los síntomas de un resfriado que no desaparece nunca. Toso, estoy congestionado y tengo la garganta y los ojos irritados. Mi novia opina que puedo ser alérgico a algo. ¿Cree usted que eso es posible?

Estimado° amigo puertorriqueño: Debe empezar por observar dónde y cuándo aparecen sus síntomas. El otoño y la primavera son las épocas del año en que suele haber° más reacciones alérgicas del tipo que usted presenta. Creo que debe ir al médico y esperar los resultados de las pruebas. Si le diagnostican un tipo de alergia, no debe preocuparse. En la actualidad, existen tratamientos excelentes, incluyendo antihistamínicos e inyecciones que calman los efectos de las reacciones alérgicas y lo ayudan a llevar una vida normal.

¡Salud! *Dra. Fernanda Jiménez Ocaña*

Después de leer

¿Comprendiste?

Indica si cada oración es **cierta** o **falsa**. Corrige las oraciones falsas.

Cierto   Falso

_____   _____   1. La madre española no come bien.

_____   _____   2. La doctora piensa que el hijo de la española puede tener una infección.

_____   _____   3. La doctora piensa que el ciclista debe practicar más el ciclismo.

_____   _____   4. La radiografía indica que el ciclista colombiano tiene algunos huesos rotos.

_____   _____   5. La doctora cree que el chico puertorriqueño puede tener alergias.

_____   _____   6. Hace un mes que el puertorriqueño tiene los síntomas de un resfriado.

Preguntas

Responde estas preguntas con oraciones completas.

1. ¿Con qué frecuencia tose el hijo de la madre española?
2. ¿Cuánto tiempo hace que el colombiano se lastimó la rodilla?
3. ¿Qué debe hacer la madre española?
4. ¿Qué hizo el médico cuando el ciclista fue a la sala de emergencias?
5. ¿Por qué debe ser paciente el ciclista?
6. Según (*According to*) la doctora, ¿cuándo ocurren más frecuentemente las reacciones alérgicas?

Coméntalo

¿Conoces alguna columna de consejos médicos en Internet? ¿La lees frecuentemente? ¿Por qué sí o por qué no? Imagina que tú escribes las respuestas de esta columna, ¿qué deben hacer las tres personas que pidieron consejos?

desde hace cuatro días *for four days* **alimentos** *foods* **hemos ido** *have been* **punto de vista** *point of view* **Querido/a** *Dear* **señal** *sign* **vías** *passages* **evitar** *avoid* **Hay que** *It is necessary to* **Estimado/a** *Dear* **suele haber** *there are customarily*

 Vocabulary Tools

El cuerpo

la boca	mouth
el brazo	arm
la cabeza	head
el corazón	heart
el cuello	neck
el cuerpo	body
el dedo	finger
el estómago	stomach
la garganta	throat
el hueso	bone
la nariz	nose
el ojo	eye
la oreja	(outer) ear
el pie	foot
la pierna	leg
la rodilla	knee
el tobillo	ankle

Las enfermedades y los síntomas

el dolor (de cabeza)	(head)ache; pain
la enfermedad	illness
la gripe	flu
la infección	infection
el resfriado	cold
el síntoma	symptom
la tos	cough
congestionado/a	congested
mareado/a	dizzy; nauseated

Verbos

caer	to fall, to drop
caerse	to fall
dañar	to damage; to break down
doler (o:ue)	to hurt
enfermarse	to get sick
estar enfermo/a	to be sick
estornudar	to sneeze
lastimarse (el pie)	to injure (one's foot)
olvidar	to forget
perder (e:ie)	to lose
poner una inyección	to give an injection
prohibir	to prohibit
quedar	to be left behind
recetar	to prescribe
romper	to break
romperse (la pierna)	to break (one's leg)
sacar(se) una muela	to have a tooth pulled
ser alérgico/a (a)	to be allergic (to)
tener fiebre (f.)	to have a fever
tomar(le) la temperatura (a alguien)	to take (someone's) temperature
torcerse (el tobillo)	to sprain (one's ankle)
toser	to cough

La salud

el accidente	accident
la clínica	clinic
el consultorio	doctor's office
el/la dentista	dentist
el/la doctor(a)	doctor
el/la enfermero/a	nurse
el examen médico	physical exam
la farmacia	pharmacy
el hospital	hospital
la operación	operation
el/la paciente	patient
la radiografía	X-ray
la sala de emergencia(s)	emergency room
la salud	health

Los medicamentos

el antibiótico	antibiotic
la aspirina	aspirin
el medicamento	medication
la medicina	medicine
las pastillas	pills
la receta	prescription

Adjetivos

embarazada	pregnant
grave	grave; serious
médico/a	medical
saludable	healthy
sano/a	healthy

Otras palabras y expresiones

de niño/a	as a child
mientras	while
todos los días	every day

Adverbs	See page 266.

Practice more at **vhlcentral.com**.

AVENTURAS EN LOS PAÍSES HISPANOS

Un *snowboarder* salta *(jumps)* en el centro de esquí Portillo, uno de los más famosos y antiguos *(old)* de Chile. El esquí y el *snowboard* se pueden practicar en las montañas nevadas *(snow-capped)* de la cordillera de los Andes, que se extiende por todo el país. Gente de todo el mundo va a Chile a practicar los deportes de invierno. ¿Te gustaría esquiar en Chile?

SURAMÉRICA II

Argentina

Área: 2.780.400 km^2
(1.074.000 millas^2)

Población: 43.431.000

Capital: Buenos Aires – 15.180.000

Ciudades principales: Córdoba, Rosario, Mendoza

Moneda: peso argentino

SOURCE: Population Division, UN Secretariat & CIA World Factbook

Chile

Área: 756.100 km^2
(292.000 millas^2)

Población: 17.508.000

Capital: Santiago de Chile – 6.507.000

Ciudades principales: Concepción, Viña del Mar, Valparaíso, Temuco

Moneda: peso chileno

SOURCE: Population Division, UN Secretariat & CIA World Factbook

Uruguay

Área: 176.220 km^2
(68.039 millas^2)

Población: 3.341.000

Capital: Montevideo – 1.707.000

Ciudades principales: Salto, Paysandú, Las Piedras, Rivera

Moneda: peso uruguayo

SOURCE: Population Division, UN Secretariat & CIA World Factbook

Paraguay

Área: 406.750 km^2
(157.046 millas^2)

Población: 6.783.000

Capital: Asunción – 2.356.000

Ciudades principales: Ciudad del Este, San Lorenzo, Lambaré, Fernando de la Mora

Moneda: guaraní

SOURCE: Population Division, UN Secretariat & CIA World Factbook

Bolivia

Área: 1.098.580 km^2
(424.171 millas^2)

Población: 10.800.000

Capital: La Paz, sede del gobierno *(seat of government)*, capital administrativa – 1.816.000;
Sucre, capital constitucional y judicial

Ciudades principales: Santa Cruz de la Sierra, Cochabamba, Oruro, Potosí

Moneda: peso boliviano

SOURCE: Population Division, UN Secretariat & CIA World Factbook

Video: *Panorama cultural*
Interactive Map

PERÚ

Océano Pacífico

BOLIVIA

⭐ La Paz

Arica ●

Sucre ⭐

Iquique ●

Antofagasta ●

Salta ●

CHILE

ARGENTINA

Córdoba ●

Valparaíso ● ⭐

Mendoza ●

Santiago

Concepción ●

Bahía Blanc

Cordillera de los Andes

Puerto Montt ●

Estrecho de
Magallanes ●

Punta Arenas ●

Tierra
del Fuego

Artes

El tango argentino

El tango es un símbolo cultural muy importante de Argentina. Este género *(genre)* musical es una mezcla de ritmos de origen africano, italiano y español, y surgió a finales del siglo XIX entre los porteños *(people of Buenos Aires)*. Poco después se hizo popular entre el resto de los argentinos y su fama llegó hasta París. Como baile, el tango en un principio *(at first)* era provocativo y violento, pero se hizo más romántico durante los años treinta. Hoy en día, este estilo musical es popular en muchas partes del mundo *(world)*.

Lugares

El lago Titicaca

Situado en los Andes de Bolivia y Perú, éste es el lago navegable más alto del mundo, a una altitud de 3.815 metros (12.500 pies). Con un área de más de 8.000 kilómetros² (3.000 millas²), también es el segundo lago más grande de Suramérica, después del lago de Maracaibo en Venezuela. La mitología inca cuenta que los hijos del dios *(god)* Sol emergieron de las profundas aguas del lago Titicaca para fundar su imperio *(empire)*.

BRASIL

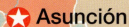
PARAGUAY

⭐ Asunción

Costumbres

La carne y el mate

En Chile, Uruguay y Argentina, la carne de res es un elemento esencial de la dieta diaria. Los platos más representativos de estas naciones son el asado *(barbecue)*, la parrillada *(grilled meat)* y el chivito *(goat)*.

El mate, una infusión similar al té, también es típico de la región. Esta bebida de origen indígena se bebe a diario y reemplaza al café. Tradicionalmente se toma en una calabaza *(gourd)* con una bombilla *(straw)* de metal.

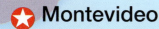
URUGUAY

⭐ Montevideo

sario
⭐
Buenos Aires

Naturaleza

Los ríos Paraguay y Paraná

Los ríos Paraguay y Paraná sirven de frontera *(border)* natural entre Argentina y Paraguay, y son las principales rutas de transporte de este último *(last)* país. El río Paraguay divide el Gran Chaco de la meseta *(plateau)* Paraná, donde vive la mayoría de los paraguayos. El Paraná tiene unos 3.200 kilómetros navegables, y por esta ruta pasan barcos de más de 5.000 toneladas, los cuales viajan desde el estuario *(estuary)* del Río de la Plata hasta la ciudad de Asunción. El río Paraná confluye *(meets)* con el río Iguazú en la frontera entre Brasil, Argentina y Paraguay. Allí forman las cataratas *(waterfalls)* del Iguazú, uno de los sitios turísticos más visitados en Suramérica. Estas extensas cataratas miden unos 70 metros (230 pies) de altura *(height)*.

las
alvinas

Practice more!
WB pp. 107–108 | VM pp. 245–250 | vhlcentral

¿Qué aprendiste?

1 **¿Cierto o falso?** Decide si lo que dicen las oraciones es **cierto** o **falso**.

	Cierto	Falso
1. Portillo es un centro de esquí en Argentina.	_____	_____
2. Viña del Mar y Concepción son dos de las ciudades principales de Chile.	_____	_____
3. Asunción es la capital de Uruguay.	_____	_____
4. En un principio, el tango era un baile tranquilo.	_____	_____
5. El tango es uno de los símbolos culturales más importantes de Argentina.	_____	_____
6. El lago Titicaca es el más bajo del mundo.	_____	_____
7. El lago Titicaca es el lago más grande de Suramérica después del lago de Maracaibo.	_____	_____
8. La carne de res forma parte de la dieta diaria de Argentina y de Uruguay.	_____	_____
9. El mate es una bebida similar al té.	_____	_____
10. El río Paraguay pasa entre Argentina y Chile.	_____	_____
11. En la meseta Paraná vive muy poca gente.	_____	_____
12. Las cataratas del Iguazú están en la frontera entre Brasil, Paraguay y Argentina.	_____	_____

2 **Preguntas** Contesta las preguntas.

1. ¿En qué lugares de los Estados Unidos se puede practicar esquí y *snowboard*? ¿Te gustaría practicarlos en las montañas nevadas de la cordillera de Los Andes?

2. ¿Sabes bailar tango? ¿Te gusta ese tipo de baile? ¿Por qué?

3. ¿Qué otros lagos navegables conoces? ¿Cuál te gustaría visitar?

4. ¿Probaste alguna vez el mate? ¿Te gustaría probarlo? ¿Qué otras comidas típicas de estos países conoces?

5. ¿Qué otras cataratas conoces? ¿Qué río(s) afecta(n)?

3 **Conexión Internet** Investiga estos temas en el sitio **vhlcentral.com**.

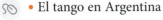

- El tango en Argentina
- Deportes de invierno en Chile
- Preferencias gastronómicas en Uruguay
- La historia de Paraguay
- El sitio arqueológico Tiahuanaco en Bolivia

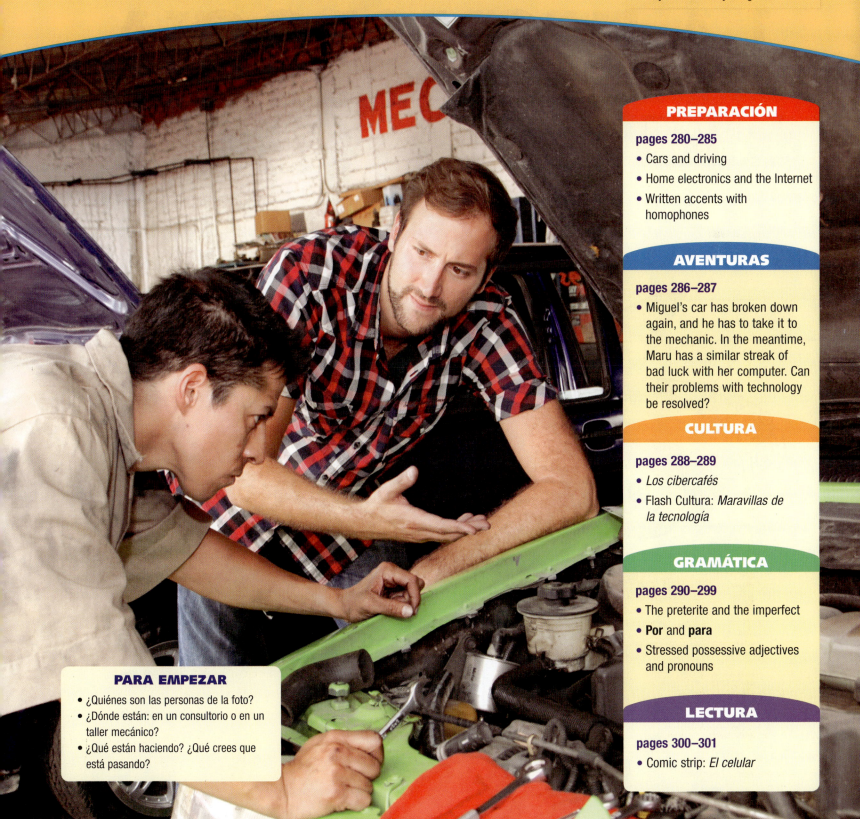

11 El carro y la tecnología

Communicative Goals
You will learn how to:
- talk about using technology and electronics
- talk about car trouble
- use common expressions on the telephone
- say how far away things are

PARA EMPEZAR
- ¿Quiénes son las personas de la foto?
- ¿Dónde están: en un consultorio o en un taller mecánico?
- ¿Qué están haciendo? ¿Qué crees que está pasando?

EL CARRO Y LA TECNOLOGÍA

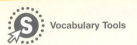

LAS PARTES DEL CARRO

el carro *car*

el coche *car*

los frenos *brakes*

el capó

el motor

el parabrisas

el baúl

el volante

la llanta

el semáforo

EN LA CALLE

la calle *street*

el camino *route*

el garaje
  garage; (mechanic's) repair shop

la gasolina *gasoline*

la gasolinera *gas station*

el kilómetro *kilometer*

el/la mecánico/a *mechanic*

la milla *mile*

la multa *fine; ticket*

el policía/la mujer policía *police officer*

la policía *police (force)*

el taller (mecánico)
  (mechanic's) repair shop

el tráfico *traffic*

la velocidad máxima *speed limit*

arrancar *to start*

arreglar *to fix; to arrange*

bajar *to go down*

bajar(se) de *to get out of (a vehicle)*

chocar (con) *to run into; to crash into*

conducir *to drive*

estacionar *to park*

manejar *to drive*

parar *to stop*

revisar (el aceite) *to check (the oil)*

subir *to go up*

subir(se) a *to get into (a vehicle)*

la licencia de conducir

INTERNET Y LA COMPUTADORA

el archivo *file*

la computadora portátil *laptop*

la conexión inalámbrica
wireless (connection)

el disco *disk*

Internet *Internet*

la página principal *home page*

la pantalla *screen*

el programa de computación *software*

la red *network; Web*

el sitio web *website*

---

chatear *to chat*

guardar *to save*

imprimir *to print*

navegar en Internet *to surf the Internet*

la calculadora

el televisor

la computadora

el monitor

la impresora

el teclado

el ratón

LA TECNOLOGÍA

la aplicación *app*

el buzón de voz *voicemail*

la cámara digital *digital camera*

el cargador *charger*

el control remoto *remote control*

el disco compacto *compact disc*

el estéreo *stereo*

el mensaje de texto *text message*

el navegador GPS *GPS*

el radio *radio (set)*

el reproductor de CD *CD player*

el reproductor de DVD *DVD player*

el reproductor de MP3 *MP3 player*

el teléfono celular *cell phone*

---

apagar *to turn off*

funcionar *to work*

llamar *to call*

poner *to turn on*

prender *to turn on*

sonar (o:ue) *to ring*

ADJETIVOS

descompuesto/a
not working; out of order

lento/a *slow*

lleno/a *full*

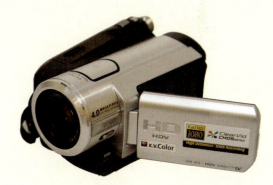

la cámara (de video)

ASÍ SE DICE

el baúl ⟷ la cajuela (*Méx.*), la maletera (*Perú*)
la computadora ⟷ el ordenador (*Esp.*)
la gasolinera ⟷ la bencinera (*Chile*)
el radio ⟷ la radio (*Esp., Cono Sur*)

A escuchar

1 **¿Qué necesitas?** Identifica oralmente los dibujos. Luego, escucha las oraciones e indica el objeto que necesitas para cada actividad.

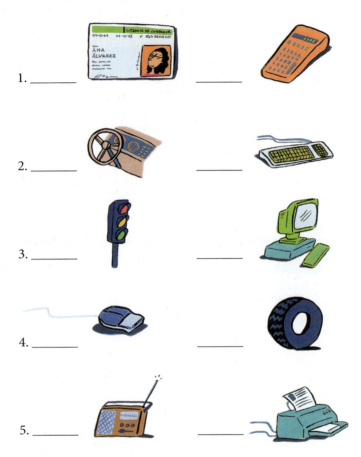

1. _____   _____

2. _____   _____

3. _____   _____

4. _____   _____

5. _____   _____

2 **En una gasolinera** Escucha la conversación entre un joven y el empleado de una gasolinera. Después, completa las oraciones.

1. El empleado de la gasolinera llena el tanque, revisa el aceite y
   a. estaciona el carro.   b. limpia el parabrisas.   c. usa el navegador.

2. La próxima semana el joven tiene que
   a. manejar hasta Córdoba.   b. llenar el tanque.   c. revisar las llantas.

3. El joven va a volver mañana porque el empleado
   a. va a llenar el tanque.   b. va a revisar los frenos.   c. va a darle una multa.

4. Para revisar los frenos, el empleado necesita
   a. un par de minutos.   b. un par de días.   c. un par de horas.

5. Hoy el joven va
   a. a Córdoba.   b. a las montañas.   c. a la playa.

6. La gasolina cuesta
   a. 22 pesos.   b. 32 pesos.   c. 24 pesos.

Practice more!

LM
p. 61

A practicar

3 **Problemas con la computadora** Completa la conversación con las palabras de la lista.

el archivo	la impresora	la pantalla
arreglar	imprimir	prendiste
descompuesto	llamar	el ratón
funciona	navegar	el teléfono celular

JUAN CARLOS Mariana, la computadora no (1) _____. No veo nada en (2) _____.

MARIANA Pues, ¿la (3) _____?

JUAN CARLOS Ah sí, tienes razón; no estaba prendida. Mariana, ahora no puedo conectarme a Internet. Parece que el sistema de conexión inalámbrica está (4) _____. ¿Sabes cómo lo puedo (5) _____?

MARIANA ¡Ay, mi amor! Si (*If*) quieres, puedo (6) _____ a la compañía de Internet para ver qué pasa. Mientras tanto, creo que es mejor que uses (7) _____ para conectarte.

JUAN CARLOS Sí, gracias… Bueno, ahora sí estoy conectado. Voy a (8) _____ en Internet un rato y después voy a (9) _____ el trabajo para mi clase de historia… Pero... ¡Mariana! ¿dónde está (10) _____?

MARIANA Lo siento, ésa sí que está descompuesta. Pablo la está arreglando. No sé cómo vas a imprimir tu trabajo ahora.

JUAN CARLOS No te preocupes. Voy a guardar (11) _____ para imprimirlo en la universidad.

MARIANA ¡Qué buena idea!

4 **Oraciones** Escribe oraciones usando los siguientes elementos. Usa el pretérito y añade (*add*) las palabras necesarias.

> **modelo**
> Juan Diego / guardar / archivo / su / computadora
> *Juan Diego guardó el archivo en su computadora.*

1. Jaime / comprar / reproductor de DVD / nuevo

_____

2. Yo / apagar / radio / diez / noche

_____

3. teléfono / sonar / pero / yo / no contestar

_____

4. Sara y yo / ir / gasolinera / para / llenar / tanque

_____

5. Sandra / perder / disco compacto

_____

6. Marisa / poner / su / maletas / baúl

_____

Practice more!

WB
pp. 109–110

vhlcentral

A conversar

5 **Preguntas** Con un(a) compañero/a, contesta las preguntas. Después, comparte las respuestas con la clase.

 1. ¿Tienes carro? ¿Cómo es? ¿Para qué lo usas?

 2. ¿Siempre paras cuando ves la luz amarilla del semáforo? ¿Manejas rápidamente? ¿A veces excedes la velocidad máxima?

3. ¿Cuáles de estas actividades haces tú normalmente: llenar el tanque, limpiar el parabrisas, lavar el coche, revisar el aceite, cambiar el aceite, revisar las llantas?

4. ¿Te pierdes con frecuencia cuando conduces? ¿Usas el navegador o los mapas interactivos en Internet?

5. ¿Cómo escuchas música: por radio, reproductor de MP3, por celular o en Internet?

6. ¿Cómo te comunicas más: llamas por teléfono, escribes mensajes electrónicos o hablas por *chat*? ¿Cuáles son las ventajas (*advantages*) y desventajas de los diferentes modos de comunicación?

7. ¿Cómo usas la tecnología para divertirte? ¿Y para comunicarte? ¿Y para trabajar?

6 **En el taller** Con un(a) compañero/a, prepara una conversación entre un(a) mecánico/a y un(a) cliente/a cuyo (*whose*) coche se dañó en un accidente. El/La cliente/a le dice al/a la mecánico/a qué ocurrió en el accidente y los dos hablan de las partes dañadas.

7 **Situación** Con un(a) compañero/a de clase, elige un(a) cliente/a de la lista y prepara una conversación entre el/la director(a) de ventas (*sales*) de una tienda de computadoras y esta persona. El/La director(a) de ventas pregunta lo que el/la cliente/a desea hacer con la computadora y le muestra la computadora que éste/a necesita.

- El padre o la madre de un niño de seis años
- Una jubilada (retired woman) que quiere aprender a navegar en Internet
- Una mujer que va a crear una nueva empresa (business) en su casa
- Un estudiante que no sabe nada de computadoras
- Un hombre de negocios (businessman) que viaja mucho
- Un programador que necesita comprar una computadora buena y rápida

Ortografía

 Audio: Pronunciation

La acentuación de palabras similares

Although accent marks usually indicate which syllable in a word is stressed, they are also used to distinguish between words that have the same or similar spellings.

Él maneja el coche.   **Sí, voy si quieres.**

Although one-syllable words do not usually carry written accents, some *do* have accent marks to distinguish them from words that have the same spelling but different meanings.

Sé cocinar.   **Se baña.**   **¿Tomas té?**   **Te duermes.**

Sé (*I know*) and **té** (*tea*) have accent marks to distinguish them from the pronouns **se** and **te**.

para mí   **mi cámara**   **Tú lees.**   **tu estéreo**

Mí (*me*) and **tú** (*you*) have accent marks to distinguish them from the possessive pronouns **mi** and **tu**.

¿Por qué vas?   **Voy porque quiero.**

Several words of more than one syllable also have accent marks to distinguish them from words that have the same or similar spellings.

Éste es rápido.   **Este módem es rápido.**

Demonstrative pronouns have accent marks to distinguish them from demonstrative adjectives.

¿Cuándo fuiste?   **Fui cuando me llamó.**

¿Dónde trabajas?   **Voy al taller donde trabajo.**

Adverbs have accent marks when they are used to convey a question.

 Práctica Marca los acentos en las palabras que los necesitan.

ANA Hola, soy Ana. ¿Que tal?
JUAN Hola, pero… ¿por que me llamas tan tarde?
ANA Porque mañana tienes que llevarme a la universidad. Mi auto esta dañado.
JUAN ¿Como se daño?
ANA Se daño el sabado. Un vecino (*neighbor*) choco con el.

Crucigrama Utiliza las siguientes pistas (*clues*) para completar el crucigrama. ¡Ojo con los acentos!

Horizontales
1. Él _____ levanta.
4. No voy _____ no puedo.
7. Tú _____ acuestas.
9. ¿ _____ es el examen?
10. Quiero este video y _____.

Verticales
2. ¿Cómo _____ usted?
3. Eres _____ mi hermano.
5. ¿ _____ tal?
6. Me gusta _____ suéter.
8. Navego _____ la red.

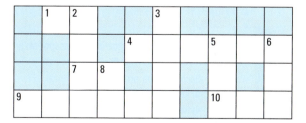

Practice more!

LM
p. 62

vhlcentral

Video:
Fotonovela

En el taller

El coche de Miguel está descompuesto y Maru tiene problemas con su computadora.

PERSONAJES

MIGUEL

JORGE

MARU

MIGUEL ¿Cómo lo ves?

JORGE Creo que puedo arreglarlo. ¿Me pasas la llave?

JORGE ¿Y dónde está Maru?

MIGUEL Acaba de enviarme un mensaje de texto: "Última noticia sobre la computadora portátil: todavía está descompuesta. Moni intenta arreglarla. Voy para allá".

JORGE ¿Está descompuesta tu computadora?

MIGUEL No, la mía no, la suya. Una amiga la está ayudando.

JORGE Un mal día para la tecnología, ¿no?

MARU Estamos en una triste situación. Yo necesito una computadora nueva, y Miguel necesita otro coche.

JORGE Y un televisor nuevo para mí, por favor.

MARU ¿Qué vamos a hacer, Miguel?

MIGUEL Tranquila, cariño. Por eso tenemos amigos como Jorge y Mónica. Nos ayudamos los unos a los otros.

JORGE ¿No te sientes afortunada, Maru? No te preocupes. Sube.

MIGUEL ¡Por fin!

MARU Gracias, Jorge. Eres el mejor mecánico de la ciudad.

A C T I V I D A D E S

1 Seleccionar Selecciona las respuestas que completan correctamente estas oraciones.

1. Jorge intenta arreglar _____.
   a. la computadora de Maru   b. el coche de Miguel   c. el teléfono celular de Felipe

2. Maru dice que se borraron muchos _____ de su computadora.
   a. archivos   b. sitios web   c. mensajes de texto

3. Jorge dice que necesita un _____.
   a. navegador GPS   b. reproductor de DVD   c. televisor

4. Maru dice que Jorge es el mejor _____.
   a. mecánico de la ciudad   b. amigo del mundo   c. compañero de la clase

2 Identificar Identifica quién puede decir estas oraciones.

1. Debes comprarte un coche nuevo y recomendarme con tus amigos. _____

2. El mensaje de texto de Maru dice que su computadora todavía está descompuesta. _____

3. Mi amiga Mónica me ayudó a recuperar muchos archivos, pero necesito una computadora nueva. _____

4. No debes conducir con el cofre abierto y debes recordar que el tanque tiene que estar lleno. _____

5. Muchos de los archivos de mi computadora se borraron. _____

4

5

MIGUEL Ella está preparando un proyecto para ver si puede hacer sus prácticas profesionales en el Museo de Antropología.

JORGE ¿Y todo está en la computadora?

MIGUEL Y claro.

MARU Buenos días, Jorge.

JORGE ¡Qué gusto verte, Maru! ¿Cómo está la computadora?

MARU Mi amiga Mónica recuperó muchos archivos, pero muchos otros se borraron.

9

10

MIGUEL ¿Cuánto te debo por el trabajo?

JORGE Hombre, no es nada. Guárdalo para el coche nuevo. Eso sí, recomiéndame con tus amigos.

MIGUEL Gracias, Jorge.

JORGE No manejes en carretera. Revisa el aceite cada 1.500 kilómetros y asegúrate de llenarle el tanque... No manejes con el cofre abierto. Nos vemos.

  3 **Problema mecánico** Con un(a) compañero/a, representa una conversación entre un(a) mecánico/a y un(a) cliente/a. Sigue la guía.

Mecánico/a

1. Contesta el teléfono con un saludo y el nombre del taller.

2. Pregunta qué tipo de problema tiene exactamente.

3. Di que debe traer el carro al taller.

4. Ofrece una hora para revisar el carro.

5. Da las gracias y despídete.

Cliente/a

1. Saluda y explica que tu carro está descompuesto.

2. Explica que tu carro no arranca cuando hace frío.

3. Pregunta cuándo puedes llevarlo.

4. Acepta la hora que ofrece el/la mecánico/a.

5. Despídete y cuelga (*hang up*) el teléfono.

Expresiones útiles

Giving instructions to a friend

¿Me pasas la llave?
Can you pass me the wrench?
No lo manejes en carretera.
Don't drive it on the highway.
Revisa el aceite cada 1.500 kilómetros.
Check the oil every 1,500 kilometers.
Asegúrate de llenar el tanque.
Make sure to fill up the tank.
No manejes con el cofre abierto.
Don't drive with the hood open.
Recomiéndame con tus amigos.
Recommend me to your friends.

Taking a phone call

Aló./Bueno./Diga.
Hello.
¿Quién habla? / ¿De parte de quién?
Who is speaking/calling?
Con él/ella habla.
Speaking.
¿Puedo dejar un recado?
May I leave a message?

Reassuring someone

Tranquilo/a, cariño.
Relax, sweetie.
Nos ayudamos los unos a los otros.
We help each other out.
No te preocupes.
Don't worry.

Additional vocabulary

entregar *to hand in*
el intento *attempt*
la noticia *news*
el proyecto *project*
recuperar *to recover*

Practice more!

pp. 189–190   vhlcentral

S Reading

Los cibercafés

¿Estás pensando pasar un semestre en Latinoamérica y no quieres llevar tu computadora portátil? ¡No te preocupes! En casi cualquier ciudad latinoamericana, grande o pequeña, te puedes encontrar con **un cibercafé**. Pagando una tarifa° muy barata (¡a veces menos de un dólar por hora!), uno puede disfrutar de° un refresco o de un café mientras navega en Internet, escribe un correo electrónico o chatea° en múltiples foros virtuales.

Mensajes de texto en español

Al igual que otros idiomas, el chateo está cambiando la forma en que la gente escribe el español. Ésta es una lista de expresiones comunes al chatear.

¿K TL?	¿Qué tal?	CONT, XFA	Contesta, por favor.
Toy cansada	Estoy cansada.	TB	también
TQ MXO	Te quiero mucho.	1 BSO	Un beso.
A2	Adiós.	¿Q T PARECE?	¿Qué te parece?
¿XQ?	¿Por qué?	T MANDO 1	Te mando un
GNL	genial	MSG DSPS	mensaje después.

De hecho°, el negocio° del cibercafé está mucho más desarrollado° en Latinoamérica que en los Estados Unidos. En las grandes ciudades hispanas, es común ver varios cibercafés en una misma cuadra°. Muchos extranjeros piensan que no puede haber suficientes clientes para todos, pero los cibercafés ofrecen servicios especializados que permiten su coexistencia. Por ejemplo, algunos cibercafés informales atraen° a adolescentes y a jóvenes con videojuegos en línea° o servicio de chat con

cámara. Otros centros de Internet, como los centros telefónicos, atraen a estudiantes o profesionales, ya que generalmente son más tranquilos para hacer las tareas de la escuela o del trabajo.

Sin embargo, para los fanáticos que no se pueden despegar° de las computadoras portátiles, también hay bares, restaurantes y librerías que ofrecen el servicio inalámbrico de Internet como lo hace Starbucks en los Estados Unidos y en Canadá. Como ves, Internet está en cada esquina°. ¿Qué esperas para hacer tus maletas y salir para Latinoamérica?

tarifa *fee* **disfrutar de** *enjoy* **chatea** *chat (from the English verb* to chat) **De hecho** *In fact* **negocio** *business* **desarrollado** *developed* **cuadra** *(city) block* **atraen** *attract* **en línea** *online* **despegar** *detach* **esquina** *corner*

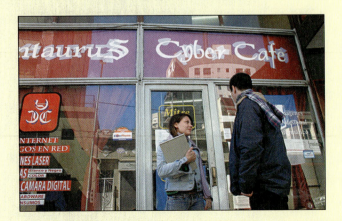

ASÍ SE DICE
La tecnología

los audífonos (Méx., Col.)	headset; earphones
los auriculares (Arg.)	
los cascos (Esp.)	
el móvil (Esp.)	el celular
el manos libres (Amér. S.)	hands-free system

ACTIVIDADES

1 **¿Cierto o falso?** Indica si estas oraciones son **ciertas** o **falsas**. Corrige las falsas.

1. Los cibercafés son más populares en las ciudades grandes que en las pequeñas.
2. El servicio de Internet es caro en los cibercafés.
3. Hay más cibercafés en Latinoamérica que en los Estados Unidos.
4. Todos los cibercafés ofrecen servicios similares.
5. Muchos turistas se quejan de que no hay suficientes cibercafés.
6. Hay cibercafés con videojuegos en línea.
7. Si eres estudiante, puedes hacer tus tareas en los centros de Internet.
8. En los países hispanos, no hay servicio inalámbrico de Internet.
9. La primera palabra de la expresión **Toy cansada** viene del verbo **ser**.
10. TB significa "también".

2 **¿Cómo te comunicas?** Escribe un párrafo breve para explicar qué utilizas para comunicarte con tus amigos/as (correo electrónico, teléfono, chat, etc.) y de qué hablan cuando se comunican.

3 **Nuevas expresiones** Con un(a) compañero/a, observa la lista de expresiones comunes en los mensajes de texto. ¿Están de acuerdo con esta forma de escribir? ¿Creen que es una buena forma de comunicarse? ¿Por qué?

4 **Conexión Internet** Investiga en el sitio **vhlcentral.com** qué sitios web son populares entre los jóvenes hispanos.

 Video

Maravillas de la tecnología

1 **Preparación** ¿Con qué frecuencia navegas en Internet? ¿Dónde lo haces: en tu casa o en un lugar público?

2 **El video** Mira el episodio de **Flash Cultura**.

Vocabulario

chateando *chatting*
comunidad indígena *indigenous community*
romper con la barrera de la distancia *to break the distance barrier*
usuarios *users*

… los cibercafés se conocen comúnmente como "cabinas de Internet" y están localizados° por todo el país.

… el primer *hotspot* de Cuzco, que permite a los usuarios navegar de manera inalámbrica…

localizados *located*

3 **Elegir** Indica cuál de las dos opciones resume mejor este episodio.

- En Cuzco, Internet es un elemento importante para las comunidades indígenas que quieren vender sus productos en otros países. Con Internet inalámbrico, estas comunidades chatean con clientes en otros países.

- En Cuzco, la comunidad y los turistas usan la tecnología de los celulares e Internet para comunicarse con sus familias o vender productos. Para navegar en Internet, se pueden visitar las cabinas de Internet o ir a la Plaza de Armas con una computadora portátil.

Practice more!
VM pp. 221–222   vhlcentral

11.1 The preterite and the imperfect

Tutorial

▶ The preterite and the imperfect are not interchangeable. The choice between these two tenses depends on the context and on the point of view of the speaker.

¿Y revisaste el aceite?

Pensé que podía arreglar el coche, pero no puedo.

Uses of the preterite

To express actions that are viewed by the speaker as completed	Don Francisco **estacionó** el autobús. *Don Francisco parked the bus.* **Fueron** a Valparaíso ayer. *They went to Valparaíso yesterday.*
To express the beginning or end of a past action	La película **empezó** a las nueve. *The movie began at nine o'clock.* Ayer **terminé** el proyecto. *Yesterday I finished the project.*
To narrate a series of past actions or events	Don Francisco **paró** el autobús, **abrió** la ventanilla y **saludó** a doña Rita. *Don Francisco stopped the bus, opened the window, and greeted Doña Rita.*

Uses of the imperfect

To describe an ongoing past action with no reference to its beginning or end	Maite **conducía** muy rápido en Madrid. *Maite was driving very fast in Madrid.* Javier **esperaba** en el garaje. *Javier was waiting in the garage.*
To express habitual past actions and events	Cuando **era** joven, **jugaba** al tenis. *When I was young, I used to play tennis.* Álex siempre **revisaba** su correo electrónico a las tres. *Álex always checked his e-mail messages at three o'clock.*
To describe physical and emotional states or characteristics	La chica **quería** descansar. **Se sentía** mal y **tenía** dolor de cabeza. *The girl wanted to rest. She felt ill and had a headache.* Ellos **eran** altos y **tenían** ojos verdes. *They were tall and had green eyes.* **Estábamos** felices de ver a la familia. *We were happy to see the family.*

Práctica

1 **Un accidente** Completa este artículo de periódico con las formas correctas del pretérito o del imperfecto.

Un trágico accidente

Ayer en la mañana (1) _____ [haber] un trágico accidente en el centro de Lima, cuando un autobús (2) _____ [chocar] con un carro. La mujer que (3) _____ [manejar] el carro (4) _____ [morir] al instante. Los paramédicos llevaron al conductor del autobús al hospital porque (5) _____ [tener] varias fracturas. Su estado de salud es todavía muy grave. El conductor del autobús (6) _____ [decir] que no (7) _____ [ver] el carro hasta el último momento porque (8) _____ [haber] mucha niebla y (9) _____ [llover]. Él (10) _____ [intentar] (*to attempt*) dar un viraje brusco (*to swerve*), pero (11) _____ [perder] el control del autobús y no (12) _____ [poder] evitar (*to avoid*) el accidente. Según nos informaron, no (13) _____ [lastimarse] ninguno de los pasajeros que (14) _____ [viajar] en el autobús.

2 **Combinar** Combina elementos de las tres columnas para hablar de lo que hicieron y lo que hacían las personas de la primera columna. Usa el imperfecto o el pretérito para formar las oraciones.

Sujetos	Verbos	Adverbios
el mecánico	arreglar	ayer
Adrián González	caerse	bien
la mujer policía	chocar	con frecuencia
Maria Sharapova	conducir	de vez en cuando
mis padres	decir	fácilmente
mis amigos y yo	enamorarse	lentamente
John Mayer	lastimarse	por aquí
yo	llamar	por fin
	navegar (en)	todos los días
	olvidar	la semana pasada

Conversación

3 Oraciones Con un(a) compañero/a, completa las oraciones usando el pretérito o el imperfecto. Luego, compara tus respuestas.

modelo De niño/a, yo...

Estudiante 1: De niña, yo vivía con mis abuelos en un apartamento cerca de la escuela.
Estudiante 2: Pues mi mamá, mis hermanos y yo vivíamos en una casita con un jardín.
Estudiante 1: De niña, me lastimé una vez la rodilla. Mientras corría, me caí.
Estudiante 2: En cambio, yo nunca me lastimé la rodilla, pero me torcía constantemente el tobillo.

1. El verano pasado…
2. Yo manejaba el coche mientras…
3. Anoche mi novio/a…
4. Ayer el/la profesor(a)…
5. La semana pasada un(a) amigo/a…
6. A menudo mi madre…
7. Esta mañana en la cafetería…
8. Navegábamos en la red cuando…

4 Tu primer(a) novio/a Entrevista a un(a) compañero/a acerca de su primer(a) novio/a. Si quieres, puedes añadir (*add*) otras preguntas.

1. ¿Quién fue tu primer(a) novio/a?
2. ¿Cuántos años tenías cuando lo/la conociste?
3. ¿Cómo era él/ella?
4. ¿Qué le gustaba hacer? ¿Tenían ustedes los mismos pasatiempos?
5. ¿Por cuánto tiempo salieron ustedes?
6. ¿Adónde iban ustedes cuando salían?
7. ¿Pensaban casarse?
8. ¿Cuándo y por qué rompieron ustedes?

Practice more!

WB
pp. 111–114

LM
p. 63

vhlcentral

5 Un robo misterioso Anoche alguien robó (*stole*) el examen de la Lección 11 de la oficina de tu profesor(a) y tú tienes que averiguar (*to find out*) quién lo hizo. Pregúntales a varios compañeros dónde estaban, con quién estaban y qué hicieron entre las ocho y las doce de la noche. Luego, decide quién robó el examen.

▶ When the preterite and the imperfect appear in the same sentence, the imperfect describes what was happening, while the preterite describes the action that "interrupted" the ongoing activity.

Navegaba en la red cuando **sonó** el teléfono.
I was surfing the Web when the phone rang.

Maite **leía** el periódico cuando **llegó** Álex.
Maite was reading the newspaper when Álex arrived.

▶ You will see the preterite and the imperfect together in narratives such as fiction, news, and retelling of events. The imperfect provides background information, such as time, weather, and location. The preterite indicates the specific events that occurred.

Eran las dos de la mañana y el detective ya no **podía** mantenerse despierto. **Se bajó** lentamente del coche, **estiró** las piernas y **levantó** los brazos hacia el cielo oscuro.

It was two in the morning, and the detective could no longer stay awake. He slowly stepped out of the car, stretched his legs, and raised his arms toward the dark sky.

La luna **estaba** llena y no **había** en el cielo ni una sola nube. De repente, el detective **escuchó** un grito espeluznante proveniente del parque.

The moon was full and there wasn't a single cloud in the sky. Suddenly, the detective heard a terrifying scream coming from the park.

NASA· La sonda se estrelló° antes de orbitar

Mars cayó en Marte

La agencia espacial estadounidense perdió la comunicación con la sonda *Mars Climate Orbiter*, justo en el momento en que se ponía en órbita alrededor° de Marte. La nave se estrelló por un error de navegación importante. Se habían invertido° 25 millones de dólares e iba a ser la primera estación meteorológica interplanetaria.

se estrelló *crashed* **alrededor** *around* **Se habían invertido** *had been invested*

¡Manos a la obra!

Escribe la forma correcta de los verbos.

Pretérito

1. Tomás y yo ___fuimos___ [ir] al parque ayer.
2. _____ [nadar] por la tarde.
3. Después _____ [tomar] el sol.
4. _____ [regresar] a casa a las cinco.
5. Tomás preparó la cena. Yo _____ [leer] el periódico.
6. Mientras Tomás veía una película, yo _____ [dormirse].

Imperfecto

1. ___Eran___ [ser] las doce.
2. _____ [haber] mucha gente en la calle.
3. Los novios _____ [estar] en el café.
4. Todos los días ellos _____ [almorzar] juntos.
5. El camarero siempre les _____ [servir] ensaladas.
6. Cuando los novios salieron del café, _____ [llover].

11.2 Por and para Tutorial

▶ Both **por** and **para** mean *for*, but they are not interchangeable. Study their uses in the charts.

Maru habla por teléfono.

¡Y un televisor nuevo para mí, por favor!

Uses of *por*

Motion or a general location (*around, through, along, by*)	La excursión nos llevó **por** el centro. *The tour took us through downtown.*
	Pasamos **por** el parque y **por** el río. *We passed by the park and along the river.*
Duration of an action (*for, during, in*)	Estuve en Montevideo **por** un mes. *I was in Montevideo for a month.*
	Miguel estudió **por** la noche. *Miguel studied during the night.*
Object of a search (*for, in search of*)	Vengo **por** ti a las ocho. *I'm coming for you at eight.*
	Maite fue **por** su cámara. *Maite went in search of her camera.*
Means by which something is done (*by, by way of, by means of*)	Ellos viajan **por** la autopista. *They travel by (by way of) the highway.*
	¿Hablaste con la policía **por** teléfono? *Did you talk to the police by (on the) phone?*
Exchange or substitution (*for, in exchange for*)	Le di dinero **por** el estéreo. *I gave him money for the stereo.*
	Cambiamos este carro **por** uno nuevo. *We exchanged this car for a new one.*
Unit of measure (*per, by*)	José manejaba a 120 kilómetros **por** hora. *José was driving 120 kilometers per hour.*

▶ **Por** is used in several idiomatic expressions.

por aquí	*around here*	**por eso**	*that's why; therefore*
por ejemplo	*for example*	**por fin**	*finally*

¡ojo! When giving an exact time, **de** is used instead of **por** before **la mañana, la tarde,** and **la noche.**

Llegué a las diez **de la noche.**
I arrived at ten p.m.

Me gusta estudiar **por la noche.**
I like to study at night.

Práctica

1 **Un viaje a Buenos Aires** Completa este párrafo con las preposiciones **por** o **para**.

El mes pasado, mi esposo y yo hicimos un viaje a Buenos Aires y sólo pagamos dos mil dólares (1) _____ los pasajes. Estuvimos en Buenos Aires (2) _____ una semana y exploramos toda la ciudad. Durante el día caminamos (3) _____ la plaza San Martín, el microcentro y el barrio de La Boca, donde viven muchos artistas. (4) _____ la noche fuimos a una tanguería, que es un tipo de teatro, (5) _____ ver a la gente bailar tango. Dos días después decidimos hacer una excursión (6) _____ las Pampas (7) _____ ver el paisaje y un rodeo con gauchos. (8) _____ eso, alquilamos (*we rented*) un carro y pasamos unos días muy agradables. El último día fuimos a Galerías Pacífico (9) _____ comprar recuerdos (*souvenirs*) (10) _____ nuestros hijos y nietos. Compramos tantos regalos que, al regresar, tuvimos que pagar impuestos (*duties*) cuando pasamos (11) _____ la aduana.

2 **¿Qué pasa aquí?** Usa **por** o **para** y el tiempo presente para describir estos dibujos.

modelo

Él trabaja para el Taller Juárez. / Él abre el taller por la mañana.

1. _____

2. _____

3. _____

4. _____

5. _____

Conversación

3 **Encuesta** Averigua (*Find out*) a cuáles de tus compañeros/as corresponde cada descripción. Luego, presenta los resultados a la clase.

modelo

Estudiante 1: ¿Tienes computadora portátil?
Estudiante 2: No, no tengo computadora portátil.
Estudiante 1: ¿Tienes computadora portátil?
Estudiante 3: Sí, tengo computadora portátil.

	Nombres
1. En casa, tiene conexión inalámbrica.	_____
2. Ayer no durmió por la noche.	_____
3. Viajó por Europa.	_____
4. Hoy pasó por la gasolinera.	_____
5. Se preocupa por sus amigos.	_____
6. Habla por teléfono celular.	_____
7. Quiere estudiar para médico/a.	_____
8. Las clases son fáciles para él/ella.	_____

4 **Completar** Habla con un(a) compañero/a para completar estas oraciones sobre él/ella. Usa **por** y **para** en las respuestas.

1. El año pasado compró un regalo…
2. Ayer fue al taller…
3. Necesita hacer la tarea…
4. En casa, habla con sus amigos/as…
5. Los miércoles tiene clases…
6. A veces va a la biblioteca…
7. Necesita… dólares…
8. Su mejor amigo/a estudia…

5 **Una subasta** En grupos, dramaticen una subasta (*auction*). Cada estudiante debe traer a la clase un objeto o una foto del objeto para vender. Luego, un(a) estudiante es el/la vendedor(a) y los otros son los postores (*bidders*).

modelo

Vendedor(a): Aquí tengo una cámara de video. ¿Quién ofrece $400,00 por ella?
Postor(a) 1: Te doy $175,00.

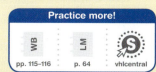

Practice more!
WB pp. 115–116 · LM p. 64 · vhlcentral

Uses of *para*

Destination *(toward, in the direction of)*	Salimos **para** Mérida el sábado. *We are leaving for Mérida on Saturday.* Voy **para** el banco. *I'm going to the bank.*
Deadline or a specific time in the future *(by, for)*	Él va a arreglar el carro **para** el viernes. *He will fix the car by Friday.*
Purpose or goal + [*infinitive*] *(in order to)*	Juan estudia **para** (ser) mecánico. *Juan is studying to be a mechanic.*
Purpose + [*noun/verb*] *(for, used for)*	Es una llanta **para** el carro. *It's a tire for the car.* Uso mi celular **para** ver mi correo electrónico. *I use my cell phone to read my e-mail.*
The recipient of something *(for)*	Compré una calculadora **para** mi hijo. *I bought a calculator for my son.*
Comparisons or opinions *(for, considering)*	**Para** ser joven, es demasiado serio. *For a young person, he is too serious.* **Para** mí, esta lección no es difícil. *For me, this lesson isn't difficult.*
Employment *(for)*	Sara trabaja **para** Telecom. *Sara works for Telecom.*

▸ Often, either **por** or **para** can be used in a sentence. The meaning of the sentence changes, depending on which one is used.

Caminé **por** el parque. *I walked through (around) the park.*
Caminé **para** el parque. *I walked to (toward) the park.*

Trabajó **por** su padre. *He worked for (in place of) his father.*
Trabajó **para** su padre. *He worked for his father('s business).*

Se exhibió **por** todo el pueblo. *It was shown throughout (around) the whole town.*
Se exhibió **para** todo el pueblo. *It was shown for the whole town.*

¡Manos a la obra!

Completa las oraciones con **por** o **para**.

1. Dormimos __por__ la mañana.
2. Necesitas conexión inalámbrica _____ navegar en la red.
3. Entraron _____ la puerta.
4. Es un pasaje _____ Buenos Aires.
5. _____ arrancar el carro, necesito la llave.
6. Arreglé el televisor _____ ti.
7. Estuvieron nerviosos _____ el examen.
8. ¿Hay una gasolinera _____ aquí?
9. Esta computadora es _____ usted.
10. Juan está enfermo. Tengo que trabajar _____ él.
11. Estuvimos en Cancún _____ dos meses.
12. _____ mí, el español es difícil.
13. Tengo que estudiar la lección _____ el lunes.
14. Voy a ir _____ ese camino.
15. Compré un radio _____ mi novia.
16. Lo compró _____ un buen precio.

Tutorial

11.3 Stressed possessive adjectives and pronouns

▶ Spanish has two types of possessive adjectives: the unstressed (short) forms you learned in Lesson 3 and the stressed (long) forms. The stressed possessive adjectives are used for emphasis or to express *(of) mine, (of) yours, (of) his,* and so on.

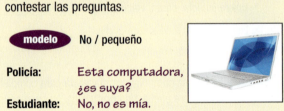

Stressed possessive adjectives

Singular forms		Plural forms		
MASCULINE	**FEMININE**	**MASCULINE**	**FEMININE**	
mío	mía	míos	mías	*my; (of) mine*
tuyo	tuya	tuyos	tuyas	*your; (of) yours (fam.)*
suyo	suya	suyos	suyas	*your; (of) yours (form.); his; (of) his; her; (of) hers; its*
nuestro	nuestra	nuestros	nuestras	*our; (of) ours*
vuestro	vuestra	vuestros	vuestras	*your; (of) yours*
suyo	suya	suyos	suyas	*your; (of) yours (form.); their; (of) theirs*

▶ Stressed possessive adjectives must agree in gender and number with the nouns they modify.

mi impresora	la impresora mía
my printer	*my printer*
nuestros televisores	los televisores nuestros
our television sets	*our television sets*

▶ Stressed possessive adjectives are placed after the nouns they modify. Unstressed possessive adjectives are placed before the noun.

Son **mis** llaves.   Son las llaves **mías.**
They are my keys.   *They are my keys.*

▶ A definite article, an indefinite article, or a demonstrative adjective usually precedes a noun modified by a stressed possessive adjective.

Alberto tenía
- **unos** discos **tuyos.**   *Alberto had some disks of yours.*
- **los** discos **tuyos.**   *Alberto had your disks.*
- **estos** discos **tuyos.** *Alberto had these disks of yours.*

▶ Since **suyo, suya, suyos,** and **suyas** have more than one meaning, you can avoid confusion by using the construction: [*article*] + [*noun*] + **de** + [*subject pronoun or noun*].

el teclado **suyo**
- el teclado **de él/ella**   *his/her keyboard*
- el teclado **de Ud./Uds.**   *your keyboard*
- el teclado **de ellos/ellas** *their keyboard*
- el teclado **de Ramón**   *Ramón's keyboard*

▶ **El** and **la** are usually omitted when a stressed possessive adjective follows the verb **ser.**

¿**Es suya** esta cámara?   No, no **es mía.**

Práctica

1 **Oraciones** Forma oraciones con estos elementos. Usa el presente y haz todos los cambios necesarios.

1. yo / necesitar / usar / impresora / de Miguel / porque / mío / no / funcionar

2. pero / él / no poder / ayudarme / porque / suyo / tampoco / funcionar

3. me gustaría / pedirle / a Juana / su ratón, / pero / suyo / estar / descompuesto

4. yo / no poder / usar / teclado / de Valeria / porque / suyo / también / estar descompuesto

5. si / yo / pedirte / computadora, / estar / seguro/a de que / ir / decirme / que / no poder / usar / tuyo

2 **¿Es suyo?** Un policía ha capturado (*has captured*) al hombre que robó (*robbed*) en tu casa. Ahora quiere saber qué cosas son tuyas. Túrnate con un(a) compañero/a para hacer el papel del policía y usa las pistas (*clues*) para contestar las preguntas.

modelo No / pequeño

Policía: Esta computadora, ¿es suya?
Estudiante: No, no es mía. La mía es más pequeña.

1. Sí

2. No / viejo

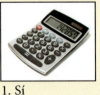
3. Sí

4. Sí

5. No / nuevo

6. No / caro

Conversación

3 **Identificar** Trabajen en grupos. Cada estudiante trae tres objetos. Pongan todos los objetos juntos. Luego, un(a) estudiante escoge uno o dos objetos y le pregunta a otro/a si esos objetos son suyos. Usen adjetivos posesivos.

modelo

Estudiante 1: *José Luis, ¿son tuyos estos ratones?*
Estudiante 2: *Sí, son míos. / No, no son míos. Son los ratones de Felipe.*

4 **Anuncios** Lee este anuncio con un(a) compañero/a. Luego, preparen su propio (*own*) anuncio usando adjetivos o pronombres posesivos. Después, conviértanlo en un anuncio de televisión y preséntenlo a la clase.

Esta **computadora** y esta **impresora** pueden ser suyas **por sólo**
$699

Características de la computadora

- Procesador: Intel Dual Core a 3000 MHz
- 4GB DDR3 de memoria
- Disco duro de 250 GB
- Sistema operativo: Linux

Impresora

- Impresora, fotocopiadora y escáner
- Velocidad: 40 páginas por minuto a color

El precio incluye un año de servicio de Internet gratis. Para más información, llame al 3 62 19 90 o visite nuestro sitio web www.tecnolibre.com

Practice more!

WB pp. 117–118

LM p. 65

vhlcentral

Possessive pronouns

▶ Possessive pronouns are used to replace [*noun*] + [*possessive adjective*]. In Spanish, possessive pronouns have the same forms as stressed possessive adjectives, and they are preceded by a definite article.

la calculadora nuestra	la nuestra
el radio tuyo	el tuyo
los archivos suyos	los suyos

¿También está descompuesta tu computadora?

No, la mía no, la suya.

▶ Possessive pronouns agree in number and gender with the nouns they replace.

—Aquí está **mi coche.** ¿Dónde está **el tuyo**?
Here's my car. Where is yours?

—¿Tienes **los archivos** de Carlos?
Do you have Carlos's files?

—**El mío** está en el taller de mi hermano Armando.
Mine is at my brother Armando's garage.

—No, pero tengo **los nuestros**.
No, but I have ours.

¡Manos a la obra!

Indica las formas tónicas *(stressed)* de estos adjetivos posesivos y los pronombres posesivos correspondientes.

	adjetivos	pronombres
1. su navegador GPS	el navegador GPS suyo	el suyo
2. mi televisor		
3. nuestros discos		
4. tus teléfonos		
5. su pantalla		
6. mis videos		
7. nuestra impresora		
8. tu estéreo		
9. nuestro carro		
10. mi computadora		

A repasar

11.1 The preterite and the imperfect

1 Seleccionar Utiliza el tiempo verbal adecuado, según el contexto.

1. La semana pasada, Manuel y Andrea _____ [querer] dar una fiesta. _____ [Decidir] invitar a seis amigos y servirles mucha comida.

2. Manuel y Andrea _____ [estar] preparando la comida cuando Elena _____ [llamar]. Como siempre, _____ [tener] que estudiar para un examen.

3. A las seis, _____ [volver] a sonar el teléfono. Su amigo Francisco tampoco _____ [poder] ir a la fiesta, porque _____ [tener] fiebre. Manuel y Andrea _____ [ponerse] muy tristes.

4. Después de otros quince minutos _____ [sonar] el teléfono. Sus amigos, los señores Vega, _____ [estar] en camino (*en route*) al hospital: a su hijo le _____ [doler] mucho el estómago. Sólo dos de los amigos _____ [poder] ir a la cena.

5. Por supuesto, _____ [ir] a tener demasiada comida. Finalmente, cinco minutos antes de las ocho, _____ [llamar] Ramón y Javier. Ellos _____ [pensar] que la fiesta _____ [ser] la próxima semana.

6. Tristes, Manuel y Andrea _____ [sentarse] a comer solos. Mientras _____ [comer], pronto _____ [llegar] a la conclusión de que _____ [ser] mejor estar solos. ¡La comida _____ [estar] feísima!

2 La sala de emergencia Con un(a) compañero/a, mira la lista e inventa qué les pasó a estas personas que están en la sala de emergencia.

modelo
Eran las tres de la tarde. Como todos los días, Pablo jugaba al fútbol con sus amigos. Estaba muy contento. De repente, se cayó y se rompió el brazo. Después fue a la sala de emergencia.

Paciente	Edad	Hora	Condición
1. Pablo	9 años	15:20	hueso roto (el brazo)
2. Estela	45 años	15:25	tobillo torcido
3. Lucía	29 años	15:37	embarazada, dolores
4. Marta	3 años	16:00	temperatura muy alta
5. Roberto	32 años	16:06	dolor de muelas
6. Ana	66 años	16:29	reacción alérgica

3 La multa Sergio Reyes tuvo un accidente y le dieron esta multa. Con un(a) compañero/a, escribe un párrafo que explique cómo sucedió el accidente, usando el pretérito y el imperfecto.

Multa

Fecha: 05/01/13 **Conductor:** Sergio Reyes
Hora: 8:25 p.m. **Nº de licencia:** 483 699
Lugar: Calle Paz #12
Infracciones
- Pasar el semáforo en rojo
- Exceder la velocidad máxima
- Chocar con un carro estacionado

Multa: $120.00 pesos

11.2 Por and para

4 Para arreglar computadoras Gerardo está hablando de su trabajo. Completa las oraciones con las expresiones de la lista.

de la mañana	para mañana	por aquí	por eso
de la noche	para mi padre	por ejemplo	por la tarde

Yo trabajo (1) _____. Él tiene un taller para arreglar computadoras. ¡Trabajamos mucho! (2) _____, entro a las siete (3) _____ y salgo a las ocho (4) _____. (5) _____, tomo un descanso (*break*) de una hora. (6) _____ no hay muchos talleres para arreglar computadoras. ¡(7) _____ tenemos tanto trabajo! (8) _____ debemos tener listas once computadoras.

5 Oraciones Crea oraciones originales con los elementos de las columnas. Une los elementos usando **por** y **para**.

modelo
Fuimos a Mar del Plata por razones de salud, para visitar a una especialista en alergias.

(No) fuimos a la tienda	por/para	comprar un iPhone	por/para	¿?
(No) fuimos a las montañas	por/para	tres días	por/para	¿?
(No) fuiste a Medellín	por/para	razones de trabajo	por/para	¿?
(No) fueron a Buenos Aires	por/para	tomar el sol	por/para	¿?

6 Lista de regalos Imagina que es Navidad y quieres regalarles a tus amigos aparatos electrónicos. En parejas, escriban los nombres de cinco amigos y decidan qué regalo es el mejor para cada uno. Expliquen sus razones usando **por** y **para**.

modelo
El mejor regalo para Olga es una cámara de video. Puede usarla en todas las celebraciones para grabar sus momentos favoritos.

11.3 Stressed possessive adjectives and pronouns

7 **Computación** Completa estas conversaciones con las formas adecuadas de los pronombres posesivos.

1. —Éste es mi sitio web. ¿Cómo es el de ustedes?
   — _____ tiene música y fotografías.

2. —Tu estéreo no funciona. ¿Necesitas uno nuevo?
   —Sí, mi papá me va a prestar _____.

3. —Grabé mis archivos en estos discos. Y tú, ¿dónde grabaste _____ ?
   — _____ los grabé en un disco compacto.

4. —¿Cómo es la pantalla de tu computadora?
   — _____ es pequeña y plana (*flat*).

5. —Las computadoras de nuestra escuela son lentísimas. ¿Y las de tu escuela?
   — _____ son muy rápidas.

8 **No es así** Contesta cada oración diciendo que las cosas no son como te dicen. Sigue el modelo.

> **modelo**
> Mi impresora es lenta. (yo, rápida)
> **La impresora mía no es así.**
> **La mía es rápida.**

1. El reproductor de DVD de Julio es viejo. (tú, nuevo)

2. Nuestras cámaras son caras. (ellas, baratas)

3. Su buzón de voz está descompuesto. (yo, no descompuesto)

4. Tu control remoto es grande. (ustedes, pequeño)

5. Sus discos compactos son de música clásica. (Ana, música tradicional)

6. El navegador GPS de Antonio es fácil de usar. (nosotros, difícil de usar)

Síntesis

9 **¡No puedo imprimir!** Tu impresora está descompuesta. Vas a hablarle por teléfono a tu hermano/a para pedirle ayuda. Con un(a) compañero/a, prepara una conversación.

- Expliquen qué pasaba con su impresora.
- Expliquen cuántas veces rompió alguna hoja (*sheet*) o cuántas veces dejó de funcionar.
- Expliquen para qué clase es el trabajo que tienen que imprimir.
- Indiquen adónde pueden llevar la impresora a arreglar, dónde pueden imprimir el trabajo y cómo pueden llegar a esos lugares.

Videoclip Video

1 **Preparación** ¿Cuáles son las cosas que más te molestan de los demás (por ejemplo, cuando te interrumpen o te cuentan el final de una película)? Haz una lista y compárala con la de un(a) compañero/a.

2 **El clip** Mira el anuncio **Autocine** para Banco Galicia de Argentina.

Vocabulario	
está bueno *it's cool*	**¡Cuidado el tapizado!** *Be careful with the upholstery!*
el tipo *dude*	**¡Basta!** *Enough!*

Está bueno venir al autocine.

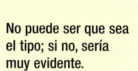

No puede ser que sea el tipo; si no, sería muy evidente.

3 **¿Cierto o falso?** Indica si las oraciones son **ciertas** o **falsas**. Corrige las oraciones falsas.

1. Los pasajeros prefieren no comer en el taxi.

2. Van al autocine en taxi porque no tienen auto.

3. El taxista interrumpe y comenta la película.

4. La pareja se ríe de la situación.

5. El cielo está despejado y es una noche perfecta para estar en el autocine.

6. La mujer quiere tener un auto.

4 **¡Basta!** Con un(a) compañero/a, dramaticen una situación en la que uno/a de ustedes hace algo que molesta al otro, por ejemplo, colarse en la fila (*skipping the line*). Uno/a trata de explicarle al/a la otro/a qué le molestó. El/La otro/a no entiende, y la discusión continúa.

Ampliación

1 Escuchar

A Escucha a Ricardo Moreno y luego contesta las preguntas.

TIP **Recognize the genre of spoken discourse.** Identifying the genre (for example: political speech, radio interview, news broadcast) of what you hear can help you figure out what kinds of things you are likely to hear. It will also help you identify the speaker's motives and intentions.

1. ¿Qué tipo de género es?
   a. noticias (*news*) por radio o televisión   b. un anuncio comercial
   c. una reseña (*review*) de una película
2. ¿De qué habla?
   a. de su vida   b. de un producto o servicio   c. de algo que oyó o vio
3. ¿Cuál es el propósito?
   a. relacionarse con alguien   b. informar   c. vender

B ¿Qué pistas (*clues*) te ayudaron a identificar el género de la grabación (*recording*)?

2 Conversar

Con un(a) compañero/a, prepara una conversación sobre la primera vez que manejaste un carro o el día en que fuiste al Departamento de Tráfico para conseguir tu licencia de conducir. Incluye la siguiente información:

- ¿Cuántos años tenías?
- ¿A qué hora fue? ¿Te levantaste temprano para practicar?
- ¿Cómo estaba el tiempo?
- ¿Fuiste solo? ¿Quién fue contigo (with you)?
- ¿Cómo te sentías antes de hacerlo? ¿Y cómo te sentiste después?
- ¿Fue una experiencia agradable? ¿Te gustaría repetirla? ¿Por qué?

Ampliación

3 Escribir

 Escribe una historia acerca de una experiencia tuya con una máquina electrónica o con un carro.

> **TIP** **Master the simple past tenses.** To write about events that occurred in the past, you will need to know when to use the preterite and the imperfect. The box on this page contains a summary of their uses.

Preterite
- Past actions viewed as completed
- Beginning or end of past actions
- Series of past actions

Imperfect
- Ongoing past actions
- Habitual past actions
- Physical and emotional states in the past

Organizar	Prepara una lista de todos los detalles que quieres narrar (*narrate*). Identifica qué acciones fueron completadas (pretérito) y cuáles están incompletas (imperfecto).
Escribir	Utiliza tu lista para escribir el primer borrador de tu historia.
Corregir	Intercambia tu historia con un(a) compañero/a. Lee su borrador y reflexiona sobre las partes mejor escritas. Da sugerencias sobre los detalles, la lógica de la secuencia de eventos y el uso del pretérito y del imperfecto.
Compartir	Revisa el primer borrador según las indicaciones de tu compañero/a. Incorpora las nuevas ideas y prepara la versión final. Luego, comparte la historia con la clase.

4 Un paso más

Busca información sobre los cibercafés en los países hispanos e inventa un cibercafé nuevo. Crea un anuncio de revista para promocionarlo. El anuncio debe incluir estos elementos:

- Nombre del cibercafé
- Una descripción del lugar donde está ubicado (*located*)
- Una descripción de la tecnología y de los servicios que se ofrecen a los clientes
- Fotos o dibujos
- Por qué este cibercafé es mejor que otros
- Los precios

5 Conexión Internet

 Investiga estos temas en el sitio **vhlcentral.com**.

- Cibercafés en el mundo hispano
- Internet en el mundo hispano
- La tecnología en el mundo hispano

Audio: Reading
Additional Reading

Antes de leer

One way languages grow is by borrowing words from each other. English words that relate to technology are often borrowed by Spanish and other languages throughout the world. Sometimes the words are modified slightly to fit the sounds of the languages that borrow them. When reading in Spanish, you can often increase your understanding by looking for words borrowed from English or other languages you know.

Examinar el texto

Observa la tira cómica (*comic strip*). ¿De qué trata (*is it about*)? ¿Cómo lo sabes?

Buscar

Esta lectura contiene una palabra tomada (*taken*) del inglés. Trabaja con un(a) compañero/a para encontrarla.

_____

Repasa (*Review*) las nuevas palabras relacionadas con la tecnología que aprendiste en **Preparación** y expande la lista de palabras tomadas del inglés.

_____   _____

_____   _____

_____   _____

Juan Matías Loiseau (1974). Más conocido como *Tute*, este artista nació en Buenos Aires, Argentina. Estudió diseño gráfico, humorismo y cine. Sus tiras cómicas se publican en los Estados Unidos, Francia y toda Latinoamérica.

te viene *comes with* tipo *guy, dude* te avisa *alerts you* escuchás *hear (Arg.)* distraídos *careless* piso *floor*
bolsa de dormir *sleeping bag* darle de baja *to cancel* harto *fed up* revolear *throw away forcefully (S. America)*
bien hecho *well done* llamada perdida *missed call*

Después de leer

¿Comprendiste?

Indica si las oraciones son **ciertas** o **falsas**. Corrige las falsas.

Cierto	Falso	
____	____	1. Hay tres personajes en la tira cómica: un usuario de teléfono, un amigo y un empleado de la empresa (*company*) telefónica.
____	____	2. El nuevo servicio de teléfono incluye las llamadas telefónicas únicamente.
____	____	3. El empleado duerme en su casa.
____	____	4. El contrato de teléfono dura (*lasts*) un año.
____	____	5. El usuario y el amigo están trabajando (*working*).

Preguntas

Responde estas preguntas con oraciones completas. Usa el pretérito y el imperfecto.

1. ¿Al usuario le gustaba usar el teléfono celular todo el tiempo?

   _____

2. ¿Por qué el usuario decidió tirar el teléfono al mar?

   _____

3. Según el amigo, ¿para qué tenía el usuario que tirar el teléfono celular al mar?

   _____

4. ¿Qué ocurrió cuando el usuario tiró el teléfono?

   _____

5. ¿Qué le dijo el empleado al usuario cuando salió del mar?

   _____

Coméntalo

¿Cuáles son los aspectos positivos y los negativos de tener teléfono celular? ¿Te sientes identificado/a con el usuario del teléfono? ¿Por qué?

 Vocabulary Tools

En la calle

la calle	street
el camino	route
el garaje	garage; (mechanic's) repair shop
la gasolina	gasoline
la gasolinera	gas station
el kilómetro	kilometer
la licencia de conducir	driver's license
el/la mecánico/a	mechanic
la milla	mile
la multa	fine; ticket
el policía/la mujer policía	police officer
la policía	police (force)
el semáforo	traffic light
el taller (mecánico)	(mechanic's) repair shop
el tráfico	traffic
la velocidad máxima	speed limit

arrancar	to start
arreglar	to fix; to arrange
bajar	to go down
bajar(se) de	to get out of (a vehicle)
chocar (con)	to run into; to crash
conducir	to drive
estacionar	to park
llenar (el tanque)	to fill (the tank)
manejar	to drive
parar	to stop
revisar (el aceite)	to check (the oil)
subir	to go up
subir(se) a	to get into (a vehicle)

Las partes del carro

el baúl	trunk
el capó	(car) hood
el carro	car
el coche	car
los frenos	brakes
la llanta	tire
el motor	motor
el parabrisas	windshield
el volante	steering wheel

La tecnología

la aplicación	app
el buzón de voz	voicemail
la calculadora	calculator
la cámara (de video)	(video) camera
la cámara digital	digital camera
el cargador	charger
el control remoto	remote control
el disco compacto	compact disc
el estéreo	stereo
el mensaje de texto	text message
el navegador GPS	GPS
el radio	radio (set)
el reproductor de CD	CD player
el reproductor de DVD	DVD player
el reproductor de MP3	MP3 player
el teléfono celular	cell phone
el televisor	television set

apagar	to turn off
funcionar	to work
llamar	to call
poner	to turn on
prender	to turn on
sonar (o:ue)	to ring

descompuesto/a	not working; out of order
lento/a	slow
lleno/a	full

Internet y la computadora

el archivo	file
la computadora	computer
la computadora portátil	laptop
la conexión inalámbrica	wireless (connection)
el disco	disk
la impresora	printer
Internet	Internet
el monitor	monitor
la página principal	home page
la pantalla	screen
el programa de computación	software
el ratón	mouse
la red	network, Web
el sitio web	website
el teclado	keyboard

chatear	to chat
guardar	to save
imprimir	to print
navegar en Internet	to surf the Internet

Otras palabras y expresiones

para	toward; in the direction of; by; for; in order to; used for; considering
por	around; through; along; by; for; during; in; in search of; by the way of; by means of; in exchange for; per
por aquí	around here
por ejemplo	for example
por eso	that's why; therefore
por fin	finally

Stressed possessive adjectives and pronouns	See pages 294–295.

 Practice more at **vhlcentral.com**.

12 Hogar, dulce hogar

Communicative Goals

You will learn how to:
- welcome people
- show people around the house
- give instructions

PARA EMPEZAR
- ¿Dónde está él: en una oficina o en una casa?
- ¿Qué está haciendo?
- ¿Cómo es la decoración de la casa: moderna o tradicional?

Vocabulary Tools

HOGAR, DULCE HOGAR

LA CASA Y SUS CUARTOS

la alcoba *bedroom*
el altillo *attic*
el balcón *balcony*
la cocina *kitchen*
el comedor *dining room*
la entrada *entrance*
el garaje *garage*
la oficina *office*
el pasillo *hallway*
el patio *patio; yard*
la sala *living room*
el sótano *basement*

la escalera *stairs*

LA MESA

la copa *wineglass*
la taza *cup; mug*
el vaso *glass*

la servilleta
el cuchillo
el tenedor
la cuchara
el plato

el jardín *garden; yard*

LOS ELECTRODOMÉSTICOS

la estufa *stove*
el horno (de microondas) *(microwave) oven*
la lavadora *washing machine*
el lavaplatos *dishwasher*
el refrigerador *refrigerator*
la secadora *clothes dryer*

los electrodomésticos *electrical appliances*

barrer el suelo *to sweep the floor*

LOS MUEBLES Y OTRAS COSAS

la alfombra *carpet; rug*
la almohada *pillow*
el armario *closet*
la cómoda *chest of drawers*
las cortinas *curtains*
el cuadro *picture*
el estante *bookcase; bookshelf*
la lámpara *lamp*
la luz *light; electricity*
la manta *blanket*
la mesita *end table*
la mesita de noche *nightstand*
la pared *wall*
la pintura *painting*
el sillón *armchair*
el sofá *sofa*

los muebles
furniture

LOS QUEHACERES DOMÉSTICOS

arreglar *to tidy*
cocinar *to cook*
hacer los quehaceres domésticos
to do household chores
lavar (el suelo, los platos)
to wash (the floor, the dishes)
limpiar la casa *to clean the house*
pasar la aspiradora *to vacuum*
poner la mesa *to set the table*
quitar la mesa *to clear the table*
sacar la basura *to take out the trash*
sacudir los muebles
to dust the furniture

OTRAS PALABRAS

las afueras *suburbs; outskirts*
la agencia de bienes raíces
real estate agency
el alquiler *rent (payment)*
el ama (f.) de casa
homemaker; housekeeper
el barrio *neighborhood*
el edificio de apartamentos
apartment building
el hogar *home*
el/la vecino/a *neighbor*
la vivienda *housing*

---

alquilar *to rent*
ensuciar *to get (something) dirty*
mudarse *to move (residences)*

hacer la cama
to make the bed

planchar la ropa
to iron clothes

A escuchar

1 **Escoger** Escucha las preguntas e indica la respuesta correcta.

1. _____ Al pasillo.

   _____ Al balcón.

2. _____ En el lavaplatos.

   _____ En la mesita de noche.

3. _____ Al edificio.

   _____ A las afueras.

4. _____ En la secadora.

   _____ En la basura.

5. _____ El balcón.

   _____ Las escaleras.

6. _____ En las paredes.

   _____ En el horno.

7. _____ La estufa.

   _____ La aspiradora.

8. _____ En la alfombra.

   _____ En la alcoba.

2 **Escuchar** Escucha la conversación y completa las oraciones con las palabras o expresiones adecuadas.

1. Paula va a comenzar por _____.

2. Pedro va a limpiar _____ primero.

3. Pedro también va a limpiar _____.

4. Pedro le dice a Paula que debe _____ en la alcoba de huéspedes.

5. Pedro va a _____ en el sótano.

6. Ellos están limpiando la casa porque _____ va a visitarlos.

Practice more!

LM
p. 67

A practicar

3 **Emparejar** Empareja cada dibujo con su descripción. Luego, nombra los dibujos.

_____ 1. Lo usas para tomar agua.

_____ 2. Lo necesitas para comer un bistec.

_____ 3. Necesitas este objeto para la sopa.

_____ 4. La necesitas para tomar café.

_____ 5. La necesitas para tomar vino.

_____ 6. Necesitas este objeto para limpiarte la boca después de comer.

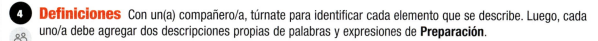

a._____ b._____ c._____

d._____ e._____ f._____

4 **Definiciones** Con un(a) compañero/a, túrnate para identificar cada elemento que se describe. Luego, cada uno/a debe agregar dos descripciones propias de palabras y expresiones de **Preparación**.

modelo

Es lo que pagan cada mes las personas que viven en un apartamento.
Estudiante 1: Es lo que pagan cada mes las personas que viven en un apartamento.
Estudiante 2: el alquiler
Estudiante 1: Estacionas el carro en este lugar. Pones...

1. Pones la cabeza en este objeto cuando duermes.

2. Es el quehacer doméstico que haces después de comer.

3. Cubren (_they cover_) las ventanas y decoran la sala a la vez (_at the same time_).

4. Algunos ejemplos son las cómodas, las mesitas y los sillones.

5. Son las personas que viven en tu barrio.

5 **Los quehaceres domésticos** Trabajen en grupos para indicar quién hace los siguientes quehaceres domésticos en sus casas. Luego contesten las preguntas.

barrer el suelo	lavar la ropa	planchar la ropa
cocinar	lavar los platos	sacar la basura
hacer las camas	pasar la aspiradora	sacudir los muebles

- ¿Quién es la persona de mi grupo que hace más quehaceres?

- ¿Cúales son los quehaceres que más te molestan y los que más te gustan? ¿Por qué?

- ¿Piensas que debes hacer más quehaceres? ¿Por qué?

Practice more!

WB
pp. 119–120

vhlcentral

A conversar

6 **Dos habitaciones** Con un(a) compañero/a, describe las habitaciones que se ven en las fotos. Identifica cuatro muebles o adornos (*adornments*) de cada foto e indica tres quehaceres que se pueden hacer en cada habitación.

1.

2.

7 **¿Una casa o un apartamento?** Con un(a) compañero/a, compara las ventajas y desventajas de vivir en una casa o en un apartamento. Considera el espacio, la comodidad, el precio del alquiler, las reglas para las visitas, la organización de fiestas, etc.

8 **Un(a) agente de bienes raíces** Trabajen en grupos para representar a un(a) agente de bienes raíces y a sus clientes. El/La agente tiene varias casas para vender; debe mostrarlas y hablar de los muebles y del barrio que más les convienen (*suit*) a estos clientes.

- *Una pareja que está esperando su segundo hijo*

- *Una pareja de jubilados (retirees) que quiere tranquilidad*

- *Un grupo de estudiantes universitarios que quiere vivir fuera del campus (off-campus)*

- *Una familia con cinco niños*

- *Una pareja con tres mascotas (pets)*

- *Un joven profesional dedicado (devoted) a la agricultura y a los deportes acuáticos*

Ortografía

 Audio: Pronunciation

Las mayúsculas y las minúsculas

Here are some of the rules that govern the use of capital letters (**mayúsculas**) and lowercase letters (**minúsculas**) in Spanish.

Los estudiantes llegaron al aeropuerto a las dos. Luego fueron al hotel.

In both Spanish and English, the first letter of every sentence is capitalized.

Rubén Blades　　　**Panamá**　　　**Colón**　　　**los Andes**

The first letter of all proper nouns (names of people, countries, cities, geographical features, etc.) is capitalized.

Cien años de soledad　　*Don Quijote de la Mancha*　　*El País*　　*Muy Interesante*

The first letter of the first word in titles of books, films, and works of art is generally capitalized, as well as the first letter of any proper names. In newspaper and magazine titles, as well as other short titles, the initial letter of each word is often capitalized.

la señora Ramos　　**don Francisco**　　**el presidente**　　**Sra. Vives**

Titles associated with people are *not* capitalized unless they appear as the first word in a sentence. Note, however, that the first letter of an abbreviated title is capitalized.

Último　　　**Álex**　　　**MENÚ**　　　**PERDÓN**

Accent marks should be retained on capital letters. In practice, however, this rule is often ignored.

lunes　　　**viernes**　　　**marzo**　　　**primavera**

The first letter of days, months, and seasons is *not* capitalized.

español　　　**estadounidense**　　　**japonés**　　　**panameños**

The first letter of nationalities and languages is *not* capitalized.

Práctica Corrige las mayúsculas y minúsculas incorrectas.

1. soy lourdes romero. Soy Colombiana.
2. éste Es mi Hermano álex.
3. somos De panamá.
4. ¿es ud. La sra. benavides?
5. ud. Llegó el Lunes, ¿no?

Oraciones Lee el diálogo de las serpientes. Ordena las letras para saber de qué palabras se trata. Después, escribe las letras indicadas para descubrir por qué llora Pepito.

Profesor Herrera, ¿es cierto que somos venenosas°?

Sí, Pepito. ¿Por qué lloras?

m n a a P á　○_ _ _ _ _ _　　y a U r u g u　_ _ _ ○ _ _ _

s t e m r a　○_ _ _ _ _ _　　r o ñ e s a　_ _ _ _ _ ○

i g s l é n　_ _ _ ○ _ _

¡ _ orque _ e acabo de morder° la _ en _ u _ !

venenosas *venomous*
morder *to bite*

¹ *Respuestas: Panamá, martes, inglés,*
Uruguay, señora.
¡Porque me acabo de morder la lengua!

Practice more!

LM
p. 68

vhlcentral

Video:
Fotonovela

Los quehaceres

Jimena y Felipe deben limpiar el apartamento para poder ir de viaje con Marissa.

PERSONAJES

JIMENA

FELIPE

SRA. DÍAZ

SR. DÍAZ

MARISSA

JUAN CARLOS

DON DIEGO

SR. DÍAZ Quieren ir a Yucatán con Marissa, ¿verdad?

SRA. DÍAZ Entonces, les sugiero que arreglen este apartamento. Regresamos más tarde.

SR. DÍAZ Les aconsejo que preparen la cena para las 8:30.

MARISSA ¿Qué pasa?

JIMENA Nuestros papás quieren que Felipe y yo arreglemos toda la casa.

FELIPE Y que, además, preparemos la cena.

MARISSA ¡Pues, yo les ayudo!

MARISSA Mis padres siempre quieren que mis hermanos y yo ayudemos con los quehaceres. No me molesta ayudar. Pero odio limpiar el baño.

JIMENA Lo que más odio yo es sacar la basura.

6

MARISSA Yo lleno el lavaplatos... después de vaciarlo.

DON DIEGO Juan Carlos, ¿por qué no terminas de pasar la aspiradora? Y Felipe, tú limpia el polvo. ¡Ya casi acaban!

7

(Los chicos preparan la cena y ponen la mesa.)

JUAN CARLOS ¿Dónde están los tenedores?

JIMENA Allá.

JUAN CARLOS ¿Y las servilletas?

MARISSA Aquí están.

8

FELIPE La sala está tan limpia. Le pasamos la aspiradora al sillón y a las cortinas. ¡Y también a las almohadas!

JIMENA Yucatán, ¡ya casi llegamos!

ACTIVIDADES

1 **¿Cierto o falso?** Indica si lo que dicen estas oraciones es **cierto** o **falso**. Corrige las oraciones falsas.

1. Felipe y Jimena tienen que preparar el desayuno.

2. Don Diego ayuda a los chicos organizando los quehaceres domésticos.

3. Jimena le dice a Juan Carlos dónde están los tenedores.

4. A Marissa no le molesta limpiar el baño.

5. Juan Carlos termina de lavar los platos.

2 **Completar** Los chicos y don Diego están haciendo los quehaceres. Adivina en qué cuarto está cada uno de ellos.

1. Jimena limpia el congelador. Jimena está en _____.

2. Don Diego limpia el escritorio. Don Diego está en _____.

3. Felipe pasa la aspiradora debajo de la mesa y de las sillas. Felipe está en _____.

4. Juan Carlos sacude el sillón. Juan Carlos está en _____.

5. Marissa hace la cama. Marissa está en _____

JUAN CARLOS Hola, Jimena. ¿Está Felipe?
(*a Felipe*) Te olvidaste del partido de fútbol.

FELIPE Juan Carlos, ¿verdad que mi papá te considera como de la familia?

JUAN CARLOS Sí.

(Don Diego llega a ayudar a los chicos.)

FELIPE Tenemos que limpiar la casa hoy.

JIMENA ¿Nos ayuda, don Diego?

DON DIEGO Claro. Recomiendo que se organicen en equipos para limpiar.

(Papá y mamá regresan a casa.)

SRA. DÍAZ ¡Qué bonita está la casa!

SR. DÍAZ Buen trabajo, muchachos. ¿Qué hay para cenar?

JIMENA Quesadillas. Vengan.

SRA. DÍAZ Don Diego, quédese a cenar con nosotros. Venga.

SR. DÍAZ Sí, don Diego. Pase.

DON DIEGO Gracias.

---

3 **La casa** Con un(a) compañero/a, describe la casa de una celebridad o de alguien a quien conoces bien. Luego, comparte la descripción con la clase. Incluye:

▶ ¿Es una casa o apartamento? ¿De quién es?

▶ ¿Está ubicada/o (*located*) en la ciudad o en las afueras?

▶ ¿Cómo es la casa/el apartamento?

▶ ¿Cuántos cuartos tiene? ¿Son grandes o pequeños?

▶ ¿Qué hay en cada cuarto?

▶ ¿Qué parte de la casa es tu preferida? ¿Por qué?

Expresiones útiles

Making recommendations

Le(s) sugiero que arregle(n) este apartamento.
I suggest you tidy up this apartment.

Le(s) aconsejo que prepare(n) la cena para las ocho y media.
I recommend that you have dinner ready for eight thirty.

Organizing work

Recomiendo que se organicen en equipos para limpiar.
I recommend that you divide yourselves into teams to clean.

Yo lleno el lavaplatos... después de vaciarlo.
I'll fill the dishwasher… after I empty it.

¿Por qué no terminas de pasar la aspiradora?
Why don't you finish vacuuming?

¡Ya casi acaban!
You're almost finished!

Felipe, tú quita el polvo.
Felipe, you dust.

Making polite requests

Don Diego, quédese a cenar con nosotros.
Don Diego, stay and have dinner with us.

Venga.
Come on.

Don Diego, pase.
Don Diego, come in.

Additional vocabulary

el plumero *duster*

Practice more!

VM pp. 191–192   vhlcentral

Reading

El patio central

En las tardes cálidas° de Oaxaca, México, Córdoba, España, o Popayán, Colombia, es un placer sentarse en **el patio central** de una casa y tomar un refresco disfrutando de° una buena conversación. Esta característica arquitectónica°, de influencia árabe, fue traída° a las Américas por los españoles. En la época° colonial, se construyeron casas, palacios, monasterios, hospitales y escuelas con patio central. Éste es un espacio privado e íntimo en donde se disfruta del sol y de la brisa, y, al mismo tiempo, se puede estar aislado° de la calle.

La distribución de los cuartos

Las casas con patio central eran usualmente las viviendas de familias adineradas°. Son casas de dos o tres pisos. Los cuartos de la planta baja son las áreas comunes: cocina, comedor, sala, etc., y tienen puertas al patio. En los pisos superiores están las habitaciones privadas de la familia.

El centro del patio es un espacio abierto. Alrededor de° él, separado por columnas, hay un pasillo cubierto°. Así, hay zonas de sol y de sombra°. El patio es una parte importante de la vivienda familiar y su decoración se cuida° mucho. En el centro del patio muchas veces hay una fuente°, plantas e incluso árboles°. El agua es un elemento muy importante en la ideología islámica porque simboliza la purificación del cuerpo y del alma°. Por esta razón y también para disminuir° la temperatura, el agua es muy importante en estas construcciones. Así, mientras el agua y la vegetación ayudan a mantener la temperatura fresca, el patio proporciona° luz y ventilación a todas las habitaciones.

cálidas *hot* **disfrutando de** *enjoying* **arquitectónica** *architectural* **traída** *brought* **época** *era* **brisa** *breeze* **aislado** *isolated* **Alrededor de** *Surrounding* **cubierto** *covered* **sombra** *shade* **se cuida** *is looked after* **fuente** *fountain* **árboles** *trees* **alma** *soul* **disminuir** *lower* **proporciona** *provides* **adineradas** *wealthy*

ASÍ SE DICE
La vivienda

el ático	el altillo
el desván	
la cobija (Méx.)	la manta
la frazada (Arg., Cuba, Ven.)	
el escaparate (Cuba, Ven.)	el armario
el ropero (Méx.)	
el fregadero	*kitchen sink*
el frigidaire (Perú)	el refrigerador
el frigorífico (Esp.)	
la heladera (Arg.)	
la nevera	
el lavavajillas (Arg., Esp., Méx.)	el lavaplatos

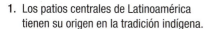

ACTIVIDADES

 1 **¿Cierto o falso?** Indica si lo que dicen las oraciones es **cierto** o **falso**. Corrige las falsas.

1. Los patios centrales de Latinoamérica tienen su origen en la tradición indígena.

2. Los españoles llevaron a América el concepto de patio.

3. En la época colonial las casas eran las únicas construcciones con patio central.

4. El patio es una parte importante en estas construcciones, y es por ello que se le presta atención a su decoración.

5. El patio central es un lugar de descanso que da luz y ventilación a las habitaciones.

6. Las fuentes en los patios tienen importancia por razones ideológicas y porque bajan la temperatura.

7. En la ideología española el agua simboliza la salud y el bienestar del cuerpo y del alma.

8. Las casas con patio central eran de personas con dinero.

9. Los cuartos de la planta baja son privados.

10. Las alcobas están en los pisos superiores.

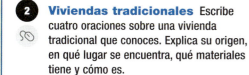

 2 **Viviendas tradicionales** Escribe cuatro oraciones sobre una vivienda tradicional que conoces. Explica su origen, en qué lugar se encuentra, qué materiales tiene y cómo es.

3 **Mi lugar favorito** Describe en un párrafo tu lugar favorito de tu casa o apartamento. Incluye los detalles sobre los muebles y la decoración del lugar. Luego, comparte tu párrafo con un(a) compañero/a y hazle preguntas sobre su párrafo.

 4 **Conexión Internet** Investiga en el sitio **vhlcentral.com** cuáles son las características de la arquitectura moderna en los países hispanos.

 Video

La casa de Frida

1 **Preparación** Imagina que eres un(a) artista, ¿cómo sería (*would be*) tu casa? ¿Sería muy diferente de la casa en donde vives ahora?

2 **El video** Mira el episodio de **Flash Cultura**.

Vocabulario
jardinero *gardener*   **la silla de ruedas** *wheelchair*
muros *walls*   **las valiosas obras** *valuable works*

El hogar en que nació la pintora Frida Kahlo en 1907 se caracteriza por su arquitectura típicamente mexicana…

Uno de los espacios más atractivos de esta casa es este estudio que Diego instaló…

 3 **¿Cierto o falso?** Indica si lo que dicen estas oraciones es **cierto** o **falso**.

1. La casa de Frida Kahlo está en el centro de México, D.F.

2. La casa de Frida se transformó en un museo en los años cincuenta.

3. Frida Kahlo vivió sola en su casa.

4. Entre las obras que se exhiben está el cuadro (*painting*) de *Las dos Fridas*.

5. El jardinero actual (*current*) jamás conoció ni a Frida ni a Diego.

6. En el museo se exhiben la silla de ruedas y los aparatos ortopédicos de Frida.

Practice more!
VM pp. 223–224   vhlcentral

12.1 Usted and ustedes commands

Tutorial

▶ Command forms are used to give orders or advice. **Usted** and **ustedes** can be used to refer to a group of people or in formal situations.

Hable con ellos, don Francisco.
Talk to them, Don Francisco.

Laven los platos ahora mismo.
Wash the dishes right now.

Coma frutas y verduras.
Eat fruits and vegetables.

Beban menos té y café.
Drink less tea and coffee.

▶ The **usted** and **ustedes** commands (**mandatos**) are formed by dropping the final **–o** of the **yo** form of the present tense. For **–ar** verbs, add **–e** or **–en**. For **–er** and **–ir** verbs, add **–a** or **–an**.

Formal commands (*Ud.* and *Uds.*)

Infinitive	Present tense *yo* form	Ud. command	Uds. command
limpiar	limpio	limpie	limpien
barrer	barro	barra	barran
sacudir	sacudo	sacuda	sacudan
decir (e:i)	digo	diga	digan
pensar (e:ie)	pienso	piense	piensen
volver (o:ue)	vuelvo	vuelva	vuelvan
servir (e:i)	sirvo	sirva	sirvan

Don Diego, quédese a cenar con nosotros.

No se preocupen, yo los ayudo.

▶ Verbs with irregular **yo** forms have the same irregularity in their formal commands. These verbs include **conducir, conocer, decir, hacer, ofrecer, oír, poner, salir, tener, traducir, traer, venir,** and **ver**.

Oiga, don Francisco…
Listen, Don Francisco…

Pongan la mesa, por favor.
Set the table, please.

¡Salga inmediatamente!
Leave immediately!

Hagan la cama antes de salir.
Make the bed before leaving.

▶ Stem-changing verbs maintain their stem changes in **usted** and **ustedes** commands.

e:ie	o:ue	e:i
No **pierda** la llave.	**Vuelva** temprano, joven.	**Sirva** la sopa, por favor.
Cierren la puerta.	**Duerman** bien, chicos.	**Repitan** las oraciones.

Práctica

1 **¡A mudarse!** La señora González quiere mudarse. Ayúdala a organizarse, indicando el mandato (*command*) formal de cada verbo.

modelo
Lea [leer] los anuncios (*ads*) del periódico y _guárdelos_ [guardarlos].

1. _____ [ir] personalmente y _____ [ver] las casas usted misma.

2. Decida qué casa quiere y _____ [llamar] al agente. _____ [pedirle] un contrato de alquiler.

3. _____ [alquilar] un camión (*truck*) para el día de la mudanza (*moving day*) y _____ [preguntarles] a los empleados la hora exacta de llegada.

4. _____ [decirles] a todos en casa que tienen que ayudar. No _____ [decirles] que usted va a hacerlo todo.

5. _____ [tomarse] su tiempo para hacer las maletas tranquilamente. _____ [sacar] toda la ropa que no use y _____ [dar] a alguien que la necesite.

6. El día de la mudanza no _____ [estar] nerviosa.

7. No _____ [preocuparse]. _____ [saber] que todo va a salir bien.

2 **¿Qué dicen?** Mira los dibujos y escribe un mandato lógico para cada uno.

modelo

Arreglen estas cosas, por favor.

1. _____ 2. _____

3. _____ 4. _____

Conversación

3 Consejos Con un(a) compañero/a, representa a un(a) estudiante y a un(a) profesor(a). El/La estudiante cuenta sus problemas y el/la profesor(a) le da órdenes. Sigue el modelo.

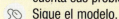

> Me torcí el tobillo jugando al tenis.
> Es la tercera vez.
> **Estudiante 1:** Me torcí el tobillo jugando al tenis. Es la tercera vez.
> **Estudiante 2:** No juegue más al tenis. / Vaya a ver a un médico.

1. Me enfermé después de volver de las vacaciones.
2. Mi compañero/a de cuarto y yo siempre llegamos tarde a la clase.
3. Nuestro cuarto es demasiado ruidoso para estudiar.
4. Me duele la cabeza y no puedo hacer la presentación para la clase hoy.
5. ¡Se me olvidó estudiar para el examen!

4 Un programa de consejos Con un(a) compañero/a, representa los papeles de una persona que da consejos en la radio y de los radioyentes (*radio listeners*) que la llaman con estos problemas.

- problemas sentimentales o familiares
- problemas académicos
- problemas con los amigos
- problemas financieros
- problemas médicos
- problemas con la casa o el apartamento
- problemas con el coche
- problemas con los vecinos
- problemas legales
- problemas para dormir

5 Un anuncio de televisión En grupos, presenten un anuncio de televisión a la clase. Debe tratar de (*be about*) un detergente, un electrodoméstico o una agencia de bienes raíces. Usen mandatos, los pronombres relativos (**que, quien(es)** o **lo que**) y el **se** impersonal.

> Compre el lavaplatos Cristal. Tiene todo lo que usted desea. Es el lavaplatos que mejor funciona. Venga a verlo ahora mismo… No pierda ni un minuto más. Se aceptan tarjetas de crédito.

Practice more!
WB pp. 121–122
LM p. 69
vhlcentral

Irregular commands

▶ Verbs ending in **-car, -gar,** and **-zar** have a spelling change in the command forms.

sacar	c → qu	saque, saquen
jugar	g → gu	juegue, jueguen
almorzar	z → c	almuerce, almuercen

▶ These verbs have irregular formal commands.

INFINITIVE	Ud. COMMAND	Uds. COMMAND
dar	dé	den
estar	esté	estén
ir	vaya	vayan
saber	sepa	sepan
ser	sea	sean

▶ To make a command negative, place **no** before the verb.

No ponga las maletas en la cama. / *Don't put the suitcases on the bed.*
No ensucien los sillones. / *Don't get the armchairs dirty.*

▶ In affirmative commands, reflexive and object pronouns are always attached to the end of the verb. Note that when a pronoun is attached to a verb that has two or more syllables, an accent mark is added.

Siénten**se**, por favor.
Díga**melo**.
Acuésten**se** ahora.
Póngan**las** en el suelo, por favor.

▶ In negative commands, the pronouns precede the verb.

No **se** preocupe.
No **me lo** dé.
No **los** ensucien.
No **nos las** traigan.

▶ **Usted** and **ustedes** can be used after command forms for a more formal, polite tone.

Muéstrele usted la casa a su amigo. / *Show the house to your friend.*
Tomen ustedes esta alcoba. / *Take this bedroom.*

¡Manos a la obra!

 Indica los mandatos (*commands*) afirmativos y negativos.

	Afirmativo	Negativo
1. escucharlo (Ud.)	Escúchelo	No lo escuche
2. decírmelo (Uds.)	_____.	_____.
3. salir (Ud.)	_____.	_____.
4. servírnoslo (Uds.)	_____.	_____.
5. barrerla (Ud.)	_____.	_____.
6. hacerlo (Ud.)	_____.	_____.
7. ir (Uds.)	_____.	_____.
8. sentarse (Uds.)	_____.	_____.

12.2 The present subjunctive Tutorial

▶ The subjunctive mood expresses the speaker's attitude toward events, actions, or states that the speaker views as uncertain or hypothetical.

Es bueno **que estudies** más.
It is good that you study more.

Es necesario **que** no **lleguemos** tarde.
It is necessary that we don't arrive late.

▶ The subjunctive is mainly used to express: 1) will and influence; 2) emotion; 3) doubt, disbelief, and denial; and 4) indefiniteness and nonexistence.

▶ The subjunctive is most often used in sentences that consist of a main clause and a subordinate clause. The main clause contains a verb or expression that triggers the use of the subjunctive in the subordinate clause. The word **que** connects the subordinate clause to the main clause.

▶ Some expressions are always followed by clauses in the subjunctive. These include:

Es bueno (malo, mejor) que…
It's good (bad, better) that…

Es importante (necesario, urgente) que…
It's important (necessary, urgent) that…

Es mejor que vayas con él.
It's better that you go with him.

Es urgente que sepa la verdad.
It's urgent that she know the truth.

▶ Note the following endings for the subjunctive.

Present subjunctive of regular verbs

	hablar	comer	escribir
yo	hable	coma	escriba
tú	hables	comas	escribas
Ud./él/ella	hable	coma	escriba
nosotros/as	hablemos	comamos	escribamos
vosotros/as	habléis	comáis	escribáis
Uds./ellos/ellas	hablen	coman	escriban

▶ To form the present subjunctive of regular verbs, drop the **–o** ending from the **yo** form of the indicative, and replace it with the subjunctive endings.

INFINITIVE	PRESENT INDICATIVE	PRESENT SUBJUNCTIVE
hablar	hablo	hable
comer	como	coma
escribir	escribo	escriba

▶ Verbs ending in **-car, -gar,** and **-zar** have a spelling change in all forms.

sacar	saque, saques, saque, saquemos, saquéis, saquen
jugar	juegue, juegues, juegue, juguemos, juguéis, jueguen
almorzar	almuerce, almuerces, almuerce, almorcemos, almorcéis, almuercen

Práctica

1 **Emparejar** Completa las oraciones con el subjuntivo de los verbos. Luego, empareja las oraciones del grupo **A** con las del grupo **B**.

A

1. Es mejor que _____ [nosotros, cenar] en casa.

2. Es importante que _____ [yo, tomar] algo para el dolor de cabeza.

3. Señora, es urgente que le _____ [yo, sacar] la muela. Parece que tiene una infección.

4. Es malo que Ana les _____ [dar] tantos dulces a los niños.

5. Es necesario que _____ [Uds., llegar] a la una de la tarde.

6. Es importante que _____ [nosotros, acostarse] temprano.

B

a. Es importante que _____ [ellos, comer] más verduras.

b. No, es mejor que _____ [nosotros, salir] a comer a un restaurante.

c. Y yo creo que es urgente que _____ [tú, llamar] al médico.

d. En mi opinión, no es necesario que _____ [nosotros, dormir] tanto.

e. ¿Ah, sí? ¿Es necesario que me _____ [yo, tomar] un antibiótico también?

f. Para llegar a tiempo, es necesario que _____ [nosotros, almorzar] temprano.

2 **Oraciones** Combina los elementos de las tres columnas para formar oraciones. Usa el subjuntivo.

Expresiones	Sujetos	Actividades
Es bueno que	yo	hacer la cama
Es mejor que	mi hermano	levantarse
Es malo que	los padres	sacar la basura
Es importante que	Sofía Vergara	mudarse
Es necesario que	mis amigos/as	lavar los platos
Es urgente que	Kevin Durant	cocinar
	el/la profesor(a)	barrer el suelo
		despertarse
		ensuciar la casa
		comer

Conversación

3 **Minidiálogos** Con un(a) compañero/a, completa los minidiálogos de una manera lógica, usando el subjuntivo.

modelo

Miguelito: Mamá, no quiero arreglar mi cuarto.
Sra. Torres: Es necesario que lo arregles.
Y es importante que sacudas los muebles también.

MIGUELITO Mamá, no quiero estudiar. Quiero salir a jugar con mis amigos.
SRA. TORRES (1) _____.

. . .

MIGUELITO Mamá, es que no me gustan las verduras. Prefiero comer pasteles.
SRA. TORRES (2) _____.

. . .

MIGUELITO ¿Tengo que poner la mesa, mamá?
SRA. TORRES (3) _____.

. . .

MIGUELITO No me siento bien, mamá. Me duele todo el cuerpo y tengo fiebre.
SRA. TORRES (4) _____.

4 **Entrevista** Usa estas preguntas para entrevistar a un(a) compañero/a. Explica tus respuestas.

1. ¿Es importante que los niños ayuden con los quehaceres domésticos?

2. ¿Es urgente que los norteamericanos aprendan otras lenguas?

3. Si un(a) norteamericano/a quiere aprender francés, ¿es mejor que lo aprenda en Francia?

4. En tu universidad, ¿es necesario que los estudiantes vivan en residencias estudiantiles?

5. ¿Es bueno que todos los estudiantes practiquen algún deporte?

6. ¿Es importante que los estudiantes asistan a las clases?

Practice more!

WB	LM	vhlcentral
pp. 123–124	p. 70	

▶ **-Ar** and **-er** stem-changing verbs have the same stem changes in the subjunctive as they do in the present indicative.

pensar (e:ie)	piense, pienses, piense, pensemos, penséis, piensen
mostrar (o:ue)	muestre, muestres, muestre, mostremos, mostréis, muestren
entender (e:ie)	entienda, entiendas, entienda, entendamos, entendáis, entiendan
volver (o:ue)	vuelva, vuelvas, vuelva, volvamos, volváis, vuelvan

▶ **–Ir** stem-changing verbs have the same stem changes in the subjunctive as in the present indicative. In addition, the **nosotros/as** and **vosotros/as** forms also undergo a stem change. The unstressed **e** changes to **i** and the unstressed **o** changes to **u**.

pedir (e:i)	pida, pidas, pida, pidamos, pidáis, pidan
sentir (e:ie)	sienta, sientas, sienta, sintamos, sintáis, sientan
dormir (o:ue)	duerma, duermas, duerma, durmamos, durmáis, duerman

▶ Verbs with irregular **yo** forms in the present indicative tense have the same irregularity in the present subjunctive.

INFINITIVE	PRESENT INDICATIVE	PRESENT SUBJUNCTIVE
conducir	conduzco	conduzca
conocer	conozco	conozca
decir	digo	diga
hacer	hago	haga
ofrecer	ofrezco	ofrezca
oír	oigo	oiga
parecer	parezco	parezca
poner	pongo	ponga
tener	tengo	tenga
traducir	traduzco	traduzca
traer	traigo	traiga
venir	vengo	venga
ver	veo	vea

▶ These five verbs are irregular in the present subjunctive.

Irregular verbs in the present subjunctive

	dar	estar	ir	saber	ser
yo	dé	esté	vaya	sepa	sea
tú	des	estés	vayas	sepas	seas
Ud./él/ella	dé	esté	vaya	sepa	sea
nosotros/as	demos	estemos	vayamos	sepamos	seamos
vosotros/as	deis	estéis	vayáis	sepáis	seáis
Uds./ellos/ellas	den	estén	vayan	sepan	sean

¡**ojo!** The subjunctive form of **hay** (*there is, there are*) is **haya**.

12.3 Subjunctive with verbs of will and influence

 Tutorial

▶ The subjunctive is used with verbs and expressions of will and influence.

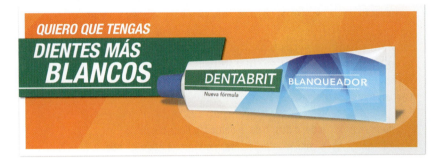

QUIERO QUE TENGAS
DIENTES MÁS
BLANCOS

DENTABRIT BLANQUEADOR
Nueva fórmula

▶ Verbs of will and influence are often used when someone wants to affect the actions or behavior of other people.

Enrique **quiere** que **salgamos** a cenar.
Enrique wants us to go out for dinner.

Paola **prefiere** que **cenemos** en casa.
Paola prefers that we have dinner at home.

Ana **insiste** en que la **llamemos.**
Ana insists that we call her.

Mi madre nos **ruega** que **vayamos** a verla.
My mother begs us to come see her.

▶ Here are some verbs of will and influence.

Verbs of will and influence

aconsejar	to advise	pedir (e:i)	to ask (for)
desear	to wish; to desire	preferir (e:ie)	to prefer
importar	to be important; to matter	prohibir	to prohibit
		querer (e:ie)	to want
insistir (en)	to insist (on)	recomendar (e:ie)	to recommend
mandar	to order	rogar (o:ue)	to beg
necesitar	to need	sugerir (e:ie)	to suggest

▶ Some impersonal expressions convey will or influence, such as **es necesario que, es importante que, es mejor que,** and **es urgente que.**

Es importante que duermas bien.
It's important that you sleep well.

Es urgente que él lo **haga** hoy.
It's urgent that he do it today.

▶ When the main clause contains an expression of will or influence and the subordinate clause has a different subject, the subjunctive is required.

Main clause	Connector	Subordinate clause
VERB OF WILL		SUBJUNCTIVE
Mi mamá **prefiere**	que	yo **saque** la basura.

Práctica

1 **Entre amigas** Completa el diálogo con las palabras de la lista.

cocina	mires	quiere	sea
diga	ponga	saber	ser
haga	prohíbe	sé	vaya

IRENE Tengo problemas con Vilma. ¿Qué me recomiendas que le (1) _____?

JULIA Necesito (2) _____ más para aconsejarte.

IRENE Me (3) _____ que mire televisión cuando llego de la escuela.

JULIA Tiene razón. Es mejor que tú no (4) _____ tanta televisión.

IRENE Quiero que (5) _____ más flexible, pero insiste en que yo (6) _____ todo en la casa.

JULIA No es verdad. Yo (7) _____ que Vilma (8) _____ y hace los quehaceres todos los días.

IRENE Sí, pero siempre me pide que (9) _____ los cubiertos en la mesa y que (10) _____ al sótano por las servilletas.

JULIA ¡Vilma sólo (11) _____ que ayudes en la casa!

2 **Unos consejos** Lee lo que dice cada persona. Luego, da consejos lógicos usando verbos como **aconsejar, recomendar** y **prohibir.** Sigue el modelo.

modelo
El presidente: Quiero comprar la Casa Blanca.
Le aconsejo que compre otra casa.

1. **Tu mamá:** Pienso poner la secadora en la entrada de la casa.
2. **Martha Stewart:** Voy a ir a la gasolinera para comprar unas elegantes copas de cristal.
3. **Tu profesor(a):** No voy a corregir los exámenes.
4. **Enrique Iglesias:** Pienso llevar todos mis muebles nuevos al altillo.
5. **Katy Perry:** Hay una fiesta en mi casa esta noche, pero no quiero arreglar la casa.
6. **Tu papá:** Hoy no tengo ganas de hacer las camas.

Conversación

 3 **Preguntas** Con un(a) compañero/a, túrnate para contestar las preguntas. Usa el subjuntivo.

1. ¿Te dan consejos tus amigos/as? ¿Qué te aconsejan? ¿Aceptas sus consejos? ¿Por qué?

2. ¿Qué te sugieren tus profesores que hagas antes de terminar los cursos que tomas?

3. ¿Insisten tus amigos/as en que salgas mucho con ellos/as?

4. ¿Qué quieres que te regalen tu familia y tus amigos/as para tu cumpleaños?

5. ¿Qué le recomiendas tú a un(a) amigo/a que no quiere salir los sábados con su novio/a?

6. ¿Qué les aconsejas a los nuevos estudiantes de tu universidad?

 4 **Recomendaciones** Con un(a) compañero/a, prepara una lista de seis personas famosas. Un(a) estudiante da el nombre de una persona famosa y el/la otro/a le da un consejo.

> **modelo**
>
> **Estudiante 1:** Judge Judy.
> **Estudiante 2:** Le recomiendo que sea más simpática con la gente.
> **Estudiante 1:** Will Ferrell.
> **Estudiante 2:** Le aconsejo que haga más películas.

 5 **El apartamento de Luisa** Con un(a) compañero/a, mira la ilustración. Da consejos a Luisa sobre cómo arreglar su apartamento. Usa expresiones impersonales y verbos como **aconsejar**, **sugerir** y **recomendar**.

> **modelo**
>
> Es mejor que arregles el apartamento más a menudo. Te aconsejo que guardes (*put away*) la tabla de planchar (*ironing board*).

Practice more!

WB
pp. 125–126

LM
p. 71

Ⓢ vhlcentral

> Les sugiero que arreglen este apartamento.

> Recomiendo que se organicen en equipos.

▶ Indirect object pronouns are often used with the verbs **aconsejar, mandar, pedir, recomendar, rogar,** and **sugerir**.

Te aconsejo que estudies.	**Les recomiendo** que barran el suelo.
I advise you to study.	*I recommend that you sweep the floor.*
Le sugiero que vaya a casa.	**Les ruego** que no vengan.
I suggest that he go home.	*I beg you not to come.*

▶ Note that all the forms of **prohibir** in the present tense carry a written accent, except for the **nosotros/as** form: **prohíbo, prohíbes, prohíbe, prohibimos, prohibís, prohíben.**

Ella les **prohíbe** que miren la televisión.	Nos **prohíben** que nademos en la piscina.
She prohibits them from watching television.	*They prohibit us from swimming in the pool.*

▶ The infinitive is used with expressions of will and influence if there is no change of subject.

No quiero **sacudir** los muebles.	Es importante **sacar** la basura.
I don't want to dust the furniture.	*It's important to take out the trash.*
Paco prefiere **descansar**.	No es necesario **quitar** la mesa.
Paco prefers to rest.	*It's not necessary to clear the table.*

¡Manos a la obra!

Completa cada oración con la forma correcta del verbo indicado.

1. Te sugiero que ___vayas___ [ir] con ella al supermercado.
2. Él necesita que yo le _____ [prestar] dinero.
3. No queremos que tú _____ [hacer] nada especial para nosotros.
4. Mis papás quieren que yo _____ [limpiar] mi cuarto.
5. Nos piden que la _____ [ayudar] a preparar la comida.
6. Quieren que tú _____ [sacar] la basura todos los días.
7. Quiero _____ [descansar] esta noche.
8. Es importante que ustedes _____ [limpiar] la casa.
9. Su tía les manda que _____ [poner] la mesa.
10. Te aconsejo que no _____ [salir] con él.
11. Mi tío insiste en que mi prima _____ [hacer] la cama.
12. Prefiero _____ [ir] al cine.
13. Es necesario _____ [estudiar].
14. Recomiendo que ustedes _____ [pasar] la aspiradora.

A repasar

12.1 Usted and ustedes commands

1 Los consejos de la abuela La abuela les da muchos consejos a sus nietos. Completa los consejos con los mandatos de los verbos entre paréntesis.

modelo <u>Planchen</u> su ropa. (planchar)

1. No _____ el volumen del estéreo muy alto. (poner)
2. _____ sus camas después de levantarse. (hacer)
3. _____ los dientes después de comer. (cepillarse)
4. _____ sus platos después de cenar. (lavar)
5. _____ la tarea antes de salir a la calle. (terminar)
6. No _____ la televisión hasta la medianoche. (ver)

2 Órdenes Don José se va de viaje y deja su casa al cuidado de su vecina, doña Lucía. Lee lo que dice doña Lucía y contesta dándole órdenes como si fueras (*as if you were*) don José. Usa la información entre paréntesis.

modelo
DOÑA LUCÍA Voy a descansar.
DON JOSÉ (comenzar a preparar la cena)
No descanse. Comience a preparar la cena.

DOÑA LUCÍA Voy a apagar la luz del garaje.
DON JOSÉ (Dejarla así) (1) _____

DOÑA LUCÍA Voy a barrer el suelo de toda la casa.
DON JOSÉ (Barrer sólo el suelo de la cocina)
(2) _____

DOÑA LUCÍA Voy a lavar y secar los platos.
DON JOSÉ (Ponerlos en el lavaplatos) (3) _____

DOÑA LUCÍA Voy a pasear el perro por la calle.
DON JOSÉ (Dejarlo adentro de la casa) (4) _____

DOÑA LUCÍA Voy a sacar la basura por la noche.
DON JOSÉ (Sacarla por la mañana) (5) _____

DOÑA LUCÍA Voy a quitar los libros del estante.
DON JOSÉ (No ser desordenada) (6) _____

3 Josefina Josefina se va de viaje y les deja una lista a sus hijos de lo que (no) tienen que hacer. Con un(a) compañero/a, escribe cinco mandatos formales con los verbos **dar, estar, ir, saber** y **ser**.

modelo *Miren solamente una hora de televisión por día.*

12.2 The present subjunctive

4 Es importante que... Forma oraciones con **es importante que...** y estos elementos.

modelo tú / ir / pagar / el alquiler
Es importante que tú vayas a pagar el alquiler.

1. nosotros / dormir / siesta / por la tarde
2. los adolescentes / saber / hacer / los quehaceres domésticos
3. ustedes / conocer / sus vecinos
4. yo / ser / ordenado / la cocina
5. siempre / haber / comida / refrigerador
6. el vecino / estar / su apartamento / por la noche

5 El apartamento ideal Con un(a) compañero/a, describe el apartamento ideal. Explica el número de habitaciones y los muebles que deseas tener en cada habitación. Usa el subjuntivo con expresiones impersonales.

modelo *Es necesario que mi apartamento tenga tres alcobas y una oficina. Es importante que... También es necesario que...*

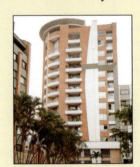

12.3 Subjunctive with verbs of will and influence

6 Los quehaceres domésticos Di lo que estas personas quieren que se haga.

modelo Los vecinos (pedir) / tú (barrer el patio)
Los vecinos piden que tú barras el patio. / Los vecinos te piden que barras el patio.

1. El ama de casa (mandar) / los chicos (sacudir los estantes)
2. Yo (recomendar) / nosotros (usar el lavaplatos)
3. Raúl (insistir) / yo (apagar la luz del pasillo)
4. Tú (sugerir) / Sandra (cocinar la cena)
5. Nosotros (necesitar) / José y tú (poner las copas en la mesa)
6. Ustedes (rogar) / Esteban (planchar la ropa)

 Practice more at **vhlcentral.com**.

7 **¿Dónde quieres que lo ponga?** Te estás mudando de casa y tus amigos deciden ayudarte. Con un(a) compañero/a, túrnate para preguntar dónde deben poner las cosas en la nueva casa. Usa el subjuntivo y los verbos **desear, preferir** y **querer** con los verbos **poner, colocar** (*to put*), **dejar** y **llevar**.

modelo

Estudiante 1: *¿Dónde deseas que pongamos estas pinturas?*
Estudiante 2: *Deseo que pongan las pinturas en el sótano. / Deseo que las pongan en el sótano.*

- alfombras
- cortinas
- mantas
- platos
- mesa
- sillón
- vasos
- cuadro
- cómoda
- almohadas
- lámparas
- mesita

 8 **¡Por favor!** Tus padres van a visitar tu apartamento, por lo que necesitas ayuda para limpiarlo. Con un(a) compañero/a, escribe qué les vas a pedir a tus compañeros/as de apartamento. Usa el subjuntivo y los verbos **necesitar, pedir** y **rogar**.

modelo

Por favor, necesito que hagan sus camas y arreglen sus cuartos.

Síntesis

9 **Una fiesta en la cuadra** Imagina que tú y tu compañero/a son vecinos/as y están organizando una fiesta en su cuadra (*street block*). Prepara una conversación sobre los preparativos (*arrangements*) que tienen que hacer. Usa los mandatos formales y el subjuntivo.

modelo

Estudiante 1: *Para la fiesta del domingo, necesito que usted arregle las mesas en la calle.*
Estudiante 2: *Así lo voy a hacer. Compre usted la comida y vaya por el pastel.*

Videoclip Video

1 **Preparación** ¿Te gustan los quehaceres domésticos? ¿Cuál te parece el más fácil de hacer? ¿Por qué? ¿Qué electrodomésticos usas para hacerlo?

2 **El clip** Mira el anuncio de **Balay** de España.

Vocabulario

aislante	*insulation*	**fabricar**	*to manufacture*
campana	*hood*	**lavavajillas**	**lavaplatos**

Sabemos lo mucho que se agradece° en algunos momentos…

… un poco de silencio°.

se agradece *it's appreciated* silencio *silence*

3 **Identificar** Indica lo que se muestra en el anuncio.

1. _____ llaves
2. _____ sofá
3. _____ puerta
4. _____ cocina
5. _____ bebé (*baby*)
6. _____ calle
7. _____ despertador
8. _____ altillo

4 **El apartamento** Trabajen en grupos pequeños. Imaginen que cada uno de ustedes consiguió el trabajo de sus sueños (*dream job*) y que comparten un apartamento en el centro de una ciudad. Describan el apartamento, los muebles y los electrodomésticos y digan qué quehaceres hace cada uno.

 Practice more at **vhlcentral.com**. *trescientos veintiuno* **321**

Ampliación

1 Escuchar

A Mira los anuncios en esta página y escucha la conversación entre el señor Núñez, Adriana y Felipe. Luego, indica si cada descripción se refiere a la casa del anuncio o al apartamento del anuncio.

TIP **Use visual cues.** Visual cues, like illustrations and headings, provide useful clues about what you will hear.

18G

Bienes raíces

 Se vende.
4 alcobas, 3 baños,
cocina moderna, jardín
con árboles frutales.
B/. 225.000

 Se alquila.
2 alcobas, 1 baño.
Balcón. Urbanización
Las Brisas. 525

Descripciones	La casa del anuncio	El apartamento del anuncio
1. Es barato.	☐	☐
2. Tiene cuatro alcobas.	☐	☐
3. Tiene oficina.	☐	☐
4. Tiene balcón.	☐	☐
5. Tiene una cocina moderna.	☐	☐
6. Tiene un jardín muy grande.	☐	☐
7. Tiene patio.	☐	☐

B Vuelve a escuchar la conversación e indica cómo es la casa ideal de Adriana y Felipe.

2 Conversar

Con un(a) compañero/a, prepara una conversación entre un(a) psicólogo/a y un(a) paciente que le consulta sobre un problema personal (la familia, el/la novio/a, etc.). Luego, presenta la conversación a la clase. Incluye la siguiente información:

- ¿Cómo se siente el/la paciente?
- ¿Cuál es el problema que tiene el/la paciente?
- ¿Por qué tiene este problema?
- ¿Desde cuándo lo tiene?
- ¿Qué soluciones le da el/la psicólogo/a?

Ampliación

3 Escribir

Eres el/la administrador(a) de un edificio de apartamentos. Prepara un contrato de arrendamiento (*lease*) para los nuevos inquilinos (*tenants*).

> **TIP** Use linking words. To make your writing more cohesive, use linking words to connect simple sentences or ideas. Some common linking words are: **cuando, mientras, o, pero, porque, pues, que, quien(es), sino,** and **y.**

Organizar	Utiliza un mapa de ideas para organizar la información sobre las fechas del contrato, el precio del alquiler y otros aspectos importantes.
Escribir	Escribe el primer borrador de tu contrato de arrendamiento.
Corregir	Intercambia el contrato con un(a) compañero/a. Anota los mejores aspectos, especialmente el uso de las palabras de enlace (*linking words*). Dale sugerencias y, si ves algunos errores, coméntaselos.
Compartir	Revisa el primer borrador según las indicaciones de tu compañero/a. Incorpora nuevas ideas o más información si es necesario, antes de escribir la versión final.

> Here are some technical terms that might help you in writing your contract:
>
> **el/la arrendatario/a** *tenant*
> **el/la arrendador(a)** *landlord*
> **el/la propietario/a** *owner*
> **las estipulaciones** *stipulations*
> **la parte** *party*
> **de anticipación, de antelación**
>   *in advance*

4 Un paso más

Imagina que quieres construir (*to build*) una casa de vacaciones en un país hispano. Prepara una presentación sobre la casa. Considera estas preguntas.

- ¿Dónde quieres construir la casa? ¿Prefieres que esté en la selva (*jungle*), en una isla, en una montaña o en un lugar con vista al mar?

- ¿Cómo va a ser la casa? ¿Quieres que sea grande? ¿Cuántos pisos y cuántos cuartos va a tener?

- ¿Qué muebles quieres poner en cada cuarto?

- ¿Qué efectos visuales puedes usar para hacer más interesante la presentación? ¿Tienes mapas, fotos o planos (*blueprints*) de la casa?

5 Conexión Internet

Investiga estos temas en el sitio **vhlcentral.com**.

- Lugares turísticos del mundo hispano
- Agencias de bienes raíces en el mundo hispano
- Mueblerías (*furniture stores*) en el mundo hispano

Audio: Reading
Additional Reading

Antes de leer

Did you know that a text written in Spanish is often longer than the same text written in English? Because the Spanish language often uses more words to express ideas, you will often encounter long sentences when reading in Spanish. Of course, sentence length varies with genre and with authors' individual styles. To help you understand long sentences, identify the main parts of the sentence before trying to read it in its entirety. First, locate the main verb of the sentence, along with its subject, ignoring any words or phrases set off by commas. Then re-read the sentence, adding details like direct and indirect objects, transitional words, and prepositional phrases. Practice this strategy on a few sentences from this reading selection.

For example, locate the main subject and verb in the first sentence of this reading: _____

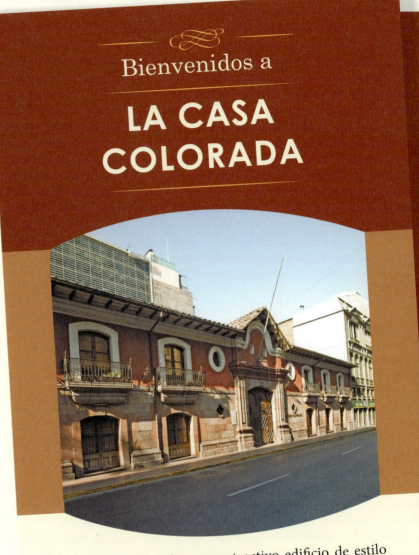

Bienvenidos a

LA CASA COLORADA

La Casa Colorada es un atractivo edificio de estilo colonial, construido° en 1769. Está situado en el centro de Santiago de Chile, en la calle Merced. En sus orígenes fue la vivienda de Mateo de Toro y Zambrano, un aristócrata chileno conocido por sus actividades en el ejército°, los negocios° y la administración de la ciudad. En la actualidad°, la Casa Colorada no está habitada por nadie.

El edificio se convirtió en un espacio público en el siglo° XX y en su interior están el Museo de Santiago, la Oficina de Turismo y la Fundación Vicente Huidobro, donde se encuentra abundante información sobre la vida y la obra° de este escritor chileno. El Museo de Santiago ofrece una exhibición permanente sobre la historia de la ciudad, desde la época precolombina hasta nuestros días.

La Casa Colorada es una obra del arquitecto portugués Joseph de la Vega. Los materiales fundamentales que se utilizaron en su construcción fueron el adobe, la madera° y la cal°. Desde el primer momento, esta casa se convirtió en el centro de atención de la sociedad santiaguina° por la elegancia de su diseño°. Además, una característica que la diferenciaba de otras viviendas del mismo estilo arquitectónico es que su fachada estaba recubierta de piedra° hasta el primer piso. El edificio empezó a llamarse Casa Colorada en 1888, año en que pintaron su fachada° de color rojo.

La composición exterior del edificio es simétrica. En el centro de la fachada hay una gran puerta que sirve de acceso principal a la vivienda; a los lados se ven unos arcos que forman puertas adicionales en el primer piso y ventanas con balcones de hierro forjado° en el segundo. Otra característica interesante del exterior de la casa es la elevación triangular del tejado° sobre la puerta principal.

Después de leer

∽ ¿Comprendiste?

Completa las oraciones con las palabras adecuadas.

1. En el siglo XVIII, Mateo de Toro y Zambrano, un aristócrata de _____, vivió en la Casa Colorada.
2. Ahora _____ vive en la Casa Colorada.
3. El exterior de la casa es de color _____.
4. La _____ principal está en el centro de la fachada.
5. Los materiales que se utilizaron en su construcción fueron _____, la madera y la cal.
6. En el Museo de Santiago hay una exhibición sobre la _____ de la ciudad.

∽ Preguntas

Responde estas preguntas con oraciones completas.

1. ¿Cuándo se construyó la Casa Colorada?
   _____
2. ¿Cuándo se convirtió en lugar público?
   _____
3. ¿Dónde están el Museo de Santiago, la Oficina de Turismo y la Fundación Vicente Huidobro?
   _____
4. ¿Cómo se llamaba el arquitecto de la Casa Colorada?
   _____
5. ¿Por qué la Casa Colorada se diferenciaba de otras viviendas del mismo estilo arquitectónico?
   _____
6. ¿Por qué este edificio se llama la Casa Colorada?
   _____

∽ Coméntalo

¿Te gustaría visitar la Casa Colorada? ¿Por qué? ¿Te gustaría vivir en una casa similar a ésta? Explica tu respuesta. ¿Hay edificios históricos en tu ciudad o comunidad? Descríbelos.

construido *built* **ejército** *army* **negocios** *business* **En la actualidad** *At the present time* **siglo** *century* **obra** *work* **madera** *wood* **cal** *lime* **santiaguina** *of Santiago* **diseño** *design* **recubierta de piedra** *covered with stone* **fachada** *façade* **hierro forjado** *wrought iron* **tejado** *roof*

Vocabulary Tools

La casa y sus cuartos

la alcoba	bedroom
el altillo	attic
el balcón	balcony
la cocina	kitchen
el comedor	dining room
la entrada	entrance
la escalera	stairs
el garaje	garage
el jardín	garden; yard
la oficina	office
el pasillo	hallway
el patio	patio; yard
la sala	living room
el sótano	basement

Los quehaceres domésticos

arreglar	to tidy
barrer el suelo	to sweep the floor
cocinar	to cook
hacer la cama	to make the bed
hacer los quehaceres domésticos	to do household chores
lavar (el suelo, los platos)	to wash (the floor, the dishes)
limpiar la casa	to clean the house
pasar la aspiradora	to vacuum
planchar la ropa	to iron clothes
poner la mesa	to set the table
quitar la mesa	to clear the table
sacar la basura	to take out the trash
sacudir los muebles	to dust the furniture

Otras palabras

las afueras	suburbs; outskirts
la agencia de bienes raíces	real estate agency
el alquiler	rent (payment)
el ama (f.) de casa	homemaker; housekeeper
el barrio	neighborhood
el edificio de apartamentos	apartment building
el hogar	home
el/la vecino/a	neighbor
la vivienda	housing
alquilar	to rent
ensuciar	to get (something) dirty
mudarse	to move (residences)

Los electrodomésticos

el electrodoméstico	electrical appliance
la estufa	stove
el horno (de microondas)	(microwave) oven
la lavadora	washing machine
el lavaplatos	dishwasher
el refrigerador	refrigerator
la secadora	clothes dryer

Los muebles y otras cosas

la alfombra	carpet; rug
la almohada	pillow
el armario	closet
la cómoda	chest of drawers
las cortinas	curtains
el cuadro	picture
el estante	bookcase; bookshelf
la lámpara	lamp
la luz	light; electricity
la manta	blanket
la mesita	end table
la mesita de noche	nightstand
los muebles	furniture
la pared	wall
la pintura	painting
el sillón	armchair
el sofá	sofa

Verbs of will and influence	See page 318.

La mesa

la copa	wineglass
la cuchara	spoon
el cuchillo	knife
el plato	plate
la servilleta	napkin
la taza	cup; mug
el tenedor	fork
el vaso	glass

Practice more at **vhlcentral.com.**

AVENTURAS EN LOS PAÍSES HISPANOS

La ropa tradicional de los guatemaltecos se llama *huipil* y en ella se puede observar el amor de la cultura maya por la naturaleza *(nature)*. El diseño *(design)* y los colores de cada *huipil* indican el pueblo de origen y, a veces, también el sexo y la edad *(age)* de la persona que lo lleva.

AMÉRICA CENTRAL I

Guatemala

Área: 108.890 km^2 (42.042 millas^2)
Población: 14.919.000
Capital: Ciudad de Guatemala – 2.918.000
Ciudades principales: Quetzaltenango, Escuintla, Mazatenango, Puerto Barrios
Moneda: quetzal

SOURCE: Population Division, UN Secretariat & CIA World Factbook

Honduras

Área: 112.492 km^2 (43.870 millas^2)
Población: 8.746.000
Capital: Tegucigalpa – 1.123.000
Ciudades principales: San Pedro Sula, El Progreso
Moneda: lempira

SOURCE: Population Division, UN Secretariat & CIA World Factbook

El Salvador

Área: 21.040 km^2 (8.124 millas^2)
Población: 6.141.000
Capital: San Salvador – 1.605.000
Ciudades principales: Soyapango, Santa Ana, San Miguel
Moneda: dólar estadounidense

SOURCE: Population Division, UN Secretariat & CIA World Factbook

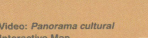
Deportes

El surfing

El Salvador es uno de los destinos favoritos en Latinoamérica para la práctica del *surfing*. Cuenta con 300 kilómetros de costa a lo largo del océano Pacífico y sus olas *(waves)* altas son ideales para quienes practican este deporte. De sus playas, La Libertad es la más visitada por surfistas de todo el mundo, gracias a que está muy cerca de la capital salvadoreña.

Ciudades

Antigua Guatemala

Antigua Guatemala fue fundada en 1543. Fue una capital de gran importancia hasta 1773, cuando un terremoto *(earthquake)* la destruyó. Hoy día, conserva el carácter original de su arquitectura y es un gran centro turístico. Su celebración de la Semana Santa es, para muchas personas, la más importante del hemisferio.

MÉXICO

Lago Petén Itza

BELICE

Río de la Pasión

Golfo de Honduras

Lago de Izabal

Puerto Barrios

La Ceiba

San Pedro Sula

GUATEMALA

Río Motagua

Sierra Espíritu Santo

El Progreso

Sierra Grita

Sierra Rijol

Lago de Atitlán

Ciudad de Guatemala

Quetzaltenango

Lago de Yojoa

Tegucigalpa

Mazatenango

Antigua Guatemala

Lago de Guija

Río Lempa

Escuintla

Río de la Paz

Santa Ana

San Salvador

La Libertad

Río Lempa

San Miguel

La Unión

Río Choluteca

EL SALVADOR

Océano Pacífico

Mar Caribe

Islas de la Bahía

HONDURAS

Sierra de Payas

Río Patuca

Montañas de Colón

Río Coco

Laguna de Caratasca

NICARAGUA

COSTA RICA

Practice more!

WB
pp. 127–128

VM
pp. 251–254

vhlcentral

Copán

Copán es una zona arqueológica muy importante de Honduras. Fue construida por los mayas y se calcula que en el año 400 d. C. era una ciudad con más de 150 edificios y una gran cantidad de plazas, patios, templos y canchas (*courts*) para el juego de pelota (*ceremonial ball game*). Las ruinas más famosas del lugar son los edificios adornados con esculturas pintadas a mano, los cetros (*scepters*) ceremoniales de piedra y el templo Rosalila. Una de las actividades más importantes de Copán era la astronomía. ¡Hasta se hacían congresos (*conventions*) de astrónomos!

El Parque Nacional Montecristo

El Parque Nacional Montecristo se encuentra en la región norte de El Salvador. Se le conoce también como El Trifinio porque se ubica (*it is located*) en el punto donde se unen las fronteras de Guatemala, Honduras y El Salvador. Este bosque reúne muchas especies vegetales y animales, como orquídeas, monos araña (*spider monkeys*), pumas, quetzales y tucanes. En este hermoso bosque, las copas de sus enormes árboles forman una bóveda que impide (*blocks*) el paso de la luz solar.

¿Qué aprendiste?

1 **¿Cierto o falso?** Indica si lo que dicen estas oraciones es **cierto** o **falso**.

	Cierto	Falso
1. La ropa tradicional de los guatemaltecos se llama Quetzaltenango.	____	____
2. Los diseños del *huipil* indican el origen de la persona que lo lleva.	____	____
3. Tegucigalpa es la capital de Honduras.	____	____
4. La lempira es la moneda de Guatemala.	____	____
5. En Copán se hacían congresos de geografía.	____	____
6. Los mayas eran muy buenos astrónomos.	____	____
7. Antigua Guatemala es la capital de Guatemala.	____	____
8. Antigua Guatemala es muy famosa por su celebración de la Semana Santa.	____	____
9. El Parque Nacional Montecristo está en El Salvador, en el límite con Honduras y Guatemala.	____	____
10. La vegetación del bosque del Parque Nacional Montecristo permite el paso de la luz del sol.	____	____

2 **Preguntas** Contesta estas preguntas.

1. ¿Conoces la ropa tradicional de algún lugar en el mundo? ¿De dónde? ¿Tiene muchos colores como la ropa tradicional de Guatemala?

2. ¿En qué lugares de los Estados Unidos se puede practicar el surfing? ¿Te gustaría practicarlo en las playas de América Central?

3. ¿Conoces algún país donde se celebra la Semana Santa? ¿Cómo se celebra?

4. Además de Honduras, ¿qué otros países en el mundo son famosos por sus ruinas arqueológicas? ¿Sabes de qué época datan esas ruinas?

5. ¿Cuáles son algunos de los parques naturales más famosos en los Estados Unidos? ¿Has visitado alguno de ellos?

3 **Por América Central** Con un(a) compañero/a, prepara un folleto (*brochure*) turístico en el que se hable de las características principales de Antigua Guatemala, Copán o el Parque Nacional Montecristo. Después, intercambia los folletos con otras parejas y elige el que más te guste.

4 **Conexión Internet** Investiga estos temas en el sitio **vhlcentral.com**.

- Rigoberta Menchú
- Lugares para visitar en América Central
- Base de la economía hondureña

13 La naturaleza

Communicative Goals

You will learn how to:
- talk about nature
- discuss environmental conditions
- express wishes, desires, and doubts

PARA EMPEZAR
- ¿Dónde están estas personas? ¿Qué hacen?
- ¿Qué ropa y objetos llevan? ¿Por qué?
- ¿Crees que disfrutan de la naturaleza?

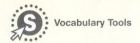

LA NATURALEZA

LA NATURALEZA

el árbol *tree*

el bosque (tropical) *(tropical; rain) forest*

el césped *grass*

el cielo *sky*

el cráter *crater*

el desierto *desert*

la estrella *star*

la hierba *grass*

el lago *lake*

la luna *moon*

el mundo *world*

la naturaleza *nature*

la nube *cloud*

el océano *ocean*

el paisaje *landscape*

la piedra *stone*

la planta *plant*

la región *region; area*

el río *river*

la selva *jungle*

el sendero *trail*

el sol *sun*

la tierra *land; soil*

el valle *valley*

el mono

la flor
flower

el pájaro
bird

VERBOS

conservar *to conserve*

contaminar *to pollute*

controlar *to control*

cuidar *to take care of*

dejar de (+ *inf.*) *to stop (doing something)*

desarrollar *to develop*

descubrir *to discover*

destruir *to destroy*

estar afectado/a (por) *to be affected (by)*

evitar *to avoid*

mejorar *to improve*

proteger *to protect*

reciclar *to recycle*

recoger *to pick up*

reducir *to reduce*

resolver (o:ue) *to resolve; to solve*

respirar *to breathe*

LOS ANIMALES

el animal *animal*

la ballena *whale*

el pez *fish*

Vocabulary Tools

el volcán

EL MEDIO AMBIENTE

el calentamiento global
global warming

la caza *hunting*

la conservación *conservation*

la contaminación (del aire; del agua) *(air; water) pollution*

la deforestación *deforestation*

la ecología *ecology*

el ecoturismo *ecotourism*

la energía (nuclear; solar) *(nuclear; solar) energy*

la extinción *extinction*

la fábrica *factory*

el gobierno *government*

la ley *law*

el medio ambiente *environment*

el peligro *danger*

la población *population*

el reciclaje *recycling*

el recurso natural *natural resource*

la solución *solution*

ecologista *ecological; ecologist*

renovable *renewable*

la tortuga marina
sea turtle

la energía nuclear
nuclear energy

OTRAS PALABRAS Y EXPRESIONES

el envase de plástico
plastic container

puro/a *pure*

la botella de vidrio
glass bottle

la lata de aluminio
aluminum can

estar contaminado/a
to be polluted

ASÍ SE DICE

césped/hierba ⟷ la grama (*Ec., Hond., Pan., Perú, P. Rico*), el pasto (*Arg., Col., Méx., Urug.*), el zacate (*Amér. C., Méx.*)

A escuchar

1 **Escuchar** Escucha estas oraciones y anota los sustantivos (*nouns*) que se refieren a **las plantas**, **los animales**, **la tierra** y **el cielo**.

Plantas	Animales	Tierra	Cielo
_____	_____	_____	_____
_____	_____	_____	_____
_____	_____	_____	_____

2 **Seleccionar** Escucha las descripciones y escribe el número que corresponda a cada foto.

a. _____

b. _____

c. _____

d. _____

Practice more!

LM
p. 73

A practicar

3 **La naturaleza** Selecciona la palabra que no pertenece al grupo.

1. sol • desierto • luna • estrella
2. océano • lluvia • sendero • río
3. naturaleza • paisaje • ecoturismo • mono
4. piedra • pájaro • pez • perro
5. volcán • ballena • cráter • piedra
6. recurso natural • caza • contaminación • deforestación
7. nube • aire • cielo • lago
8. solución • selva • bosque • desierto
9. lluvia • nube • peligro • cielo
10. tortuga • árbol • hierba • flor

4 **Completar** Completa las oraciones.

contaminar	destruyen	reciclamos
controlan	están afectadas	recoger
cuidan	mejoramos	resolver
descubrir	proteger	se desarrollaron

1. Si vemos basura en las calles, la debemos _____.
2. Los científicos trabajan para _____ nuevas soluciones.
3. Es necesario que todos trabajemos juntos para _____ los problemas del medio ambiente.
4. Debemos _____ el medio ambiente porque está en peligro.
5. Muchas leyes nuevas _____ el número de árboles que se pueden cortar (*cut down*).
6. Las primeras civilizaciones _____ cerca de los ríos, los lagos y los océanos.
7. Todas las personas del mundo _____ por la contaminación.
8. Los turistas deben tener cuidado y no _____ las regiones que visitan.
9. Podemos conservar los recursos si _____ el aluminio, el vidrio y el plástico.
10. La contaminación y la deforestación _____ el medio ambiente.

5 **Definir** Con un(a) compañero/a, define cada palabra.

¿Qué es el calentamiento global?

El calentamiento global significa que la temperatura de la Tierra sube.

1. la población	3. la lluvia	5. un desierto	7. la ecología
2. una ballena	4. la naturaleza	6. la caza	8. un mono

Practice more!

WB
pp. 131–132

vhlcentral

A conversar

6 **¿Es importante?** Lee el siguiente párrafo y, con un(a) compañero/a, contesta las preguntas.

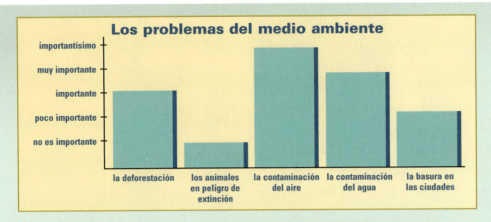

Los problemas del medio ambiente

importantísimo	
muy importante	
importante	
poco importante	
no es importante	

la deforestación · los animales en peligro de extinción · la contaminación del aire · la contaminación del agua · la basura en las ciudades

Para celebrar El día de la Tierra, una estación de radio colombiana hizo una encuesta entre estudiantes universitarios sobre el medio ambiente. Se les preguntó cuáles creían que eran los cinco problemas más importantes del medio ambiente. Se les pidió decidir el orden de importancia de estos problemas, del uno al cinco. Los resultados probaron (*proved*) que la mayoría de los estudiantes están preocupados por la contaminación del aire. Muchos mencionaron que no hay aire puro en las ciudades. El segundo problema más importante para los estudiantes es la contaminación de los ríos y los lagos. El problema de la deforestación quedó en tercera posición; la basura en las ciudades, en cuarto lugar de importancia y el problema de los animales en peligro de extinción está en último lugar.

1. Según la encuesta, ¿qué problema consideran más grave? ¿Y menos grave?

2. ¿Cómo creen que se puede evitar o resolver el problema más importante?

3. ¿Consideran ustedes que existen los mismos problemas en su comunidad? Den algunos ejemplos.

7 **Un póster** Con un(a) compañero/a, conversa sobre cuál es el problema ambiental de la actividad anterior que a ustedes les parece más importante y diseña un póster para presentar a la clase. Describe el problema y explica por qué es grave y cómo se podría solucionar. Usa al menos ocho palabras de **Preparación**.

8 **Situaciones** En grupos pequeños, representen estas situaciones.

• Un(a) ecologista habla con un grupo de familias sobre qué se puede hacer en la casa para proteger el medio ambiente.
• Un(a) representante de una universidad habla con un grupo de estudiantes nuevos sobre la campaña (*campaign*) ambiental de la universidad.
• Un(a) candidato/a presidencial da un discurso (*speech*) sobre el problema de la deforestación.

Ortografía

🔊 Ⓢ **Audio: Pronunciation**

Los signos de puntuación

In Spanish, as in English, punctuation marks are important because they help you express your ideas in a clear, organized way.

No podía ver las llaves. Las buscó por los estantes, las mesas, las sillas, el suelo; minutos después, decidió mirar por la ventana. Allí estaban…

The **punto y coma (;)**, the **puntos suspensivos (…)**, and the **punto (.)** are used in very similar ways in Spanish and English.

Argentina, Brasil, Paraguay y Uruguay son miembros del Mercosur.

In Spanish, the **coma (,)** is not used in a series before **y** or **o**.

13,5%   29,2°   3.000.000 $2.999,99

In numbers, Spanish uses a **coma** where English uses a decimal point and a **punto** where English uses a comma.

¿Cómo te llamas?   ¿Dónde está?   ¡Ven aquí!   ¡Hola!

Questions in Spanish are preceded and followed by **signos de interrogación (¿ ?)**, and exclamations are preceded and followed by **signos de exclamación (¡ !)**.

🔗 **Práctica** Lee el párrafo e indica los signos de puntuación necesarios. Recuerda que la primera letra de una oración siempre debe estar en mayúscula.

Ayer recibí la invitación de boda de Marta mi amiga colombiana inmediatamente empecé a pensar en un posible regalo fui al almacén donde Marta y su novio tenían una lista de regalos había un montón de cosas para regalar finalmente decidí regalarles un perro ya sé que es un regalo extraño pero espero que les guste a los dos

🔗 **¿Palabras de amor?** El siguiente diálogo tiene diferentes significados (*meanings*), dependiendo de los signos de puntuación que utilizas y el lugar donde los pones. Intenta encontrar los diferentes significados.

JULIÁN	me quieres
MARISOL	no puedo vivir sin ti
JULIÁN	me quieres dejar
MARISOL	no me parece mala idea
JULIÁN	no eres feliz conmigo
MARISOL	no soy feliz

Practice more!
LM
p. 74
Ⓢ vhlcentral

Video:
Fotonovela

Aventuras en la naturaleza

Las chicas visitan un santuario de tortugas, mientras los chicos pasean por la selva.

PERSONAJES

MARISSA

JIMENA

JUAN CARLOS

FELIPE

GUÍA

1

2

3

MARISSA Querida tía Ana María, lo estoy pasando muy bien. Es maravilloso que México tenga tantos programas estupendos para proteger a las tortugas. Hoy estamos en Tulum, y ¡el paisaje es espectacular! Con cariño, Marissa.

MARISSA Estoy tan feliz de que estés aquí conmigo.
JIMENA Es mucho más divertido cuando se viaja con amigos.
(Llegan Felipe y Juan Carlos)

JIMENA ¿Qué pasó?
JUAN CARLOS No lo van a creer.

GUÍA A menos que protejamos a los animales de la contaminación y la deforestación, muchos van a estar en peligro de extinción. Por favor, síganme y eviten pisar las plantas.

6

7

8

FELIPE Decidí seguir un río y...
MARISSA No es posible que un guía continúe el recorrido cuando hay dos personas perdidas.
JIMENA Vamos a ver, chicos, ¿qué pasó? Dígannos la verdad.

JUAN CARLOS Felipe se cayó. Él no quería contarles.
JIMENA ¡Lo sabía!

FELIPE Y ustedes, ¿qué hicieron hoy?
JIMENA Marissa y yo fuimos al santuario de las tortugas.

1 **Identificar** Identifica quién puede decir estas oraciones. Puedes usar algunos nombres más de una vez.

1. Fue divertido ver a las tortugas y aprender las normas para protegerlas. _____
2. Tenemos que evitar la contaminación y la deforestación. _____
3. Estoy feliz de estar aquí, Tulum es maravilloso. _____
4. Es una lástima que me pierda el recorrido. _____
5. No es posible que esa historia que nos dices sea verdad. _____

2 **Preguntas** Responde a estas preguntas usando la información de Aventuras.

1. ¿Qué lugar visitan Marissa y Jimena?
2. ¿Adónde fueron Juan Carlos y Felipe?
3. Según la guía, ¿por qué muchos animales están en peligro de extinción?
4. ¿Por qué Jimena y Marissa no creen la historia de Felipe?
5. ¿Qué esperaba Felipe cuando se perdió?

ACTIVIDADES

4

FELIPE Nos retrasamos sólo cinco minutos... Qué extraño. Estaban aquí hace unos minutos.

JUAN CARLOS ¿Adónde se fueron?

FELIPE No creo que puedan ir muy lejos. *(Se separan para buscar al grupo.)*

5

FELIPE Juan Carlos encontró al grupo. ¡Yo esperaba encontrarlos también! ¡Pero nunca vinieron por mí! Yo estaba asustado. Regresé al lugar de donde salimos y esperé. Me perdí todo el recorrido.

9

MARISSA Aprendimos sobre las normas que existen para proteger a las tortugas marinas.

JIMENA Pero no cabe duda de que necesitamos aprobar más leyes para protegerlas.

MARISSA Fue muy divertido verlas tan cerca.

10

JUAN CARLOS Entonces se divirtieron. ¡Qué bien!

JIMENA Gracias, y tú, pobrecito, pasaste todo el día con mi hermano. Siempre te mete en problemas.

Expresiones útiles

Talking about the environment

Aprendimos sobre las normas que existen para proteger a las tortugas marinas.
We learned about the regulations that exist to protect sea turtles.

Afortunadamente, ahora la población está aumentando.
Fortunately, the population is now growing.

No cabe duda de que necesitamos aprobar más leyes para protegerlas.
There is no doubt that we need to pass more laws to protect them.

Es maravilloso que México tenga tantos programas estupendos para proteger a las tortugas.
It's marvelous that Mexico has so many wonderful programs to protect the turtles.

A menos que protejamos a los animales de la contaminación y la deforestación, muchos van a estar en peligro de extinción.
Unless we protect animals from pollution and deforestation, many of them will become endangered.

Additional vocabulary

aumentar *to grow; to get bigger*
meterse en problemas *to get into trouble*
perdido/a *lost*
el recorrido *tour*
sobre todo *above all*

3 **Situación** Imagina que tú y tu compañero/a son un(a) turista y un(a) guía que van de excursión a las montañas. El/La turista pregunta al/a la guía lo que van a ver y lo que deben o no hacer durante la excursión. Usa las **Expresiones útiles**.

Practice more!

VM
pp. 193–194

vhlcentral

Reading

¡Los Andes se mueven!

Los Andes, la cadena° de montañas más extensa de América, son conocidos como "la espina dorsal° de Suramérica". Sus 7.240 kilómetros (4.500 millas) van desde el norte° de la región entre Venezuela y Colombia, hasta el extremo sur°, entre Argentina y Chile, y pasan por casi todos los países suramericanos. La cordillera° de los Andes, formada hace veintisiete millones de años, es la segunda más alta del mundo, después de la del Himalaya

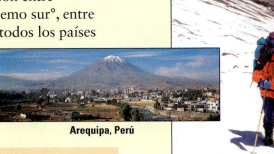
Arequipa, Perú

Los Andes en números

3 Cordilleras que forman los Andes: Las cordilleras Central, Occidental y Oriental

900 (a. C.°) Año aproximado en que empezó el desarrollo° de la cultura chavín, en los Andes peruanos

600 Número aproximado de volcanes que hay en los Andes

6.960 Metros (22.835 pies) de altura del Aconcagua (Argentina), el pico° más alto de los Andes

cadena *range* espina dorsal *spine* norte *north* sur *south* cordillera *mountain range* aunque *although* atravesar *to cross* puertos *passes* alturas *heights* estrechos *narrow* vías ferroviarias *railroad tracks* De acuerdo con *According to* se eleva *rises* angosta *narrow* se acerca *gets closer* ritmo *rate* se mantiene *continues* podrían unirse *could join together* ha transcurrido *has passed* a. C. *B.C.* desarrollo *development* pico *peak*

(aunque° esta última es mucho más "joven", ya que se formó hace apenas cinco millones de años).

Para poder atravesar° de un lado a otro de los Andes, existen varios pasos o puertos° de montaña. Situados a grandes alturas°, son generalmente estrechos° y peligrosos. En algunos de ellos hay, también, vías ferroviarias°.

De acuerdo con° varias instituciones científicas, la cordillera de los Andes se eleva° y se hace más angosta° cada año. La capital de Chile se acerca° a la capital de Argentina a un ritmo° de 19,4 milímetros por año. Si ese ritmo se mantiene°, Santiago y Buenos Aires podrían unirse° en unos... sesenta y tres millones de años, ¡casi el mismo tiempo que ha transcurrido° desde la extinción de los dinosaurios!

ASÍ SE DICE

La naturaleza

el arco iris	*rainbow*
la cascada la catarata	*waterfall*
el cerro la colina la loma	*hill, hillock*
la cima la cumbre el tope (Col.)	*summit; mountain top*
la maleza los rastrojos (Col.) la yerba mala (Cuba) los hierbajos (Méx.) los yuyos (Arg.)	*weeds*
la niebla	*fog*

1 **Escoger** Escoge la opción que completa mejor cada oración.

1. Los Andes es la cadena montañosa más extensa del…
   a. mundo.   b. continente americano.
   c. hemisferio norte.

2. "La espina dorsal de Suramérica" es…
   a. los Andes.   b. el Himalaya.
   c. el Aconcagua.

3. La cordillera de los Andes se extiende…
   a. de este a oeste.   b. de sur a oeste.
   c. de norte a sur.

4. El Himalaya y los Andes tienen…
   a. diferente altura.   b. la misma altura.
   c. el mismo color.

5. Es posible atravesar los Andes por medio de…
   a. montañas   b. puertos
   c. aviones

6. En algunos de los puertos de montaña de los Andes hay…
   a. puertas.   b. vías ferroviarias.
   c. cordilleras.

7. En sesenta y tres millones de años, Buenos Aires y Santiago podrían…
   a. separarse.   b. desarrollarse.
   c. unirse.

8. El Aconcagua es…
   a. una montaña.   b. un grupo indígena.
   c. un volcán.

2 **Maravillas de la naturaleza** Escribe un párrafo breve donde describas alguna maravilla de la naturaleza que te haya impresionado. Puede ser cualquier (*any*) sitio natural: un río, una montaña, una selva, etc.

3 **Conexión Internet** Investiga en el sitio **vhlcentral.com** en qué otros lugares de Latinoamérica se puede hacer ecoturismo.

 Video

Naturaleza en Costa Rica

1 **Preparación** ¿Qué sabes de los volcanes de Costa Rica? ¿Y de sus aguas termales? Si no sabes nada, escribe tres predicciones sobre cada tema.

2 **El video** Mira el episodio de **Flash Cultura**.

Vocabulario

aguas termales *hot springs*	**los poderes curativos** *healing powers*
hace erupción *erupts*	**rocas incandescentes** *incandescent rocks*

Aquí existen más de cien volcanes. Hoy visitaremos el Parque Nacional Volcán Arenal.

En los alrededores del volcán […] nacen aguas termales de origen volcánico…

3 **¿Cierto o falso?** Indica si estas oraciones son **ciertas** o **falsas**.

1. Centroamérica es una zona de pocos volcanes.

2. El volcán Arenal está en un parque nacional.

3. El volcán Arenal hace erupción pocas veces.

4. Las aguas termales cerca del volcán vienen del mar.

5. Cuando Alberto sale del agua, tiene calor.

6. Se pueden ver las rocas incandescentes desde algunos hoteles.

Practice more!

VM
pp. 225–226   vhlcentral

Tutorial

13.1 The subjunctive with verbs of emotion

Main clause	Connector	Subordinate clause
Marta **espera**	**que**	**yo vaya** al lago este fin de semana.

▶ When the main clause of a sentence expresses an emotion or feeling, use the subjunctive in the subordinate clause.

Nos alegramos de que te **gusten** las flores.
We are happy that you like the flowers.

Siento que tú no **vengas** mañana.
I'm sorry that you're not coming tomorrow.

Temo que Ana no **pueda** ir mañana con nosotros.
I'm afraid Ana won't be able to go with us tomorrow.

Le **sorprende** que Juan **sea** tan joven.
It surprises him that Juan is so young.

Es una lástima que ellos no estén aquí con nosotros.

Me alegra que te diviertas.

Common verbs and expressions of emotion

alegrarse (de)	to be happy	tener miedo (de)	to be afraid (of)
esperar	to hope; to wish	es extraño	it's strange
gustar	to be pleasing;	es una lástima	it's a shame
	to like	es ridículo	it's ridiculous
molestar	to bother	es terrible	it's terrible
sentir (e:ie)	to be sorry; to regret	es triste	it's sad
sorprender	to surprise	ojalá (que)	I hope (that);
temer	to be afraid		I wish (that)

Me molesta que la gente no **recicle** el plástico.
It bothers me that people don't recycle plastic.

Es terrible que no **respiremos** aire puro.
It's terrible that we don't breathe clean air.

Es una lástima que no **controlemos** la deforestación.
It's a shame that we don't control deforestation.

Espera que el gobierno **proteja** el medio ambiente.
He hopes that the government protects the environment.

Práctica

1 **Julia y Sara** Completa la conversación. Hay dos palabras que no vas a usar.

alegro	molesta	temer
conozcan	ojalá	tengo miedo de
estén	puedan	vayan
lleguen	sorprender	visitar

JULIA Me alegro de que Adriana y Raquel (1) _____ a Colombia.

SARA Sí... Es una lástima que (2) _____ cuando ya comenzaron las clases. Ojalá que la universidad las ayude a buscar casa. (3) _____ que no consigan dónde vivir.

JULIA Me (4) _____ que seas tan pesimista. Yo espero que (5) _____ gente simpática.

SARA ¿Sabías que ellas van a estudiar la deforestación en las costas? Es triste que en tantos países los recursos naturales (6) _____ en peligro.

JULIA Me (7) _____ de que no se queden en la capital por la contaminación, pero (8) _____ tengan tiempo de viajar por el país.

SARA Sí, espero que (9) _____ ir al Museo del Oro. Sé que también esperan (10) _____ la Catedral de Sal de Zipaquirá.

2 **Oraciones** Combina elementos de las tres columnas para formar oraciones.

modelo
Es triste que algunas personas no cuiden la naturaleza.

Expresiones	Sujetos	Actividades
Me alegro de que	yo	desarrollar programas de reciclaje
Espero que	tú	proteger las ballenas
Es extraño que	el gobierno	destruir los bosques
Me gusta que	el/la profesor(a)	contaminar el aire
Tengo miedo de que	la universidad	poner en peligro las tortugas marinas
Es triste que	las fábricas	cuidar la naturaleza
Ojalá que	algunas personas	utilizar el transporte público para usar menos gasolina
	los centros comerciales	
	mis amigos y yo	

Conversación

3 **Diálogo** Usa los elementos para crear una conversación entre Juan y la madre de su novia. Añade palabras si es necesario. Luego, con un(a) compañero/a, preséntala a la clase.

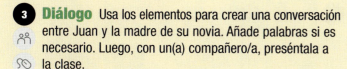

> **modelo**
>
> Juan, / esperar / (tú) llamar / Raquel. / Ser / tu / novia. / Ojalá / no / sentirse / sola
>
> **Juan, espero que llames a Raquel. Es tu novia. Ojalá no se sienta sola.**

1. molestarme / (usted) decirme / lo que / tener / hacer. / Ahora / mismo / estarla / llamando
2. alegrarme / oírte / decir / eso. / Ser / terrible / estar / lejos / cuando / nadie / recordarte
3. señora, / ¡yo / tener / miedo / (ella) no recordarme / mí! / Ser / triste / estar / sin / novia
4. ser / ridículo / (tú) sentirte / así. / Mi hija / esperar / (tú) casarte / con ella
5. ridículo / o / no, / sorprenderme / todos preocuparse / ella / y / nadie acordarse / mí

4 **Comentar** Con un(a) compañero/a, comparte tus opiniones sobre las clases que más te gustan y las que menos te gustan. Usa expresiones como **me alegro de que, temo que** y **es extraño que.**

> **modelo**
>
> **Estudiante 1:** Mi clase favorita es español. Me alegra que mi profesor nos ayude con la tarea.
> **Estudiante 2:** Yo, en cambio, odio las matemáticas. Temo que mi profesor piense darnos más tarea.

5 **Problemas** Prepara una lista de tres o cuatro problemas ambientales en tu universidad. Luego, utilizando el subjuntivo, escribe una oración en la que expreses tu reacción. Comparte la información con la clase.

> **modelo**
>
> la basura de la cafetería
> **Temo que la basura de la cafetería no se pueda reducir.**

6 **Ecologistas** En grupos, praparen un pequeño anuncio de una campaña ecológica. Usen el subjuntivo o el indicativo con algunas de las siguientes expresiones: **alegrarse (de), tener miedo (de), esperar, sentir, sorprender, ojalá (que), temer.** Recuerden incluir:

- el nombre de la campaña ecológica
- un eslogan
- un mensaje para la comunidad
- una imagen que los identifique

Practice more!

WB
pp. 133–134

LM
p. 75

S
vhlcentral

Using the subjunctive

▶ Use the infinitive after an expression of emotion when there is no change of subject.

Temo **llegar** tarde.
I'm afraid I'll arrive late.

Temo que mi novio **llegue** tarde.
I'm afraid my boyfriend will arrive late.

Me molesta **ver** el bosque tropical en peligro.
It bothers me to see the rainforest in danger.

Me alegro de que algunas fábricas **se preocupen** por el medio ambiente.
I'm happy that some factories worry about the environment.

▶ The expression **ojalá (que)** is always followed by the subjunctive. The use of **que** is optional.

Ojalá (que) se conserven nuestros recursos naturales.
I hope (that) our natural resources will be conserved.

Ojalá (que) recojan la basura muy pronto.
I hope (that) they collect the garbage soon.

Esperamos que nuestros hijos vean el cielo azul y que naden en aguas limpias… Tenemos que enseñarles a conservar y a reciclar.

¡Manos a la obra!

Completa las oraciones con el subjuntivo o el infinitivo.

1. Ojalá que ellos ___descubran___ [descubrir] nuevas formas de energía.
2. Temo que la energía nuclear _____ [ser] uno de los grandes peligros del futuro.
3. Es una lástima que la gente no _____ [reciclar] la basura orgánica.
4. Esperamos _____ [proteger] el aire de nuestra comunidad.
5. Me alegro de que mis amigos _____ [querer] hacer ecoturismo en el Amazonas.
6. A mis padres les gusta que nosotros _____ [participar] en programas de conservación.
7. Es terrible que _____ [haber] tantos animales en peligro de extinción.
8. El gobierno siente no _____ [poder] hacer nada para encontrar una solución.
9. Es triste que nuestras ciudades _____ [estar] afectadas por la contaminación.
10. Ojalá yo _____ [poder] hacer algo para reducir la contaminación.

Tutorial

13.2 The subjunctive with doubt, disbelief, and denial

▶ The subjunctive is used with expressions of doubt, disbelief, and denial.

Main clause	Connector	Subordinate clause
Dudan	**que**	su hijo les **diga** la verdad.

▶ The subjunctive is used in a subordinate clause when there is a change of subject and the main clause implies negation or uncertainty.

No creo que puedan ir muy lejos.

No es posible que el guía continúe el recorrido sin ustedes.

Expressions of doubt, disbelief, or denial

dudar	to doubt	no es seguro	it's not certain
negar (e:ie)	to deny	no es verdad	it's not true
no creer	not to believe	es imposible	it's impossible
no estar seguro/a (de)	not to be sure (of)	es improbable	it's improbable
no es cierto	it's not true; it's not certain	(no) es posible	it's (not) possible
		(no) es probable	it's (not) probable

El gobierno **niega** que el agua **esté** contaminada.
The government denies that the water is polluted.

Dudo que el gobierno **resuelva** el problema.
I doubt that the government will solve the problem.

▶ In English, the expression *it is probable/possible* indicates a fairly high degree of certainty. In Spanish, however, **es probable/posible** implies inherent uncertainty and therefore triggers the subjunctive in the subordinate clause.

Es posible que **haya** menos bosques y selvas en el futuro.
It's possible that there will be fewer forests and jungles in the future.

Es muy **probable** que **contaminemos** el medio ambiente.
It's very probable that we're polluting the environment.

▶ Use the infinitive after an expression of uncertainty, doubt, disbelief, or denial when there is no change of subject.

Dudo **llegar** temprano.
I doubt I will arrive early.

Él duda **llegar** temprano.
He doubts he will arrive early.

Práctica

1 **Conversación** Completa el diálogo con la opción adecuada. Luego, dramatízalo con un(a) compañero/a.

RAÚL Ustedes dudan que yo (1) _____ [estudio/estudie]. No niego que a veces me (2) _____ [divierto/divierta], pero no cabe duda de que (3) _____ [tomo/tome] mis estudios en serio. Creo que no (4) _____ [tienen/tengan] razón.

PAPÁ Es posible que tu mamá y yo no (5) _____ [tenemos/tengamos] razón. Es cierto que a veces (6) _____ [dudamos/dudemos] de ti. Pero no hay duda de que te (7) _____ [pasas/pases] toda la noche en Internet y escuchando música. No es seguro que (8) _____ [estás/estés] estudiando.

RAÚL Es verdad que (9) _____ [uso/use] Internet por las noches, pero ¿no es posible que (10) _____ [es/sea] para buscar información para mis clases? ¡No hay duda de que Internet (11) _____ [es/sea] el mejor recurso del mundo! Es obvio que ustedes (12) _____ [piensan/piensen] que no hago nada.

PAPÁ Dudo que esta conversación nos (13) _____ [va/vaya] a ayudar. Pero tal vez (14) _____ [puedes/puedas] estudiar sin música.

2 **Dudas** Carolina siempre miente. Exprésale a Carolina tus dudas sobre sus afirmaciones. Sigue el modelo.

modelo
El próximo año mi familia y yo vamos a ir de vacaciones por diez meses. [dudar]
Dudo que vayan a ir de vacaciones por diez meses.

1. Estoy escribiendo una novela en español. [no creer]
2. Mi tía es la directora del Sierra Club. [no ser verdad]
3. Dos profesores míos juegan para los Osos (*Bears*) de Chicago. [ser imposible]
4. Mi mejor amiga conoce al chef Emeril. [no ser cierto]
5. Mi padre es dueño del Rockefeller Center. [no ser posible]
6. Yo ya tengo un doctorado en lenguas. [ser improbable]

Conversación

3 **Hablando con un(a) burócrata** Con un(a) compañero/a, prepara una conversación entre un(a) activista ambiental y un(a) funcionario/a público/a (*government official*). Usa el subjuntivo. Luego, presenta la conversación a la clase.

modelo

Activista: Queremos reducir la contaminación del aire, pero dudo que el gobierno nos ayude.

Funcionario: No es cierto. ¡Lea las noticias del periódico! Es obvio que el gobierno está haciendo muchas cosas para reducir la contaminación del aire.

4 **Adivinar** Escribe cinco oraciones sobre tu vida presente y futura. Cuatro deben ser falsas y sólo una debe ser cierta. Preséntalas al grupo. El grupo adivina (*guesses*) cuál es la oración cierta y expresa sus dudas sobre las falsas.

modelo

Estudiante 1: Quiero irme un año a trabajar en la selva.
Estudiante 2: Dudo que te guste vivir en la selva.
Estudiante 3: En cinco años voy a ser presidente de los Estados Unidos.
Estudiante 2: No creo que vayas a ser presidente de los Estados Unidos en cinco años. ¡Tal vez en treinta! Algún día pienso enseñar arte a los niños.
Estudiante 1: No dudo que vas a ser profesor. Te gustan mucho los niños.

5 **Debate** Con un(a) compañero/a, conversa sobre tus dudas y miedos para cuando te gradúes de la universidad.

modelo

Estudiante 1: Es improbable que me case inmediatamente.
Estudiante 2: Dudo que nosotros podamos comprarnos una casa después de terminar la universidad.

Practice more!

WB pp. 135–136   LM p. 76   vhlcentral

▶ **Quizás** and **tal vez** imply an uncertain possibility and are usually followed by the subjunctive.

Quizás haga sol mañana.
Perhaps it will be sunny tomorrow.

Tal vez veamos la luna esta noche.
Perhaps we will see the moon tonight.

▶ Use the indicative in a subordinate clause when the main clause expresses certainty.

Expressions of certainty

no dudar	*not to doubt*	estar seguro/a (de)	*to be sure (of)*
no cabe duda de	*there is no doubt*	es cierto	*it's true; it's certain*
no hay duda de	*there is no doubt*	es seguro	*it's certain*
no negar (e:ie)	*not to deny*	es verdad	*it's true*
		es obvio	*it's obvious*

No negamos que **hay** demasiados carros en las carreteras.
We don't deny that there are too many cars on the highways.

No hay duda de que el Amazonas **es** uno de los ríos más largos del mundo.
There is no doubt that the Amazon is one of the longest rivers in the world.

Es verdad que Colombia **es** un país bonito.
It's true that Colombia is a beautiful country.

Es cierto que los tigres **están** en peligro de extinción.
It's certain that tigers are in danger of extinction.

▶ The verb **creer** expresses belief or certainty, so it is followed by the indicative. **No creer** implies doubt and is followed by the subjunctive.

No creo que **haya** vida en el planeta Marte.
I don't believe that there is life on the planet Mars.

Creo que **debemos** usar exclusivamente la energía solar.
I believe we should exclusively use solar energy.

¡Manos a la obra!

Completa estas oraciones con la forma correcta de los verbos.

1. Dudo que ellos ___trabajen___ [trabajar].
2. Es cierto que él _____ [comer] mucho.
3. Es imposible que ellos _____ [salir].
4. Es probable que ustedes _____ [ganar].
5. No creo que ella _____ [volver].
6. Es posible que nosotros _____ [ir].
7. Dudamos que tú _____ [reciclar].
8. Creo que ellos _____ [jugar] al fútbol.
9. No niego que ustedes _____ [estudiar].
10. Es probable que ellos _____ [dormir].
11. Es posible que Marta te _____ [llamar].
12. Tal vez Juan no nos _____ [oír].

Tutorial

13.3 The subjunctive with conjunctions

Muchos animales van a estar en peligro de extinción, a menos que los protejamos.

Marissa habla con Jimena antes de que lleguen los chicos.

▶ Conjunctions are words or phrases that connect clauses in sentences. Certain conjunctions introduce adverbial clauses, which describe *how, why, when,* and *where* an action takes place. These conjunctions always require the subjunctive.

Conjunctions that require the subjunctive

a menos que	*unless*	en caso (de) que	*in case (that)*
antes (de) que	*before*	para que	*so that*
con tal (de) que	*provided that*	sin que	*without*

Voy a dejar un recado **en caso de que** Gustavo me **llame**.
I'm going to leave a message in case Gustavo calls me.

Algunos animales van a morir **a menos que haya** leyes para protegerlos.
Some animals are going to die unless there are laws to protect them.

Voy al supermercado **para que tengas** algo de comer.
I'm going to the supermarket so that you'll have something to eat.

Voy a tomar esa clase **con tal de que** tú la **tomes** también.
I'm going to take that class provided that you take it too.

¡ojo! Use the infinitive after the prepositions **antes de, para,** and **sin** when there is no change of subject. Compare these sentences.

Te llamamos el viernes **antes de salir** de la casa.
We will call you on Friday before leaving the house.

Tus padres trabajan muchísimo **para vivir** bien.
Your parents work very hard in order to live well.

Te llamamos mañana **antes de que salgas.**
We will call you tomorrow before you leave.

Tus padres trabajan mucho **para que tú puedas** vivir bien.
Your parents work a lot so that you are able to live well.

Práctica

1 **Una excursión** Completa las oraciones.

modelo
Voy a llevar a mis hijos al parque para que ___hagan___ [hacer] actividades al aire libre.

1. Vamos a pasar todo el día allí con tal de que ellos no _____ [aburrirse] en casa.

2. Vamos a alquilar bicicletas en cuanto _____ [llegar] al parque.

3. En bicicleta, podemos explorar el parque sin _____ [caminar] demasiado.

4. Siempre llevamos al perro cuando _____ [ir] al parque.

5. En caso de que _____ [llover], vamos a regresar temprano a la casa.

6. Queremos almorzar a la orilla (*shore*) del río cuando _____ [tener] hambre.

7. Mis hijos van a ver muchas cosas interesantes antes de _____ [salir] del parque.

2 **Oraciones** Completa las oraciones.

1. No podemos controlar la contaminación del aire a menos que…

2. Voy a reciclar los productos de papel en cuanto…

3. Protegemos los animales en peligro de extinción para que…

4. Mis amigos y yo vamos a recoger la basura de la universidad después de que…

5. Todos podemos conservar energía cuando…

6. No podemos desarrollar nuevas fuentes (*sources*) de energía sin…

7. Debemos comprar coches eléctricos tan pronto como…

8. Hay que eliminar la contaminación del agua para…

9. No podemos proteger los monos de Suramérica sin que…

10. Los gobiernos deben alertar a la población de que las tortugas marinas están en peligro de extinción, antes de que…

Conversación

3 **¿Yo, ambientalista?** Con un(a) compañero/a, túrnate para preguntar sobre sus conductas (*behavior*) ambientales. Usa el subjuntivo para las acciones que todavía no has hecho y el indicativo para las acciones que haces habitualmente.

modelo   reciclar la basura

Estudiante 1: ¿Reciclas la basura?
Estudiante 2: Sí, siempre reciclo la basura después de comer. / No, no voy a reciclar la basura a menos que tenga recipientes para reciclar.

1. Venir en bicicleta a la universidad
2. Comer alimentos orgánicos
3. Usar excesiva calefacción en invierno
4. Comprar productos ecológicos
5. Interesarse por los animales en peligro de extinción
6. Pensar en las consecuencias del calentamiento global

4 **Instrucciones** Antes de salir de viaje, Javier le deja una lista de instrucciones a su compañero de cuarto. Con un(a) compañero/a, túrnate para escribir las instrucciones con el subjuntivo y las conjunciones de la lista.

modelo   No dejes las luces prendidas cuando salgas de la casa.

a menos que
cuando
en caso de que
en cuanto
tan pronto como

Instrucciones
- *Darles de comer a los peces*
- *Comprar productos ecológicos*
- *Reciclar la basura orgánica*
- *Usar sólo papel reciclado*
- *Llamarme por cualquier problema*

5 **Tres en línea** Formen dos equipos. En la pizarra, una persona comienza a escribir una oración y otra persona de su equipo la termina, usando palabras de la gráfica. El primer equipo que forme tres oraciones seguidas (*consecutive*) gana.

modelo

Estudiante 1: Dudo que podamos eliminar la deforestación...
Estudiante 2: ... sin que nos ayude el gobierno.

cuando	con tal de que	para que
antes de que	para	sin que
hasta que	en caso de que	antes de

Practice more!

WB
pp. 137–138

LM
p. 77

vhlcentral

Conjunctions with subjunctive or indicative

Voy a formar un club de ecología tan pronto como vuelva al DF.

Cuando veo basura, la recojo.

Conjunctions used with subjunctive or indicative

cuando	*when*	hasta que	*until*
después (de) que	*after*	tan pronto como	*as soon as*
en cuanto	*as soon as*		

▶ With the conjunctions above, use the subjunctive in the subordinate clause if the main clause expresses a future action or command.

Vamos a resolver el problema **cuando desarrollemos** nuevas tecnologías.
We are going to solve the problem when we develop new technology.

Después de que ustedes **tomen** sus refrescos, reciclen las botellas.
After you drink your soft drinks, recycle the bottles.

▶ Use the indicative if the verb in the main clause expresses an action that habitually happens or that happened in the past.

Contaminan los ríos **cuando construyen** nuevos edificios.
They pollute the rivers when they build new buildings.

Contaminaron el río **cuando construyeron** ese edificio.
They polluted the river when they built that building.

Siempre vamos de excursión **tan pronto como llega** Rafael.
We always go hiking as soon as Rafael arrives.

Salimos **tan pronto como llegó** Rafael.
We left as soon as Rafael arrived.

¡Manos a la obra!

Completa las oraciones con las formas correctas de los verbos.

1. Voy a estudiar ecología cuando ___vuelva___ [volver] a la universidad.
2. No podemos evitar el calentamiento global a menos que todos _____ [trabajar] juntos.
3. No podemos conducir sin _____ [contaminar] el aire.
4. Siempre recogemos mucha basura cuando _____ [ir] al parque.
5. Elisa habló con el presidente del club de ecología después de que _____ [terminar] la reunión.
6. Vamos de excursión para _____ [observar] los animales y las plantas.
7. La contaminación va a ser un problema muy grave hasta que _____ [cambiar] nuestros sistemas de producción y transporte.
8. El gobierno debe crear más parques nacionales antes de que los bosques y ríos _____ [estar] completamente contaminados.
9. Los ecologistas luchan (*struggle*) para que se _____ [proteger] la naturaleza.

A repasar

13.1 The subjunctive with verbs of emotion

1 Agua contaminada Completa estos comentarios sobre la contaminación del agua con el infinitivo o el subjuntivo.

1. Siento mucho que mi ciudad _____ [tener] un problema de contaminación del agua.

2. Me molesta _____ [ver] fábricas que contaminan ríos.

3. Es triste que muchísimos peces _____ [morir] cada día.

4. Temo _____ [enfermarse] por beber agua contaminada.

5. Ojalá que el gobierno _____ [resolver] esto pronto.

2 ¿Qué piensas? Con un(a) compañero/a, túrnate para expresar sus reacciones a estos problemas. Escriban tres oraciones y compártanlas con la clase.

> **modelo**
> En mi ciudad nadie recicla envases.
> *Es terrible que nadie recicle envases.*
> *Es necesario que aprendamos a reciclar.*
> *Es importante que yo dé el ejemplo.*

1. Nadie protege a los animales en los bosques tropicales.
2. Millones de personas respiran aire contaminado.
3. Pocas leyes controlan la deforestación en las selvas.
4. Hay un aumento de la caza ilegal de ballenas.

3 ¡Es terrible! Con un(a) compañero/a, mira el dibujo y di qué piensas sobre el comportamiento (*behavior*) de esta familia. Usa el subjuntivo y expresiones como **es una lástima que, es ridículo que** y **es terrible que**.

13.2 The subjunctive with doubt, disbelief, and denial

4 Opuestos Escribe lo opuesto (*the opposite*) de cada oración. Sigue el modelo.

> **modelo**
> No es seguro que esta familia recicle las latas de aluminio.
> *Es seguro que esta familia recicla las latas de aluminio.*

1. Luisa y tú dudan que la deforestación dañe a los animales.
_____

2. Algunos científicos están seguros de que el calentamiento global existe.
_____

3. Es verdad que esas plantas están en peligro de extinción.
_____

4. Negamos que nuestros océanos estén contaminados.
_____

5. Es cierto que las leyes protegen a los animales.
_____

6. Creo que la población cuida de los recursos naturales.
_____

5 Carta Con un(a) compañero/a, escribe una carta al/a la presidente/a de una compañía de tu comunidad, pidiéndole su apoyo (*support*) para resolver un problema ambiental. Usa el subjuntivo o el indicativo y las expresiones de la lista. Después, comparte la carta con la clase.

Creemos	Es probable
Es obvio	No creemos
Estar seguros/as (de)	Quizás
No hay duda de	Tal vez

6 Entrevista Con un(a) compañero/a, túrnate para hacer estas preguntas. Usa las pistas para responder.

1. ¿Es mejor la energía nuclear que la energía solar? (dudar)
2. ¿Es posible reducir la contaminación de los ríos? (ser improbable)
3. ¿Se deben reciclar todos los envases de plástico? (ser obvio)
4. ¿Están los monos en peligro de extinción? (no ser cierto)
5. ¿Están los pájaros afectados por la contaminación del agua? (creer)
6. ¿Son las piedras un recurso natural? (ser verdad)

 Practice more at **vhlcentral.com**.

13.3 The subjunctive with conjunctions

7 **Planes para el futuro** ¿Cuáles son tus planes para el futuro? Escríbelos usando las conjunciones **a menos que, antes (de) que, con tal (de) que, en caso (de) que, para que** y **sin que**. Incluye a tu familia y amigos en tus planes.

> **modelo**
>
> *Voy a aprender a nadar en caso de que vaya de vacaciones a la playa.*

8 **Oraciones** Con un(a) compañero/a, escribe una oración con el subjuntivo y una oración con el indicativo, con cada una de las siguientes conjunciones: **cuando, después (de) que, en cuanto, hasta que** y **tan pronto como**. Después, intercambien sus oraciones con otra pareja para que identifiquen el tiempo verbal usado en cada caso.

> **modelo**
>
> *Vamos a respirar aire contaminado hasta que el gobierno controle el número de automóviles en la ciudad. (subjuntivo)*
> *Los camiones pasaban por la ciudad hasta que construyeron la nueva carretera. (indicativo)*

Síntesis

9 **¡Participa!** Con un(a) compañero/a, imaginen que son dos celebridades que deciden organizar una campaña (*campaign*) para proteger una especie animal en peligro de extinción. Preparen un anuncio publicitario de 30 segundos y preséntenlo a la clase.

> **modelo**

Soy Bono y para mí es muy importante cuidar el medio ambiente. Hoy te quiero invitar a que participes en esta campaña para salvar el puma en Chile. Tan pronto como tú dones (donate) dinero, se podrá salvar de la extinción. ¡Ayúdalo antes de que sea demasiado tarde!

Videoclip

Video

1 **Preparación** ¿Qué tipos de energía conoces? ¿Cuáles son más limpios? ¿Cuáles son renovables? Si no sabes la respuesta, busca en Internet o en tu libro de ciencias.

2 **El clip** Mira el anuncio de **IDAE** de España.

Vocabulario	
calefacción *heating*	**geotérmica** *geothermal*
dañino *harmful*	**madalena** *cupcake*

¿Qué es la energía geotérmica?

Pero te gustaría que tuviera° chocolate, ¿no?

te gustaría que tuviera you would like it if it had

3 **Elegir** Selecciona las expresiones que, según el anuncio, se relacionan con la energía geotérmica.

a. recurso natural
b. contamina
c. peligrosa
d. en el interior de la tierra
e. dulce
f. ecológica
g. afuera de la tierra
h. limpia

4 **Ventajas y desventajas** En grupos de tres, describan con sus propias palabras cuáles son las características de la energía geotérmica. ¿De qué se trata? ¿Cuáles son sus ventajas o sus posibles desventajas?

Ampliación

1 Escuchar

 A Soledad Morales es una activista preocupada por el medio ambiente. Observa el dibujo y escribe tres predicciones sobre lo que piensas que va a decir.

> **TIP** Use your background knowledge. / Guess meaning from context. Your background knowledge helps you anticipate the content. If you hear words or expressions you do not understand, you can often guess their meanings based on the surrounding words.

B Escucha lo que Soledad dice e indica si estas oraciones son **ciertas** o **falsas**.

	Cierto	Falso
1. Soledad conversa con unos compañeros de trabajo.	____	____
2. Soledad teme que el futuro del medio ambiente no sea bueno.	____	____
3. Soledad cree que las distintas formas de vida —la naturaleza y los humanos— están relacionadas.	____	____
4. Soledad dice que la caza ilegal de animales es un problema grave.	____	____
5. La contaminación del río afecta la ecología de las playas de Barranquilla.	____	____
6. Soledad dice que la comunidad debe dejar de cazar animales en peligro de extinción.	____	____

¡Protejamos la Tierra!

NUESTRO PATRIMONIO

C Compara tus predicciones con las respuestas correctas. ¿Fueron tus predicciones correctas? ¿Qué elementos te ayudaron a anticipar el discurso de Soledad?

2 Conversar

Conversa con un(a) compañero/a sobre los animales en peligro de extinción. Usa las preguntas como guía:

En América, el puma del este o de montaña está en peligro de extinción debido a la caza excesiva y a la falta de hábitat.

- ¿Cuáles son las causas de la extinción de los animales?

- ¿Cuáles son sus consecuencias?

- ¿Cómo se puede controlar este problema?

- ¿Qué medidas (measures) debería (should) tomar el gobierno?

- ¿Qué medidas debería tomar cada persona para que los animales no estén en peligro de extinción?

Ampliación

3 Escribir

 Escribe una carta a un periódico en la que hables sobre una situación importante que afecta el medio ambiente en tu comunidad.

> **TIP** **Consider your audience and purpose.** Once you have defined both your audience and your purpose, you will be able to decide which tone, vocabulary, and grammatical structures will best serve your needs.

Organizar	Decide cuál es el propósito de tu carta y planéala.
Escribir	Utiliza tus apuntes para escribir el primer borrador de la carta.
Corregir	Intercambia tu carta con un(a) compañero/a. Lee su carta y anota los mejores aspectos. Dale sugerencias para mejorarla. Si ves algunos errores, coméntaselos.
Compartir	Revisa el primer borrador y ten en cuenta las indicaciones de tu compañero/a. Si es necesario, incorpora nuevas ideas y/o más información.

Right-side box:
- Are you going to comment on one topic or several?
- Do you intend to register a complaint or to inform others?
- Are you hoping to persuade others to adopt your point of view or to take specific action?

4 Un paso más

Escribe una carta al/a la presidente/a de un país hispano para hablarle de tus dudas, deseos y preocupaciones sobre el futuro de una de las atracciones naturales del país.

- Investiga algunas de las atracciones naturales del mundo hispano.
- Escoge una con base en las características y el peligro en que se encuentra esta atracción natural.
- Piensa en lo que se puede hacer para protegerla. Presenta diferentes ideas que ayuden a mejorar las condiciones de esta atracción natural en la actualidad.
- Explica lo que temes de los problemas ambientales, lo que esperas y tus dudas sobre el futuro.
- Presenta recomendaciones para proteger este lugar en el futuro. Menciona qué se debe y no se debe hacer para que esta atracción se conserve.

Las tortugas marinas están en grave peligro de extinción.

5 Conexión Internet

 Investiga estos temas en el sitio **vhlcentral.com**.

- Atracciones naturales de España
- Atracciones naturales de Latinoamérica

Audio: Reading
Additional Reading

Antes de leer

Examining the title and visual elements can help you predict a reading's content and understand it better. Look at the title and the illustration. What do you think the story is about?

_____

_____

_____

Sobre el autor

Enrique Anderson Imbert (1910–2000) fue un escritor y crítico literario argentino. Escribió ensayos y novelas, pero sus obras (*works*) más famosas son sus microcuentos, o cuentos muy breves, que se sitúan (*are situated*) entre lo fantástico y el realismo mágico. En este estilo literario se presentan elementos fantásticos e irreales como ordinarios o comunes.

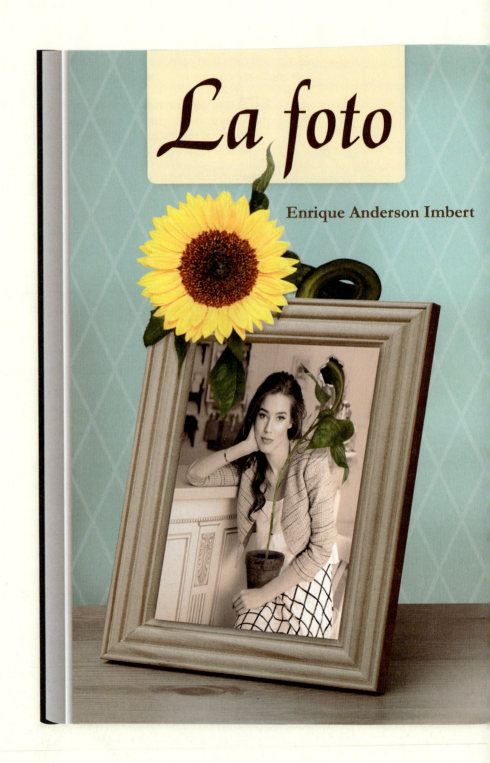

La foto

Enrique Anderson Imbert

Jaime y Paula se casaron. Ya durante la luna de miel° fue evidente que Paula se moría. Apenas° unos pocos meses de vida le pronosticó el médico. Jaime, para conservar° ese bello rostro°, le pidió que se dejara fotografiar. Paula, que estaba plantando una semilla de girasol° en una maceta°, lo complació°: sentada con la maceta en el regazo° sonreía° y...

¡Clic!

Poco después, la muerte. Entonces Jaime hizo ampliar° la foto —la cara de Paula era bella como una flor—, le puso vidrio°, marco° y la colocó° en la mesita de noche.

Una mañana, al despertarse, vio que en la fotografía había aparecido una manchita°. ¿Acaso° de humedad? No prestó° más atención. Tres días más tarde: ¿qué era eso? No una mancha que se superpusiese° a la foto sino un brote° que dentro de la foto surgía° de la maceta. El sentimiento de rareza se convirtió en miedo cuando en los días siguientes comprobó que la fotografía vivía como si, en vez de reproducir la naturaleza, se reprodujera en la naturaleza. Cada mañana, al despertarse, observaba un cambio. Era que la planta fotografiada crecía°. Creció, creció hasta que al final un gran girasol cubrió° la cara de Paula.

3

Después de leer

¿Comprendiste?

Ordena los eventos del cuento del 1 al 7.

_____ 1. Paula muere.

_____ 2. Paula va al médico.

_____ 3. Jaime le toma una foto a Paula.

_____ 4. La cara de Paula se cubre totalmente por el girasol.

_____ 5. Paula y Jaime se casan.

_____ 6. El girasol empieza a crecer.

_____ 7. Jaime pone la foto de Paula en su mesita de noche.

Preguntas

Responde estas preguntas con oraciones completas.

1. ¿Por qué quiere Jaime una foto de Paula?
2. ¿Con qué se compara la cara de Paula?
3. ¿Cómo reacciona Jaime cuando ve una manchita en la foto?
4. ¿Qué observa Jaime en los días siguientes? ¿Cómo se siente?
5. ¿Qué ocurre al final? ¿Cómo crees que reaccionará Jaime?

Coméntalo

¿Crees que las fotos pueden representar fielmente la realidad? ¿Existe alguna forma de distorsión o manipulación de la realidad en las fotos? Explica.

---

luna de miel *honeymoon* **Apenas** *Barely* **conservar** *to preserve* **rostro** *face* **semilla de girasol** *sunflower seed* **maceta** *flowerpot* **complació** *obliged* **regazo** *lap* **sonreía** *she was smiling* **ampliar** *to enlarge* **vidrio** *piece of glass* **marco** *frame* **colocó** *he put* **manchita** *stain, mark* **Acaso** *Maybe* **No prestó** *He didn't pay* **se superpusiese** *was covering* **brote** *sprout* **surgía** *was emerging* **crecía** *was growing* **cubrió** *covered*

 Vocabulary Tools

La naturaleza

el árbol	tree
el bosque (tropical)	(tropical; rain) forest
el césped	grass
el cielo	sky
el cráter	crater
el desierto	desert
la estrella	star
la flor	flower
la hierba	grass
el lago	lake
la luna	moon
el mundo	world
la naturaleza	nature
la nube	cloud
el océano	ocean
el paisaje	landscape
la piedra	stone
la planta	plant
la región	region; area
el río	river
la selva	jungle
el sendero	trail
el sol	sun
la tierra	land; soil
el valle	valley
el volcán	volcano

Conjunciones

a menos que	unless
antes (de) que	before
con tal (de) que	provided that
después (de) que	after
en caso (de) que	in case (that)
en cuanto	as soon as
hasta que	until
para que	so that
sin que	without
tan pronto como	as soon as

El medio ambiente

el calentamiento global	global warming
la caza	hunting
la conservación	conservation
la contaminación (del aire; del agua)	(air; water) pollution
la deforestación	deforestation
la ecología	ecology
el ecoturismo	ecotourism
la energía (nuclear; solar)	(nuclear; solar) energy
la extinción	extinction
la fábrica	factory
el gobierno	government
la ley	law
el medio ambiente	environment
el peligro	danger
la población	population
el reciclaje	recycling
el recurso natural	natural resource
la solución	solution
conservar	to conserve
contaminar	to pollute
controlar	to control
cuidar	to take care of
dejar de (+ *inf.*)	to stop (doing something)
desarrollar	to develop
descubrir	to discover
destruir	to destroy
estar afectado/a (por)	to be affected (by)
estar contaminado/a	to be polluted
evitar	to avoid
mejorar	to improve
proteger	to protect
reciclar	to recycle
recoger	to pick up
reducir	to reduce
resolver (o:ue)	to resolve; to solve
respirar	to breathe
la botella de vidrio	glass bottle
el envase de plástico	plastic container
la lata de aluminio	aluminum can
ecologista	ecological; ecologist
puro/a	pure
renovable	renewable

Las emociones

alegrarse (de)	to be happy
esperar	to hope; to wish
sentir (e:ie)	to be sorry; to regret
temer	to be afraid
es extraño	it's strange
es una lástima	it's a shame
es ridículo	it's ridiculous
es terrible	it's terrible
es triste	it's sad
ojalá (que)	I hope (that); I wish (that)

Las dudas y las certezas

(no) creer	(not) to believe
(no) dudar	(not) to doubt
(no) estar seguro/a (de)	(not) to be sure (of)
(no) negar (e:ie)	(not) to deny
es imposible	it's impossible
es improbable	it's improbable
es obvio	it's obvious
no cabe duda de	there is no doubt
no hay duda de	there is no doubt
(no) es posible	it's (not) possible
(no) es probable	it's (not) probable
(no) es cierto	it's (not) true; it's (not) certain
(no) es verdad	it's (not) true
(no) es seguro	it's (not) certain

Los animales

el animal	animal
la ballena	whale
el mono	monkey
el pájaro	bird
el pez	fish
la tortuga marina	sea turtle

Practice more at **vhlcentral.com**.

14 En la ciudad

PARA EMPEZAR
- ¿Dónde están ellos: en una ciudad o en un pueblo?
- ¿Qué están haciendo?
- ¿Cómo crees que es la vida en ese lugar?

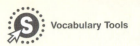

S Vocabulary Tools

EN LA CIUDAD

EN LA CIUDAD

el banco *bank*
la carnicería *butcher shop*
el correo *post office*
la heladería *ice cream shop*
la joyería *jewelry store*
la lavandería *laundromat*
la panadería *bakery*
la pastelería *pastry shop*
la peluquería *hairdressing salon*
la pescadería *fish market*
el salón de belleza *beauty salon*
el supermercado *supermarket*
la zapatería *shoe store*

hacer cola *to stand in line*
hacer diligencias *to run errands*

las estampillas

EN EL CORREO

el correo *mail; post office*
el paquete *package*
los sellos *stamps*
el sobre *envelope*

echar (una carta) al buzón *to put (a letter) in the mailbox; to mail (a letter)*
enviar *to send*
mandar *to send*

la cartera

la frutería
fruit shop

la ciudad

EN EL BANCO

el cheque de viajero *traveler's check*

la cuenta corriente *checking account*

la cuenta de ahorros *savings account*

---

ahorrar *to save (money)*

cobrar *to cash (a check); to charge (for a product or service)*

depositar *to deposit*

llenar (un formulario) *to fill out (a form)*

pagar al contado *to pay in cash*

pagar a plazos *to pay in installments*

pedir prestado *to borrow*

pedir un préstamo *to apply for a loan*

ser gratis *to be free of charge*

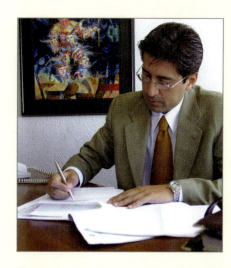

firmar
to sign

CÓMO LLEGAR

la cuadra *(city) block*

la dirección *address*

la esquina *corner*

---

cruzar *to cross*

doblar *to turn*

estar perdido/a *to be lost*

quedar *to be located*

(al) este *(to the) east*

(al) norte *(to the) north*

(al) oeste *(to the) west*

(al) sur *(to the) south*

---

derecho *straight (ahead)*

enfrente de *opposite; facing*

hacia *toward*

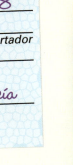

SERIE KY 5296221
Diamante 787
Valparaíso

$ 2387.00

0-744679-00-5
JUAN FLORES GARCÍA

044-0365
011

8 de noviembre de 2018

Páguese a
la orden de *María Eugenia Castaño*

o al portador

la suma de *dos mil trescientos ochenta y siete con* 00/100

pesos m/l

Juan Flores García
Firma autorizada

Este cheque tiene papel de seguridad con marca de agua, verifíquela antes de aceptarlo.

BANCO NACIONAL

:54892332·A 0440900657008- 01

el cheque

indicar cómo llegar
to give directions

el cajero automático
automatic teller machine, ATM

el letrero
sign

ASÍ SE DICE

el cheque de viajero ⟷ el cheque de viaje (*Esp.*)

la cuadra ⟷ la manzana (*Esp.*)

doblar ⟷ girar (*Esp.*), virar, voltear (*Amér. L.*)

hacer diligencias ⟷ hacer mandados (*Amér. L.*)

 Practice more at **vhlcentral.com**.

A escuchar

1 **¿Lógico o ilógico?** Escucha las oraciones e indica si cada oración es **lógica** o **ilógica.**

	Lógico	Ilógico
1.	_____	_____
2.	_____	_____
3.	_____	_____
4.	_____	_____
5.	_____	_____
6.	_____	_____
7.	_____	_____
8.	_____	_____

2 **¿Adónde fue?** Óscar está hablándote de las diligencias que hizo ayer. Indica adónde fue.

1. _____

2. _____

3. _____

4. _____

5. _____

6. _____

Practice more!

LM
p. 79

A practicar

3 **Emparejar** Indica la actividad que se puede hacer en cada lugar.

Lugares	Actividades
1. carnicería _____	a. comprar galletas
2. pastelería _____	b. conseguir manzanas
3. frutería _____	c. comprar un collar (*necklace*)
4. joyería _____	d. cortarse (*to cut*) el pelo
5. lavandería _____	e. lavar la ropa
6. pescadería _____	f. comprar pescado
7. salón de belleza _____	g. comprar pollo
8. zapatería _____	h. probarse unas sandalias

4 **Completar** Completa las oraciones con las palabras de la lista.

1. El banco me regaló un reloj. Lo conseguí _____ .

2. Me gusta _____ dinero, pero no me molesta gastarlo.

3. Tengo que _____ el cheque en el dorso (*on the back*) para cobrarlo.

4. Para pagar con un cheque, necesito tener dinero en mi _____ .

5. Mi madre va a un _____ para obtener dinero.

6. Julio lleva su cheque al banco y lo _____ para tener dinero en efectivo.

7. Ana lleva su cheque al banco y lo _____ en su cuenta de ahorros.

8. Anoche en el restaurante, Marcos _____ en vez de usar una tarjeta de crédito.

9. Cuando viajas, es buena idea llevar cheques _____ .

10. Para pedir un préstamo, Miguel y Susana tuvieron que _____ cuatro formularios.

ahorrar	**de viajero**
cajero automático	**firmar**
cobra	**gratis**
cuenta corriente	**llenar**
deposita	**pagó al contado**

5 **Conversación** Completa esta conversación entre Juanita y el cartero con el vocabulario de la lección.

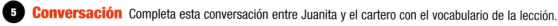

CARTERO Buenas tardes, ¿es usted la señorita Ramírez? Le traigo un (1) _____ .

JUANITA Sí, soy yo. ¿Quién lo envía?

CARTERO La señora Ortega. Y también tiene usted dos (2) _____ .

JUANITA Ay, pero ¡ninguna es de mi novio! ¿No llegó nada de Manuel Fuentes?

CARTERO Sí, pero él echó la carta al (3) _____ sin poner un (4) _____ en el sobre.

JUANITA Entonces, ¿qué me recomienda usted que haga?

CARTERO Le sugiero que vaya al (5) _____ . Si usted paga el costo del sello, se le puede dar la carta.

Practice more!

WB
pp. 139–140

vhlcentral

A conversar

6 **Situaciones** Con un(a) compañero/a, representa una conversación entre un(a) empleado/a de banco y uno/a de estos/as clientes/as.

- un(a) estudiante universitario/a que quiere abrir una cuenta corriente

- una persona que quiere pedir un préstamo para comprar una casa

- una persona que quiere información de los servicios que ofrece el banco

- una persona que acaba de ganar cincuenta millones de dólares en la lotería y quiere saber cómo invertirlos (*invest them*).

7 **El Hatillo** Con un(a) compañero/a, representa una conversación entre un(a) turista que está perdido/a en El Hatillo, Venezuela, y un(a) residente de la ciudad que quiere ayudarlo/la.

▣	Plaza Bolívar
▥	Plaza Sucre
$	Banco
▤	Casa de la Cultura
✚	Farmacia
⛪	Iglesia
🚋	Terminal
▦	Escuela
E	Estacionamiento
◎	Joyería
👞	Zapatería
▥	Café Primavera

modelo

Plaza Sucre, Café Primavera
Estudiante 1: *Perdón, ¿por dónde queda la Plaza Sucre?*
Estudiante 2: *Del Café Primavera, camine derecho por la calle Sucre hasta llegar a la calle Comercio. Doble a la izquierda y camine una cuadra. Allí está la plaza.*

1. Plaza Bolívar, farmacia
2. Casa de la Cultura, Plaza Sucre
3. banco, terminal
4. estacionamiento (este), escuela
5. Plaza Sucre, estacionamiento (oeste)

6. joyería, banco
7. farmacia, joyería
8. zapatería, iglesia
9. terminal, Plaza Bolívar
10. escuela, zapatería

8 **¿Dónde está?** En grupos, escriban un minidrama en el que unos/as turistas piden ayuda para llegar a tres sitios diferentes de la comunidad en la que ustedes viven. Luego, preséntenlo a la clase.

Ortografía

Audio: Pronunciation

Las abreviaturas

In Spanish, as in English, abbreviations are often used in order to save space and time while writing. Here are some of the most commonly used abbreviations in Spanish.

usted ⟶ **Ud.**   ustedes ⟶ **Uds.**

As you have already learned, the subject pronouns **usted** and **ustedes** are often abbreviated.

don ⟶ **D.**   doña ⟶ **Dña.**   doctor(a) ⟶ **Dr(a).**

señor ⟶ **Sr.**   señora ⟶ **Sra.**   señorita ⟶ **Srta.**

These titles are frequently abbreviated.

centímetro ⟶ **cm**   metro ⟶ **m**   kilómetro ⟶ **km**

litro ⟶ **l**   gramo ⟶ **g; gr**   kilogramo ⟶ **kg**

The abbreviations for these units of measurement are often used, but without periods.

por ejemplo ⟶ **p. ej.**   página(s) ⟶ **pág(s).**

These abbreviations are often seen in books.

derecha ⟶ **dcha.**   izquierda ⟶ **izq. (izqda.)**

código postal ⟶ **C.P.**   número ⟶ **n.º**

These abbreviations are often used in mailing addresses.

Banco ⟶ **Bco.**   Compañía ⟶ **Cía.**

cuenta corriente ⟶ **c/c.**   Sociedad Anónima (*Inc.*) ⟶ **S.A.**

These abbreviations are frequently used in the business world.

Práctica Escribe otra vez la siguiente información usando las abreviaturas adecuadas.

1. doña María
2. señora Pérez
3. Compañía Mexicana de Inversiones
4. usted
5. Banco de Santander
6. doctor Medina
7. Código Postal 03697
8. cuenta corriente número 20-453

Emparejar En la tabla hay nueve abreviaturas. Empareja los cuadros necesarios para formarlas.

S.	c.	C.	c	co.	U
B	c/	Sr	A.	D	dc
ta.	P.	ña.	ha.	m	d.

Practice more!

LM
p. 80

vhlcentral

 Video:
Fotonovela

Corriendo por la ciudad

Maru necesita entregar unos documentos en el Museo de Antropología.

PERSONAJES

MARU

MIGUEL

MÓNICA

MARU Miguel, ¿estás seguro de que tu coche está estacionado en la calle Independencia? Estoy en la esquina de Zaragoza y Francisco Sosa. OK. Estoy enfrente del salón de belleza.

MIGUEL Dobla en la avenida Hidalgo. Luego cruza la calle Independencia y dobla a la derecha. El coche está enfrente de la pastelería.

MARU ¡Ahí está! Gracias, cariño. Hablamos luego.

MARU Vamos, arranca. Pensé que podías aguantar unos kilómetros más. Necesito un coche que funcione bien. (*en el teléfono*) Miguel, tu coche está descompuesto. Voy a pasar al banco porque necesito dinero, y luego me voy en taxi al museo.

MÓNICA ¿Estás bien? Te ves pálida. Sentémonos un minuto.

MARU ¡No tengo tiempo! Tengo que llegar al Museo de Antropología. Necesito entregar...

MÓNICA ¡Ah, sí, tu proyecto!

MÓNICA ¿Puedes mandarlo por correo? El correo está muy cerca de aquí.

MARU El plazo para mandarlo por correo se venció la semana pasada. Tengo que entregarlo personalmente.

MARU ¿Me podrías prestar tu coche?

MÓNICA Estás muy nerviosa para manejar con este tráfico. Te acompaño. ¡No!, mejor, yo te llevo. Mi coche está en el estacionamiento de la calle Constitución.

A
C
T
I
V
I
D
A
D
E
S

1 **¿Cierto o falso?** Decide si lo que dicen estas oraciones es **cierto** o **falso**. Corrige las oraciones falsas.

1. Miguel dice que su coche está estacionado enfrente de la carnicería.

2. Maru necesita pasar al banco porque necesita dinero.

3. Mónica gastó el efectivo en la joyería y en el supermercado.

4. Maru puede mandar el paquete por correo.

5. Maru va al museo en taxi.

2 **Ordenar** Pon los sucesos de la Fotonovela en el orden correcto.

a. Maru le pide dinero prestado a Mónica. _____

b. Maru entregó el paquete justo a tiempo (*just in time*). _____

c. Mónica dice que hay una cola súper larga en el banco. _____

d. Mónica lleva a Maru en su coche. _____

e. Maru dice que se va a ir en taxi al museo. _____

f. Maru le dice a Mónica que doble a la derecha en la esquina. _____

MARU Hola, Moni. Lo siento, tengo que ir a entregar un paquete y todavía tengo que ir a un cajero.

MÓNICA ¡Uf! Y la cola está súper larga.

MARU ¿Me puedes prestar algo de dinero?

MÓNICA Déjame ver cuánto tengo. Estoy haciendo diligencias, y me gasté casi todo el efectivo en la carnicería y en la panadería y en la frutería.

MARU En esta esquina dobla a la derecha. En el semáforo, a la izquierda y sigue derecho.

MÓNICA Hay demasiado tráfico. No sé si podemos...

MARU Hola, Miguel. No, no hubo más problemas. Lo entregué justo a tiempo. Nos vemos más tarde. (a Mónica) ¡Vamos a celebrar!

 3 **Conversación** Un(a) compañero/a y tú son vecinos/as. Uno/a de ustedes acaba de mudarse y necesita ayuda porque no conoce la ciudad. Preparen una conversación que incluya instrucciones para ir a estos lugares. Usen las **Expresiones útiles**.

- ▶ un banco
- ▶ una lavandería
- ▶ un supermercado
- ▶ una heladería
- ▶ una panadería

Practice more!

VM
pp. 195–196

vhlcentral

Expresiones útiles

Getting/giving directions

Estoy en la esquina de Zaragoza y Francisco Sosa.
I'm at the corner of Zaragoza and Francisco Sosa.
Dobla en la avenida Hidalgo.
Turn on Hidalgo Avenue.
Luego, cruza la calle Independencia y dobla a la derecha.
Then cross Independencia Street and turn right.
El coche está enfrente de la pastelería.
The car is in front of the pastry shop.
En el semáforo, a la izquierda y sigue derecho.
Left at the light, then straight ahead.

Talking about errands

Voy a pasar al banco porque necesito dinero.
I'm going to the bank because I need money.
No tengo tiempo.
I don't have time.
Estoy haciendo diligencias, y me gasté casi todo el efectivo.
I'm running errands, and I spent most of my cash.

Asking for a favor

¿Me puedes prestar algo de dinero?
Could you lend me some money?
¿Me podrías prestar tu coche?
Could I borrow your car?

Talking about deadlines

Tengo que entregar mi proyecto.
I have to turn in my project.
El plazo para mandarlo por correo se venció la semana pasada.
The deadline to mail it in passed last week.

Additional vocabulary

acompañar *to accompany*
aguantar *to endure, to hold*
ándale *come on*
pálido/a *pale*
¿Qué onda? *What's up?*

Paseando en metro

S Reading

Hoy es el primer día de Teresa en la Ciudad de México. Debe tomar el metro para ir del centro de la ciudad a Coyoacán, en el sur. Llega a la estación Zócalo y compra un pasaje por el equivalente a treinta y nueve centavos° de dólar, ¡qué ganga! Con este pasaje puede ir a cualquier° parte de la ciudad o del área metropolitana.

El metro

El primer metro de Suramérica que se abrió al público fue el de Buenos Aires, Argentina (1913); el último, el de Lima, Perú (2011).

Ciudad	Pasajeros/Día (aprox.)
México D.F., México	5.200.000
Madrid, España	2.500.000
Santiago, Chile	2.400.000
Caracas, Venezuela	1.800.000
Buenos Aires, Argentina	1.000.000
Medellín, Colombia	770.000
Guadalajara, México	206.000

No sólo en México, sino también en ciudades de Venezuela, Chile, Argentina y España, hay sistemas de transporte público eficientes y muy económicos. También suele haber° varios tipos de transporte: autobús, metro, tranvía°, microbús y tren. Generalmente se pueden comprar abonos° de uno o varios días para un determinado tipo de transporte. En algunas ciudades también existen abonos de transporte combinados que permiten usar, por ejemplo, el metro y el autobús o el autobús y el tren. En estas ciudades, los metros, autobuses y trenes pasan con mucha frecuencia. Las paradas° y estaciones están bien señalizadas°.

Vaya°, Teresa ya está llegando a Coyoacán. Con lo que ahorró en el pasaje del metro, puede comprarse un helado de mango y unos esquites° en el jardín Centenario.

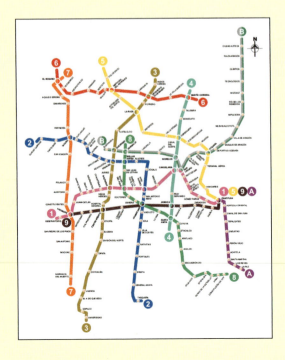

centavos *cents* cualquier *any* suele haber *there usually are* tranvía *streetcar* abonos *passes* paradas *stops* señalizadas *labeled* Vaya *Well* esquites *toasted corn kernels*

ASÍ SE DICE

En la ciudad

el aparcamiento (Esp.) el parqueadero (Bol., Col.) el parqueo (Bol., Col., Cuba, El Salv., Nic.)	el estacionamiento
dar un aventón (Amér. C.) dar botella (Cuba)	*to give (someone) a ride*
el subterráneo, el subte (Arg.)	el metro

ACTIVIDADES

1 **¿Cierto o falso?** Indica si lo que dice cada oración es **cierto** o **falso**. Corrige la información falsa.

1. En la Ciudad de México, el pasaje de metro cuesta dieciocho dólares.

2. En México, un pasaje se puede usar sólo para ir al centro de la ciudad.

3. En Chile hay varios tipos de transporte público.

4. Los abonos de transporte no sirven para más de un tipo de transporte.

5. Los trenes, autobuses y metros pasan con mucha frecuencia.

6. Hay pocos letreros en las paradas y estaciones.

7. Los servicios de metro de México y España son los que transportan mayor cantidad de viajeros por día.

8. La ciudad de Buenos Aires tiene el sistema de metro más viejo de Suramérica.

9. El metro que lleva menos tiempo en servicio es el de la ciudad de Medellín, Colombia.

10. El metro de Guadalajara, México, es el que menos pasajeros transporta por día.

2 **Comparación** Compara el servicio de metro en México con el servicio de un transporte público en el área donde vives. Da información de la frecuencia, el precio del pasaje, cuántas personas lo usan y cuál prefieres tú.

3 **Conexión Internet** Investiga en el sitio **vhlcentral.com** qué edificios están ubicados alrededor de las plazas (*squares*) en los países hispanos.

 Video

El Metro del D.F.

1 **Preparación** Imagina que estás en México, D.F., una de las ciudades más grandes del mundo. ¿Qué transporte usas para ir de un lugar a otro? ¿Por qué?

2 **El video** Mira el episodio de **Flash Cultura**.

Vocabulario

concurrido *busy, crowded*   **transbordo** *transfer, change*
se esconde *is hidden*   **el rincón** *corner*

Viajando en el Metro puedes conocer más acerca de la cultura de este país.

Para la gente mayor de 60 años, el transporte es totalmente gratuito.

3 **Seleccionar** Selecciona la respuesta correcta.

1. El Parque de _____ (Chapultepec/Los Leones) es uno de los lugares más concurridos de la ciudad.

2. En las estaciones _____ (de transbordo/de una sola línea) los pasajeros pueden cambiar de trenes para llegar fácilmente a su destino.

3. Algunas líneas de metro son _____ (subterráneas/superficiales), es decir, circulan al nivel de la calle.

4. Dentro de algunas estaciones hay _____ (danzas indígenas/ exposiciones de arte).

Practice more!

VM
pp. 227–228   vhlcentral

Tutorial

14.1 The subjunctive in adjective clauses

▶ Adjective clauses modify nouns or pronouns. The subjunctive can be used in adjective clauses to indicate that the existence of someone or something is uncertain or indefinite.

¿Conoces una joyería que esté cerca?

No, no conozco ninguna joyería que esté cerca de aquí.

▶ The subjunctive is used in an adjective clause that refers to a person, place, thing, or idea that either does not exist or whose existence is uncertain or indefinite.

Busco **un profesor** que **enseñe japonés**.
I'm looking for a professor who teaches Japanese.

¿Conoces **un buen restaurante** que **esté** cerca de mi casa?
Do you know a good restaurant that is near my house?

▶ The indicative is used when the adjective clause refers to a person, place, thing, or idea that is clearly known, certain, or definite.

Quiero ir **al restaurante** que **está** enfrente de la biblioteca.
I want to go to the restaurant that's in front of the library.

Conozco a **alguien** que **va** a esa peluquería.
I know someone who goes to that hair salon.

Adjective clauses

Indicative	Subjunctive
Necesito el libro que tiene información sobre Venezuela.	Necesito un libro que tenga información sobre Venezuela.
I need the book that has information about Venezuela.	*I need a book that has information about Venezuela.*
Quiero vivir en esta casa que tiene jardín.	Quiero vivir en una casa que tenga jardín.
I want to live in this house that has a garden.	*I want to live in a house that has a garden.*
En mi barrio, hay una heladería que vende helado de mango.	En mi barrio, no hay ninguna heladería que venda helado de mango.
In my neighborhood, there's an ice cream shop that sells mango ice cream.	*In my neighborhood, there is no ice cream shop that sells mango ice cream.*

Práctica

1 **Minidiálogos** Completa los minidiálogos con la forma correcta de los verbos indicados.

MARCELA Buscamos un hotel que (1) _____ [tener] piscina.

MARTÍN Hay tres o cuatro hoteles por aquí que (2) _____ [tener] piscina.

• • •

EDUARDO ¿Hay algún buzón por aquí donde yo (3) _____ [poder] echar una carta?

SUSANA Sí, hay uno en la esquina donde (4) _____ [poder] echar una carta.

• • •

ANA Queremos encontrar un restaurante que (5) _____ [servir] comida venezolana.

ROBERTO Creo que el restaurante en esta cuadra (6) _____ [servir] comida venezolana.

• • •

VICENTE Necesitas hablar con José, el empleado que (7) _____ [entender] este nuevo programa de computación.

MARISOL No hay nadie que (8) _____ [entender] este programa.

2 **Completar** Completa estas oraciones de manera lógica. Luego, compara tus respuestas con las de un(a) compañero/a.

1. Tengo un(a) amigo/a que…

2. Algún día espero tener un apartamento o una casa que…

3. Quiero visitar un país que…

4. No tengo ningún/ninguna profesor(a) que…

5. Es importante conocer a alguien que…

6. Mi compañero/a de cuarto busca una lavandería que…

7. Un(a) consejero/a (*advisor*) debe ser una persona que…

8. Mi novio/a desea un perro que…

9. En esta clase no hay nadie que…

10. Mis padres buscan un carro que…

Conversación

3 **Encuesta** Averigua (*Find out*) cuál de tus compañeros/as conoce a alguien que haga estas actividades. Si responden que sí, pregunta quién es y anota sus respuestas. Comparte los resultados con la clase.

¿Conoces una joyería que esté cerca?	Nombres	Respuestas
1. Conocer muy bien su ciudad	_____	_____
2. Hablar japonés	_____	_____
3. Comprender el subjuntivo	_____	_____
4. Odiar ir de compras	_____	_____
5. Estudiar música	_____	_____
6. Trabajar en una zapatería	_____	_____
7. No tener tarjeta de crédito	_____	_____
8. Graduarse este año	_____	_____
9. Ser cantante	_____	_____
10. Vivir en Venezuela	_____	_____
11. Jugar al béisbol	_____	_____

4 **Anuncios clasificados** En parejas, lean estos anuncios y describan el tipo de persona u objeto que se busca. Usen el subjuntivo.

CLASIFICADOS — 11:11

☐ **CLASES DE INGLÉS** Profesor de Inglaterra con diez años de experiencia ofrece clases para grupos o instrucción privada para individuos. Llamar al 0416-933-4110 de 16:30 a 18:30.

☐ **SE BUSCA CONDOMINIO** Se busca condominio en Sabana Grande con 3 alcobas, 2 baños, sala, comedor y aire acondicionado. Tel: 0412-977-2018.

☐ **PELUQUERÍA UNISEX** Se busca persona con experiencia en peluquería y maquillaje para trabajar tiempo completo. Llamar de 9 a 13h. Tel: 0212-261-3548.

☐ **EJECUTIVO DE CUENTAS** Se requiere joven profesional con al menos dos años de experiencia en el sector financiero. Se ofrecen beneficios excelentes. Enviar *currículum vitae* al Banco Mercantil, Avda. Urdaneta 263, Caracas.

☐ **COMPARTIR APARTAMENTO** Se necesita compañera para compartir apartamento de 2 alcobas en Chacao. Alquiler 3.000 bolívares por mes. No fumar. Llamar al 0212-951-3642 entre 19 y 22h.

Practice more!
WB pp. 141–142 · LM p. 81 · vhlcentral

▶ The personal **a** is not used with direct objects that are hypothetical people. However, **alguien** and **nadie** are always preceded by the personal **a** when they function as direct objects.

Necesitamos **un empleado** que **sepa** usar computadoras.
We need an employee who knows how to use computers.

Necesitamos **al empleado** que **sabe** usar computadoras.
We need the employee who knows how to use computers.

Busco **a alguien** que **pueda** cocinar hoy.
I'm looking for someone who can cook today.

No conozco **a nadie** que **pueda** cocinar hoy.
I don't know anyone who can cook today.

▶ The subjunctive is commonly used in questions when the speaker is uncertain. However, if the person who responds to the question knows the information, the indicative is used.

—¿Hay un parque que **esté** cerca de nuestro hotel?
Is there a park that's close to our hotel?

—Sí, hay un parque que **está** muy cerca del hotel.
Yes, there's a park that's very close to the hotel.

¡Manos a la obra!

Completa cada oración con el subjuntivo o el indicativo.

1. Necesito una persona que ___*pueda*___ [puede/pueda] cantar bien.
2. Buscamos a alguien que _____ [tiene/tenga] paciencia.
3. ¿Hay restaurantes aquí que _____ [sirven/sirvan] comida japonesa?
4. Tengo una amiga que _____ [saca/saque] fotografías muy bonitas.
5. Hay una carnicería que _____ [está/esté] cerca de aquí.
6. No vemos ningún apartamento que nos _____ [interesa/interese].
7. Conozco a un estudiante que _____ [come/coma] hamburguesas todos los días.
8. ¿Hay alguien que _____ [dice/diga] la verdad?

14.2 Familiar (tú) commands Tutorial

▶ Use familiar (**tú**) commands when you want to give an order or advice to someone you normally address with **tú**.

> Llámame cuando termine tu clase.

> Dobla en la avenida Hidalgo y luego cruza la calle Independencia.

▶ Affirmative **tú** commands usually have the same form as the **usted/él/ella** of the present indicative. The pronoun **tú** is used only for emphasis.

Paga al contado.
Pay in cash.

Pide un préstamo.
Ask for a loan.

Affirmative *tú* commands

Infinitive	Present indicative	Affirmative *tú* command
cuidar	Ud./él/ella cuida	cuida (tú)
tocar	Ud./él/ella toca	toca (tú)
temer	Ud./él/ella teme	teme (tú)
volver	Ud./él/ella vuelve	vuelve (tú)
insistir	Ud./él/ella insiste	insiste (tú)
pedir	Ud./él/ella pide	pide (tú)

▶ Negative **tú** commands have the same form as the **tú** form of the present subjunctive.

Carlos, **no eches** eso al buzón.
Carlos, don't put that in the mailbox.

Julia, **no cruces** la calle.
Julia, don't cross the street.

Negative *tú* commands

Infinitive	Present subjunctive	Negative *tú* command
cuidar	que tú cuides	no cuides (tú)
tocar	que tú toques	no toques (tú)
temer	que tú temas	no temas (tú)
volver	que tú vuelvas	no vuelvas (tú)
insistir	que tú insistas	no insistas (tú)
pedir	que tú pidas	no pidas (tú)

▶ The negative familiar commands keep the same stem changes as the indicative.

No p**ie**rdas el mapa.
Don't lose the map.

No v**ue**lvas a esa gasolinera.
Don't go back to that gas station.

Práctica

1 Unas diligencias Completa los pedidos que la señora Ramos le hace a su esposo. Usa las formas correctas de los mandatos informales.

> **modelo** Enrique, ___*ve*___ [ir] al banco, por favor.

1. Cuando llegues al banco, _____ [depositar] este cheque en nuestra cuenta corriente.

2. No _____ [depositarlo] en la cuenta de ahorros y, por favor, no _____ [pedir] un préstamo.

3. Luego, _____ [pasar] por la zapatería y _____ [recoger] mis zapatos.

4. No _____ [pagar] al contado, sino con un cheque.

5. Luego, _____ [comprar] un pastel en la pastelería. Por favor, no _____ [comprar] un pastel de chocolate. Mi tío Felipe viene a cenar y es alérgico al chocolate.

2 Quehaceres Lee los quehaceres que Pedro le da a Miguel. Después, usa la información entre paréntesis para formar las contraórdenes que, a su vez, le da Marina. Sigue el modelo.

> **modelo** Recoge los libros. (poner la mesa)
> **No los recojas, Miguel. Pon la mesa.**

1. Barre el suelo. (pasar la aspiradora)

2. Plancha la ropa. (hacer las camas)

3. Saca la basura. (quitar la mesa)

4. Ve a la joyería. (ir a la frutería)

5. Dale los libros a Isabel. (dárselos a Juan)

6. Prepara la cena. (limpiar el carro)

7. Echa las cartas al buzón. (dárselas al cartero)

8. Corta el césped. (bañar al gato)

3 Oraciones Forma los mandatos que la señora Morales les da a su esposo y a sus hijos.

> **modelo** Pilar / sacar / basura
> **Pilar, saca la basura.**

1. Gloria / poner / sello / este / sobre

2. Manolo / ir / banco / cobrar / este / cheques

3. Lidia / no poner / televisión

4. Esteban / hacer / camas

5. Gloria / no lavar / platos

6. Manolo / firmar / este / formularios

Conversación

4 **Estoy perdido/a** Con un(a) compañero/a, prepara una conversación breve entre un(a) estudiante nuevo/a en la universidad y otro/a estudiante que le indica cómo llegar a varios lugares.

> **modelo**
>
> **Estudiante 1:** *Quiero ir al laboratorio de Ciencias, pero estoy perdido. ¿Me puedes ayudar?*
>
> **Estudiante 2:** *Sí. Sigue derecho hasta llegar a la Facultad de Negocios. Dobla a la izquierda...*

5 **¡Te lo ordeno!** En parejas, preparen una conversación entre dos compañeros/as de cuarto quienes tenían que estar en una fiesta y todavía se están arreglando. Usen mandatos afirmativos y negativos. Luego presenten el diálogo a la clase.

> **modelo**
>
> **Luisa:** ¡Te lo ordeno! ¡Sal del baño ya!
>
> **Ramón:** ¡No me des órdenes!
>
> **Luisa:** Pero tengo que maquillarme.
>
> **Ramón:** Y yo tengo que ducharme. Oye, ¿qué hora es?
>
> **Luisa:** Son las siete menos veinte.
>
> **Ramón:** ¡Ay! ¡Tráeme una toalla!

6 **Órdenes** En grupos, intercambien tres órdenes con cada uno. Luego, cada uno debe seguir las órdenes que el resto del grupo le da o reaccionar apropiadamente.

> **modelo**
>
> **Estudiante 1:** Dame todo tu dinero.
>
> **Estudiante 2:** No, no quiero dártelo. Muéstrame tu cuaderno.
>
> **Estudiante 1:** Aquí está.
>
> **Estudiante 3:** Ve a la pizarra y escribe tu nombre.
>
> **Estudiante 4:** No quiero. Hazlo tú.

Practice more!

WB pp. 143–144 · LM p. 82 · vhlcentral

Irregular **tú** commands

▶ There are eight irregular affirmative **tú** commands.

decir	→	di
hacer		haz
ir		ve
poner		pon

salir	→	sal
ser		sé
tener		ten
venir		ven

¡Ten cuidado con el perro!
Be careful with the dog!

Pon la estampilla en el sobre.
Put the stamp on the envelope.

¡Sal de aquí ahora mismo!
Leave here at once!

Haz los ejercicios.
Do the exercises.

▶ **Ir** and **ver** have the same **tú** command. Context will determine the meaning.

Ve al supermercado con José.
Go to the supermarket with José.

Ve al banco esta tarde.
Go to the bank this afternoon.

Ve ese programa... es muy interesante.
Watch that program... it's very interesting.

Ve esa película con tu hermano.
See that movie with your brother.

▶ The placement of reflexive and object pronouns in **tú** commands follows the same rules as in formal commands. When a pronoun is attached to a command of more than two syllables, a written accent is used.

Informal	**Formal**
¡Alégra**te!**	¡Alégre**se!**
Be happy!	*Be happy!*
No **te** sientas triste.	No **se** sienta triste.
Don't feel sad.	*Don't feel sad.*
Di**me.**	Díga**me.**
Tell me.	*Tell me.*
No **me lo** digas.	No **me lo** diga.
Don't tell me (it).	*Don't tell me (it).*

¡Manos a la obra!

Indica los mandatos familiares de estos verbos.

		Mandato afirmativo	**Mandato negativo**
1.	cambiar	_Cambia_ el aceite.	No _cambies_ el aceite.
2.	correr	_____ más rápido.	No _____ más rápido.
3.	salir	_____ ahora.	No _____ ahora.
4.	tocar	_____ las flores.	No _____ las flores.
5.	venir	_____ aquí.	No _____ aquí.
6.	levantarse	_____ temprano.	No _____ temprano.
7.	volver	_____ pronto.	No _____ pronto.
8.	hacerlo	_____ ya.	No _____ ahora.

14.3 Nosotros/as commands Tutorial

▶ **Nosotros/as** commands, which correspond to the English *let's* + [*verb*], are used to give orders or suggestions that include yourself and other people.

Crucemos la calle.
Let's cross the street.

No crucemos la calle.
Let's not cross the street.

▶ Both affirmative and negative **nosotros/as** commands are generally formed by using the first-person plural form of the present subjunctive.

▶ The affirmative *let's* + [*verb*] may also be expressed with **vamos a** + [*infinitive*]. Remember, however, that **vamos a** + [*infinitive*] can also mean *we are going to (do something).* Context and tone will determine which meaning is being expressed.

Vamos a caminar por la ciudad.
Let's walk around the city.

Vamos a ir a Chile este verano.
We're going to Chile this summer.

Pensemos, ¿adónde fuiste hoy?

¡Eso es! ¡El carro de Miguel! ¡Vamos!

▶ To express *let's go*, the present indicative form of **ir** (**vamos**) is used, not the subjunctive. For the negative command, however, the subjunctive is used.

Affirmative	Negative
Vamos a la pescadería.	**No vayamos** a la pescadería.
Let's go to the fish market.	*Let's not go to the fish market.*
Vamos a tomar un café.	**No vayamos** a tomar un café.
Let's go have a coffee.	*Let's not go have a coffee.*

¡Pidamos un préstamo!

¡Hagamos un viaje!

¡Compremos un caballo!

BANCOSUR. LLÁMANOS.

Práctica

1 Conversación Completa esta conversación con mandatos de **nosotros/as.**

MARÍA Sergio, ¿quieres hacer diligencias ahora o por la tarde?

SERGIO No (1) _____ [dejarlas] para más tarde. (2) _____ [Hacerlas] ahora.

MARÍA Necesito comprar sellos.

SERGIO Yo también. (3) _____ [Ir] al correo.

MARÍA Pues, antes de ir al correo, necesito sacar dinero de mi cuenta corriente.

SERGIO Bueno, (4) _____ [buscar] un cajero automático.

MARÍA ¿Tienes hambre?

SERGIO Sí. (5) _____ [Cruzar] la calle y (6) _____ [comer] algo en ese café.

MARÍA Buena idea.

SERGIO ¿Nos sentamos aquí?

MARÍA No, no (7) _____ [sentarse] aquí; (8) _____ [sentarse] enfrente de la ventana.

SERGIO ¿Qué pedimos?

MARÍA (9) _____ [Pedir] café y pan dulce.

2 Hagámoslo Responde a cada oración; sigue el modelo.

modelo
Vamos a vender el carro. (Sí)
Sí, vendámoslo.

1. Vamos a levantarnos a las seis. (Sí)

2. Vamos a enviar los paquetes. (No)

3. Vamos al supermercado. (No)

4. Vamos a mandar esta tarjeta postal a nuestros amigos. (No)

5. Vamos a limpiar la habitación. (Sí)

6. Vamos a mirar la televisión. (No)

7. Vamos a bailar. (Sí)

8. Vamos a arreglar la sala. (No)

9. Vamos a comprar estampillas. (Sí)

Conversación

3 **Decisiones** Imagina que estás con un(a) amigo/a. Túrnense para hacerse estas preguntas. Usen mandatos de **nosotros/as** en sus respuestas.

1. ¿Cruzamos la calle aquí o caminamos una cuadra más?
2. ¿Vamos a casa o comemos en un restaurante?
3. ¿Salimos para el cine a las seis o a las seis y media?
4. ¿Pagamos la cuenta al contado o con tarjeta de crédito?

4 **Preguntar** Tú y tu compañero/a están de vacaciones y se hacen sugerencias para resolver las situaciones. Usen mandatos de **nosotros/as**.

modelo

Se nos olvidaron las tarjetas de crédito.
Paguemos en efectivo. /No compremos más regalos.

A
1. El museo está a sólo una cuadra de aquí.
2. Tenemos hambre.
3. Hay una cola larga en el cine.

B
1. Tenemos muchos cheques de viajero.
2. Tenemos prisa para llegar al cine.
3. Estamos cansados y queremos dormir.

5 **Turistas** Imaginen que están en Caracas. En grupos pequeños, lean esta guía turística y decidan qué van a hacer hoy por la mañana, por la tarde y por la noche. Usen mandatos de **nosotros/as**.

modelo

Visitemos el Museo de Arte Contemporáneo Sofía Imber esta mañana. Quiero ver las esculturas de Jesús Rafael Soto.

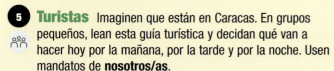

Guía de Caracas

MUSEOS
- **Museo de Arte Colonial** Avenida Panteón
- **Museo de Arte Contemporáneo Sofía Imber** Parque Central. Esculturas de Jesús Rafael Soto y pinturas de Miró, Chagall y Picasso.
- **Galería de Arte Nacional** Parque Central. Colección de más de 4.000 obras de arte venezolano.

SITIOS DE INTERÉS
- **Plaza Bolívar**
- **Jardín Botánico** Avenida Interna UCV. De 8:00 a 5:00.
- **Parque del Este** Avenida Francisco de Miranda. Parque más grande de la ciudad con serpentario.
- **Casa Natal de Simón Bolívar** Esquinas San Jacinto y Traposos. Casa colonial donde nació Simón Bolívar.

RESTAURANTES
- **El Barquero** Avenida Luis Roche
- **Restaurante El Coyuco** Avenida Urdaneta
- **Restaurante Sorrento** Avenida Francisco Solano
- **Café Tonino** Avenida Andrés Bello

Practice more!

WB
pp. 145–146

LM
p. 83

S
vhlcentral

Nosotros commands and object pronouns

▶ Object pronouns are attached to affirmative **nosotros/as** commands. A written accent is added to maintain the original stress.

Firmemos el cheque.
Let's sign the check.

Firmémoslo.
Let's sign it.

Escribamos a Ana y a Raúl.
Let's write to Ana and Raúl.

Escribámosles.
Let's write to them.

▶ When **nos** or **se** is attached to an affirmative **nosotros/as** command, the final **–s** of the command verb is dropped.

Démoselo a ella.
Let's give it to her.

Mandémoselo a ellos.
Let's send it to them.

Sentémonos allí.
Let's sit down there.

Levantémonos temprano.
Let's get up early.

▶ Object pronouns are placed in front of negative **nosotros/as** commands.

No **les paguemos** el préstamo.
Let's not pay them the loan.

No **se lo digamos** a ellos.
Let's not tell them.

No **lo compremos.**
Let's not buy it.

No **se la presentemos.**
Let's not introduce her (to him).

▶ The **nosotros/as** command form of **irse** (*to go away*) is **vámonos.** Its negative form is **no nos vayamos.**

¡Vámonos de vacaciones!
Let's go away on vacation!

No nos vayamos de aquí.
Let's not go away from here.

¡Manos a la obra!

Indica los mandatos afirmativos y negativos de la primera persona del plural (**nosotros/as**) de estos verbos.

	Afirmativo	Negativo
1. estudiar	estudiemos	no estudiemos
2. cenar		
3. leer		
4. decidir		
5. perder		
6. seguir		
7. practicar		
8. conocer		
9. decir		
10. cerrar		
11. levantarse		
12. irse		
13. dormir		
14. escribirle		
15. comprarlo		
16. pedírselo		

A repasar

14.1 The subjunctive in adjective clauses

1 **Un nuevo barrio** Acabas de mudarte y quieres saber qué puedes encontrar en tu nuevo barrio. Con un(a) compañero/a, túrnate para formular las preguntas y contestarlas.

modelo

algún / banco / estar / abierto / domingos / (no)

Estudiante 1: ¿Hay algún banco que esté abierto los domingos?
Estudiante 2: No, no hay ningún banco que esté abierto los domingos.

1. alguna / frutería / vender / frutas frescas / (sí)

2. alguna / peluquería / no / ser / cara / (sí)

3. alguna / joyería / vender / a plazos / (no)

4. alguna / zapatería / aceptar / cheques / (no)

5. alguna / lavandería / cerrar / diez de la noche / (sí)

6. alguien / poder / llevar / este paquete / correo / (no)

2 **¡Queremos vivir ahí!** En grupos de tres, describan qué características buscan en una ciudad para vivir. Después, compartan sus respuestas con la clase.

modelo

Queremos vivir en un lugar que tenga restaurantes de todo tipo.

14.2 Familiar (tú) commands

3 **En la ciudad** Tu amigo/a y tú tienen que hacer muchas diligencias, pero ninguno de los dos quiere hacer nada. Túrnense para dar mandatos familiares. Sigan el modelo.

modelo

enviar los paquetes
Estudiante 1: Envía los paquetes.
Estudiante 2: ¡Envíalos tú!

1. pagar la renta
2. comprar los sellos
3. hacer la comida
4. firmar el cheque
5. pedir un préstamo
6. llenar estos formularios

4 **Consejos** Tienes un sobrino que es un desastre. Dale por lo menos ocho consejos usando mandatos familiares de los verbos **decir, hacer, ir, poner, salir, ser, tener** y **venir**.

modelo

No digas mentiras. Di la verdad.

_____

_____

_____

_____

_____

_____

_____

5 **¡Un día muy ocupado!** Teresa hizo una lista de sus diligencias y de cuánto tiempo tarda en (*it takes her*) hacerlas. Con un(a) compañero/a, escribe el horario ideal para Teresa. Usa mandatos familiares.

modelo

Teresa, ve al banco a las nueve de la mañana y deposita tus cheques. A las nueve y media...

Diligencias	Tiempo	Lugares	Horarios
Cortarme el pelo	1 hr.	salón de belleza	12:00 p.m.–1:00 p.m.
Comprar un pastel para Eva	30 min.	pastelería	10:00 a.m.–2:00 p.m.
Visitar a Eva en el hospital	1 hr.	hospital	4:00 p.m.–5:00 p.m.
Depositar cheques	30 min.	banco	9:00 a.m.–12:00 p.m.
Lavar ropa	2 hrs.	lavandería	12:00 p.m.–2:00 p.m.
Enviar cartas	30 min.	correo	9:00 a.m.–1:00 p.m.

14.3 Nosotros/as commands

6 **Planes** Con un(a) compañero/a, escribe las cosas que ustedes pueden hacer para realizar estos planes. Usa mandatos de **nosotros/as**.

modelo

Divertirnos este fin de semana
Vamos al cine con nuestros amigos.
No nos quedemos en casa.

1. Graduarse con honores

2. Vivir hasta los cien años

3. Comprar una casa

4. Estar en forma (*in shape*)

5. Conseguir una licencia de conducir

6. Pedir un préstamo en el banco

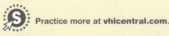 Practice more at **vhlcentral.com**.

7 **Aniversario** Es el aniversario de bodas de tus abuelos. Escribe lo que les dices a tus familiares, usando mandatos de **nosotros/as**.

 modelo

hacerles una fiesta sorpresa /
no decirles nuestros planes
Hagámosles una fiesta sorpresa.
No les digamos nuestros planes.

1. sorprenderlos / preparar sus platos favoritos
2. no alquilar un salón de fiestas / celebrar en casa
3. invitar a sus amigos / llamarles por teléfono
4. comprarles flores / no darles chocolates
5. bailar toda la noche / no quedarse sentados
6. llevar la cámara / tomarles muchas fotografías

8 **¿Cómo llegamos?** Con un(a) compañero/a, dibuja un mapa de una ciudad imaginaria. Escribe los nombres de las calles y marca los lugares de la lista. No olvides marcar el norte, el sur, el este y el oeste. Después, túrnense para preguntarse cómo llegar de un lugar a otro.

banco	correo	lavandería	salón de belleza
carnicería	heladería	pescadería	supermercado

modelo

Estudiante 1: *¿Cómo llegamos del banco a la heladería?*
Estudiante 2: *Caminemos hacia el este y lleguemos a la esquina de Colón y Morelos. Sigamos derecho por Morelos. Crucemos la calle...*

Síntesis

9 **Una tienda** Conversa con un(a) compañero/a sobre abrir una tienda (una lavandería, una zapatería, etc.) en tu ciudad. Decidan dónde va a estar ubicada (*located*), qué cosas harán juntos/as y qué cosas hará cada uno/a por separado. Usen mandatos de **tú** y de **nosotros/as**.

modelo

Estudiante 1: *En nuestra ciudad no hay un supermercado que venda productos latinos. ¡Vamos a abrir uno!*
Estudiante 2: *¡Excelente! Busquemos un lugar que esté cerca del centro de la ciudad. Hagamos una lista de los productos que vamos a vender. ¿Qué más necesitamos?*
Estudiante 1: *Tú piensa en un nombre para el supermercado. Yo voy a averiguar cuánto dinero necesitamos. Y vamos a pedir un préstamo en el banco.*

Videoclip

 Video

1 **Preparación** Imagina que vas a cruzar la avenida más ancha del mundo. ¿Qué instrucciones se necesitan?

2 **El clip** Mira el cortometraje **Cruzar 9 de Julio** de Argentina.

Vocabulario	
detenerse *to stop*	**peatón** *pedestrian*
hombrecito blanco/rojo *little white/red man*	**semáforos** *traffic lights*

El hombrecito blanco significa: Ve tranquilo, caminante°.

¡Debemos detenernos!

caminante *person on foot*

3 **Ordenar** Ordena los pasos (*steps*) para cruzar la avenida.

a. Avancemos cuando el hombrecito blanco nos protege.
b. Primero, detengámonos. Miremos las señales y los semáforos.
c. Dejemos pasar a los autos.
d. Detengámonos en el medio cuando el hombrecito blanco nos abandona.
e. Ya llegamos, ¡corramos felices!

4 **Instrucciones** Con un(a) compañero/a, describe los pasos para hacer una de estas cuatro tareas. Utiliza mandatos con **tú**.

a. Preparar una ensalada
b. Ver una película en el cine
c. Dormirse
d. Llegar a la escuela

Ampliación

1 Escuchar

A Lee estas oraciones y luego escucha la conversación entre Alberto y Eduardo. Indica si cada verbo se refiere a algo en el pasado, en el presente o en el futuro.

> **TIP** **Listen for specific information and linguistic cues.** You can often get the facts you need by listening for specific pieces of information. You should also be aware of the linguistic structures you hear. By listening for verb endings, you can figure out whether the verbs describe past, present, or future actions. Verb endings also indicate who is performing the action.

1. Demetrio / comprar en Macro _____
2. Alberto / comprar en Macro _____
3. Alberto / estudiar psicología _____
4. carro / tener frenos malos _____
5. Eduardo / comprar un anillo (*ring*) para Rebeca _____
6. Eduardo / estudiar _____

B ¿Crees que Alberto y Eduardo viven en una ciudad grande o en un pueblo? ¿Cómo lo sabes?

2 Conversar

Imagina que tú y tu compañero/a de cuarto tienen problemas económicos. Preparen una conversación en la que hablen de cuatro problemas y propongan soluciones para cada uno. Usen mandatos de **nosotros**.

modelo

Estudiante 1: No sé qué hacer. Casi no tengo el dinero para el alquiler.

Estudiante 2: Debes ahorrar más dinero… y yo también. No comamos en restaurantes. Preparemos comida en casa.

Estudiante 1: Tal vez necesitemos mudarnos. Necesitamos un apartamento que sea más barato.

Estudiante 2: ¡Uy! No quiero mudarme. Pídele un préstamo a tu papá, mejor.

Estudiante 1: No lo puedo hacer cada mes. Pero tienes razón, podemos ahorrar dinero comiendo en casa.

Estudiante 2: Y no usemos más los cajeros automáticos. Paguemos todo al contado para saber mejor adónde va el dinero.

Ampliación

3 Escribir

Escribe una carta a un(a) amigo/a en la cual le explicas claramente cómo llegar a tu casa desde el aeropuerto. Incluye también un mapa detallado para que no se confunda.

> **TIP** **List key words.** When you give directions, you use prepositions that describe location, such as **enfrente de, al lado de**, and **detrás de**. Making a list of these expressions will help you write your directions more efficiently.

Organizar — Planea la mejor ruta para llegar a tu casa. Apunta las expresiones útiles para dar direcciones, como los nombres de las calles y de los monumentos.

Escribir — Dibuja un mapa y utilízalo para escribir el primer borrador de tu carta.

Corregir — Intercambia tu carta con un(a) compañero/a. Anota los aspectos mejor escritos. Ofrécele sugerencias. ¿Hay suficientes detalles? ¿Está claro el mapa? Si ves algunos errores, coméntaselos.

Compartir — Revisa el primer borrador de la carta y el mapa, según las indicaciones de tu compañero/a. Incorpora nuevas ideas y prepara la versión final.

4 Un paso más

Imagina que eres miembro de un grupo que está promocionando una comunidad modelo en un país hispano. Diseña un folleto (*brochure*) informativo para dar a conocer la comunidad.

- Escoge el lugar ideal para el proyecto. Considera el acceso a las ciudades grandes, los eventos culturales y los recursos naturales.

- Incluye un mapa del país elegido que indique dónde está localizada la comunidad modelo.

- Crea un mapa de la zona que muestre las atracciones principales del centro de la comunidad.

- Explica las características de la comunidad.

5 Conexión Internet

Investiga estos temas en el sitio **vhlcentral.com**.

- Ciudades de España
- Ciudades de Latinoamérica

Antes de leer

Visualizing a text as you read can help you comprehend it. Before you begin, read the title and create a picture in your mind. Then skim each paragraph and visualize what you read. As you create these mental pictures, think about not only the sights, but also the sounds, smells, tastes, and feelings that are conveyed in the text. These visualizations will help you create an image of what the story will be about. The reading selection for this lesson consists of a **microcuento**, or very short story, by Mario Benedetti. Why do you think this approach to reading might be important in the *Los bomberos* short story?

_____

_____

Sobre el autor

Mario Benedetti (1920–2009) fue un escritor uruguayo. Aunque es conocido principalmente por sus poemas, escribió también ensayos, novelas y cuentos. Gran parte de la obra de Benedetti se centra en la temática urbana y se caracteriza por su compromiso político y social.

Los bomberos

Mario Benedetti

Olegario no sólo fue un as° del presentimiento, sino que además siempre estuvo muy orgulloso° de su poder. A veces se quedaba absorto° por un instante, y luego decía: "Mañana va a llover". Y llovía. Otras veces se rascaba la nuca° y anunciaba: "El martes saldrá el 57 a la cabeza". Y el martes salía el 57 a la cabeza. Entre sus amigos gozaba de° una admiración sin límites.

Algunos de ellos recuerdan el más famoso de sus aciertos°. Caminaban con él frente a la Universidad, cuando de pronto el aire matutino° fue atravesado° por el sonido y la furia de los bomberos°. Olegario sonrió° de modo casi imperceptible, y dijo: "Es posible que mi casa se esté quemando".

Llamaron un taxi y encargaron° al chofer que siguiera de cerca a los bomberos. Éstos tomaron por Rivera, y Olegario dijo: "Es casi seguro que mi casa se esté quemando". Los amigos guardaron un respetuoso y afable silencio; tanto lo admiraban.

Los bomberos siguieron por Pereyra y la nerviosidad llegó a su colmo°. Cuando doblaron por la calle en que vivía Olegario, los amigos se pusieron tiesos° de expectativa. Por fin, frente mismo a la llameante° casa de Olegario, el carro de bomberos se detuvo° y los hombres comenzaron rápida y serenamente los preparativos de rigor. De vez en cuando, desde las ventanas de la planta alta, alguna astilla° volaba por los aires.

Con toda parsimonia°, Olegario bajó del taxi. Se acomodó el nudo° de la corbata, y luego, con un aire de humilde vencedor°, se aprestó° a recibir las felicitaciones y los abrazos de sus buenos amigos.

as *ace* **orgulloso** *proud* **absorto** *absorbed* **se rascaba la nuca** *he scratched the back of his neck* **gozaba de** *he enjoyed* **aciertos** *correct predictions* **matutino** *morning* **atravesado** *pierced* **bomberos** *firefighters* **sonrió** *smiled* **encargaron** *asked* **colmo** *peak* **tiesos** *tense, stiff* **llameante** *flaming* **se detuvo** *stopped* **astilla** *splinter* **parsimonia** *lack of urgency* **nudo** *knot* **vencedor** *victor* **se aprestó** *he prepared*

Después de leer

¿Comprendiste?

Indica si las oraciones son **ciertas** o **falsas**. Corrige las falsas.

Cierto	Falso	
_____	_____	1. Las predicciones de Olegario a veces son correctas.
_____	_____	2. Los amigos de Olegario dudan de sus predicciones.
_____	_____	3. Un día, Olegario y sus amigos caminaban por la calle cuando escucharon el carro de los bomberos.
_____	_____	4. Olegario y sus amigos siguieron a los bomberos en un taxi.
_____	_____	5. Los amigos de Olegario tuvieron miedo al ver que su casa se quemaba.

Preguntas

Responde estas preguntas con oraciones completas.

1. Busca las dos predicciones de Olegario en el primer párrafo del cuento. ¿Expresan un grado de certeza (*certainty*) fuerte o pequeño?

_____

2. Ahora, busca las dos predicciones que hace sobre la casa. ¿Expresan certeza o dejan lugar a dudas?

_____

3. Al final, ¿crees que a Olegario le importa que se queme la casa? Explica.

_____

4. ¿Tiene Olegario una actitud arrogante con respecto a su talento? ¿Por qué?

_____

5. ¿Cómo crees que ocurrió el incendio (*fire*)? ¿Es posible que lo ocasionara Olegario? ¿Por qué haría una cosa así?

_____

Coméntalo

¿Te gustaría predecir el futuro? ¿Conoces a alguien que diga tener este poder? ¿Cómo usarías tú el poder de predecir el futuro? Explica.

 **Vocabulary Tools**

En la ciudad

el banco	bank
la carnicería	butcher shop
el correo	post office
la frutería	fruit shop
la heladería	ice cream shop
la joyería	jewelry store
la lavandería	laundromat
la panadería	bakery
la pastelería	pastry shop
la peluquería	hairdressing salon
la pescadería	fish market
el salón de belleza	beauty salon
el supermercado	supermarket
la zapatería	shoe store
hacer cola	to stand in line
hacer diligencias	to run errands

En el correo

el cartero	mail carrier
el correo	mail; post office
las estampillas	stamps
el paquete	package
los sellos	stamps
el sobre	envelope
echar (una carta) al buzón	to put (a letter) in the mailbox; to mail (a letter)
enviar	to send
mandar	to send

En el banco

el cajero automático	automatic teller machine, ATM
el cheque	check
el cheque de viajero	traveler's check
la cuenta corriente	checking account
la cuenta de ahorros	savings account
ahorrar	to save (money)
cobrar	to cash (a check); to charge (for a product or service)
depositar	to deposit
firmar	to sign
llenar (un formulario)	to fill out (a form)
pagar al contado	to pay in cash
pagar a plazos	to pay in installments
pedir prestado	to borrow
pedir un préstamo	to apply for a loan
ser gratis	to be free of charge

Cómo llegar

la cuadra	(city) block
la dirección	address
la esquina	corner
el letrero	sign
cruzar	to cross
doblar	to turn
estar perdido/a	to be lost
indicar cómo llegar	to give directions
quedar	to be located
(al) este	(to the) east
(al) norte	(to the) north
(al) oeste	(to the) west
(al) sur	(to the) south
derecho	straight (ahead)
enfrente de	opposite; facing
hacia	toward

Practice more at **vhlcentral.com**.

AVENTURAS EN LOS PAÍSES HISPANOS

El canal de Panamá conecta el océano Pacífico con el océano Atlántico. La construcción de este cauce *(channel)* artificial empezó en 1903 y concluyó diez años después. Es la fuente *(source)* principal de ingresos *(income)* del país, gracias al dinero que aportan los más de 12.000 buques *(ships)* que transitan anualmente por esta ruta.

AMÉRICA CENTRAL II

Nicaragua

Área: 130.370 km^2 (50.336 millas^2)

Población: 5.907.000

Capital: Managua – 956.000

Ciudades principales: León, Masaya, Granada

Moneda: córdoba

SOURCE: Population Division, UN Secretariat & CIA World Factbook

Costa Rica

Área: 51.100 km^2 (19.730 millas^2)

Población: 4.814.000

Capital: San José – 1.515.000

Ciudades principales: Alajuela, Cartago, Puntarenas, Heredia

Moneda: colón costarricense

SOURCE: Population Division, UN Secretariat & CIA World Factbook

Panamá

Área: 75.420 km^2 (29.119 millas^2)

Población: 3.657.000

Capital: Ciudad de Panamá – 1.673.000

Ciudades principales: Colón, David

Moneda: balboa (es equivalente al dólar estadounidense)

SOURCE: Population Division, UN Secretariat & CIA World Factbook

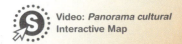
HONDURAS

Río Coco

NICARAGUA

Cordillera Isabella

Río Tuma

Sierra Madre

Cordillera de Yolaina

● León

Lago de Managua

⭐ **Managua**

Masaya ●

Granada ●

Lago de Nicaragua

Isla Zapatera

Isla Ometepe

Río San Juan

Océano Pacífico

Cordillera de Guanacaste

Puntarenas ●

Río Reventazón

San José
⭐

Lim...

COSTA RICA

Cartago ●

Cordillera Talamarca

Sociedad

Costa Rica: una nación progresista

Costa Rica es un país progresista. Tiene un nivel de alfabetización del 95%, uno de los más altos de Latinoamérica. Además, en 1870, Costa Rica abolió la pena de muerte *(death penalty)* y, en 1948, disolvió el ejército *(army)* e hizo la educación gratis y obligatoria para todos los costarricenses.

Museo Nacional de Costa Rica, antiguo cuartel *(barracks)* del ejército *(army)*.

Indígenas

La mola

La mola es una forma de arte textil de los kunas, una tribu indígena que vive en las islas San Blas de Panamá. Las molas se hacen con fragmentos de tela *(material)* de colores vivos. Las molas tradicionales tienen diseños *(patterns)* geométricos. Antes se usaban como ropa, pero hoy día también sirven para decorar casas.

Escritores

Ernesto Cardenal

El nicaragüense Ernesto Cardenal es poeta, escultor y sacerdote *(priest)* católico. Es uno de los escritores más famosos de Latinoamérica. Ha escrito *(He has written)* más de treinta y cinco obras. Desde joven creyó en el poder *(power)* de la poesía para mejorar la sociedad, y trabajó por establecer la igualdad y la justicia en su país.

Política

Óscar Arias

Óscar Arias es expresidente de Costa Rica.[1] Fue elegido presidente dos veces. Su primer período presidencial fue de 1986 a 1990 y su segundo período fue de 2006 a 2010. Arias tiene una amplia formación académica: estudió en Costa Rica, los Estados Unidos e Inglaterra y fue profesor de Ciencias Políticas en la Universidad de Costa Rica. Durante su primer período como presidente, trabajó incansablemente *(tirelessly)* para establecer la paz *(peace)* en Centroamérica. Finalmente, logró *(he achieved)* un acuerdo *(agreement)* de paz con los presidentes de El Salvador, Nicaragua, Honduras y Guatemala. Por sus esfuerzos *(efforts)*, ganó el Premio Nobel de la Paz en 1987.

[1] A la fecha de publicación, el actual presidente de Costa Rica es Luis Guillermo Solís Rivera.

Mar Caribe

Bocas del Toro

Canal de Panamá

Islas San Blas

Cordillera de San Blas

Colón

Río Chepo

Serranía de Tabasará

Ciudad de Panamá

PANAMÁ

David

Isla del Rey

Isla de Coiba

Golfo de Panamá

Colombia

Practice more!

WB pp. 147–148

VM pp. 255–258

vhlcentral

¿Qué aprendiste?

1 ¿Cierto o falso? Indica si estas oraciones son **ciertas** o **falsas**.

	Cierto	Falso
1. El canal de Panamá conecta los océanos Pacífico y Atlántico.	_____	_____
2. Por el canal de Panamá pasan más de 12.000 barcos por día.	_____	_____
3. La población de Nicaragua es mayor que la de Panamá.	_____	_____
4. San José es la capital de Panamá.	_____	_____
5. En Costa Rica, la educación es gratis y obligatoria para todos los turistas.	_____	_____
6. Costa Rica disolvió el ejército en 1948.	_____	_____
7. La mola es una tribu indígena que vive en Panamá.	_____	_____
8. Las molas se usan hoy para decorar casas.	_____	_____
9. Ernesto Cardenal es uno de los escritores más famosos de Latinoamérica.	_____	_____
10. Ernesto Cardenal escribió menos de veinte libros.	_____	_____
11. Óscar Arias fue presidente de Panamá.	_____	_____

2 Preguntas Contesta estas preguntas.

1. ¿Te gustaría visitar el canal de Panamá? ¿Por qué crees que es importante para el comercio de los países del continente americano?

2. ¿Qué sabes sobre Panamá? ¿Conoces algo sobre su historia?

3. ¿Fuiste a Costa Rica o conoces a alguien que visitó alguna vez a Costa Rica? ¿Qué sabes sobre ese país?

4. ¿Te gusta la artesanía de Latinoamérica? ¿Te gusta su variedad de colores?

5. ¿En qué crees que se diferencian las artesanías de Latinoamérica y las de tu país? ¿Qué características tienen estos dos tipos de artesanías?

6. ¿Conoces artistas o escritores de Latinoamérica? ¿A quién conoces?

7. ¿Conoces a alguna persona importante en el área de la política en Latinoamérica? ¿Y en los Estados Unidos?

3 Conexión Internet Investiga estos temas en el sitio **vhlcentral.com**.

- Cultura nicaragüense
- Personajes importantes de Nicaragua, Costa Rica y Panamá
- Economía y derechos humanos en Nicaragua
- El canal de Panamá

15 El bienestar

Communicative Goals

You will learn how to:
- discuss health, well-being, and nutrition
- describe an action or event in the immediate past
- describe an event that occurred before another past event

PARA EMPEZAR

- ¿Qué están haciendo ellas?
- ¿Dónde están?
- ¿Tienen estrés?
- ¿Crees que tienen buena salud? ¿Por qué?

Vocabulary Tools

EL
BIENESTAR

EN EL GIMNASIO

el músculo *muscle*

calentarse (e:ie) *to warm up*

entrenarse *to train*

estar en buena forma
to be in good shape

hacer ejercicio *to exercise*

hacer ejercicios aeróbicos
to do aerobics

hacer gimnasia *to work out*

levantar pesas *to lift weights*

mantenerse en forma *to stay in shape*

sudar *to sweat*

hacer ejercicios de estiramiento
to do stretching exercises

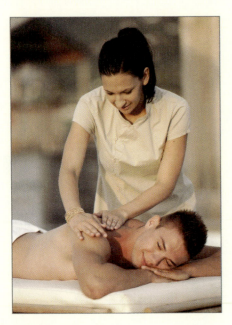

el masaje
massage

EL BIENESTAR

el bienestar *well-being*

aliviar el estrés/la tensión
to relieve stress/tension

disfrutar (de)
to enjoy; to reap the benefits (of)

llevar una vida sana
to lead a healthy lifestyle

(no) fumar *(not) to smoke*

la clase de ejercicios aeróbicos
aerobics class

LA NUTRICIÓN

la caloría *calorie*

el colesterol *cholesterol*

la grasa *fat*

la merienda *(afternoon) snack*

los minerales *minerals*

la nutrición *nutrition*

la proteína *protein*

adelgazar *to lose weight; to slim down*

aumentar de peso *to gain weight*

consumir alcohol *to consume alcohol*

engordar *to gain weight*

estar a dieta *to be on a diet*

seguir una dieta equilibrada
 to eat a balanced diet

descafeinado/a *decaffeinated*

merendar (e:ie)
to have a(n) (afternoon) snack

ADJETIVOS

activo/a *active*

débil *weak*

flexible *flexible*

sedentario/a *sedentary*

tranquilo/a *calm; quiet*

OTRAS PALABRAS Y EXPRESIONES

la droga *drug*

el/la drogadicto/a *drug addict*

el/la teleadicto/a *couch potato*

apurarse *to hurry; to rush*

darse prisa *to hurry; to rush*

sufrir muchas presiones
 to be under a lot of pressure

tratar de (+ *inf.*)
 to try (to do something)

en exceso *in excess; too much*

sin *without*

la bebida alcohólica
alcoholic beverage

fuerte
strong

Vitamina E
1000 UI

60 Cápsulas de
gelatina blanda

Farmavital

las vitaminas

ASÍ SE DICE
hacer ejercicios aeróbicos ⟷ hacer aeróbic (*Esp., Arg.*)

A escuchar

1 **¿Lógico o ilógico?** Escucha las oraciones e indica si son **lógicas** o **ilógicas**.

	Lógico	Ilógico
1.	_____	_____
2.	_____	_____
3.	_____	_____
4.	_____	_____
5.	_____	_____
6.	_____	_____
7.	_____	_____
8.	_____	_____

2 **Seleccionar** Escucha el anuncio del gimnasio Sucre. Marca los servicios que se ofrecen.

_____ 1. dietas para adelgazar

_____ 2. programa para aumentar de peso

_____ 3. clases de gimnasia

_____ 4. entrenador personal

_____ 5. programas privados de pesas

_____ 6. clases de estiramiento

_____ 7. masajes

_____ 8. programa para dejar de fumar

_____ 9. programas para teleadictos

_____ 10. clases de ejercicios aeróbicos

Practice more!

LM
p. 85

A practicar

3 **Identificar** Identifica la palabra o expresión opuesta de la lista.

1. activo
2. adelgazar
3. débil
4. rígido

5. no tener prisa
6. estar sano
7. engordar
8. nervioso

apurarse	mantenerse en forma
aumentar de peso	sedentario
en exceso	sin
estar enfermo	sudar
flexible	sufrir muchas presiones
fuerte	tranquilo

4 **Combinar** Combina las frases de las dos columnas para formar ocho oraciones lógicas.

____ 1. David levanta pesas…

____ 2. Estás en buena forma…

____ 3. Felipe se lastimó…

____ 4. Mi hermano…

____ 5. Sara hace ejercicios de…

____ 6. Mis primos están a dieta…

____ 7. Para llevar una vida sana,

____ 8. Los médicos sufren muchas…

a. aumentó de peso por sufrir estrés.

b. estiramiento.

c. presiones de sus pacientes.

d. porque quieren adelgazar.

e. porque haces ejercicio.

f. un músculo de la pierna.

g. no se debe fumar.

h. y corre mucho.

5 **Describir** Describe lo que ocurre en los dibujos.

1.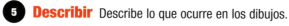

2.

3.

4.

Practice more!

WB

pp. 149–150

vhlcentral

A conversar

6 **La nutrición** Con un(a) compañero/a, conversa sobre tus hábitos alimenticios (*eating habits*).

1. ¿Cuántas comidas con mucha grasa consumes regularmente? ¿Piensas que debes comer menos comidas de este tipo? ¿Por qué?

2. ¿Compras comidas con muchos minerales y vitaminas? ¿Necesitas consumir más comidas que los contienen? ¿Por qué?

3. ¿Tiene algún miembro de tu familia problemas con el colesterol? ¿Qué hace para cuidarse?

4. ¿Qué piensas de la idea de no comer carne u otros productos animales? ¿Es posible tener una dieta equilibrada sin comer carne?

5. ¿Consumes cafeína en exceso? ¿Cuáles son los productos que contienen cafeína? ¿Qué ventajas (*advantages*) y desventajas tiene la cafeína?

6. ¿Crees que llevas una vida sana? ¿Y tus amigos/as? ¿Crees que, en general, los estudiantes llevan una vida sana? ¿Por qué?

7 **Comparaciones** Con un(a) compañero/a, conversa sobre estos temas y luego comparte tres datos interesantes con la clase.

el yoga

modelo

Estudiante 1: *Creo que el yoga es muy bueno para la salud.*
Estudiante 2: *Sí, pero las clases de yoga son muy caras. Además, son muy aburridas.*
Estudiante 1: *A mí las clases me relajan y me parecen saludables. Yo prefiero pagar y estar en buena forma física y mental.*

la meditación	la comida orgánica	pilates	correr al aire libre
las pesas	los ejercicios aeróbicos	la natación	el baile

8 **Un anuncio** En grupos de cuatro, imaginen que son dueños/as de un gimnasio con un equipo (*equipment*) moderno, entrenadores cualificados y un(a) nutricionista. Preparen un anuncio para la televisión que atraiga (*attracts*) a nuevos clientes. Incluyan esta información.

- Las ventajas de estar en buena forma
- El equipo que tienen y las características únicas del gimnasio
- Los servicios y las clases que ofrecen
- La dirección y el teléfono del gimnasio
- El precio para los socios (*members*) del gimnasio

9 **Recomendaciones** Imagina que tú y tu compañero/a están preocupados por los malos hábitos de un(a) amigo/a suyo/a que no está bien últimamente (*lately*). Escriban y representen un diálogo en el cual hablan de lo que está pasando en la vida de su amigo/a y los cambios que necesita hacer para llevar una vida sana.

10 **El teleadicto** Con un(a) compañero/a, representa una conversación entre un(a) nutricionista y un(a) teleadicto/a. La persona sedentaria habla de sus malos hábitos de salud. El/La nutricionista debe sugerir una dieta equilibrada y una rutina para mantenerse en forma.

Ortografía

 **Audio: Pronunciation**

Las letras b y v

Since there is no difference in pronunciation between the Spanish letters **b** and **v**, spelling words that contain these letters can be tricky. Here are some tips.

nomb**re**   **bl**usa   **a**bs**oluto**   **descu**br**ir**

The letter **b** is always used before consonants.

bonita   **bot**ella   **bus**car   **bien**estar

At the beginning of words, the letter **b** is usually used when it is followed by the letter combinations -**on**, -**or**, -**ot**, -**u**, -**ur**, -**us**, -**ien**, and -**ene**.

adelgazab**a**   **disfruta**b**an**   **i**b**as**   **í**b**amos**

The letter **b** is used in the verb endings of the imperfect tense for –**ar** verbs and **ir**.

voy   **v**amos   **estu**v**o**   **tu**v**ieron**

The letter **v** is used in the present tense forms of **ir** and in the preterite forms of **estar** and **tener**.

octav**o**   **hu**ev**o**   **act**iv**a**   **gr**av**e**

The letter **v** is used in these noun and adjective endings: -**avo/a**, -**evo/a**, -**ivo/a**, -**ave**, -**eve**.

Práctica Completa las palabras con las letras **b** o **v**.

1. Una __ez me lastimé el __razo cuando esta__a __uceando.
2. Manuela ol__idó sus li__ros en el auto__ús.
3. Ernesto tomó el __orrador y se puso todo __lanco de tiza.
4. Para tener una __ida sana y saluda__le, necesitas tomar __itaminas.
5. En mi pue__lo hay un __ule__ar que tiene muchos ár__oles.

El ahorcado Juega al ahorcado (*hangman*) para adivinar las palabras.

1. __ _u_ __ __ _s_   Están en el cielo.
2. __ _u_ __ __ _n_   Relacionado con el correo.
3. __ _o_ __ _e_ __ __ _a_   Está llena de líquido.
4. __ _i_ __ _e_   Fenómeno meteorológico.
5. __ _e_ __ __ __ __ __ _s_   Los "ojos" de la casa.

Practice more!

LM
p. 86

vhlcentral

Video:
Fotonovela

Chichén Itzá

Los chicos exploran Chichén Itzá y se relajan en un spa.

PERSONAJES

MARISSA

FELIPE

JUAN CARLOS

JIMENA

EMPLEADA

MARISSA ¡Chichén Itzá es impresionante! Qué lástima que Maru y Miguel no hayan podido venir. Sobre todo Maru.

FELIPE Ha estado bajo mucha presión.

MARISSA ¿Ustedes ya habían venido antes?

FELIPE Sí. Nuestros papás nos trajeron cuando éramos niños.

(en otro lugar de las ruinas)

JUAN CARLOS ¡Hace calor!

JIMENA ¡Sí! Hay que estar en buena forma para recorrer las ruinas.

FELIPE ¡Gané!

JIMENA Qué calor. Tengo una idea. Vamos.

EMPLEADA Ofrecemos varios servicios para aliviar el estrés: masajes, saunas...

FELIPE Me gustaría un masaje.

MARISSA Yo prefiero un baño mineral.

---

 1 **Seleccionar** Selecciona la respuesta que completa mejor cada oración.

1. Felipe y Marissa piensan que Maru _____.
   a. debe hacer ejercicio   b. aumentó de peso
   c. ha estado bajo mucha presión
2. Felipe y Jimena visitaron Chichén Itzá _____.
   a. para aliviar el estrés   b. cuando eran niños
   c. para llevar una vida sana
3. Jimena dice que la universidad hace a los estudiantes _____.
   a. comer una dieta equilibrada   b. ser sedentarios
   c. levantar pesas
4. En el spa ofrecen servicios para _____.
   a. sudar   b. aliviar el estrés   c. ser flexibles

 2 **Identificar** Identifica quién puede decir estas oraciones.

1. No me di cuenta (*I didn't realize*) de que empezaste a correr antes, por eso ganaste.
2. Miguel y Maru no visitaron Chichén Itzá, ¡qué lástima que no pudieron venir!
3. Se necesita estar en buena forma para visitar este tipo de lugares.
4. Los masajes, saunas y baños minerales que ofrecemos alivian la tensión.
5. Salgamos sin mi hermano Felipe.
6. Yo corro más rápido que Juan Carlos.

JUAN CARLOS Siempre había llevado una vida sana antes de entrar a la universidad.

JIMENA Tienes razón. La universidad hace que seamos muy sedentarios.

JUAN CARLOS ¡Busquemos a Felipe y a Marissa!

FELIPE El otro día le gané a Juan Carlos en el parque.

JUAN CARLOS Estaba mirando hacia otro lado. Cuando me di cuenta, Felipe ya había empezado a correr.

JUAN CARLOS ¿Crees que tienes un poco de tiempo libre la semana que viene? Me gustaría invitarte a salir.

JIMENA ¿Sin Felipe?

JUAN CARLOS Sin Felipe.

EMPLEADA ¿Ya tomaron una decisión?

JIMENA Sí.

Expresiones útiles

Wishing a friend were with you

Qué lástima que no hayan podido venir.
What a shame that they were not able to come.
Sobre todo Maru.
Especially Maru.
Él/Ella ha estado bajo mucha presión.
He/She has been under a lot of pressure.
Creo que ellos ya habían venido antes.
I think they had already come (here) before.

Talking about trips

¿Ustedes ya habían venido antes?
Had you been (here) before?
Sí. He querido regresar desde que leí el *Chilam Balam*.
Yes. I have wanted to come back ever since I read the Chilam Balam.
¿Recuerdas cuando nos trajo papá?
Remember when Dad brought us?
Al llegar a la cima, comenzaste a llorar.
When we got to the top, you started to cry.

Talking about well-being

Siempre había llevado una vida sana antes de entrar a la universidad.
I had always led a healthy lifestyle before starting college.
Ofrecemos varios servicios para aliviar el estrés.
We offer several services to relieve stress.
Me gustaría un masaje.
I would like a massage.

Additional vocabulary

la cima *top, peak*
el escalón *step*
el muro *wall*
tomar una decisión *to make a decision*

---

3 **Inventar** Con un(a) compañero/a, haz descripciones sobre los personajes de *Aventuras*. Utiliza las expresiones de la lista y otras que ya conozcas.

aliviar el estrés	hacer ejercicios de estiramiento	masaje
bienestar	llevar una vida sana	teleadicto/a
grasa	mantenerse en forma	vitamina

modelo

Marissa siempre hace ejercicios de estiramiento. Está en buena forma y lleva una vida muy sana...

Practice more!
VM
pp. 197–198
vhlcentral

Reading

Spas **naturales**

Muchas veces no hay nada mejor que un buen baño° para descansar y aliviar la tensión. Y si el baño se toma en una terma°, el beneficio° es mayor. Los tratamientos con agua y lodo° para mejorar la salud y el bienestar son populares en Latinoamérica desde hace muchos siglos°. Las termas son manantiales° naturales de agua caliente. La temperatura de estos manantiales facilita la absorción de minerales y otros elementos que el agua contiene y que son buenos para la salud. El agua de las termas se usa en piscinas, baños y duchas o en el sitio natural en el que surge° el agua: pozas°, estanques° o cuevas°.

Ecotermales en Arenal, Costa Rica

Otros balnearios°
Todos ofrecen piscinas, baños, pozas y duchas de aguas termales y además...

Lugar	Servicios
El Edén y Yanasara, Curgos (Perú)	cascadas° de aguas termales
Montbrió del Camp, Tarragona (España)	baños de algas°
Termas de Puyuhuapi (Chile)	duchas de agua de mar; baños de algas
Termas de Río Hondo, Santiago del Estero (Argentina)	baños de lodo
Tepoztlán, Morelos (México)	temazcales° aztecas
Uyuni, Potosí (Bolivia)	baños de sal

En Baños de San Vicente, en Ecuador, son muy populares los tratamientos° con lodo volcánico. El lodo caliente se extiende por el cuerpo y, de esta manera, la piel° absorbe los minerales beneficiosos

para la salud. El lodo también se usa para dar masajes. La lodoterapia es útil para tratar varias enfermedades; además, hace que la piel se vea radiante.

En Costa Rica, la actividad volcánica también ha dado° origen a fuentes° y pozas termales. Si te gusta cuidarte y amas la naturaleza, recuerda estos nombres: Las Hornillas y Las Pailas. Son pozas naturales de aguas termales que están cerca del volcán Rincón de la Vieja. ¡Un baño termal en medio de un paisaje tan hermoso es una experiencia única!

baño *bath* **terma** *hot spring* **beneficio** *benefit* **lodo** *mud* **siglos** *centuries* **manantiales** *springs* **surge** *springs forth* **pozas** *small pools* **estanques** *ponds* **cuevas** *caves* **tratamientos** *treatments* **piel** *skin* **ha dado** *has given* **fuentes** *springs* **balnearios** *spas* **cascadas** *waterfalls* **algas** *seaweed* **temazcales** *steam and medicinal herb baths*

Volcán de lodo El Totumo, Colombia

El ejercicio

los abdominales	*sit-ups*
la bicicleta estática	*stationary bicycle*
el calambre muscular	*(muscular) cramp*
el (fisi)culturismo la musculación (Esp.)	*bodybuilding*
las flexiones de pecho las lagartijas (Méx.) las planchas (Esp.)	*push-ups*
la (cinta) trotadora (Arg.; Chile)	**la cinta caminadora**

ACTIVIDADES

1 **¿Cierto o falso?** Indica si lo que dicen las oraciones es **cierto** o **falso**. Corrige la información falsa.

1. Las aguas termales son beneficiosas para algunas enfermedades, incluido el estrés.

2. Los tratamientos con agua y lodo se conocen sólo desde hace pocos años.

3. Las termas son manantiales naturales de agua caliente.

4. La temperatura de las aguas termales no afecta la absorción de los minerales.

5. La lodoterapia es un tratamiento con barro.

6. Mucha gente va a Baños de San Vicente, Ecuador, por sus playas.

7. Las Hornillas y Las Pailas son pozas de aguas termales en Costa Rica.

8. Montbrió del Camp ofrece baños de sal.

9. Es posible ver aguas termales en forma de cascadas.

10. Tepoztlán ofrece temazcales aztecas.

2 **Para sentirte mejor** Entrevista a un(a) compañero/a sobre sus hábitos de salud y sobre lo que le ayuda a sentirse mejor. Incluye las actividades deportivas, la alimentación y lo que hace en sus ratos libres.

3 **Itinerario** En grupos de tres planeen un viaje a uno de los balnearios mencionados en la lectura. Imaginen cómo llegar, qué servicios se ofrecen y cuáles son los precios del lugar. Presenten su plan a la clase.

4 **Conexión Internet** Investiga en el sitio **vhlcentral.com** sobre los atletas famosos del mundo hispano.

 Video

¿Estrés? ¿Qué estrés?

1 **Preparación** ¿Sufres de estrés? ¿Qué situaciones te producen estrés? ¿Qué haces para combatirlo?

2 **El video** Mira el episodio de **Flash Cultura**.

Vocabulario	
árabe *Moorish, Arab*	**combatir el estrés** *to fight against stress*
el bullicio *hustle and bustle*	**el ruido** *noise*

El tráfico, el ruido de las calles... Todos quieren llegar al trabajo a tiempo.

... es un lugar donde la gente viene a "retirarse", a escapar del estrés y el bullicio de la ciudad.

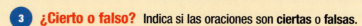

3 **¿Cierto o falso?** Indica si las oraciones son **ciertas** o **falsas**.

1. Madrid es la segunda ciudad más grande de España, después de Barcelona.

2. Madrid es una ciudad muy poco congestionada (*congested*) gracias a los policías de tráfico.

3. Un turista estadounidense intenta saltearse la cola (*cut the line*) para conseguir unos boletos para un espectáculo.

4. En el Parque del Retiro, puedes descansar, hacer gimnasia, etc.

5. Los baños termales Medina Mayrit son de influencia cristiana.

6. En Medina Mayrit es posible bañarse en aguas termales, tomar el té y hasta comer.

Practice more!

VM pp. 229–230 · vhlcentral

Tutorial

15.1 Past participles used as adjectives

Forming past participles

▶ The past participles of English verbs often end in **–ed** (*to turn* ➔ *turned*), but many are irregular (*to buy* ➔ *bought; to drive* ➔ *driven*).

▶ In Spanish, regular **–ar** verbs form the past participle with **–ado**. Regular **–er** and **–ir** verbs form the past participle with **–ido**.

INFINITIVE	STEM	PAST PARTICIPLE
bailar	bail-	bailado
comer	com-	comido
vivir	viv-	vivido

▶ You already know several past participles used as adjectives: **aburrido, cansado, interesado, nublado, perdido,** etc.

Sólo tomo café descafeinado.

Estoy cansada.

▶ Note that all irregular past participles, except for those of **decir (dicho)** and **hacer (hecho)**, end in **–to.**

Irregular past participles

abrir	abierto	morir	muerto
decir	dicho	poner	puesto
describir	descrito	resolver	resuelto
descubrir	descubierto	romper	roto
escribir	escrito	ver	visto
hacer	hecho	volver	vuelto

¡ojo! The past participles of **–er** and **–ir** verbs whose stems end in **–a, –e,** or **–o** carry a written accent mark on the **i** of the **–ido** ending.

caer	caído
creer	creído
leer	leído

oír	oído
reír	reído

sonreír	sonreído
traer	traído

Práctica

1 **Completar** Completa estas oraciones con la forma adecuada del participio pasado.

modelo El hombre <u>descrito</u> [describir] en ese panfleto es un entrenador personal de gimnasia.

1. Lindsey Vonn es una atleta muy _____ [conocer].
2. ¿Está _____ [hacer] la cena?
3. Los libros _____ [usar] son más baratos que los nuevos.
4. Los documentos están _____ [firmar].
5. Creo que el gimnasio está _____ [abrir] veinticuatro horas al día.

2 **Describir** Completa las oraciones con las palabras de la lista. Haz los cambios necesarios.

estar cerrado	estar aburrido
estar muerto	estar descrito
estar roto	estar firmado
estar abierto	no estar hecho

modelo

Los estudiantes <u>están aburridos</u>.

1. Los cheques
_____.

2. La ventana
_____.

3. La cama
_____.

4. La puerta
_____.

5. El señor Vargas
_____.

Conversación

3 **Preguntas** Túrnate con un(a) compañero/a para responder estas preguntas.

1. ¿Qué haces cuando no estás preparado/a para una clase?

2. ¿Qué haces cuando estás perdido/a en una ciudad?

3. ¿Está ordenado tu cuarto?

4. ¿Dejas la luz prendida en tu cuarto?

5. ¿Prefieres comprar libros usados o nuevos? ¿Por qué?

6. ¿Tienes mucho dinero ahorrado?

7. ¿Necesitas pedirles dinero prestado a tus padres?

8. ¿Quiénes están aburridos en la clase?

9. ¿Hay alguien que esté dormido en la clase?

10. ¿Cuándo está abierto el gimnasio de la universidad?

4 **Encuesta** Averigua quién de tus compañeros/as se identifica con estas descripciones. Anota sus respuestas y comparte los resultados con la clase.

Descripciones	Nombres	Respuesta
1. Tiene un electrodoméstico roto en casa. (¿Qué es?)	_____	_____
2. Lleva algo hecho en Europa o en un país hispano. (¿Qué es?)	_____	_____
3. Deja la puerta de su cuarto abierta por la noche. (¿Por qué?)	_____	_____
4. Toma café descafeinado. (¿Cuándo?)	_____	_____
5. Está interesado/a en trabajar en un banco. (¿Por qué?)	_____	_____
6. Le gusta comprar ropa usada (¿Dónde y por qué?)	_____	_____
7. Tiene un pariente o un(a) amigo/a muy conocido/a. (¿Quién?)	_____	_____
8. Es teleadicto/a. (¿Cuáles son sus programas favoritos?)	_____	_____

Practice more!

WB pp. 151–152 | LM p. 87 | (S) vhlcentral

Past participles used as adjectives

La ventana está rota.

La puerta está abierta.

▶ In Spanish, as in English, past participles can be used as adjectives. They are often used with the verb **estar** to describe a condition or state that results from an action. Like other Spanish adjectives, past participles must agree in gender and number with the nouns they modify.

El gimnasio **está cerrado**.
The gym is closed.

El cheque ya **está firmado**.
The check is already signed.

En la entrada, hay algunos letreros **escritos** en español.
At the entrance, there are some signs written in Spanish.

Tenemos la mesa **puesta** y la cena **hecha**.
We have the table set and dinner made.

Revista Capital

Consejos financieros escritos por gente que sabe.

Incluso si su negocio va mal, su compañía no está acabada. ¡Tenemos la solución y montones de ideas listas para poner en práctica!

¡Manos a la obra!

Indica la forma correcta del participio pasado de estos verbos.

1. hablar   *hablado*
2. beber   _____
3. decidir   _____
4. romper   _____
5. escribir   _____
6. cantar   _____
7. oír   _____
8. traer   _____
9. correr   _____
10. leer   _____
11. ver   _____
12. hacer   _____
13. morir   _____
14. reír   _____
15. mirar   _____
16. abrir   _____
17. decir   _____
18. volver   _____
19. poner   _____
20. descubrir   _____

15.2 The present perfect   Tutorial

▶ The present perfect indicative tense (**el pretérito perfecto de indicativo**) is used to talk about what someone *has done*. It is formed with the present tense of **haber** and a past participle.

Maru ha estado bajo mucha presión.

He querido regresar desde que leí el *Chilam Balam*.

Present indicative of *haber*

Singular forms		Plural forms	
yo	he	nosotros/as	hemos
tú	has	vosotros/as	habéis
Ud./él/ella	ha	Uds./ellos/ellas	han

Tú no **has cerrado** la puerta.
You haven't closed the door.

Yo ya **he leído** esos libros.
I've already read those books.

¿**Ha asistido** Juan a la clase?
Has Juan attended class?

Hemos presentado el proyecto.
We have presented the project.

▶ The past participle agrees with the noun when it functions as an adjective, but not when it is part of the present perfect tense.

Clara **ha abierto** las ventanas.
Clara has opened the windows.

Yo **he cerrado** la puerta.
I've closed the door.

Las ventanas están **abiertas**.
The windows are open.

La puerta está **cerrada**.
The door is closed.

▶ The present perfect is generally used just as in English: to talk about what *has occurred*. It usually refers to the recent past.

He trabajado cuarenta horas.
I have worked forty hours.

¿Cuál es el último libro que **has leído**?
What is the last book that you have read?

¡ojo! To say that someone has *just done something*, **acabar de** + [*infinitive*] is used.

Juan **acaba de llegar**.
Juan has just arrived.

Acabo de terminar mi tarea.
I have just finished my homework.

Ellos **acaban de salir**.
They have just left.

Acabamos de cenar.
We have just eaten dinner.

Práctica

1 **Completar** Completa estas oraciones sobre el estado de salud y bienestar de algunos estudiantes con el pretérito perfecto de indicativo de estos verbos.

adelgazar	llevar
aumentar	seguir
hacer	sufrir

modelo Luisa ___ha sufrido___ muchas presiones.

1. Juan y Raúl _____ de peso porque no hacen ejercicio.
2. Pero María _____ porque trabaja demasiado y siempre se olvida de comer.
3. Hasta ahora, yo _____ una vida muy sana.
4. Pero tú y yo no _____ gimnasia este semestre.
5. Tú tampoco _____ una dieta equilibrada recientemente.

2 **Estilos de vida** Indica si has hecho estas actividades. Sigue el modelo.

modelo

Encontrar un buen gimnasio
He encontrado un buen gimnasio. / Yo no he encontrado un buen gimnasio.

1. Tratar de estar en forma
2. Estar a dieta los últimos dos meses
3. Dejar de tomar refrescos
4. Hacerse una prueba de colesterol
5. Entrenarse cinco días a la semana
6. Cambiar de una vida sedentaria a una vida activa
7. Tomar vitaminas por las noches y por las mañanas
8. Practicar yoga para relajarse
9. Consumir mucha proteína
10. Quedarse despierto/a toda una noche
11. Levantar pesas tres días a la semana
12. Aliviar el estrés

Conversación

3 **¿Qué han hecho?** Con un(a) compañero/a, describe lo que han hecho y lo que no han hecho estas personas. Usen la imaginación.

1. Jorge y Raúl

2. Natalia y Diego

3. Luisa

4. Ricardo

5. Jorge

6. Carmen

4 **Describir** Con un(a) compañero/a, piensa en una persona que conozcas bien o en una celebridad que lleva una vida muy sana. Luego, describe en un párrafo lo que la persona ha hecho para llevar una vida sana.

modelo

Michael Phelps ha llevado una vida muy sana. Ha hecho todo lo posible para mantenerse en forma. Para ganar las competencias de natación, él ha…

5 **Cosas en común** Con un(a) compañero/a, encuentra una película, un libro y un lugar que han visto, leído y visitado los/las dos. Luego, coméntenlo al resto de la clase.

modelo

Estudiante 1: *¿Has visto la película* Relatos salvajes?
Estudiante 2: *¿*Relatos salvajes?
Estudiante 1: *Sí, la película de Damián Szifron. Los actores principales son Ricardo Darín y Óscar Martínez.*
Estudiante 2: *Ah. Sí, la he visto. Me gustó mucho.*

Practice more!

WB
pp. 153–154

LM
p. 88

vhlcentral

Using the present perfect

▶ **Haber** and the past participle cannot be separated by any word.

Siempre **hemos vivido** en Bolivia.
We have always lived in Bolivia.

Usted nunca **ha venido** a mi oficina.
You have never come to my office.

¿Y Juan Carlos todavía no te ha invitado a salir?

Últimamente hemos sufrido muchas presiones en la universidad.

▶ The word **no** and any object or reflexive pronouns are placed immediately before **haber**.

Yo **no he cobrado** el cheque.
I have not cashed the check.

¿Por qué **no lo has cobrado**?
Why haven't you cashed it?

Susana ya **lo ha hecho**.
Susana has already done it.

Ellos **no lo han arreglado**.
They haven't fixed it.

▶ In English, *to have* can be either a main verb or an auxiliary verb. As a main verb, it corresponds to **tener**; as an auxiliary, it corresponds to **haber**.

Tengo muchos amigos.
I have a lot of friends.

No **he** visto el programa.
I have not seen the program.

Tengo un problema.
I have a problem.

He resuelto mi problema.
I have resolved my problem.

▶ The present perfect of **hay** is **ha habido**.

Ha habido muchos problemas con el nuevo profesor.
There have been a lot of problems with the new professor.

Ha habido un accidente en la calle Central.
There has been an accident on Central Street.

¡Manos a la obra!

Indica el pretérito perfecto de indicativo de los verbos.

1. yo __he disfrutado, he comido, he vivido__ [disfrutar, comer, vivir]
2. tú _____ [traer, adelgazar, compartir]
3. usted _____ [venir, estar, correr]
4. ella _____ [leer, resolver, poner]
5. ellos _____ [decir, romper, hacer]
6. nosotros _____ [mantenerse, dormirse]
7. yo _____ [estar, escribir, ver]
8. él _____ [vivir, correr, morir]

15.3 The past perfect

 Tutorial

▶ The past perfect indicative (**el pretérito pluscuamperfecto de indicativo**) is used to talk about what someone *had done* or what *had occurred* before another past action, event, or state. The past perfect uses the imperfect of **haber** plus the past participle.

Creo que ya habían venido antes.

Siempre había llevado una vida sana.

Past perfect indicative

	cerrar	perder	asistir
yo	había cerrado	había perdido	había asistido
tú	habías cerrado	habías perdido	habías asistido
Ud./él/ella	había cerrado	había perdido	había asistido
nosotros/as	habíamos cerrado	habíamos perdido	habíamos asistido
vosotros/as	habíais cerrado	habíais perdido	habíais asistido
Uds./ellos/ellas	habían cerrado	habían perdido	habían asistido

Pensé que ya se **habían ido**.
I thought you had already left.

Cuando llegamos, Luis ya **había salido**.
When we arrived, Luis had already left.

▶ The past perfect is often used with the word **ya** (*already*). Note that **ya** cannot be placed between **haber** and the past participle.

Ella **ya había empezado** cuando llamaron.

She had already begun when they called.

Cuando llegué a casa, Raúl **ya se había acostado**.

When I arrived home, Raúl had already gone to bed.

¡Manos a la obra!

Indica el pretérito pluscuamperfecto de indicativo de cada verbo.

1. Nosotros ya <u>habíamos cenado</u> [cenar] cuando nos llamaron.
2. Antes de tomar esta clase, yo no _____ [estudiar] nunca español.
3. Antes de ir a México, ellos nunca _____ [ir] a otro país.
4. Eduardo nunca _____ [entrenarse] antes de este año.
5. Pensé que Ana y Raúl ya _____ [casarse].
6. Yo ya te _____ [ver] muchas veces antes de conocerte.

Práctica

1 Completar Completa los minidiálogos con las formas correctas del pretérito pluscuamperfecto de indicativo.

SARA Antes de cumplir los 15 años, ¿(1)_____ [estudiar] tú otra lengua?

JOSÉ Sí, (2) _____ [tomar] clases de inglés y de italiano.

• • •

DIANA Antes del 2017, ¿(3)_____ [viajar] tú y tu familia a Europa?

TOMÁS Sí, (4) _____ [visitar] Europa tres veces.

• • •

ANTONIO Antes de este año, ¿(5)_____ [correr] usted en un maratón?

SRA. VERA No, nunca lo (6) _____ [hacer].

• • •

SOFÍA Antes de su enfermedad, ¿(7)_____ [sufrir] muchas presiones tu tío?

IRENE Sí… y mi tío nunca antes (8) _____ [mantenerse] en forma.

2 Quehaceres Indica lo que ya había hecho cada miembro de la familia antes de la llegada de la madre, la señora Ferrer.

3 Tu vida Indica si ya habías hecho las siguientes cosas cuando cumpliste los dieciséis años.

1. Hacer un viaje en avión
2. Escalar una montaña
3. Escribir un poema
4. Leer una novela
5. Enamorarte
6. Tomar una clase de educación física
7. Montar a caballo
8. Ir de pesca
9. Manejar un carro
10. Navegar en Internet

Conversación

4 **Oraciones** Túrnate con un(a) compañero/a para completar estas oraciones, usando el pretérito pluscuamperfecto de indicativo.

1. Cuando yo llamé a mi mejor amigo/a la semana pasada, él/ella ya…

2. Antes de este año, mis amigos/as y yo nunca…

3. Hasta el año pasado, yo siempre…

4. Antes de cumplir los veinte años, mi mejor amigo/a…

5. Antes de cumplir los treinta años, mis padres ya…

6. Hasta que cumplí los dieciocho años, yo nunca…

7. Antes de este semestre, el/la profesor(a) de español nunca…

8. Antes de tomar esta clase, yo nunca…

5 **Lo dudo** Escribe cinco oraciones, algunas ciertas y otras falsas, sobre cosas que habías hecho antes de venir a la universidad. Luego, en grupos, túrnense para leer sus oraciones. Cada miembro del grupo debe decir "es cierto" o "lo dudo" después de cada oración. Cada uno escribe la reacción de cada compañero/a para ver quién obtiene más respuestas ciertas.

> **modelo**
>
> **Estudiante 1:** *Cuando tenía diez años, ya había manejado el carro de mi papá.*
>
> **Estudiante 2:** *Lo dudo.*
>
> **Estudiante 3:** *Es cierto.*

6 **Entrevista** Con un(a) compañero/a, prepara una conversación en la que un(a) periodista de televisión está entrevistando (*interviewing*) a un(a) actor/actriz famoso/a que está haciendo un video de ejercicios aeróbicos. El/La periodista le hace preguntas para descubrir esta información:

- Si siempre se había mantenido en forma antes de hacer este video

- Si había seguido alguna dieta especial antes de hacer este video

- Qué le recomienda a la gente que quiere mantenerse en forma

- Qué le recomienda a la gente que quiere adelgazar

- Qué va a hacer cuando termine este video

Practice more!

WB pp. 155–156 | LM p. 89 | vhlcentral

Español en vivo

¡Acabo de descubrir UNA NUEVA VIDA!

Hasta el año pasado, siempre había mirado la tele sentado en el sofá durante mis ratos libres. ¡Era un sedentario y un teleadicto! Había aumentado mucho de peso porque jamás había practicado ningún deporte.

Este año, he empezado a tener una dieta más sana y voy al gimnasio todos los días. He comenzado a ser una persona muy activa y he adelgazado. Disfruto de una vida sana y… ¡me siento muy feliz!

MANTÉNGASE EN FORMA

GIMNASIO OLÍMPICO

Identificar

Identifica los ejemplos del pretérito pluscuamperfecto del indicativo en el anuncio.

Preguntas

1. ¿Cómo era la vida de este joven hasta el año pasado? ¿Cómo es ahora?

2. ¿Te identificas con algunos de los hábitos, presentes o pasados, de este joven? ¿Con cuáles?

3. ¿Qué les recomienda el joven del anuncio a los lectores (*readers*)?

A repasar

15.1 Past participles used as adjectives

1 **¡Ya está hecho!** Tus padres te piden ayuda con los quehaceres de la casa. Como eres un(a) hijo/a muy responsable, ya hiciste todo. Responde a sus preguntas.

modelo
¿Puedes planchar la ropa?
La ropa ya está planchada.

1. ¿Puedes arreglar la computadora?
2. ¿Puedes estacionar el carro en el garaje?
3. ¿Puedes apagar la luz del pasillo?
4. ¿Puedes preparar el almuerzo?
5. ¿Puedes sacudir los estantes?
6. ¿Puedes poner los cubiertos en la mesa?

2 **¡Qué miedo!** En parejas, imaginen que son compañeros/as de apartamento. Ayer, mientras ustedes estaban en clase, alguien rompió una ventana y entró a su apartamento. Describan a la policía lo que vieron cuando llegaron. Usen el participio pasado.

modelo
Cuando llegamos al apartamento, nuestra puerta estaba cerrada, pero la ventana estaba rota…

15.2 The present perfect

3 **¡En forma!** Son las 8:45 de la mañana. Describe las actividades que Carla ha hecho en el gimnasio y las que no ha hecho todavía.

Hora	Actividades
6:30 a.m.	hacer ejercicios de estiramiento
7:00 a.m.	tomar clase de ejercicios aeróbicos
8:00 a.m.	levantar pesas
8:30 a.m.	recibir un masaje
9:00 a.m.	ducharse
9:30 a.m.	desayunar en la cafetería
10:00 a.m.	irse a su oficina

modelo
De seis y media a siete de la mañana, Carla ha hecho ejercicios de estiramiento.

4 **¡A dieta!** Emilio ha seguido una dieta especial durante tres meses. Lee su dieta y contesta las preguntas.

Desayuno	Almuerzo	Cena
una taza de café	ensalada de atún con verduras	pollo o pescado asado
cereal con leche	un pan	ensalada de tomate y queso
una manzana	una naranja	
	té helado sin azúcar	una copa de vino tinto

1. ¿Qué alimentos con proteínas ha consumido Emilio?
2. ¿Qué frutas ha comido?
3. ¿Te gustan los alimentos que ha comido Emilio?
4. ¿Crees que Emilio ha seguido una dieta equilibrada? ¿Por qué?
5. ¿Crees que Emilio ha engordado o adelgazado con esta dieta?
6. ¿Piensas que esta dieta ha mejorado la salud de Emilio? ¿Por qué?

5 **¿Alguna vez…?** Túrnate con un(a) compañero/a para hacer y responder estas preguntas. Usen el pretérito perfecto de indicativo en sus respuestas.

modelo
tomar una clase de yoga (tú)
Estudiante 1: *¿Alguna vez has tomado una clase de yoga?*
Estudiante 2: No, nunca he tomado una clase de yoga, pero he hecho ejercicios para aliviar el estrés.

1. levantar pesas (tu hermano/a)
2. tener problemas con el colesterol (tus papás)
3. entrenarse para un maratón (tu amigo/a)
4. llevar una vida sedentaria (tu hermano/a)
5. consumir alcohol en exceso (alguien que conoces)
6. seguir una dieta baja en grasas (tus amigos/as y tú)
7. ver televisión más de cinco horas en un día (tú)

15.3 The past perfect

6 **Oraciones** Forma oraciones con estos elementos. Usa el pretérito pluscuamperfecto de indicativo y haz los cambios necesarios.

modelo
Mi abuela / nunca / tener / problemas / de colesterol
Mi abuela nunca había tenido problemas de colesterol.

1. Nosotros / jamás / cuidar / nuestro / nutrición
2. Todos (nosotros) / llevar / vida / sedentario
3. En agosto / mis hermanos y yo / resolver / estar a dieta
4. Yo / no / ver / mis hermanos / en dos meses
5. En octubre / ellos / adelgazar / diez libras

 Practice more at **vhlcentral.com**.

7 ¡Ya lo había hecho! Imagina que tú y tu compañero/a tienen setenta años de edad. Un(a) estudiante dice algo que ya había hecho a los diez años de edad. El/La otro/a responde con algo que ya había hecho a los quince años. Terminen a los setenta años. ¡Usen su imaginación!

modelo

Estudiante 1: A los diez años de edad, ya había aprendido a hablar tres idiomas.
Estudiante 2: Antes de cumplir quince años, yo ya había conocido Nueva York.
Estudiante 1: Pues a los veinte años, yo...

8 Anuncio de radio Con un(a) compañero/a, prepara un anuncio de radio para vender las vitaminas Energía 2000. Describan qué productos habían tomado ustedes antes de probar estas vitaminas y cómo se habían sentido. Usen el pretérito pluscuamperfecto de indicativo y **antes de, cuando** y **nunca**. Presenten el anuncio a la clase.

modelo ¡Nunca nos habíamos sentido mejor!

Síntesis

9 El maratón Con un(a) compañero/a, prepara una conversación entre dos deportistas que se están entrenando para su cuarto maratón en Nueva York. Compara los entrenamientos que han tenido y los planes de nutrición que han seguido. Incluye esta información.

- ¿Cuántas horas a la semana se han entrenado? ¿Qué ejercicios han hecho?
- ¿Cómo ha sido su dieta? ¿Qué alimentos o bebidas no han consumido?
- ¿Cómo había sido su entrenamiento en años anteriores (*previous*)? ¿Qué cosas habían hecho diferente en otros años?
- ¿Se sienten preparados para ganar el maratón este año? ¿Por qué?

Videoclip Video

1 Preparación ¿Es fácil o difícil para ti comunicar tus emociones y sentimientos (*feelings*)? ¿Los prefieres comunicar oralmente o por escrito?

2 El clip Mira el anuncio de **Azucarlito** de Uruguay.

Vocabulario	
el abrazo *hug*	**gesto** *gesture*
dulzura *sweetness*	**mensajero** *messenger*

Mañana a primera hora° se lo digo... ¿A quién?

Entendieron que un "te quiero" nunca viene solo°.

mañana a primera hora *first thing tomorrow morning* nunca viene solo *it doesn't happen by accident*

3 Seleccionar Selecciona la opción correcta para cada oración.

1. En el pueblo las personas necesitaban un mensajero de sentimientos porque (eran tímidos / estaban ocupados).
2. Pedro dejó de ser mensajero porque (se enfermó / se enamoró).
3. Los mejores regalos (no se compran / son los que dan los padres).
4. La dulzura (puede cambiar el mundo / ni se compra ni se vende).

4 Soluciones Con un(a) compañero/a, conversa sobre soluciones que han aplicado en sus vidas ante estos retos (*challenges*): aliviar el estrés durante los exámenes, resolver un conflicto con un amigo, correr más rápidamente en competencias, dormir mejor en período de clases. Luego, compartan sus ideas con la clase.

modelo Para aliviar el estrés durante los exámenes, yo he tomado clases de yoga.

 Practice more at **vhlcentral.com**.

Ampliación

1 Escuchar

 A Escucha lo que dice Ofelia Cortez de Bauer. Anota algunos de los cognados que escuchas y también la idea general del discurso.

> **TIP** **Listen for the gist and cognates.** By listening for the gist, you can get the general idea of what you're hearing. Listening for cognates will help you to fill in the details.

Cognados	Idea general
_____	_____
_____	_____
_____	_____

Ahora indica si estas oraciones son **ciertas** o **falsas**.

Cierto	Falso	
____	____	1. La señora Bauer habla de la importancia de estar en buena forma.
____	____	2. Según la señora Bauer, es importante que todos sigan el mismo programa.
____	____	3. La señora Bauer participa en actividades individuales y de grupo.
____	____	4. Según la señora Bauer, el objetivo más importante de cada persona debe ser adelgazar.

B ¿Qué piensas de los consejos que ella da? ¿Hay otra información que ella debía haber incluido (*included*)?

2 Conversar

 Con un(a) compañero/a, prepara una conversación entre el/la enfermero/a de la clínica de la universidad y un(a) estudiante que no se siente bien. Usa estas preguntas guía.

> • ¿Qué problema tiene y de dónde viene?
>
> • ¿Tiene buenos hábitos el/la estudiante?
>
> • ¿Qué ha hecho el/la estudiante en los últimos meses? ¿Cómo se ha sentido?
>
> • ¿Qué recomendaciones tiene el/la enfermero/a para el/la estudiante?
>
> • ¿Qué va a hacer el/la estudiante para llevar una vida más sana?

Ampliación

3 Escribir

 Desarrolla un plan personal para mejorar tu bienestar físico y emocional. Considera la nutrición, el ejercicio y el descanso.

> **TIP** **Organize your information logically.** To make your writing and message clearer to your readers, organize information chronologically, sequentially, or in order of importance.

Organizar	Escribe tus objetivos. Anota lo que has hecho hasta ahora, lo que no has hecho y lo que todavía tienes que hacer para conseguir tus objetivos.
Escribir	Organiza tus apuntes y escribe el primer borrador de tu plan personal.
Corregir	Intercambia tu plan personal con un(a) compañero/a. Dale sugerencias para mejorar la organización. ¿Incluye toda la información pertinente? ¿Es lógica la organización? Si ves algunos errores, coméntaselos.
Compartir	Prepara la versión final, tomando en cuenta los comentarios de tu compañero/a. Luego, con otro/a compañero/a, compara lo que han escrito. ¿Son similares sus planes? ¿Son diferentes?

4 Un paso más

Imagina que estás a cargo de (*in charge of*) promocionar una excursión de aventuras con actividades deportivas en algún país hispano. Crea un atractivo folleto (*brochure*) para vender la idea de la excursión. Luego, compara tu folleto con los de tus compañeros/as.

- Escoge el país y los lugares que van a visitar.
- Describe las actividades deportivas y de aventura que van a hacer en cada lugar.
- Explica los aspectos de la excursión que son importantes para la salud.
- Incluye el costo del viaje.

5 Conexión Internet

 Investiga estos temas en el sitio **vhlcentral.com**.

- Actividades deportivas en el mundo hispano
- Turismo alternativo en el mundo hispano

Antes de leer

For dramatic effect and to achieve a smoother writing style, authors often do not explicitly supply the reader with all the details of a story. Clues in the text can help you infer those things the writer chooses not to state in a direct manner. You simply "read between the lines" to fill in the missing information and draw conclusions about the story.

Sobre la autora

Cristina Peri Rossi (1941) nació en Uruguay, pero actualmente vive en España. En sus cuentos, novelas y poemas explora las pasiones, el aislamiento (*isolation*) y las incertidumbres (*uncertainties*) que sentimos como seres humanos (*human beings*).

El viaje

Cristina Peri Rossi

Ella me ha entregado la felicidad dentro de una caja° bien cerrada, y me la ha dado, diciéndome:

—Ten cuidado, no vayas a perderla, no seas distraída, me ha costado un gran esfuerzo° conseguirla: los mercados estaban cerrados, en las tiendas ya no había y los pocos vendedores ambulantes que existían se han jubilado, porque tenían los pies cansados. Ésta es la única que pude hallar° en la plaza, pero es de las legítimas. Tiene un poco menos brillo° que aquella que consumíamos mientras éramos jóvenes y está un poco arrugada°, pero si caminas bien, no notarás° la diferencia. Si la apoyas en alguna parte°, por favor, recógela antes de irte, y si decides tomar un ómnibus, apriétala° bien entre las manos: la ciudad está llena de ladrones° y fácilmente te la podrían arrebatar°.

Después de todas estas recomendaciones soltó° la caja y me la puso entre las manos. Mientras caminaba, noté que no pesaba° mucho pero que era un poco incómoda de usar: mientras la sostenía no podía tocar otra cosa, ni me animaba a dejarla depositada, para hacer las compras. De manera que no podía entretenerme, y menos aún, detenerme a explorar, como era mi costumbre. A la mitad de la tarde tuve frío. Quería abrirla, para saber si era de las legítimas, pero ella me dijo que se podía evaporar. Cuando desprendí° el papel, noté que en la etiqueta° venía una leyenda°:

"Consérvese sin usar."

Desde ese momento tengo la felicidad guardada en una caja. Los domingos de mañana la llevo a pasear, por la plaza, para que los demás me envidien° y lamenten su situación; de noche la guardo en el fondo del ropero°. Pero se aproxima el verano y tengo un temor: ¿cómo la defenderé° de las polillas°?

Después de leer

¿Comprendiste?

Responde las preguntas de acuerdo con la lectura.

1. La persona que narra el cuento, ¿es hombre o es mujer?
2. El regalo, la felicidad, ¿fue fácil o difícil de conseguir?
3. ¿Dónde compró la persona la felicidad: en la calle o en una tienda?
4. Según la persona que la dio, ¿esta felicidad es de mejor o de peor calidad que la que tenía de joven?
5. Según ella, ¿hay mucho o poco riesgo (risk) de perder la felicidad?
6. ¿Por qué no puede abrir la caja la narradora?
7. Al final, ¿qué hace la narradora con la felicidad?

Preguntas

Responde estas preguntas con oraciones completas.

1. ¿Qué debe hacer la narradora para cuidar la felicidad?
2. ¿Qué límites le impone la felicidad a la narradora?
3. ¿Cómo quiere la narradora que su felicidad afecte a otras personas?
4. ¿Por qué la narradora tiene miedo de las polillas?

Coméntalo

Con un(a) compañero/a, conversa sobre estas preguntas:

• ¿Por qué a la persona le resulta (results) difícil conseguir la felicidad?
• ¿Por qué está encerrada en una caja?
• ¿Vale la pena (Is it worth it) tener la "felicidad" guardada en una caja sin usar?
• ¿Qué simboliza la felicidad en este cuento?

me… caja handed me happiness in a box   esfuerzo effort   la única… hallar the only one I could find   brillo shine   arrugada wrinkled   no notarás you won't notice   Si… parte If you set it down somewhere   apriétala hold it tight   ladrones thieves   podrían arrebatar could snatch   soltó she let go of   no pesaba it didn't weigh   desprendí I took off   etiqueta label   leyenda inscription   envidien envy   en… ropero in the back of the closet   defenderé will I defend   polillas moths

 **Vocabulary Tools**

El bienestar

el bienestar	well-being
el masaje	massage
aliviar el estrés/ la tensión	to relieve stress/ tension
disfrutar (de)	to enjoy; to reap the benefits (of)
(no) fumar	(not) to smoke
llevar una vida sana	to lead a healthy lifestyle
activo/a	active
débil	weak
flexible	flexible
fuerte	strong
sedentario/a	sedentary
tranquilo/a	calm; quiet

En el gimnasio

la clase de ejercicios aeróbicos	aerobics class
el músculo	muscle
calentarse (e:ie)	to warm up
entrenarse	to train
estar en buena forma	to be in good shape
hacer ejercicio	to exercise
hacer ejercicios aeróbicos	to do aerobics
hacer ejercicios de estiramiento	to do stretching exercises
hacer gimnasia	to work out
levantar pesas	to lift weights
mantenerse en forma	to stay in shape
sudar	to sweat

La nutrición

la bebida alcohólica	alcoholic beverage
la caloría	calorie
el colesterol	cholesterol
la grasa	fat
la merienda	(afternoon) snack
los minerales	minerals
la nutrición	nutrition
la proteína	protein
las vitaminas	vitamins
adelgazar	to lose weight; to slim down
aumentar de peso	to gain weight
consumir alcohol	to consume alcohol
engordar	to gain weight
estar a dieta	to be on a diet
merendar (e:ie)	to have a(n) (afternoon) snack
seguir una dieta equilibrada	to eat a balanced diet
descafeinado/a	decaffeinated

Otras palabras y expresiones

la droga	drug
el/la drogadicto/a	drug addict
el/la teleadicto/a	couch potato
apurarse	to hurry; to rush
darse prisa	to hurry; to rush
sufrir muchas presiones	to be under a lot of pressure
tratar de (+ inf.)	to try (to do something)
en exceso	in excess; too much
sin	without

Irregular past participles	See page 394.

Practice more at **vhlcentral.com.**

16 El mundo del trabajo

Communicative Goals

You will learn how to:
- discuss the world of work
- talk about future plans
- reminisce
- express hopes

PARA EMPEZAR
- ¿Está estudiando o trabajando esta persona?
- ¿Qué clase de ropa lleva?
- ¿Cuál es su profesión?
- ¿Crees que ella sufre de mucho estrés?

Vocabulary Tools

EL MUNDO DEL TRABAJO

la peluquera

el psicólogo

el cocinero

el actor

LAS OCUPACIONES

el/la abogado/a *lawyer*

la actriz *actress*

el/la arqueólogo/a *archaeologist*

el/la arquitecto/a *architect*

el bailarín *dancer*

la bailarina *dancer*

el/la cantante *singer*

el/la carpintero/a *carpenter*

el/la científico/a *scientist*

el/la consejero/a *counselor; advisor*

el/la contador(a) *accountant*

el/la corredor(a) de bolsa *stockbroker*

el/la diseñador(a) *designer*

el/la electricista *electrician*

el/la escritor(a) *writer*

el/la escultor(a) *sculptor*

el/la gerente *manager*

el hombre/la mujer de negocios
businessperson

el/la jefe/a *boss*

el/la maestro/a *teacher*

el/la pintor(a) *painter*

el/la poeta *poet*

el/la político/a *politician*

el/la reportero/a *reporter*

el/la secretario/a *secretary*

el/la técnico/a *technician*

la reunión
meeting

EL MUNDO DEL TRABAJO

el ascenso *promotion*

el aumento de sueldo *raise*

la carrera *career*

la compañía *company; firm*

el empleo *job; employment*

la empresa *company; firm*

la especialización *field of study*

los negocios *business; commerce*

la ocupación *occupation*

el oficio *trade*

la profesión *profession*

el teletrabajo *telecommuting*

el trabajo *job; work*

la videoconferencia *videoconference*

dejar *to quit; to leave behind*

despedir (e:i) *to fire*

invertir (e:ie) *to invest*

renunciar (a) *to resign (from)*

tener éxito *to be succesful*

comercial *commercial; business-related*

![Phone](http://www.trabajo.com)
el anuncio
advertisement

la entrevista
interview

el bombero

El Trabajo   http://www.eltrabajo.com/croca   ⭐
1/1

DATOS PERSONALES

Nombre y apellidos:	Carmela Roca
Fecha de nacimiento:	14 de diciembre de 1993
Lugar de nacimiento:	Salamanca
D.N.I.:	7885270-R
Dirección:	Calle Ferrara 17, 5
	37500 Salamanca
Teléfono:	923 270 118
Correo electrónico:	rocac@teleline.com

FORMACIÓN ACADÉMICA
- 2015–2018 Máster en Administración y Dirección de Empresas, Universidad Autónoma de Madrid
- 2011–2015 Licenciado en Administración y Dirección de Empresas por la Universidad de Salamanca

CURSOS Y SEMINARIOS
- 2012 "Gestión y Creación de Empresas", Universidad de Córdoba

EXPERIENCIA PROFESIONAL
- 2013–2014 Contrato de un año en la empresa RAMA, S.L., realizando tareas administrativas
- 2011–2013 Contrato de trabajo haciendo prácticas en Banco Sol

IDIOMAS
- INGLÉS Nivel alto. Título de la Escuela Oficial de Idiomas
- ITALIANO Nivel medio

INFORMÁTICA/COMPUTACIÓN
- Conocimientos de usuario de Mac / Windows
- MS Office

el currículum
résumé

LAS ENTREVISTAS

el/la aspirante *candidate; applicant*

los beneficios *benefits; profit*

el/la entrevistador(a) *interviewer*

el puesto *position; job*

el salario *salary*

la solicitud (de trabajo) *(job) application*

el sueldo *salary*

contratar *to hire*

entrevistar *to interview*

ganar *to earn*

obtener *to obtain; to get*

solicitar *to apply (for a job)*

ASÍ SE DICE

el/la abogado/a ⟷ el/la licenciado/a (*Amér. C.*)
el/la contador(a) ⟷ el/la contable (*Esp.*)

A escuchar

1 **¿Lógico o ilógico?** Escucha las oraciones e indica si son **lógicas** o **ilógicas**.

	Lógico	Ilógico
1.	_____	_____
2.	_____	_____
3.	_____	_____
4.	_____	_____
5.	_____	_____
6.	_____	_____
7.	_____	_____
8.	_____	_____

2 **Escuchar** Escucha la descripción que hace Alejandro Dávila de su profesión y luego completa las oraciones con las palabras o expresiones adecuadas.

1. Alejandro Dávila es un

   a. poeta.   b. hombre de negocios.   c. escultor.

2. El señor Dávila trabaja como _____ en una compañía multinacional.

   a. secretario   b. técnico   c. gerente

3. Al señor Dávila le interesaba _____ en la cual pudiera (*he could*) trabajar en otros países.

   a. una carrera   b. un ascenso   c. un aumento de sueldo

4. En sus negocios con empresas extranjeras, el señor Dávila prefiere

   a. usar las videoconferencias.   b. conocer a la gente personalmente.

   c. mandar mensajes electrónicos.

Practice more!

LM
p. 91

A practicar

3 **Completar** Escoge la respuesta que completa cada oración.

1. Quiero conseguir un puesto con _____.

   a. oficios   b. beneficios   c. ocupación

2. Luisa tiene la oportunidad de _____ la empresa donde trabaja.

   a. despedir   b. entrevistar   c. invertir en

3. Mi vecino dejó su _____ porque no le gustaba su jefe.

   a. puesto   b. anuncio   c. sueldo

4. Raúl va a _____ su empleo antes de empezar su propia empresa.

   a. solicitar   b. tener éxito   c. renunciar a

5. Mi madre _____ su carrera como escultora.

   a. tuvo éxito en   b. contrató   c. entrevistó

6. ¿Cuándo obtuviste _____ más reciente?

   a. los negocios   b. la videoconferencia   c. el aumento de sueldo

7. Jorge llegó tarde a la _____ esta mañana.

   a. reunión   b. especialización   c. carrera

4 **Ocupaciones** Escoge la ocupación que corresponde a cada definición.

1. Arregla las computadoras.

2. Enseña a los niños.

3. Diseña ropa.

4. Canta para el público.

5. Nos ayuda a iluminar nuestras casas.

6. Desarrolla teorías de biología, química, física, etc.

7. Construye (*Builds*) sillas, mesas, casas y otras cosas de madera (*wood*).

8. Ayuda a la gente a invertir su dinero.

9. Trabaja con números y arregla las cuentas de diferentes negocios.

10. Combate los incendios (*fires*) que destruyen edificios y bosques.

el bombero	el corredor de bolsa
la cantante	el diseñador
la carpintera	la electricista
el científico	el maestro
la contadora	la técnica

5 **Asociaciones** Escribe las profesiones que asocias con estas palabras.

1. pelo _____
2. novelas _____
3. emociones _____
4. teatro _____
5. periódico _____

6. pinturas _____
7. elecciones _____
8. baile _____
9. leyes _____
10. luz artificial _____

Practice more!

WB pp. 157–158

vhlcentral

A conversar

6 **Conversación** Contesta las preguntas con un(a) compañero/a.

1. ¿Te gusta tu especialización?
2. ¿Lees los anuncios de empleos en el periódico con regularidad?
3. ¿Cómo te preparas para una entrevista?
4. ¿Obtienes siempre los puestos que quieres?
5. ¿Qué características tiene un(a) buen(a) jefe/a?
6. ¿Te gustaría más un teletrabajo o un trabajo en una oficina? ¿Por qué?
7. ¿Quieres tener tu propia empresa?
8. ¿Cuál es tu carrera ideal? ¿Por qué?
9. ¿Cómo son tus compañeros de trabajo ideales?

7 **Entrevista** Trabaja con un(a) compañero/a para representar los papeles de un(a) aspirante a un puesto de trabajo y el de un(a) entrevistador(a).

El/La entrevistador(a) debe describir…
• el empleo
• las responsabilidades
• el salario
• los beneficios.

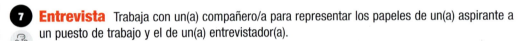

El/La aspirante debe…
• presentar su experiencia
• obtener más información sobre el puesto.

Entonces…
• el/la entrevistador(a) debe decidir si va a contratar al/a la aspirante
• el/la aspirante debe decidir si va a aceptar el puesto.

8 **Una feria de trabajo** La clase va a organizar una feria (*fair*) de trabajo. Unos estudiantes son representantes de compañías y otros están buscando empleo.

Representantes	**Aspirantes**
• Preparan carteles con el nombre de su compañía.	• Circulan por la feria de trabajo.
• Escriben los puestos de trabajo que ofrecen.	• Hablan con tres representantes y formulan preguntas sobre los puestos que tienen.
• Contestan las preguntas de los aspirantes y describen los puestos disponibles.	• Muestran sus referencias y sus currículums.
• Consiguen los nombres y referencias de los aspirantes.	• Escogen el puesto que les gustó más.

Ortografía

 Audio: Pronunciation

Las letras *y*, *ll* y *h*

The letters **ll** and **y** were not pronounced alike in Old Spanish. Nowadays, however, **ll** and **y** have the same or similar pronunciations in many parts of the Spanish-speaking world. This similarity results in frequent misspellings. The letter **h**, as you already know, is silent in Spanish, and it is often difficult to know whether words should be written with or without it. Here are some of the word groups that are spelled with each letter.

| ta**lla** | se**llo** | bot**ella** | amar**illo** |

The letter **ll** is used in these endings: −allo/a, −ello/a, −illo/a.

| **lla**ve | **lle**ga | **llo**rar | **llu**via |

The letter **ll** is used at the beginning of words in these combinations: **lla-**, **lle-**, **llo-**, **llu-**.

| ca**y**endo | le**y**eron | o**y**e | inclu**y**e |

The letter **y** is used in some forms of the verbs **caer**, **leer**, and **oír**, and in verbs ending in **−uir**.

| **hiper**activo | **hosp**ital | **hipo**pótamo | **hum**or |

The letter **h** is used at the beginning of words in these combinations: **hiper-**, **hosp-**, **hidr-**, **hipo-**, **hum-**.

| **hia**to | **hie**rba | **hue**so | **hui**r |

The letter **h** is also used in words that begin with these combinations: **hia-**, **hie-**, **hue-**, **hui-**.

Práctica Llena los espacios con **h**, **ll** o **y**. Después escribe una frase con cada una de las palabras.

1. cuchi___o
2. ___ielo
3. cue___o
4. estampi___a
5. estre___a
6. ___uésped
7. destru___ó
8. pla___a

Adivinanza Aquí tienes una adivinanza (*riddle*). Intenta descubrir de qué se trata.

Una cajita chiquita, blanca como la nieve: todos la saben abrir, nadie la sabe cerrar.[1]

Pista: Es una comida.

[1] El huevo

Practice more!

LM

p. 92

vhlcentral

Video:
Fotonovela

La entrevista de trabajo

Los chicos hablan de sus planes para el futuro. Y la Sra. Díaz prepara a Miguel para unas entrevistas de trabajo.

PERSONAJES

MARISSA

FELIPE

JIMENA

JUAN CARLOS

MIGUEL

SRA. DÍAZ

MARISSA En menos de dos meses, ya habré regresado a mi casa en Wisconsin.

FELIPE No pensé que el año terminara tan pronto.

JIMENA ¡Todavía no se ha acabado! Tengo que escribir tres ensayos.

MARISSA ¿Qué piensas hacer después de graduarte, Felipe?

JUAN CARLOS Vamos a crear una compañía de asesores de negocios.

FELIPE Les enseñaremos a las empresas a disminuir la cantidad de contaminación que producen.

MARISSA Estoy segura de que tendrán mucho éxito.

FELIPE También me gustaría viajar. Me muero por ir a visitarte a los Estados Unidos.

JIMENA Pues date prisa. Pronto estará lejos trabajando como arqueóloga.

SRA. DÍAZ Durante la entrevista, tienes que convencer al entrevistador de que tú eres el mejor candidato. ¿Estás listo para comenzar?

MIGUEL Sí.

MIGUEL Mucho gusto. Soy Miguel Ángel Lagasca Martínez.

SRA. DÍAZ Encantada, Miguel. Veamos. Hábleme sobre su trabajo en el Museo Guggenheim de Bilbao.

MIGUEL Estuve allí seis meses en una práctica.

SRA. DÍAZ ¿Cuáles son sus planes para el futuro?

MIGUEL Seguir estudiando historia del arte, especialmente la española y la latinoamericana. Me encanta el arte moderno. En el futuro, quiero trabajar en un museo y ser un pintor famoso.

ACTIVIDADES

1 **¿Cierto o falso?** Indica si lo que dicen las oraciones es **cierto** o **falso**. Corrige las oraciones falsas.

1. Juan Carlos y Felipe quieren crear su propia empresa.
2. En el futuro, Marissa va a viajar porque va a ser psicóloga.
3. La Sra. Díaz ayuda a Miguel con su currículum.
4. Miguel quiere seguir estudiando historia del arte.

2 **Identificar** Identifica quién puede decir estas oraciones.

1. Nosotros vamos a ayudar a que se reduzca la contaminación.
2. Me gustan los hospitales, por eso quiero ser doctora.
3. No imagino cómo será mi vida en el futuro.
4. Quiero ser un pintor famoso, como Salvador Dalí.
5. Lleva ese entusiasmo a la entrevista y serás el mejor candidato.

MARISSA No sé cómo vaya a ser mi vida a los 30 años. Probablemente me habré ido de Wisconsin y seré arqueóloga en un país exótico.

JUAN CARLOS (*a Jimena*) Para entonces ya serás doctora.

(*Mientras tanto, en la oficina de la Sra. Díaz*)

MIGUEL Gracias por recibirme hoy.

SRA. DÍAZ De nada, Miguel. Estoy muy feliz de poder ayudarte con las entrevistas de trabajo.

SRA. DÍAZ ¿Qué te hace especial, Miguel?

MIGUEL ¿Especial?

SRA. DÍAZ Bueno. Paremos un momento. Necesitas relajarte. Vamos a caminar.

MIGUEL Estamos esperando noticias del museo. (*al teléfono*) Hola. ¿Maru? ¡Genial! (*a la Sra. Díaz*) ¡La aceptaron!

SRA. DÍAZ Felicidades. Ahora quiero que tomes ese mismo entusiasmo y lo lleves a la entrevista.

  3 **Profesiones** Los protagonistas de **Aventuras** mencionan estas profesiones. Túrnate con un(a) compañero/a para identificar cada profesión.

1. arqueólogo/a
2. doctor(a)
3. administrador(a) de empresas
4. artista
5. hombre/mujer de negocios
6. abogado/a
7. pintor(a)
8. profesor(a)

Expresiones útiles

Talking about future plans

En menos de dos meses, ya habré regresado a mi casa en Wisconsin.
In less than two months, I'll have gone back home to Wisconsin.

¿Qué piensas hacer después de graduarte?
What do you think you'll do after graduating?

Vamos a crear una compañía de asesores de negocios.
We're going to open a consulting firm.

Les enseñaremos a las empresas a disminuir la cantidad de contaminación que producen.
We'll teach businesses how to reduce the amount of pollution they produce.

No sé cómo vaya a ser mi vida a los treinta años.
I don't know what my life will be like when I am thirty.

Probablemente me habré ido de Wisconsin.
I'll probably have left Wisconsin.

Seré arqueóloga en un país exótico.
I'll be an archeologist in some exotic country.

Reactions

Estoy seguro/a de que tendrán mucho éxito.
I'm sure you'll be very successful.

¡Genial!
Great!

Additional Vocabulary

ejercer *to practice/exercise (a degree/profession)*
enterarse *to find out*
establecer *to establish*
extrañar *to miss*
por el porvenir *for/to the future*
el título *title*

Practice more!
VM
pp. 199–200
vhlcentral

Beneficios en los empleos

¿Qué piensas si te ofrecen un trabajo que te da treinta días de vacaciones pagadas? Los beneficios laborales° en los Estados Unidos, España e Hispanoamérica son diferentes en varios sentidos°. En España, por ejemplo, los empleados tienen treinta días de vacaciones pagadas al año. Por otra parte, mientras que° en los Estados Unidos se otorga° una licencia por maternidad° de doce semanas, la ley° no especifica que sea pagada, esto depende de cada empresa. Sin embargo, en muchos países hispanoamericanos las leyes dictan que esta licencia sea pagada. Países como Cuba y Venezuela ofrecen a las madres trabajadoras° dieciocho semanas de licencia pagada. Chile cuenta con la licencia por maternidad más larga de Suramérica: veinticuatro meses.

en las últimas décadas las cosas han cambiado en Hispanoamérica: casi todos los países han incorporado el sistema privado° de jubilación, y en muchos países podemos encontrar los dos sistemas (público y privado) funcionando al mismo tiempo, como en Colombia, Perú o Costa Rica.

beneficios laborales *job benefits* varios sentidos *several ways* mientras que *while* se otorga *is given* licencia por maternidad *maternity leave* ley *law* madres trabajadoras *working mothers* jubilación *retirement* privado *private* detallado *detailed* incluye *includes*

El *currículum vitae*

- El *currículum vitae* contiene información personal y es fundamental que sea muy detallado°. En general, mientras más páginas tenga, mejor.
- Normalmente, incluye° la educación completa del aspirante, todos los trabajos que ha tenido e, incluso, sus gustos personales y pasatiempos.
- Puede también incluir detalles que no se suele incluir en los Estados Unidos: una foto del aspirante, su estado civil e, incluso, si tiene auto y de qué tipo.

Otra diferencia está en los sistemas de jubilación° de los países hispanoamericanos. Hasta la década de 1990, la mayoría de los países de Centroamérica y Suramérica tenía un sistema de jubilación público. Es decir que las personas no tenían que pagar directamente por su jubilación, sino que el Estado la administraba. Sin embargo,

ASÍ SE DICE

El trabajo

la chamba (Amér. C., Ec., Méx.)	el trabajo
el curro (Esp.)	
el laburo (Arg., Urug.)	
la pega (Bol., Chile, Cuba, Ec., Perú)	
el/la cirujano/a	*surgeon*
la huelga, el paro	*strike*
el/la niñero/a	*babysitter*
el impuesto	*tax*

ACTIVIDADES

1 **¿Cierto o falso?** Indica si lo que dicen estas oraciones es **cierto** o **falso**. Corrige la información falsa.

1. Los trabajadores de los Estados Unidos y los de España tienen beneficios laborales diferentes.

2. La licencia por maternidad es igual en Hispanoamérica y en los Estados Unidos.

3. En Venezuela, la licencia por maternidad es de cuatro meses y medio.

4. En España, los empleados tienen treinta días de vacaciones al año.

5. Hasta 1990, muchos países hispanoamericanos tenían un sistema de jubilación privado.

6. En Perú sólo tienen sistema de jubilación privado.

7. En general, el *currículum vitae* hispano y el estadounidense tienen contenido distinto.

8. En Hispanoamérica, es importante que el *currículum vitae* tenga pocas páginas.

2 **Futuro laboral** Con un(a) compañero/a, haz una lista de las expectativas que tienen sobre su futuro como trabajadores/as y de los trabajos que quisieran tener. Luego, respondan estas preguntas: ¿Conocen bien las reglas para conseguir un trabajo? ¿Les gustan? ¿Les disgustan? Presenten sus ideas ante la clase para un debate.

3 **Ofertas de trabajo** Busca en Internet ofertas laborales en páginas en español y elige las dos que más te interesen. Escribe un párrafo en el que describas el empleo y sus condiciones, y por qué te llamó la atención.

4 **Conexión Internet** Investiga en el sitio **vhlcentral.com** qué tipos de trabajos voluntarios se pueden realizar en Latinoamérica.

 Video

El mundo del trabajo

1 **Preparación** ¿Trabajas? ¿Cuáles son tus metas (*goals*) profesionales?

2 **El video** Mira el episodio de **Flash Cultura**.

Vocabulario	
el desarrollo *development*	**promover** *to promote*
el horario *schedule*	**las ventas** *sales*

Gabriela, ¿qué es lo más difícil de ser una mujer policía?

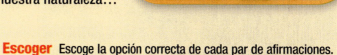

Nuestra principal estrategia de ventas es promover nuestra naturaleza…

3 **Escoger** Escoge la opción correcta de cada par de afirmaciones.

1. **A.** Todos los ecuatorianos que trabajan en Ecuador son muy felices en su trabajo.

   B. En Ecuador, como en todos los países del mundo, hay personas que aman su trabajo y hay otras que lo odian.

2. **A.** El objetivo principal de la agencia Klein Tours es mostrar al mundo las maravillas de Ecuador.

   B. La agencia de viajes Klein Tours quiere mostrar al mundo que tiene los empleados más fieles y profesionales de toda Latinoamérica.

Practice more!

VM pp. 231–232   vhlcentral

16.1 The future tense Tutorial

▶ You have already learned how to use **ir a** + [*infinitive*] to express the near future. You will now learn the future tense. Compare these different ways of expressing the future in Spanish.

Present indicative

Voy al cine mañana.
I'm going to the movies tomorrow.

Present subjunctive

Ojalá **vaya al cine** mañana.
I hope I will go to the movies tomorrow.

ir a + infinitive

Voy a ir al cine.
I'm going to go to the movies.

Future

Iré al cine.
I will go to the movies.

Future tense of regular verbs

	estudiar	aprender	recibir
yo	estudiaré	aprenderé	recibiré
tú	estudiarás	aprenderás	recibirás
Ud./él/ella	estudiará	aprenderá	recibirá
nosotros/as	estudiaremos	aprenderemos	recibiremos
vosotros/as	estudiaréis	aprenderéis	recibiréis
Uds./ellos/ellas	estudiarán	aprenderán	recibirán

¡ojo! All the forms of the future tense have written accents, except the **nosotros/as** form.

▶ In Spanish, the future tense consists of one word, whereas in English it is made up of the auxiliary verb *will* or *shall* and the main verb.

¿Cuándo **recibirás** el ascenso?
When will you receive the promotion?

Mañana **aprenderemos** más.
Tomorrow we will learn more.

▶ The future endings are the same for all verbs. For regular verbs, add the endings to the infinitive. For irregular verbs, add the endings to the irregular stem.

Irregular verbs in the future

INFINITIVE	STEM	FUTURE FORMS
decir	dir-	diré
hacer	har-	haré
poder	podr-	podré
poner	pondr-	pondré
querer	querr-	querré
saber	sabr-	sabré
salir	saldr-	saldré
tener	tendr-	tendré
venir	vendr-	vendré

Práctica

1 Planes Celia está hablando de sus planes. Repite lo que dice, usando el tiempo futuro.

modelo
Voy a consultar un diccionario en la biblioteca.
Consultaré un diccionario en la biblioteca.

1. Julián me va a decir dónde puedo buscar trabajo.

2. Voy a buscar un puesto que ofrezca ascensos.

3. Álvaro y yo nos vamos a casar pronto.

4. Voy a obtener un puesto en mi especialización.

5. Mis amigos van a intentar (*try*) obtener un teletrabajo.

2 En el futuro Forma oraciones con los elementos dados, usando el tiempo futuro.

modelo
Yo / estudiar / para / exámenes finales / mañana
Estudiaré para mis exámenes finales mañana.

1. Yo / tener / entrevista de trabajo / en una semana

2. La próxima semana / mis tíos / poner / anuncio para buscar un empleado

3. Pronto / mi hermana / dejar / puesto de cocinera

4. Mis padres / tener mucho éxito / como políticos

5. Mis amigos y yo / tener / puestos interesantes

3 Preguntas Túrnate con un(a) compañero/a para hablar del puesto que prefieren y por qué, basándose en los anuncios. Usen las preguntas como guía y hagan también sus propias preguntas.

SE BUSCA DIRECTOR
de mercadeo para empresa privada. Mínimo de 5 años de experiencia en turismo y conexiones con INTUR (Instituto Nicaragüense de Turismo) y ANTUR (Asociación Nicaragüense de Turismo Receptivo). Debe hablar inglés, español y alemán. Salario anual: 306,000 córdobas. Horario flexible. Buenos beneficios. Envíe currículum por fax al 492-38-67.

MUEBLERÍA MANAGUA
busca carpintero/a. Experiencia en fabricación de muebles finos. Horario: lunes a viernes de 7:30 a 11:30 y de 1:30 a 5:30. Sueldo semanal: 462 córdobas (y beneficios). Comenzará inmediatamente. Solicite en persona: Calle El Lago, Managua.

1. ¿Cuál será tu trabajo?

2. ¿Qué harás?

3. ¿Cuánto te pagarán?

4. ¿Te ofrecerán beneficios?

5. ¿Qué horario tendrás?

6. ¿Crees que te gustará? ¿Por qué?

7. ¿Cuándo comenzarás a trabajar?

8. ¿Qué crees que aprenderás?

Conversación

4 **Conversar** Tú y tu compañero/a viajarán a la República Dominicana por siete días. Indiquen lo que harán y no harán. Digan dónde, cómo, con quién o cuándo lo harán, usando el anuncio como guía. Pueden usar sus propias ideas también.

modelo

Estudiante 1: ¿Qué haremos el martes?
Estudiante 2: Visitaremos el Jardín Botánico.
Estudiante 1: Pues, tú visitarás el Jardín Botánico y yo caminaré por el Mercado Modelo.

¡Bienvenido a la República Dominicana!

Se divertirá desde el momento en que llegue al **Aeropuerto Internacional de las Américas**.

• Visite la ciudad colonial de **Santo Domingo** con su interesante arquitectura.
• Vaya al **Jardín Botánico** y disfrute de nuestra abundante naturaleza.
• En el **Mercado Modelo** no va a

poder resistir la tentación de comprar artesanías.
• No deje de escalar el **Pico Duarte** (se recomiendan 3 días).
• ¿Le gusta bucear? **Cabarete** tiene todo el equipo que usted necesita.
• ¿Desea nadar? **Punta Cana** le ofrece hermosas playas.

5 **Una empresa privada** En grupos pequeños, hagan planes para formar una empresa privada. Usen las preguntas como guía. Después, presenten su plan a la clase.

1. ¿Cómo se llamará y qué tipo de empresa será?
2. ¿Cuántos empleados tendrá y cuáles serán sus oficios?
3. ¿Qué tipo de beneficios se ofrecerán?
4. ¿Quién será el/la gerente y quién será el/la jefe/a?
5. ¿Permitirá su empresa el teletrabajo? ¿Por qué?
6. ¿Qué se hará para que los empleados no dejen el trabajo?
7. ¿Dónde pondrán anuncios para buscar empleados?
8. ¿Qué harán los gerentes para que la empresa tenga éxito?
9. ¿Quiénes serán sus principales competidores?
10. ¿Dónde estará ubicada (*located*) la sede (*head office*)?

6 **Predicciones** En grupos pequeños, especulen sobre lo que ocurrirá en estos años: 2030, 2050 y 2080. Usen su imaginación. Luego, compartan sus predicciones con la clase.

Practice more!

WB pp. 159–160   LM p. 93    vhlcentral

---

¡ojo! The future of **hay** (*inf.* **haber**) is **habrá** (*there will be*).

La próxima semana **habrá** dos reuniones.
Next week there will be two meetings.

Habrá muchos gerentes en la conferencia.
There will be many managers at the conference.

▶ Although the English verb *will* can refer to future time, it also refers to someone's willingness to do something. In this case, Spanish uses **querer** + [*infinitive*].

¿**Quieres llamarme**, por favor?
Will you please call me?

¿**Quieren ustedes escucharnos**, por favor?
Will you please listen to us?

▶ English sentences involving expressions such as *I wonder, I bet, must be, may, might,* and *probably* are often conveyed in Spanish using the future of probability. This use of the future tense expresses conjecture about *present* conditions, events, or actions.

—¿Dónde **estarán** mis llaves?
I wonder where my keys are?

—**Estarán** en la cocina.
They're probably in the kitchen.

—¿Qué hora **será**?
What time can it be? (I wonder what time it is?)

—**Serán** las once o las doce.
It must be (It's probably) eleven or twelve.

▶ The future may be used in the main clause of sentences in which the present subjunctive follows a conjunction of time such as **cuando, después (de) que, en cuanto, hasta que,** and **tan pronto como**.

Cuando llegues a la oficina, **hablaremos**.
When you arrive at the office, we will talk.

Saldremos tan pronto como termine su trabajo.
We will leave as soon as you finish your work.

Después de que obtengas el ascenso, te **invitaré** a cenar.
After you get the promotion, I'll invite you to dinner.

Hasta que contrate otro empleado, el jefe **tendrá** que hacer el trabajo.
Until he hires another employee, the boss will have to do the work.

¡Manos a la obra!

Conjuga los verbos indicados en futuro.

1. yo [dejar, correr, invertir] _____ **dejaré, correré, invertiré** _____
2. tú [renunciar, beber, vivir] _____
3. Lola [hacer, poner, venir] _____
4. nosotros [tener, decir, querer] _____
5. ustedes [ir, ser, estar] _____
6. usted [solicitar, comer, repetir] _____
7. yo [saber, salir, poder] _____
8. tú [encontrar, jugar, servir] _____

16.2 The conditional tense

 Tutorial

▶ The conditional tense in Spanish expresses what you *would do* or what *would happen* under certain circumstances. In Lesson 7, you learned the polite expression **me gustaría…** (*I would like…*), which uses a conditional form of **gustar**.

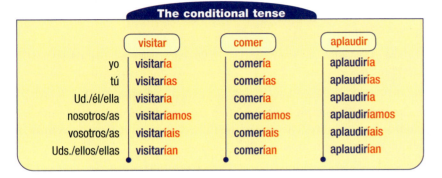

The conditional tense		
	visitar	**comer**	**aplaudir**
yo	visitaría	comería	aplaudiría
tú	visitarías	comerías	aplaudirías
Ud./él/ella	visitaría	comería	aplaudiría
nosotros/as	visitaríamos	comeríamos	aplaudiríamos
vosotros/as	visitaríais	comeríais	aplaudiríais
Uds./ellos/ellas	visitarían	comerían	aplaudirían

▶ The conditional endings are the same for all verbs and all forms carry a written accent. For regular verbs, add the endings to the infinitive. For irregular verbs, add the endings to the irregular stem.

INFINITIVE	STEM	CONDITIONAL
decir	dir-	diría
haber	habr-	habría
hacer	har-	haría
poder	podr-	podría
poner	pondr-	pondría
querer	querr-	querría
saber	sabr-	sabría
salir	saldr-	saldría
tener	tendr-	tendría
venir	vendr-	vendría

¡ojo! The conditional form of **hay** is **habría** (*there would be*).

▶ While in English the conditional is made up of the auxiliary verb *would* and a main verb, in Spanish it consists of one word.

Este aspirante **sería** perfecto para el puesto.
This candidate would be perfect for the job.

Querría un puesto con un buen salario.
I would like a job with a good salary.

¿**Vivirían** ustedes en otro país por un trabajo?
Would you live in another country for a job?

Ganarían más en otra compañía.
They would earn more at another company.

Práctica

1 Un viaje Completa las oraciones con el condicional del verbo indicado.

> **modelo**
> Diana ___querría___ [querer] conocer otros lugares en el viaje.

1. Me _____ [gustar] llegar unos días antes de la conferencia para viajar.

2. Ana y Rubén _____ [salir] primero a la playa para descansar.

3. Yo _____ [decir] que fuéramos a San Juan porque es una ciudad muy divertida.

4. Nosotras _____ [preferir] tener las reuniones por la mañana. Así, por la tarde _____ [poder] visitar la ciudad.

5. Y nosotros _____ [visitar] la zona comercial de la ciudad. Y tú, Luisa, ¿qué _____ [hacer]?

6. Estamos seguros de que el jefe _____ [tener] interés en hacer una videoconferencia. El fin de semana él _____ [visitar] los museos.

2 Preguntas Forma preguntas con estos elementos. Luego, inventa las respuestas. Usa el condicional.

> **modelo**
> hacer (ustedes) / videoconferencia / con / empresa de Chile
> —¿**Harían ustedes una videoconferencia con una empresa de Chile?**
> —Sí, **haríamos una videoconferencia con una empresa de Chile.**

1. contratar (tú) / un miembro de tu familia / para / puesto nuevo

2. invertir (ellos) / dinero / en / compañía nueva

3. solicitar (ella) / trabajo / de abogado

4. renunciar (tú) / puesto / por otro trabajo con mejores beneficios

5. tener (nosotros) / dinero / para empezar / empresa privada

3 Sugerencias Beatriz busca trabajo. Dile ocho cosas que tú harías si fueras (*if you were*) ella. Usa el condicional. Luego, compara tus sugerencias con un(a) compañero/a.

Conversación

4 **En tu lugar...** Lee las situaciones. Responde con lo que harías en esta situación usando la frase **Yo en tu lugar...** (*If I were you...*). Después, compara tus ideas con las de un(a) compañero/a.

> **modelo**
>
> Me encanta mi puesto, pero mi jefe nunca me deja hablar.
>
> **Estudiante 1:** Me encanta mi puesto, pero mi jefe nunca me deja hablar.
> **Estudiante 2:** Pues, yo en tu lugar, hablaría con mi jefe sobre este problema.

1. El año pasado escogí contabilidad como mi especialización, pero ahora he descubierto que no me gusta trabajar con números todo el día. Si cambio, mis padres quizás se enojen.

2. Me ofrecen un puesto interesantísimo, con un buen sueldo y excelentes beneficios, pero tiene un horario horrible. No volveré a ver a mis amigos jamás.

3. Mi peluquero es maravilloso, pero se va de viaje por dos meses a San Juan. Los otros peluqueros que trabajan en su salón no me gustan. Y tengo que hacer varias presentaciones públicas para mi empresa durante esos dos meses.

5 **¿Qué harías?** Quieres saber qué harían tus compañeros/as por un millón de dólares. Escribe siete preguntas usando el tiempo condicional. Circula por la clase y hazles las preguntas a tus compañeros/as. Anota las respuestas e informa a la clase de los resultados de la encuesta.

> **modelo**
>
> **Estudiante 1:** ¿Trabajarías como cantante en Las Vegas?
> **Estudiante 2:** Sí, lo haría. Sería un puesto muy interesante.

Actividades	Nombre de compañero/a
_____	_____
_____	_____
_____	_____
_____	_____
_____	_____
_____	_____
_____	_____

Practice more!
WB pp. 161–162 · LM p. 94 · vhlcentral

Uses of the conditional

▶ The conditional is commonly used to make polite requests.

¿Podrías llamar al gerente, por favor?
Would you call the manager, please?

¿Sería tan amable de venir ahora?
Would you be so kind as to come now?

▶ In both Spanish and English, the conditional expresses the future in relation to a past action or state of being. The future indicates what *will happen,* whereas the conditional indicates what *would happen.* The future tense is often used if the main verb is in the present tense. The conditional is often used if the main verb is in one of the past tenses.

Creo que mañana **hará** sol.
I think it will be sunny tomorrow.

Creía que hoy **haría** sol.
I thought it would be sunny today.

▶ The English *would* can also mean *used to*, in the sense of past habitual action. To express past habitual actions, Spanish uses the imperfect.

Íbamos al parque los sábados.
We would go to the park on Saturdays.

De adolescentes, **comíamos** mucho.
As teenagers, we used to eat a lot.

▶ English sentences involving expressions such as *I wondered if, probably,* and *must have been* are often conveyed in Spanish using the conditional of probability. This use of the conditional expresses conjecture or probability about *past* conditions, events, or actions.

Serían las nueve cuando el jefe me llamó.
It must have been (It was probably) 9 o'clock when the boss called me.

Sonó el teléfono. **¿Llamaría** Tina para cancelar nuestra cita?
The phone rang. I wondered if it was Tina calling to cancel our date.

Sin ti, no sé qué haría.
Sólo tú sabes ordenar mi vida.

¡Manos a la obra!

 Indica la forma apropiada del condicional de estos verbos.

1. yo [escuchar, leer, escribir] _____ escucharía, leería, escribiría _____
2. tú [invertir, comprender, compartir] _____
3. Marcos [poner, venir, querer] _____
4. nosotras [ser, saber, ir] _____
5. ustedes [presentar, deber, despedir] _____
6. ella [salir, poder, hacer] _____
7. yo [tener, tocar, acostarse] _____
8. tú [decir, ver, renunciar] _____

16.3 The past subjunctive

 Tutorial

▶ The past subjunctive (**el pretérito imperfecto de subjuntivo**) is also called the imperfect subjunctive. Like the present subjunctive, it is used mainly in multiple-clause sentences that express will, influence, emotion, commands, indefiniteness, and non-existence.

The past subjunctive

	estudiar	aprender	recibir
yo	estudiara	aprendiera	recibiera
tú	estudiaras	aprendieras	recibieras
Ud./él/ella	estudiara	aprendiera	recibiera
nosotros/as	estudiáramos	aprendiéramos	recibiéramos
vosotros/as	estudiarais	aprendierais	recibierais
Uds./ellos/ellas	estudiaran	aprendieran	recibieran

¡ojo! The past subjunctive endings are the same for all verbs. Also, note that the **nosotros/as** form always has a written accent.

▶ For *all* verbs, the past subjunctive is formed with the **Uds./ellos/ellas** form of the preterite. By dropping the **–ron** ending, you establish the stem for all the past subjunctive forms. You then add the past subjunctive endings.

INFINITIVE	PRETERITE FORM	STEM	PAST SUBJUNCTIVE
hablar	ellos hablaron	habla-	hablara, hablaras, habláramos
beber	ellos bebieron	bebie-	bebiera, bebieras, bebiéramos
escribir	ellos escribieron	escribie-	escribiera, escribieras, escribiéramos

▶ For verbs with irregular preterites, add the past subjunctive endings to the irregular stem.

INFINITIVE	PRETERITE FORM	STEM	PAST SUBJUNCTIVE
dar	dieron	die-	diera, dieras, diéramos
decir	dijeron	dije-	dijera, dijeras, dijéramos
estar	estuvieron	estuvie-	estuviera, estuvieras, estuviéramos
hacer	hicieron	hicie-	hiciera, hicieras, hiciéramos
ir/ser	fueron	fue-	fuera, fueras, fuéramos
poder	pudieron	pudie-	pudiera, pudieras, pudiéramos
poner	pusieron	pusie-	pusiera, pusieras, pusiéramos
querer	quisieron	quisie-	quisiera, quisieras, quisiéramos
saber	supieron	supie-	supiera, supieras, supiéramos
tener	tuvieron	tuvie-	tuviera, tuvieras, tuviéramos
venir	vinieron	vinie-	viniera, vinieras, viniéramos

Práctica

1 Conversaciones Completa los minidiálogos con el pretérito imperfecto de subjuntivo de los verbos.

PACO ¿Qué le dijo el consejero a Andrés? Quisiera saberlo.

JULIA Le aconsejó que (1) _____ [dejar] los estudios de arte y que (2) _____ [estudiar] una carrera que (3) _____ [pagar] mejor.

PACO Siempre el dinero. ¿No se enojó Andrés de que le (4) _____ [aconsejar] eso?

JULIA Sí, y le dijo que no creía que ninguna carrera le (5) _____ [ir] a gustar más.

• • •

EVA Qué lástima que ellos no te (6) _____ [ofrecer] el puesto de gerente.

LUIS Querían a alguien que (7) _____ [tener] más experiencia.

EVA Pero, ¿cómo? ¿No te molestó que te (8) _____ [decir] eso?

LUIS No, porque les gustó mucho mi currículum. Me pidieron que (9) _____ [volver] en un año y (10) _____ [solicitar] el puesto otra vez.

• • •

CARLA Cuánto me alegró que tus hijas (11) _____ [venir] ayer a visitarte. ¿Cuándo se van?

ANA Bueno, yo esperaba que (12) _____ [quedarse] dos semanas, pero no pueden. Ojalá (13) _____ [poder]. Hace muchísimo tiempo que no las veo.

2 Transformar Cambia las oraciones al pasado. Sigue el modelo.

modelo

Temo que Juanita no consiga el trabajo.
Temía que Juanita no consiguiera el trabajo.

1. Esperamos que Miguel no renuncie.

2. No hay nadie que responda al anuncio.

3. Me sorprende que ellos no inviertan su dinero.

4. Te piden que no llegues tarde a la oficina.

5. Juan quiere que Marta tome el puesto de contadora.

6. Siento mucho que no tengas éxito en el trabajo.

7. Quiero que te entrevistes con esta compañía.

8. Temen que usted no firme el contrato esta mañana.

Conversación

3 **Preguntas** Con un(a) compañero/a, contesta las preguntas.

1. De pequeño/a, ¿qué querías que hicieran tus padres?
2. Cuando eras niño/a, ¿esperaban tus padres que trabajaras en una profesión específica?
3. ¿Dudaban tus profesores que tú pudieras llegar a ser lo que querías?
4. ¿Insistían tus padres en que fueras a la universidad? ¿Insistían en otras cosas?
5. ¿Qué te aconsejaron tus amigos que hicieras para tener éxito?
6. ¿Cuál esperabas que fuera tu profesión?

4 **Minidiálogos** Trabaja con un(a) compañero/a. Uno/a de ustedes ha comprado una casa; la otra persona es el/la gerente de la empresa responsable de las reformas (*improvements*) de la casa. El/La cliente/a llama al/a la gerente para quejarse (*to complain*). Usen estas palabras y el modelo como guía.

modelo   el/la técnico/a / conectar / módem

Estudiante 1: Le pedí al técnico que conectara el módem, pero todavía no ha venido.
Estudiante 2: No se preocupe. Yo también le pedí al técnico que fuera a su casa.

1. el/la electricista / poner / electricidad
2. el/la carpintero/a / construir / balcón
3. el/la diseñador(a) / escoger / muebles
4. el/la pintor(a) / pintar / paredes

5 **Situación** Claudia dejó su puesto por la forma en que le hablaba el gerente, por el aumento que les dieron a otros empleados (¡pero no a ella!) y por el horario que no le permitía seguir con sus clases. Con un(a) compañero/a, prepara una conversación entre Claudia y el gerente.

modelo

Estudiante 1: No estoy contenta. No me dieron un aumento de sueldo.
Estudiante 2: ¿Quería usted que le diéramos un aumento? ¡No lo sabía!

Practice more!
WB	LM	S
pp. 163–164	p. 95	vhlcentral

Past subjunctive of stem-changing verbs

▶ **–Ir** stem-changing verbs and other verbs with spelling changes follow a similar process to form the past subjunctive.

INFINITIVE	PRETERITE FORM	STEM	PAST SUBJUNCTIVE
preferir	prefirieron	prefirie-	prefiriera, prefirieras, prefiriéramos
repetir	repitieron	repitie-	repitiera, repitieras, repitiéramos
dormir	durmieron	durmie-	durmiera, durmieras, durmiéramos
conducir	condujeron	conduje-	condujera, condujeras, condujéramos
creer	creyeron	creye-	creyera, creyeras, creyéramos
destruir	destruyeron	destruye-	destruyera, destruyeras, destruyéramos
oír	oyeron	oye-	oyera, oyeras, oyéramos

Cuando llegaste, no creí que tuviéramos muchas cosas en común.

Me sorprendió que el año terminara tan pronto.

▶ The past subjunctive is used in the same contexts and situations as the present subjunctive, except that it generally describes actions, events, or conditions that have already happened. The verb in the main clause is usually in the preterite or the imperfect.

Me pidieron que no **llegara** tarde.
They asked me not to arrive late.

Ellos querían que yo les **escribiera**.
They wanted me to write to them.

¡ojo! **Quisiera** is often used to make polite requests.

Quisiera hablar con Marco.
I would like to speak to Marco.

¿**Quisiera** usted algo más?
Would you like anything else?

¡Manos a la obra!

Completa estas oraciones con el pretérito imperfecto de subjuntivo.

1. Quería que tú ___vinieras___ [venir] más temprano.
2. Esperábamos que ustedes _____ [hablar] mucho más en la reunión.
3. No creían que yo _____ [poder] hacerlo.
4. Se opuso a que nosotros _____ [invertir] el dinero ayer.
5. Sentí mucho que usted no _____ [estar] con nosotros anoche.
6. No era necesario que ellas _____ [hacer] todo.
7. Me pareció increíble que tú _____ [saber] dónde encontrarlo.
8. No hubo nadie que _____ [creer] tu historia.
9. Mis padres insistieron en que yo _____ [ir] a la universidad.
10. Queríamos salir antes de que ustedes _____ [llegar].

A repasar

16.1 The future tense

1 **Los detalles del trabajo** ¡Felicidades! Obtuviste el empleo que querías. Completa el diálogo con tu nuevo jefe sobre los detalles de tu próximo trabajo. Usa el tiempo futuro.

TÚ Gracias por ofrecerme el puesto de contador. ¿Cuándo _____ (empezar) a trabajar?

JEFE _____

TÚ ¿Cuántos días de vacaciones _____ (tener) al año?

JEFE _____

TÚ ¿Cuándo _____ (obtener) un aumento de sueldo?

JEFE _____

TÚ ¿Cuáles _____ (ser) mis beneficios?

JEFE _____

TÚ ¿_____ (Poder) tener una computadora?

JEFE _____

TÚ ¿Dónde _____ (estar) mi oficina?

JEFE _____

2 **¿Qué ocurrirá...?** Completa estas frases de una manera lógica, usando el tiempo futuro.

modelo
En cuanto Javier termine su especialización, él...
obtendrá un ascenso.

1. Tan pronto como nos graduemos, nosotros...
2. Después de que el gerente me entreviste, yo...
3. En cuanto Eva llene la solicitud de trabajo, ella...
4. Hasta que obtengan un aumento de sueldo, ellos...
5. Cuando contratemos a una secretaria, ustedes...
6. Después de que te expliquen los beneficios del puesto, tú...

3 **¿Cuál será su profesión?** Con un(a) compañero/a, utiliza el futuro de probabilidad para preguntar y responder sobre las profesiones que tienen las personas.

modelo
Estudiante 1: *¿Trabajará este hombre en un banco?*
Estudiante 2: *Creo que sí. ¿Cuántas horas trabajará?*

16.2 The conditional tense

4 **El gerente dijo que...** Tu empresa contrató a un gerente nuevo. Lee el discurso que dio en su primer día de trabajo. Después, cuéntale a tu novio/a lo que dijo el gerente, usando el condicional.

"Habrá muchos cambios en la empresa. Mejoraré los beneficios de los trabajadores, pero no aumentaré los sueldos. Despediré a los empleados perezosos (*lazy*). Tendremos una reunión todos los lunes a las siete de la mañana. Y juntos, solucionaremos los problemas de la compañía. ¡Será un buen año!"

modelo
El gerente nuevo dijo que habría muchos cambios en la empresa...

5 **Peticiones** Túrnate con un(a) compañero/a para hacer preguntas y responder con la información indicada. Usen **¿Podrías...?, ¿Serías tan amable de...?** y **por favor** en sus preguntas. Contesten en forma negativa a cada petición (*request*).

modelo
darme información acerca del puesto

Estudiante 1: *¿Podrías darme información acerca del puesto, por favor?*
Estudiante 2: *Te la daría, pero no puedo. El gerente hablará contigo.*

1. explicarme mis beneficios
2. ayudarme a escribir mi currículum
3. enviarme una solicitud de trabajo
4. decirme el sueldo que ofrecen
5. hablarnos de tu experiencia profesional
6. venir a una entrevista
7. decirme qué hora es
8. contratarme lo antes posible
9. organizar una teleconferencia
10. entrevistar al aspirante a contador

6 **Situaciones** Túrnate con un(a) compañero/a para decir qué harían en estas situaciones.

- Estás perdido/a en un país donde no hablan tu lengua. Es de noche y tu automóvil está descompuesto.
- Tu computadora no funciona y tienes que imprimir un trabajo final. Son las once de la noche y tienes que dárselo a tu profesor a las ocho de la mañana.
- Hoy es el cumpleaños de tu novio/a, pero se te olvidó. No le compraste ningún regalo.
- Estás en un restaurante y llega Javier Bardem a cenar. Se sienta en una mesa cerca de ti.

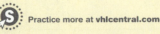 Practice more at **vhlcentral.com**.

16.3 The past subjunctive

7 **Reacciones** Tu hermano y tú son cantantes famosos. Pero en el pasado, su familia y sus amigos les decían que siguieran otra profesión. Escribe las reacciones que tenían.

A mis padres les molestaba mucho que	(no) escoger la profesión de cantantes
Mis mejores amigos nos insistían en que	(no) ser arquitectos
A mi abuelo le sorprendía siempre que	(no) tener éxito
Mi novia nos sugería que	(no) aprender a cantar
Los maestros nos recomendaban que	(no) ganar mucho dinero
Ustedes se alegraban de que	(no) hacer el ridículo
Tú nos decías que era muy difícil que	(no) estudiar otra especialización

8 **Películas** En grupos de tres, escriban sobre una película, usando el pretérito imperfecto de subjuntivo. Después, lean sus composiciones a la clase para que ellos adivinen el nombre de la película.

modelo
Willy no quería que nadie entrara a su empresa. Le daba miedo que alguien robara su receta para hacer chocolates. Por eso, contrataba a gente pequeña para que manejaran las máquinas. Un día, decidió invitar a cinco niños a que visitaran su fábrica... (*Charlie and the Chocolate Factory*)

Síntesis

9 **Cambio de profesión** Con un(a) compañero/a, prepara una conversación entre un(a) psicólogo/a y un(a) cocinero/a que no está contento/a con su profesión. El/La psicólogo/a escucha a la persona hablar sobre su vida y después recomienda futuras acciones. Incluye esta información en la conversación. Luego, preséntala a la clase.

- ¿Que profesión querían tus padres que tú siguieras?
- ¿Qué especialización querías estudiar?
- ¿Cambiarías de profesión en este momento?
- ¿Cómo te sentirías si cambiaras de empleo?
- ¿Qué acciones recomienda el/la psicólogo/a para que esta persona sea más feliz?
- ¿Qué va a hacer el/la cocinero/a para encontrar una nueva ocupación?

Videoclip Video

1 **Preparación** ¿Dónde se realizan los grandes eventos de moda en el mundo? ¿Crees que la moda es una industria importante en los países latinoamericanos?

2 **El clip** Mira el reportaje sobre Ágatha Ruiz de la Prada.

Vocabulario

apretadito *tight*	**desfile** *fashion show*
atrevido *audacious*	**destacar** *to highlight*

La española quiso destacar la abundancia de colores y los grandes volúmenes.

Hay mucho color en la forma de vestir en América Latina.

3 **¿Cierto o falso?** Indica si estas oraciones son **ciertas** o **falsas**. Corrige las falsas.

1. En América Latina, la moda no es tan importante como en Europa.
2. Los países latinoamericanos están atrasados en relación con las nuevas tendencias de la moda.
3. Según la diseñadora, la ropa apretada no está de moda.
4. La principal característica de países como México y Brasil son sus grandes desfiles de moda.
5. Para Ruiz de la Prada, la moda se representa con una gran variedad de colores y con diseños atrevidos.

4 **Un comentario** Imagina que en tu ciudad se celebrará próximamente un importante evento de moda. Prepara con un(a) compañero/a un comentario sobre el evento, utilizando el tiempo futuro. Usa el modelo como guía.

modelo Esta semana habrá un importante evento de moda... El evento se realizará en... Vendrá la diseñadora...

Ampliación

1 Escuchar

 A Escucha la entrevista de la señora Sánchez y Rafael Ventura Romero. Antes de escucharla, prepara una lista de la información que esperas oír, según tu conocimiento previo (*prior knowledge*) del tema.

> **TIP** Use background knowledge. / Listen for specific information. Knowing the subject of what you are going to hear will help you use your background knowledge to anticipate words and phrases that you are likely to hear, and to determine important information that you should listen for.

Llena el formulario con la información necesaria. Si no oyes un dato (*piece of information*) que necesitas, escribe *Buscar en el currículum*. ¿Oíste toda la información de tu lista?

Puesto solicitado _____
Nombre y apellidos del solicitante _____
Dirección _____ **Tel.** _____

Educación _____
Experiencia profesional: Puesto _____
Empresa _____
¿Cuánto tiempo? _____

Referencias:
Nombre _____
Dirección _____ **Tel.** _____

Nombre _____
Dirección _____ **Tel.** _____

B ¿Cómo sabes si los resultados de la entrevista han sido positivos para Rafael Ventura?
_____

2 Conversar

 Conversa con un(a) compañero/a sobre sus planes para el futuro. Incluye esta información en su conversación.

- ¿Qué profesión u oficio seguirás en el futuro?
- ¿Por qué te interesa esta carrera?
- ¿En qué compañía te gustaría trabajar?
- ¿Te gustaría tener un teletrabajo?
- ¿Qué se necesita hacer para tener éxito?
- ¿Te mudarías de país por un puesto excelente?

Ampliación

3 Escribir

 Escribe una composición sobre tus planes para el futuro. Formula planes para tu vida personal, profesional y financiera. Termina tu composición con una lista de metas (*goals*).

> **TIP** **Use note cards.** Note cards (**fichas**) can help you organize and sequence your information. Label the top of each card with a general subject, such as **lugar** or **empleo**. Number the cards so you can easily flip through them to find information.

Organizar — Utiliza fichas para apuntar cada plan o meta para el futuro. Asigna un año a cada meta.

Escribir — Organiza tus fichas y escribe el primer borrador de tu composición.

Corregir — Intercambia tu composición con un(a) compañero/a. Léela y anota sus mejores aspectos. ¿Habla de las metas específicas para su futuro? Ofrécele sugerencias para mejorar la organización. Si ves algunos errores, coméntaselos.

Compartir — Revisa el primer borrador de tu composición, según las indicaciones de tu compañero/a. Incorpora nuevas ideas y/o más información si es necesario, antes de escribir la versión final.

4 Un paso más

Imagina que en el futuro trabajarás para una empresa multinacional que tiene sus oficinas más importantes en algún país hispano. Crea una cronología con texto y fotos de tu futura carrera profesional y compártela con la clase.

- Escoge el país y busca información sobre las industrias y las compañías que operen allá.
- Describe la empresa y sus productos.
- Incluye fotos relacionadas con la empresa y con sus productos.
- Describe tu carrera, desde el comienzo hasta tu jubilación.
- Incluye los puestos que vas a tener en la empresa, y también fotos relacionadas con tu carrera.

5 Conexión Internet

 Investiga estos temas en el sitio **vhlcentral.com**.

- Empresas en el mundo hispano
- Industrias en el mundo hispano
- Compañías multinacionales en el mundo hispano

S Audio: Reading
Additional Reading

Antes de leer

Summarizing a text in your own words can help you understand it better. Before you begin, you may find it helpful to skim the text and jot down a few notes about its general meaning. You can then read it again, writing down important details or noting special characteristics that occur in the text. Your notes will help you summarize what you have read.

The reading selection for this lesson consists of a short story by Augusto Monterroso. What special characteristics in this text could help you summarize it? Skim the story and jot down your ideas.

_____

_____

_____

Sobre el autor

Augusto Monterroso (1921–2003) fue un escritor guatemalteco. Sus textos son concisos, sencillos (*simple*) y accesibles. Su trabajo incluye la parodia, el humor negro, la fábula y el ensayo.

Imaginación y destino
Augusto Monterroso

En la calurosa° tarde de verano un hombre descansa acostado°, viendo° al cielo, bajo un árbol; una manzana cae sobre su cabeza; tiene imaginación, se va a su casa y escribe la Oda a Eva.

En la calurosa tarde de verano un hombre descansa acostado, viendo al cielo, bajo un árbol; una manzana cae sobre su cabeza; tiene imaginación, se va a su casa y establece la Ley de la Gravitación Universal.

En la calurosa tarde de verano un hombre descansa acostado, viendo al cielo, bajo un árbol; una manzana cae sobre su cabeza; tiene imaginación, observa que el árbol no es un manzano sino una encina° y descubre, oculto° entre las ramas°, al muchacho travieso° del pueblo que se entretiene° arrojando° manzanas a los señores que descansan bajo los árboles, viendo al cielo, en las calurosas tardes del verano.

El primero era, o se convierte entonces para siempre en el poeta sir James Calisher; el segundo era, o se convierte entonces para siempre en el físico sir Isaac Newton[1]; el tercero pudo ser o convertirse entonces para siempre en el novelista sir Arthur Conan Doyle[2]; pero se convierte, o era ya irremediablemente desde niño, en el Jefe de Policía de San Blas, S.B.[3]

[1] Sir Isaac Newton (1642–1727), matemático y físico británico. Es considerado uno de los científicos más importantes de la historia. Formuló la Ley de la Gravitación Universal.
[2] Sir Arthur Conan Doyle (1859–1930), escritor británico. Sus más famosos protagonistas son Sherlock Holmes y su ayudante, el doctor Watson.
[3] S.B. Abreviatura de San Blas, unas islas en Panamá. Una de las novelas de Monterroso tiene lugar en San Blas.

Después de leer

¿Comprendiste?

Responde las preguntas de acuerdo con la lectura.

1. ¿Qué estación del año es y qué tiempo hace?

2. ¿Qué hace el primer hombre después de descansar?

3. ¿Qué hace el segundo hombre después de descansar?

4. ¿Qué encuentra el tercer hombre en el árbol?

5. ¿Cuáles son las profesiones de estos tres hombres?

Preguntas

Responde estas preguntas con oraciones completas.

1. ¿Por qué lleva el cuento el título "Imaginación y destino"?

2. ¿Por qué utiliza el autor la repetición?

3. La misma situación les ocurre a los tres hombres, pero tienen reacciones distintas. ¿Por qué?

4. El autor escribe "o era ya irremediablemente desde niño". ¿Qué significa esta frase en relación con el resto del cuento?

5. Imagina que hay una cuarta persona en la historia. Escribe un párrafo con el estilo del autor sobre qué le pasa a esta persona "cuando una manzana cae sobre su cabeza".

Coméntalo

En el cuento, tres personajes tienen la misma experiencia con distintos resultados. ¿Has tenido una experiencia así? Un ejemplo es la graduación: un grupo de personas se gradúa el mismo día, pero ¿qué pasa después? ¿Podemos controlar nuestros destinos? ¿Afectarán tus experiencias actuales tu futuro? ¿Cómo sabes qué profesión quieres ejercer (carry out) en el futuro?

calurosa hot   acostado lying down   viendo looking   encina oak tree   oculto hidden
ramas branches   travieso mischievous   se entretiene entertains himself
arrojando throwing

 **Vocabulary Tools**

Las ocupaciones

el/la abogado/a	lawyer
el actor	actor
la actriz	actress
el/la arqueólogo/a	archeologist
el/la arquitecto/a	architect
el bailarín	dancer
la bailarina	dancer
el/la bombero/a	firefighter
el/la cantante	singer
el/la carpintero/a	carpenter
el/la científico/a	scientist
el/la cocinero/a	cook; chef
el/la consejero/a	counselor; advisor
el/la contador(a)	accountant
el/la corredor(a) de bolsa	stockbroker
el/la diseñador(a)	designer
el/la electricista	electrician
el/la escritor(a)	writer
el/la escultor(a)	sculptor
el/la gerente	manager
el hombre/la mujer de negocios	businessperson
el/la jefe/a	boss
el/la maestro/a	teacher
el/la peluquero/a	hairdresser
el/la pintor(a)	painter
el/la poeta	poet
el/la político/a	politician
el/la psicólogo/a	psychologist
el/la reportero/a	reporter
el/la secretario/a	secretary
el/la técnico/a	technician

Las entrevistas

el anuncio	advertisement
el/la aspirante	candidate; applicant
los beneficios	benefits; profits
el currículum	résumé
la entrevista	interview
el/la entrevistador(a)	interviewer
el puesto	position; job
el salario	salary
la solicitud (de trabajo)	(job) application
el sueldo	salary
contratar	to hire
entrevistar	to interview
ganar	to earn
obtener	to obtain; to get
solicitar	to apply (for a job)

El mundo del trabajo

el ascenso	promotion
el aumento de sueldo	raise
la carrera	career
la compañía	company; firm
el empleo	job; employment
la empresa	company; firm
la especialización	field of study
los negocios	business; commerce
la ocupación	occupation
el oficio	trade
la profesión	profession
la reunión	meeting
el teletrabajo	telecommuting
el trabajo	job; work
la videoconferencia	videoconference
dejar	to quit; to leave behind
despedir (e:i)	to fire
invertir (e:ie)	to invest
renunciar (a)	to resign (from)
tener éxito	to be successful
comercial	commercial; business-related

Practice more at **vhlcentral.com.**

Una mujer baila flamenco en Sevilla. El flamenco, el baile y su música, expresa las pasiones de la gente de España. Tiene raíces *(roots)* judías *(Jewish)*, árabes y africanas. Hoy es popular en todo el mundo. ¿Te gusta la música flamenca?

ESPAÑA

España

Área: 505.370 km^2 (195.124 millas^2), incluyendo las islas Baleares y las islas Canarias

Población: 48.146.000

Capital: Madrid – 6.199.000

Ciudades principales: Barcelona, Valencia, Sevilla, Zaragoza

Moneda: euro

SOURCE: Population Division, UN Secretariat & CIA World Factbook

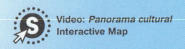
Lugares

Madrid: La Plaza Mayor

La Plaza Mayor de Madrid es uno de los lugares turísticos más importantes de la capital. Fue construida *(built)* en 1617 y está totalmente rodeada *(surrounded)* por edificios de tres pisos con balcones y pórticos antiguos. En la Plaza Mayor hay muchas cafeterías, donde la gente pasa el tiempo bebiendo café y hablando con amigos.

Celebraciones

La Tomatina

En Buñol, un pequeño pueblo de Valencia, la producción de tomates es un recurso económico muy importante. Cada año en agosto se celebra el festival de La Tomatina. Durante todo un día, miles de personas se tiran *(throw)* tomates. Llegan turistas de todo el mundo, y se usan varias toneladas *(tons)* de tomates.

Mar Cantábrico

La Coruña

PORTUGAL

Salamanca

Madrid

ESPAÑA

Sevilla

Estrecho de Gibraltar

Ceuta

Islas Canarias
La Palma
Tenerife
Gomera
Hierro
Gran Canaria
Lanzarote
Fuerteventura

MARRUECOS

FRANCIA

ANDORRA

Pirineos

Zaragoza

Barcelona

Islas Baleares

Menorca

Mallorca

Valencia

Ibiza

Mar
Mediterráneo

astián

evada

Velázquez y el Prado

El Prado, en Madrid, es uno de los museos más famosos del mundo. En el Prado hay miles de pinturas importantes, incluyendo obras *(works)* de Botticelli, de El Greco, y de los españoles Goya y Velázquez. Diego Velázquez pintó *(painted)* *Las Meninas* en 1656 y es su obra más famosa. Actualmente, *Las Meninas* está en el Museo del Prado.

La Universidad de Salamanca

La Universidad de Salamanca, fundada en 1218, es la más antigua *(oldest)* de España. Alrededor de 36.000 estudiantes toman clases en esta institución. La universidad está en la ciudad de Salamanca, famosa por sus edificios *(buildings)* históricos, tales como *(such as)* los puentes *(bridges)* romanos y las catedrales góticas.

¿Qué aprendiste?

1 **¿Cierto o falso?** Indica si estas oraciones son **ciertas** o **falsas**.

	Cierto	Falso
1. La moneda de España es la peseta.	_____	_____
2. El flamenco es un instrumento musical.	_____	_____
3. El flamenco es hoy popular en todo el mundo.	_____	_____
4. En la Plaza Mayor no hay cafeterías.	_____	_____
5. La Plaza Mayor fue construida en 1617.	_____	_____
6. En Buñol, los tomates son un recurso importante.	_____	_____
7. Durante La Tomatina, se tiran pelotas.	_____	_____
8. En el Museo del Prado hay miles de pinturas importantes.	_____	_____
9. *Las meninas* es la obra más famosa de Botticelli.	_____	_____
10. En la ciudad de Salamanca se ve la influencia del Imperio romano en la arquitectura.	_____	_____

2 **Preguntas** Contesta estas preguntas con oraciones completas.

1. ¿Alguna vez has visto bailar flamenco? ¿Te gustó?

2. ¿Sabes cuál es la capital de España? ¿Conoces algún dato interesante de esa ciudad?

3. ¿Te gustaría ir al festival de La Tomatina? ¿Conoces algún otro festival o celebración fuera de lo común (*out of the ordinary*)? ¿Cuál es y dónde se celebra?

4. ¿Cuál es tu museo favorito? ¿Recuerdas alguna obra de arte que se encuentra en ese museo? ¿Cuál?

5. ¿Cuál es la universidad más antigua que conoces? ¿Sabes en qué año fue fundada?

3 **Otros lugares** En grupos de tres busquen información sobre La Alhambra. Preparen una presentación de diez minutos en la que hablen sobre su historia y describan, por medio de ayudas visuales, estos espacios:

- la Alcazaba
- los Palacios Nazaríes
- el Generalife

4 **Conexión Internet** Investiga estos temas en el sitio **vhlcentral.com**.

- Gastronomía en España
- Españoles célebres

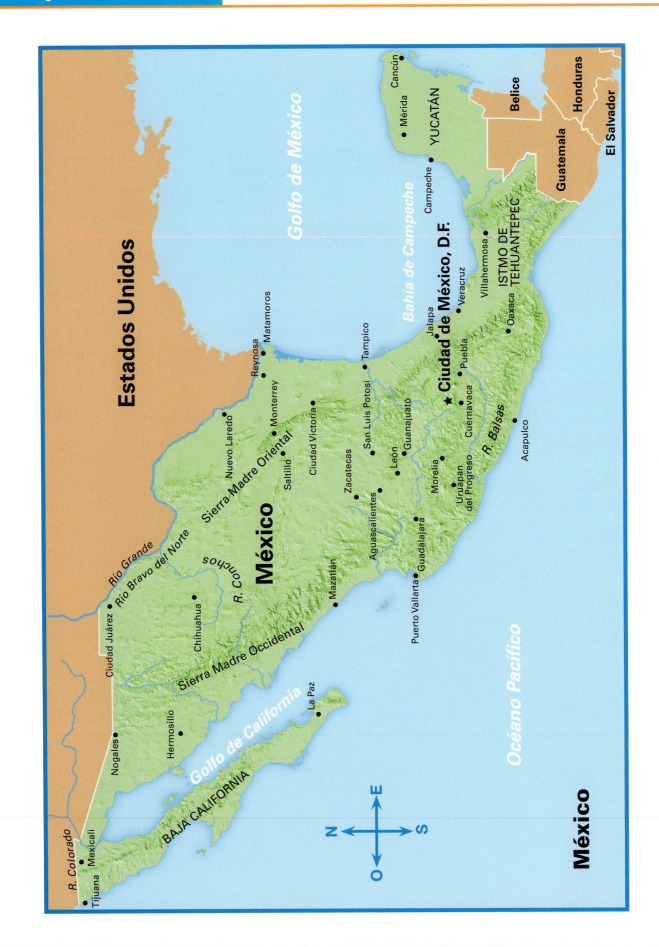

Estados Unidos

Golfo de México

Bahía de Campeche

YUCATÁN

Belice

Honduras

Guatemala

El Salvador

• Cancún

• Mérida

• Campeche

Villahermosa •

ISTMO DE
TEHUANTEPEC

Veracruz •

Jalapa •

Oaxaca •

Ciudad de México, D.F.

Puebla •

Cuernavaca •

R. Balsas

Acapulco •

Matamoros
•
Reynosa •

Tampico •

Monterrey •
Nuevo Laredo •

Saltillo •

San Luis Potosí •

Ciudad Victoria •

Guanajuato •

Zacatecas •

León •

Aguascalientes •

Morelia •

Uruapan •
del Progreso

Guadalajara •

Puerto Vallarta •

Mazatlán •

Sierra Madre Oriental

México

Río Grande

Río Bravo del Norte

R. Conchos

Ciudad Juárez •

Chihuahua •

Sierra Madre Occidental

Hermosillo •

Nogales •

La Paz •

Golfo de California

BAJA CALIFORNIA

R. Colorado

Mexicali •

Tijuana •

Océano Pacífico

N
E
O
S

México

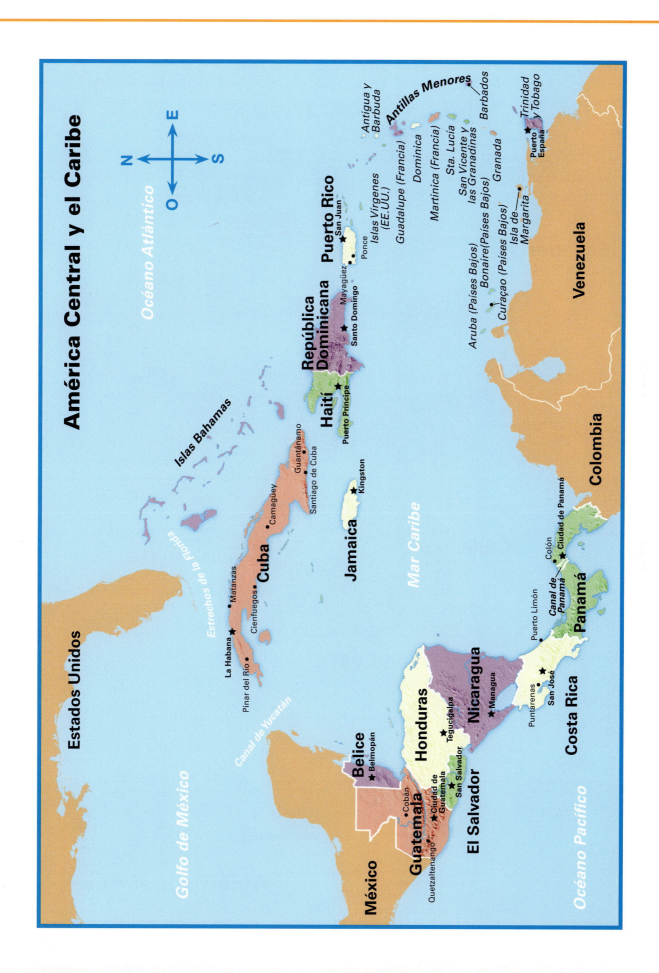

América Central y el Caribe

Estados Unidos

Golfo de México

Océano Atlántico

Islas Bahamas

Canal de Yucatán

Estrechos de la Florida

Pinar del Río
La Habana
Matanzas
Cienfuegos
Camagüey
Santiago de Cuba
Guantánamo

Cuba

Jamaica
Kingston

Mar Caribe

Haití
Puerto Príncipe

República Dominicana
Santo Domingo

Puerto Rico
San Juan
Mayagüez
Ponce

Islas Vírgenes (EE.UU.)

Antigua y Barbuda

Antillas Menores

Guadalupe (Francia)

Dominica

Martinica (Francia)

Sta. Lucía

San Vicente y las Granadinas

Barbados

Granada

Aruba (Países Bajos)
Bonaire (Países Bajos)
Curaçao (Países Bajos)

Isla de Margarita

Trinidad y Tobago
Puerto España

Venezuela

Colombia

México

Guatemala
Quetzaltenango
Cobán
Ciudad de Guatemala

Belice
Belmopán

Honduras
Tegucigalpa

El Salvador
San Salvador

Nicaragua
Managua

Costa Rica
Puntarenas
San José

Panamá
Puerto Limón
Colón
Ciudad de Panamá
Canal de Panamá

Océano Pacífico

N E S O

América del Sur

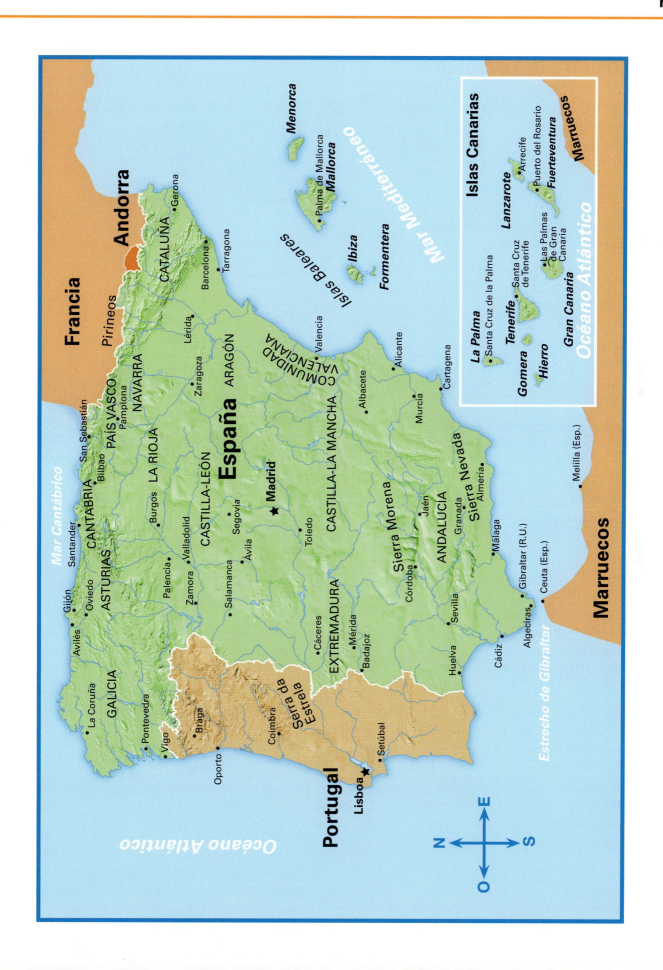

Glossary of Grammatical Terms

ADJECTIVE A word that modifies or describes a noun or pronoun.

muchos libros
many books

un hombre **rico**
*a **rich** man*

las mujeres **altas**
*the **tall** women*

Demonstrative adjective An adjective that points out a specific noun.

esta fiesta
this party

ese chico
that boy

aquellas flores
those flowers

Possessive adjective An adjective that indicates ownership or possession.

mi mejor vestido
my best dress

Éste es **mi** hermano.
*This is **my** brother.*

Stressed possessive adjective A possessive adjective that emphasizes the owner or possessor.

Es un libro **mío**.
*It's **my book**./It's a book **of mine**.*

Es amiga **tuya**; yo no la conozco.
*She's a friend **of yours**; I don't know her.*

ADVERB A word that modifies or describes a verb, adjective, or another adverb.

Pancho escribe **rápidamente**.
*Pancho writes **quickly**.*

Este cuadro es **muy** bonito.
*This picture is **very** pretty.*

ARTICLE A word that points out either a specific (definite) noun or a non-specific (indefinite) noun.

Definite article An article that points out a specific noun.

el libro
the book

la maleta
the suitcase

los diccionarios
the dictionaries

las palabras
the words

Indefinite article An article that points out a noun in a general, non-specific way.

un lápiz
a pencil

una computadora
a computer

unos pájaros
some birds

unas escuelas
some schools

CLAUSE A group of words that contains both a conjugated verb and a subject, either expressed or implied.

Main (or Independent) clause A clause that can stand alone as a complete sentence.

Pienso ir a cenar pronto.
I plan to go to dinner soon.

Subordinate (or Dependent) clause A clause that does not express a complete thought and therefore cannot stand alone as a sentence.

Trabajo en la cafetería **porque necesito dinero para la escuela**.
*I work in the cafeteria **because I need money for school**.*

COMPARATIVE A word or construction used with an adjective, adverb, or noun to express a comparison between two people, places, or things.

Este programa es **más interesante que** el otro.
*This program is **more interesting than** the other one.*

Tomás no es **tan alto como** Alberto.
*Tomás is not **as tall as** Alberto.*

CONJUGATION A set of the forms of a verb for a specific tense or mood, or the process by which these verb forms are presented.

Preterite conjugation of **cantar**:

cant**é**	cant**amos**
cant**aste**	cant**asteis**
cant**ó**	cant**aron**

CONJUNCTION A word or phrase used to connect words, clauses, or phrases.

Susana es de Cuba **y** Pedro es de España.
*Susana is from Cuba **and** Pedro is from Spain.*

No quiero estudiar, **pero** tengo que hacerlo.
*I don't want to study, **but** I have to do it.*

CONTRACTION The joining of two words into one. The only contractions in Spanish are **al** and **del**.

Mi hermano fue **al** concierto ayer.
*My brother went **to the** concert yesterday.*

Saqué dinero **del** banco.
*I took money **from the** bank.*

DIRECT OBJECT A noun or pronoun that directly receives the action of the verb.

Tomás lee **el libro**.   **La** pagó ayer.
*Tomás reads **the book**.   She paid **it** yesterday.*

GENDER The grammatical categorizing of certain kinds of words, such as nouns and pronouns, as masculine, feminine, or neuter.

Masculine
articles **el**, un**o**
pronouns **él**, **lo**, mí**o**, ést**e**, és**e**, aquél
adjective simpátic**o**

Feminine
articles **la**, un**a**
pronouns **ella**, **la**, mí**a**, ést**a**, és**a**, aquéll**a**
adjective simpátic**a**

IMPERSONAL EXPRESSION A third-person expression with no expressed or specific subject.

Es muy importante.   **Llueve** mucho.
It's very important.   It's raining hard.

Aquí **se habla** español.
*Spanish **is spoken** here.*

INDIRECT OBJECT A noun or pronoun that receives the action of the verb indirectly; the object, often a living being, to or for whom an action is performed.

Eduardo **le** dio un libro **a Linda**.
*Eduardo gave a book **to Linda**.*

Carlos **me** prestó cincuenta pesos.
*Carlos loaned **me** fifty pesos.*

INFINITIVE The basic form of a verb. Infinitives in Spanish end in **-ar**, **-er**, or **-ir**.

hablar   correr   abrir
to speak   to run   to open

INTERROGATIVE An adjective or pronoun used to ask a question.

¿**Quién** habla?   ¿**Cuántos** compraste?
***Who** is speaking?   **How many** did you buy?*

¿**Qué** piensas hacer hoy?
***What** do you plan to do today?*

INVERSION Changing the word order of a sentence, often to form a question.

Statement: Elena pagó la cuenta del restaurante.

Inversion: ¿Pagó Elena la cuenta del restaurante?

MOOD A grammatical distinction of verbs that indicates whether the verb is intended to make a statement or command, or to express doubt, emotion, or a condition contrary to fact.

Imperative mood Verb forms used to make commands.

Di la verdad.   **Caminen** ustedes conmigo.
***Tell** the truth.   **Walk** with me.*

¡**Comamos** ahora!
***Let's eat** now!*

Indicative mood Verb forms used to state facts, actions, and states considered to be real.

Sé que **tienes** el dinero.
***I know** that **you have** the money.*

Subjunctive mood Verb forms used principally in subordinate (or dependent) clauses to express wishes, desires, emotions, doubts, and certain conditions, such as contrary-to-fact situations.

Prefieren que **hables** en español.
*They prefer that **you speak** in Spanish.*

Dudo que Luis **tenga** el dinero necesario.
*I doubt that Luis **has** the necessary money.*

NOUN A word that identifies people, animals, places, things, and ideas.

hombre	**gato**
man	*cat*
México	**casa**
Mexico	*house*
libertad	**libro**
freedom	*book*

NUMBER A grammatical term that refers to singular or plural. Nouns in Spanish and English have number. Other parts of a sentence, such as adjectives, articles, and verbs, can also have number.

Singular	Plural
una cosa	**unas** cosas
a thing	*some things*
el profesor	**los** profesores
the professor	*the professors*

NUMBERS Words that represent amounts.

Cardinal numbers Words that show specific amounts.

cinco minutos
five minutes

el año **dos mil diecinueve**
the year 2019

Ordinal numbers Words that indicate the order of a noun in a series.

el **cuarto** jugador   la **décima** hora
the fourth player   *the tenth hour*

PAST PARTICIPLE A past form of the verb used in compound tenses. The past participle may also be used as an adjective, but it must then agree in number and gender with the word it modifies.

Han **buscado** por todas partes.
They have searched everywhere.

Yo no había **estudiado** para el examen.
I hadn't studied for the exam.

Hay una **ventana rota** en la sala.
There is a broken window in the living room.

PERSON The form of the verb or pronoun that indicates the speaker, the one spoken to, or the one spoken about. In Spanish, as in English, there are three persons: first, second, and third.

Person	Singular	Plural
1st	**yo** *I*	**nosotros/as** *we*
2nd	**tú, Ud.** *you*	**vosotros/as, Uds.** *you*
3rd	**él, ella** *he/she*	**ellos, ellas** *they*

PREPOSITION A word that describes the relationship, most often in time or space, between two other words.

Anita es **de** California.
Anita is from California.

La chaqueta está **en** el carro.
The jacket is in the car.

¿Quieres hablar **con** ella?
Do you want to talk to her?

PRESENT PARTICIPLE In English, a verb form that ends in *-ing*. In Spanish, the present participle ends in **–ndo**, and is often used with **estar** to form a progressive tense.

Mi hermana está **hablando** por teléfono ahora mismo.
My sister is talking on the phone right now.

PRONOUN A word that takes the place of a noun or nouns.

Demonstrative pronoun A pronoun that takes the place of a specific noun.

Quiero **ésta**.
I want this one.

¿Vas a comprar **ése**?
Are you going to buy that one?

Juan prefirió **aquéllos**.
Juan preferred those (over there).

Object pronoun A pronoun that functions as a direct or indirect object of the verb.

Te digo la verdad.
I'm telling you the truth.

Me lo trajo Juan.
Juan brought it to me.

Reflexive pronoun A pronoun that indicates that the action of a verb is performed by the subject on itself. These pronouns are often expressed in English with *-self: myself, yourself,* etc.

Yo **me bañé** antes de salir.
I bathed (myself) before going out.

Elena **se acostó** a las once y media.
Elena went to bed at eleven-thirty.

Relative pronoun A pronoun that connects a subordinate clause to a main clause.

El chico **que** nos escribió viene a visitarnos mañana.
*The boy **who** wrote us is coming to visit us tomorrow.*

Ya sé **lo que** tenemos que hacer.
*I already know **what** we have to do.*

Subject pronoun A pronoun that replaces the name or title of a person or thing and acts as the subject of a verb.

Tú debes estudiar más.
***You** should study more.*

Él llegó primero.
***He** arrived first.*

SUBJECT A noun or pronoun that performs the action of a verb and is often implied by the verb.

María va al supermercado.
***María** goes to the supermarket.*

(Ellos) Trabajan mucho.
***They** work hard.*

Esos **libros** son muy caros.
*Those **books** are very expensive.*

SUPERLATIVE A word or construction used with an adjective or adverb to express the highest or lowest degree of a specific quality among three or more people, places, or things.

Entre todas mis clases, ésta es la **más interesante**.
*Among all my classes, this is the **most interesting**.*

Raúl es el **menos simpático** de los chicos.
*Raúl is the **least pleasant** of the boys.*

TENSE A set of verb forms that indicates the time of an action or state: past, present, or future.

Compound tense A two-word tense made up of an auxiliary verb and a present or past participle. In Spanish, there are two auxiliary verbs: **estar** and **haber**.

En este momento, **estoy estudiando**.
*At this time, **I am studying**.*

El paquete no **ha llegado** todavía.
*The package **has** not **arrived** yet.*

Simple tense A tense expressed by a single verb form.

María **estaba** mal anoche.
*María **was** sick last night.*

Juana **hablará** con su mamá mañana.
*Juana **will speak** with her mom tomorrow.*

VERB A word that expresses actions or states of being.

Auxiliary verb A verb used with a present or past participle to form a compound tense. **Haber** is the most commonly used auxiliary verb in Spanish.

Los chicos **han** visto los elefantes.
*The children **have** seen the elephants.*

Espero que **hayas** comido.
*I hope you **have** eaten.*

Reflexive verb A verb that describes an action performed by the subject on itself and is always used with a reflexive pronoun.

Me compré un carro nuevo.
I bought myself *a new car.*

Pedro y Adela **se levantan** muy temprano.
*Pedro and Adela **get (themselves) up** very early.*

Spelling change verb A verb that undergoes a predictable change in spelling in order to reflect its actual pronunciation in the various conjugations.

practicar	c ➔ qu	practico	practi**qu**é
dirigir	g ➔ j	diri**j**o	diri**g**í
almorzar	z ➔ c	almor**z**ó	almor**c**é

Stem-changing verb A verb whose stem vowel undergoes one or more predictable changes in the various conjugations.

ent**e**nder (e:ie)	ent**ie**ndo
p**e**dir (e:i)	p**i**den
d**o**rmir (o:ue, u)	d**ue**rmo, d**u**rmieron

Verb Conjugation Tables

The verb lists

The list of verbs below and the model-verb tables that start on page 446 show you how to conjugate every verb taught in **AVENTURAS**. Each verb in the list is followed by a model verb conjugated according to the same pattern. The number in parentheses indicates where in the tables you can find the conjugated forms of the model verb. If you want to find out how to conjugate **divertirse**, for example, look up number 33, **sentir**, the model for verbs that follow the **e:ie** stem-change pattern.

How to use the verb tables

In the tables you will find the infinitive, present and past participles, and all the simple forms of each model verb. The formation of the compound tenses of any verb can be inferred from the table of compound tenses, pages 446–453, either by combining the past participle of the verb with a conjugated form of **haber** or combining the present participle with a conjugated form of **estar**.

abrir like vivir (3) *except* past participle is **abierto**

aburrir(se) like vivir (3)

acabar de like hablar (1)

acampar like hablar (1)

aconsejar like hablar (1)

acordar(se) (o:ue) like contar (24)

acostar(se) (o:ue) like contar (24)

adelgazar (z:c) like cruzar (37)

afeitar(se) like hablar (1)

ahorrar like hablar (1)

alegrar(se) like hablar (1)

alegrarse like hablar (1)

aliviar like hablar (1)

almorzar (o:ue) like contar (24) *except* (z:c)

alquilar like hablar (1)

apagar (g:gu) like llegar (41)

aprender like comer (2)

apurar(se) like hablar (1)

arrancar (c:qu) like tocar (43)

arreglar like hablar (1)

asistir like vivir (3)

aumentar like hablar (1)

bailar like hablar (1)

bajar(se) like hablar (1)

bañar(se) like hablar (1)

barrer like comer (2)

beber like comer (2)

brindar like hablar (1)

bucear like hablar (1)

buscar (c:qu) like tocar (43)

caer(se) (5)

calentarse (e:ie) like pensar (30)

cambiar like hablar (1)

caminar like hablar (1)

cantar like hablar (1)

casarse like hablar (1)

celebrar like hablar (1)

cenar like hablar (1)

cepillar(se) like hablar (1)

cerrar (e:ie) like pensar (30)

chocar (c:qu) like tocar (43)

cobrar like hablar (1)

cocinar like hablar (1)

comenzar (e:ie) (z:c) like empezar (26)

comer (2)

compartir like vivir (3)

comprar like hablar (1)

comprender like comer (2)

comprometerse like comer (2)

conducir (c:zc) (6)

confirmar like hablar (1)

conocer (c:zc) (35)

conseguir (e:i) (g:gu) like seguir (32)

conservar like hablar (1)

consumir like vivir (3)

contaminar like hablar (1)

contar (o:ue) (24)

controlar like hablar (1)

correr like comer (2)

costar (o:ue) like contar (24)

creer (y) (36)

cruzar (z:c) (37)

cuidar like hablar (1)

cumplir like vivir (3)

dañar like hablar (1)

dar(se) (7)

deber like comer (2)

decidir like vivir (3)

decir (e:i) (8)

dejar like hablar (1)

depositar like hablar (1)

desarrollar like hablar (1)

desayunar like hablar (1)

descansar like hablar (1)

describir like vivir (3) *except* past participle is **descrito**

descubrir like vivir (3) *except* past participle is **descubierto**

desear like hablar (1)

despedir (e:i) like pedir (29)

despertar(se) (e:ie) like pensar (30)

destruir (y) (38)

dibujar like hablar (1)

disfrutar like hablar (1)

divertirse (e:ie) like sentir (33)

divorciarse like hablar (1)

doblar like hablar (1)

doler (o:ue) like volver (34) *except* past participle is regular

dormir(se) (o:ue, u) (25)

duchar(se) like hablar (1)

dudar like hablar (1)

echar like hablar (1)

empezar (e:ie) (z:c) (26)

enamorarse like hablar (1)

encantar like hablar (1)

encontrar (o:ue) like contar (24)

enfermarse like hablar (1)

enojar(se) like hablar (1)

enseñar like hablar (1)

ensuciar like hablar (1)

entender (e:ie) (27)

entrenar(se) like hablar (1)

entrevistar like hablar (1)

enviar (envío) (39)

escalar like hablar (1)

escribir like vivir (3) *except* past participle is **escrito**

escuchar like hablar (1)

esperar like hablar (1)

esquiar (esquío) like enviar (39)

establecer (c:zc) like conocer (35)

estacionar like hablar (1)

estar (9)

estornudar like hablar (1)

estudiar like hablar (1)

evitar like hablar (1)

explicar (c:qu) like tocar (43)
faltar like hablar (1)
fascinar like hablar (1)
firmar like hablar (1)
fumar like hablar (1)
funcionar like hablar (1)
ganar like hablar (1)
gastar like hablar (1)
graduarse (gradúo) (40)
guardar like hablar (1)
gustar like hablar (1)
haber (hay) (10)
hablar (1)
hacer (11)
importar like hablar (1)
imprimir like vivir (3)
indicar (c:qu) like tocar (43)
informar like hablar (1)
insistir like vivir (3)
interesar like hablar (1)
invertir (e:ie) like sentir (33)
invitar like hablar (1)
ir(se) (12)
jubilarse like hablar (1)
jugar (u:ue) (g:gu) (28)
lastimar(se) like hablar (1)
lavar(se) like hablar (1)
leer (y) like creer (36)
levantar(se) like hablar (1)
limpiar like hablar (1)
llamar(se) like hablar (1)
llegar (g:gu) (41)
llenar like hablar (1)
llevar(se) like hablar (1)
llover (o:ue) like volver (34) *except*
  past participle is regular
mandar like hablar (1)
manejar like hablar (1)
mantenerse (e:ie) like tener (20)
maquillar(se) like hablar (1)
mejorar like hablar (1)
merendar (e:ie) like pensar (30)
mirar like hablar (1)
molestar like hablar (1)
montar like hablar (1)

morir (o:ue) like dormir (25)
  except past participle is **muerto**
mostrar (o:ue) like contar (24)
mudarse like hablar (1)
nacer (c:zc) like conocer (35)
nadar like hablar (1)
navegar (g:gu) like llegar (41)
necesitar like hablar (1)
negar (e:ie) like pensar (30)
  except (g:gu)
nevar (e:ie) like pensar (30)
obtener (e:ie) like tener (20)
odiar like hablar (1)
ofrecer (c:zc) like conocer (35)
oír (13)
olvidar like hablar (1)
pagar (g:gu) like llegar (41)
parar like hablar (1)
parecer (c:zc) like conocer (35)
pasar like hablar (1)
pasear like hablar (1)
patinar like hablar (1)
pedir (e:i) (29)
peinar(se) like hablar (1)
pensar (e:ie) (30)
perder (e:ie) like entender (27)
pescar (c:qu) like tocar (43)
pintar like hablar (1)
planchar like hablar (1)
poder (o:ue) (14)
poner(se) (15)
practicar (c:qu) like tocar (43)
preferir (e:ie) like sentir (33)
preguntar like hablar (1)
preocupar(se) like hablar (1)
preparar like hablar (1)
prestar like hablar (1)
probar(se) (o:ue) like contar (24)
prohibir like vivir (3)
proteger (g:j) (42)
quedar(se) like hablar (1)
querer (e:ie) (16)
quitar(se) like hablar (1)
recetar like hablar (1)
recibir like vivir (3)

reciclar like hablar (1)
recoger (g:j) like proteger (42)
recomendar (e:ie) like pensar (30)
recordar (o:ue) like contar (24)
reducir (c:zc) like conducir (6)
regalar like hablar (1)
regatear like hablar (1)
regresar like hablar (1)
reír(se) (e:i) (31)
relajarse like hablar (1)
renunciar like hablar (1)
repetir (e:i) like pedir (29)
resolver (o:ue) like volver (34)
respirar like hablar (1)
revisar like hablar (1)
rogar (o:ue) like contar (24)
  except (g:gu)
romper(se) like comer (2) *except*
  past participle is **roto**
saber (17)
sacar(se) (c:qu) like tocar (43)
sacudir like vivir (3)
salir (18)
seguir (e:i) (32)
sentarse (e:ie) like pensar (30)
sentir(se) (e:ie) (33)
separarse like hablar (1)
ser (19)
servir (e:i) like pedir (29)
solicitar like hablar (1)
sonar (o:ue) like contar (24)
sonreír (e:i) like reír(se) (31)
sorprender like comer (2)
subir like vivir (3)
sudar like hablar (1)
sufrir like vivir (3)
sugerir (e:ie) like sentir (33)
suponer like poner (15)
temer like comer (2)
tener (e:ie) (20)
terminar like hablar (1)
tomar like hablar (1)
torcerse (o:ue)
  like volver (34) *except* (c:z)
  and past participle is regular;
  e.g., **yo tuerzo**

toser like comer (2)
trabajar like hablar (1)
traducir (c:zc) like conducir (6)
traer (21)
transmitir like vivir (3)
tratar like hablar (1)
usar like hablar (1)
vender like comer (2)
venir (e:ie) (22)
ver (23)
vestir(se) (e:i) like pedir (29)
viajar like hablar (1)
visitar like hablar (1)
vivir (3)
volver (o:ue) (34)

Regular verbs: simple tenses

	INDICATIVE					SUBJUNCTIVE		IMPERATIVE
Infinitive	Present	Imperfect	Preterite	Future	Conditional	Present	Past	
1 hablar	hablo	hablaba	hablé	hablaré	hablaría	hable	hablara	
Participles:	hablas	hablabas	hablaste	hablarás	hablarías	hables	hablaras	habla tú (no hables)
hablando	habla	hablaba	habló	hablará	hablaría	hable	hablara	hable Ud.
hablado	hablamos	hablábamos	hablamos	hablaremos	hablaríamos	hablemos	habláramos	hablemos
	habláis	hablabais	hablasteis	hablaréis	hablaríais	habléis	hablarais	hablad (no habléis)
	hablan	hablaban	hablaron	hablarán	hablarían	hablen	hablaran	hablen Uds.
2 comer	como	comía	comí	comeré	comería	coma	comiera	
Participles:	comes	comías	comiste	comerás	comerías	comas	comieras	come tú (no comas)
comiendo	come	comía	comió	comerá	comería	coma	comiera	coma Ud.
comido	comemos	comíamos	comimos	comeremos	comeríamos	comamos	comiéramos	comamos
	coméis	comíais	comisteis	comeréis	comeríais	comáis	comierais	comed (no comáis)
	comen	comían	comieron	comerán	comerían	coman	comieran	coman Uds.
3 vivir	vivo	vivía	viví	viviré	viviría	viva	viviera	
Participles:	vives	vivías	viviste	vivirás	vivirías	vivas	vivieras	vive tú (no vivas)
viviendo	vive	vivía	vivió	vivirá	viviría	viva	viviera	viva Ud.
vivido	vivimos	vivíamos	vivimos	viviremos	viviríamos	vivamos	viviéramos	vivamos
	vivís	vivíais	vivisteis	viviréis	viviríais	viváis	vivierais	vivid (no viváis)
	viven	vivían	vivieron	vivirán	vivirían	vivan	vivieran	vivan Uds.

All verbs: compound tenses

PERFECT TENSES

INDICATIVE								SUBJUNCTIVE			
Present Perfect		Past Perfect		Future Perfect		Conditional Perfect		Present Perfect		Past Perfect	
he		había		habré		habría		haya		hubiera	
has		habías		habrás		habrías		hayas		hubieras	
ha	hablado	había	hablado	habrá	hablado	habría	hablado	haya	hablado	hubiera	hablado
hemos	comido	habíamos	comido	habremos	comido	habríamos	comido	hayamos	comido	hubiéramos	comido
habéis	vivido	habíais	vivido	habréis	vivido	habríais	vivido	hayáis	vivido	hubierais	vivido
han		habían		habrán		habrían		hayan		hubieran	

PROGRESSIVE TENSES

INDICATIVE				SUBJUNCTIVE	
Present Progressive	Past Progressive	Future Progressive	Conditional Progressive	Present Progressive	Past Progressive
estoy	estaba	estaré	estaría	esté	estuviera
estás	estabas	estarás	estarías	estés	estuvieras
está	estaba	estará	estaría	esté	estuviera
estamos	estábamos	estaremos	estaríamos	estemos	estuviéramos
estáis	estabais	estaréis	estaríais	estéis	estuvierais
están	estaban	estarán	estarían	estén	estuvieran
hablando comiendo viviendo	hablando comiendo viviendo	hablando comiendo viviendo	hablando comiendo viviendo	hablando comiendo viviendo	hablando comiendo viviendo

Irregular verbs

Infinitive	INDICATIVE					SUBJUNCTIVE		IMPERATIVE
	Present	Imperfect	Preterite	Future	Conditional	Present	Past	
4 caber	**quepo**	cabía	**cupe**	**cabré**	**cabría**	**quepa**	**cupiera**	
	cabes	cabías	**cupiste**	**cabrás**	**cabrías**	**quepas**	**cupieras**	cabe tú (no **quepas**)
	cabe	cabía	**cupo**	**cabrá**	**cabría**	**quepa**	**cupiera**	**quepa** Ud.
Participles:	cabemos	cabíamos	**cupimos**	**cabremos**	**cabríamos**	**quepamos**	**cupiéramos**	**quepamos**
cabiendo	cabéis	cabíais	**cupisteis**	**cabréis**	**cabríais**	**quepáis**	**cupierais**	cabed (no **quepáis**)
cabido	caben	cabían	**cupieron**	**cabrán**	**cabrían**	**quepan**	**cupieran**	**quepan** Uds.
5 caer(se)	**caigo**	caía	caí	caeré	caería	**caiga**	**cayera**	
	caes	caías	**caíste**	caerás	caerías	**caigas**	**cayeras**	cae tú (no **caigas**)
	cae	caía	**cayó**	caerá	caería	**caiga**	**cayera**	**caiga** Ud. (no **caiga**)
Participles:	caemos	caíamos	**caímos**	caeremos	caeríamos	**caigamos**	**cayéramos**	**caigamos**
cayendo	caéis	caíais	**caísteis**	caeréis	caeríais	**caigáis**	**cayerais**	caed (no **caigáis**)
caído	caen	caían	**cayeron**	caerán	caerían	**caigan**	**cayeran**	**caigan** Uds.
6 conducir	**conduzco**	conducía	**conduje**	conduciré	conduciría	**conduzca**	**condujera**	
(c:zc)	conduces	conducías	**condujiste**	conducirás	conducirías	**conduzcas**	**condujeras**	conduce tú (no **conduzcas**)
	conduce	conducía	**condujo**	conducirá	conduciría	**conduzca**	**condujera**	**conduzca** Ud. (no **conduzca**)
Participles:	conducimos	conducíamos	**condujimos**	conduciremos	conduciríamos	**conduzcamos**	**condujéramos**	**conduzcamos**
conduciendo	conducís	conducíais	**condujisteis**	conduciréis	conduciríais	**conduzcáis**	**condujerais**	conducid (no **conduzcáis**)
conducido	conducen	conducían	**condujeron**	conducirán	conducirían	**conduzcan**	**condujeran**	**conduzcan** Uds.

7. dar — Participles: dando, dado

	INDICATIVE					SUBJUNCTIVE		IMPERATIVE
	Present	Imperfect	Preterite	Future	Conditional	Present	Past	
	doy	daba	di	daré	daría	dé	diera	
	das	dabas	diste	darás	darías	des	dieras	da tú (no des)
	da	daba	dio	dará	daría	dé	diera	dé Ud.
	damos	dábamos	dimos	daremos	daríamos	demos	diéramos	demos
	dais	dabais	disteis	daréis	daríais	deis	dierais	dad (no deis)
	dan	daban	dieron	darán	darían	den	dieran	den Uds.

8. decir (e:i) — Participles: diciendo, dicho

	Present	Imperfect	Preterite	Future	Conditional	Present	Past	IMPERATIVE
	digo	decía	dije	diré	diría	diga	dijera	
	dices	decías	dijiste	dirás	dirías	digas	dijeras	di tú (no digas)
	dice	decía	dijo	dirá	diría	diga	dijera	diga Ud.
	decimos	decíamos	dijimos	diremos	diríamos	digamos	dijéramos	digamos
	decís	decíais	dijisteis	diréis	diríais	digáis	dijerais	decid (no digáis)
	dicen	decían	dijeron	dirán	dirían	digan	dijeran	digan Uds.

9. estar — Participles: estando, estado

	Present	Imperfect	Preterite	Future	Conditional	Present	Past	IMPERATIVE
	estoy	estaba	estuve	estaré	estaría	esté	estuviera	
	estás	estabas	estuviste	estarás	estarías	estés	estuvieras	está tú (no estés)
	está	estaba	estuvo	estará	estaría	esté	estuviera	esté Ud.
	estamos	estábamos	estuvimos	estaremos	estaríamos	estemos	estuviéramos	estemos
	estáis	estabais	estuvisteis	estaréis	estaríais	estéis	estuvierais	estad (no estéis)
	están	estaban	estuvieron	estarán	estarían	estén	estuvieran	estén Uds.

10. haber — Participles: habiendo, habido

	Present	Imperfect	Preterite	Future	Conditional	Present	Past	IMPERATIVE
	he	había	hube	habré	habría	haya	hubiera	
	has	habías	hubiste	habrás	habrías	hayas	hubieras	
	ha	había	hubo	habrá	habría	haya	hubiera	
	hemos	habíamos	hubimos	habremos	habríamos	hayamos	hubiéramos	
	habéis	habíais	hubisteis	habréis	habríais	hayáis	hubierais	
	han	habían	hubieron	habrán	habrían	hayan	hubieran	

11. hacer — Participles: haciendo, hecho

	Present	Imperfect	Preterite	Future	Conditional	Present	Past	IMPERATIVE
	hago	hacía	hice	haré	haría	haga	hiciera	
	haces	hacías	hiciste	harás	harías	hagas	hicieras	haz tú (no hagas)
	hace	hacía	hizo	hará	haría	haga	hiciera	haga Ud.
	hacemos	hacíamos	hicimos	haremos	haríamos	hagamos	hiciéramos	hagamos
	hacéis	hacíais	hicisteis	haréis	haríais	hagáis	hicierais	haced (no hagáis)
	hacen	hacían	hicieron	harán	harían	hagan	hicieran	hagan Uds.

12. ir — Participles: yendo, ido

	Present	Imperfect	Preterite	Future	Conditional	Present	Past	IMPERATIVE
	voy	iba	fui	iré	iría	vaya	fuera	
	vas	ibas	fuiste	irás	irías	vayas	fueras	ve tú (no vayas)
	va	iba	fue	irá	iría	vaya	fuera	vaya Ud.
	vamos	íbamos	fuimos	iremos	iríamos	vayamos	fuéramos	vamos
	vais	ibais	fuisteis	iréis	iríais	vayáis	fuerais	id (no vayáis)
	van	iban	fueron	irán	irían	vayan	fueran	vayan Uds.

13. oír (y) — Participles: oyendo, oído

	Present	Imperfect	Preterite	Future	Conditional	Present	Past	IMPERATIVE
	oigo	oía	oí	oiré	oiría	oiga	oyera	
	oyes	oías	oíste	oirás	oirías	oigas	oyeras	oye tú (no oigas)
	oye	oía	oyó	oirá	oiría	oiga	oyera	oiga Ud.
	oímos	oíamos	oímos	oiremos	oiríamos	oigamos	oyéramos	oigamos
	oís	oíais	oísteis	oiréis	oiríais	oigáis	oyerais	oíd (no oigáis)
	oyen	oían	oyeron	oirán	oirían	oigan	oyeran	oigan Uds.

Infinitive	INDICATIVE					SUBJUNCTIVE		IMPERATIVE
	Present	Imperfect	Preterite	Future	Conditional	Present	Past	
14 poder (o:ue)	puedo	podía	pude	podré	podría	pueda	pudiera	
	puedes	podías	pudiste	podrás	podrías	puedas	pudieras	puede tú (no puedas)
	puede	podía	pudo	podrá	podría	pueda	pudiera	pueda Ud.
Participles:	podemos	podíamos	pudimos	podremos	podríamos	podamos	pudiéramos	podamos
pudiendo	podéis	podíais	pudisteis	podréis	podríais	podáis	pudierais	poded (no podáis)
podido	pueden	podían	pudieron	podrán	podrían	puedan	pudieran	puedan Uds.
15 poner	pongo	ponía	puse	pondré	pondría	ponga	pusiera	
	pones	ponías	pusiste	pondrás	pondrías	pongas	pusieras	pon tú (no pongas)
	pone	ponía	puso	pondrá	pondría	ponga	pusiera	ponga Ud.
Participles:	ponemos	poníamos	pusimos	pondremos	pondríamos	pongamos	pusiéramos	pongamos
poniendo	ponéis	poníais	pusisteis	pondréis	pondríais	pongáis	pusierais	poned (no pongáis)
puesto	ponen	ponían	pusieron	pondrán	pondrían	pongan	pusieran	pongan Uds.
16 querer (e:ie)	quiero	quería	quise	querré	querría	quiera	quisiera	
	quieres	querías	quisiste	querrás	querrías	quieras	quisieras	quiere tú (no quieras)
	quiere	quería	quiso	querrá	querría	quiera	quisiera	quiera Ud.
Participles:	queremos	queríamos	quisimos	querremos	querríamos	queramos	quisiéramos	queramos
queriendo	queréis	queríais	quisisteis	querréis	querríais	queráis	quisierais	quered (no queráis)
querido	quieren	querían	quisieron	querrán	querrían	quieran	quisieran	quieran Uds.
17 saber	sé	sabía	supe	sabré	sabría	sepa	supiera	
	sabes	sabías	supiste	sabrás	sabrías	sepas	supieras	sabe tú (no sepas)
	sabe	sabía	supo	sabrá	sabría	sepa	supiera	sepa Ud.
Participles:	sabemos	sabíamos	supimos	sabremos	sabríamos	sepamos	supiéramos	sepamos
sabiendo	sabéis	sabíais	supisteis	sabréis	sabríais	sepáis	supierais	sabed (no sepáis)
sabido	saben	sabían	supieron	sabrán	sabrían	sepan	supieran	sepan Uds.
18 salir	salgo	salía	salí	saldré	saldría	salga	saliera	
	sales	salías	saliste	saldrás	saldrías	salgas	salieras	sal tú (no salgas)
	sale	salía	salió	saldrá	saldría	salga	saliera	salga Ud.
Participles:	salimos	salíamos	salimos	saldremos	saldríamos	salgamos	saliéramos	salgamos
saliendo	salís	salíais	salisteis	saldréis	saldríais	salgáis	salierais	salid (no salgáis)
salido	salen	salían	salieron	saldrán	saldrían	salgan	salieran	salgan Uds.
19 ser	soy	era	fui	seré	sería	sea	fuera	
	eres	eras	fuiste	serás	serías	seas	fueras	sé tú (no seas)
	es	era	fue	será	sería	sea	fuera	sea Ud.
Participles:	somos	éramos	fuimos	seremos	seríamos	seamos	fuéramos	seamos
siendo	sois	erais	fuisteis	seréis	seríais	seáis	fuerais	sed (no seáis)
sido	son	eran	fueron	serán	serían	sean	fueran	sean Uds.
20 tener (e:ie)	tengo	tenía	tuve	tendré	tendría	tenga	tuviera	
	tienes	tenías	tuviste	tendrás	tendrías	tengas	tuvieras	ten tú (no tengas)
	tiene	tenía	tuvo	tendrá	tendría	tenga	tuviera	tenga Ud.
Participles:	tenemos	teníamos	tuvimos	tendremos	tendríamos	tengamos	tuviéramos	tengamos
teniendo	tenéis	teníais	tuvisteis	tendréis	tendríais	tengáis	tuvierais	tened (no tengáis)
tenido	tienen	tenían	tuvieron	tendrán	tendrían	tengan	tuvieran	tengan Uds.

21 Infinitive: traer
Participles: trayendo, traído

	INDICATIVE					SUBJUNCTIVE		IMPERATIVE
	Present	Imperfect	Preterite	Future	Conditional	Present	Past	
	traigo	traía	traje	traeré	traería	traiga	trajera	
	traes	traías	trajiste	traerás	traerías	traigas	trajeras	trae tú (no traigas)
	trae	traía	trajo	traerá	traería	traiga	trajera	traiga Ud.
	traemos	traíamos	trajimos	traeremos	traeríamos	traigamos	trajéramos	traigamos
	traéis	traíais	trajisteis	traeréis	traeríais	traigáis	trajerais	traed (no traigáis)
	traen	traían	trajeron	traerán	traerían	traigan	trajeran	traigan Uds.

22 Infinitive: venir (e:ie)
Participles: viniendo, venido

	INDICATIVE					SUBJUNCTIVE		IMPERATIVE
	Present	Imperfect	Preterite	Future	Conditional	Present	Past	
	vengo	venía	vine	vendré	vendría	venga	viniera	
	vienes	venías	viniste	vendrás	vendrías	vengas	vinieras	ven tú (no vengas)
	viene	venía	vino	vendrá	vendría	venga	viniera	venga Ud.
	venimos	veníamos	vinimos	vendremos	vendríamos	vengamos	viniéramos	vengamos
	venís	veníais	vinisteis	vendréis	vendríais	vengáis	vinierais	venid (no vengáis)
	vienen	venían	vinieron	vendrán	vendrían	vengan	vinieran	vengan Uds.

23 Infinitive: ver
Participles: viendo, visto

	INDICATIVE					SUBJUNCTIVE		IMPERATIVE
	Present	Imperfect	Preterite	Future	Conditional	Present	Past	
	veo	veía	vi	veré	vería	vea	viera	
	ves	veías	viste	verás	verías	veas	vieras	ve tú (no veas)
	ve	veía	vio	verá	vería	vea	viera	vea Ud.
	vemos	veíamos	vimos	veremos	veríamos	veamos	viéramos	veamos
	veis	veíais	visteis	veréis	veríais	veáis	vierais	ved (no veáis)
	ven	veían	vieron	verán	verían	vean	vieran	vean Uds.

Stem-changing verbs

24 Infinitive: contar (o:ue)
Participles: contando, contado

	INDICATIVE					SUBJUNCTIVE		IMPERATIVE
	Present	Imperfect	Preterite	Future	Conditional	Present	Past	
	cuento	contaba	conté	contaré	contaría	cuente	contara	
	cuentas	contabas	contaste	contarás	contarías	cuentes	contaras	cuenta tú (no cuentes)
	cuenta	contaba	contó	contará	contaría	cuente	contara	cuente Ud.
	contamos	contábamos	contamos	contaremos	contaríamos	contemos	contáramos	contemos
	contáis	contabais	contasteis	contaréis	contaríais	contéis	contarais	contad (no contéis)
	cuentan	contaban	contaron	contarán	contarían	cuenten	contaran	cuenten Uds.

25 Infinitive: dormir (o:ue)
Participles: durmiendo, dormido

	INDICATIVE					SUBJUNCTIVE		IMPERATIVE
	Present	Imperfect	Preterite	Future	Conditional	Present	Past	
	duermo	dormía	dormí	dormiré	dormiría	duerma	durmiera	
	duermes	dormías	dormiste	dormirás	dormirías	duermas	durmieras	duerme tú (no duermas)
	duerme	dormía	durmió	dormirá	dormiría	duerma	durmiera	duerma Ud.
	dormimos	dormíamos	dormimos	dormiremos	dormiríamos	durmamos	durmiéramos	durmamos
	dormís	dormíais	dormisteis	dormiréis	dormiríais	durmáis	durmierais	dormid (no durmáis)
	duermen	dormían	durmieron	dormirán	dormirían	duerman	durmieran	duerman Uds.

26 Infinitive: empezar (e:ie) (z:c)
Participles: empezando, empezado

	INDICATIVE					SUBJUNCTIVE		IMPERATIVE
	Present	Imperfect	Preterite	Future	Conditional	Present	Past	
	empiezo	empezaba	empecé	empezaré	empezaría	empiece	empezara	
	empiezas	empezabas	empezaste	empezarás	empezarías	empieces	empezaras	empieza tú (no empieces)
	empieza	empezaba	empezó	empezará	empezaría	empiece	empezara	empiece Ud.
	empezamos	empezábamos	empezamos	empezaremos	empezaríamos	empecemos	empezáramos	empecemos
	empezáis	empezabais	empezasteis	empezaréis	empezaríais	empecéis	empezarais	empezad (no empecéis)
	empiezan	empezaban	empezaron	empezarán	empezarían	empiecen	empezaran	empiecen Uds.

	Infinitive	INDICATIVE					SUBJUNCTIVE		IMPERATIVE
		Present	Imperfect	Preterite	Future	Conditional	Present	Past	
27	entender (e:ie)	entiendo	entendía	entendí	entenderé	entendería	entienda	entendiera	
		entiendes	entendías	entendiste	entenderás	entenderías	entiendas	entendieras	entiende tú (no entiendas)
		entiende	entendía	entendió	entenderá	entendería	entienda	entendiera	entienda Ud.
	Participles:	entendemos	entendíamos	entendimos	entenderemos	entenderíamos	entendamos	entendiéramos	entendamos
	entendiendo	entendéis	entendíais	entendisteis	entenderéis	entenderíais	entendáis	entendierais	entended (no entendáis)
	entendido	entienden	entendían	entendieron	entenderán	entenderían	entiendan	entendieran	entiendan Uds.
28	jugar (u:ue)	juego	jugaba	jugué	jugaré	jugaría	juegue	jugara	
	(g:gu)	juegas	jugabas	jugaste	jugarás	jugarías	juegues	jugaras	juega tú (no juegues)
		juega	jugaba	jugó	jugará	jugaría	juegue	jugara	juegue Ud.
	Participles:	jugamos	jugábamos	jugamos	jugaremos	jugaríamos	juguemos	jugáramos	juguemos
	jugando	jugáis	jugabais	jugasteis	jugaréis	jugaríais	juguéis	jugarais	jugad (no juguéis)
	jugado	juegan	jugaban	jugaron	jugarán	jugarían	jueguen	jugaran	jueguen Uds.
29	pedir (e:i)	pido	pedía	pedí	pediré	pediría	pida	pidiera	
		pides	pedías	pediste	pedirás	pedirías	pidas	pidieras	pide tú (no pidas)
		pide	pedía	pidió	pedirá	pediría	pida	pidiera	pida Ud.
	Participles:	pedimos	pedíamos	pedimos	pediremos	pediríamos	pidamos	pidiéramos	pidamos
	pidiendo	pedís	pedíais	pedisteis	pediréis	pediríais	pidáis	pidierais	pedid (no pidáis)
	pedido	piden	pedían	pidieron	pedirán	pedirían	pidan	pidieran	pidan Uds.
30	pensar (e:ie)	pienso	pensaba	pensé	pensaré	pensaría	piense	pensara	
		piensas	pensabas	pensaste	pensarás	pensarías	pienses	pensaras	piensa tú (no pienses)
		piensa	pensaba	pensó	pensará	pensaría	piense	pensara	piense Ud.
	Participles:	pensamos	pensábamos	pensamos	pensaremos	pensaríamos	pensemos	pensáramos	pensemos
	pensando	pensáis	pensabais	pensasteis	pensaréis	pensaríais	penséis	pensarais	pensad (no penséis)
	pensado	piensan	pensaban	pensaron	pensarán	pensarían	piensen	pensaran	piensen Uds.
31	reír(se) (e:i)	río	reía	reí	reiré	reiría	ría	riera	
		ríes	reías	reíste	reirás	reirías	rías	rieras	ríe tú (no rías)
		ríe	reía	rió	reirá	reiría	ría	riera	ría Ud.
	Participles:	reímos	reíamos	reímos	reiremos	reiríamos	riamos	riéramos	riamos
	riendo	reís	reíais	reísteis	reiréis	reiríais	riáis	rierais	reíd (no riáis)
	reído	ríen	reían	rieron	reirán	reirían	rían	rieran	rían Uds.
32	seguir (e:i)	sigo	seguía	seguí	seguiré	seguiría	siga	siguiera	
	(g:gu)	sigues	seguías	seguiste	seguirás	seguirías	sigas	siguieras	sigue tú (no sigas)
		sigue	seguía	siguió	seguirá	seguiría	siga	siguiera	siga Ud.
	Participles:	seguimos	seguíamos	seguimos	seguiremos	seguiríamos	sigamos	siguiéramos	sigamos
	siguiendo	seguís	seguíais	seguisteis	seguiréis	seguiríais	sigáis	siguierais	seguid (no sigáis)
	seguido	siguen	seguían	siguieron	seguirán	seguirían	sigan	siguieran	sigan Uds.
33	sentir (e:ie)	siento	sentía	sentí	sentiré	sentiría	sienta	sintiera	
		sientes	sentías	sentiste	sentirás	sentirías	sientas	sintieras	siente tú (no sientas)
		siente	sentía	sintió	sentirá	sentiría	sienta	sintiera	sienta Ud.
	Participles:	sentimos	sentíamos	sentimos	sentiremos	sentiríamos	sintamos	sintiéramos	sintamos
	sintiendo	sentís	sentíais	sentisteis	sentiréis	sentiríais	sintáis	sintierais	sentid (no sintáis)
	sentido	sienten	sentían	sintieron	sentirán	sentirían	sientan	sintieran	sientan Uds.

34

Infinitive	INDICATIVE					SUBJUNCTIVE		IMPERATIVE
	Present	Imperfect	Preterite	Future	Conditional	Present	Past	
volver (o:ue)	vuelvo	volvía	volví	volveré	volvería	vuelva	volviera	
	vuelves	volvías	volviste	volverás	volverías	vuelvas	volvieras	vuelve tú (no vuelvas)
Participles:	vuelve	volvía	volvió	volverá	volvería	vuelva	volviera	vuelva Ud.
volviendo	volvemos	volvíamos	volvimos	volveremos	volveríamos	volvamos	volviéramos	volvamos
vuelto	volvéis	volvíais	volvisteis	volveréis	volveríais	volváis	volvierais	volved (no volváis)
	vuelven	volvían	volvieron	volverán	volverían	vuelvan	volvieran	vuelvan Uds.

Verbs with spelling changes only

Infinitive	INDICATIVE					SUBJUNCTIVE		IMPERATIVE
	Present	Imperfect	Preterite	Future	Conditional	Present	Past	
35 conocer (c:zc)	**conozco**	conocía	conocí	conoceré	conocería	**conozca**	conociera	
	conoces	conocías	conociste	conocerás	conocerías	**conozcas**	conocieras	conoce tú (no **conozcas**)
	conoce	conocía	conoció	conocerá	conocería	**conozca**	conociera	**conozca** Ud.
Participles:	conocemos	conocíamos	conocimos	conoceremos	conoceríamos	**conozcamos**	conociéramos	**conozcamos**
conociendo	conocéis	conocíais	conocisteis	conoceréis	conoceríais	**conozcáis**	conocierais	conoced (no **conozcáis**)
conocido	conocen	conocían	conocieron	conocerán	conocerían	**conozcan**	conocieran	**conozcan** Uds.
36 creer (y)	creo	creía	**creí**	creeré	creería	crea	**creyera**	
	crees	creías	**creíste**	creerás	creerías	creas	**creyeras**	cree tú (no creas)
	cree	creía	**creyó**	creerá	creería	crea	**creyera**	crea Ud.
Participles:	creemos	creíamos	**creímos**	creeremos	creeríamos	creamos	**creyéramos**	creamos
creyendo	creéis	creíais	**creísteis**	creeréis	creeríais	creáis	**creyerais**	creed (no creáis)
creído	creen	creían	**creyeron**	creerán	creerían	crean	**creyeran**	crean Uds.
37 cruzar (z:c)	cruzo	cruzaba	**crucé**	cruzaré	cruzaría	**cruce**	cruzara	
	cruzas	cruzabas	cruzaste	cruzarás	cruzarías	**cruces**	cruzaras	cruza tú (no **cruces**)
	cruza	cruzaba	cruzó	cruzará	cruzaría	**cruce**	cruzara	**cruce** Ud.
Participles:	cruzamos	cruzábamos	cruzamos	cruzaremos	cruzaríamos	**crucemos**	cruzáramos	**crucemos**
cruzando	cruzáis	cruzabais	cruzasteis	cruzaréis	cruzaríais	**crucéis**	cruzarais	cruzad (no **crucéis**)
cruzado	cruzan	cruzaban	cruzaron	cruzarán	cruzarían	**crucen**	cruzaran	**crucen** Uds.
38 destruir (y)	**destruyo**	destruía	destruí	destruiré	destruiría	destruya	destruyera	
	destruyes	destruías	destruiste	destruirás	destruirías	destruyas	destruyeras	**destruye** tú (no **destruyas**)
	destruye	destruía	**destruyó**	destruirá	destruiría	destruya	destruyera	**destruya** Ud.
Participles:	destruimos	destruíamos	destruimos	destruiremos	destruiríamos	destruyamos	destruyéramos	**destruyamos**
destruyendo	destruís	destruíais	destruisteis	destruiréis	destruiríais	destruyáis	destruyerais	destruid (no **destruyáis**)
destruido	**destruyen**	destruían	**destruyeron**	destruirán	destruirían	destruyan	destruyeran	**destruyan** Uds.
39 enviar (envío)	**envío**	enviaba	envié	enviaré	enviaría	envíe	enviara	
	envías	enviabas	enviaste	enviarás	enviarías	**envíes**	enviaras	**envía** tú (no **envíes**)
	envía	enviaba	envió	enviará	enviaría	envíe	enviara	**envíe** Ud.
Participles:	enviamos	enviábamos	enviamos	enviaremos	enviaríamos	**enviemos**	enviáramos	enviemos
enviando	enviáis	enviabais	enviasteis	enviaréis	enviaríais	**enviéis**	enviarais	enviad (no **enviéis**)
enviado	**envían**	enviaban	enviaron	enviarán	enviarían	**envíen**	enviaran	**envíen** Uds.

Infinitive	INDICATIVE					SUBJUNCTIVE		IMPERATIVE
	Present	Imperfect	Preterite	Future	Conditional	Present	Past	
40 graduarse (gradúo) **Participles:** graduando graduado	gradúo gradúas gradúa graduamos graduáis gradúan	graduaba graduabas graduaba graduábamos graduabais graduaban	gradué graduaste graduó graduamos graduasteis graduaron	graduaré graduarás graduará graduaremos graduaréis graduarán	graduaría graduarías graduaría graduaríamos graduaríais graduarían	gradúe gradúes gradúe graduemos graduéis gradúen	graduara graduaras graduara graduáramos graduarais graduaran	**gradúa** tú (no **gradúes**) **gradúe** Ud. graduemos graduad (no graduéis) **gradúen** Uds.
41 llegar (g:gu) **Participles:** llegando llegado	llego llegas llega llegamos llegáis llegan	llegaba llegabas llegaba llegábamos llegabais llegaban	**llegué** llegaste llegó llegamos llegasteis llegaron	llegaré llegarás llegará llegaremos llegaréis llegarán	llegaría llegarías llegaría llegaríamos llegaríais llegarían	**llegue** **llegues** **llegue** **lleguemos** **lleguéis** **lleguen**	llegara llegaras llegara llegáramos llegarais llegaran	llega tú (no **llegues**) **llegue** Ud. **lleguemos** llegad (no **lleguéis**) **lleguen** Uds.
42 proteger (g:j) **Participles:** protegiendo protegido	**protejo** proteges protege protegemos protegéis protegen	protegía protegías protegía protegíamos protegíais protegían	protegí protegiste protegió protegimos protegisteis protegieron	protegeré protegerás protegerá protegeremos protegeréis protegerán	protegería protegerías protegería protegeríamos protegeríais protegerían	**proteja** **protejas** **proteja** **protejamos** **protejáis** **protejan**	protegiera protegieras protegiera protegiéramos protegierais protegieran	protege tú (no **protejas**) **proteja** Ud. **protejamos** proteged (no **protejáis**) **protejan** Uds.
43 tocar (c:qu) **Participles:** tocando tocado	toco tocas toca tocamos tocáis tocan	tocaba tocabas tocaba tocábamos tocabais tocaban	**toqué** tocaste tocó tocamos tocasteis tocaron	tocaré tocará tocarás tocaremos tocaréis tocarán	tocaría tocarías tocaría tocaríamos tocaríais tocarían	**toque** **toques** **toque** **toquemos** **toquéis** **toquen**	tocara tocaras tocara tocáramos tocarais tocaran	toca tú (no **toques**) **toque** Ud. **toquemos** tocad (no **toquéis**) **toquen** Uds.

Guide to Vocabulary

Note on alphabetization

For purposes of alphabetization, **ch** and **ll** are not treated as separate letters, but **ñ** still follows **n**. Therefore, in this glossary you will find that **año**, for example, appears after **anuncio**.

Abbreviations used in this glossary

adj.	adjective	*form.*	formal	*poss.*	possessive
adv.	adverb	*indef.*	indefinite	*prep.*	preposition
art.	article	*interj.*	interjection	*pron.*	pronoun
conj.	conjunction	*i.o.*	indirect object	*ref.*	reflexive
def.	definite	*m.*	masculine	*sing.*	singular
d.o.	direct object	*obj.*	object	*sub.*	subject
f.	feminine	*p.p.*	past participle	*v.*	verb
fam.	familiar	*pl.*	plural		

Spanish-English

A

a *prep.* at; to **1**
  ¿A qué hora...? At what time...? **1, 9**
  a bordo aboard **1**
  a dieta on a diet **15**
  a la derecha de to the right of **2**
  a la izquierda de to the left of **2**
  a la plancha grilled **8**
  a la(s) + *time* at + *time* **1**
  a menos que unless **13**
  a menudo often **10**
  a mi nombre in my name
  a nombre de in the name of
  a plazos in installments **14**
  A sus órdenes. At your service.
  a tiempo on time **10**
  a veces sometimes **10**
  a ver let's see **2**
¡Abajo! *adv.* Down!
abeja *f.* bee
abierto/a *adj.* open **5**; *p.p.* opened **15**
abogado/a *m., f.* lawyer **16**
abrazar(se) *v.* to hug; to embrace (each other)
abrazo *m.* hug
abrigo *m.* coat **6**
abril *m.* April **5**
abrir *v.* to open **3**
abuelo/a *m., f.* grandfather; grandmother **3**
abuelos *pl.* grandparents **3**
aburrido/a *adj.* bored **5**
aburrir *v.* to bore **7**
aburrirse *v.* to get bored
acabar de (+ inf.) *v.* to have just (*done something*) **6**
acampar *v.* to camp **5**
accidente *m.* accident **10**

acción *f.* action
aceite *m.* oil **8**
ácido/a *adj.* acid
acompañar *v.* to go with; to accompany **14**
aconsejar *v.* to advise **12**
acontecimiento *m.* event
acordarse (de) (o:ue) *v.* to remember **7**
acostarse (o:ue) *v.* to lie down; to go to bed **7**
activo/a *adj.* active **15**
actor *m.* actor **16**
actriz *f.* actress **16**
actualidades *f., pl.* news; current events
acuático/a *adj.* aquatic **4**
adelgazar *v.* to lose weight; to slim down **15**
además (de) *adv.* furthermore; besides **10**; in addition (to)
adicional *adj.* additional
adiós *m.* goodbye **1**
adjetivo *m.* adjective
administración de empresas *f.* business administration **2**
adolescencia *f.* adolescence **9**
¿adónde? *adv.* where (to)? (*destination*) **2, 9**
aduana *f.* customs **5**
aeróbico/a *adj.* aerobic **15**
aeropuerto *m.* airport **5**
afectado/a *adj.* affected **13**
afeitarse *v.* to shave **7**
aficionado/a *adj.* fan **4**
afirmativo/a *adj.* affirmative
afueras *f., pl.* suburbs; outskirts **12**
agencia de bienes raíces *f.* real estate agency **12**
agencia de viajes *f.* travel agency **5**
agente de viajes *m., f.* travel agent **5**
agosto *m.* August **5**
agradable *adj.* pleasant

agrio/a *adj.* sour **8**
agua *f.* water **8**
  agua mineral mineral water **8**
ahora *adv.* now
  ahora mismo right now **5**
ahorrar *v.* to save money **14**
ahorros *m., pl.* savings **14**
aire *m.* air **6**
ajo *m.* garlic
al (*contraction of* a + el) **4**
  al aire libre open-air **6**
  al contado in cash **14**
  (al) este (to the) east **14**
  al fondo (de) at the end (of)
  al lado de next to; beside **2**
  (al) norte (to the) north **14**
  (al) oeste (to the) west **14**
  (al) sur (to the) south **14**
alcoba *f.* bedroom **12**
alcohol *m.* alcohol **15**
alcohólico/a *adj.* alcoholic **15**
alegrarse (de) *v.* to be happy **13**
alegre *adj.* happy **5**
alegría *f.* happiness **9**
alemán, alemana *adj.* German **3**
alérgico/a *adj.* allergic **10**
alfombra *f.* carpet; rug **12**
algo *pron.* something; anything **7**
algodón *m.* cotton **6**
alguien *pron.* someone; anyone **7**
algún, alguno/a(s) *adj.* any; some **7**
aliviar *v.* to relieve **15**
  aliviar el estrés/la tensión to relieve stress/tension **15**
allí *adv.* there **5**
  allí mismo right there **14**
almacén *m.* department store **6**
almohada *f.* pillow **12**
almorzar (o:ue) *v.* to have lunch **8**
almuerzo *m.* lunch **8**
¿Aló? *interj.* Hello? (*on the telephone*) **11**
alojamiento *m.* lodging **5**
alquilar *v.* to rent **12**

alquiler *m.* rent **12**
alternador *m.* alternator
altillo *m.* attic **12**
alto/a *adj.* tall **3**
aluminio *m.* aluminum **13**
amable *adj.* nice; friendly **5**
ama *f.* **de casa** homemaker;
   housekeeper **12**; housewife
amargo/a *adj.* bitter **8**
amarillo/a *adj.* yellow **6**
amigo/a *m., f.* friend **3**
amistad *f.* friendship **9**
amor *m.* love **9**
anaranjado/a *adj.* orange **6**
animal *m.* animal **13**
aniversario (de bodas) *m.* (wedding)
   anniversary **9**
anoche *adv.* last night **6**
anteayer *adv.* the day before
   yesterday **6**
antes *adv.* before **7**
   antes de *prep.* before **7**
   antes (de) que *conj.* before **13**
antibiótico *m.* antibiotic **10**
antipático/a *adj.* unpleasant **3**
anunciar *v.* to announce; to advertise
anuncio *m.* advertisement **16**
año *m.* year **5**
   el año pasado last year **6**
apagar *v.* to turn off **11**
aparato *m.* appliance **12**
apartamento *m.* apartment **12**
apellido *m.* last name **9**
apenas *adv.* hardly; scarcely; just **10**
aplaudir *v.* to applaud
aplicación *f.* app **11**
apreciar *v.* to appreciate
aprender *v.* to learn **3**
apurarse *v.* to hurry; to rush **15**
aquel, aquella *adj.* that; those (over
   there) **6**
aquél, aquélla *pron.* that; those (over
   there) **6**
aquello *neuter, pron.* that; that thing;
   that fact **6**
aquellos/as *pl. adj.* that; those
   (over there) **6**
aquéllos/as *pl. pron.* those (ones)
   (over there) **6**
aquí *adv.* here **1**
   Aquí está... Here it is... **5**
      Aquí estamos en... Here we are
         at/in... **2**
      aquí mismo right here
árbol *m.* tree **13**
archivo *m.* file **11**
argentino/a *adj.* Argentine **3**
armario *m.* closet **12**
arqueólogo/a *m., f.* archaeologist **16**
arquitecto/a *m., f.* architect **16**
arrancar *v.* to start (*a car*) **11**
arreglar *v.* to fix; to arrange **11**;
   to straighten up **12**
arriba *adv.* up

arroz *m.* rice **8**
arte *m.* art **2**
artes *f., pl.* arts
artesanía *f.* craftsmanship; crafts
artículo *m.* article
artista *m., f.* artist **3**
artístico/a *adj.* artistic
arveja *m.* pea **8**
asado/a *adj.* roasted **8**
ascenso *m.* promotion **16**
ascensor *m.* elevator **5**
así *adj.* like this; so (*in such a
   way*) **10**
   así así so-so
asistir (a) *v.* to attend **3**
aspiradora *f.* vacuum cleaner **12**
aspirante *m., f.* candidate;
   applicant **16**
aspirina *f.* aspirin **10**
atún *m.* tuna **8**
aumentar *v.* **de peso** to gain
   weight **15**
aumento *m.* increase **16**
   aumento de sueldo pay raise **16**
aunque *conj.* although
autobús *m.* bus **1**
automático/a *adj.* automatic **14**
auto(móvil) *m.* auto(mobile) **5**
autopista *f.* highway
ave *f.* bird
avenida *f.* avenue
aventura *f.* adventure
avergonzado/a *adj.* embarrassed **5**
avión *m.* airplane **5**
¡Ay! *interj.* Oh!
   ¡Ay, qué dolor! Oh, what pain!
ayer *adv.* yesterday **6**
ayudar *v.* to help **12**
ayudarse *v.* to help each other
azúcar *m.* sugar **8**
azul *adj.* blue **6**

B

bailar *v.* to dance **2**
bailarín/bailarina *m., f.* dancer **16**
baile *m.* dance
bajar *v.* to go down **11**
bajar(se) de *v.* to get out of
   (a vehicle) **11**
bajo/a *adj.* short (*in height*) **3**
   bajo control under control
balcón *m.* balcony **12**
ballena *f.* whale **13**
ballet *m.* ballet
baloncesto *m.* basketball **4**
banana *f.* banana **8**
banco *m.* bank **14**
banda *f.* band
bandera *f.* flag
bañarse *v.* to take a bath **7**
baño *m.* bathroom **7**
barato/a *adj.* cheap **6**

barco *m.* boat **5**
barrer *v.* to sweep **12**
   barrer el suelo to sweep the floor **12**
barrio *m.* neighborhood **12**
bastante *adv.* enough; quite **10**; pretty
basura *f.* trash **12**
baúl *m.* trunk **11**
beber *v.* to drink **3**
bebida *f.* drink **8**
   bebida alcohólica alcoholic
      beverage **15**
béisbol *m.* baseball **4**
bellas artes *f., pl.* fine arts
belleza *f.* beauty **14**
beneficio *m.* benefit; profit **16**
besar(se) *v.* to kiss (each other)
beso *m.* kiss **6**
biblioteca *f.* library **2**
bicicleta *f.* bicycle **4**
bien *adj.* good; well **1**
bienestar *m.* well-being **15**
¡Bienvenido(s)/a(s)! *adj.* Welcome! **1**
billete *m.* paper money **8**
billón trillion **6**
biología *f.* biology **2**
bistec *m.* steak **8**
bizcocho *m.* biscuit
blanco/a *adj.* white **6**
bluejeans *m., pl.* jeans **6**
blusa *f.* blouse **6**
boca *f.* mouth **10**
boda *f.* wedding **9**
boleto *m.* ticket
bolsa *f.* bag; purse **6**
bombero/a *m., f.* firefighter **16**
bonito/a *adj.* pretty **3**
borrador *m.* eraser **2**
bosque *m.* forest **13**
   bosque tropical tropical forest;
      rainforest **13**
bota *f.* boot **6**
botella *f.* bottle **9**
   botella de vino bottle of wine **9**
botones *m., f., sing.* bellhop **5**
brazo *m.* arm **10**
brindar *v.* to toast (*drink*) **9**
bucear *v.* to scuba dive **4**
bueno... *adv.* well...
buen, bueno/a *adj.* good **3, 6**
   ¡Buen viaje! Have a good trip!
   buena forma good shape
      (*physical*) **15**
   ¡Buena idea! Good idea! **4**
   Buenas noches. Good evening;
      Good night. **1**
   Buenas tardes.
      Good afternoon. **1**
   buenísimo extremely good
   ¿Bueno? Hello? (*on telephone*) **11**
   Buenos días. Good morning. **1**
bulevar *m.* boulevard
buscar *v.* to look for **2**
buzón *m.* mailbox **14**
   buzón de voz voicemail **11**

C

caballo *m.* horse **5**
cabaña *f.* cabin **5**
cabe: no cabe duda de there's no doubt **13**
cabeza *f.* head **10**
cada *adj.* each **6**
caerse *v.* to fall **10**
café *m.* café **4**; *adj.* brown **6**; coffee **8**
cafetera *f.* coffee maker
cafetería *f.* cafeteria **2**
caído/a *p.p.* fallen **15**
caja *f.* cash register **6**
cajero/a *m., f.* cashier
   cajero automático automatic teller machine (ATM) **14**
calcetín *m.* sock **6**
calculadora *f.* calculator **11**
caldo *m.* soup
   caldo de patas beef soup
calentamiento global *m.* global warming **13**
calentarse (e:ie) *v.* to warm up **15**
calidad *f.* quality **6**
calle *f.* street **11**
calor *m.* heat **3**
caloría *f.* calorie **15**
calzar *v.* to take size … shoes **6**
cama *f.* bed **5**
cámara *f.* camera **11**
   cámara de video videocamera **11**
   cámara digital digital camera **11**
camarero/a *m., f.* waiter **8**
camarón *m.* shrimp **8**
cambiar (de) *v.* to change **9**
cambio *m.* **de moneda** currency exchange
caminar *v.* to walk **2**
camino *m.* route **11**
camión *m.* truck; bus
camisa *f.* shirt **6**
camiseta *f.* t-shirt **6**
campo *m.* countryside **5**
canadiense *adj.* Canadian **3**
canal *m.* channel (TV)
canción *f.* song
candidato/a *m., f.* candidate
cansado/a *adj.* tired **5**
cantante *m., f.* singer **16**
cantar *v.* to sing **2**
capital *f.* capital city **1**
capó *m.* (car) hood **11**
cara *f.* face **7**
caramelo *m.* caramel
cargador *m.* charger **11**
carne *f.* meat **8**
   carne de res beef **8**
carnicería *f.* butcher shop **14**
caro/a *adj.* expensive **6**
carpintero/a *m., f.* carpenter **16**
carrera *f.* career **16**
carretera *f.* highway
carro *m.* car **11**

carta *f.* letter **4**; (playing) card
cartel *m.* poster
cartera *f.* wallet **6**
cartero *m.* mail carrier **14**
casa *f.* house **4**; home
casado/a *adj.* married **9**
casarse (con) *v.* to get married (to) **9**
casi *adv.* almost **10**
catorce fourteen **1**
caza *f.* hunting **13**
cebolla *f.* onion **8**
celebrar *v.* to celebrate **9**
cena *f.* dinner **8**
cenar *v.* to have dinner **8**
centro *m.* downtown **4**
   centro comercial shopping mall **6**
cepillarse los dientes/el pelo *v.* to brush one's teeth/one's hair **7**
cerámica *f.* pottery
cerca de *prep.* near **2**
cerdo *m.* pork **8**
cereales *m., pl.* cereal; grains **8**
cero zero **1**
cerrado/a *adj.* closed **5**
cerrar (e:ie) *v.* to close **4**
cerveza *f.* beer **8**
césped *m.* grass **13**
ceviche *m.* lemon-marinated fish dish
   ceviche de camarón lemon-marinated shrimp
chaleco *m.* vest
champán *m.* champagne **9**
champiñón *m.* mushroom **8**
champú *m.* shampoo **7**
chaqueta *f.* jacket **6**
chatear *v.* to chat **11**
chau *fam., interj.* bye **1**
cheque *m.* (bank) check **14**
   cheque de viajero traveler's check **14**
chévere *adj., fam.* terrific
chico/a *m., f.* boy/girl **1**
chino/a *adj.* Chinese
chocar (con) *v.* to run into; to crash **11**
chocolate *m.* chocolate
choque *m.* collision
chuleta *f.* chop (*food*) **8**
   chuleta de cerdo pork chop **8**
ciclismo *m.* cycling **4**
cielo *m.* sky **13**
cien(to) one hundred **2, 6**
   por ciento percent
ciencia *f.* science
   ciencia ficción science fiction
científico/a *m., f.* scientist **16**
cierto *m.* certain; true **13**
   es cierto it's true/certain **13**
   no es cierto it's not true/certain **13**
cifra *f.* figure
cinco five **1**
cincuenta fifty **2**
cine *m.* movie theater **4**
cinta *f.* (audio) tape
cinturón *m.* belt **6**

circulación *f.* traffic
cita *f.* date; appointment **9**
ciudad *f.* city **4**
ciudadano/a *adj.* citizen
claro que sí *fam.* of course
clase *f.* class **2**
   clase de ejercicios aeróbicos aerobics class **15**
clásico/a *adj.* classical
cliente/a *m., f.* client **6**
clínica *f.* clinic **10**
cobrar *v.* to cash a check **14**; to charge for a product or service **14**
coche *m.* car **11**
cocina *f.* kitchen **12**; stove
cocinar *v.* to cook **12**
cocinero/a *m., f.* cook, chef **16**
cola *f.* line **14**
colesterol *m.* cholesterol **15**
color *m.* color **6**
comedia *f.* comedy; play
comedor *m.* dining room **12**
comenzar (e:ie) *v.* to begin **4**
comer *v.* to eat **3**
comercial *adj.* commercial; business-related **16**
comida *f.* food; meal **8**
como *prep.* like, as **8**
¿cómo? what?; how? **1, 9**
   ¿Cómo es...? What's… like?
   ¿Cómo está usted? How are you? (*form.*) **1**
   ¿Cómo estás? How are you? (*fam.*) **1**
   ¿Cómo les fue...? *pl.* How did… go for you? **15**
   ¿Cómo se llama usted? What's your name? (*form.*) **1**
   ¿Cómo te llamas (tú)? What's your name? (*fam.*) **1**
cómoda *f.* chest of drawers **12**
cómodo/a *adj.* comfortable **5**
compañero/a de clase *m., f.* classmate **2**
compañero/a de cuarto *m., f.* roommate **2**
compañía *f.* company; firm **16**
compartir *v.* to share **3**
completamente *adv.* completely
compositor(a) *m., f.* composer
comprar *v.* to buy **2**
compras *f., pl.* purchases
   ir de compras go shopping
comprender *v.* to understand **3**
comprobar *v.* to check
comprometerse (con) *v.* to get engaged (to) **9**
computación *f.* computer science **2**
computadora *f.* computer **1, 11**
computadora portátil *f.* laptop **11**; portable computer
comunicación *f.* communication
comunicarse (con) *v.* to communicate (with)

comunidad *f.* community **1**
con *prep.* with
  Con él/ella habla. This is
    he/she. (*on telephone*) **11**
  con frecuencia *adv.* frequently **10**
  Con permiso. Pardon me., Excuse
    me. **1**
  con tal (de) que provided that **13**
concierto *m.* concert
concordar *v.* to agree
concurso *m.* contest; game show
conducir *v.* to drive **8, 11**
conductor(a) *m., f.* driver, chauffeur **1**
conexión *f.* **inalámbrica** wireless
  connection **11**
confirmar *v.* to confirm **5**
  confirmar una reservación to
    confirm a reservation **5**
congelador *m.* freezer
congestionado/a *adj.* congested **10**
conmigo *pron.* with me **4**
conocer *v.* to know; to be acquainted
  with **8**
conocido/a *adj.* known
conseguir (e:i) *v.* to get; to obtain **4**
consejero/a *m., f.* counselor; advisor **16**
consejo *m.* advice **9**
conservación *f.* conservation **13**
conservar *v.* to conserve **13**
construir *v.* to build
consultorio *m.* doctor's office **10**
consumir *v.* to consume **15**
contabilidad *f.* accounting **2**
contador(a) *m., f.* accountant **16**
contaminación *f.* pollution **13**;
  contamination
  contaminación del aire/del
    agua air/water pollution **13**
contaminado/a *adj.* polluted **13**
contaminar *v.* to pollute **13**
contar (con) *v.* to count (on) **12**
contento/a *adj.* content **5**
contestar *v.* to answer **2**
contigo *pron.* with you **4**
contratar *v.* to hire **16**
control *m.* control
  control remoto remote control **11**
controlar *v.* to control **13**
conversación *f.* conversation **1**
conversar *v.* to talk; to chat **2**
copa *f.* wineglass **12**
corazón *m.* heart **10**
corbata *f.* tie **6**
corredor(a) *m., f.* **de bolsa**
  stockbroker **16**
correo *m.* post office; mail **14**
  correo electrónico e-mail **4**
correr *v.* to run **3**
cortesía *f.* courtesy
cortinas *f., pl.* curtains **12**
corto/a *adj.* short (*in length*) **6**
cosa *f.* thing **1**
costar (o:ue) *f.* to cost **6**
cráter *m.* crater **13**

creer *v.* to believe **13**
  creer (en) *v.* to believe (in) **3**
creído/a *p.p.* believed **15**
crema de afeitar *f.* shaving cream **7**
crimen *m.* crime; murder
cruzar *v.* to cross **14**
cuaderno *m.* notebook **1**
cuadra *f.* city block **14**
cuadros *m., pl.* plaid **6**
¿cuál(es)? which?; which one(s)? **2**;
  what? **9**
  ¿Cuál es la fecha de hoy?
    What is today's date? **5**
cuando *conj.* when **7**
¿cuándo? *adv.* when? **2, 9**
¿cuánto(s)/a(s)? *adv.* how much?,
  how many? **1, 9**
  ¿Cuánto cuesta...? How much
    does... cost? **6**
  ¿Cuántos años tienes/tiene? How
    old are you? **3**
cuarenta forty **2**
cuarto *m.* room
cuarto/a *adj.* quarter **1**; fourth **5**
  menos cuarto quarter to (time) **1**
  y cuarto quarter after (time) **1**
cuarto de baño *m.* bathroom
cuatro four **1**
cuatrocientos/as four hundred **6**
cubano/a *adj.* Cuban **3**
cubiertos *m., pl.* silverware
cubierto/a *p.p.* covered
cubrir *v.* to cover
cuchara *f.* spoon **12**
cuchillo *m.* knife **12**
cuello *m.* neck **10**
cuenta *f.* bill **9**; account **14**
  cuenta corriente *f.* checking
    account **14**
  cuenta de ahorros *f.* savings
    account **14**
cuento *m.* story
cuerpo *m.* body **10**
cuidado *m.* care **3**
cuidar *v.* to take care of **13**
¡Cuídense! Take care!
cultura *f.* culture
cumpleaños *m., sing.* birthday **9**
cumplir años *v.* to have a birthday **9**
cuñado/a *m., f.* brother-in-law;
  sister-in-law **3**
currículum *m.* résumé **16**;
  curriculum vitae
curso *m.* course **2**

D

danza *f.* dance
dañar *v.* to damage; to break down **10**
dar *v.* to give **6**
  dar un consejo to give advice
  darse con *v.* to bump into; to
  run into
  darse prisa to hurry; to rush **15**

de *prep.* of; from **1**
  ¿de dónde? from where? **9**
  ¿De dónde eres? *fam.* Where are
    you from? **1**
  ¿De dónde es usted? *form.* Where
    are you from? **1**
  ¿De parte de quién? Who is
    calling? (*on telephone*) **11**
  ¿de quién...? whose...? (*sing.*) **1**
  ¿de quiénes...? whose...? (*pl.*) **1**
  de algodón (made of) cotton **6**
  de aluminio (made of) aluminum **13**
  de compras shopping
  de cuadros plaid **6**
  de excursión hiking **4**
  de hecho in fact
  de ida y vuelta round-trip **5**
  de la mañana in the morning;
    A.M. **1**
  de la noche in the evening; at
    night; P.M. **1**
  de la tarde in the afternoon; in the
    early evening; P.M. **1**
  de lana (made of) wool **6**
  de lunares polka-dotted **6**
  de mi vida of my life
  de moda in fashion **6**
  De nada. You're welcome. **1**
  de ninguna manera no way
  de niño/a as a child **10**
  de parte de on behalf of
  de plástico (made of) plastic **13**
  de rayas striped **6**
  de repente suddenly **6**
  de seda (made of) silk **6**
  de vaqueros western (genre)
  de vez en cuando from time to
    time **10**
  de vidrio (made of) glass **13**
debajo de *prep.* below; under **2**
deber (+ inf.) *v.* should (*do
  something*) **3**
  Debe ser... It must be... **6**
deber *m.* responsibility; obligation
debido a due to; the fact that
débil *adj.* weak **15**
decidido/a *adj.* decided
decidir *v.* to decide **3**
décimo/a *adj.* tenth **5**
decir *v.* to say; to tell **6**
declarar *v.* to declare; to say
dedo *m.* finger **10**
deforestación *f.* deforestation **13**
dejar *v.* to let **12**; to quit; to leave
  behind **16**
  dejar de (+ inf.) to stop
    (*doing something*) **13**
  dejar una propina to leave a tip **9**
del (*contraction of* **de + el**) of the;
  from the
delante de *prep.* in front of **2**
delgado/a *adj.* thin **3**
delicioso/a *adj.* delicious **8**
demás *pron.* the rest

demasiado *adv.* too much **6**
dentista *m., f.* dentist **10**
dentro de *adv.* within
dependiente/a *m., f.* clerk **6**
deporte *m.* sport **4**
deportista *m.* sports person
deportivo/a *adj.* sports-related **4**
depositar *v.* to deposit **14**
derecha *f.* right **2**
  a la derecha de to the right of **2**
derecho *adj.* straight **14**
derechos *m., pl.* rights
desarrollar *v.* to develop **13**
desastre natural *m.* natural disaster
desayunar *v.* to have breakfast **8**
desayuno *m.* breakfast **8**
descafeinado/a *adj.* decaffeinated **15**
descansar *v.* to rest **2**
descompuesto/a *adj.* not working;
  out of order **11**
describir *v.* to describe **3**
descrito/a *p.p.* described **15**
descubierto/a *p.p.* discovered **15**
descubrir *v.* to discover **13**
desde *prep.* from **6**
desear *v.* to want; to wish **2**; to
  desire **12**
desempleo *m.* unemployment
desierto *m.* desert **13**
desigualdad *f.* inequality
desordenado/a *adj.* disorderly **5**
despacio *adj.* slowly
despedida *f.* farewell; goodbye
despedir (e:i) *v.* to fire **16**
despejado/a *adj.* clear (*weather*)
despertador *m.* alarm clock **7**
despertarse (e:ie) *v.* to wake up **7**
después *adv.* afterwards; then **7**
  después de after **7**
  después (de) que *conj.* after **13**
destruir *v.* to destroy **13**
detrás de *prep.* behind **2**
día *m.* day **1**
  día de fiesta holiday **9**
diario *m.* diary **1**; newspaper
  diario/a *adj.* daily **7**
dibujar *v.* to draw **2**
dibujo *m.* drawing
  dibujos animados *m., pl.* cartoons
diccionario *m.* dictionary **1**
dicho/a *p.p.* said **15**
diciembre *m.* December **5**
dictadura *f.* dictatorship
diecinueve nineteen **1**
dieciocho eighteen **1**
dieciséis sixteen **1**
diecisiete seventeen **1**
diente *m.* tooth **7**
dieta *f.* diet **15**
  dieta equilibrada balanced
    diet **15**
diez ten **1**
difícil *adj.* difficult **3**
¿Diga? Hello? (*on telephone*) **11**

diligencia *f.* errand **14**
dinero *m.* money **6**
dirección *f.* address **14**
director(a) *m., f.* director; (*musical*)
  conductor
disco *m.* disk **11**
disco compacto compact disc (CD) **11**
discriminación *f.* discrimination
discurso *m.* speech
diseñador(a) *m., f.* designer **16**
diseño *m.* design
disfrutar (de) *v.* to enjoy; to reap the
  benefits (of) **15**
diversión *f.* entertainment; fun
  activity **4**
divertido/a *adj.* fun
divertirse (e:ie) *v.* to have fun **9**
divorciado/a *adj.* divorced **9**
divorciarse (de) *v.* to get divorced
  (from) **9**
divorcio *m.* divorce **9**
doblar *v.* to turn **14**
doble *adj.* double
doce twelve **1**
doctor(a) *m., f.* doctor **3, 10**
documental *m.* documentary
documentos de viaje *m., pl.* travel
  documents
doler (o:ue) *v.* to hurt **10**
dolor *m.* ache; pain **10**
dolor de cabeza *m.* headache **10**
doméstico/a *adj.* domestic
domingo *m.* Sunday **2**
don/doña title of respect used with a
  person's first name **1**
donde *prep.* where
  ¿dónde? where? **1, 9**
  ¿Dónde está...? Where is...? **2**
dormir (o:ue) *v.* to sleep **4**
dormirse (o:ue) *v.* to go to sleep; to
  fall asleep **7**
dos two **1**
  dos veces twice **6**
doscientos/as two hundred **6**
drama *m.* drama; play
dramático/a *adj.* dramatic
dramaturgo/a *m., f.* playwright
droga *f.* drug **15**
drogadicto/a *m., f.* drug addict **15**
ducha *f.* shower
ducharse *v.* to shower **7**
duda *f.* doubt **13**
dudar *v.* to doubt **13**
dueño/a *m., f.* owner **8**; landlord
dulce *adj.* sweet **8**
dulces *m., pl.* sweets; candy **9**
durante *prep.* during **7**
durar *v.* to last

E

e *conj.* (*used instead of* **y** *before
  words beginning with* **i** *and* **hi**) and
echar *v.* to throw

echar una carta al buzón to put a
  letter in the mailbox; to mail a
  letter **14**
ecología *f.* ecology **13**
ecologista *adj.* ecological; ecologist **13**
economía *f.* economics
ecoturismo *m.* ecotourism **13**
ecuatoriano/a *adj.* Ecuadorian **3**
edad *f.* age
edificio *m.* building **12**
  edificio de apartamentos
    apartment building **12**
efectivo *m.* cash
ejercicio *m.* exercise **15**
  ejercicios aeróbicos aerobic
    exercises **15**
  ejercicios de estiramiento
    stretching exercises **15**
ejército *m.* army
el *m., sing., def. art.* the **1**
él *sub. pron.* he **1**; *adj. pron.* him
elección *f.* election
electricista *m., f.* electrician **16**
electrodoméstico *m.* electrical
  appliance **12**
elegante *adj. m., f.* elegant **6**
elegir *v.* to elect
ella *sub. pron.* she **1**; *obj. pron.* her
ellos/as *sub. pron.* they **1**; them
embarazada *adj.* pregnant **10**
emergencia *f.* emergency **10**
emitir *v.* to broadcast
emocionante *adj.* exciting
empezar (e:ie) *v.* to begin **4**
empleado/a *m., f.* employee **5**
empleo *m.* job; employment **16**
empresa *f.* company; firm **16**
en *prep.* in; on; at **2**
  en casa at home **7**
  en caso (de) que in case (that) **13**
  en cuanto as soon as **13**
  en efectivo in cash
  en exceso in excess; too much **15**
  en línea in-line **4**
  ¡En marcha! Let's get going!
  en mi nombre in my name
  en punto on the dot; exactly;
    sharp (*time*) **1**
  en qué in which; in what; how **2**
  ¿En qué puedo servirles?
    How can I help you? **5**
enamorado/a *adj.* **(de)** in love
  (with) **5**
enamorarse (de) *v.* to fall in love
  (with) **9**
encantado/a *adj.* pleased to meet you **1**
encantar *v.* to like very much; to love
  (*objects*) **7**
encima de *prep.* on top of **2**
encontrar (o:ue) *v.* to find **4**
encontrar(se) *v.* to meet (each other);
  to find (each other)
encuesta *f.* poll; survey
energía *f.* energy **13**

energía nuclear nuclear energy **13**

energía solar solar energy **13**

enero *m.* January **5**

enfermarse *v.* to get sick **10**

enfermedad *f.* illness **10**

enfermero/a *m., f.* nurse **10**

enfermo/a *adj.* sick **10**

enfrente de *adv.* opposite; facing; in front of **14**

engordar *v.* to gain weight **15**

enojado/a *adj.* angry **5**

enojarse *v.* to get angry **7**

ensalada *f.* salad **8**

enseguida *adv.* right away

enseñar *v.* to teach **2**

ensuciar *v.* to get (something) dirty **12**; to dirty

entender (e:ie) *v.* to understand **4**

entonces *adv.* then **7**

entrada *f.* entrance **12**; ticket

entre *prep.* between; among **2**

entremeses *m., pl.* appetizers **8**

entrenarse *v.* to train **15**

entrevista *f.* interview **16**

entrevistador(a) *m., f.* interviewer **16**

entrevistar *v.* to interview **16**

envase *m.* container **13**

enviar *v.* to send **14**; to mail

equilibrado/a *adj.* balanced **15**

equipado/a *adj.* equipped

equipaje *m.* luggage **5**

equipo *m.* team **4**

equivocado/a *adj.* wrong **5**

eres you are *fam.* **1**

es you are *form.* ; he/she/it is **1**

  Es una lástima… It's a shame… **13**

  Es bueno que… It's good that… **12**

  Es de… He/She is from . . . **1**

  Es extraño… It's strange… **13**

  Es importante que… It's important that . . . **12**

  Es imposible… It's impossible… **13**

  Es improbable… It's improbable…**13**

  Es la una. It's one o'clock. **1**

  Es malo que… It's bad that… **12**

  Es mejor que… It's better that… **12**

  Es necesario que… It's necessary that… **12**

  Es obvio… It's obvious… **13**

  Es ridículo… It's ridiculous… **13**

  Es seguro… It's sure… **13**

  Es terrible… It's terrible… **13**

  Es triste… It's sad… **13**

  Es urgente que… It's urgent that… **12**

  Es verdad… It's true… **13**

esa(s) *f., adj.* that; those **6**

ésa(s) *f., pron.* those (ones) **6**

escalar *v.* to climb **4**

  escalar montañas *f., pl.* to go mountain climbing **4**

escalera *f.* stairs **12**

escoger *v.* choose

escribir *v.* to write **3**

escribir una carta to write a letter **4**

escribir un mensaje electrónico to write an e-mail **4**

escribir una (tarjeta) postal to write a postcard **4**

escrito/a *p.p.* written **15**

escritor(a) *m., f.* writer **16**

escritorio *m.* desk **2**

escuchar *v.* to listen **2**

  escuchar la radio to listen to the radio

  escuchar música to listen to music

escuela *f.* school **1**

esculpir *v.* to sculpt

escultor(a) *m., f.* sculptor **16**

escultura *f.* sculpture

ese *m., sing., adj.* that **6**

ése *m., sing., pron.* that (one) **6**

eso *neuter, pron.* that; that thing **6**

esos *m., pl., adj.* those **6**

ésos *m., pl., pron.* those (ones) **6**

español *m.* Spanish (*language*) **2**

español(a) *adj.* Spanish **3**

espárragos *m., pl.* asparagus

especialización *f.* field of study **16**; specialization

espectacular *adj.* spectacular

espectáculo *m.* show

espejo *m.* mirror **7**

esperar *v.* to wait (for); to hope **2**; to wish **13**

esposo/a *m., f.* husband/wife; spouse **3**

esquí (acuático) *m.* (water) skiing **4**

esquiar *v.* to ski **4**

esquina *m.* corner **14**

está he/she/it is, you are *form.* **1**

  Está despejado. It's clear. (*weather*) **5**

  Está (muy) nublado. It's (very) cloudy. (*weather*) **5**

  Está bien. That's fine.

esta(s) *f., adj.* this; these **6**

  esta noche tonight **4**

ésta(s) *f., pron.* this (one); these (ones) **6**

  Ésta es… *f.* This is… (*introducing someone*) **1**

establecer *v.* to establish

estación *f.* station; season **5**

  estación de autobuses bus station **5**

  estación del metro subway station **5**

  estación del tren train station **5**

estacionar *v.* to park **11**

estadio *m.* stadium **2**

estado civil *m.* marital status **9**

estadounidense *adj.* from the United States **3**

estampado/a *adj.* print

estampilla *f.* stamp **14**

estante *m.* bookcase; bookshelf **12**

estar *v.* to be **2**

estar a (veinte kilómetros) de aquí to be (20 kilometers) from here

estar a dieta to be on a diet **15**

estar aburrido/a to be bored **5**

estar afectado/a (por) to be affected (by) **13**

estar bajo control to be under control

estar cansado/a to be tired **5**

estar contaminado/a to be polluted **13**

estar de acuerdo to agree

estar de moda to be in fashion **6**

estar de vacaciones to be on vacation **5**

estar en buena forma to be in good shape **15**

estar enfermo/a to be sick **10**

estar listo/a to be ready

estar perdido/a to be lost **14**

estar roto/a to be broken

estar seguro/a (de) to be sure (of) **5, 13**

estar torcido/a to be twisted; to be sprained **10**

estatua *f.* statue

este *m.* east **14**; umm

este *m., sing., adj.* this **6**

éste *m., sing., pron.* this (one) **6**

  Éste es… *m.* This is… (*introducing someone*) **1**

estéreo *m.* stereo **11**

estilo *m.* style

estiramiento *m.* stretching **15**

esto *neuter pron.* this; this thing **6**

estómago *m.* stomach **10**

estornudar *v.* to sneeze **10**

estos *m., pl., adj.* these **6**

éstos *m., pl., pron.* these (ones) **6**

estrella *f.* star **13**

  estrella de cine *m., f.* movie star

estrés *m.* stress **15**

estudiante *m., f.* student **1, 2**

estudiantil *adj. m., f.* student

estudiar *v.* to study **2**

estufa *f.* stove **12**

estupendo/a *adj.* stupendous **5**

etapa *f.* stage **9**; step

evitar *v.* to avoid **13**

examen *m.* test; exam **2**

  examen médico physical exam **10**

excelente *adj.* excellent **5**

exceso *m.* excess; too much **15**

excursión *f.* hike; tour; excursion **4**

excursionista *m., f.* hiker **4**

éxito *m.* success **16**

experiencia *f.* experience

explicar *v.* to explain **2**

explorar *v.* to explore

explorar un pueblo to explore a town

explorar una ciudad to explore a city

expresión *f.* expression
extinción *f.* extinction **13**
extranjero/a *adj.* foreign
extraño/a *adj.* strange **13**

F

fábrica *f.* factory **13**
fabuloso/a *adj* fabulous **5**
fácil *adj.* easy **3**
  facilísimo extremely easy **8**
falda *f.* skirt **6**
faltar *v.* to lack; to need **7**
familia *f.* family **3**
famoso/a *adj.* famous **16**
farmacia *f.* pharmacy **10**
fascinar *v.* to fascinate; to like very
  much **7**
favorito/a *adj.* favorite **4**
febrero *m.* February **5**
fecha *f.* date **5**
feliz *adj.* happy **5**
  ¡Felicidades! Congratulations!
    (*for an event such as a birthday*
    or anniversary)
  ¡Felicitaciones! Congratulations!
    (*for an event such as an engagement*
    or a good grade on a test)
  ¡Feliz cumpleaños! Happy
    birthday! **9**
fenomenal *adj.* great **5**; phenomenal
feo/a *adj.* ugly **3**
festival *m.* festival
fiebre *f.* fever **10**
fiesta *f.* party **9**
fijo/a *adj.* set, fixed **6**
fin *m.* end **4**
  fin de semana weekend **4**
finalmente *adv.* finally
firmar *v.* to sign (*a document*) **14**
física *f.* physics **2**
flan *m.* baked custard **9**
flexible *adj.* flexible **15**
flor *f.* flower **13**
folclórico/a *adj.* folk; folkloric
folleto *m.* brochure
fondo *m.* end **12**
forma *f.* shape **15**
formulario *m.* form **14**
foto(grafía) *f.* photograph **1**
francés, francesa *adj.* French **3**
frecuentemente *adv.* frequently **10**
frenos *m., pl.* brakes **11**
fresco/a *adj.* cool
frijoles *m., pl.* beans **8**
frío *m.* cold **3**
fritada *f.* fried dish (pork, fish, etc.)
frito/a *adj.* fried **8**
fruta *f.* fruit **8**
frutería *f.* fruit shop **14**
frutilla *f.* strawberry **8**
fuente de fritada *f.* platter of fried food
fuera *adv.* outside
fuerte *adj.* strong **15**

fumar *v.* to smoke **15**
  no fumar not to smoke **15**
funcionar *v.* to work **11**; to function
fútbol *m.* soccer **4**
fútbol americano football **4**
futuro/a *adj.* future **16**
  en el futuro in the future

G

gafas (de sol) *f., pl.* (sun)glasses **6**
gafas (oscuras) *f., pl.* (sun)glasses
galleta *f.* cookie **9**
ganar *v.* to win **4**; to earn (money) **16**
ganga *f.* bargain **6**
garaje *m.* garage; (mechanic's) repair
  shop **11**; garage **12**
garganta *f.* throat **10**
gasolina *f.* gasoline **11**
gasolinera *f.* gas station **11**
gastar *v.* to spend (*money*) **6**
gato/a *m., f.* cat **3**
gente *f.* people **3**
geografía *f.* geography **2**
gerente *m., f.* manager **16**
gimnasio *m.* gym, gymnasium **4**
gobierno *m.* government **13**
golf *m.* golf **4**
gordo/a *adj.* fat **3**
gracias *f., pl.* thank you; thanks **1**
  Gracias por todo. Thanks for
    everything.
  Gracias una vez más. Thanks once
    again.
graduarse (de) *v.* to graduate (from) **9**
grande *adj.* big **3**
grasa *f.* fat **15**
gratis *adj.* free of charge **14**
grave *adj.* grave; serious **10**
gravísimo/a *adj.* extremely serious **13**
grillo *m.* cricket
gripe *f.* flu **10**
gris *adj.* gray **6**
gritar *v.* to scream **1**
guantes *m., pl.* gloves **6**
guapo/a *adj.* good-looking **3**
guardar *v.* to save (on a computer) **11**
guerra *f.* war
guía *m., f.* guide
gustar *v.* to be pleasing to; to like **2, 7**
  Me gustaría(n)… I would like **7**
gusto *m.* pleasure **1**
  El gusto es mío. The pleasure
    is mine. **1**
  Gusto de (+ inf.) It's a pleasure to…
  Mucho gusto. Pleased to meet you. **1**

H

haber (*aux.*) *v.* to have (*done*
  something) **15**
  ha sido un placer it's been a
    pleasure
habitación *f.* room **5**

habitación doble double room **5**
habitación individual single
  room **5**
habitantes *m., pl.* inhabitants **13**
hablar *v.* to talk; to speak **2**
hacer *v.* to do; to make **4**
  Hace buen tiempo. It's nice weather.
  5; The weather is good.
  Hace (mucho) calor. It's (very) hot.
    (*weather*) **5**
  Hace fresco. It's cool. (*weather*) **5**
  Hace (mucho) frío. It's (very) cold.
    (*weather*) **5**
  Hace mal tiempo. It's bad weather.
  5; The weather is bad.
  Hace (mucho) sol. It's (very) sunny.
    (*weather*) **5**
  Hace (mucho) viento. It's (very)
    windy. (*weather*) **5**
  hacer cola to stand in line **14**
  hacer diligencias to do errands;
    to run errands **14**
  hacer ejercicio to exercise **15**
  hacer ejercicios aeróbicos to do
    aerobics **15**
  hacer ejercicios de estiramiento
    to do stretching exercises **15**
  hacer el papel to play a role
  hacer gimnasia to work out **15**
  hacer juego (con) to match **6**
  hacer la cama to make the bed **12**
  hacer las maletas to pack (one's
    suitcases) **5**
  hacer los quehaceres domésticos
    to do household chores **12**
  hacer turismo to go sightseeing **5**
  hacer un viaje to take a trip **5**
  hacer una excursión to go on a
    hike; to go on a tour **5**
hacha *f.* ax
hacia *prep.* toward **14**
hambre *f.* hunger **3**
hamburguesa *f.* hamburger **8**
  hamburguesa vegetariana *f.*
    veggie hamburger **8**
hasta *prep.* until **6**; toward
  Hasta la vista. See you later. **1**
  Hasta luego. See you later. **1**
  Hasta mañana. See you tomorrow. **1**
  hasta que until **13**
  Hasta pronto. See you soon. **1**
hay there is; there are **1**
  Hay (mucha) contaminación.
    It's (very) smoggy.
  Hay (mucha) niebla. It's (very)
    foggy. **5**
  Hay que It is necessary that **14**
  No hay duda de There's no
    doubt **13**
  No hay de qué. You're welcome. **1**
hecho/a *p.p.* done **15**
heladería *f.* ice cream shop **14**
helado/a *adj.* iced **8**
helado *m.* ice cream **9**

hermanastro/a *m., f.* stepbrother/
   stepsister **3**
hermano/a *m., f.* brother/sister **3**
hermano/a mayor/menor *m., f.* older/
   younger brother/sister **3**
hermanos *m., pl.* siblings (brothers
   and sisters) **3**
hermoso/a *adj.* beautiful **6**
hierba *f.* grass **13**
hijastro/a *m., f.* stepson/stepdaughter
   3
hijo/a *m., f.* son/daughter **3**
   hijo/a único/a only child **3**
   hijos *m., pl.* children **3**
historia *f.* history **2**; story
hockey *m.* hockey **4**
hogar *m.* home **12**
hola *interj.* hello **1**
hombre *m.* man **1**
   hombre de negocios businessman
   16
hora *f.* hour **1**
horario *m.* schedule **2**
horno *m.* oven **12**
   horno de microondas
   microwave oven **12**
hospital *m.* hospital **10**
hotel *m.* hotel **5**
hoy *adv.* today **2**
   hoy día nowadays
   Hoy es... Today is... **2**
huelga *f.* strike (labor)
hueso *m.* bone **10**
huésped *m., f.* guest **5**
huevo *m.* egg **8**
humanidades *f., pl.* humanities
huracán *m.* hurricane

I

ida *f.* one way (*travel*)
idea *f.* idea **4**
iglesia *f.* church **4**
igualdad *f.* equality
igualmente *adv.* likewise **1**
impermeable *m.* raincoat **6**
importante *adj.* important **3**
importar *v.* to be important (to);
   to matter **7, 12**
imposible *adj.* impossible **13**
impresora *f.* printer **11**
imprimir *v.* to print **11**
improbable *adj.* improbable **13**
impuesto *m.* tax
incendio *m.* fire
increíble *adj.* incredible **5**
indicar cómo llegar *v.* to give
   directions **14**
individual *adj.* private (*room*) **5**
infección *f.* infection **10**
informar *v.* to inform
informe *m.* report; paper (*written
   work*)
ingeniero/a *m., f.* engineer **3**

inglés *m.* English (*language*) **2**
inglés, inglesa *adj.* English **3**
insistir (en) *v.* to insist (on) **12**
inspector(a) de aduanas *m., f.*
   customs inspector **5**
inteligente *adj.* intelligent **3**
intercambiar *v.* exchange
interesante *adj.* interesting **3**
interesar *v.* to be interesting to;
   to interest **7**
internacional *adj.* international
Internet *m.* Internet **11**
inundación *f.* flood
invertir (e:ie) *v.* to invest **16**
invierno *m.* winter **5**
invitado/a *m., f.* guest (*at a
   function*) **9**
invitar *v.* to invite; to treat **9**
inyección *f.* injection **10**
ir *v.* to go **4**
   ir a (+ *inf.*) to be going to do
      something **4**
   ir a la playa to go to the beach **5**
   ir de compras to go shopping **6**
   ir de excursión (a las montañas)
      to go for a hike (in the
      mountains) **4**
   ir de pesca to go fishing **5**
   ir de vacaciones to go on
      vacation **5**
   ir en autobús to go by bus **5**
   ir en auto(móvil) to go by car **5**;
      to go by auto(mobile)
   ir en avión to go by plane **5**
   ir en barco to go by ship **5**
   ir en metro to go by subway
   ir en motocicleta to go by
      motorcycle **5**
   ir en taxi to go by taxi **5**
   ir en tren to go by train
irse *v.* to go away; to leave **7**
italiano/a *adj.* Italian **3**
izquierdo/a *adj.* left **2**
   a la izquierda de to the left of **2**

J

jabón *m.* soap **7**
jamás *adv.* never; not ever **7**
jamón *m.* ham **8**
japonés, japonesa *adj.* Japanese **3**
jardín *m.* garden; yard **12**
jefe, jefa *m., f.* boss **16**
joven *adj.* young **3**
joven *m., f.* youth; young person **1**
joyería *f.* jewelry store **14**
jubilarse *v.* to retire (*from work*) **9**
juego *m.* game
jueves *m., sing.* Thursday **2**
jugador(a) *m., f.* player **4**
jugar (u:ue) *v.* to play **4**
   jugar a las cartas to play cards
jugo *m.* juice **8**
   jugo de fruta fruit juice **8**

julio *m.* July **5**
jungla *f.* jungle
junio *m.* June **5**
juntos/as *adj.* together **9**
juventud *f.* youth **9**

K

kilómetro *m.* kilometer **11**

l

la *f., sing., def. art.* the **1**
la *f., sing., d.o. pron.* her, it,
   form. you **5**
laboratorio *m.* laboratory **2**
lago *m.* lake **13**
lámpara *f.* lamp **12**
lana *f.* wool **6**
langosta *f.* lobster **8**
lápiz *m.* pencil **1**
largo/a *m.* long (*in length*) **6**
las *f., pl., def. art.* the **1**
las *f., pl., d.o. pron.* them; *form.* you **5**
lástima *f.* shame **13**
lastimarse *v.* to injure oneself **10**
   lastimarse el pie to injure one's
      foot **10**
lata *f.* (*tin*) can **13**
lavabo *m.* sink
lavadora *f.* washing machine **12**
lavandería *f.* laundromat **14**
lavaplatos *m., sing.* dishwasher **12**
lavar *v.* to wash **12**
lavarse *v.* to wash oneself **7**
   lavarse la cara to wash one's
      face **7**
   lavarse las manos to wash one's
      hands **7**
le *sing., i.o. pron.* to/for him, her,
   you *form.* **6**
Le presento a... I would like to
   introduce... to you. *form.* **1**
lección *f.* lesson **1**
leche *f.* milk **8**
lechuga *f.* lettuce **8**
leer *v.* to read **3**
   leer el correo electrónico
      to read e-mail **4**
   leer el periódico to read the
      newspaper **4**
   leer una revista to read a
      magazine **4**
leído/a *p.p.* read **15**
lejos de *prep.* far from **2**
lengua *f.* language **2**
   lenguas extranjeras *f., pl.*
      foreign languages **2**
lentes de contacto *m., pl.* contact
   lenses
   lentes de sol sunglasses
lento/a *adj.* slow **11**
les *pl., i.o. pron.* to/for them,
   you *form.* **6**

letrero *m.* sign **14**
levantar *v.* to lift **15**
   levantar pesas to lift weights **15**
levantarse *v.* to get up **7**
ley *f.* law **13**
libertad *f.* liberty; freedom
libre *adj.* free **4**
librería *f.* bookstore **2**
libro *m.* book **2**
licencia de conducir *f.* driver's
   license **11**
limón *m.* lemon **8**
limpiar *v.* to clean **12**
   limpiar la casa to clean the
     house **12**
limpio/a *adj.* clean **5**
línea *f.* line **4**
listo/a *adj.* smart; ready **5**
literatura *f.* literature
llamar *v.* to call **11**
   llamar por teléfono to call on
     the phone
   llamarse to be named **7**
llanta *f.* tire **11**
llave *f.* key **5**
llegada *f.* arrival **5**
llegar *v.* to arrive **2**
llenar *v.* to fill
   llenar el tanque to fill the tank **11**
   llenar un formulario to fill out
     a form **14**
lleno/a *adj.* full **11**
llevar *v.* to carry **2**; to take; to wear **6**
   llevar una vida sana to lead
     a healthy lifestyle **15**
   llevarse bien/mal (con) to
     get along well/badly (with) **9**
llover (o:ue) *v.* to rain **5**
   Llueve. It's raining. **5**
lluvia *f.* rain
lo *m., sing. d.o. pronoun.* him, it,
   you *form.* **5**
   lo mejor the best (thing)
   Lo pasamos de película. We had a
     great time.
   lo peor the worst (thing)
   lo que what; that; which **9**
   Lo siento. I'm sorry. **1**
   Lo siento muchísimo. I'm so sorry.
loco/a *adj.* crazy **6**
locutor(a) *m., f.* TV or radio
   announcer
lomo a la plancha *m.* grilled flank steak
los *m., pl., def. art.* the **1**
los *m., pl., do. pron.* them, you *form.* **5**
luchar (contra), (por) *v.* to fight; to
   struggle (against), (for)
luego *adv.* afterwards, then **7**; *adv.*
   later **1**
lugar *m.* place **4**
luna *f.* moon **13**
lunar *m.* polka dot **6**; mole
lunes *m., sing.* Monday **2**
luz *f.* light; electricity **12**

M

madrastra *f.* stepmother **3**
madre *f.* mother **3**
madurez *f.* maturity; middle age **9**
maestro/a *m., f.* teacher **16**
magnífico/a *adj.* magnificent **5**
maíz *m.* corn **8**
mal, malo/a *adj.* bad **3**; sick **5**
   malísimo very bad **8**
maleta *f.* suitcase **1**
mamá *f.* mom **3**
mandar *v.* to order **12**; to send **14**; to
   mail
manejar *v.* to drive **11**
manera *f.* way
mano *f.* hand **1**
   ¡Manos arriba! Hands up!
manta *f.* blanket **12**
mantener *v.* to maintain **15**
   mantenerse en forma to stay
     in shape **15**
mantequilla *f.* butter **8**
manzana *f.* apple **8**
mañana *f.* morning, A.M. **1**;
   tomorrow **1**
mapa *m.* map **1**
maquillaje *m.* makeup **7**
maquillarse *v.* to put on makeup **7**
mar *m.* ocean; sea **5**
maravilloso/a *adj.* marvelous **5**
marcador *m.* dry-erase marker **2**
mareado/a *adj.* dizzy; nauseated **10**
margarina *f.* margarine **8**
mariscos *m., pl.* seafood **8**
marrón *adj. m., f.* brown
martes *m., sing.* Tuesday **2**
marzo *m.* March **5**
más *adj.* more **2**
   el/la/los/las más the most **8**
   más de (+ *number*) more
     than (+ *number*) **8**
   más tarde later (on) **7**
   más... que more... than **8**
masaje *m.* massage **15**
matemáticas *f., pl.* mathematics **2**
materia *f.* course
matrimonio *m.* marriage; married
   couple **9**
máximo/a *m., f.* maximum **11**
mayo *m.* May **5**
mayonesa *f.* mayonnaise **8**
mayor *adj.* older **3**; bigger **8**
   el/la mayor *adj.* the oldest; the
     biggest **8**
me *pron.* me **5**
   Me duele mucho. It hurts me a
     lot. **10**
   Me gusta(n)... I like... **2**
   No me gusta(n)... I don't like... **2**
   Me gustaría(n)... I would like... **7**
   Me llamo... My name is... **1**
   Me muero por... I'm dying to
     (for)...

---

mecánico/a *m., f.* mechanic **11**
mediano/a *adj.* medium
medianoche *f.* midnight **1**
medias *f., pl.* pantyhose, stockings **6**
medicamento *m.* medication **10**
medicina *f.* medicine **10**
médico/a *m., f.* doctor **3**;
   adj. medical **10**
medio/a *m. adj.* half **3**
   medio ambiente environment **13**
   medio/a hermano/a
     half-brother/half-sister **3**
   medios de comunicación *m., pl.*
     means of communication; media
   y media thirty minutes past the
     hour (*time*) **1**
mediodía *m.* noon **1**
mejor *adj.* better **8**
   el/la mejor *m., f.* the best **8**
mejorar *v.* to improve **13**
melocotón *m.* peach
menor *adj.* younger **3**; smaller **8**
   el/la menor *m., f.* the youngest;
     the smallest **8**
menos *adv.* less **10**
   el/la/los/las menos the least **8**
   menos cuarto/menos quince
     quarter to (*time*) **1**
   menos de (+ *number*) less
     than (+ *number*) **8**
   menos... que less... than **8**
mensaje de texto text message **11**
mensaje electrónico *m.* e-mail
   message **4**
mentira *f.* lie **6**
menú *m.* menu **8**
mercado *m.* market **6**
   mercado al aire libre open-air
     market **6**
merendar (e:ie) *v.* to snack in the
   afternoon; to have a(n) (afternoon)
   snack **15**
merienda *f.* (afternoon) snack **15**
mes *m.* month **5**
mesa *f.* table **2**
mesita *f.* end table **12**
   mesita de noche night stand **12**
metro *m.* subway **5**
mexicano/a *adj.* Mexican **3**
mí *pron. obj. of prep.* me
mi(s) *poss. adj.* my **3**
microonda *f.* microwave **12**
   horno de microondas
     microwave oven **12**
miedo *m.* fear **3**
mientras *adv.* while **10**
miércoles *m., sing.* Wednesday **2**
mil one thousand **6**
   mil millones billion **6**
   Mil perdones. I'm so sorry. (*lit.* A
     thousand pardons.)
milla *f.* mile **11**
millón million **6**
millones (de) millions (of) **6**

mineral *m.* mineral **15**
minuto *m.* minute **1**
mío(s)/a(s) *poss.* my; (of) mine **11**
mirar *v.* to look (at); to watch **2**
  mirar (la) televisión to watch television **2**
mismo/a *adj.* same
mochila *f.* backpack **1**
moda *f.* fashion **6**
moderno/a *adj.* modern
molestar *v.* to bother; to annoy **7**
monitor *m.* monitor **11**
mono *m.* monkey **13**
montaña *f.* mountain **4**
montar *v.* **a caballo** to ride a horse **5**
monumento *m.* monument **4**
mora *f.* blackberry **8**
morado/a *adj.* purple **6**
moreno/a *adj.* dark-haired **3**
morir (o:ue) *v.* to die **8**
mostrar (o:ue) *v.* to show **4**
moto(cicleta) *f.* motorcycle **5**
motor *m.* motor **11**
muchacho/a *m., f.* boy; girl **3**
mucho/a *adj., adv.* many; a lot; much **2, 3**
  muchas veces a lot; many times **10**
  Muchísimas gracias. Thank you very, very much.
  muchísimo *adj., adv.* very much **8**
  Mucho gusto. Pleased to meet you. **1**
  (Muchas) gracias. Thank you (very much) **1**
mudarse *v.* to move (from one house to another) **12**
muebles *m., pl.* furniture **12**
muela *f.* tooth **10**
muerte *f.* death **9**
muerto/a *p.p.* died **15**
mujer *f.* woman **1**
  mujer de negocios business woman **16**
  mujer policía female police officer **11**
multa *f.* fine; ticket **11**
mundial *adj.* worldwide
mundo *m.* world **13**
municipal *adj.* municipal
músculo *m.* muscle **15**
museo *m.* museum **4**
música *f.* music
musical *adj.* musical
músico/a *m., f.* musician
muy *adv.* very **1**
  Muy amable. That's very kind of you. **5**
(Muy) bien, gracias. (Very) well, thanks. **1**

nacer *v.* to be born **9**
nacimiento *m.* birth **9**
nacional *adj.* national

nacionalidad *f.* nationality **1**
nada *pron., adv.* nothing **1**; not anything **7**
  nada mal not bad at all **5**
nadar *v.* to swim **4**
  nadar en la piscina to swim in the pool **4**
nadie *pron.* no one, not anyone **7**
naranja *m.* orange **8**
nariz *f.* nose **10**
natación *f.* swimming **4**
natural *adj.* natural **13**
naturaleza *f.* nature **13**
navegador GPS GPS **11**
navegar en Internet *v.* to surf the Internet **11**
Navidad *f.* Christmas **9**
necesario/a *adj.* necessary **12**
necesitar *v.* to need **2, 12**
negar (e:ie) *v.* to deny **13**
negativo/a *m.* negative **7**
negocios *m., pl.* business; commerce **16**
negro/a *adj.* black **6**
nervioso/a *adj.* nervous **5**
nevar (e:ie) *v.* to snow **5**
  Nieva. It's snowing. **5**
ni… ni *conj.* neither… nor **7**
niebla *f.* fog
nieto/a *m., f.* grandson/ granddaughter **3**
nieve *f.* snow
ningún, ninguno/a(s) *adj.* no; none; not any **7**
  Ningún problema. No problem.
niñez *f.* childhood **9**
niño/a *m., f.* child; boy/girl **3**
no *adv.* no; not **1**
  No cabe duda de There is no doubt **13**
  No es así. That's not the way it is.
  No es para tanto. It's not a big deal.
  No es seguro… It's not sure… **13**
  No es verdad… It's not true… **13**
  No está. It's not here. **5**
  No está nada mal. It's not bad at all. **5**
  no estar de acuerdo to disagree
  no estar seguro/a (de) not to be sure (of) **13**
  No estoy seguro. I'm not sure.
  no hay there is not; there are not **1**
  No hay de qué. You're welcome. **1**
  No hay duda de There is no doubt **13**
  ¡No me diga(s)! You don't say!
  No me gustan nada. I don't like them at all.
  no muy bien not very well **1**
  ¿no? right? **1**

  no quiero I don't want to **4**
  no sé I don't know
  No te/se preocupe(s). Don't worry. **7**
  no tener razón to be wrong **3**
noche *f.* night **1**
nombre *m.* name **5**
norte *m.* north **14**
norteamericano/a *adj.* (North) American **3**
nos *pron.* us **5**
  Nos vemos. See you. **1**
nosotros/as *sub. pron.* we **1**; *ob. pron.* us **8**
noticias *f., pl.* news
noticiero *m.* newscast
novecientos/as nine hundred **6**
noveno/a *adj.* ninth **5**
noventa ninety **2**
noviembre *m.* November **5**
novio/a *m., f.* boyfriend/girlfriend **3**
nube *f.* cloud **13**
nublado/a *adj.* cloudy
  Está (muy) nublado. It's (very) cloudy.
nuclear *adj.* nuclear **13**
nuera *f.* daughter-in-law **3**
nuestro(s)/a(s) *poss. adj.* our **3**; of ours **11**
nueve nine **1**
nuevo/a *adj.* new **6**
número *m.* number **1**
  número (shoe) size **6**
nunca *adj.* never; not ever **7**
nutrición *f.* nutrition **15**

o *conj.* or **7**
o… o *conj.* either … or **7**
obedecer (c:zc) *v.* to obey
obra *f.* work (*of art, literature, music, etc.*)
  obra maestra masterpiece
obtener *v.* to obtain; to get **16**
obvio/a *adj.* obvious **13**
océano *m.* ocean **13**; sea
ochenta eighty **2**
ocho eight **1**
ochocientos/as eight hundred **6**
octavo/a *adj.* eighth **5**
octubre *m.* October **5**
ocupación *f.* occupation **16**
ocupado/a *adj.* busy **5**
ocurrir *v.* to occur; to happen
odiar *v.* to hate **9**
oeste *m.* west **14**
oferta *f.* offer
oficina *f.* office **12**
oficio *m.* trade **16**
ofrecer (c:zc) *v.* to offer **8**
oído *m.* sense of hearing; inner ear
oído *p.p.* heard **15**
oír *v.* to hear **4**

oiga *form., sing.* listen (*in conversation*) **1**
oigan *form., pl.* listen (*in conversation*) **1**
Oye. *fam., sing.* Listen. (*in conversation*) **1**
ojalá (que) *interj.* I hope (that); I wish (that) **13**
ojo *m.* eye **10**
olvidar *v.* to forget **10**
once eleven **1**
ópera *f.* opera
operación *f.* operation **10**
ordenado/a *adj.* orderly **5**; well organized
ordinal *adj.* ordinal (*number*)
oreja *f.* (outer) ear **10**
orquesta *f.* orchestra
ortográfico/a *adj.* spelling
os *fam., pl. pron.* you **5**
otoño *m.* autumn **5**
otro/a *adj.* other; another **6**
otra vez again

P

paciente *m., f.* patient **10**
padrastro *m.* stepfather **3**
padre *m.* father **3**
padres *m., pl.* parents **3**
pagar *v.* to pay **6**
pagar a plazos to pay in installments **14**
pagar al contado to pay in cash **14**
pagar con to pay with **6**
pagar en efectivo to pay in cash
pagar la cuenta to pay the bill **9**
página *f.* page **11**
página principal home page **11**
país *m.* country **1**
paisaje *m.* landscape **13**; countryside
pájaro *m.* bird **13**
palabra *f.* word **1**
pan *m.* bread **8**
pan tostado toasted bread **8**; toast
panadería *f.* bakery **14**
pantalla *f.* screen **11**
pantalones *m., pl.* pants **6**
pantalones cortos shorts **6**
papa *f.* potato **8**
papas fritas *f., pl.* French fries **8**
papá *m.* dad **3**
papás *m., pl.* parents **3**
papel *m.* paper **2**; role
paquete *m.* package **14**
par *m.* pair **6**
par de zapatos pair of shoes **6**
para *prep.* for; in order to; toward; in the direction of; by; used for; considering **11**
para que so that **13**
parabrisas *m., sing.* windshield **11**
parar *v.* to stop **11**
parecer *v.* to seem; to appear **8**

pared *f.* wall **12**
pareja *f.* couple; partner **9**
parientes *m., pl.* relatives **3**
parque *m.* park **4**
párrafo *m.* paragraph
parte: de parte de on behalf of
partido *m.* game **4**; match (*sports*)
pasado/a *adj.* last; past **6**
pasado *p.p.* passed
pasaje *m.* ticket **5**
pasaje de ida y vuelta *m.* round-trip ticket **5**
pasajero/a *m., f.* passenger **1**
pasaporte *m.* passport **5**
pasar *v.* to go through **5**; to pass
pasar la aspiradora to vacuum **12**
pasar por el banco to go by the bank **14**
pasar por la aduana to go through customs **5**
pasar el tiempo to spend time **4**
pasarlo bien/mal to have a good/bad time **9**
pasatiempo *m.* pastime, hobby **4**
pasear *v.* to take a walk; to stroll **4**
pasear en bicicleta to ride a bicycle **4**
pasear por la ciudad/el pueblo to walk around the city/town **4**
pasillo *m.* hallway **12**
pastel *m.* cake **9**
pastel de chocolate chocolate cake
pastel de cumpleaños birthday cake **9**
pastelería *f.* pastry shop **14**
pastilla *f.* pill **10**
patata *f.* potato **8**
patatas fritas *f., pl.* French fries **8**
patinar (en línea) *v.* to skate (in-line) **4**
patio *m.* patio; yard **12**
pavo *m.* turkey **8**
paz *f.* peace
pedir (e:i) *v.* to ask for; to request **4**, **12**; to order (*food*) **8**
pedir prestado to borrow **14**
pedir un préstamo to apply for a loan **14**
peinarse *v.* to comb one's hair **7**
película *f.* movie **4**
peligro *m.* danger **13**
peligroso/a *adj.* dangerous
pelirrojo/a *adj.* red-haired **3**
pelo *m.* hair **7**
pelota *f.* ball **4**
peluquería *f.* hairdressing salon **14**
peluquero/a *m., f.* hairdresser **16**
penicilina *f.* penicillin
pensar (e:ie) *v.* to think **4**
pensar (+ inf.) to intend; to plan (*to do something*) **4**
pensar en to think about **4**
pensión *f.* boarding house **5**
peor *adj.* worse **8**

el/la peor the worst **8**
pequeño/a *adj.* small **3**
pera *f.* pear
perder (e:ie) *v.* to lose; to miss **4**
perdido/a *adj.* lost
Perdón. Pardon me.; Excuse me. **1**
perezoso/a *adj.* lazy
perfecto/a *adj.* perfect **5**
periódico *m.* newspaper **4**
periodismo *m.* journalism **2**
periodista *m., f.* journalist **3**
permiso *m.* permission
pero *conf.* but **2**
perro/a *m., f.* dog **3**
persona *f.* person **3**
personaje *m.* character
personaje principal main character
pesas *f., pl.* weights **15**
pesca *f.* fishing **5**
pescadería *f.* fish market **14**
pescado *m.* fish (*cooked*) **8**
pescador(a) *m., f.* fisherman/ fisherwoman
pescar *v.* to fish **5**
peso *m.* weight **15**
pez *m.* fish (*live*) **13**
picante *adj.* spicy **8**
pie *m.* foot **10**
piedra *f.* stone **13**
pierna *f.* leg **10**
pimienta *f.* pepper **8**
piña *f.* pineapple **8**
pintar *v.* to paint
pintor(a) *m., f.* painter **16**
pintura *f.* painting
piscina *f.* swimming pool **4**
piso *m.* floor (*of a building*) **5**
pizarra *f.* blackboard **2**
placer *m.* pleasure
Ha sido un placer. It's been a pleasure.
planchar la ropa *v.* to iron clothes **12**
planes *m., pl.* plans
planta *f.* plant **13**
planta baja ground floor **5**
plástico *m.* plastic **13**
plato *m.* dish (*in a meal*) **8**; *m.* plate **12**
plato principal main dish **8**
playa *f.* beach **5**
plazos *m., pl.* periods; time
pluma *f.* pen **2**
población *f.* population **13**
pobre *m., f., adj.* poor **6**
pobreza *f.* poverty
poco/a *adj.* little **5, 10**; few
poder (o:ue) *v.* to be able to; can **4**
poema *m.* poem
poesía *f.* poetry
poeta *m., f.* poet **16**
policía *f.* police (force) **11**; *m.* (male) police officer **11**
política *f.* politics
político/a *m., f.* politician **16**

pollo *m.* chicken **8**

  pollo asado roast chicken **8**

ponchar *v.* to deflate; to get a flat (*tire*)

poner *v.* to put; to place **4**; to turn on (*electrical appliances*) **11**

  poner la mesa to set the table **12**

  poner una inyección to give an injection **10**

ponerse (+ *adj.*) to become (+ *adj.*) **7**; to put on **7**

por *prep.* in exchange for; for; by; in; through; by means of; along; during; around; in search of; by way of; per **11**

  por aquí around here **11**

  por avión by plane

  por ciento percent

  por ejemplo for example **11**

  por eso that's why; therefore **11**

  Por favor. Please. **1**

  por fin finally **11**

  por la mañana in the morning **7**

  por la noche at night **7**

  por la tarde in the afternoon; in the (early) evening **7**

  por lo menos at least **10**

  ¿por qué? why? **2, 9**

  por supuesto of course

  por teléfono by phone; on the phone

  por último finally **7**

portátil *adj.* portable **11**

porvenir *m.* future

posesivo/a *adj.* possessive **3**

posible *adj.* possible **13**

  es posible it's possible **13**

  no es posible it's not possible **13**

postal *f.* postcard **4**

postre *m.* dessert **9**

practicar *v.* to practice **2**

  practicar deportes *m., pl.* to play sports **4**

precio (fijo) *m.* (fixed) price **6**

preferir (e:ie) *v.* to prefer **4, 12**

pregunta *f.* question

preguntar *v.* to ask (*a question*) **2**

premio *m.* prize; award

prender *v.* to turn on **11**

prensa *f.* press

preocupado/a (por) *adj.* worried (about) **5**

preocuparse (por) *v.* to worry (about) **7**

preparar *v.* to prepare **2**

preposición *f.* preposition

presentación *f.* introduction

presentar *v.* to introduce; to put on (*a performance*)

presiones *f., pl.* pressure **15**

prestado/a *adj.* borrowed

préstamo *m.* loan **14**

prestar *v.* to loan **6**

primavera *f.* spring **5**

primer, primero/a *adj.* first **5**

primo/a *m., f.* cousin **3**

principal *adj.* main **8**

prisa *f.* haste **3**

probable *adj. m., f.* probable **13**

  es probable it's probable **13**

  no es probable it's not probable **13**

probar (o:ue) *v.* to taste; to try **8**

probarse (o:ue) *v.* to try on **7**

problema *m.* problem **1**

profesión *f.* profession **3, 16**

profesor(a) *m., f.* teacher; professor **1**

programa *m.* program **1**

  programa de computación software **11**

  programa de entrevistas talk show

programador(a) *m., f.* programmer **3**

prohibir *v.* to prohibit **10, 12**; to forbid

pronombre *m.* pronoun **8**

pronto *adj.* soon **10**

propina *f.* tip **9**

propio/a *adj.* own

proteger *v.* to protect **13**

proteína *f.* protein **15**

próximo/a *adj.* next

prueba *f.* test; quiz **2**

psicología *f.* psychology **2**

psicólogo/a *m., f.* psychologist **16**

publicar *v.* to publish

público *m.* audience

pueblo *m.* town **4**

puerta *f.* door **2**

puertorriqueño/a *adj.* Puerto Rican **3**

pues *conj.* well; then

puesto *m.* position; job **16**

puesto/a *p.p.* put **15**

puro/a *adj.* pure **13**

Q

que *pron.* that; who; which **9**

  ¡Qué…! How…! **3**

  ¡Qué dolor! What pain!

  ¡Qué gusto (+ *inf.*)! What a pleasure to… !

  ¡Qué ropa más bonita! What pretty clothes! **6**

  ¡Qué sorpresa! What a surprise!

  ¿qué? what? **1**; which? **9**

  ¿Qué día es hoy? What day is it?

  ¿Qué es? What is it? **1**

  ¿Qué hay de nuevo? What's new? **1**

  ¿Qué hicieron ellos/ellas? What did they do? **6**

  ¿Qué hicieron ustedes? What did you (*form., pl.*) do? **6**

  ¿Qué hiciste? What did you (*fam., sing.*) do? **6**

  ¿Qué hizo él/ella? What did he/she do? **6**

  ¿Qué hizo usted? What did you (*form., sing.*) do? **6**

  ¿Qué hora es? What time is it? **1**

  ¿Qué les parece? What do you guys think? **9**

  ¿Qué pasa? What's going on? **1**

  ¿Qué pasó? What happened?; What's wrong?

  ¿Qué precio tiene? What is the price?

  ¿Qué tal? How is it going? **1**; How is/are…?

  ¿Qué talla lleva/usa usted? What size do you wear? **6**

  ¿Qué tiempo hace? How's the weather? **5**

quedar *v.* to be left over; to fit (*clothing*) **7**; to be left behind **10**; to be located **14**

quedarse *v.* to stay **7**

quehaceres domésticos *m., pl.* household chores **12**

quemado/a *adj.* burned (out) **11**

querer (e:ie) *v.* to want; to love **4**

queso *m.* cheese **8**

quien(es) *pron.* who **1**; whom; that **9**

  ¿Quién es...? Who is…? **1**

  ¿Quién habla? Who is speaking? (*telephone*) **11**

  ¿quién(es)? who?; whom? **1, 9**

química *f.* chemistry **2**

quince fifteen **1**

  menos quince quarter to (time) **1**

  y quince quarter after (time) **1**

quinceañera *f.* young woman celebrating her fifteenth birthday **9**

quinientos/as five hundred **6**

quinto/a *adj.* fifth **5**

quisiera *v.* I would like

quitar la mesa *v.* to clear the table **12**

quitarse *v.* to take off **7**

quizás *adv.* maybe **5**

R

racismo *m.* racism

radio *f.* radio (*medium*)

radio *m.* radio (set) **11**

radiografía *f.* X-ray **10**

rápido/a *adj.* fast

ratón *m.* mouse **11**

ratos libres *m., pl.* spare time **4**

raya *f.* stripe **6**

razón *f.* reason **3**

rebaja *f.* sale **6**

recado *m.* (telephone) message **11**

receta *f.* prescription **10**

recetar *v.* to prescribe **10**

recibir *v.* to receive **3**

reciclaje *m.* recycling **13**

reciclar *v.* to recycle **13**

recién casado/a *m., f.* newlywed **9**

recoger *v.* to pick up **13**

recomendar (e:ie) *v.* to recommend **8, 12**

recordar (o:ue) *v.* to remember **4**

recorrer *v.* to tour an area

recurso *m.* resource **13**
  recurso natural natural resource **13**
red *f.* network; Web **11**
reducir *v.* to reduce **13**
refresco *m.* soft drink **8**
refrigerador *m.* refrigerator **12**
regalar *v.* to give (*as a gift*) **9**
regalo *m.* gift **6**
regatear *v.* to bargain **6**
región *f.* region; area **13**
regresar *v.* to return **2**
regular *adj. m., f.* so-so **1**
reído *p.p.* laughed **15**
reírse (e:i) *v.* to laugh **9**
relaciones *f., pl.* relationships
relajarse *v.* to relax **9**
reloj *m.* clock; watch **2**
renovable *adj.* renewable **13**
renunciar (a) *v.* to resign (from) **16**
repetir (e:i) *v.* to repeat **4**
reportaje *m.* report
reportero/a *m., f.* reporter **16**;
  journalist
representante *m., f.* representative
reproductor de CD *m.* CD player **11**
reproductor de DVD *m.* DVD player **11**
reproductor de MP3 *m.* MP3 player **11**
resfriado *m.* cold (*illness*) **10**
residencia estudiantil *f.* dormitory **2**
resolver (o:ue) *v.* to resolve; to solve **13**
respirar *v.* to breathe **13**
respuesta *f.* answer **9**
restaurante *m.* restaurant **4**
resuelto/a *p.p.* resolved **15**
reunión *f.* meeting **16**
revisar *v.* to check **11**
  revisar el aceite to check the oil **11**
revista *f.* magazine **4**
rico/a *adj.* rich **6**; *adj.* tasty **8**
ridículo *adj.* ridiculous **13**
río *m.* river **13**
riquísimo/a *adj.* extremely delicious **8**
rodilla *f.* knee **10**
rogar (o:ue) *v.* to beg **12**
rojo/a *adj.* red **6**
romántico/a *adj.* romantic
romper (con) *v.* to break up (with) **9**
romper(se) *v.* to break **10**
  romperse la pierna to break one's
    leg **10**
ropa *f.* clothing **6**
  ropa interior underwear **6**
rosado/a *adj.* pink **6**
roto/a *adj.* broken; *p.p.* broken **15**
rubio/a *adj.* blond **3**
ruso/a *adj.* Russian
rutina *f.* routine **7**
  rutina diaria daily routine **7**

S

sábado *m.* Saturday **2**
saber *v.* to know; to know how **8**
sabrosísimo/a *adj.* extremely
  delicious
sabroso/a *adj.* delicious **8**
sacar *v.* to take out **12**
  sacar fotos to take pictures **5**
  sacar la basura to take out
    the trash **12**
  sacar(se) una muela to have a
    tooth pulled **10**
sacudir *v.* to dust **12**
  sacudir los muebles dust the
    furniture **12**
sal *f.* salt **8**
sala *f.* living room **12**; room
  sala de emergencia(s) emergency
    room **10**
salado/a *adj.* salty **8**
salario *m.* salary **16**
salchicha *f.* sausage **8**
salida *f.* departure; exit **5**
salir *v.* to leave **4**; to go out
  salir con to leave with; to go out
    with **4**; to date (*someone*) **9**
  salir de to leave from **4**
  salir para to leave for (*a place*) **4**
salmón *m.* salmon **8**
salón de belleza *m.* beauty salon **14**
salón de clases *m.* classroom **2**
salud *f.* health **10**
saludable *adj.* healthy **10**
saludar(se) *v.* to greet (each other)
saludo *m.* greeting **1**
  saludos a... say hello to... **1**
sandalia *f.* sandal **6**
sándwich *m.* sandwich **8**
sano/a *adj.* healthy **10**
se *ref.pron.* himself, herself,
  itself, *form.* yourself, themselves,
  yourselves **7**
se *impersonal* one **10**
  Se nos dañó... The... broke
    down. **11**
  Se hizo... He/she/it became...
  Se nos pinchó una llanta.
    We got a flat tire. **11**
secadora *f.* clothes dryer **12**
sección de (no) fumadores *f.*
  (non) smoking section **8**
secretario/a *m., f.* secretary **16**
secuencia *f.* sequence
sed *f.* thirst **3**
seda *f.* silk **6**
sedentario/a *adj.* sedentary **15**;
  related to sitting
seguir (e:i) *v.* to follow; to continue;
  to keep (doing something) **4**
  seguir una dieta equilibrada to eat
    a balanced diet **15**
según *prep.* according to
segundo/a *adj.* second **5**
seguro/a *adj.* sure; safe; confident **5**
seis six **1**
seiscientos/as six hundred **6**
sello *m.* stamp **14**
selva *f.* jungle **13**

semáforo *m.* traffic light **11**
semana *f.* week **2**
  fin *m.* **de semana** weekend **4**
  la semana pasada last week **6**
semestre *m.* semester **2**
sendero *m.* trail **13**; trailhead
sentarse (e:ie) *v.* to sit down **7**
sentir(se) (e:ie) *v.* to feel **7**; to be
  sorry; to regret **13**
señor (Sr.) *m.* Mr.; sir **1**
señora (Sra.) *f.* Mrs.; ma'am **1**
señorita (Srta.) *f.* Miss **1**; young
  woman
separado/a *adj.* separated **9**
separarse (de) *v.* to separate
  (from) **9**
septiembre *m.* September **5**
séptimo/a *adj.* seventh **5**
ser *v.* to be **1**
  ser aficionado/a (a) to be a fan
    (of) **4**
  ser alérgico/a (a) to be allergic
    (to) **10**
  ser gratis to be free of charge **14**
serio/a *adj.* serious
servilleta *f.* napkin **12**
servir (e:i) *v.* to help **5**; to serve **8**
sesenta sixty **2**
setecientos/as seven hundred **6**
setenta seventy **2**
sexismo *m.* sexism
sexto/a *adj.* sixth **5**
sí *adv.* yes **1**
si *conj.* if **13**
SIDA *m.* AIDS
sido *p.p.* been **15**
siempre *adv.* always **7**
siete seven **1**
silla *f.* chair **2**
sillón *m.* armchair **12**
similar *adj. m., f.* similar
simpático/a *adj.* nice **3**
sin *prep.* without **13, 15**
  sin duda without a doubt
  sin embargo *adv.* however
  sin que *conj.* without **13**
sino *conj.* but
síntoma *m.* symptom **10**
sitio *m.* **web** website **11**
situado/a *p.p.* located
sobre *m.* envelope **14**; *prep.* on;
  over **2**
sobrino/a *m., f.* nephew/niece **3**
sociología *f.* sociology **2**
sofá *m.* sofa **12**
sois *fam.* you are **1**
sol *m.* sun **4, 5, 13**
solar *adj.* solar **13**
solicitar *v.* to apply (*for a job*) **16**
solicitud (de trabajo) *f.* (job)
  application **16**
sólo *adv.* only
soltero/a *adj.* single **9**; unmarried
solución *f.* solution **13**

sombrero *m.* hat **6**
somos we are **1**
son you/they are **1**
    Son las... It's... o'clock. **1**
sonar (o:ue) *v.* to ring **11**
sonreído *p.p.* smiled **15**
sonreír (e:i) *v.* to smile **9**
sopa *f.* soup **8**
sorprender *v.* to surprise **9**
sorpresa *f.* surprise **9**
sótano *m.* basement **12**
soy I am **1**
    Soy yo. That's me. **1**
    soy de... I'm from... **1**
su(s) *poss. adj.* his; her; its; *form.*
    your; their; **3**
subir *v.* to go up **11**
subir(se) a to get into
    (a vehicle) **11**
sucio/a *adj.* dirty **5**
sucre *m.* former Ecuadorian
    currency **6**
sudar *v.* to sweat **15**
suegro/a *m., f.* father-in-law;
    mother-in-law **3**
sueldo *m.* salary **16**
suelo *m.* floor **12**
sueño *m.* sleep **3**
suerte *f.* luck **3**
suéter *m.* sweater **6**
sufrir *v.* to suffer **13**
    sufrir muchas presiones to
        be under a lot of pressure **15**
    sufrir una enfermedad to
        suffer (from) an illness **13**
sugerir (e:ie) *v.* to suggest **12**
supermercado *m.* supermarket **14**
suponer *v.* to suppose **4**
sur *m.* south **14**
sustantivo *m.* noun
suyo(s)/a(s) *poss.* (of) his/her; (of)
    hers; (of) its; (of) *form.* your, (of)
    yours, (of) theirs; their **11**

T

tal vez *adv.* maybe **5**
talentoso/a *adj.* talented
talla *f.* size **6**
    talla grande large **6**
taller *m.* **(mecánico)** (mechanic's)
    repair shop **11**
también *adv.* also; too **7**
tampoco *adv.* neither; not either **7**
tan *adv.* so **5**
    tan pronto como as soon as **13**
    tan... como as... as **8**
tanque *m.* tank **11**
tanto *adv.* so much
    tanto... como as much... as **8**
    tantos/as... como as
        many... as **8**
tarde *adv.* late **7**
tarde *f.* afternoon; evening; P.M. **1**

tarea *f.* homework **2**
tarjeta *f.* (post) card **4**
    tarjeta de crédito credit card **6**
    tarjeta postal postcard **4**
taxi *m.* taxi(cab) **5**
taza *f.* cup; mug **12**
te *fam. pron.* you **5**
    Te presento a... I would like to
        introduce... to you. (*fam.*) **1**
    ¿Te gustaría? Would you like to?
    ¿Te gusta(n)... ? Do you like...? **2**
té *m.* tea **8**
    té helado ice tea **8**
teatro *m.* theater
teclado *m.* keyboard **11**
técnico/a *m., f.* technician **16**
tejido *m.* weaving
teleadicto/a *m., f.* couch potato **15**
teléfono celular *m.* cell phone **11**
telenovela *f.* soap opera
teletrabajo *m.* telecommuting **16**
televisión *f.* television **11**
televisor *m.* television set **11**
temer *v.* to be afraid **13**
temperatura *f.* temperature **10**
temprano *adv.* early **7**
tenedor *m.* fork **12**
tener *v.* to have **3**
    tener... años to be... years old **3**
    Tengo... años. I'm... years old. **3**
    tener (mucho) calor to be (very)
        hot **3**
    tener (mucho) cuidado to be
        (very) careful **3**
    tener dolor de to have a pain in
    tener éxito to be successful **16**
    tener fiebre to have a fever **10**
    tener (mucho) frío to be (very)
        cold **3**
    tener ganas de (+ inf.) to feel
        like (*doing something*) **3**
    tener (mucha) hambre *f.* to be
        (very) hungry **3**
    tener (mucho) miedo to be (very)
        afraid/scared of **3**
    tener miedo (de) que to be afraid
        that
    tener planes to have plans **4**
    tener (mucha) prisa to be in a
        (big) hurry **3**
    tener que (+ inf.) *v.* to have to
        (*do something*) **3**
    tener razón to be right **3**
    tener (mucha) sed to be (very)
        thirsty **3**
    tener (mucho) sueño to be (very)
        sleepy **3**
    tener (mucha) suerte to be (very)
        lucky **3**
    tener tiempo to have time
    tener una cita to have a date;
        an appointment **9**
tenis *m.* tennis **4**
tensión *f.* tension

tercer, tercero/a *adj.* third **5**
terminar *v.* to end; to finish **2**
    terminar de (+ inf.) to finish
        (*doing something*)
terremoto *m.* earthquake
terrible *adj.* terrible **13**
terror *m.* horror
ti *prep., obj. of prep., fam.* you
tiempo *m.* time **4**; weather
    tiempo libre free time **4**
tienda *f.* store **6**
    tienda de campaña *f.* tent **5**
tierra *f.* land; soil **13**
tinto/a *adj.* red (wine) **8**
tío/a *m., f.* uncle/aunt **3**
tíos *m.* aunts and uncles **3**
título *m.* title
tiza *f.* chalk **2**
toalla *f.* towel **7**
tobillo *m.* ankle **10**
tocar *v.* to play (a musical instrument);
    to touch **13**
todavía *adv.* yet; still **5**
todo *m.* everything **5**
    en todo el mundo throughout the
        world **13**
    Todo está bajo control.
        Everything is under control.
    (todo) derecho straight ahead **14**
    ¡Todos a bordo! All aboard!
todo(s)/a(s) *adj.* all **4**; whole
todos *m., pl.* all of us; *m., pl.*
    everybody; everyone
    todos los días every day **10**
tomar *v.* to take; to drink **2**
    tomar clases to take classes **2**
    tomar el sol to sunbathe **4**
    tomar en cuenta to take into
        account **8**
    tomar fotos to take pictures **13**
    tomar(le) la temperatura (a
        alguien) to take (someone's)
        temperature **10**
tomate *m.* tomato **8**
tonto/a *adj.* foolish **3**
torcerse (el tobillo) *v.* to sprain (one's
    ankle) **10**
torcido/a *adj.* twisted; sprained **10**
tormenta *f.* storm
tornado *m.* tornado
tortilla *f.* tortilla **8**
    tortillas de maíz tortilla made of
        corn flour
tortuga marina *f.* sea turtle **13**
tos *f., sing.* cough **10**
toser *v.* to cough **10**
tostado/a *adj.* toasted **8**
tostadora *f.* toaster
trabajador(a) *adj.* hard-working **3**
trabajar *v.* to work **2**
trabajo *m.* job; work **16**; written
    work
traducir *v.* to translate **8**
traer *v.* to bring **4**

tráfico *m.* traffic **11**
tragedia *f.* tragedy
traído/a *p.p.* brought **15**
traje *m.* suit **6**
  traje de baño bathing suit **6**
tranquilo/a *adj.* calm; quiet **15**
  ¡Tranquilo! Stay calm!
transmitir to broadcast
tratar de (+ *inf.*) *v.* to try (*to do something*) **15**
  Trato hecho. It's a deal.
trece thirteen **1**
treinta thirty **1**
  y treinta thirty minutes past the hour (time) **1**
tren *m.* train **5**
tres three **1**
trescientos/as three hundred **6**
trimestre *m.* trimester; quarter **2**
triste *adj.* sad **5**
tú *fam. sing. sub. pron.* you **1**
  Tú eres… You are… **1**
tu(s) *fam. poss. adj.* your **3**
turismo *m.* tourism **5**
turista *m., f.* tourist **1**
turístico/a *adj.* touristic
tuyo(s)/a(s) *fam. poss. pron.* your; (of) yours **11**

U

Ud. *form., sing. sub. pron.* you **1**
Uds. *form., pl. sub. pron.* you **1**
último/a *adj.* last
un, uno/a *indef. art.* a; one **1**
  una vez once **6**
  una vez más once again **9**
único/a *adj.* only **3**
universidad *f.* university **2**; college
unos/as *pron.* some **1**
urgente *adj.* urgent **12**
usar *v.* to wear; to use **6**
usted *form., sing. sub. pron.* you **1**
ustedes *form., pl. sub. pron.* you **1**
útil *adj.* useful
uva *f.* grape **8**

V

vaca *f.* cow
vacaciones *f., pl.* vacation **5**
valle *m.* valley **13**
vamos let's go **4**
vaquero *m.* cowboy
  de vaqueros *m., pl.* western
varios/as *adj., pl.* several
vaso *m.* glass **12**
veces *f., pl.* times **6**
vecino/a *m., f.* neighbor **12**
veinte twenty **1**
veinticinco twenty-five **1**
veinticuatro twenty-four **1**

veintidós twenty-two **1**
veintinueve twenty-nine **1**
veintiocho twenty-eight **1**
veintiséis twenty-six **1**
veintisiete twenty-seven **1**
veintitrés twenty-three **1**
veintiún, veintiuno/a twenty-one **1**
vejez *f.* old age **9**
velocidad *f.* speed **11**
  velocidad máxima speed limit **11**
vendedor(a) *m., f.* salesperson **6**
vender *v.* to sell **6**
venir *v.* to come **3**
ventana *f.* window **2**
ver *v.* to see; to watch **4**
  ver películas *f., pl.* to watch movies **4**
  a ver let's see **2**
verano *m.* summer **5**
verbo *m.* verb
verdad *f.* truth **6**
  ¿verdad? right?
verde *adj.*, green; not ripe **5**
verduras *pl., f.* vegetables **8**
vestido *m.* dress **6**
vestirse (e:i) *v.* to get dressed **7**
vez *f.* time **6**
viajar *v.* to travel **2**
viaje *m.* trip **5**
viajero/a *m., f.* traveler **5**
vida *f.* life **9**
video *m.* video **1**
videoconferencia *f.* video conference **16**
vidrio *m.* glass **13**
viejo/a *adj.* old **3**
viento *m.* wind
viernes *m., sing.* Friday **5**
vinagre *m.* vinegar **8**
vino *m.* wine **8**
  vino blanco white wine **8**
  vino tinto red wine **8**
violencia *f.* violence
visitar *v.* to visit **4**
  visitar un monumento to visit a monument **4**
visto/a *p.p.* seen **15**
vitamina *f.* vitamin **15**
viudo/a *adj.* widowed **9**
vivienda *f.* housing **12**
vivir *v.* to live **3**
vivo/a *adj.* clever; alive **5**; bright
volante *m.* steering wheel **11**
volcán *m.* volcano **13**
vóleibol *m.* volleyball **4**
volver (o:ue) *v.* to return **4**
volver a ver(te, lo, la) *v.* to see (you) again
vos *pron.* you
vosotros/as *fam., pl. sub. pron.* you **1**
votar *v.* to vote
vuelta *f.* return trip

vuelto/a *p.p.* returned **15**
vuestro(s)/a(s) *poss. adj.* your **3**; (of) yours **11**

Y

y *conj.* and **1**
  y cuarto quarter after (time) **1**
  y media half-past (time) **1**
  y quince quarter after (time) **1**
  y treinta thirty (minutes past the hour) **1**
  ¿Y tú? *fam.* And you? **1**
  ¿Y usted? *form.* And you? **1**
ya *adv.* already **6**
yerno *m.* son-in-law **3**
yo *sub. pron.* I **1**
  Yo soy… I'm… **1**
yogur *m.* yogurt

Z

zanahoria *f.* carrot **8**
zapatería *f.* shoe store **14**
zapato *m.* shoe **6**
  par de zapatos pair of shoes **6**
  zapatos de tenis sneakers **6**

English-Spanish

A

A.M. **mañana** *f.* 1
able: be able to **poder (o:ue)** *v.* 4
aboard **a bordo** 1
accident **accidente** *m.* 10
accompany **acompañar** *v.* 14
account **cuenta** *f.* 14
accountant **contador(a)** *m., f.* 16
accounting **contabilidad** *f.* 2
ache **dolor** *m.* 10
acquainted: be acquainted with
    conocer *v.* 8
action **acción** *f.*
active **activo/a** *adj.* 15
actor **actor** *m.* 16
actress **actriz** *f.* 16
addict (*drug*) **drogadicto/a** *adj.* 15
additional **adicional** *adj.*
address **dirección** *f.* 14
adjective **adjetivo** *m.*
adolescence **adolescencia** *f.* 9
adventure **aventura** *f.*
advertise **anunciar** *v.*
advertisement **anuncio** *m.* 16
advice **consejo** *m.* 9
    give advice **dar** *v.* **un consejo**
advise **aconsejar** *v.* 12
advisor **consejero/a** *m., f.* 16
aerobic **aeróbico/a** *adj.* 15
    aerobic exercises **ejercicios
        aeróbicos** 15
    aerobics class **clase de
        ejercicios aeróbicos** 15
affected **afectado/a** *adj.* 13
    be affected (by) **estar** *v.*
        afectado/a (por) 13
affirmative **afirmativo/a** *adj.*
afraid: be (very) afraid **tener (mucho)
    miedo** 3
    be afraid **temer** *v.* 13
after **después de** *prep.* 7; **después
    (de) que** *conj.* 13
afternoon **tarde** *f.* 1
afterward **después** *adv.* 7; **luego** *adv.* 7
again **otra vez** *adv.*
age **edad** *f.*
agree **concordar** *v.* agree; **estar** *v.* **de
    acuerdo**
agreement **acuerdo** *m.*
AIDS **SIDA** *m.*
air **aire** *m.* 6
    air pollution **contaminación del
        aire** 13
airplane **avión** *m.* 5
airport **aeropuerto** *m.* 5
alarm clock **despertador** *m.* 7
alcohol **alcohol** *m.* 15
alcoholic **alcohólico/a** *adj.* 15

alcoholic beverage **bebida
    alcohólica** 15
alive **vivo/a** *adj.* 5
all **todo(s)/toda(s)** *adj.* 4
    All aboard! **¡Todos a bordo!**
    all of us **todos**
    all over the world **en todo el mundo**
allergic **alérgico/a** *adj.* 10
    be allergic (to) **ser alérgico/a (a)** 10
alleviate **aliviar** *v.*
almost **casi** *adv.* 10
alone **solo/a** *adj.*
along **por** *prep.* 11
already **ya** *adv.* 6
also **también** *adv.* 7
alternator **alternador** *m.*
although **aunque** *conj.*
aluminum **aluminio** *m.* 13
    (made of) aluminum **de aluminio** 13
always **siempre** *adv.* 7
American (*North*)
    norteamericano/a *adj.* 3
among **entre** *prep.* 2
amusement **diversión** *f.*
and **y** 1; **e** (*before words beginning
    with* **i** *or* **hi**)
    And you? **¿Y tú?** *fam.* 1;
        ¿Y usted? *form.* 1
angry **enojado/a** *adj.* 5
    get angry **enojarse** *v.* 7
animal **animal** *m.* 13
ankle **tobillo** *m.* 10
anniversary **aniversario** *m.* 9
    wedding anniversary **aniversario
        de bodas** 9
announce **anunciar** *v.*
announcer (*TV/radio*) **locutor(a)** *m., f.*
annoy **molestar** *v.* 7
another **otro/a** *adj.* 6
answer **contestar** *v.* 2; **respuesta** *f.* 9
antibiotic **antibiótico** *m.* 10
any **algún, alguno/a(s)** *adj.* 7
anyone **alguien** *pron.* 7
anything **algo** *pron.* 7
apartment **apartamento** *m.* 12
apartment building **edificio de
    apartamentos** 12
app **aplicación** *f.* 11
appear **parecer** *v.* 8
appetizers **entremeses** *m., pl.* 8
applaud **aplaudir** *v.*
apple **manzana** *f.* 8
appliance (electrical) **electrodoméstico**
    m. 12
applicant **aspirante** *m., f.* 16
application **solicitud** *f.* 16
    job application **solicitud de
        trabajo** 16
apply (*for a job*) **solicitar** *v.* 16
    apply for a loan **pedir** *v.* **un
        préstamo** 14
appointment **cita** *f.* 9
    have an appointment **tener** *v.*

    una cita 9
appreciate **apreciar** *v.*
April **abril** *m.* 5
aquatic **acuático/a** *adj.* 4
archaeologist **arqueólogo/a** *m., f.* 16
architect **arquitecto/a** *m., f.* 16
area **región** *f.* 13
Argentine **argentino/a** *adj.* 3
arm **brazo** *m.* 10
armchair **sillón** *m.* 12
army **ejército** *m.*
around **por** *prep.* 11
around here **por aquí** 11
arrange **arreglar** *v.* 11
arrival **llegada** *f.* 5
arrive **llegar** *v.* 2
art **arte** *m.* 2
    fine arts **bellas artes** *f., pl.*
article *m.* **artículo**
artist **artista** *m., f.* 3
artistic **artístico/a** *adj.*
arts **artes** *f., pl.*
as **como** *conj.* 8
    as… as **tan… como** 8
    as a child **de niño/a** 10
    as many… as **tantos/as… como** 8
    as much… as **tanto… como** 8
    as soon as **en cuanto** *conj.* 13;
        tan pronto como *conj.* 13
ask (*a question*) **preguntar** *v.* 2
    ask for **pedir (e:i)** *v.* 4, 12
asparagus **espárragos** *m., pl.*
aspirin **aspirina** *f.* 10
at **a** *prep.* 1; **en** *prep.* 2
    at + *time* **a la(s)** + *time* 1
    at home **en casa** 7
    at least **por lo menos** 10
    at night **por la noche** 7
    at the end (of) **al fondo (de)**
    At what time…? **¿A qué hora…?**
        1, 9
    At your service. **A sus órdenes.**
attend **asistir (a)** *v.* 3
attic **altillo** *m.* 12
attract **atraer** *v.*
audience **público** *m.*
August **agosto** *m.* 5
aunt **tía** *f.* 3
    aunts and uncles **tíos** *m., pl.* 3
automatic **automático/a** *adj.* 14
    automatic teller machine (ATM)
        cajero automático 14
automobile **automóvil** *m.* 5
autumn **otoño** *m.* 5
avenue **avenida** *f.*
avoid **evitar** *v.* 13
award **premio** *m.*

B

backpack **mochila** *f.* 1
bad **mal, malo/a** *adj.* 3

It's bad that… **Es malo que…** 12

It's not bad at all. **No está nada mal.** 5

bag **bolsa** *f.* 6

bakery **panadería** *f.* 14

balanced **equilibrado/a** *adj.* 15

balanced diet **dieta equilibrada** 15

balcony **balcón** *m.* 12

ball **pelota** *f.* 4

ballet **ballet** *m.*

banana **banana** *f.* 8

band **banda** *f.*

bank **banco** *m.* 14

bargain **ganga** *f.* 6; **regatear** *v.* 6

baseball (*game*) **béisbol** *m.* 4

basement **sótano** *m.* 12

basketball (*game*) **baloncesto** *m.* 4

bath **baño** *m.*

take a bath **bañarse** *v.* 7

bathing suit **traje** *m.* **de baño** 6

bathroom **baño** *m.* 7; **cuarto de baño** *m.*

be **ser** *v.* 1; **estar** *v.* 2

be… years old **tener… años** 3

beach **playa** *f.* 5

go to the beach **ir a la playa** 5

beans **frijoles** *m., pl.* 8

beautiful **hermoso/a** *adj.* 6

beauty **belleza** *f.* 14

beauty salon **peluquería** *f.*; **salón** *m.* **de belleza** 14

because of **por** *prep.*

become (+ *adj.*) **ponerse (+ *adj.*)** 7; **convertirse** *v.*

bed **cama** *f.* 5

go to bed **acostarse (o:ue)** *v.* 7

bedroom **alcoba** *f.* 12; **cuarto** *m.*; **recámara** *f.*

beef **carne** *f.* **de res** 8

beef soup **caldo** *m.* **de patas**

been **sido** *p.p.* 15

beer **cerveza** *f.* 8

before **antes** *adv.* 7; **antes de** *prep.* 7; **antes (de) que** *conj.* 13

beg **rogar (o:ue)** *v.* 12

begin **comenzar (e:ie)** *v.* 4; **empezar (e:ie)** *v.* 4

behalf: on behalf of **de parte de**

behind **detrás de** *prep.* 2

believe **creer** *v.* 13

believe (in) **creer** *v.* **(en)** 3

believed **creído** *p.p.* 15

bellhop **botones** *m., f., sing.* 5

beloved **enamorado/a** *adj.*

below **debajo de** *prep.* 2

belt **cinturón** *m.* 6

benefit **beneficio** *m.* 16

beside **al lado de** *prep.* 2

besides **además (de)** *adv.* 10

best **mejor** *adj.* 8

the best **el/la mejor** *m., f.* 8; **lo mejor** *neuter*

better **mejor** *adj.* 8

It's better that… **Es mejor que…** 12

between **entre** *prep.* 2

bicycle **bicicleta** *f.* 4

big **grande** *adj.* 3

bigger **mayor** *adj.* 8

biggest, (the) **el/la mayor** *m., f.* 8

bill **cuenta** *f.* 9

billion **mil millones** 6

biology **biología** *f.* 2

bird **pájaro** *m.* 13; **ave** *f.*

birth **nacimiento** *m.* 9

birthday **cumpleaños** *m., sing.* 9

birthday cake **pastel de cumpleaños** 9

have a birthday **cumplir** *v.* **años** 9

biscuit **bizcocho** *m.*

bitter **amargo/a** *adj.* 8

black **negro/a** *adj.* 6

blackberry **mora** *f.* 8

blackboard **pizarra** *f.* 2

blanket **manta** *f.* 12

block (city) **cuadra** *f.* 14

blond **rubio/a** *adj.* 3

blouse **blusa** *f.* 6

blue **azul** *adj.* 6

boarding house **pensión** *f.* 5

boat **barco** *m.* 5

body **cuerpo** *m.* 10

bone **hueso** *m.* 10

book **libro** *m.* 2

bookcase **estante** *m.* 12

bookshelves **estante** *m.* 12

bookstore **librería** *f.* 2

boot **bota** *f.* 6

bore **aburrir** *v.* 7

bored **aburrido/a** *adj.* 5

be bored **estar** *v.* **aburrido/a** 5

get bored **aburrirse** *v.*

born: be born **nacer** *v.* 9

borrow **pedir prestado** 14

borrowed **prestado/a** *adj.*

boss **jefe** *m.*, **jefa** *f.* 16

bottle **botella** *f.* 9

bottle of wine **botella de vino** 9

bother **molestar** *v.* 7

bottom **fondo** *m.*

boulevard **bulevar** *m.*

boy **chico** *m.* 1; **muchacho; niño** *m.* 3

boyfriend **novio** *m.* 3

brakes **frenos** *m., pl.* 11

bread **pan** *m.* 8

break **romper(se)** *v.* 10

break (one's leg) **romperse (la pierna)** 10

break down **dañar** *v.* 10

The bus broke down. **Se nos dañó el autobús.**

break up (with) **romper** *v.* **(con)** 9

breakfast **desayuno** *m.* 8

have breakfast **desayunar** *v.* 8

breathe **respirar** *v.* 13

bring **traer** *v.* 4

broadcast **transmitir** *v.*; **emitir** *v.*

brochure **folleto** *m.*

broken **roto/a** *adj.*; **roto/a** *p.p.* 15

be broken **estar roto/a**

brother **hermano** *m.* 3

brother-in-law **cuñado** *m., f.* 3

brothers and sisters **hermanos** *m., pl.* 3

brought **traído/a** *p.p.* 15

brown **café** *adj.* 6; **marrón** *adj.*

brunet(te) **moreno/a** *adj.*

brush **cepillar** *v.* 7

brush one's hair **cepillarse el pelo** 7

brush one's teeth **cepillarse los dientes** 7

build **construir** *v.*

building **edificio** *m.* 12

bullfight **corrida** *f.* **de toros**

bump into (*meet accidentally*) **darse con**

burned (out) **quemado/a** *adj.* 11

bus **autobús** *m.* 1

bus station **estación** *f.* **de autobuses** 5

business **negocios** *m., pl.* 16

business administration **administración** *f.* **de empresas** 2

business-related **comercial** *adj.* 16

businessman **hombre** *m.* **de negocios** 16

businesswoman **mujer** *f.* **de negocios** 16

busy **ocupado/a** *adj.* 5

but **pero** *conj.* 2; **sino** *conj.* (*in negative sentences*)

butcher shop **carnicería** *f.* 14

butter **mantequilla** *f.* 8

buy **comprar** *v.* 2

by **por** *conj.* 11; **para** *prep.* 11

by means of **por** *prep.* 11

by phone **por teléfono**

by plane **en avión** 5

by way of **por** *prep.* 11

Bye. **Chau.** *interj. fam.* 1

C

cabin **cabaña** *f.* 5

café **café** *m.* 4

cafeteria **cafetería** *f.* 2

cake **pastel** *m.* 9

calculator **calculadora** *f.* 11

call **llamar** *v.* 11

call on the phone **llamar por teléfono**

calm **tranquilo/a** *adj.* 15

Stay calm! **¡Tranquilo/a!**

calorie **caloría** *f.* 15

camera **cámara** *f.* 11
digital camera **cámara digital** 11
camp **acampar** *v.* 5
can **lata** *f.* 13
can **poder (o:ue)** *v.* 4
Canadian **canadiense** *adj.* 3
candidate **aspirante** *m. f.* 16;
candidate **candidato/a** *m., f.*
candy **dulces** *m., pl.* 9
capital city **capital** *f.* 1
car **coche** *m.* 11; **carro** *m.* 11;
auto(móvil) *m.* 5
caramel **caramelo** *m.*
card **tarjeta** *f.* 4; (*playing*) **carta** *f.*
care **cuidado** *m.* 3
take care of **cuidar** *v.* 13
career **carrera** *f.* 16
careful: be (very) careful **tener** *v.*
(mucho) cuidado 3
caretaker **ama** *f.* **de casa** 12
carpenter **carpintero/a** *m., f.* 16
carpet **alfombra** *f.* 12
carrot **zanahoria** *f.* 8
carry **llevar** *v.* 2
cartoons **dibujos** *m., pl.* **animados**
case: in case (that) **en caso (de)**
que 13
cash (a check) **cobrar** *v.* 14; **efectivo** *m.*
cash register **caja** *f.* 6
pay in cash **pagar** *v.* **al contado**
pagar en efectivo
cashier **cajero/a** *m., f.*
cat **gato/a** *m., f.* 3
CD player **reproductor** *m.* **de CD** 11
celebrate **celebrar** *v.* 9
cell phone **teléfono** *m.* **celular** 11
cereal **cereales** *m., pl.* 8
certain **cierto** *m.*; **seguro** *m.* 13
it's (not) certain **(no) es**
seguro/cierto 13
chair **silla** *f.* 2
chalk **tiza** *f.* 2
champagne **champán** *m.* 9
change **cambiar** *v.* **(de)** 9
channel (*TV*) **canal** *m.*
character (*fictional*) **personaje** *m.*
main character **personaje principal**
charge (for a product or service)
cobrar *v.* 14
charger **cargador** *m.* 11
chauffeur **conductor(a)** *m., f.* 1
chat **conversar** *v.* 2; **chatear** *v.* 11
cheap **barato/a** *adj.* 6
check **comprobar** *v.; **revisar** *v.* 11;
(*bank*) **cheque** *m.* 14
check the oil **revisar el aceite** 11
checking account **cuenta** *f.* **corriente**
14
cheese **queso** *m.* 8
chef **cocinero/a** *m., f.* 16
chemistry **química** *f.* 2
chest of drawers **cómoda** *f.* 12
chicken **pollo** *m.* 8
child **niño/a** *m., f.* 3

childhood **niñez** *f.* 9
children **hijos** *m., pl.* 3
Chinese **chino/a** *adj.*
chocolate **chocolate** *m.*
chocolate cake **pastel** *m.* **de**
chocolate
cholesterol **colesterol** *m.* 15
choose **escoger** *v.*
chop (*food*) **chuleta** *f.* 8
Christmas **Navidad** *f.* 9
church **iglesia** *f.* 4
citizen **ciudadano/a** *m., f.*
city **ciudad** *f.* 4
class **clase** *f.* 2
take classes **tomar** *v.* **clases** 2
classical **clásico/a** *adj.*
classmate **compañero/a** *m., f.* **de**
clase 2
classroom **salón de clases** *m.* 2
clean **limpio/a** *adj.* 5; **limpiar** *v.* 12
clean the house *v.* **limpiar**
la casa 12
clear (*weather*) **despejado/a** *adj.* 5
clear the table **quitar** *v.*
la mesa 12
It's clear. (*weather*) **Está**
despejado. 5
clerk **dependiente/a** *m., f.* 6
clever **vivo/a** *adj.* 5
client **cliente/a** *m., f.* 6
clinic **clínica** *f.* 10
clock **reloj** *m.* 2
close **cerrar (e:ie)** *v.* 4
closed **cerrado/a** *adj.* 5
closet **armario** *m.* 12
clothes dryer **secadora** *f.* 12
clothing **ropa** *f.* 6
cloud **nube** *f.* 13
cloudy **nublado/a** *adj.* 5
It's (very) cloudy. **Está (muy)**
nublado. 5
coat **abrigo** *m.* 6
coffee **café** *m.* 8
coffee maker **cafetera** *f.*
cold **frío** *m.* 3; (*disease*) **resfriado** *m.* 10
be (very) cold (*feel*) **tener (mucho)**
frío 3
It's (very) cold. (*weather*) **Hace**
(mucho) frío. 5
college **universidad** *f.*
collision **choque** *m.*
color **color** *m.* 6
comb one's hair **peinarse** *v.* 7
come **venir** *v.* 3
comedy **comedia** *f.*
comfortable **cómodo/a** *adj.* 5
commerce **negocios** *m., pl.* 16
commercial **comercial** *adj.* 16
communicate (with) **comunicarse** *v.*
(con)
communication **comunicación** *f.*
means of communication
medios *m., pl.* **de comunicación**
community **comunidad** *f.* 1

compact disc (CD) **disco** *m.* **compacto**
11
compact disc player **reproductor** *m.*
de CD 11
company **compañía** *f.* 16; **empresa**
f. 16
comparison **comparación** *f.*
completely **completamente** *adv.*
composer **compositor(a)** *m., f.*
computer **computadora** *f.* 1, 11
computer disc **disco** *m.* 11
computer monitor **monitor** *m.* 11
computer programmer
programador(a) *m., f.* 3
computer science **computación** *f.* 2
concert **concierto** *m.*
conductor (*musical*) **director(a)** *m., f.*
confirm **confirmar** *v.* 5
confirm a reservation **confirmar**
una reservación 5
congested **congestionado/a** *adj.* 10
Congratulations! (*for an event such*
as a birthday or anniversary)
¡Felicidades!; (*for an event such as*
an engagement or a good grade on a
test) *f., pl.* **¡Felicitaciones!**
conservation **conservación** *f.* 13
conserve **conservar** *v.* 13
considering **para** *prep.* 11
consume **consumir** *v.* 15
contact lenses **lentes** *m. pl.* **de**
contacto
container **envase** *m.* 13
contamination **contaminación** *f.*
content **contento/a** *adj.* 5
contest **concurso** *m.*
continue **seguir (e:i)** *v.* 4
control **control** *m.*; **controlar** *v.* 13
be under control **estar bajo control**
conversation **conversación** *f.* 2
converse **conversar** *v.*
cook **cocinar** *v.* 12; **cocinero/a** *m.,*
f. 16
cookie **galleta** *f.* 9
cool **fresco/a** *adj.* 5
It's cool. (*weather*) **Hace fresco.** 5
corn **maíz** *m.*
corner **esquina** *m.* 14
cost **costar (o:ue)** *v.* 6
cotton **algodón** *m.* 6
(made of) cotton **de algodón** 6
couch potato **teleadicto/a** *m., f.* 15
cough **tos** *f.* 10; **toser** *v.* 10
counselor **consejero/a** *m., f.* 16
count (on) **contar** *v.* **(con)** 12
country (*nation*) **país** *m.* 1
countryside **campo** *m.* 5; **paisaje** *m.*
couple **pareja** *f.* 9
couple (married) **matrimonio** *m.* 9
course **curso** *m.* 2; **materia** *f.*
courtesy **cortesía** *f.*
cousin **primo/a** *m., f.* 3
cover **cubrir** *v.*
covered **cubierto** *p.p.*

cow **vaca** *f.*
cowboy **vaquero** *m.*
crafts **artesanía** *f.*
craftsmanship **artesanía** *f.*
crash **chocar** *v.* **(con)** 11
crater **cráter** *m.* 13
crazy **loco/a** *adj.* 6
create **crear** *v.*
credit **crédito** *m.* 6
   credit card **tarjeta** *f.* **de crédito** 6
crime **crimen** *m.*
cross **cruzar** *v.* 14
Cuban **cubano/a** *adj.* 3
culture **cultura** *f.*
cup **taza** *f.* 12
currency exchange **cambio** *m.* **de moneda**
current events **actualidades** *f., pl.*
curriculum vitae **currículum** *m.*
curtains **cortinas** *f., pl.* 12
custard (*baked*) **flan** *m.* 9
custom **costumbre** *f.*
customer **cliente/a** *m., f.*
customs **aduana** *f.* 5
   customs inspector **inspector(a)** *m., f.* **de aduanas** 5
cycling **ciclismo** *m.* 4

D

dad **papá** *m.* 3
daily **diario/a** *adj.* 7
   daily routine **rutina** *f.* **diaria** 7
damage **dañar** *v.* 10
dance **bailar** *v.* 2; **danza** *f.* **baile** *m.*
dancer **bailarín/bailarina** *m., f.* 16
danger **peligro** *m.* 13
dangerous **peligroso/a** *adj.*
dark-haired **moreno/a** *adj.* 3
date (*appointment*) **cita** *f.* 9; (*calendar*) **fecha** *f.* 5; (*someone*) **salir** *v.* **con (alguien)** 9
   date: have a date **tener** *v.* **una cita** 9
daughter **hija** *f.* 3
   daughter-in-law **nuera** *f.* 3
day **día** *m.* 1
   day before yesterday **anteayer** *adv.* 6
deal **trato** *m.*
   It's a deal. **Trato hecho.**
   It's not a big deal. **No es para tanto.**
death **muerte** *f.* 9
decaffeinated **descafeinado/a** *adj.* 15
December **diciembre** *m.* 5
decide **decidir** *v.* 3
decided **decidido/a** *adj.*
declare **declarar** *v.*
deforestation **deforestación** *f.* 13
delicious **delicioso/a** *adj.* 8; **rico/a** *adj.* 8; **sabroso/a** *adj.* 8
dentist **dentista** *m., f.* 10
deny **negar (e: ie)** *v.* 13

department store **almacén** *m.* 6
departure **salida** *f.* 5
deposit **depositar** *v.* 14
describe **describir** *v.* 3
described **descrito/a** *p.p.* 15
desert **desierto** *m.* 13
design **diseño** *m.*
designer **diseñador(a)** *m., f.* 16
desire **desear** *v.* 12
desk **escritorio** *m.* 2
dessert **postre** *m.* 9
destroy **destruir** *v.* 13
develop **desarrollar** *v.* 13
diary **diario** *m.* 1
dictatorship **dictadura** *f.*
dictionary **diccionario** *m.* 1
die **morir (o:ue)** *v.* 8
died **muerto/a** *p.p.* 15
diet **dieta** *f.* 15
   balanced diet **dieta equilibrada** 15
   be on a diet **estar** *v.* **a dieta** 15
   eat a balanced diet **seguir una dieta equilibrada** 15
difficult **difícil** *adj.* 3
dining room **comedor** *m.* 12
dinner **cena** *f.* 8
   have dinner **cenar** *v.* 8
direction: in the direction of **para** *prep.* 11
directions: give directions **indicar cómo llegar** *v.* 14
director **director(a)** *m., f.*
dirty **ensuciar** *v.*; **sucio/a** *adj.* 5
   get (something) dirty **ensuciar** *v.* 12
disagree **no estar de acuerdo**
disaster **desastre** *m.*
discover **descubrir** *v.* 13
discovered **descubierto** *p.p.* 15
discrimination **discriminación** *f.*
dish **plato** *m.* 8
   main dish **plato principal** 8
dishwasher **lavaplatos** *m., sing.* 12
disk **disco** *m.* 11
disorderly **desordenado/a** *adj.* 5
dive **bucear** *v.* 4
divorce **divorcio** *m.* 9
divorced **divorciado/a** *adj.* 9
   get divorced (from) **divorciarse** *v.* **(de)** 9
dizzy **mareado/a** *adj.* 10
do **hacer** *v.* 4
   do aerobics **hacer ejercicios aeróbicos** 15
   do errands **hacer diligencias**
   do household chores **hacer quehaceres domésticos** 12
   do stretching exercises **hacer ejercicios de estiramiento** 15
doctor **médico/a** *m., f.* 3; **doctor(a)** *m., f.* 10
documentary (*film*) **documental** *m.*
dog **perro/a** *m., f.* 3
domestic **doméstico/a** *adj.*

done **hecho/a** *p.p.* 15
door **puerta** *f.* 2
dormitory **residencia** *f.* **estudiantil** 2
double **doble** *adj.* 5
   double room **habitación** *f.* **doble** 5
doubt **duda** *f.* 13; **dudar** *v.* 13
   There is no doubt… **No cabe duda de…** 13; **No hay duda de…** 13
Down with… ! **¡Abajo el/la…!**
downtown **centro** *m.* 4
drama **drama** *m.*
dramatic **dramático/a** *adj.*
draw **dibujar** *v.* 2
drawing **dibujo** *m.*
dress **vestido** *m.* 6
   get dressed **vestirse (e:i)** *v.* 7
drink **beber** *v.* 3; **bebida** *f.* 8; **tomar** *v.* 2
   Do you want something to drink? **¿Quieres algo de tomar?**
drive **conducir** *v.* 8; **manejar** *v.* 11
driver **conductor(a)** *m., f.* 1
drug *f.* **droga** 15
   drug addict **drogadicto/a** *adj.* 15
dry-erase marker **marcador** *m.* 2
due to **por** *prep.*
   due to the fact that **debido a**
during **durante** *prep.* 7; **por** *prep.* 11
dust **sacudir** *v.* 12
   dust the furniture **sacudir los muebles** 12
DVD player **reproductor de DVD** *m.* 11
dying: I'm dying to (for)… **me muero por…**

E

each **cada** *adj.* 6
eagle **águila** *f.*
ear (*outer*) **oreja** *f.* 10
early **temprano** *adv.* 7
earn **ganar** *v.* 16
earthquake **terremoto** *m.*
ease **aliviar** *v.*
east **este** *m.* 14
   to the east **al este** 14
easy **fácil** *adj.* 3
   extremely easy **facilísimo** 8
eat **comer** *v.* 3
ecological **ecologista** *adj.* 13
ecologist **ecologista** *adj.* 13
ecology **ecología** *f.* 13
economics **economía** *f.*
ecotourism **ecoturismo** *m.* 13
Ecuadorian **ecuatoriano/a** *adj.* 3
effective **eficaz** *adj. m., f.*
egg **huevo** *m.* 8
eight **ocho** 1
eight hundred **ochocientos/as** 6
eighteen **dieciocho** 1
eighth **octavo/a** 5
eighty **ochenta** 2

either… or **o… o** *conj.* 7
elect **elegir** *v.*
election **elecciones** *f., pl.*
electrician **electricista** *m., f.* 16
electricity **luz** *f.* 12
elegant **elegante** *adj.* 6
elevator **ascensor** *m.* 5
eleven **once** 1
e-mail **correo** *m.* **electrónico** 4
  e-mail message **mensaje** *m.* **electrónico** 4
  read e-mail **leer** *v.* **el correo electrónico** 4
  write an e-mail **escribir** *v.* **un mensaje electrónico** 4
embarrassed **avergonzado/a** *adj.* 5
embrace (each other) **abrazar(se)** *v.*
emergency **emergencia** *f.* 10
  emergency room **sala** *f.* **de emergencia(s)** 10
employee **empleado/a** *m., f.* 5
employment **empleo** *m.* 16
end **fin** *m.* 4; **terminar** *v.* 2
  end table **mesita** *f.* 12
energy **energía** *f.* 13
engaged: get engaged (to) **comprometerse** *v.* **(con)** 9
engineer **ingeniero/a** *m., f.* 3
English (*language*) **inglés** *m.* 2; **inglés, inglesa** *adj.* 3
enjoy **disfrutar** *v.* **(de)** 15
enough **bastante** *adj.* 10
entertainment **diversión** *f.* 4
entrance **entrada** *f.* 12
envelope **sobre** *m.* 14
environment **medio ambiente** *m.* 13
equality **igualdad** *f.*
equipped **equipado/a** *adj.*
eraser **borrador** *m.* 2
errand *f.* **diligencia** 14
establish **establecer** *v.*
evening **tarde** *f.* 1
event **acontecimiento** *m.*
every day **todos los días** 10
everybody **todos** *m., pl.*
everything **todo** *m.* 5
  Everything is under control. **Todo está bajo control.**
exactly **en punto** *adv.* 1
exam **examen** *m.* 2
excellent **excelente** *adj.* 5
excess **exceso** *m.* 15
  in excess **en exceso** 15
exchange **intercambiar** *v.*
  in exchange for **por** 11
exciting **emocionante** *adj. m., f.*
excursion **excursión** *f.* 4
excuse **disculpar** *v.*
Excuse me. (*May I?*) **Con permiso.** 1; (*I beg your pardon.*) **Perdón.** 1
exercise **ejercicio** *m.* 15
  hacer *v.* **ejercicio** 15
exit **salida** *f.* 5
expensive **caro/a** *adj.* 6

experience **experiencia** *f.*
explain **explicar** *v.* 2
explore **explorar** *v.*
  explore a city/town **explorar una ciudad/pueblo**
expression **expresión** *f.*
extinction **extinción** *f.* 13
eye **ojo** *m.* 10

F

fabulous **fabuloso/a** *adj* 5
face **cara** *f.* 7
facing **enfrente de** *prep.* 14
fact: in fact **de hecho**
factory **fábrica** *f.* 13
fall **caerse** *v.* 10
  fall asleep **dormirse (o:ue)** *v.* 7
  fall in love (with) **enamorarse** *v.* **(de)** 9
fallen **caído/a** *p.p.* 15
family **familia** *f.* 3
famous **famoso/a** *adj.* 16
fan **aficionado/a** *adj.* 4
  be a fan (of) **ser aficionado/a (a)** 4
far from **lejos de** *prep.* 2
farewell **despedida** *f.*
fascinate **fascinar** *v.* 7
fashion **moda** *f.* 6
  be in fashion **estar** *v.* **de moda** 6
fast **rápido/a** *adj.*
fat **gordo/a** *adj.* 3; **grasa** *f.* 15
father **padre** *m.* 3
father-in-law **suegro** *m.* 3
favorite **favorito/a** *adj.* 4
fear **miedo** *m.* 3
February **febrero** *m.* 5
feel *v.* **sentir(se) (e:ie)** 7
  feel like (*doing something*) **tener ganas de (+** *inf.***)** 3
festival **festival** *m.*
fever **fiebre** *f.* 10
  have a fever **tener** *v.* **fiebre** 10
few **pocos/as** *adj. pl.*
field: field of study **especialización** *f.* 16
fifteen **quince** 1
  young woman celebrating her fifteenth birthday **quinceañera** *f.* 9
fifth **quinto/a** *adj.* 5
fifty **cincuenta** 2
fight **luchar** *v.* **(por)**
figure (*number*) **cifra** *f.*
file **archivo** *m.* 11
fill **llenar** *v.*
  fill out a form **llenar un formulario** 14
  fill the tank **llenar el tanque** 11
finally **finalmente** *adv*; **por último** 7; **por fin** 11
find **encontrar (o:ue)** *v.* 4
  find (each other) **encontrar(se)** *v.*

fine arts **bellas artes** *f., pl.*
fine **multa** *f.* 11
  That's fine. **Está bien.**
finger **dedo** *m.* 10
finish **terminar** *v.* 4
  finish (*doing something*) **terminar** *v.* **de (+** *inf.***)**
fire **incendio** *m.*; **despedir (e:i)** *v.* 16
firefighter **bombero/a** *m., f.* 16
firm **compañía** *f.* 16; **empresa** *f.* 16
first **primer, primero/a** *adj.* 5
fish (*food*) **pescado** *m.* 8; **pescar** *v.* 5; (*live*) **pez** *m.* 13
  fish market **pescadería** *f.* 14
fisherman **pescador** *m.*
fisherwoman **pescadora** *f.*
fishing **pesca** *f.* 5
fit (*clothing*) **quedar** *v.* 7
five **cinco** 1
five hundred **quinientos/as** 6
fix (*put in working order*) **arreglar** *v.* 11
fixed **fijo/a** *adj.* 6
flag **bandera** *f.*
flank steak **lomo** *m.*
flat tire: We got a flat tire. **Se nos pinchó una llanta.** 11
flexible **flexible** *adj.* 15
flood **inundación** *f.*
floor (*story in a building*) **piso** *m.* 5; **suelo** *m.* 12
  ground floor **planta** *f.* **baja** 5
  top floor **planta** *f.* **alta**
flower **flor** *f.* 13
flu **gripe** *f.* 10
fog **niebla** *f.*
foggy: It's (very) foggy. **Hay (mucha) niebla.** 5
folk **folclórico/a** *adj.*
follow **seguir (e:i)** *v.* 4
food **comida** *f.* 8
foolish **tonto/a** *adj.* 3
foot **pie** *m.* 10
football **fútbol** *m.* **americano** 4
for **para** *prep.* 11; **por** *prep.* 11
  for example **por ejemplo** 11
  for me **para mí**
forbid **prohibir** *v.*
foreign **extranjero/a** *adj.*
  foreign languages **lenguas** *f., pl.* **extranjeras** 2
forest **bosque** *m.* 13
forget **olvidar** *v.* 10
fork **tenedor** *m.* 12
form **formulario** *m.* 14
forty **cuarenta** 2
forward **en marcha** *adv.*
four **cuatro** 1
four hundred **cuatrocientos/as** 6
fourteen **catorce** 1
fourth **cuarto/a** *adj.* 5
free **libre** *adj.* 4
  be free of charge **ser gratis** 14
  free time **tiempo** *m.* **libre** 4; **ratos** *m., pl.* **libres** 4

freedom **libertad** *f.*
freezer **congelador** *m.*
French **francés, francesa** *adj.* 3
   French fries **papas** *f., pl* **fritas** 8;
     patatas *f., pl* **fritas** 8
frequently **frecuentemente** *adv.*; **con**
   frecuencia 10
Friday **viernes** *m., sing.* 2
fried **frito/a** *adj.* 8
   fried potatoes **papas** *f., pl.* **fritas;**
     patatas *f., pl.* **fritas**
friend **amigo/a** *m., f.* 3
friendly **amable** *adj.* 5
friendship **amistad** *f.* 9
from **de** *prep.* 1; **desde** *prep.* 6
   from where? **¿de donde?** 9
   from the United States
     estadounidense *adj.* 3
   from time to time **de vez en**
     cuando 10
   He/She/It is from… **Es de…** 1
   I'm from… **Soy de…** 1
fruit **fruta** *f.* 8
   fruit juice **jugo** *m.* **de fruta** 8
   fruit shop **frutería** *f.* 14
full **lleno/a** *adj.*11
fun **divertido/a** *adj.*
   fun activity **diversión** *f.* 4
   have fun **divertirse (e:ie)** *v.* 9
function **funcionar** *v.*
furniture **muebles** *m., pl.* 12
furthermore **además (de)** *adv.* 10
future **futuro** *m.* 16; **porvenir** *m.*
   in the future **en el futuro**

glass (*drinking*) **vaso** *m.* 12; **vidrio**
   m. 13
   (made of) glass **de vidrio** 13
glasses **gafas** *f., pl.* 6
   sunglasses **gafas de sol** 6
global warming **calentamiento global**
   m. 13
gloves **guantes** *m., pl.* 6
go **ir** *v.* 4
   go away **irse** 7
   go by boat **ir en barco** 5
   go by bus **ir en autobús** 5
   go by car **ir en auto(móvil)** 5
   go by motorcycle **ir en**
     motocicleta 5
   go by plane **ir en avión** 5
   go by subway **ir en metro**
   go by taxi **ir en taxi** 5
   go by the bank **pasar por el banco**
     14
   go by train **ir en tren**
   go by **pasar** *v.* **por**
   go down; **bajar** *v.* 11
   go fishing **ir de pesca** 5
   go for a hike (in the mountains) **ir**
     de excursión (a las montañas) 4
   go mountain climbing **escalar**
     montañas 4
   go out **salir** *v.* 9
   go out with **salir con** 4, 9
   go through customs **pasar por la**
     aduana 5
   go up **subir** *v.* 11
   go with **acompañar** *v.* 14
   Let's get going. **En marcha.**
   Let's go. **Vamos.** 4
going to: be going to (*do something*) **ir**
   a (+ *inf.*) 4
golf **golf** *m.* 4
good **buen, bueno/a** *adj.* 1, 3
   Good afternoon. **Buenas tardes.** 1
   Good evening. **Buenas noches.** 1
   Good idea! **¡Buena idea!**
   Good morning. **Buenos días.** 1
   Good night. **Buenas noches.** 1
   I'm good, thanks. **Bien, gracias.**
   It's good that… **Es bueno que…** 12
goodbye **adiós** *m.* 1
good-looking **guapo/a** *adj.* 3
government **gobierno** *m.* 13
GPS **navegador GPS** *m.* 11
graduate (from) **graduarse** *v.* **(de)** 9
grains **cereales** *m., pl.* 8
granddaughter **nieta** *f.* 3
grandfather **abuelo** *m.* 3
grandmother **abuela** *f.* 3
grandparents **abuelos** *m., pl.* 3
grandson **nieto** *m.* 3
grape **uva** *f.* 8
grass **hierba** *f.*; **césped** *m.* 13
grave **grave** *adj.* 10
gray **gris** *adj. m., f.* 6
great **gran; grande** *adj.* 3;
   fenomenal *adj.* 5

green **verde** *adj. m., f.* 5
greet (each other) **saludar(se)** *v.*
greeting **saludo** *m.* 1
grilled (*food*) **a la plancha** 8
   grilled flank steak **lomo a la**
     plancha
ground floor **planta** *f.* **baja** 5
guest (*at a house/hotel*) **huésped** *m., f.*
   5; (*invited to a function*) **invitado/a**
   m., f. 9
guide **guía** *m., f.*
gym **gimnasio** *m.* 4
gymnasium **gimnasio** *m.* 4

help **ayudar** *v.* 12; **servir (e:i)** *v.* 5
  help each other **ayudarse** *v.*
her **su(s)** *poss. adj.* 3; **la** *pron.* 5; **le**
  pron. 6;
  hers **suyo(s)/a(s)** *poss. pron.* 11
here **aquí** *adv.* 1
  Here it is… **Aquí está…** 5
  Here we are at/in… **Aquí estamos
    en…** 2
  It's not here. **No está.** 5
highway **autopista** *f.*; **carretera** *f.*
hike **excursión** *f.* 4
  go on a hike **hacer una excursión**
    5; **ir de excursión** 4
hiker **excursionista** *m., f.* 4
hiking **de excursión** 4
him **lo** *pron.* 5; **le** *pron.* 6
hire **contratar** *v.* 16
his **su(s)** *poss. adj.* 3; **suyo(s)/a(s)**
  poss. pron. 11
history **historia** *f.* 2
hobby **pasatiempo** *m.* 4
hockey **hockey** *m.* 4
holiday **día** *m.* **de fiesta** 9
home **hogar** *m.* 12
  home page **página** *f.* **principal** 11
homemaker **ama** *f.* **de casa** 12
homework **tarea** *f.* 2
hood (car) **capó** *m.* 11
hope **esperar** *v.* 2, 13
  I hope (that) **ojalá (que)** *interj.* 13
horror **terror** *m.*
horse **caballo** *m.* 5
hospital **hospital** *m.* 10
hot: be (very) hot (*feel*) **tener (mucho)
  calor** 3; (*weather*) **hacer (mucho)
  calor** 5
hotel **hotel** *m.* 5
hour **hora** *f.* 1
house **casa** *f.* 4
household chores **quehaceres** *m., pl.*
  domésticos 12
housekeeper **ama** *f.* **de casa** 12
housing **vivienda** *f.* 12
How…! **¡Qué…!** 3
  how **¿cómo?** *adv.* 1, 9
  How are you? **¿Cómo estás?** *fam.* 1
  How are you? **¿Cómo está usted?**
    form. 1
  How can I help you? **¿En qué
    puedo servirles?** 5
  How did… go for you? **¿Cómo les
    fue…?** 15
  How is it going? **¿Qué tal?** 1
  How is/are . . . ? **¿Qué tal...?**
  How much/many?
    ¿Cuánto(s)/a(s)? 1, 9
  How much does… cost? **¿Cuánto
    cuesta…?** 6
  How old are you? **¿Cuántos
    años tienes?** *fam.* 3
  How's the weather? **¿Qué tiempo
    hace?** 5

however **sin embargo** *adv.*
hug (each other) **abrazar(se)** *v.*
humanities **humanidades** *f., pl.*
hunger **hambre** *f.* 3
hundred **cien, ciento** 2
hungry: be (very) hungry **tener** *v.*
  (mucha) hambre 3
hunting **caza** *f.* 13
hurricane **huracán** *m.*
hurry **apurarse; darse prisa** *v.* 15
  be in a (big) hurry **tener** *v.*
    (mucha) prisa 3
hurt **doler (o:ue)** *v.* 10
  It hurts me a lot. **Me duele mucho.**
    10
husband **esposo** *m.* 3

I

I **yo** *sub. pron.* 1
  I am… **Yo soy…** 1
  I don't like them at all. **No me
    gustan nada.**
  I hope (that) **Ojalá (que)** *interj.* 13
  I wish (that) **Ojalá (que)** *interj.* 13
  I would like… **me gustaría(n)…** 7
  I would like to introduce… to you.
    Le presento a… *form.* 1;
    Te presento a… *fam.* 1
ice cream **helado** *m.* 9
  ice cream shop **heladería** *f.* 14
ice tea **té helado** *m.* 8
iced **helado/a** *adj.* 9
idea **idea** *f.* 4
if **si** *conj.* 13
illness **enfermedad** *f.* 10
important **importante** *adj.* 3
  be important to **importar** *v.* 7, 12
  It's important that… **Es
    importante que…** 12
impossible **imposible** *adj.* 13
  It's impossible… **Es imposible…** 13
improbable **improbable** *adj.* 13
  It's improbable… **Es improbable…**
    13
improve **mejorar** *v.* 13
in **en** *prep.* 2; **por** *prep.* 11
  in the afternoon **de la tarde** 1;
    por la tarde 7
  in the evening **de la noche** 1;
    (*early*) **por la tarde** 7
  in the morning **de la mañana** 1;
    por la mañana 7
  in love (with) **enamorado/a (de)** 5
  in which **en qué** 2
  in front of **delante de** *prep.* 2;
    enfrente 14
increase **aumento** *m.* 16
incredible **increíble** *adj.* 5
inequality **desigualdad** *f.*
infection **infección** *f.* 10
inform **informar** *v.*
inhabitants **habitantes** *m., pl* 13

injection **inyección** *f.* 10
  give an injection **poner** *v.* **una
    inyección** 10
injure (oneself) **lastimarse** *v.* 10
  injure (one's foot) **lastimarse
    (el pie)** 10
inner ear **oído** *m.*
insist (on) **insistir** *v.* **(en)** 12
installments: pay in installments
  pagar *v.* **a plazos** 14
intelligent **inteligente** *adj.* 3
intend **pensar** *v.* **(+ *inf.*)** 4
interest **interesar** *v.* 7
interesting **interesante** *adj.* 3
  be interesting to **interesar** *v.* 7
international **internacional** *adj. m., f.*
Internet **red** *f.*; **Internet** *m.* 11
interview **entrevista** *f.* 16; interview
  entrevistar *v.* 16
interviewer **entrevistador(a)** *m., f.* 16
introduction **presentación** *f.*
invest **invertir (e:ie)** *v.* 16
invite **invitar** *v.* 9
iron clothes **planchar** *v.* **la ropa** 12
it **lo/la** *pron.* 5
Italian **italiano/a** *adj.* 3
its **su(s)** *poss. adj.* 3 , **suyo(s)/a(s)**
  poss. pron. 11

J

jacket **chaqueta** *f.* 6
January **enero** *m.* 5
Japanese **japonés, japonesa** *adj.* 3
jeans **bluejeans** *m., pl.* 6
jewelry store **joyería** *f.* 14
job **empleo** *m.* 16; **puesto** *m.* 16;
  trabajo *m.* 16
  job application **solicitud** *f.* **de
    trabajo** 16
jog **correr** *v.*
journalism **periodismo** *m.* 2
journalist **periodista** *m., f.*;
  reportero/a *m., f.*
joy **alegría** *f.*
  give joy **dar** *v.* **alegría**
juice **jugo** *m.* 8
July **julio** *m.* 5
June **junio** *m.* 5
jungle **selva** *f.* 13, **jungla** *f.*
just **apenas** *adv.* 10
  have just done something
    acabar de (+ *inf.*) 6

K

keep (doing something) **seguir (e:ie)**
  v. 4
key **llave** *f.* 5
keyboard **teclado** *m.* 11
kilometer **kilómetro** *m.* 11
kind: That's very kind of you. **Muy
  amable.** *adj.* 5

kiss (each other) **besar(se)** *v.*; **beso** *m.* 6
kitchen **cocina** *f.* 12
knee **rodilla** *f.* 10
knife **cuchillo** *m.* 12
know **saber** *v.* 8; **conocer** *v.* 8
know how **saber** *v.* 8

L

laboratory **laboratorio** *m.* 2
lack **faltar** *v.* 7
lake **lago** *m.* 13
lamp **lámpara** *f.* 12
land **tierra** *f.* 13
landlord **dueño/a** *m., f.*
landscape **paisaje** *m.* 13
language **lengua** *f.* 2
laptop (computer) **computadora** *f.*
portátil 11
large (*clothing size*) **talla** *f.* **grande**
adj. 6
last **durar** *v.*; **pasado/a** *adj.* 6;
último/a *adj.*
last name **apellido** *m.* 9
last night **anoche** *adv.* 6
last week **la semana pasada** 6
last year **el año pasado** 6
late **tarde** *adv.* 7
later (on) **más tarde** *adv.* 7
See you later. **Hasta la vista.** 1;
Hasta luego. 1
laugh **reírse (e:i)** *v.* 9
laughed **reído** *p.p.* 15
laundromat **lavandería** *f.* 14
law **ley** *f.* 13
lawyer **abogado/a** *m., f.* 16
lazy **perezoso/a** *adj.*
learn **aprender** *v.* 3
least, (the) **el/la/los/las menos** 8
leave **salir** *v.* 4; **irse** *v.* 7
leave a tip **dejar una propina** 9
leave for (*a place*) **salir para** 4
leave from **salir de** 4
leave behind **dejar** *v.* 16
left **izquierdo/a** *adj.* 2
be left behind **quedar** *v.* 10
be left over **quedar** *v.* 7
to the left of **a la izquierda de** 2
leg **pierna** *f.* 10
lemon **limón** *m.* 8
less **menos** *adv.* 10
less… than **menos… que** 8
less than (+ *number*) **menos de**
(+ number) 8
lesson **lección** *f.* 1
let **dejar** *v.* 12
let's see **a ver**
letter **carta** *f.* 4
lettuce **lechuga** *f.* 8
liberty **libertad** *f.*
library **biblioteca** *f.* 2

license (*driver's*) **licencia** *f.* **de**
conducir 11
lie **mentira** *f.* 6
lie down **acostarse (o:ue)** *v.* 7
life **vida** *f.* 9
of my life **de mi vida**
lifestyle: lead a healthy lifestyle
llevar una vida sana 15
lift **levantar** *v.* 15
lift weights **levantar pesas** 15
light **luz** *f.* 12
like **como** *prep.* 8; **gustar** *v.* 2, 7
like this **así** *adv.* 10
like very much **encantar** *v.*;
fascinar *v.* 7
I like… **me gusta(n)…** 2
I like… very much *v.* **Me**
encanta…
Do you like… ? **¿Te gusta(n)…?** 2
likewise **igualmente** *adv.* 1
line **línea** *f.* 4; **cola** (*queue*) *f.* 14
listen to **escuchar** *v.* 2
Listen! (*command*) **¡Oye!** *fam.*,
sing. 1; **¡Oigan!** *form., pl.*
listen to music **escuchar música**
listen to the radio **escuchar la radio**
literature **literatura** *f.*
little (*quantity*) **poco/a** *adj.* 5; **poco**
adv. 10
live **vivir** *v.* 3
living room **sala** *f.* 12
loan **préstamo** *m.* 14; **prestar** *v.* 6
lobster **langosta** *f.* 8
located **situado/a** *adj.*
be located **quedar** *v.* 14
lodging **alojamiento** *m.* 5
long **largo/a** *adj.* 6
look (at) **mirar** *v.* 2
look for **buscar** *v.* 2
lose **perder (e:ie)** *v.* 4
lose weight **adelgazar** *v.* 15
lost **perdido/a** *adj.* 14
be lost **estar perdido/a** 14
lot, a **muchas veces** 10
lot of, a **mucho/a** *adj.*
love (*another person*) **querer (e:ie)** *v.* 4;
(*things*) **encantar** *v.* 7; **amor** *m.* 9;
in love (with) **enamorado/a (de)**
adj. 5
luck **suerte** *f.* 3
lucky: be (very) lucky **tener (mucha)**
suerte 3
luggage **equipaje** *m.* 5
lunch **almuerzo** *m.* 8
have lunch **almorzar (o:ue)** *v.* 8

M

ma'am **señora (Sra.)** *f.* 1
magazine **revista** *f.* 4
read a magazine **leer una revista** 4

magnificent **magnífico/a** *adj.* 5
mail **correo** *m.* 14; **enviar** *v.*, **mandar**
v. mail a letter **echar una carta al**
buzón 14
mail carrier **cartero/a** *m.* 14
mailbox **buzón** *m.* 14
main **principal** *adj. m., f.* 8
maintain **mantener** *v.* 15
make **hacer** *v.* 4
make the bed **hacer la cama** 12
makeup **maquillaje** *m.* 7
man **hombre** *m.* 1
manager **gerente** *m., f.* 16
many **mucho/a** *adj.* 3
many times **muchas veces** 10
map **mapa** *m.* 1
March **marzo** *m.* 5
margarine **margarina** *f.* 8
marinated fish **ceviche** *m.*
lemon-marinated shrimp **ceviche**
de camarón
marital status **estado** *m.* **civil** 9
market **mercado** *m.* 6
open-air market **mercado al aire**
libre 6
marriage **matrimonio** *m.* 9
married **casado/a** *adj.* 9
get married (to) **casarse** *v.* **(con)** 9
marvelous **maravilloso/a** *adj.* 5
marvelously **maravillosamente** *adv.*
massage **masaje** *m.* 15
masterpiece **obra** *f.* **maestra**
match (*sports*) **partido** *m.*
match **hacer** *v.* **juego (con)** 6
mathematics **matemáticas** *f., pl.* 2
matter **importar** *v.* 7, 12
maturity **madurez** *f.* 9
maximum **máximo/a** *m.* 11
May **mayo** *m.* 5
maybe **tal vez** *adv.* 5; **quizás** *adv.* 5
mayonnaise **mayonesa** *f.* 8
me **me** *pron.* 5
meal **comida** *f.* 8
means of communication **medios**
m., pl. **de comunicación**
meat **carne** *f.* 8
mechanic **mecánico/a** *m., f.* 11
(mechanic's) repair shop
taller *m.* **mecánico** 11; **garaje**
m. 11
media **medios** *m., pl.* **de**
comunicación
medical **médico/a** *adj.* 10
medication **medicamento** *m.* 10
medicine **medicina** *f.* 10
medium **mediano/a** *adj.*
meet (each other) **encontrar(se)** *v.*
meeting **reunión** *f.* 16
menu **menú** *m.* 8
message (*telephone*) **recado** *m.* 11
Mexican **mexicano/a** *adj.* 3
microwave **microonda** *f.* 12

microwave oven **horno** *m.* **de microondas** 12
middle age **madurez** *f.* 9
midnight **medianoche** *f.* 1
mile **milla** *f.* 11
milk **leche** *f.* 8
million **millón** 6
   million of **millón de** 6
mine **mío/a(s)** *poss. pron.* 11
mineral **mineral** *m.* 15
   mineral water **agua** *f.* **mineral** 8
minute **minuto** *m.* 1
mirror **espejo** *m.* 7
Miss **señorita (Srta.)** *f.* 1
miss **perder (e:ie)** *v.* 4
modern **moderno/a** *adj.*
mom **mamá** *f.* 3
Monday **lunes** *m., sing.* 2
money **dinero** *m.* 6
monitor **monitor** *m.* 11
monkey **mono** *m.* 13
month **mes** *m.* 5
monument **monumento** *m.* 4
moon **luna** *f.* 13
more **más** *adj.* 2
   more… than **más… que** 8
   more than (+ *number*) **más de (+** *number***)** 8
morning **mañana** *f.* 1
most, (the) **el/la/los/las más** 8
mother **madre** *f.* 3
mother-in-law **suegra** *f.* 3
motor **motor** *m.* 11
motorcycle **moto(cicleta)** *f.* 5
mountain **montaña** *f.* 4
mouse **ratón** *m.* 11
mouth **boca** *f.* 10
move (*to another house/city/country*) **mudarse** *v.* 12
movie **película** *f.* 4
   movie star **estrella** *f.* **de cine**
   movie theater **cine** *m.* 4
MP3 player **reproductor de MP3** *m.* 11
Mr. **señor (Sr.)** *m.* 1
Mrs. **señora (Sra.)** *f.* 1
much **mucho/a** *adj.* 2, 3
mug **taza** *f.* 12
municipal **municipal** *adj.*
murder **crimen** *m.*
muscle **músculo** *m.* 15
museum **museo** *m.* 4
mushroom **champiñón** *m.* 8
music **música** *f.*
musical **musical** *adj.*
musician **músico/a** *m., f.*
must: It must be . . . **Debe ser…** 6
my **mi(s)** *poss. adj.* 3; **mío(s)/a(s)** *poss. pron.* 11

N

name **nombre** *m.* 5
   in my name **a mi nombre**
   in the name of **a nombre de**
   last name **apellido** *m.* 9
   My name is… **Me llamo…** 1
   be named **llamarse** *v.* 7
napkin **servilleta** *f.* 12
national **nacional** *adj., m., f.*
nationality **nacionalidad** *f.* 1
natural **natural** *adj., m., f.* 13
   natural disaster **desastre** *m.* **natural**
   natural resource **recurso** *m.* **natural** 13
nature **naturaleza** *f.* 13
nauseated **mareado/a** *adj.* 10
near **cerca de** *prep.* 2
necessary **necesario/a** *adj.* 12
   It's necessary that… **Es necesario que…** 12; **Hay que…** 14
neck **cuello** *m.* 10
need **faltar** *v.* 7; **necesitar** *v.* 2, 12
negative **negativo/a** *adj.*
neighbor **vecino/a** *m., f.* 12
neighborhood **barrio** *m.* 12
neither… nor **ni… ni** *conj.* 7; neither **tampoco** *adv.* 7
nephew **sobrino** *m.* 3
nervous **nervioso/a** *adj.* 5
network **red** *f.* 11
never **nunca** *adv.* 7; **jamás** *adv.* 7
new **nuevo/a** *adj.* 6
newlywed **recién casado/a** *m., f.* 9
news **noticias** *f., pl.*; **actualidades** *f., pl.*
newscast **noticiero** *m.*
newspaper **periódico** *m.* 4; **diario** *m.*
   read the newspaper **leer el periódico** 4
next **próximo/a** *adj.*
next to **al lado de** 2
nice **simpático/a** *adj.* 3; **amable** *adj.* 5
niece **sobrina** *f.* 3
night **noche** *f.* 1
   night stand **mesita** *f.* **de noche** 12
nine **nueve** 1
nine hundred **novecientos/as** 6
nineteen **diecinueve** 1
ninety **noventa** 2
ninth **noveno/a** 5
no **no** 1; **ningún, ninguno/a(s)** *adj.* 7
   no one **nadie** *pron.* 7
   No problem. **Ningún problema.**
   no way **de ninguna manera**
none **ningún, ninguno/a(s)** *adj.* 7
noon **mediodía** *m.* 1
nor **ni** *conj.* 7
north **norte** *m.* 14
   to the north **al norte** 14

nose **nariz** *f.* 10
not **no** 1
   not any **ningún, ninguno/a(s)** *adj.* 7
   not anyone **nadie** *pron.* 7
   not anything **nada** *pron.* 7
   not bad at all **nada mal** 5
   not either **tampoco** *adv.* 7
   not ever **nunca** *adv.* 7; **jamás** *adv.* 7
   Not very well. **No muy bien.** 1
   not working **descompuesto/a** *adj.* 11
notebook **cuaderno** *m.* 1
nothing **nada** *pron.* 1; 7
noun **sustantivo** *m.*
November **noviembre** *m.* 5
now **ahora** *adv.*
nowadays **hoy día** *adv.*
nuclear energy **energía nuclear** 13
number **número** *m.* 1
nurse **enfermero/a** *m., f.* 10
nutrition **nutrición** *f.* 15

O

o'clock: It's… o'clock **Son las…** 1
   It's one o'clock. **Es la una.** 1
obey **obedecer (c:zc)** *v.*
obligation **deber** *m.*
obtain **conseguir (e:i)** *v.* 4; **obtener** *v.* 16
obvious **obvio** *adj.* 13
   it's obvious **es obvio** 13
occupation **ocupación** *f.* 16
occur **ocurrir** *v.*
ocean **mar** *m.* 5; **océano** *m.* 13
October **octubre** *m.* 5
of **de** *prep.* 1
   of course **claro que sí; por supuesto**
offer **oferta** *f.*; **ofrecer (c:zc)** *v.* 8
office **oficina** *f.* 12
   doctor's office **consultorio** *m.* 10
often **a menudo** *adv.* 10
Oh! **¡Ay!**
oil **aceite** *m.* 8
okay: It's okay. **Está bien.**
old **viejo/a** *adj.* 3; old age **vejez** *f.* 9
older **mayor** *adj., m., f.* 3
   older brother, sister **hermano/a mayor** *m., f.* 3
oldest **el/la mayor** 8
on **en** *prep.* 2; **sobre** *prep.* 2
   on behalf of **de parte de** *prep.*
   on the dot **en punto** *adv.* 1
   on time **a tiempo** *adv.* 10
   on top of **encima de** *prep.* 2
once **una vez** 6
once again **una vez más** 9
one **un, uno/a** 1
   one hundred **cien(to)** 2
   one million **un millón** 6
   one thousand **mil** 6
   one time **una vez** 6
   one way (*travel*) **ida** *f.*

onion **cebolla** *f.* 8
only **sólo** *adv.*; **único/a** *adj.* 3
   only child **hijo/a único/a** *m., f.* 3
open **abrir** *v.* 3; **abierto/a** *adj.* 5
open-air **al aire libre** 6
opened **abierto/a** *p.p.* 15
opera **ópera** *f.*
operation **operación** *f.* 10
opposite **en frente de** *prep.* 14
or **o** *conj.* 7
orange **anaranjado/a** *adj.* 6;
   naranja *f.* 8
orchestra **orquesta** *f.*
order **mandar** 12; *(food)* **pedir (e:i)** *v.* 8
   in order to **para** *prep.* 11
orderly **ordenado/a** *adj.* 5
ordinal *(numbers)* **ordinal** *adj.*
other **otro/a** *adj.* 6
our **nuestro(s)/a(s)** *poss. adj.* 3; *poss.*
   pron. 11
out of order **descompuesto/a** *adj.* 11
outside **fuera** *adv.*
outskirts **afueras** *f., pl.* 12
oven **horno** *m.* 12
over **sobre** *prep.* 2
own **propio/a** *adj.*
owner **dueño/a** *m., f.* 8

P

P.M. **tarde** *f.* 1
pack (one's suitcases) **hacer** *v.* **las**
   maletas 5
package **paquete** *m.* 14
page **página** *f.* 11
pain **dolor** *m.* 10
   have a pain in the (knee) **tener** *v.*
      dolor de (rodilla)
paint **pintar** *v.*
painter **pintor(a)** *m., f.* 16
painting **pintura** *f.* 12
pair **par** *m.* 6
   pair of shoes **par de zapatos** 6
pants **pantalones** *m., pl.* 6
pantyhose **medias** *f., pl.* 6
paper **papel** *m.* 2; *(report)* **informe** *m.*
   paper money **billete** *m.*
paragraph **párrafo** *m.*
Pardon me. *(May I?)* **Con permiso.** 1;
   (Excuse me.) Pardon me. **Perdón.** 1
parents **padres** *m., pl.* 3; **papás** *m.,*
   pl. 3
park **parque** *m.* 4; **estacionar** *v.* 11
partner *(one of a couple)* **pareja** *f.* 9
party **fiesta** *f.* 9
pass **pasar** *v.*
passed **pasado/a** *p.p.*
passenger **pasajero/a** *m., f.* 1
passport **pasaporte** *m.* 5
past **pasado/a** *adj.* 6
pastime **pasatiempo** *m.* 4
pastry shop **pastelería** *f.* 14

patient **paciente** *m., f.* 10
patio **patio** *m.* 12
pay **pagar** *v.* 6
   pay with **pagar con** 6
pay in cash **pagar** *v.* **al contado** 14;
   pagar en efectivo
pay in installments **pagar** *v.*
   a plazos 14
pay the bill **pagar** *v.* **la cuenta** 9
pea **arveja** *m.* 8
peace **paz** *f.*
peach **melocotón** *m.*
pear **pera** *f.*
pen **pluma** *f.* 2
pencil **lápiz** *m.* 1
penicillin **penicilina** *f.*
people **gente** *f.* 3
pepper **pimienta** *f.* 8
per **por** *prep.* 11
percent **por ciento**
perfect **perfecto/a** *adj.* 5
perhaps **quizás** *adv.*; **tal vez** *adv.*
periods **plazos** *m., pl.*
permission **permiso** *m.*
person **persona** *f.* 3
pharmacy **farmacia** *f.* 10
phenomenal **fenomenal** *adj.*
photograph **foto(grafía)** *f.* 1
physical *(exam)* **examen** *m.* **médico** 10
physics **física** *f., sing.* 2
pick up **recoger** *v.* 13
picture **foto** *f.* 5; **pintura** *f.*
pie **pastel** *m.*
pill *(tablet)* **pastilla** *f.* 10
pillow **almohada** *f.* 12
pineapple **piña** *f.* 8
pink **rosado/a** *adj.* 6
place **lugar** *m.* 4; **poner** *v.* 4
plaid **de cuadros** *adj.* 6
plan *(to do something)* **pensar** *v.*
   (+ inf.) 4
plane **avión** *m.* 5
plans **planes** *m., pl.*
   have plans **tener** *v.* **planes** 4
plant **planta** *f.* 13
plastic **plástico** *m.* 13
   (made of) plastic **de plástico** 13
plate **plato** *m.* 12
   platter of fried food **fuente** *f.*
      de fritada
play **drama** *m.*; **comedia** *f.*;
   jugar (u:ue) *v.* 4; *(a musical*
   instrument) **tocar** *v.*; *(a role)*
   hacer *v.* **el papel**; *(cards)* **jugar** *v.*
   a (las cartas); *(sports)* **practicar** *v.*
   deportes 4
player **jugador(a)** *m., f.* 4
playwright **dramaturgo/a** *m., f.*
pleasant **agradable** *adj.*
Please. **Por favor.** 1
Pleased to meet you. **Mucho gusto.** 1;
   Encantado/a. *adj.* 1
pleasing: be pleasing to **gustar** *v.* 7

pleasure **gusto** *m.* 1; **placer** *m.*
   It's a pleasure to… **Gusto de (+ *inf.*)**
   It's been a pleasure. **Ha sido un**
      placer.
   The pleasure is mine. **El gusto**
      es mío. 1
poem **poema** *m.*
poet **poeta** *m., f.* 16
poetry **poesía** *f.*
police (force) **policía** *f.* 11
   police officer **policía** *m.*, **mujer** *f.*
      policía 11
political **político/a** *adj.*
politician **político/a** *m., f.* 16
politics **política** *f.*
polka-dotted **de lunares** *adj.* 6
poll **encuesta** *f.*
pollute **contaminar** *v.* 13
polluted **contaminado/a** *adj.* 13
   be polluted **estar contaminado/a**
      13
pollution **contaminación** *f.* 13
pool **piscina** *f.* 4
poor **pobre** *adj.* 6
population **población** *f.* 13
pork **cerdo** *m.* 8
   pork chop **chuleta** *f.* **de cerdo** 8
portable **portátil** *adj.* 11
   portable computer **computadora**
      f. **portátil**
position **puesto** *m.* 16
possessive **posesivo/a** *adj.* 3
possible **posible** *adj.* 13
   it's (not) possible **(no) es posible** 13
post office **correo** *m.* 14
postcard **postal** *f.* 4; **tarjeta** *f.* **postal** 4
poster **cartel** *m.*
potato **papa** *f.* 8; **patata** *f.* 8
pottery **cerámica** *f.*
practice **practicar** *v.* 2
prefer **preferir (e:ie)** *v.* 4, 12
pregnant **embarazada** *adj. f.* 10
prepare **preparar** *v.* 2
preposition **preposición** *f.*
prescribe *(medicine)* **recetar** *v.* 10
prescription **receta** *f.* 10
present **regalo** *m.*; **presentar** *v.*
press **prensa** *f.*
pressure: be under a lot of pressure
   sufrir *v.* **muchas presiones** 15
pretty **bonito/a** *adj.* 3; **bastante** *adv.*
price **precio** *m.* 6
   fixed price **precio** *m.* **fijo** 6
print **estampado/a** *adj.*; **imprimir** *v.*
   11
printer **impresora** *f.* 11
private *(room)* **individual** *adj.* 5
prize **premio** *m.*
probable **probable** *adj.* 13
   it's (not) probable **(no) es**
      probable 13
problem **problema** *m.* 1
profession **profesión** *f.* 3, 16

professor **profesor(a)** *m., f.* 1
profit **beneficios** *m., pl.* 16
program **programa** *m.* 1
programmer **programador(a)** *m., f.* 3
prohibit **prohibir** *v.* 10, 12
promotion (*career*) **ascenso** *m.* 16
pronoun **pronombre** *m.*
protect **proteger** *v.* 13
protein **proteína** *f.* 15
provided that **con tal (de) que** *conj.* 13
psychologist **psicólogo/a** *m., f.* 16
psychology **psicología** *f.* 2
publish **publicar** *v.*
Puerto Rican **puertorriqueño/a** *adj.* 3
pull a tooth **sacar** *v.* **una muela**
purchases **compras** *f., pl.*
pure **puro/a** *adj.* 13
purple **morado/a** *adj.* 6
purse **bolsa** *f.* 6
put **poner** *v.* 4; **puesto/a** *p.p.* 15
   put a letter in the mailbox **echar** *v.*
     una carta al buzón 14
   put on (*a performance*) **presentar** *v.*
   put on (*clothing*) **ponerse** *v.* 7
   put on makeup **maquillarse** *v.* 7

Q

quality **calidad** *f.* 6
quarter **trimestre** *m.* 2
   quarter after (*time*) **y cuarto** 1;
     y quince 1
   quarter to (*time*) **menos cuarto** 1;
     menos quince 1
question **pregunta** *f.*
quickly **rápido** *adv.*
quiet **tranquilo/a** *adj.* 15
quit **dejar** *v.* 16
quite **bastante** *adv.* 10
quiz **prueba** *f.* 2

R

racism **racismo** *m.*
radio (*medium*) **radio** *f.*;
   radio (*set*) **radio** *m.* 11
rain **llover (o:ue)** *v.* 5
   It's raining. **Llueve.** 5
raincoat **impermeable** *m.* 6
rainforest **bosque** *m.* **tropical** 13
raise (*salary*) **aumento** *v.* **de sueldo**
   16
read **leer** *v.* 3; **leído/a** *p.p.* 15
ready **listo/a** *adj.*
real estate agency **agencia** *f.* **de**
   bienes raíces 12
reap the benefits (of) **disfrutar** *v.* **(de)**
   15
reason **razón** *f.* 3
receive **recibir** *v.* 3
recommend **recomendar (e:ie)** *v.* 8,
   12

recycle **reciclar** *v.* 13
recycling **reciclaje** *m.* 13
red **rojo/a** *adj.* 6
red-haired **pelirrojo/a** *adj.* 3
reduce **reducir** *v.* 13
   reduce stress/tension **aliviar** *v.* **el**
     estrés/la tensión
refrigerator **refrigerador** *m.* 12
region **región** *f.* 13
regret **sentir (e:ie)** *v.* 13
related to sitting **sedentario/a** *adj.*
relationships **relaciones** *f., pl.*
relatives **parientes** *m., pl.* 3
relax **relajarse** *v.* 9
relieve stress/tension **aliviar el**
   estrés/la tensión 15
remember **recordar (o:ue)** *v.* 4;
   acordarse (o:ue) *v.* **(de)** 7
remote control **control** *m.* **remoto** 11
renewable **renovable** *adj.* 13
rent **alquilar** *v.* 12; **alquiler** *m.* 12
repeat **repetir (e:i)** *v.* 4
report **informe** *m.*; **reportaje** *m.*
reporter **reportero/a** *m., f.* 16
representative **representante** *m., f.*
request **pedir (e:i)** *v.* 4
reservation **reservación** *f.* 5
resign (from) **renunciar (a)** *v.* 16
resolve **resolver (o:ue)** *v.* 13
resolved **resuelto/a** *p.p.* 15
resource **recurso** *m.* 13
responsibility **deber** *v.*
rest **descansar** *v.* 2
   the rest **lo/los/las demás** *pron.*
restaurant **restaurante** *m.* 4
résumé **currículum** *m.* 16
retire (from work) **jubilarse** *v.* 9
return **regresar** *v.* 2; **volver (o:ue)** *v.* 4
   return trip **vuelta** *f.*
returned **vuelto/a** *p.p.* 15
rice **arroz** *m.* 8
rich **rico/a** *adj.* 6
ride **pasear** *v.* 4
   ride a bicycle **pasear en bicicleta** 4
   ride a horse **montar a caballo** 5
ridiculous **ridículo/a** *adj.* 13
   it's ridiculous **es ridículo** 13
right **derecha** *f.* 2
   right away **enseguida** *adv.*
   right here **aquí mismo**
   right now **ahora mismo** 5
   right there **allí mismo** 14
   be right **tener** *v.* **razón** 3
   to the right of **a la derecha de** 2
   right? (*question tag*) **¿no?**;
     ¿verdad?
rights **derechos** *m., pl.*
ring (*a doorbell*) **sonar (o:ue)** *v.* 11
river **río** *m.* 13
road **camino** *m.*
roast chicken **pollo** *m.* **asado** 8
roasted **asado/a** *adj.* 8
role **papel** *m.*

rollerblade **patinar** *v.* **en línea**
romantic **romántico/a** *adj.*
room **habitación** *f.* 5; **cuarto** *m.*;
   (*large, living*) **sala** *f.*
roommate **compañero/a** *m., f.*
   de cuarto 2
round-trip **de ida y vuelta** 5
   round-trip ticket **pasaje** *m.* **de**
     ida y vuelta 5
route **camino** *m.* 11
routine **rutina** *f.* 7
rug **alfombra** *f.* 12
run **correr** *v.* 3
   run errands **hacer diligencias** 14
   run into (*have an accident*)
     chocar *v.* **(con)** 11; (*meet*
     accidentally) **darse con** *v.*
rush **apurarse; darse prisa** *v.* 15
Russian **ruso/a** *adj.*

S

sad **triste** *adj.* 5
   it's sad **es triste** 13
safe **seguro/a** *adj.* 5
said **dicho/a** *p.p.* 15
sake: for the sake of **por** *prep.*
salad **ensalada** *f.* 8
salary **salario** *m.* 16; **sueldo** *m.* 16
sale **rebaja** *f.* 6
salesperson **vendedor(a)** *m., f.* 6
salmon **salmón** *m.* 8
salt **sal** *f.* 8
salty **salado/a** *adj.* 8
same **mismo/a** *adj.*
sandal **sandalia** *f.* 6
sandwich **sándwich** *m.* 8
Saturday **sábado** *m.* 2
sausage **salchicha** *f.* 8
save (*on a computer*) **guardar** *v.* 11;
   save (*money*) **ahorrar** *v.* 14
savings **ahorros** *m., pl.* 14
   savings account **cuenta** *f.* **de**
     ahorros 14
say **decir** *v.* 6; **declarar** *v.*
   say hello to... **saludos** *m., pl.* **a...** 1
scarcely **apenas** *adv.* 10
scared: be (very) scared **tener** *v.*
   (mucho) miedo 3
schedule **horario** *m.* 2
school **escuela** *f.* 1
science **ciencia** *f.*
   science fiction **ciencia ficción** *f.*
scientist **científico/a** *m., f.* 16
scream **gritar** *v.*
screen **pantalla** *f.* 11
scuba dive **bucear** *v.* 4
sculpt **esculpir** *v.*
sculptor **escultor(a)** *m., f.* 16
sculpture **escultura** *f.*
sea **mar** *m.* 5; **océano** *m.*
sea turtle **tortuga marina** *f.* 13

seafood **mariscos** *m., pl.* 8
search: in search of **por** *prep.* 11
season **estación** *f.* 5
seat **silla** *f.*
second **segundo/a** *adj.* 5
secretary **secretario/a** *m., f.* 16
sedentary **sedentario/a** *adj.* 15
see **ver** *v.* 4
   see (you) again **volver** *v.* **a**
      ver(te, lo, la)
   See you. **Nos vemos.** 1
   See you later. **Hasta la vista.** 1;
      Hasta luego. 1
   See you soon. **Hasta pronto.** 1
   See you tomorrow. **Hasta**
      mañana. 1
seem **parecer** *v.* 8
seen **visto/a** *p.p.* 15
sell **vender** *v.* 6
semester **semestre** *m.* 2
send **enviar** *v.*; **mandar** *v.* 14
separate (from) **separarse** *v.* **(de)** 9
separated **separado/a** *adj.* 9
September **septiembre** *m.* 5
sequence **secuencia** *f.*
serious **grave** *adj.* 10
   extremely serious **gravísimo/a**
      adj. 13
serve **servir (e:i)** *v.* 8
set (*fixed*) **fijo** *adj.* 6
   set the table **poner** *v.* **la mesa** 12
seven **siete** 1
seven hundred **setecientos/as** 6
seventeen **diecisiete** 1
seventh **séptimo/a** *adj.* 5
seventy **setenta** 2
several **varios/as** *adj., pl.*
sexism **sexismo** *m.*
shame **lástima** *f.* 13
   It's a shame. **Es una lástima.** 13
shampoo **champú** *m.* 7
shape **forma** *f.* 15
   be in good shape **estar en**
      buena forma 15
share **compartir** *v.* 3
sharp (*time*) **en punto** 1
shave **afeitarse** *v.* 7
shaving cream **crema** *f.* **de afeitar** 7
she **ella** *sub. pron.* 1
   she is **ella es** 1
shellfish **mariscos** *m., pl.*
ship **barco** *m.*
shirt **camisa** *f.* 6
shoe **zapato** *m.* 6
   pair of shoes **par de zapatos** 6
   shoe size **número** *m.* **de zapato** 6
   shoe store **zapatería** *f.* 14
   tennis shoes **zapatos** *m., pl.* **de tenis**
shopping, to go **ir** *v.* **de compras** 6
   shopping mall **centro** *m.* **comercial**
      6
short (*in height*) **bajo/a** *adj.* 3; (*in*
   length) **corto/a** *adj.* 6

short story **cuento** *m.*
shorts **pantalones cortos** *m., pl.* 6
should (*do something*) **deber** *v.*
   (+ *inf.*) 3
show **mostrar (o:ue)** *v.* 4; **espectáculo**
   m.
shower **ducha** *f.*; **ducharse** *v.* 7;
   bañarse *v.*
shrimp **camarón** *m.* 8
siblings **hermanos** *m., pl.* 3
sick **mal, malo/a** 5; **enfermo/a** *adj.*
   10
   be sick **estar enfermo/a** 10
   get sick **enfermarse** *v.* 10
sightseeing: go sightseeing **hacer** *v.*
   turismo 5
sign **firmar** *v.* 14; **letrero** *m.* 14
silk **seda** *f.* 6; (made of) **de seda** 6
silverware **cubierto** *m.*
similar **similar** *adj. m., f.*
since **desde** *prep.*
sing **cantar** *v.* 2
singer **cantante** *m., f.* 16
single **soltero/a** *adj.* 9
   single room **habitación** *f.*
      individual 5
sink **lavabo** *m.*
sir **señor (Sr.)** *m.* 1
sister **hermana** *f.* 3
sister-in-law **cuñada** *f.* 3
sit down **sentarse (e:ie)** *v.* 7
six **seis** 1
six hundred **seiscientos/as** 6
sixteen **dieciséis** 1
sixth **sexto/a** *adj.* 5
sixty **sesenta** 2
size **talla** *f.* 6
   shoe size **número** *m.* **de zapato** 6
skate (in-line) **patinar** *v.*
   (en línea) 4
ski **esquiar** *v.* 4
skiing **esquí** *m.* 4
   water-skiing **esquí acuático** 4
skirt **falda** *f.* 6
sky **cielo** *m.* 13
sleep **dormir (o:ue)** *v.* 4; **sueño** *m.* 3
   go to sleep **dormirse (o:ue)** *v.* 7
sleepy: be (very) sleepy **tener** *v.*
   (mucho) sueño 3
slim down **adelgazar** *v.* 15
slow **lento/a** *adj.* 11
slowly **despacio** *adv.*
small **pequeño/a** *adj.* 3
smaller **menor** *adj.* 8
smallest, (the) **el/la menor** *m., f.* 8
smart **listo/a** *adj.* 5
smile **sonreír (e:i)** *v.* 9
smiled **sonreído** *p.p.* 15
smoggy: It's (very) smoggy. **Hay**
   (mucha) contaminación.
smoke **fumar** *v.* 15
   not to smoke **no fumar** *v.* 15
   (non) smoking section **sección**

   de (no) fumadores 8
snack (in the afternoon) **merendar**
   v. 15; (afternoon snack) **merienda**
   f. 15
   have a snack **merendar** *v.* 15
sneakers **zapatos de tenis** 6
sneeze **estornudar** *v.* 10
snow **nevar (e:ie)** *v.* 5; **nieve** *f.*
snowing: It's snowing. **Nieva.** 5
so (*in such a way*) **así** *adv.* 10; **tan**
   adv. 5
   so much **tanto** *adv.*
   so-so **regular** 1; **así así**
   so that **para que** *conj.* 13
soap **jabón** *m.* 7
   soap opera **telenovela** *f.*
soccer **fútbol** *m.* 4
sociology **sociología** *f.* 2
sock **calcetín** *m.* 6
sofa **sofá** *m.* 12
soft drink **refresco** *m.* 8
software **programa** *m.* **de**
   computación 11
soil **tierra** *f.* 13
solar energy **energía solar** 13
solution **solución** *f.* 13
solve **resolver (o:ue)** *v.* 13
some **algún, alguno/a(s)** *adj.* 7; **unos/**
   as *pron.* 1; **unos/as** *m., f., pl. indef.*
   art. 1
somebody **alguien** *pron.*
someone **alguien** *pron.* 7
something **algo** *pron.* 7
sometimes **a veces** *adv.* 10
son **hijo** *m.* 3
song **canción** *f.*
son-in-law **yerno** *m.* 3
soon **pronto** *adj.* 10
   See you soon. **Hasta pronto.** 1
sorry: be sorry **sentir (e:ie)** *v.* 13
   I'm sorry. **Lo siento.** 1
   I'm so sorry. **Mil perdones.;**
      Lo siento muchísimo.
soup **caldo** *m.*; **sopa** *f.*
sour **agrio/a** *adj.* 8
south **sur** *m.* 14
   to the south **al sur** 14
Spanish (*language*) **español** *m.* 2;
   español(a) *adj.; m., f.* 3
spare time **ratos** *m., pl.* **libres** 4
speak **hablar** *v.* 2
specialization **especialización** *f.*
spectacular **espectacular** *adj.*
speech **discurso** *m.*
speed **velocidad** *f.* 11
   speed limit **velocidad máxima** 11
spelling **ortográfico/a** *adj.*
spend (*money*) **gastar** *v.* 6
   spend time **pasar** *v.* **el tiempo** 4
spicy **picante** *adj.* 8
spoon (*table or large*) **cuchara** *f.* 12
sport **deporte** *m.* 4
   sports-loving **deportivo/a** *adj.*

sports-related **deportivo/a** *adj.* 4
spouse **esposo/a** *m., f.* 3
sprain (one's ankle) **torcerse** *v.*
   (el tobillo) 10
sprained **torcido/a** *adj.* 10
   be sprained **estar** *v.* **torcido/a** 10
spring **primavera** *f.* 5
stadium **estadio** *m.* 2
stage **etapa** *f.* 9
stairs **escalera** *f.* 12
stamp **estampilla** *f.* 14; **sello** *m.* 14
stand in line **hacer** *v.* **cola** 14
star **estrella** *f.* 13
start (*a vehicle*) **arrancar** *v.* 11
state **estado** *m.*
station **estación** *f.* 5
statue **estatua** *f.*
status: marital status **estado** *m.* **civil** 9
stay **quedarse** *v.* 7
   Stay calm! **¡Tranquilo/a!** *adj.*
   stay in shape **mantenerse** *v.* **en**
      forma 15
steak **bistec** *m.* 8
steering wheel **volante** *m.* 11
step **etapa** *f.*
stepbrother **hermanastro** *m.* 3
stepdaughter **hijastra** *f.* 3
stepfather **padrastro** *m.* 3
stepmother **madrastra** *f.* 3
stepsister **hermanastra** *f.* 3
stepson **hijastro** *m.* 3
stereo **estéreo** *m.* 11
still **todavía** *adv.* 5
stock broker **corredor(a)** *m., f.* **de**
   bolsa 16
stockings **medias** *f., pl.* 6
stomach **estómago** *m.* 10
stone **piedra** *f.* 13
stop **parar** *v.* 11
   stop (*doing something*) **dejar** *v.* **de**
      (+ inf.) 13
store **tienda** *f.* 6
storm **tormenta** *f.*
story **cuento** *m.*; **historia** *f.*
stove **estufa** *f.* 12
straight **derecho** *adj.* 14
   straight ahead **(todo) derecho** 14
straigthen up **arreglar** *v.* 12
strange **extraño/a** *adj.* 13
   It's strange… **Es extraño…** 13
strawberry **frutilla** *f.*; **fresa** *f.* 8
street **calle** *f.* 11
stress **estrés** *m.* 15
stretching **estiramiento** *m.* 15
   stretching exercises **ejercicios**
      m., pl. **de estiramiento** 15
strike (*labor*) **huelga** *f.*
stripe **raya** *f.* 6
   striped **de rayas** *adj.* 6
stroll **pasear** *v.* 4
strong **fuerte** *adj.* 15
struggle (for) **luchar** *v.* **(por)**
student **estudiante** *m., f.* 1;

estudiantil *adj.*
study **estudiar** *v.* 2
stupendous **estupendo/a** *adj.* 5
style **estilo** *m.*
suburbs **afueras** *f., pl.* 12
subway **metro** *m.* 5
   subway station **estación** *f.* **del**
      metro 5
success **éxito** *m.* 16
successful: be successful **tener** *v.* **éxito** 16
such as **tales como**
suddenly **de repente** *adv.* 6
suffer **sufrir** *v.* 13
   suffer from an illness **sufrir una**
      enfermedad 13
sufficient **bastante** *adj.*
sugar **azúcar** *m.* 8
suggest **sugerir (e:ie)** *v.* 12
suit **traje** *m.* 6
suitcase **maleta** *f.* 1
summer **verano** *m.* 5
sun **sol** *m.* 4, 13
sunbathe **tomar** *v.* **el sol** 4
Sunday **domingo** *m.* 2
sunglasses **gafas** *f., pl.* **de sol** 6; **gafas**
   oscuras; **lentes** *m., pl.* **de sol**
sunny: It's (very) sunny. **Hace (mucho)**
   sol. 5
supermarket **supermercado** *m.* 14
suppose **suponer** *v.* 4
sure **seguro/a** *adj.* 5
   be sure (of) **estar** *v.* **seguro/a (de)**
      5, 13
surf the Internet **navegar** *v.* **en Internet**
   11
surprise **sorprender** *v.* 9; **sorpresa** *f.* 9
survey **encuesta** *f.*
sweat **sudar** *v.* 15
sweater **suéter** *m.* 6
sweep the floor **barrer** *v.* **el suelo** 12
sweet **dulce** *adj.* 8
sweets **dulces** *m., pl.* 9
swim **nadar** *v.*
   swim in the pool **nadar en la**
      piscina 4
swimming **natación** *f.* 4
   swimming pool **piscina** *f.* 4
symptom **síntoma** *m.* 10

T

table **mesa** *f.* 2
tablespoon **cuchara** *f.* 12
take **tomar** *v.* 2, 8; **llevar** *v.*
   Take care! **¡Cuídense!**
   take care of **cuidar** *v.* 13
   take (someone's) temperature
      tomar(le) *v.* **la temperatura**
      (a alguien) 10
   take (*wear*) a shoe size **calzar** *v.* 6
   take a bath **bañarse** *v.* 7
   take into account **tomar** *v.* **en**
      cuenta

take off **quitarse** *v.* 7
take out the trash **sacar** *v.* **la basura**
   12
take pictures **sacar** *v.* **fotos** 5;
   tomar fotos 13
talented **talentoso/a** *adj.*
talk **hablar** *v.* 2; **conversar** *v.* 2
   talk show **programa** *m.* **de**
      entrevistas
tall **alto/a** *adj.* 3
tank **tanque** *m.* 11
tape (audio) **cinta** *f.*
taste **probar (o:ue)** *v.* 8
tasty **rico/a** *adj.* 8; **sabroso/a** *adj.* 8
tax **impuesto** *m.*
taxi(cab) **taxi** *m.* 5
tea **té** *m.* 8
teach **enseñar** *v.* 2
teacher **profesor(a)** *m., f.*;
   maestro/a *m., f.* 16
team **equipo** *m.* 4
technician **técnico/a** *m., f.* 16
telecommuting **teletrabajo** *m.* 16
teleconference **videoconferencia** *f.*
telephone **teléfono** *m.* 11
   cell phone **teléfono celular** 11
television **televisión** *f.* 11
   television set **televisor** *m.* 11
tell **decir** *v.* 6
temperature **temperatura** *f.* 10
ten **diez** 1
tennis **tenis** *m.* 4
   tennis shoes **zapatos** *m., pl.* **de**
      tenis
tension **tensión** *f.* 15
tent **tienda** *f.* **de campaña** 5
tenth **décimo/a** *adj.* 5
terrible **terrible** *adj. m., f.* 13
   it's terrible **es terrible** 13
terrific **chévere** *adj.*
test **prueba** *f.* 2; **examen** *m.* 2
text message **mensaje de texto** *m.* 11
Thank you. **Gracias.** *f., pl.* 1
   Thank you (very much).
      (Muchas) gracias. 1
   Thank you very, very much.
      Muchísimas gracias.
   Thanks for everything. **Gracias**
      por todo.
   Thanks once again. **Gracias una**
      vez más.
that **que; quien(es); lo que** *rel. pron.* 9
   that (one) **ése, ésa, eso** *pron.* 6;
      ese, esa, *adj.* 6
   that (*over there*) **aquél, aquélla,**
      aquello *pron.* 6;
      aquel, aquella *adj.* 6
   that which **lo que** *conj.* 9
   That's me. **Soy yo.**
   that's why **por eso** 11
the **el** *m.,* **la** *f. sing., def. art.;* **los** *m.,*
   las *f. pl., def. art.* 1
theater **teatro** *m.*

their **su(s)** *poss., adj.* 3; **suyo(s)/a(s)** *poss., pron.* 11
them **los/las** *pron.* 5; **les** *pron.* 6
then **después** (*afterward*) *adv.* 7; **entonces** (*as a result*) *adv.* 7; **luego** (*next*) *adv.* 7; **pues** *adv.* 15
there **allí** *adv.* 5
    There is/are... **Hay...** 1;
    There is/are not... **No hay...** 1
therefore **por eso** *adv.* 11
these **éstos, éstas** *pron.* 6; **estos, estas** *adj.* 6
they **ellos/as** *sub. pron.* 1
    they are **ellos/as son** 1
thin **delgado/a** *adj.* 3
thing **cosa** *f.* 1
think **pensar (e:ie)** *v.* 4; (*believe*) **creer** *v.* think about **pensar en** 4
third **tercer, tercero/a** *adj.* 5
thirst **sed** *f.* 3
thirsty: be (very) thirsty **tener** *v.* **(mucha) sed** 3
thirteen **trece** 1
thirty **treinta** 1; thirty (*minutes past the hour*) **y treinta** 1; **y media** 1
this **este, esta** *adj.*; **éste, ésta, esto** *pron.* 6
    This is... (*introduction*) **Éste/a es...** 1
    This is he/she. (*on telephone*) **Con él/ella habla.** 11
those **ésos, ésas** *pron.* 6; **esos, esas** *adj.* 6
those (over there) **aquéllos, aquéllas** *pron.* 6; **aquellos, aquellas** *adj.* 6
thousand **mil** *m.* 6
three **tres** 1
three hundred **trescientos/as** 6
throat **garganta** *f.* 10
through **por** *prep.* 11
throughout: throughout the world **en todo el mundo** 13
throw **echar** *v.*
Thursday **jueves** *m., sing.* 2
thus (*in such a way*) **así** *adj.*
ticket **boleto** *m.*; **entrada** *f.*; **pasaje** *m.* 5; (*traffic*) **multa** *f.* 11
tie **corbata** *f.* 6
time **vez** *f.* 6; **tiempo** *m.* 4
    buy on time **comprar** *v.* **a plazos** *m., pl.* have a good/bad time **pasar lo** *v.* **bien/mal** 9
    We had a great time. **Lo pasamos de película.**
times **veces** *f., pl.*
    many times **muchas veces** 10
tip **propina** *f.* 9
tire **llanta** *f.* 11
tired **cansado/a** *adj.* 5
    be tired **estar** *v.* **cansado/a** 5
title **título** *m.*
to **a** *prep.* 1
toast (*drink*) **brindar** *v.* 9
    toast **pan** *m.* **tostado**

toasted **tostado/a** *adj.* 8
toaster **tostadora** *f.*
today **hoy** *adv.* 2
    Today is... **Hoy es...** 2, 5
together **juntos/as** *adj.* 9
tomato **tomate** *m.* 8
tomorrow **mañana** *adv.* 1
    See you tomorrow. **Hasta mañana.** 1
tonight **esta noche** *adv.* 4
too **también** *adv.* 7
    too much **demasiado** *adv.* 6; **en exceso** 15
tooth **diente** *m.* 7; tooth **muela** *f.* 10
tornado **tornado** *m.*
tortilla **tortilla** *f.* 8
touch **tocar** *v.* 13
tour an area **recorrer** *v.*; **excursión** *f.*
    go on a tour **hacer** *v.* **una excursión** 5
tourism **turismo** *m.* 5
tourist **turista** *m., f.* 1; **turístico/a** *adj.*
toward **para** *prep.* 11; **hacia** *prep.* 14
towel **toalla** *f.* 7
town **pueblo** *m.* 4
trade **oficio** *m.* 16
traffic **circulación** *f.*; **tráfico** *m.* 11
    traffic light **semáforo** *m.* 11
tragedy **tragedia** *f.*
trail **sendero** *m.* 13
    trailhead **sendero** *m.*
train **entrenarse** *v.* 15; **tren** *m.* 5
    train station **estación** *f.* **del tren** *m.* 5
translate **traducir** *v.* 8
trash **basura** *f.* 12
travel **viajar** *v.* 2
    travel agency **agencia** *f.* **de viajes** 5
    travel agent **agente** *m., f.* **de viajes** 5
    travel documents **documentos** *m., pl.* **de viaje**
traveler **viajero/a** *m., f.* 5
    traveler's check **cheque** *m.* **de viajero** 14
treat (*entertain*) **invitar** *v.* 9
tree **árbol** *m.* 13
trillion **billón** 6
trimester **trimestre** *m.* 2
trip **viaje** *m.* 5
    take a trip **hacer** *v.* **un viaje** 5
tropical forest **bosque** *m.* **tropical** 13
truck **camión** *m.*
true **cierto/a; verdad** *adj.* 13
    it's (not) true **(no) es cierto/verdad** 13
trunk **baúl** *m.* 11
truth **verdad** *f.* 6
try **intentar** *v.*; **probar (o:ue)** *v.* 8
    try (*to do something*) **tratar** *v.* **de (+ inf.)** 15
    try on **probarse (o:ue)** *v.* 7
t-shirt **camiseta** *f.* 6
Tuesday **martes** *m., sing.* 2
tuna **atún** *m.* 8

turkey **pavo** *m.* 8
turn **doblar** *v.* 14
    turn off (*electricity/appliance*) **apagar** *v.* 11
    turn on (*electricity/appliance*) **poner** *v.* 11; **prender** *v.* 11
turtle **tortuga** *f.* 13
    sea turtle **tortuga marina** 13
twelve **doce** 1
twenty **veinte** 1
twenty-eight **veintiocho** 1
twenty-five **veinticinco** 1
twenty-four **veinticuatro** 1
twenty-nine **veintinueve** 1
twenty-one **veintiún, veintiuno/a** 1
twenty-seven **veintisiete** 1
twenty-six **veintiséis** 1
twenty-three **veintitrés** 1
twenty-two **veintidós** 1
twice **dos veces** 6
twisted **torcido/a** *adj.* 10
    be twisted **estar** *v.* **torcido/a** 10
two **dos** 1
two hundred **doscientos/as** 6

U

ugly **feo/a** *adj.* 3
uncle **tío** *m.* 3
under **debajo de** *prep.* 2; **bajo** *prep.*
understand **comprender** *v.* 3; **entender (e:ie)** *v.* 4
underwear **ropa** *f.* **interior** 6
unemployment **desempleo** *m.*
university **universidad** *f.* 2
unless **a menos que** *adv.* 13
unmarried **soltero/a** *adj.* 9
unpleasant **antipático/a** *adj.* 3
until **hasta** *prep.* 6; **hasta que** *conj.* 13
up **arriba** *adv.*
urgent **urgente** *adj.* 12
    It's urgent that... **Es urgente que...** 12
us **nos** *pron.* 5
use **usar** *v.* 6
used for **para** *prep.* 11
useful **útil** *adj.*

V

vacation **vacaciones** *f., pl.* 5
    be on vacation **estar** *v.* **de vacaciones** 5
    go on vacation **ir** *v.* **de vacaciones** 5
vacuum **pasar** *v.* **la aspiradora** 12
    vacuum cleaner **aspiradora** *f.* 12
valley **valle** *m.* 13
various **varios/as** *adj., pl.*
vegetables **verduras** *f., pl.* 8
verb **verbo** *m.*
very **muy** *adv.* 1
    very bad **malísimo** 8
    very much **muchísimo** *adv.*

Very good, thank you. **Muy bien, gracias.**

(Very) well, thanks. **(Muy) bien, gracias.** 1

vest **chaleco** *m.*

video **video** *m.* 1

  video conference **videoconferencia** *f.* 16

  videocamera **cámara** *f.* **de video** 11

vinegar **vinagre** *m.* 8

violence **violencia** *f.*

visit **visitar** *v.* 4

  visit a monument **visitar un monumento** 4

vitamin **vitamina** *f.* 15

voicemail **buzón** *m.* **de voz** 11

volcano **volcán** *m.* 13

volleyball **vóleibol** *m.* 4

vote **votar** *v.*

W

wait (for) **esperar** *v.* 2

waiter **camarero/a** *m.*, *f.* 8

wake up **despertarse (e:ie)** *v.* 7

walk **caminar** *v.* 2

  take a walk **pasear** *v.* 4

  walk around the city/town **pasear por la ciudad/el pueblo** 4

wall **pared** *f.* 12

wallet **cartera** *f.* 6

want **desear** *v.* 2; **querer (e:ie)** *v.* 4, 12

  I don't want to **no quiero** 4

war **guerra** *f.*

warm (oneself) up **calentarse** *v.* 15

wash **lavar** *v.* 12

  wash one's face/hands **lavarse** *v.* **la cara/las manos** 7

  wash oneself **lavarse** 7

washing machine **lavadora** *f.* 12

watch **mirar** *v.* 2; **reloj** *m.* 2; **ver** *v.* 4

  watch television **mirar (la) televisión** 2

  watch movies **ver películas** 4

water **agua** *f.* 8

  water pollution **contaminación del agua** 13

  water-skiing **esquí** *m.* **acuático** 4

way **manera** *f.*

we **nosotros/as** *sub. pron.* 1

  we are **nosotros/as somos** 1

weak **débil** *adj.* 15

wear **llevar** *v.* 6; **usar** *v.* 6; **calzar** *v.* (shoes) 6

weather **tiempo** *m.* 5

  It's bad weather. **Hace mal tiempo.** 5

  It's nice weather. **Hace buen tiempo.** 5

weaving **tejido** *m.*

Web **red** *f.* 11

website **sitio** *m.* **web** 11

wedding **boda** *f.* 9

Wednesday **miércoles** *m.*, *sing.* 2

week **semana** *f.* 2

weekend **fin** *m.* **de semana** 4

weight **peso** *m.* 15

  lift weights **levantar** *v.* **pesas** *f.*, *pl.* 15

Welcome! **¡Bienvenido(s)/a(s)!** *adj.* 12

well **pues** *adv.*; **bueno** *adv.*

well-being **bienestar** *m.* 15

well organized **ordenado/a** *adj.*

west **oeste** *m.* 14

  to the west **al oeste** 14

western (*genre*) **de vaqueros** *adj.*

whale **ballena** *f.* 13

what **lo que** 9

  what? **¿qué?** *adj.*, *pron.* 1, 9; **¿cuál(es)?** 9

  At what time…? **¿A qué hora…?** 1

  What… ! **¡Qué…!**

  What a pleasure to . . . ! **¡Qué gusto (+ *inf.*)…**

  What a surprise! **¡Qué sorpresa!**

  What day is it? **¿Qué día es hoy?**

  What did he/she do? **¿Qué hizo él/ella?** 6

  What did they do? **¿Qué hicieron ellos/ellas?** 6

  What did you do? **¿Qué hiciste?** *fam., sing.*; **¿Qué hizo usted?** *form., sing.*; **¿Qué hicieron ustedes?** *form., pl.* 6

  What did you say? **¿Cómo?**

  What do you guys think? **¿Qué les parece?** 9

  What happened? **¿Qué pasó?**

  What is it? **¿Qué es?** 1

  What is the date (today)? **¿Cuál es la fecha (de hoy)?**

  What is the price? **¿Qué precio tiene?**

  What is today's date? **¿Cuál es la fecha de hoy?** 5

  What pain! **¡Qué dolor!**

  What pretty clothes! **¡Qué ropa más bonita!** 6

  What size do you wear? **¿Qué talla lleva (usa)?** 6

  What time is it? **¿Qué hora es?** 1

  What's going on? **¿Qué pasa?** 1

  What's… like? **¿Cómo es…?**

  What's new? **¿Qué hay de nuevo?** 1

  What's wrong? **¿Qué pasó?**

  What's your name? **¿Cómo se llama usted?** *form.* 1

  What's your name? **¿Cómo te llamas (tú)?** *fam.* 1

when **cuando** *conj.* 7

  When? **¿Cuándo?** 2, 9

where **donde** *adj., conj.*

  where? (*destination*) **¿adónde?** 2, 9; (*location*) **¿dónde?** 1, 9

  Where are you from? **¿De dónde eres?** *fam.* 1; **¿De dónde es usted?** *form.* 1

  Where is…? **¿Dónde está…?** 2

  (to) where? **¿adónde?** 2

which **que; lo que** *rel. pron.* 9

which? **¿cuál(es)?** *adj., pron.*; **¿qué?** 2, 9

  which one(s)? **¿cuál(es)?** 2

while **mientras** *adv.* 10

white **blanco/a** *adj.* 6

  white wine **vino** *m.* **blanco** 8

who **que; quien(es)** *rel. pron.* 9

  who? **¿quién(es)?** 1, 9

  Who is…? **¿Quién es…?** 1

  Who is calling? (*on telephone*) **¿De parte de quién?**

  Who is speaking? (*on telephone*) **¿Quién habla?** 11

whole **todo/a** *adj.*

whom **quien(es)** *rel. pron.* 9

whose…? **¿de quién(es)…?** 1

why? **¿por qué?** *adv.* 2, 9

widowed **viudo/a** *adj.* 9

wife **esposa** *f.* 3

win **ganar** *v.* 4

wind **viento** *m.*

window **ventana** *f.* 2

windshield **parabrisas** *m.*, *sing.* 11

windy: It's (very) windy. **Hace (mucho) viento.** 5

wine **vino** *m.* 8

  red wine **vino tinto** 8

  white wine **vino blanco** 8

wineglass **copa** *f.* 12

winter **invierno** *m.* 5

wireless connection **conexión** *f.* **inalámbrica** 11

wish **desear** *v.* 2; **esperar** *v.* 13

  I wish (that) **Ojalá que** 13

with **con** *prep.*

  with me **conmigo** 4

  with you **contigo** *fam.*

within **dentro de** *prep.*

without **sin** *prep.* 13, 15; **sin que** *conj.* 13

  without a doubt **sin duda**

woman **mujer** *f.* 1

wool **lana** *f.* 6

  (made of) wool **de lana** 6

word **palabra** *f.* 1

work **trabajar** *v.* 2; **funcionar** *v.* 11; **trabajo** *m.* 16

  work (*of art, literature, music, etc.*) **obra** *f.*

  work out **hacer** *v.* **gimnasia** 15

world **mundo** *m.* 13

worldwide **mundial** *adj. m., f.*

worried (about) **preocupado/a (por)** *adj.* 5

worry (about) **preocuparse** *v.* **(por)** 7

  Don't worry. **No se preocupe.** *form.* 7; **No te preocupes.** *fam.* 7

worse **peor** *adj. m., f.* 8

worst **el/la peor** 8; **lo peor**
Would you like to? **¿Te gustaría?**
write **escribir** *v.* 3
   write a letter/post card/e-mail
   escribir una carta/(tarjeta)
    postal/mensaje *m.*
    electrónico 4
writer **escritor(a)** *m., f.* 16
written **escrito/a** *p.p.* 15
wrong **equivocado/a** *adj.* 5
   be wrong **no tener** *v.* **razón** 3

X

X-ray **radiografía** *f.* 10

Y

yard **jardín** *m.* 12; **patio** *m.* 12
year **año** *m.* 5
   be… years old **tener** *v.* **… años** 3
yellow **amarillo/a** *adj.* 6
yes **sí** *interj.* 1
yesterday **ayer** *adv.* 6
yet **todavía** *adv.* 5
yogurt **yogur** *m.*
you **tú** *sub. pron. fam. sing.* 1; **usted**
    sub. pron. form. sing. 1; **vosotros/**
    as *sub. pron. fam. pl.* 1; **ustedes**
    sub. pron. form. pl. 1; **te** *d. o. pron.*
    fam. sing. 5; **lo** *d. o. pron. m. form.*
    sing. 5; **la** *d. o. pron. f. form. sing.*

    5; **os** *d. o. pron. fam. pl.* 5; **los** *d. o.*
    pron. m. form. pl. 5; **las** *d. o. pron.*
    f. form. pl. 5; **le(s)** *i. o. pron.*
    form. 6
you are **tú eres** *fam. sing.* 1; **usted**
    es *form. sing.* 1; **vosotros/as**
    sois *fam. pl.* 1; **ustedes son**
    form. pl. 1
You don't say! **¡No me digas!** *fam.;*
    ¡No me diga! *form.*
You're welcome. **De nada.** 1; **No**
  hay de qué. 1
young **joven** *adj.* 3
   young person **joven** *m., f.* 1
   young woman **señorita** *f.*
younger **menor** *adj. m., f.* 3
   younger brother, sister **hermano/a**
    menor *m., f.* 3
youngest **el/la menor** *m., f.* 8
your **su(s)** *poss., adj., form.* 3
   your **tu(s)** *poss., adj., fam. sing.* 3
   your **vuestro(s)/a(s)** *poss., adj.*
    form., pl.
   your(s) *form.* **suyo(s)/a(s)**
    poss. pron., form. 11
   your(s) **tuyo(s)/a(s)** *poss.,*
    fam., sing. 11
youth **juventud** *f.* 9; (young person)
  joven *m., f.* 1

Z

zero **cero** *m.* 1

Photography and Art Credits

All images © Vista Higher Learning unless otherwise noted.

Cover: AirPano.com.

Front Matter (SE): iii: Darío Eusse Tobón.

Front Matter (IAE): IAE-31: (l) Mr. Aesthetics/Shutterstock; (r) Mike Flippo/Shutterstock; **IAE-33:** Mike Flippo/Shutterstock; **IAE-37:** Pascal Pernix.

Lesson 1: 1: Carolina Zapata; **2:** (l) Paula Díez; (r) Sam Edwards/Media Bakery; **3:** (t) Laurence Mouton/Media Bakery; (b) Hero/Media Bakery; **4:** Martín Bernetti; **5:** Martín Bernetti; **6:** (l, m) Martín Bernetti; (r) Frank and Helena/Media Bakery; **10:** (l) Rachel Distler; (r) Ali Burafi; **12:** (t, bl, br) Annie Pickert Fuller; (ml) Zentilia/Fotolia; (mr) Martín Bernetti; **13:** (t) Darío Eusse Tobón; (mt) Tiero/Fotolia; (mmt) VibrantImage/Big Stock Photo; (mmb, mb) Martín Bernetti; (b) Gchutka/iStockphoto; **14:** Blend Images/Alamy; **16:** (left col: tl) Paula Díez; (left col: tm) Andresr/Shutterstock; (left col: tr) Elenathewise/Big Stock Photo; (left col: b) Spaxiax/Fotolia; (right col: t) Helga Esteb/Shutterstock; (right col: mtl) Hector Mata/AFP/Getty Images; (right col.: mtr) Photo Works/Shutterstock; (right col: mbl) Everett Collection/Newscom; (right col: mbr) WireImage/Getty Images; (right col: bl) Rafiquar Rahman/Reuters; (right col: br) Kathclick/Big Stock Photo; **17:** Reuters; **19:** Prathan Chorruangsak/Shutterstock; **22:** (t) Hanibaram/iStockphoto; (b) Gary Conner/Getty Images; **23:** (t) Robert Daly/Media Bakery; (b) Philip Lange/123RF.

Lesson 2: 27: Carolina Zapata; **28:** (tl) RazvanPhotography/Big Stock Photo; (br) Alexander Raths/Fotolia; (tr) WavebreakmediaMicro/Fotolia; (bl) West Coast Surfer/Media Bakery; **29:** (t) Annie Pickert Fuller; (bl) Mmarcius/Fotolia; (m, br) Martín Bernetti; **30:** Paula Díez; **31:** (t) Bettmann/Getty Images; (b) Johnny Lye/iStockphoto; **32:** Paula Díez; **36:** (t) Pablo Corral V/Corbis/VCG/Getty Images; (b) Lorena Natalia Fernandez/LatinContent/Getty Images; **39:** (t) Zero Creatives/Media Bakery; (ml, br) Martín Bernetti; (mr) Paula Díez; (bl) Ken Hurst/Shutterstock; **40:** PNC/Media Bakery; **41:** Paula Díez; **45:** (t) Martín Bernetti; (b) Adalberto Roque/AFP/Getty Images; **46:** Oneinchpunch/Fotolia; **48:** (tl) Paula Díez; (tr) Darío Eusse Tobón; (b) Annie Pickert Fuller; **49:** (t) Michaeljung/Fotolia; (b) David R. Frazier Photolibrary, Inc/Alamy; **50:** José Blanco; **51:** (t) Pascal Pernix; (b) Hongqi Zhang/123RF; **53:** Bryan Smith/ZUMA Press/Newscom; **54:** (tl) Ian Dagnall/AGE Fotostock; (tr) Sylvain Grandadam/AGE Fotostock; (bl) Lou Rocco/Disney ABC Television Group/Getty Images; (bml) Alliance Images/Alamy; (bmr) DFree/Big Stock Photo; (br) Spacephotos/AGE Fotostock; **55:** (tl) Richard Cummins/Corbis Documentary/Getty Images; (tr) Danny Lehman/Corbis/VCG/Getty Images; (b) Roberto Machado Noa/LightRocket/Getty Images.

Lesson 3: 57: Carolina Zapata; **58:** Martín Bernetti; **59:** (bl) Media Bakery; (br) Monkey Business/Fotolia; (t) Rob Marmion/Shutterstock; **61:** (t, bm) Martín Bernetti; (ml) Tyler Olson/Fotolia; (mm) Paula Díez; (mr) Dann Tardif/Corbis/Getty Images; (bl) Golubovy/Fotolia; (br) Ariel Skelley/Media Bakery; **66:** (tl) David Cantor/AP Images; (tr) Rafael Perez/Reuters; (b) Martial Trezzini/epa/Newscom; **67:** Media Bakery; **68:** (tl) Chris Fertnig/iStockphoto; (tm) Juniors Bildarchiv/Alamy; (tr) Daniel Ernst/Fotolia; (bl) Olena Savytska/iStockphoto; (bm) Martín Bernetti; (br) Robert Kneschke/Fotolia; **69:** (t) Ted Spiegel/Corbis; (mtl) Heribert Proepper/AP Images; (mtr) Shubroto Chattopadhyay/Corbis; (mml) DFree/Shutterstock; (mmr) ZUMA Wire Service/Alamy; (mbl) Ivo Roospold/Alamy; (mbr) Dennis Brack/Danita Delimont/Alamy; (b) Samuel Borges/Fotolia; **70:** Martín Bernetti; **71:** (left col: t) Jupiterimages/Media Bakery; (left col: m) AntonioDiaz/Fotolia; (left col: b) Martín Bernetti; (r) Jupiterimages/Getty Images; (insert) Melica/Shutterstock; **72:** (t, mtl) Martín Bernetti; (mtr) Blend Images/Fotolia; (mbl) Photosindia/

Lesson 8: 195: Carolina Zapata; **196:** (l) Paula Díez; (r) Jack Puccio/iStockphoto; **197:** (tr) Martín Bernetti; (m) Annie Pickert Fuller; (tl) Barry Gregg/Corbis; (bl) Paula Díez; (br) Marcel Kriegl/Shutterstock; **204:** Paula Díez; **207:** (left col: t) Darío Eusse Tobón; (left col: b) Thomas Northcut/Media Bakery; (l) Benitez, Rodolfo/AGE Fotostock; (ml) Janet Dracksdorf; (mr) Gustavo Andrade/StockFood; (r) José Blanco; **211:** (left col: t) Ben Blankenburg/Corbis; (left col: ml) Corbis; (left col: mm, bm, br) Martín Bernetti; (left col: mr, bl) Darío Eusse Tobón; (r) Jack Hollingsworth/Corbis; **216:** Commercial Eye/Getty Images; **217:** Darío Eusse Tobón; **221:** Galen Rowell/Mountain Light/Media Bakery; **222:** (tl) John Beatty/Getty Images; (tr) David Barnes/Danita Delimont Photography/Newscom; (b) Jeff Luckett/iStockphoto; **223:** (t) Piero Pomponi/Getty Images; (bl) Michael Marquand/Getty Images; (br) Marshall Bruce/iStockphoto.

Lesson 9: 225: Carolina Zapata; **226:** (tl) Susana/Fotocolombia; (tr, b) Martín Bernetti; **228:** Martín Bernetti; **230:** Poba/Getty Images; **234:** (l) Aciero/Fotolia; (r) PictureNet/Corbis Documentary/Getty Images; **239:** (left col: l) Darío Eusse Tobón; (left col: m) Martín Bernetti; (left col: r) Monkey Business/Fotolia; (right col: t) Nikolai Sorokin/Fotolia; (right col: b) Ecliff6/iStockphoto; **240:** Martín Bernetti; **243:** (left col: t) Monkey Business/Fotolia; (left col: ml) Africa Studio/Fotolia; (left col: mr) Martín Bernetti; (left col: bl) Gloria Elena Restrepo; (left col: br) SelectStock/iStockphoto; (right col: t) Tim Pannell/Media Bakery; (right col: b) Padnpen/iStockphoto; **244:** (l) Reggie Casagrande/iStockphoto; (r) Kzenon/Shutterstock; **245:** Jupiterimages/Brand X/Alamy; **248:** (t) Katrina Brown/123RF; (b) Digital Vision/Media Bakery; **249:** Carlos Hernandez/Media Bakery.

Lesson 10: 251: Carolina Zapata; **252:** (t) Martín Bernetti; (b) José Blanco; **253:** (t) Kmiragaya/Big Stock Photo; (b) James Steidl/Shutterstock; **254:** Martín Bernetti; **256:** Rocketclips/Fotolia; **260:** (t) José Blanco; (b) Ricardo Figueroa/AP Images; **263:** Rossy Llano; **267:** (l) Endomotion/Big Stock Photo; (r, inset) Martín Bernetti; **268:** JupiterImages/Photos.com/Alamy; **270:** Paula Díez; **271:** Stephanie Maze/Corbis Documentary/Getty Images; **272:** Martín Bernetti; **275:** Tips RF/Media Bakery; **276:** (t) Ali Burafi; (b) Gaelj/Fotolia; **277:** (all) Ali Burafi.

Lesson 11: 279: Carolina Zapata; **280:** (t) Martín Bernetti; (b) Paula Díez; **281:** (l) Dmitry Kutlayev/iStockphoto; (r) Annie Pickert Fuller; **283:** WavebreakMediaMicro/Fotolia; **288:** (t) RosaIreneBetancourt 1/Alamy; (b) Esteban Corbo; **291:** (l) Martín Bernetti; (r) Reuters; **294:** (t) LdF/iStockphoto; (tml) AHBE/Fotolia; (tmr) Annie Pickert Fuller; (bml) Liliana P. Bobadilla; (bmr) Bombaert/123RF; (bl) Martín Bernetti; (br) Nebojsa Markovic/Shutterstock; **295:** (t) LdF/iStockphoto; (b) Greg Nicholas/iStockphoto; **298:** Marc Romanelli/Media Bakery; **299:** Torontonian/Alamy.

Lesson 12: 303: Carolina Zapata; **304:** (t) Martín Bernetti; (b) Darío Eusse Tobón; **305:** (br, bl) Martín Bernetti; (t) Comstock Images/Jupiterimages; **306:** (l, r) Martín Bernetti; **308:** (l) Terry J Alcorn/iStockphoto; (r) Harry Neave/Fotolia; **312:** (l) Andreslebedev/Alamy; (r) Martín Bernetti; **317:** Martín Bernetti; **318:** Nelia Sapronova/Shutterstock; **320:** Paula Díez; **321:** Fred Goldstein/Fotolia; **323:** Tony Arruza/Corbis Documentary/Getty Images; **324:** Chile DesConocido/Alamy; **327:** Owen Franken/Corbis Documentary/Getty Images; **328:** (t) Kato Inowe/Shutterstock; (bl) Dave G. Houser/Corbis Documentary/Getty Images; (br) Craig Lovell/Corbis Documentary/Getty Images; **329:** (tl) Kevin Schafer/Corbis Documentary/Getty Images; (tr) Tony Arruza/Corbis Documentary/Getty Images; (b) Johan Ordonez/AFP/Getty Images.

Lesson 13: 331: Carolina Zapata; **332:** (t) Simone van den Berg/iStockphoto; (m) Rachel Distler; (b) Soleg/123RF; **333:** (t) Martín Bernetti; (m) Ron Masessa/iStockphoto; (b) Darren Greenwood/Design Pics/Corbis; **334:** (tl) Fotos 593/Fotolia; (tr) Daniel Stein/iStockphoto; (bl) Martín Bernetti; (br) Dean Pennala/iStockphoto; **335:** Martín Bernetti; **340:** (r) Clive Tully/Alamy; (l) Fotosearch; **343:** Martín Bernetti; **345:** Carsten Koall/Getty Images; **346:** Rick Rusing/Getty Images; **349:** Junko Kimura/Getty Images; **350:** Deron Rodehaver/123RF; **351:** Brian Lasenby/Fotolia; **352:** (flower) Richard Griffin/Fotolia; (picture frame) Vlntn/Fotolia; (photo) Drobot Dean/Fotolia (open book) Morokey/123RF.

Lesson 14: 355: Carolina Zapata; **356:** (br) VHL; (l) Martín Bernetti; (m) Media Bakery; (tr, carriage) Lefteris Papaulakis/Fotolia; (tr, soccer player) Grafissimo/iStockphoto; (tr, woman) Freedom Studio/Shutterstock; (tr, birds) DBI Studio/Alamy; **357:** (t) Martín Bernetti; (bl) Skynesher/iStockphoto; (br) Bilge/iStockphoto; **358:** (tl)

Anne Loubet; (tr, ml, mr, bl, br) Martín Bernetti; **364:** (r) José Blanco; (l) www.metro.df.gob.mx; **367:** Tarras79/iStockphoto; **369:** Darío Eusse Tobón; **370:** (t) Darío Eusse Tobón; (b) Monkey Business/Fotolia; **372:** Xmasbaby/Big Stock Photo; **374:** Martín Bernetti; **375:** (t) Martín Bernetti; (b) David Parsons/iStockphoto; **376-377:** (open book) Rangizzz/123RF; **379:** Bettmann/Getty Images; **380:** (t) Richard Cummins/Media Bakery; (bl) John Nakata/Corbis; (br) Bettmann/Getty Images; **381:** (t) Agencia el Universal GDA Photo Service/Newscom; (b) Bill Gentile/Corbis Historical/Getty Images.

Lesson 15: 383: Carolina Zapata; **384:** (bl) Neyya/Getty Images; (t) Manley099/iStockphoto; (br) Martín Bernetti; **385:** (l) Annie Pickert Fuller; (r) Martín Bernetti; **386:** Diego Cervo/iStockphoto; **388:** Martín Bernetti; **392:** (t) Oscar Artavia Solano; (b) Krzysztof Dydynski/Getty Images; **394:** (l) Darío Eusse Tobón (r) Martín Bernetti; **395:** (both) Martín Bernetti; **399:** Martín Bernetti; **402:** Stasique/Fotolia; **403:** (t) Boggy/Fotolia; (b) Meunierd/Shutterstock; **404:** Martín Bernetti.

Lesson 16: 407: Carolina Zapata; **408:** (bl) Andersen Ross/Media Bakery; (tl) Peathegee Inc/Media Bakery; (tr) Glyn Jones/Corbis; (br) Pressmaste/Fotolia; **409:** (b, tl) Martín Bernetti; (tr) Jeffwqc/Big Stock Photo; **410:** Paula Díez; **412:** Martín Bernetti; **416:** (r) PhotoAlto sas/Alamy; (l) Martín Bernetti; **420:** Todor Tsvetkov/Getty Images; **423:** Paula Díez; **424:** (l) Track5/iStockphoto; (r) Forgiss/Fotolia; **427:** Paula Díez; **428:** Catherine Karnow/Corbis; **431:** Greg Gerla/AGE Fotostock; **432:** (t) Graficart.net/Alamy; (b) Reuters; **433:** (tl) *Las Meninas* or the *Family of Philip IV* (1656), Diego Rodriguez Velazquez. Oil on canvas, 276 x 318 cm. Museo del Prado, Madrid, Spain. Ali Burafi; (tr) José Blanco; (b) Paul Almasy/Corbis Historical/Getty Images.

Text Credits

352 © Anderson Imbert, Enrique, "La foto", Dos mujeres y un Julián. Buenos Aires, Corregidor, 1999.
376 © Fundación Mario Benedetti. c/o Schavelzon Graham Agencia Literaria. www.schavelzongraham.com
404 Courtesy of Cristina Peri Rossi.
428 Courtesy of International Editors' Co. S.L.

Television Credits

21 Courtesy of Mastercard.
47 © Cencosud Supermercados.
77 Courtesy of Banco Galicia/Mercado McCann.
103 © Diego Reves
133 Courtesy of ANA INES CIBILS MARIO VASQUEZ/AFPTV/AFP.
159 Courtesy of Cinemathèque Jean Marie Boursicot.
189 Courtesy of MARINA DE RUSSÉ IVAN COURONNE ELODIE MARTINEZ/AFPTV/AFP.
215 Courtesy of Molinos Roa S.A.- Arroz Roa.
245 Courtesy of TV Azteca.
269 Courtesy of Cinemathèque Jean Marie Boursicot.
297 Courtesy of Banco Galicia/Mercado McCann.
321 Courtesy of Cinemathèque Jean Marie Boursicot.
349 Courtesy of Entropic Films.
373 Courtesy of Tango Films.
401 Courtesy of Cámara\\TBWA Agencia Publicitaria.
425 Courtesy of EFE News Service, Inc.

Comic Credits

300 © TUTE.

About the Authors

José A. Blanco founded Vista Higher Learning in 1998. A native of Barranquilla, Colombia, Mr. Blanco holds a B.A. in Literature from the University of California, Santa Cruz, and an M.A. in Hispanic Studies from Brown University. He has worked as a writer, editor, and translator for Houghton Mifflin and D.C. Heath and Company, and has taught Spanish at the secondary and university levels. Mr. Blanco is also the co-author of several other Vista Higher Learning programs: **VISTAS** and **PANORAMA** at the introductory level, **VENTANAS**, **FACETAS**, **ENFOQUES**, **IMAGINA**, and **SUEÑA** at the intermediate level, and **REVISTA** at the advanced conversation level.

Philip Redwine Donley received his M.A. in Hispanic Literature from the University of Texas at Austin in 1986 and his Ph.D. in Foreign Language Education from the University of Texas at Austin in 1997. Dr. Donley taught Spanish at Austin Community College, Southwestern University, and the University of Texas at Austin. He published articles and conducted workshops about language anxiety, language anxiety management, and the development of critical thinking skills, and was involved in research about teaching languages to the visually impaired. Dr. Donley was also the co-author of three other introductory college Spanish textbook programs published by Vista Higher Learning, **VISTAS**, **PANORAMA**, and **¡VIVA!**.